V&R Academic

Beihefte zur Zeitschrift für Geschichtsdidaktik

Herausgegeben im Auftrag der Konferenz für Geschichtsdidaktik vom Vorstand

Band 14

Herausgegeben vom Vorstand der Konferenz für Geschichtsdidaktik: Thomas Sandkühler, Charlotte Bühl-Gramer, Anke John, Astrid Schwabe und Holger Thünemann

Katharina Litten

# Wie planen Geschichtslehrkräfte ihren Unterricht?

## Eine empirische Untersuchung der Unterrichtsvorbereitung von Geschichtslehrpersonen an Gymnasien und Hauptschulen

Mit 52 Abbildungen

V&R unipress

MIX
Papier aus verantwortungsvollen Quellen
FSC
www.fsc.org
FSC® C083411

Bibliografische Information der Deutschen Nationalbibliothek

Die Deutsche Nationalbibliothek verzeichnet diese Publikation in der Deutschen Nationalbibliografie; detaillierte bibliografische Daten sind im Internet über http://dnb.d-nb.de abrufbar.

ISSN 2198-5391
ISBN 978-3-8471-0697-5

Weitere Ausgaben und Online-Angebote sind erhältlich unter: www.v-r.de

Gedruckt mit freundlicher Unterstützung der Konferenz für Geschichtsdidaktik.


Printed in Germany.
Druck und Bindung: CPI buchbuecher.de GmbH, Zum Alten Berg 24, D-96158 Birkach

Gedruckt auf alterungsbeständigem Papier.

*Für Josef, Golda, Helene*
*und Ingo*

# Inhalt

# Abkürzungsverzeichnis

| | |
|---|---|
| BMBF | Bundesministerium für Bildung und Forschung |
| BÜ | Berufsbezogene Überzeugungen |
| COACTIV | Cognitive Activation in the Classroom: The Orchestration of Learning Opportunities for the Enhancement of Insightful Learning in Mathematics |
| DESI | Projekt Deutsch-Englische Schülerleistungen |
| DP | Diskussionsorientierter Planer |
| ENP | Experten-Novizen-Paradigma |
| EXP | Experten und Expertinnen |
| FDW | Fachdidaktisches Wissen |
| FUER | Forschungsprojekt ›FUER Geschichtsbewusstsein‹ |
| FN | Fußnote |
| FW | Fachwissen |
| GU | Guter Geschichtsunterricht |
| GYM | Gymnasium bzw. Gymnasiallehrkräfte |
| HS | Hauptschule bzw. Hauptschullehrkräfte |
| I | Interview |
| KC | Kerncurriculum |
| KMK | Kultusministerkonferenz |
| LD | Lautes Denken |
| LuL | Lehrer und Lehrerinnen |
| MG | Probanden und Probandinnen der Mittelgruppe |
| PISA | Programme for International Student Assessment |
| PP | Problemorientierter Planer |
| PW | Pädagogisches Wissen |
| REF | Referendare und Referendarinnen |
| Sek | Sekundarstufe |
| Stud | Studierende |
| SuS | Schüler und Schülerinnen |
| SWÜ | Selbstwirksamkeitsüberzeugungen |
| TEDS-M | Teacher Education and Development Study in Mathematics |
| TEDS-LT | Teacher Education and Development Study: Learning to Teach |

| | |
|---|---|
| VERBAL | Verbesserung der Beratungsqualität bei der Ausbildung beruflicher Handlungskompetenz von Lehramtsstudierenden im Kontext schulpraktischer Studien |
| VP | Vermittlungsorientierter Planer |
| VIG | Vignette |
| TIMSS | Third International Mathematics and Sciences Study |
| WZG | Das Unterrichtsfach ›Welt-Zeit-Gesellschaft‹ |

# Abbildungsverzeichnis

# Vorwort

Die vorliegende Arbeit wurde im Sommersemester 2016 von der Philosophischen Fakultät der Georg-August-Universität Göttingen als Dissertation angenommen. Sie ist für die Veröffentlichung leicht gekürzt und um einige aktuelle Literaturangaben ergänzt worden.

Herzlich zu danken habe ich meinem Doktorvater Prof. Dr. Michael Sauer, der meine Studie von Beginn an überaus ermutigend und unterstützend begleitet hat. Ebenso möchte ich Prof. Dr. Dietmar von Reeken für die Übernahme des Zweitgutachtens sowie seine hilfreichen Ratschläge danken. Prof. Meik Zülsdorf-Kersting hat mir methodisch neue Perspektiven aufgewiesen, wovon die Studie deutlich profitiert hat.

Finanziell wurde diese Arbeit die gesamten vier Jahre lang von der Studienstiftung des deutschen Volkes gefördert. Auch für diese wichtige Hilfe bedanke ich mich an dieser Stelle ausdrücklich. Die Publikation wurde finanziell unterstützt von der Konferenz für Geschichtsdidaktik.

Mein ganz besonderer Dank gilt Mathias Behn, meiner Schwester Mirjam Litten und meinem Vater Rainer Litten, die die Arbeit kritisch gelesen haben und deren Anmerkungen und inhaltliche Diskussionen mir von sehr großer Hilfe waren.

Schließlich wäre die Studie nicht möglich gewesen ohne das Engagement der 24 Lehrkräfte, die sich für Interviews und Beobachtungen bereitgestellt haben. Ein solcher Einsatz ist neben den Anforderungen des täglichen Lehrberufs nicht selbstverständlich und verdient einen ganz ausdrücklichen Dank.

Gewidmet ist dieses Buch meinem Mann, Ingo Fährmann, und unseren drei Kindern Josef, Golda und Helene, die während des Verfassens dieser Dissertation geboren wurden. Es steht außer Frage: Ohne die stets geduldige, motivierende und liebevolle Unterstützung meines Mannes hätte diese Arbeit nicht geschrieben werden können. Danke!

Berlin, im Oktober 2016

# 1. Einleitung

*»Mal eine Geschichtsstunde aus dem Ärmel schütteln… kann ja jeder, denken sie.«*[1]

Die Annahme, die eine Gymnasiallehrerin über fachfremd unterrichtende Lehrkräfte zu Protokoll gab, bringt eine weit verbreitete Meinung auf den Punkt: Die Vorbereitung eines gelungenen Unterrichts gilt als Bereich der Lehrerprofession, den viele Außenstehende für vergleichsweise unkompliziert halten. Dies scheint erst recht für eine Mehrheit derer zu gelten, die den Lehrerberuf nicht erlernt haben. Ein Blick in die Tageszeitungen ebenso wie ein ungezwungenes Gespräch auf einer Abendveranstaltung genügen, um sich zu vergewissern, dass beinahe jeder eine Meinung hinsichtlich der Verbesserung von Unterrichtsqualität in deutschen Schulen zu äußern weiß.[2]

Das Sendungsbewusstsein der didaktischen Publikationen ist hingegen geringer. Zwar haben die Ergebnisse der ersten PISA-Studien deutlich Bewegung in die deutsche Bildungslandschaft gebracht. Und auch innerhalb der Geschichtsdidaktik wird die offizielle Hinwendung zu einem kompetenzorientierten Unterricht überwiegend als »Zäsur« gewertet.[3] Konsensuale Ergebnisse hinsichtlich eines ›guten Geschichtsunterrichts‹ sind aber bislang noch nicht formuliert worden.[4]

Immerhin ist man sich aufgrund neuer empirischer Studien einig, dass der Lehrkraft als zentraler Wirkungsfigur wieder größere Aufmerksamkeit gewidmet werden sollte. So häufen sich die Hinweise darauf, dass gute Lehrkräfte nicht nur die wichtigsten Träger aller unterrichtlichen Reformen, sondern auch grundsätzlich die wichtigsten Urheber der Verbesserung jeder Unterrichtsqua-

---

1 Zitiert aus dem Interviewprotokoll der Lehrkraft L4, HS, 8J, Zeile 210–211. Zur Zitation vgl. Kapitel IV, Abschnitt 5.2.

2 Die Pauschalität von Urteilen über didaktische Hinweise zeigt sich z. B. in dem Wiederabdruck eines Vademecums für Lehrer aus dem Jahr 1909 in der Frankfurter Allgemeinen Sonntagszeitung, Nr. 36, 05.09.2004, mit der bemerkenswerten Erläuterung: »Weil wir [es] für nachdenkenswerter als vieles halten, was junge Lehrer an erziehungswissenschaftlichen und didaktischen Ratschlägen bekommen«. In: http://www.faz.net (besucht am 02.02.2016).

3 Vgl. z. B. Demantowsky: Zur Sozialisation, 2013, S. 133; Schönemann/Thünemann/Zülsdorf-Kersting: Was können Abiturienten, 2010, S. 5; Gautschi: Guter Geschichtsunterricht, 2009, S. 19.

4 Vgl. hierzu ausführlich Abschnitt II.2.2.

lität sein müssen.[5] Geschichtsdidaktiker und -didaktikerinnen widmen sich demzufolge verstärkt der Frage, wie Lehrkräfte ausgebildet werden müssen, um in ihrem Berufsalltag Tag für Tag einen guten Geschichtsunterricht zu ermöglichen. Hierbei ist durchaus Eile geboten. So ist vielerorts zu beobachten, dass Anforderungskataloge in Form von Kompetenzen für Lehrkräfte formuliert werden, ohne dass hierzu empirische Grundlagenforschung betrieben worden wäre.[6] Dies betrifft insbesondere den Anforderungsbereich der Unterrichtsplanung, der speziell im Referendariat, der sogenannten zweiten Phase der Lehrerausbildung, seit jeher begutachtet bzw. auf seine Qualität hin bewertet worden ist. Konsensuale Kriterien für eine solche Begutachtung existieren aber bis heute nicht.

Tatsächlich ist es um die Grundlagenforschung bezüglich der Unterrichtsplanung von Geschichtsunterricht, die Voraussetzung einer solchen Kompetenzformulierung sein müsste, schlecht bestellt. Es ist wenig darüber bekannt, wie Geschichtslehrkräfte ihren Unterricht in ihrem Berufsalltag planen und ob diese Planungshandlungen mit den normativen Ansprüchen der Didaktik und Fachdidaktik übereinstimmen. Eine Untersuchung eben dieses Arbeitsalltags von Lehrkräften im Rahmen von Best-Practice-Studien, die die Lehrkräfte in ihrer Rolle als Experten und Expertinnen ernst nehmen, wird zunehmend gefordert.[7] Speziell seit der Hinwendung zum kompetenzorientierten Unterricht ist noch einmal neu danach zu fragen, ob die gegenwärtigen normativen didaktischen Hinweise mit der Planungsrealität der Lehrkräfte in Übereinstimmung zu bringen bzw. ob sie angemessen sind.

Die vorliegende Arbeit widmet sich daher der Frage, wie die alltägliche Planung des Geschichtsunterrichts von Lehrkräften tatsächlich aussieht. Hierbei wird bewusst auf eine Untersuchung der Umsetzung dieser Planungen verzichtet. Im Gegenteil wird die Vorbereitung als ganz eigener und wichtiger Bereich der professionellen Tätigkeit ernstgenommen, was offenbar der Einschätzung der Lehrkräfte selbst entspricht.[8] Es entspricht auch der gängigen Praxis der Referendarsbeurteilung: Im Prüfungsunterricht lesen und bewerten die Prüfer und Prüferinnen die Planungsentwürfe der Referendare und Referendarinnen, bevor sie die Unterrichtsdurchführung beobachten.[9] Auch hier

5 Speziell für die Geschichtsdidaktik vgl. z. B. Sauer: Zur Professionalisierung, 2013, S. 19; Hodel/Ziegler: Einleitung, 2011, S. 12f.

6 Vgl. z. B. Seidenfuß/Kanert: Die Wirksamkeit, 2013, S. 141, Lange: Review of HT 2010, 2010, S. 1, 3; Sauer: Die Ausbildung, 2012, S. 365f.

7 Vgl. z. B. Borries: Beobachtungen, 2011, S. 317; Gautschi: Guter Geschichtsunterricht, 2009, S. 274.

8 So gefunden in einer Studie von Sauer: Kompetenzen, 2012, S. 330.

9 Vgl. z. B. Mühlhausen: Unterrichtsvorbereitungen, 2007, S. 52.

wird der Planung also unabhängig von ihrer Umsetzung eine ganz eigene Aufmerksamkeit zuteil.

Die vorliegende Arbeit versteht sich als qualitative, unterrichtspragmatische Untersuchung. Ihre Ergebnisse sollen dazu dienen, Planungshandeln von Geschichtslehrkräften nachzuzeichnen, besser zu verstehen und hieraus womöglich Konsequenzen für Hilfestellungen seitens der Didaktik sowie für die Formulierung von Kompetenzanforderungen abzuleiten. Untersucht werden Geschichtslehrkräfte unterschiedlicher Schulformen, um Hinweise auf anforderungsspezifische Handlungsstrategien zu gewinnen. Verglichen werden zudem Geschichtslehrkräfte unterschiedlicher Erfahrungsgrade, um Hinweise auf Entwicklungstendenzen im Verlauf der Berufsbiografien zu erhalten.

Mit der Erforschung des Planungshandelns von Lehrkräften sowohl des Gymnasiums als auch der Hauptschule wird hierbei die Darstellung eines maximalen Kontrasts angestrebt. Trotz aller Reformbestrebungen, die auf eine Abschaffung der Hauptschule zielen, ist fest davon auszugehen, dass der Geschichtsunterricht nach wie vor durch »schulartspezifische Lernkultur[en]«[10] geprägt ist. Über die konkreten Unterrichtsrealitäten ist aber wenig bekannt. Ihre Untersuchung wird immer wieder vehement gefordert.[11] Ob Haupt-, Gesamt- oder Oberschule: Die ehemalige Hauptschulklientel wird nach wie vor täglich beschult, und ihre Lehrkräfte stehen bei der Vorbereitung von Geschichtsunterricht womöglich vor anderen Herausforderungen als die Kollegen und Kolleginnen am Gymnasium. In der vorliegenden Studie wird es darum gehen, diese spezifischen Herausforderungen abzubilden und ihren Einfluss auf das Planungshandeln nachzuweisen. In diesem Zusammenhang ist auch von Interesse, ob ein schulformspezifisches Selbstverständnis der Lehrkräfte[12] sowie mögliche schulformspezifische Haltungen zum Unterrichtsgegenstand bzw. zum Unterrichtsfach Auswirkungen auf ihr Planungsverhalten haben.

Die Untersuchung unterschiedlicher Erfahrungsgrade bietet die besondere Chance, das Planungsverhalten von Novizen und Expertinnen im kontrastiven Vergleich darzustellen. Natürlich kann es sich hier nicht um repräsentative Ergebnisse handeln. Nichtsdestoweniger können interindividuelle Unterschiede auf verallgemeinerbare Tendenzen im Verlauf der Professionalisierung hinweisen, die Auskunft über die Entwicklung von Planungskompetenz geben können.[13] Dies ist auch deshalb von Bedeutung, weil es nach wie vor keine Unter-

10 Baumgärtner: Wissenschaftspropädeutik, 2002, S. 230f.

11 Siehe Kleinknecht: Aufgabenkultur, 2010, S. 5; Michler: Einführung, 2010, S. 9; Pandel: Geschichtsunterricht, 2012, S. 170f. Zur Situation der Hauptschule siehe z.B. Heuer: Neue Aufgabenkultur, 2010, S. 79–81.

12 Vermutet von Ipfling: Hauptschule, 2009, S. 236.

13 Vgl. Kunter: Modellierung, 2010, S. 311; Seidenfuß: Was denken erfolgreiche Geschichtslehrer, 2002, S. 64.

suchungen darüber gibt, welche Bedingungen und Lehrprozesse an welcher Stelle der Ausbildung zur Ausformung einer solchen Kompetenz führen. Die vorliegende Studie widmet sich hierbei im Sinne einer Best-Practice-Untersuchung Lehrkräften, die als besonders erfolgreich zu gelten haben.[14]

Um das Alltagshandeln der Lehrkräfte so genau wie möglich erfassen zu können, ist es nötig, sowohl die Planungshandlungen selbst als auch die auf die Planungen einwirkenden Umstände zu erheben und zu analysieren. Die Planungshandlungen müssen dabei unter möglichst realitätsnahen Umständen erfasst werden. Zudem muss es unter Berücksichtigung aller diesbezüglichen empirischen Erkenntnisse darum gehen, neben den konkreten Planungstätigkeiten auch das handlungsleitende professionelle Wissen und die damit zusammenhängenden Denkvorgänge der Lehrkräfte zu untersuchen. Hierfür hat sich die Methode des Lauten Denkens, also die Verbalisierung der kognitiven Planungshandlungen durch die Probanden und Probandinnen, als besonders ertragreiche Erhebungsmethode erwiesen.[15] Daten und Einschätzungen bezüglich der Rahmenbedingungen werden in der vorliegenden Studie in Interviews erfasst, die den Probanden und Probandinnen zudem die Möglichkeit bieten, das eigene praktische Planungshandeln zu reflektieren und kommentieren.

Die unterschiedlichen Ergebnisse müssen schließlich zueinander in Beziehung gesetzt werden: Wird die Planung eher von den inneren Überzeugungen und Routinen der Lehrkräfte oder aber von den äußeren Bedingungen des jeweiligen Lernorts Schule bestimmt? Haben didaktische Theorien und Hilfsmittel einen Einfluss, oder folgen die Lehrkräfte eigenen Mustern der Vorbereitung, die ihrer Alltags- bzw. Schulformrealität womöglich eher entsprechen?

Die Kompetenzen von Experten und Expertinnen können nur im Zusammenhang mit den an sie gestellten Anforderungen untersucht werden. In Kapitel II der vorliegenden Arbeit werden daher sowohl die gegenwärtigen normativen Empfehlungen als auch die empirischen Erkenntnisse zur Unterrichtsplanung im Geschichtsunterricht zusammengetragen. Die Ordnung der geschichtsdidaktischen Vorschläge nach verschiedenen Aspekten bedeutet hierbei bereits einen wichtigen Arbeitsschritt, da es bislang an übersichtlichen Zusammenstellungen dieser Normen fehlt. Für die in der vorliegenden Arbeit untersuchten Probanden und Probandinnen ist anzunehmen, dass sie im Laufe ihrer Ausbildung und ihres Berufslebens mit den hier abgebildeten Empfehlungen bzw. Ansprüchen konfrontiert worden sind. Da eine verbindliche Zusammenschau aber nicht existiert, kann nicht von einer allumfassenden Kenntnisnahme durch

14 Zum Unterschied zwischen erfolgreichen und guten Lehrkräften vgl. Terhart: Was wissen wir, 2007, S. 21. Zur Rekrutierung der Stichprobe vgl. Abschnitt IV.2.

15 Siehe für eine genaue Beschreibung des methodischen Vorgehens Kapitel IV.

alle Probanden und Probandinnen ausgegangen werden. Es ist vielmehr anzunehmen, dass ihnen die Normen nur in Ausschnitten bekannt sind. Ob und inwiefern sich diese im Planungsverhalten der Lehrkräfte widerspiegeln, wird im Auswertungskapitel V zu zeigen sein.

Auch die empirischen Ergebnisse zur Unterrichtsplanung sind bislang unübersichtlich. Ein klares, auf Forschung beruhendes und für die Praxis verbindliches Modell des Planungsverhaltens ist demzufolge bisher nicht publiziert worden. Da für die Geschichtsdidaktik nur wenige Untersuchungen vorliegen, ist es wichtig, als Voraussetzung der vorzustellenden Studie Forschungen aus anderen Fachdidaktiken in den Blick zu nehmen. Hierbei entspricht es dem Ansatz der Untersuchung zu prüfen, ob diese Ergebnisse auf den Geschichtsunterricht übertragen bzw. ob domänenspezifische Merkmale in Hinblick auf dessen Planung herausgearbeitet werden können. Gleiches gilt für die Aufschlüsselung der bisherigen Ergebnisse aus der Lehrerforschung in Kapitel III, die als konzeptionelle und inhaltliche Voraussetzung der vorliegenden Untersuchung des Planungsverhaltens von Geschichtslehrkräften dienen. Auch hier ist die Geschichtsdidaktik bislang nur am Rande tätig geworden. Die Relevanz und Übertragbarkeit der Ergebnisse aus anderen Fächern wird wiederum zu prüfen sein (Kapitel V und VI).

Die Ergebnisse der Kapitel II und III dienen als Grundlage zur Konstruktion des Untersuchungsdesigns bzw. des Interviewleitfadens (Kapitel IV) und der Analysekriterien, die den Ausgangspunkt der Ergebnisauswertung bilden. Die Ergebnisse der Untersuchung werden in Kapitel V entlang der Einzelfälle sowie geordnet nach den in Kapitel II und III gefundenen Aspekten dargestellt. Im sechsten Kapitel werden sie im Rahmen einer Typenbildung verknüpft, um unabhängig von allen Vorannahmen induktiv aus dem Untersuchungsmaterial Zusammenhänge herstellen und in ihrer Aussagekraft diskutieren zu können. Aus der Zusammenfassung dieser vielfältigen Resultate können in Kapitel VII abschließend Konsequenzen für die Geschichtsdidaktik und die Geschichtslehrerausbildung formuliert werden.

# II. Geschichtsdidaktische Unterrichtsplanung – der Forschungsstand

## II.1. Was ist Unterrichtsplanung? Unterrichtsvorbereitung als Gegenstand der didaktischen Forschung

Die Planung von Unterricht gilt neben seiner Durchführung und Reflexion als Kerngeschäft des Lehrerberufs. Sowohl in der Allgemeinen Didaktik als auch in der Geschichtsdidaktik wird die Vorbereitung als für einen erfolgreichen Unterrichtsverlauf wichtige, wenn nicht gar entscheidende Tätigkeit begriffen.[16] Gelungenen Unterricht verspricht die Planung allerdings nur, wenn sie ›gut‹ ist. Ein entscheidendes Merkmal einer solchen Güte wird hierbei überwiegend darin gesehen, ob die Planung kriterien- bzw. theoriegeleitet ist.[17]

Der Begriff Unterrichtsplanung bezeichnet in der vorliegenden Arbeit alle dem Unterricht vorausgehenden Maßnahmen seitens der Lehrkraft, die das Lehr-Lern-Geschehen gedanklich vorwegnehmen und helfen sollen, es optimal zu organisieren.[18] Hierbei wird auch die Reflexion vergangenen Unterrichts als Teil der Vorbereitung des kommenden Unterrichts verstanden.[19] Die Bezeichnungen ›Unterrichtsplanung‹ und ›Unterrichtsvorbereitung‹ werden in der Li-

16 Vgl. z.B. Baumert/Kunter: Das Kompetenzmodell. 2011, S. 29f.; Sandfuchs: Grundfragen, 2009, S. 685; Gläser-Zikuda/Fuß: Lehrerkompetenzen, 2008, S. 114. Für den Geschichtsunterricht vgl. z.B. Hasberg: Analytische Wege, 2012, S. 138. Thema der deutschen erziehungswissenschaftlichen Forschung ist die Unterrichtsplanung erst seit Anfang der 1980er Jahre. Bis heute nimmt sie hier aber nur einen randständigen Stellenwert ein, vgl. z.B. Hopperdietzel: Unterrichtsplanung, 2011, S. 13.

17 Vgl. Wiater: Unterrichtsplanung, 2011, S. 128. Konkret für den Geschichts- bzw. Sachkundeunterricht vgl. Tänzer/Lauterbach: Einleitung, 2010, S. 1; Gies: Geschichtsunterricht, 2004, S. 12. In diesem Zusammenhang wird aber beklagt, dass eine »eigene Theorie« der Unterrichtsplanung bislang nicht existiere, vgl. Kiper: Unterrichtsplanung, 2011, S. 131.

18 Vgl. z.B. Born: Unterrichtsplanung, 2014, S. 191; Kiper: Unterrichtsplanung, 2011, S. 132. Andere Publikationen gehen davon aus, dass Unterrichtsplanung auch während der Unterrichtsdurchführung weiter laufen könne, vgl. Seifried: Unterricht, 2009, S. 121.

19 Vgl. Pandel: Geschichtsdidaktik, 2013, S. 364.

teratur durchaus synonym verwendet.[20] Hin und wieder findet sich die Unterscheidung nach dem Grad der Fristigkeit: Während ›Unterrichtsplanung‹ hier längerfristige und hauptsächlich theoretische Aspekte der Antizipation des Unterrichts bezeichnet, richtet sich der Begriff ›Unterrichtsvorbereitung‹ auf die konkreten Maßnahmen, die der Umsetzung der Planung im Unterricht dienen sollen (z. B. die Materialerstellung). Nach dieser Definition sind beide Vorgänge zwar nicht identisch, überschneiden sich aber.[21] Da die vorliegende Arbeit sich sowohl mit dem konkreten Moment der Unterrichtsvorbereitung als auch mit umfassenderen Aspekten der Unterrichtsplanung befasst, werden die Begriffe hier sinngleich verwendet. Wo es um die deutlich kognitiv geprägten Komponenten der Antizipation des Unterrichts geht, wird dies besonders deutlich gemacht.

Ein Unterrichtsplan – ob schriftlich oder gedanklich – enthält demnach Entscheidungen und Vorsätze in Hinblick auf Ziele, Inhalte, Methoden und Medien des durchzuführenden Unterrichts. Er wird von jeder Lehrkraft individuell erstellt, gründet aber sowohl auf persönlichen als auch überlieferten fremden Erfahrungen, die die Lehrkraft entweder der normativen didaktischen Literatur entnimmt oder in der eigenen Ausbildung erlernt hat.

Die Planung von Unterricht hat eine Reihe von Funktionen, über die man sich sowohl in der Allgemeinen Didaktik als auch in den Fachdidaktiken einig ist. Zum einen dient sie der Lehrkraft dazu, die Komplexität des künftigen unterrichtlichen Geschehens gedanklich zu ordnen, um die eigene Sicherheit und kognitive und emotionale Entlastung in der Unterrichtssituation zu gewährleisten. Diese Sicherheit schließt hierbei nicht zuletzt eine fachliche Sicherheit mit ein. Da die Lehrkraft beim Planen eben nicht unter einem unmittelbaren Handlungsdruck steht, kann sie verschiedene mögliche Szenarien antizipieren und durchspielen, um eine möglichst rational begründete und zielgerichtete spätere Handlung vorzubereiten.[22] Auch eine Absicherung gegenüber Eltern, Schülern und Schülerinnen sowie Außenstehenden kann die Unterrichtsplanung, wenn sie schriftlich ist, gewährleisten, insofern sie Transparenz und eine Kontrollgrundlage bietet.

In der Diskussion um ›guten Unterricht‹ wird immer wieder darauf hinge-

---

20 Vgl. z. B. Sandfuchs: Grundfragen, 2009, S. 685; Tebrügge: Unterrichtsplanung, 2001, S. 11, FN 2.

21 Vgl. Seifried: Unterrichtsplanung, 2009, S. 179, FN 1; Peterßen: Handbuch, 2000, S. 11. Aber auch genau andersherum, vgl. z. B. Seel: Angehende Lehrer/innen, 2011, S. 32; Grunder, Unterricht, 2010, S. 35; Meyer: Leitfaden, 2010, S. 98. Tebrügge: Unterrichtsplanung, 2001, S. 13 erklärt, dass die Verwendung des Begriffs ›Unterrichtsvorbereitung‹ mitunter auch auf die grundsätzliche Annahme von einer Unplanbarkeit des Unterrichts verweise.

22 Vgl. z. B. Seifried: Unterricht, 2009, S. 123, 134. Vgl. speziell für den Geschichtsunterricht Gies: Geschichtsunterricht, 2004, S. 12.

wiesen, dass eine gründliche Planung des Unterrichts für dessen Gelingen nötig sei.[23] Besonders betont wird dies für pädagogische Aspekte des Unterrichtsgeschehens: So könne nur über Unterrichtsplanung ein reibungsloser Ablauf gewährleistet werden. Aber auch aus didaktischer Perspektive sei eine gewissenhafte Unterrichtsvorbereitung für einen langfristigen Unterrichtserfolg entscheidend: Sie garantiere zum einen Kontinuität, zum anderen aber auch gerade Abwechslung in Bezug auf die Unterrichtsinhalte.[24] Darüber hinaus dient eine schriftliche Unterrichtsplanung der nachträglichen Reflexion des gehaltenen Unterrichts. Wenn in der Literatur zur Entwicklung von Lehrerkompetenzen und Lehrerexpertise wiederholt betont wird, dass eine Verbesserung der Unterrichtspraxis einzig durch Reflexion herzustellen sei, so kommt der schriftlichen Unterrichtsplanung in dieser Hinsicht die Rolle eines wichtigen Bausteins in der berufsbiografischen Entwicklung und somit der Qualitätsdebatte in Bezug auf Unterricht zu. Letztlich leuchtet ein, dass eine grundsätzliche Diskussion über eine Verbesserung und Sicherung guten Unterrichts, wie sie seit PISA immer wieder geführt wird, eine Diskussion über gute Planung des Unterrichts mit einschließen muss.[25]

In der Ausbildung von Lehramtsstudierenden und Referendaren bzw. Referendarinnen erfüllt die Unterrichtsplanung einen besonderen Zweck. Indem sie die »wesentlichen Dimensionen unterrichtlichen Handelns« immer wieder bedenken und diskutieren hilft, soll sie die Auszubildenden darin unterstützen, diese Dimensionen in besonderem Maße zu verinnerlichen.[26] Innerhalb der didaktischen Literatur wird davon ausgegangen, dass diese Verinnerlichung bei erfahreneren Lehrkräften bereits stattgefunden habe, jene von ihrer Unterrichts- und Planungserfahrung durch Optimierung ihrer Entscheidungsprozesse profitieren und daher grundsätzlich weniger Zeit auf die Vorbereitung verwenden. So findet sich durchaus die Ansicht, dass ein normaler Berufsalltag eine detaillierte Planung, wie sie in der Ausbildung gefordert ist, nicht mehr zulasse.[27]

## 1.1. Ansätze der Beschreibung

Zur Beschreibung von Unterrichtsplanung existieren unterschiedliche Ansätze. Hierbei erweist sich als Problem, dass der Vorgang der Planung sich nur schwer

23 Vgl. z. B. Hopperdietzel: Unterrichtsplanung, 2011, S. 13. Für den Geschichts- bzw. Sachkundeunterricht vgl. z. B. Borries: Unterrichtsplanung, 2012, S. 185f.; Lauterbach/Tänzer: Fachlicher und planungstheoretischer Rahmen, 2010, S. 13.

24 Vgl. Seifried: Unterricht, 2009, S. 124f., 134.

25 Vgl. Kobarg u. a.: Lernwirksame Unterrichtsbedingungen, 2011, S. 55.

26 Grunder u. a.: Unterricht, 2010, S. 36.

27 Vgl. z. B. Heinßen: Hauptproblem, 2012, S. 192f.

auf die Tätigkeit einer Lehrkraft zu einem bestimmten Zeitpunkt begrenzen lässt. Unterrichtsplanung findet vielfach sogar unbewusst statt, wenn der oder die Planende im Verlauf eines Tages Erinnerungen an vergangenen Unterricht und Erwartungen an künftigen Unterricht mit Informationen über möglichen Unterricht verknüpft. Demzufolge setzen Wissenschaftler und Wissenschaftlerinnen in ihren Definitionen durchaus unterschiedliche Akzente. Wird Unterrichtsplanung mit einem psychologischen Begriff als ›Handlungsplanung‹ bezeichnet, so ist ihr Ergebnis ein Plan, »der geeignete Maßnahmen und Schritte zur Erreichung angestrebter Ziele im Unterricht festlegt«[28]. Wird Unterrichtsplanung hingegen als ›Lernplanung‹ verstanden, so beschreibt sie in erster Linie die Antizipierung des Lernens der Schüler und Schülerinnen durch die Lehrkraft.[29] Für die Geschichtsdidaktik liefert einzig Hans-Jürgen Pandel eine domänenspezifische Definition, wenn er konstatiert, Planung heiße vor allem »einen Kommunikationsprozess gedanklich vorwegzunehmen«[30].

Was also passiert im Kopf des Planenden? Ergebnisse theoretischer und empirischer Arbeiten aus der Psychologie haben zu der Annahme geführt, dass während des Planungsprozesses vor allem drei entscheidende gedankliche Handlungen vollzogen werden: die Antizipation komplexer Handlungssituationen, das Reproduzieren von Erfahrungen und theoretischem Wissen in Bezug auf Unterricht und das begründete Treffen von Entscheidungen, in das Urteile und Bewertungen einfließen.[31] Die Tatsache, dass Lehrkräfte eine Vielzahl von Entscheidungen treffen müssen, hat amerikanische Forscher und Forscherinnen bereits in den 1980er Jahren dazu bewogen, den Planungsprozess als typischen Problemlöseprozess im Sinne der Pädagogischen Psychologie zu bezeichnen.[32] Auch der Vater der empirischen Unterrichtsplanungsforschung in Deutschland, Rainer Bromme, schließt sich dem im Rahmen seiner bahnbrechenden empirischen Studie »Das Denken von Lehrern« (1981) grundsätzlich an. Er stellt allerdings fest, dass die Unterrichtsplanung der von ihm untersuchten erfahrenen Lehrkräfte nur selten im Sinne eines klassischen Problemlösens beschrieben werden kann, sondern dass diese häufiger bereits bekannte Informationen schlicht bewerten und zusammenstellen, was ihm zufolge als ›Aufgabenbearbeitung‹ bezeichnet werden müsse. Laut Bromme handele es sich bei der Unterrichtsplanung also um eine Mischform von Aufgabenfindung und

---

28 Siehe Seel: Angehende Lehrer/innen, 2011, S. 31. Vgl. auch Kiper: Unterrichtsplanung, 2011, S. 132; Jank/Meyer: Didaktische Modelle, 2010, S. 345.

29 Siehe Wiater: Unterrichtsplanung, 2011, S. 20.

30 Pandel: Artikulationsformen, 2013, S. 590.

31 Vgl. z.B. Kiper: Unterrichtsplanung, 2011, S. 131f.; Gies: Geschichtsunterricht, 2004, S. 279; Bromme: Das Denken, 1981, S. 132.

32 Geht zurück besonders auf die empirischen Untersuchungen von Yinger: A Study, 1980, besonders S. 113f. Vgl. Seifried: Unterricht, 2009, S. 122.

Problemlösung: Mit steigender Berufserfahrung müssten Lehrkräfte selten neue Entscheidungen treffen, sondern in erster Linie Erfahrungen abrufen und in die Formulierung neuer Unterrichtsaufgaben einfließen lassen.[33] Allerdings konnte Manfred Seidenfuß in einer qualitativen empirischen Studie nachweisen, dass es sich bei der Unterrichtsplanung von Novizen und Novizinnen in jedem Fall um eine Abfolge zahlreicher Ziel-Mittel-Analysen handelt. Eine von ihm beobachtete Geschichtsreferendarin traf 117 solcher Entscheidungen in einem Planungszeitraum von 35 Minuten.[34]

Die Bezeichnung des Planens als Problemlösen ist vielfach hinterfragt worden. Hierbei wurde besonders der Anteil der unbewussten Entscheidungen als für mit dem Begriff unvereinbar bewertet.[35] Wo Unterrichtsplanung heute als Problemlösen bezeichnet wird, so handelt es sich meist um eine allgemeinsprachliche, nicht aber um eine kognitionspsychologische Formulierung.[36] Unterrichtsvorbereitung kann heute je nach Blickwinkel »als Prozess der Informationsverarbeitung, als Bearbeitung von Aufgaben oder als Lösung von Problemen verstanden werden«.[37]

Entscheidendes Ergebnis der Diskussion um die Definition der Unterrichtsplanung ist, dass der Fokus ihrer Beschreibung heute im kognitiven Bereich liegt. Für die empirische Forschung bedeutete dies, dass die Denkprozesse der Lehrkräfte und ihr Wissen in den Fokus rückten.[38] Im Rahmen der Diskussionen um professionelles Lehrerwissen (siehe Abschnitt III.2.) wurde dieses Wissen aufgeschlüsselt und konzeptionalisiert. Grundsätzlich kombiniert die Lehrkraft bei der Unterrichtsplanung das theoretische Reflexionswissen, das sie in Ausbildung und Berufspraxis erworben hat, mit dem Handlungswissen, das sie aus ihrer täglichen Unterrichtspraxis gewinnt.[39]

## 1.2. Verlauf des Planungsprozesses

Ein Blick in die ältere didaktische Literatur zur Unterrichtsplanung zeigt, dass diese im 20. Jahrhundert überwiegend als linearer Prozess gedacht wurde, demzufolge die Lehrkraft ihre Vorbereitung mit der Zielentscheidung beginne

33 Siehe Bromme: Das Denken, 1981, S. 132, 192. Vgl. auch Kiper: Unterrichtsplanung, 2011, S. 132f.
34 Siehe Seidenfuß: Was denken erfolgreiche Geschichtslehrer, 2002, S. 63f.
35 Siehe Woods: Teacher Cognition, 1996, S. 120.
36 Siehe z.B. Wiater: Unterrichtsplanung, 2011, S. 21.
37 Kiper: Unterrichtsplanung, 2011, S. 131.
38 Geht besonders zurück auf Bromme: Das Denken, 1981, S. 2, 9.
39 Vgl. z.B. Gies: Geschichtsunterricht, 2004, S. 13.

und mit dem Verlaufsplan schließe.[40] Seit den 1970er Jahren unternahmen US-amerikanische Forschergruppen empirische Studien, die eine solche Linearität im Vorgehen von Unterrichtspraktikern und Unterrichtspraktikerinnen jedoch nicht bestätigen konnten.[41] Christopher Clark und Robert Yinger zeigten in einer Reihe von qualitativen Studien, dass die Planung von Lehrkräften zyklisch ablief. Diese begannen ihre Vorbereitung nicht mit einer Zielformulierung, wie in der normativen Literatur gefordert, sondern mit einer »major idea«, die sie im Verlauf der Planung immer wieder konsultierten und hinterfragten.[42] Das Ergebnis Deborah Sardo Browns, dass Anfänger und Anfängerinnen eher linear nach einem didaktischen Modell planten und erfahrene Lehrkräfte weniger systematisch vorgingen, bestätigt diese Annahmen über die ›wahre Natur‹ des Planungsprozesses nur: Es ergibt sich der Eindruck, dass Novizen und Novizinnen sich anfangs stark nach den didaktisch-normativen Vorgaben richten, mit wachsender Erfahrung und wachsendem Selbstbewusstsein aber zu einem deutlich abweichenden Vorgehen finden.[43] Auch in der deutschsprachigen Forschung finden sich schon in den 1980er Jahren empirische Nachweise, dass Planen »als spiralförmiger Verlauf gedacht werden« müsse.[44] Dennoch wurde die klare Forderung nach einer Revision der linearen Darstellung erst in den 1990er Jahren laut.[45] Heutzutage wird Unterrichtsplanung auch im deutschsprachigen Raum überwiegend als zirkulärer und dynamischer Prozess beschrieben.[46] Es sei hierbei durchaus möglich, dass die Planung auf einen linear angelegten Plan ziele, der Prozess der Planung sei aber eben nicht linear. In der normativen Literatur findet sich folgerichtig wiederholt der Hinweis, dass die einzelnen vorgeschlagenen Schritte der Planung durchaus in variabler Reihenfolge oder wiederholt auftreten können.[47]

So unterschiedlich die Beschreibungen des Planungsprozesses auch sein mögen, in Bezug auf die Komplexität des Unterrichtsplanens herrscht Einigkeit.

---

40 Die englischsprachige präskriptive Literatur geht hierbei grundsätzlich zurück auf das Modell von Tyler: Basic principles, 1949 (letzte Neuauflage 2013). John: Lesson planning, 2006, S. 483f. zufolge handelt es sich noch gegenwärtig um das am weitesten verbreitete Planungsmodell.

41 Bereits in den 1970 Jahren wurden ›integrierende‹ Planungsmodelle entworfen, denen zufolge die Lehrkraft nicht mit Zielformulierungen, sondern eher mit Methodenentscheidungen beginne, vgl. Woods: Teacher Cognition, 1996, S. 173.

42 Vgl. Clark/Yinger: Three Studies, 1979, S. 15.

43 Siehe Sardo-Brown: Twelve Middle-School Teachers' Planning, 1988.

44 Kiper: Unterrichtsplanung, 2011, S. 132.

45 Vgl. Woods: Teacher Cognition, 1996, S. 142; Lachance Wolcott: Understanding, 1994, S. 4. Neuere Forderungen bei John: Lesson planning, 2006, S. 494.

46 Vgl. z.B. Kobarg u.a.: Lernwirksame Unterrichtsbedingungen, 2011, S. 53; Zumsteg u.a.: Unterricht, 2007, S. 7; Witzenbacher: Praxis, 1994, S. 18f.

47 Vgl. Jank/Meyer: Didaktische Modelle, 2010, S. 345; Kiper: Unterrichtsplanung, 2011, S. 132. Für den Geschichtsunterricht vgl. Pandel: Artikulationsformen, 2013, S. 588.

Der Erfolg einer Planung sei hierbei schwer messbar. Er könne letztlich nur an ihrer Umsetzung festgemacht werden.[48]

## II.2. Wie soll Unterricht geplant werden? Normative Vorschläge aus Allgemein- und Fachdidaktik

### 2.1. Allgemeindidaktische Angebote

Die Veröffentlichungen zur Unterrichtsplanung im deutschsprachigen Raum dominieren normative Beiträge: Präskriptive Modelle sollen den Lehrkräften die Stundenplanung erleichtern. Die diesbezügliche Literatur ist umfassend und unübersichtlich. Sie stammt hauptsächlich aus der Allgemeinen Didaktik, deren Vertreter und Vertreterinnen die Unterrichtsplanung immer wieder als ihr »zentrales Aufgabengebiet« bezeichnen.[49] Didaktische Modelle im Sinne von Planungshilfen haben selten den Anspruch, ein konkretes Planungsverhalten vorzugeben, sondern sollen vielmehr den »[Planungs]prozess theoriegeleitet unterstützen«[50]. Als stark vereinfachte Abbildungen des komplexen Unterrichtsgeschehens repräsentieren sie aber immer eine klar normative und mitunter subjektive Vorgabe des jeweiligen Didaktikers bzw. der jeweiligen Didaktikerin. Dennoch muss man davon ausgehen, dass diese Modelle, insofern sie auf empirischer Forschung und praktischen Erfahrungen beruhen, durchaus verallgemeinerbare Aussagen zur Unterrichtsplanung enthalten und somit zu erfolgreicher Vorbereitung verhelfen können.

#### 2.1.1. Einflussreiche präskriptive Planungsmodelle der Didaktik

Eine umfassende Darstellung der unterschiedlichen allgemeindidaktischen Modelle ist im Rahmen dieser Arbeit unmöglich. Dies ist durchaus problematisch, da davon ausgegangen werden muss, dass die im vorliegenden Forschungsvorhaben zu untersuchenden Lehrkräfte ganz unterschiedliche Planungshilfen der didaktischen Literatur zu Rate gezogen und womöglich zum Ausgangspunkt ihrer Unterrichtsplanung gemacht haben. Aus pragmatischen Gründen ist es hier aber angezeigt, lediglich die entscheidenden normativen Aussagen zur Unterrichtsplanung jener zwei didaktischen Modelle zu skizzie-

48 Vgl. z. B. Pandel: Geschichtsdidaktik, 2013, S. 122; Scholl: Konzept, 2011, S. 108.

49 Vgl. Arnold/Bohl/Zierer: Einführung, 2011, S. 9; Hopperdietzel: Unterrichtsplanung, 2011, S. 13f.; Scholl: Konzept, 2011, S. 109. Die unterschiedlichen Modelle auf dem Markt differieren hierbei in ihren Vorschlägen mitunter erheblich.

50 Siehe Seifried: Unterrichtsplanung, 2009, S. 180.

ren, die in der ersten und zweiten Phase der Lehrerausbildung bis heute maßgeblich gelehrt werden und von denen daher ein klarer Einfluss auf die alltägliche Unterrichtsvorbereitung angenommen werden kann: das Modell Wolfgang Klafkis (Bildungstheoretische Didaktik) auf der einen und das Modell der sogenannten Berliner Schule (Lehr-Lerntheoretische Didaktik) auf der anderen Seite.[51] Die Darstellung wird ergänzt um normative Aussagen der Lernzielorientierten Didaktik, die ebenfalls nach wie vor in Ausbildung und Praxis rezipiert wird und vor allem ältere Lehrkräfte womöglich nach wie vor beeinflusst. Auch Vorschläge Hilbert Meyers, der bis heute zu den meistgelesenen Autoren zum Thema Unterrichtsplanung zählt, werden im Folgenden zusammenfassend wiedergegeben.

*Die Klassiker: Bildungstheoretische und Lehr-lerntheoretische Didaktik*

Der Bildungstheoretischen Didaktik zufolge muss eine jede Unterrichtsplanung eine Reihe didaktischer Elemente enthalten: eine Bedingungsanalyse (Analyse der soziokulturellen Ausgangsbedingungen einer Lerngruppe sowie der institutionellen Bedingungen, einschließlich daraus resultierender, möglicher Schwierigkeiten in der Unterrichtsdurchführung), eine Themenwahl und -begründung, eine inhaltliche Strukturierung des Themas sowie Entscheidungen über den unterrichtlichen Zugang zum Thema (Darstellbarkeit durch Medien) und dessen methodische Strukturierung.[52] Obwohl Klafki nirgends eine klare Abfolge bzw. eine Linearität des Planungsprozesses propagiert, ergibt sich aus seinen Ausführungen deutlich, dass die Methoden- und Medienwahl der didaktischen Analyse nachgeordnet werden solle, wobei letztere für ihn den Kern der Unterrichtsvorbereitung bildet. Themen- und Zielwahl durch die Lehrkraft stehen also klar im Zentrum. Zur diesbezüglichen Unterstützung schlägt er eine Reihe von Fragen vor, die der Lehrperson zur Ermittlung des »Bildungsgehalts« eines Inhalts, also seiner Unterrichtstauglichkeit dienen sollen.[53]

Auch die Lehr-lerntheoretische Didaktik benennt klar die Elemente, die eine jede Unterrichtsplanung ausmachen sollen. Sie werden unterteilt in Bedin-

51 Klafkis Modell der didaktischen Analyse liegt bis heute in zwei Fassungen vor. Während die erste Fassung aus dem Jahr 1958 sich der Bildungspädagogik verpflichtet sah, zeigte die spätere Fassung aus 1980 eine Hinwendung zur sog. kritisch-konstruktiven Didaktik, vgl. z. B. Klafki: Didaktische Analyse, 1958; Ders.: Neue Studien, 1985. Zum Berliner Modell siehe Heimann/Otto/Schulz: Unterricht, 1965. Zur Bedeutung beider Modelle für die Geschichtsdidaktik vgl. z. B. Gautschi/Bernhardt/Mayer: Guter Geschichtsunterricht, 2012, S. 330; Rohlfes: Geschichte, 2005, S. 251–258; Kuhn: Unterrichtsplanung, 1997, S. 457.

52 Vgl. Klafki: Die Bildungstheoretische Didaktik, 1980.

53 Siehe z. B. Klafki: Didaktische Analyse, 1958, S. 456. Seit den 1980er Jahren wendet Klafki sich von der kanonisierten Festlegung auf bestimmte Bildungsinhalte ab und rät stattdessen zur Suche nach »epochaltypischen Schlüsselprobleme«, vgl. Conrad/Ott: Didaktische Analyse, S. 562.

gungsfelder (anthropologisch-psychologische und soziokulturelle Voraussetzungen) auf der einen und Entscheidungsfelder (Intentionen, Inhalte, Methoden und Medien) auf der anderen Seite, wobei die gegenseitige Abhängigkeit aller Felder voneinander betont wird. Die Interdependenz der Faktoren ist ein solch prägnantes Merkmal des Modells, dass sich die Vorstellung einer Linearität des Planungsprozesses im Grunde verbietet. Ein klarer Fokus liegt auf den Kommunikationsteilnehmern und -teilnehmerinnen des Unterrichts (Lehrkräfte sowie Schüler und Schülerinnen), deren konkrete Äußerungen und Handlungen bis ins Detail bei der Vorbereitung antizipiert werden sollen.[54]

Während beide Modelle vielfach kritisiert worden sind,[55] haben jüngere empirische Studien zur Unterrichtsqualität auf die Relevanz der in ihnen enthaltenen normativen Vorschläge hingewiesen.[56] Insgesamt sind die Differenzen zwischen den Modellen heute nach mehrfachen Revisionen und Überarbeitungen durch ihre Verfasser geringer als früher.[57]

*Lernzielorientierte Planungsmodelle – vom Ziel zum Plan*

Anders als die beiden beschriebenen Modelle, die eine klare Linearität des Planungsprozesses verneinen, propagieren lernzielorientierte Planungsmodelle eine geordnete Abfolge von Planungsschritten, die mit einer möglichst präzisen Zielformulierung beginnt. Solche Modelle, die auf Ralph Tyler (1949) zurückgehen und noch heute in den USA weit verbreitet sind, hatten ihre Hochphase in der deutschen Lehrerbildung in den 1970er Jahren und werden heute nur noch in abgeschwächter Form genutzt.[58] Neuere angloamerikanische Vorschläge tendieren zu einem »integrated-ends-model«, bei dem die Zielentscheidung nicht am Anfang des Planungsprozesses steht, sondern in seinem Verlauf getroffen wird. Planung wird hier wiederum als zyklischer Prozess verstanden.[59]

*Der Unterrichtspragmatiker: Hilbert Meyer*

Während sehr viele Veröffentlichungen zur Unterrichtsplanung existieren, ist es lediglich der mittlerweile in der sechsten Auflage erschienene »Leitfaden zur Unterrichtsvorbereitung« Hilbert Meyers, der in der Lehrerausbildung besonders breit empfohlen und für die Unterrichtsvorbereitung konkret genutzt

54 Siehe z. B. Heimann/Otto/Schulz: Unterricht, 1965, S. 45.

55 Die Kritik bezieht sich insbesondere auf die fehlende Praxistauglichkeit, vgl. z. B. Pandel: Geschichtsdidaktik, 2013, S. 415; Hopperdietzel: Unterrichtsplanung, 2011, S. 15.

56 Vgl. Kobarg u. a.: Lernwirksame Unterrichtsbedingungen, 2011, S. 51–53.

57 Vgl. Jank/Meyer: Didaktische Modelle, 2010, S. 303. Allerdings konstatiert Scholl: Konzept, 2011, S. 110, dass es zu keiner wirklichen Auseinandersetzung der Didaktiker untereinander gekommen sei.

58 Siehe Tyler: Basic Principles, 1949. Vgl. Haas: Unterrichtsplanung, 1998, S. 15.

59 Vgl. John: Lesson planning, 2006, S. 488, 491.

wird.[60] Meyer stellt kein eigenes didaktisches Konzept der Unterrichtsplanung vor, sondern kombiniert die Erkenntnisse der oben genannten Modelle zu einer unterrichtspragmatischen Lösung, die der einzelnen Lehrkraft eine Orientierung liefern soll. Zusammenfassend empfiehlt er, Entscheidungen über eine Zielstruktur des Unterrichts, eine Inhaltsstruktur, eine Zeit- oder Prozessstruktur (Ablauf), eine Methodenstruktur, eine Sozialstruktur und eine Raumstruktur zu treffen. Die didaktische Strukturierung stellt hierbei den wichtigsten Teil der Planung dar, eine lineare Abfolge ist allerdings nicht einzuhalten: Wichtiger sei, dass jede einzelne Entscheidung eine didaktische Funktion für die gesamte Stundenkonzeption habe.[61]

So überzeugt die Verfasser und Verfasserinnen didaktischer Modelle der Unterrichtsplanung normative Vorschläge machen, so selten beruhen diese Vorschläge auf konkreten empirischen Erkenntnissen.[62] Nicht zuletzt dieser Umstand hat ihnen den Vorwurf eingebracht, nichts als »Feiertagsdidaktik« und für die Alltagspraxis untauglich zu sein.[63] In Werner Janks und Hilbert Meyers Handbuch zur Darstellung didaktischer Modelle wird klaglos eingeräumt, dass erfahrene Lehrkräfte »die im Referendariat eingebläuten Raster […] so gut wie gar nicht mehr [benutzen]«, sondern zugunsten individueller Planungsroutinen vernachlässigen.[64] Während die Bedeutung der didaktischen Theorien und didaktischen Modelle in der Lehrerausbildung unbestritten ist,[65] gelten sie vielfach als für den täglichen Gebrauch zu abstrakt, zu komplex und zu anspruchsvoll, als dass sich Lehrkräfte tatsächlich an ihnen orientieren würden. Es fehle den Vorschlägen schlicht an Handlungsorientierung, und die Lehrkraft als Rezipient werde in ihrer Kompetenz und Leistungsfähigkeit überschätzt und somit überfordert.[66] Diese Kritik ist auch innerhalb der Geschichtsdidaktik repliziert und in den größeren Zusammenhang des umfassenden Desinteresses der Lehrerschaft an didaktischen Publikationen gestellt worden.[67]

Inwiefern diese Vorwürfe empirische Bestätigung gefunden haben, ist Inhalt

---

60 Vgl. Borries: Unterrichtsplanung, 2012, S. 190.

61 Vgl. Meyer: Leitfaden, 2010, S. 39, 175, 177.

62 Vgl. z.B. Hopperdietzel: Unterrichtsplanung, 2011, S. 13; Seifried: Unterrichtsplanung, 2009, S. 182; Tebrügge: Unterrichtsplanung, 2001, S. 217.

63 Meyer: Schülerorientierung, 1980. Vgl. auch Kobarg u.a.: Lernwirksame Unterrichtsbedingungen, 2011, S. 51; Wiater: Didaktische Theoriemodelle, 2009, S. 683; Haas: Unterrichtsplanung, 2005, S. 15.

64 Jank/Meyer: Didaktische Modelle, 2010, S. 95. Ähnlich bei Mühlhausen: Abenteuer, 2007, S. 20f.; Tebrügge: Unterrichtsplanung, 2001, S. 9.

65 Vgl. z.B. Kobarg u.a.: Lernwirksame Unterrichtsbedingungen, 2011, S. 51.

66 Vgl. z.B. Hopperdietzel: Unterrichtsplanung, 2011, S. 26–28; Seel: Angehende Lehrer/innen, 2011, S. 40.

67 Hierbei werden allgemeindidaktische und fachdidaktische Modelle in der Diskussion häufig vermischt. Dies mag unter anderem daran liegen, dass genuin geschichtsdidaktische Modelle der Unterrichtsplanung rar sind.

des nächsten Kapitels (Abschnitt II.3.). An dieser Stelle soll darauf hingewiesen sein, dass die Diskussion um die Anwendbarkeit der Modelle auch unter ihren Verfassern und Verfasserinnen zu einer intensiven Auseinandersetzung darüber geführt hat, in welcher Form Wissen zur Unterrichtsvorbereitung generell bereitgestellt werden sollte. Es sammeln sich auf der einen Seite jene, die konkret anwendbare Vorschläge fordern, und auf der anderen solche, die eine ›Rezepthaftigkeit‹ von Vorschlägen rundheraus ablehnen. Folgerichtig variiert der Grad der Konkretheit der didaktischen Modelle für das Unterrichtsplanen deutlich. So finden sich klare, stichpunktartige Vorschläge neben eher allgemeingültigen, vagen Anregungen.

### 2.1.2. Die Debatte um die Unterrichtsrezepte

Während didaktische Modelle eher grundsätzliche Vorschläge zum Unterrichtsplanen enthalten, werden als Unterrichtsrezepte solche Publikationen definiert, die ganz konkrete, möglichst direkt anwendbare Stundenvorschläge enthalten. Meyer konstatiert eine lange Tradition der Ablehnung solcher Unterrichtsrezepte innerhalb der allgemeindidaktischen Diskussion.[68] Tatsächlich zeigt ein Blick in die didaktische Literatur zum Unterrichtsplanen, dass beinahe jeder Autor bzw. jede Autorin ausdrücklich vor einer rezepthaften Anwendung seiner bzw. ihrer Empfehlungen warnt. Dies mag einerseits in einem Wunsch nach Absicherung begründet sein: Natürlich können und wollen die Autoren und Autorinnen mit ihren Vorschlägen keine Garantie für einen erfolgreichen Unterricht übernehmen. Darüber hinaus tragen sie alle dem Umstand Rechnung, dass Unterricht auf die jeweilige Lerngruppe und Situation zugeschnitten werden muss. Ihre Mahnung ist wohl aber auch in dem alltagsprachlichen Verständnis des Begriffs der ›Rezepte‹ begründet, demzufolge die Nutzung solcher Anleitungen die eigene Arbeit in unzulässiger Weise erleichtere – ein Vorwurf, auf den Lehrkräfte gemeinhin sensibel reagieren. So weisen Jochen und Monika Grell, Autoren der mittlerweile in der 12. Auflage erschienenen »Unterrichtsrezepte«, dezidiert darauf hin, dass die Aneignung »pädagogischer Handlungsrezepte« ganz im Gegenteil »Anstrengung« erfordere und ihre Benutzung durch Lehrkräfte mitnichten deren Faulheit demonstriere.[69]

68 Siehe Meyer: Leitfaden, 2010, S. 24. Vgl. auch Heinrich: Rezeptedidaktik, 2007, S. 140. Für die Geschichtsdidaktik siehe Gies: Geschichte, 1998, S. 127. Bei Pandel kritisiert in ihrer Form als »Erfahrungsberichte«, vgl. Ders.: Geschichtsdidaktik, 2013, S. 433.

69 Grell/Grell: Unterrichtsrezepte, 2010, S. 37f. Insgesamt wird der Begriff allerdings sehr uneinheitlich verwendet und unterschiedlich konnotiert. Bei Meyer: Leitfaden 2010, S. 24 sind Rezepte »Handlungsanweisungen [...], die [...] mit Allgemeingültigkeitsanspruch formuliert sind«. Für Grell/Grell: Unterrichtsrezepte, 2010, S. 37, 42 sind sie nur »Hypo-

Kritiker von Unterrichtsrezepten haben angeführt, dass das Lehrerhandeln so komplex sei, dass es sich einer Optimierung durch das Anwenden von konkreten Handlungsanweisungen entziehe. Sie betonen die Gefahr, dass Lehrkräfte, die sich dauerhaft solcher Unterrichtshilfen bedienen, »die Fähigkeit und den Mut zu eigenständigem pädagogische[n] und didaktische[n] Denken« verlören und sich eine »Gleichschaltung allen Unterrichts« vollziehe.[70] Da nur die Fachlehrkraft ihre Lerngruppe kenne, sei es ihre Aufgabe, eine angemessene Synthese der Modelle herzustellen und diese als Metatheorie zu nutzen, um auf ihrer Grundlage eine eigene didaktische Theorie zu entwickeln. Die Planung von Unterricht sei letztlich ein schöpferischer Prozess, dem sich keine Rezepte aufpfropfen ließen. So fordert denn auch Ursula Carle deutlich: »Mehr Selbstbewusstsein – weniger Fremdrezepte«[71].

Befürworter einer klaren, präskriptiven Planungsliteratur betonen in erster Linie deren Entlastungsfunktion. Es gehe nicht darum, rigide zu normieren, sondern schlicht zu erleichtern. Darüber hinaus sichere eine stetige Nutzung solcher Rezepte auch die Unterrichtsqualität, da im Gegenteil eine starke Routinisierung zu einem »Erstarren« in derselben führe.[72] Unterrichtsrezepte werden hier grundsätzlich als »bewährte[n] Vorgehensweise[n]" verstanden, die reflektiert genutzt werden müssten.[73]

Besonders ambivalent wird die Rolle von Rezepten in der Lehrerausbildung gesehen. So seien es besonders die Referendare und Berufsanfängerinnen, die den Wunsch nach rezeptartigen und möglichst detaillierten Anleitungen äußerten. Gleichzeitig beklagten gerade sie häufig die Einengung, die durch eine schematisch vorgegebene Unterrichtsplanung erzeugt werde. Während Befürworter der Unterrichtsrezepte vermuten, dass besonders Referendare und Referendarinnen hier Hilfe zur ›Einübung‹ echten Handelns bekämen,[74] konstatieren andere, dass die Referendare und Referendarinnen die vorgegebenen Schemata nur vordergründig nutzten und für ihre Ausbilder und Ausbilderin-

thesen« und »keine Gesetze«. Für Bromme/Seeger: Unterrichtsplanung, 1979, S. 23 handelt es sich um »aus dem Handlungsplan des Handelnden externalisierte Algorithmen«.

70 Peterßen: Handbuch, 2000, S. 297. Ähnlich bei Sandfuchs: Grundfragen, 2009, S. 692; John: Lesson planning, 2006, S. 495; Reinhold: Fachdidaktische Ausbildung, 2004, S. 415.

71 Carle: Mein Lehrplan, 1995, S. 135. Ähnlich bei Ditton: Unterrichtsqualität, 2009, S. 238; Wiater: Didaktische Theoriemodelle, 2009, S. 683f.; Hug: Geschichtsunterricht, 1985, S. 119. Tebrügge weist darauf hin, dass auch Klafki bzw. die Berliner Schule die Modelle immer nur als »Reflexionshintergrund für Unterrichtsplanung« verstanden wissen wollten, siehe Dies.: Unterrichtsplanung, 2001, S. 22.

72 Peterßen: Handbuch, 2000, S. 301. Vgl. Grell/Grell: Unterrichtsrezepte, 2011, S. 42; Meyer: Leitfaden, 2010, S. 24f.; Bovet/Huwendiek: Leitfaden, 2004, S. 41.

73 Gonschorek/Schneider: Einführung, 2009, S. 284. Ähnlich bei Meyer: Leitfaden, 2010, S. 24f.; Bromme/Seeger: Unterrichtsplanung, 1979, S. 24; Mayer: Keine Angst, 1992, S. 14.

74 Siehe Meyer: Leitfaden, 2010, S. 21–23; Tebrügge: Unterrichtsplanung, 2001, S. 29; Bromme/Seeger: Unterrichtsplanung, 1979, S. 21, 103f.

nen zurechtbögen. Hierbei werde nicht wirklich etwas gelernt. Die Hauptfunktion der Planungshilfen liege dann darin, Kontrollkriterien für die Ausbilder und Ausbilderinnen zu liefern.[75]

## 2.2. Grundlegende Ziele geschichtsdidaktischer Unterrichtsplanung

Normative Modelle zur Unterrichtsplanung müssen zwangsläufig auf Modellen guten Unterrichts beruhen. Sowohl in der allgemeindidaktischen als auch in der fachdidaktischen Diskussion hat es in diesem Bereich in den letzten zehn Jahren bedeutende Forschungsentwicklungen gegeben. Besonders in Reaktion auf die Ergebnisse internationaler Vergleichsstudien wie PISA und TIMMS wurden gezielt empirische Studien betrieben, um Merkmale guten Unterrichts erfassen und definieren zu können.[76] Dabei wird konsensual davon ausgegangen, dass ›guter Unterricht‹ ein ›perspektivengebundenes Konstrukt‹ ist, das aus Sicht der unterschiedlichen Unterrichtsteilnehmer und -teilnehmerinnen durchaus unterschiedlich beschrieben wird.[77] Nicht zuletzt deshalb setzen sich in der Forschung gegenwärtig triangulative Untersuchungsmethoden durch, die möglichst viele unterschiedliche Perspektiven zu berücksichtigen versuchen.[78] Als grundlegende vorauszusetzende Ziele eines guten Unterrichts gelten hierbei derzeit jedoch flächendeckend die von Franz Weinert formulierten »Bildungsziele« der Schule: Vermittlung von anwendungsbezogenem Wissen und Können, Schlüsselqualifikationen, Lernkompetenzen, sozialen Kompetenzen und Wertorientierungen.[79]

Die Forschungsstudien erwiesen, dass es unterschiedliche Arten erfolgreichen Unterrichts gibt. Diese seien nicht beliebig, man könne aber nicht länger davon ausgehen, dass bestimmte Methoden oder bestimmte Verhaltensweisen generalisierbar seien.[80] Die empirische Forschung kommt dennoch zu einigen

75 Vgl. Godemann/Stoltenberg: Subjektive Theorien, 1998, S. 9; Lenzen: Didaktische Theorie, 1980, S. 160–163.

76 Für einen Forschungsüberblick siehe Helmke: Unterrichtsqualität, 2012, S. 168–271; Wiater: Unterrichtsplanung, 2011, S. 145–147.; Hertel u. a.: Schulische Rahmenbedingungen, 2010, S. 130.

77 Vgl. z. B. Pandel: Geschichtsdidaktik, 2013, S. 419; Gautschi u. a.: Guter Geschichtsunterricht, 2012, S. 326; Thünemann: »Ganz, ganz historisch«, 2012, S. 40.

78 Zur Triangulation in den Sozialwissenschaften siehe Flick: Triangulation, 2011 und ausführlich Abschnitt IV.3.

79 Vgl. Weinert: Lehren, 2000, S. 5–7. Insgesamt wird der wertbezogenen Erziehung durch Unterricht derzeit besonders große Aufmerksamkeit gewidmet, vgl. z. B. Baumert u. a.: Professionelle Kompetenz, 2011, S. 9; Meyer: Leitfaden, 2010, S. 20f., 55.

80 Siehe z. B. Helmke: Unterrichtsqualität, 2013, S. 364. Beck u. a. formulieren, es gehe vielmehr um die »Lehrkompetenz«, vgl. Dies.: Adaptive Lehrkompetenz, 2008, S. 10.

übergreifenden Kriterien, die auch in der neueren normativen Planungsliteratur Niederschlag finden:

1. Guter Unterricht beruht auf einem konstruktivistischen Lernverständnis.
2. Guter Unterricht ist zielorientiert und in dieser Zielorientierung transparent bzw. klar strukturiert.
3. In einem guten Unterricht begleitet die Lehrkraft das Lernen der Schüler und Schülerinnen effektiv.
4. In einem guten Unterricht herrscht ein positives und unterstützendes Lernklima.
5. Guter Unterricht ist schülerorientiert.[81]

Die Kriterien wurden wiederum in Folgestudien genutzt, um die tatsächliche Qualität des deutschen Unterrichts zu beurteilen. Es ergaben sich eher negative Bewertungen: Viele der lernwirksamen Unterrichtsbedingungen treten im alltäglichen Unterricht offenbar nur selten auf.[82] Ein möglicher Grund wird darin gesehen, dass Lehrkräfte ihren eigenen Unterricht selten an didaktischen Maßstäben messen. Eigener Unterricht werde schnell als subjektiv gut empfunden, ohne dass diese Einschätzung auf objektiven Kriterien beruhe. Herbert Hertramph spricht von einem »hohe[n] Anteil von Selbstillusionierung« und auch Pandel konstatiert für den Geschichtsunterricht, es komme zu oft vor, »dass Lehrende [...] den Eindruck haben, eine ›gute‹ Unterrichtsstunde erlebt zu haben, die aber [...] eine verheerende Veranstaltung« gewesen sei.[83] Insgesamt zeigt sich indessen, dass die Ergebnisse der Forschung vielleicht nicht hinreichend sind, sich aber durchaus für die Lehrkräfte als Orientierungsschema eignen dürften, um die eigenen Unterrichtsplanung zu reflektieren und mit den didaktischen Modellen in Beziehung zu setzen, um so schließlich die eigene Planung zu optimieren.

---

81 Vgl. z. B. Helmke: Unterrichtsqualität, 2013, S. 236–239; Ders.: Forschung, 2011, S. 638–640; Kobarg u. a.: Lernwirksame Unterrichtsbedingungen, 2011, S. 48–50; Kunter/Baumert: Das COACTIV-Forschungsprogramm, 2011, S. 354; Grunder u. a.: Unterricht, 2010, S. 211; Hertel u. a.: Schulische Rahmenbedingungen, 2010, S. 128–139; Seidel/Blomberg/Stürmer: »Observer«, 2010, S. 297; Lohmann: Fach- und Klassenlehrer, 2009, S. 336f.; Lipowsky: Was wissen wir, 2007.

82 Vgl. z. B. Kobarg u. a.: Lernwirksame Unterrichtsbedingungen, 2011, S. 46; Ditton: Unterrichtsqualität, 2009, S. 236.

83 Hertramph: Lehrer werden, 2002, S. 119; Pandel: Geschichtsdidaktik, 2013, S. 251. Ähnlich bei Gruschka: Die Bedeutung, 2008, S. 60. Peter Gautschi belegte empirisch, dass Lehrkräfte zur Bewertung ihres Unterrichts eher fachunspezifische Kriterien nutzten, vgl. Ders.: Guter Geschichtsunterricht, 2009, S. 237.

### 2.2.1. Guter Geschichtsunterricht

So informativ die allgemeindidaktische Literatur zur Unterrichtsqualität auch sein mag, konkret auf den Geschichtsunterricht übertragbar ist sie nicht. Es herrscht mittlerweile Konsens darüber, dass Lernen »bereichsspezifisch« stattfindet, womit die jeweilige Besonderheit des Fachs als bedeutsamer Faktor des Lernerfolgs in den Fokus rückt.[84] So haben grundsätzlich auch für den Geschichtsunterricht die fachunspezifischen Gütekriterien zu gelten. Sie allein reichen aber nicht, um Geschichtsunterricht als ›gut‹ zu klassifizieren. Pandel exemplifiziert zu Recht: »Eine Geschichtsunterrichtsstunde kann klar strukturiert sein und Methodenwechsel betreiben und dennoch an [den] Zielen [des Geschichtsunterrichts] vorbeigehen«[85].

Die Diskussion um ›guten Geschichtsunterricht‹ ist vergleichsweise jung und wird zunehmend intensiv geführt. Allerdings besteht bis heute kein Konsens in Bezug auf eine gute Geschichtsunterrichtsstunde, der klare normative Vorgaben oder gar Kontrollkriterien rechtfertigen würde.[86] Dabei bedarf es solcher klar definierter Gütekriterien unbedingt, wenn man bedenkt, dass die empirischen Ergebnisse outputorientierter Forschung zum Geschichtsunterricht in Deutschland zur Sorge anregen. Angesichts geringer Sachkenntnisse und fehlender Methodenkompetenzen seitens der Schüler und Schülerinnen ergibt sich der Eindruck, dass die untersuchten Schülerleistungen die gegenwärtigen Vorstellungen der Geschichtsdidaktik grundsätzlich nicht erfüllen.[87] Es muss beunruhigen, wenn Gerhard Henke-Bockschatz und Christian Mehr annehmen, »dass nur in seltenen Fällen Geschichtsunterricht in dem Sinn gelingt, dass er auch nur halbwegs den geschichtsdidaktischen Ansprüchen genügt«[88]. Kriterien guten Geschichtsunterrichts müssten Lehrkräften hier eine Grundlage bieten, ihren Unterricht zu reflektieren und zu verbessern. Eine klare Definition guten Geschichtsunterrichts könnte dabei zudem jene Stimmen beruhigen, die die Not-

84 Vgl. z. B. Meyer-Hamme: »Ja, also«, 2012, S. 21; Gautschi: Auf der Suche, 2011, S. 282.

85 Pandel: Geschichtsdidaktik, 2013, S. 421.

86 Vgl. z. B. Zülsdorf-Kersting: Was ist guter Geschichtsunterricht?, 2012, S. 8f. Zu den verschiedenen Forschungsrichtungen in Bezug auf die Qualitätsfrage von Unterricht siehe z. B. Gautschi/Bernhardt/Mayer: Guter Geschichtsunterricht, 2012. Zur diesbezüglichen Lehrerforschung siehe Kapitel III.

87 Vgl. Meyer-Hamme: »Ja, also«, 2012, S. 29, FN 4; Gautschi: Auf der Suche, 2011, S. 282; Schönemann/Thünemann/Zülsdorf-Kersting: Was können Abiturienten, 2010; Hasberg: Im Schatten, 2007, S. 30; Borries u. a.: Schulbuchverständnis, 2005, S. 17f., 298f.; Rohlfes: Geschichte, 2005, S. 394.

88 Henke-Bockschatz/Mehr: Professionalisierung, 2013, S. 108. Hierbei muss natürlich die Frage erlaubt sein, ob das Problem nicht in den geschichtsdidaktischen Ansprüchen begründet liegt, vgl. Sauer: Geschichte, 2012, S. 38; Rohlfes: Quo vadis, 2008, S. 16.

wendigkeit historischen schulischen Lernens generell hinterfragen, indem sie klare Aussagen zu Inhalt und Zweck des Geschichtsunterrichts lieferte.[89]

Ein erster Schritt in Richtung Definition guten Geschichtsunterrichts wäre eine konsensuale Antwort auf die Frage nach seinen Zielen. So lassen sich neben allen unterschiedlichen Ausformulierungen von Zielen in den unterschiedlichen Richtlinien und didaktischen Werken durchaus Übereinstimmungen identifizieren, die unter den beiden Begriffen der Schulung eines ›Geschichtsbewusstseins‹ und der Auseinandersetzung mit der ›Geschichtskultur‹ zusammengefasst werden können. Die Ausbildung eines reflektierten Geschichtsbewusstseins durch die Schüler und Schülerinnen steht hierbei als Ziel des Geschichtsunterrichts flächendeckend an erster Stelle. Ein solches Geschichtsbewusstsein diene den Schülern und Schülerinnen zur Orientierung und Identitätsfindung in der Gegenwart und helfe ihnen, aktiv und »vernunftbestimmt« zur Gestaltung der Zukunft beizutragen.[90] Ein Schwerpunkt liegt hierbei klar in dem Bestreben, die Schüler und Schülerinnen zur politischen Mündigkeit zu erziehen, wobei wiederum die Bewahrung vor ideologischen Fehlentwürfen wie dem Nationalsozialismus in den didaktischen Publikationen besondere Aufmerksamkeit erfährt.[91] Als zentrale Kompetenz zur Schärfung des Geschichtsbewusstseins wird neuerdings wieder die ›narrative Kompetenz‹ betont.[92]

Wie die Ausbildung eines solchen reflektierten Geschichtsbewusstseins gemessen werden kann, ist allerdings bislang nicht geklärt. Die neuerliche Aufschlüsselung in zu erwerbende Kompetenzen folgt hauptsächlich älteren Modellen Karl-Ernst Jeismanns, Jörn Rüsens und Hans-Jürgen Pandels, in denen die Ausbildung eines reflektierten Urteilsvermögens als zentrales Merkmal eines Geschichtsbewusstseins gilt.[93] Hieraus abzuleitende Qualitätskriterien oder gar Operationalisierungen sind selten und vielen praktizierenden Lehrkräften wahrscheinlich unbekannt. Als Hauptanhaltspunkt dient den Lehrkräften im Alltag vermutlich die Vorgabe, dass Schüler und Schülerinnen im modernen Geschichtsunterricht nicht länger Fakten, sondern vielmehr selbstständiges

89 Vgl. Barricelli/Gautschi/Körber: Historische Kompetenzen, 2012, S. 207; Schreiber: Vortrag, 2011.

90 Vgl. z. B. Conrad: Vom Lehrplan, 2012, S. 392 f.; Scherr: Sozialisation, 2012, S. 60 f.; Schönemann: Geschichtsbewusstsein, 2012, S. 98.

91 Vgl. z. B. Borries: Nicht-nur-kognitive Lernziele, 2012, S. 433–435; Lücke: Diversität, 2012, S. 144; Scherr: Sozialisation, 2012, S. 64. Auch deutlich in den Lehrplänen, vgl. Conrad: Vom Lehrplan, 2012, S. 393.

92 Vgl. z. B. Barricelli u. a.: Historische Kompetenzen, 2012, S. 210; Gautschi u. a.: Guter Geschichtsunterricht, 2012, S. 336.

93 Vgl. Jeismann: Geschichte, 2000, S. 65; Rüsen: Was ist Geschichtsbewusstsein?, 1994; Pandel: Dimensionen, 1987. Vgl. z. B. Becker: Historische Urteilsbildung, 2012, S. 316–318; Schönemann: Geschichtsbewusstsein, 2012. Generell wird davon ausgegangen, dass ein Geschichtsbewusstsein nur in einem jahrelangen Prozess erworben werden kann, vgl. z. B. Gies: Geschichtsunterricht, 2004, S. 287.

historisches Denken lernen sollen.[94] Neuerdings wird zudem deutlich darauf hingewiesen, dass dieses Denken nicht auf Kognitionen beschränkt werden dürfe, sondern ebenso emotionale Komponenten umfassen müsse.[95] Messbar sei die Schulung dieses historischen Denkens wiederum daran, inwiefern im Unterricht spezifische »Operationen historischen Denkens« (also Narration anhand von Quellen, Dekonstruktion von Deutungsansprüchen, reflektierte Nutzung fachspezifischer Kommunikationsweisen, Kategorien und Prinzipien historischen Denkens sowie fachspezifischer Erkenntnisweisen, hermeneutisches Verstehen, sinnbildendes Narrativieren, analytisches Erklären) beobachtet werden können.[96]

Ausgeschärft und gleichzeitig herausgefordert werde das Geschichtsbewusstsein der Schüler und Schülerinnen in Auseinandersetzung mit der sie umgebenden Geschichtskultur. Hierbei wird davon ausgegangen, dass der Geschichtsunterricht eben nicht die erste Instanz der Geschichtsvermittlung im Leben der Schüler und Schülerinnen ist.[97] Umso mehr wird beklagt, dass die schulische Geschichtsvermittlung zu dieser Geschichtskultur »noch nicht den richtigen Zugang gefunden« habe, sondern sich vor allem auf die Geschichtswissenschaft beziehe. Besonders brisant sei hierbei die Tatsache, dass die öffentliche Geschichtsvermittlung der schulischen Geschichtsvermittlung häufig entgegenstehe und andere Ziele und Darstellungsmuster verfolge.[98] Horst Gies zufolge haben Geschichtslehrkräfte hier eine »wichtige und verantwortungsvolle Ergänzungs- und Korrektivfunktion«[99].

Wie bereits gezeigt wurde, sind Geschichtsdidaktiker und -didaktikerinnen mit den Ergebnissen des historischen Lernens an deutschen Schulen, soweit sie darüber empirische Kenntnisse haben, unzufrieden. Wie aber steht es um die Unterrichtsqualität im Geschichtsunterricht, namentlich die Förderung eines Geschichtsbewusstseins, selbst? Auch hier herrscht überwiegend Untergangsstimmung. So glaubt Markus Daumüller, an »die Stelle einer Kultur historischen Denkens [trete] die Kultivierung historischer Bedeutungsschablonen«[100].

---

94 Vgl. Adamski: Didaktische Analyse, 2012, S. 225; Körber: Graduierung, 2012, S. 237, 240; Heuer: Neue Aufgabenkultur, 2010, S. 89f.

95 Vgl. besonders Borries: Nicht-nur-kognitive Lernziele, 2012, S. 423f.

96 Begriff bei Borries u.a.: Schulbuchverständnis, 2005, S. 17. Zusammenstellung der Operationen nach Pandel: Geschichtsdidaktik, 2013, S. 410, 426f.; Gautschi u.a.: Guter Geschichtsunterricht, 2012, S. 345f.

97 Siehe Gautschi: Geschichte lehren, 2012, S. 34; Borries u.a.: Schulbuchverständnis, 2005, S. 16. Die Bedeutung der Geschichtskultur ist heute in allen Richtlinien zentral, vgl. hierzu Martens: Implizites Wissen, 2010, S. 103.

98 Pandel: Geschichtsdidaktik, 2013, S. 172f.; Borries: »Kompetenzmodell«, 2007, S. 343, FN 12.

99 Gies: Geschichtsunterricht, 2004, S. 53. Reeken: Geschichtskultur, 2004, S. 238 betont allerdings, dass sie hierfür nicht immer angemessen ausgebildet würden.

100 Daumüller: Einstellungen, 2012, S. 384.

Henke-Bockschatz/Mehr meinen, der Geschichtsunterricht beschränke sich »de facto sehr oft auf eine Art kommunikatives Einüben der gängigen gesellschaftlich und politisch [...] gewünschten Standpunkte«[101]. Und Michele Barricelli beklagt einfach nur den »ganzen Ennui heutigen Oberstufen-Geschichtsunterrichts«[102].

Das derzeit wohl am breitesten rezipierte Modell guten Geschichtsunterrichts stammt von Peter Gautschi, der sich in der Formulierung eigener Gütekriterien auf ältere geschichtsdidaktische Entwürfe fachdidaktischer Beobachtungskategorien von Mayer/Pandel und Barricelli/Sauer beruft.[103] Gautschi definiert 15 Gütekriterien für guten Geschichtsunterricht, die er in die drei Bereiche Prozessstruktur (in erster Linie fachunspezifische Kriterien)[104], Lerngegenstand (hauptsächlich fachspezifisch)[105] und Nutzung durch die Schüler und Schülerinnen, also fachspezifische Schüleraktivitäten, aufteilt. Das zentrale Ziel des Geschichtsunterrichts ist auch hierbei die Förderung eines Geschichtsbewusstseins über historisches Lernen bzw. die Bildung eines historischen Werturteils. Zusammenfassend definiert Gautschi:

> *»Geschichtsunterricht ist dann gut, wenn Schülerinnen und Schüler anhand von fachspezifisch bedeutsamen Inhalten und Themen mittels eines Unterrichtsprozesses, der den Ansprüchen der Bezugswissenschaften entspricht, relevantes geschichtliches Wissen und für Historisches Lernen grundlegende Kompetenzen erwerben und ausdifferenzieren.«*[106]

Anders als seine Vorgänger unterzieht Gautschi seine eigenen Gütekriterien selbst einer Überprüfung. Sein empirisch gewonnenes Datenmaterial umfasst 41 videografierte Geschichtsstunden und anschließend durchgeführte Schüler- und Lehrerinterviews, die er mittels Triangulation (qualitativ und quantitativ) auswertet. So können die Perspektiven von Schülern und Schülerinnen, Lehr-

101 Henke-Bockschatz/Mehr: Von den Möglichkeiten, 2012, S. 120.

102 Barricelli: »Das wollt' ich nur«, 2012, S. 130.

103 Vgl. Gautschi: Guter Geschichtsunterricht, 2009, S. 42, 89–91. Vgl. weiter Mayer/Pandel: Kategorien, 1976, S. 46. Neuerdings überarbeitet bei Mayer: Qualitätsmerkmale, 2005, S. 224. Barricelli/Sauer: »Was ist guter Geschichtsunterricht?«, 2006. Pandel entwirft ein neueres Modell in Ders.: Geschichtsdidaktik, 2013, S. 422–429: Geschichtsunterricht wird hier grundsätzlich als fachspezifische Kommunikation verstanden.

104 Wie z. B. effektive Klassenführung, unterstützendes Klassenklima, aktivierende und angepasste Lerngelegenheiten, Strukturiertheit, kognitive Aktivierung und wirkungsvolle Sicherung. Gautschi beruft sich hierbei auf Erkenntnisse der Allgemeinen Pädagogik, vgl. Ders.: Guter Geschichtsunterricht, 2009, S. 81, 86f.

105 Das Thema muss Gautschi zufolge bedeutsam sein, menschliches Handeln in gesellschaftlicher Praxis ebenso widerspiegeln wie Veränderungen in der Zeit. Sachrichtigkeit, Multiperspektivität und Kontroversität müssen gewährleistet sein. Das Thema muss schülerbezogen, exemplarisch und zielgruppenangepasst repräsentiert sein, vgl. ebda., S. 96–98.

106 Ebda., S. 100. Vgl. weiter ebda., S. 44.

kräften und geschichtsdidaktischen Experten und Expertinnen gleichberechtigt berücksichtigt werden.[107] Die Untersuchung zeigt, dass es durchaus Übereinstimmungen in der Wahrnehmung guten Geschichtsunterrichts durch die unterschiedlichen Bewerter und Bewerterinnen gibt. Insgesamt wurden fünf der 39 untersuchten Unterrichtsstunden von allen Beteiligten als ›gut‹ beurteilt. Die konsensual positiven Bewertungen betrafen hier vor allem die Punkte ›Bezogenheit des Themas auf die Situation der Lernenden‹ und ›Gewährleistung von anregenden, aktivierenden und angepassten Lerngelegenheiten‹. Gautschi fasst diese Ergebnisse unter den fachunspezifischen Qualitätskriterien ›Schülerorientierung und Qualität der Lernaufgaben‹ zusammen. Abgesehen von diesen Punkten unterschieden sich die für gut befundenen Stunden in Planung und Durchführung sehr voneinander.[108]

Gautschis empirische Studie gilt als die erste, in der die Qualität des Unterrichts weder anhand der vorgegebenen Normen (in Form von Schulbüchern oder offiziellen Richtlinien) noch am Output, also den Schülerleistungen gemessen, sondern vielmehr der Unterrichtsprozess selbst beobachtet und in seiner Qualität zu beschreiben versucht wird.[109] Ein vergleichbares Projekt wurde im Jahre 2012 unternommen, indem Geschichtsdidaktiker, Ausbilderinnen und der durchführende Lehrer selbst eine beobachtete Unterrichtsstunde nach verschiedenen – nicht immer vorher klar explizierten – Gütekriterien bewerteten. Auch die Perspektive der Schüler und Schülerinnen wurde berücksichtigt.[110] Wie schon in Gautschis Studie fällt den Bewertern und Bewerterinnen die Identifikation von schlechten Komponenten der Unterrichtsstunden leicht. Sie kritisieren sowohl fachunspezifische als auch fachspezifische Probleme der beobachteten Geschichtsstunde. Die Kennzeichnung positiver Elemente fällt demgegenüber vage aus: So seien die Inhalte immerhin »entsprechend den ministeriellen Vorgaben relevant«[111] und die Stunde grundsätzlich »auf einem hohen Niveau«[112] gewesen. Klare positive Urteile finden sich nur in Hinblick auf fachunspezifische Elemente wie ›Schülerorientierung‹ und ›Wertschätzung‹ durch die Lehrkraft.[113] Ähnlich vage fallen auch die Schlussfolgerungen in Bezug auf grundlegende Gütekriterien aus. So folgen Henke-Bockschatz/Mehr dem angeblich »kleinstmöglichen Nenner […] unterschied-

107 Vgl. ebda., S. 124f.
108 Siehe ebda., S. 166–168, 242–254. Gautschi ist insgesamt dafür kritisiert worden, dass seine Gütekriterien bzw. die Indikatoren zu fachunspezifisch seien, vgl. Borries: Unterrichtsplanung, 2012, S. 188f.; Schröer: Mitschnitte, 2012, S. 200, FN 8.
109 Siehe Mathis: Kommentar, 2011, S. 259.
110 Vgl. Meyer-Hamme u. a.: Was heißt guter Geschichtsunterricht?, 2012.
111 Heinßen: Hauptproblem, 2012, S. 189.
112 Sauer: »Putsch«, 2012, S. 66.
113 Vgl. Lange: Was ist guter Geschichtsunterricht?, 2012, S. 169.

licher Gütekataloge«, wenn ihr zentrales Gütekriterium lautet: »Die Schüler und Schülerinnen sollen Einsichten und Erkenntnisse über vergangene [...] Zusammenhänge erlangen, deren Relevanz für sie nachvollziehbar ist und zu denen sie sich in Beziehung setzen können«[114]. Auch von Seiten der Fachleiter und Fachleiterinnen, deren Urteil als besonders wichtig gelten muss, da sie doch täglich in der Alltagspraxis Unterricht anhand von Gütekriterien bewerten, finden sich nur Hinweise auf einige wenige Qualitätsmerkmale.[115] Einzig die Gruppe um Gautschi formuliert die von ihm bereits bekannten klaren Qualitätsmerkmale. Auch Michael Sauer findet einige klare Anhaltspunkte zur Beurteilung der Qualität der beobachteten Stunde.[116] Im Ergebnis zeigt sich deutlich, dass sich die grundsätzlichen Annahmen der Fachdidaktiker und Praktikerinnen über guten Geschichtsunterricht individuell stark unterscheiden. So beziehen sich einige der Autoren und Autorinnen klar auf Kompetenzmodelle, für andere ist guter Geschichtsunterricht mit der Orientierung an bestimmten fachspezifischen Strukturierungskonzepten gegeben, wieder andere stellen einzelne Kompetenzen als klare Schlüsselpunkte guten Geschichtsunterrichts heraus. Während sich die Ergebnisse für den Leser bzw. die Leserin also als relativ unübersichtlich darstellen, resultieren sie für Hilke Günther-Arndt in einer Liste »bemerkenswerte(r) Übereinstimmungen«, die folgende Punkte beinhaltet: Ein guter Geschichtsunterricht zeige einen klar strukturierten Unterrichtsprozess. Zentral sei hierbei die Schulung der Fragekompetenz, der historischen Orientierungskompetenz und des historischen Denkens.[117] Konsens scheint zu sein, dass die normativen Vorschläge der Geschichtsdidaktik vielfach als unzureichend wahrgenommen werden. Als Hauptproblem der beobachteten Stunde bezeichnet der Fachleiter Johannes Heinßen die unzulängliche »Didaktisierung« also das »Übersetzen fachwissenschaftlicher Erkenntnisse in einen schülerorientierten Lernprozess«. Hier fehle es an Hilfestellungen seitens der Fachdidaktik.[118] Auch Henke-Bockschatz/Mehr resümieren, dass die von der Geschichtsdidaktik formulierten Normen die Realität der Unterrichtspraxis augenscheinlich zu selten beachteten.[119]

Die vorgestellten Studien zeigen, dass guter Geschichtsunterricht offenbar

---

114 Henke-Bockschatz/Mehr: Von den Möglichkeiten, 2012, S. 108. Bei Sauer heißt es, der Unterricht müsse so angelegt sein, »dass er bestimmte fachspezifische Kompetenzen der Schüler und Schülerinnen zur Geltung« bringe, Sauer: »Putsch«, 2012, S. 58.

115 Z. B. »fachbezogene Konkretisierungen von Strukturiertheit und Klarheit an Gelenkstellen der Unterrichtsphasen«, Lange: Was ist Guter Geschichtsunterricht?, 2012, S. 168. »Lernprogression nachweisbar«, »transparent«, »fachlich fundiert« und »differenzierend« bei Heinßen: Hauptproblem, 2012, S. 180f.

116 Siehe Gautschi/Barth/Utz: »Überlegt mal«, 2012, S. 74, 82; Sauer: »Putsch«, 2012, S. 68.

117 Günther-Arndt: Auf der Suche, 2012, S. 230.

118 Siehe Heinßen: Hauptproblem, 2012, S. 193.

119 So zusammengefasst bei Günther-Arndt: Auf der Suche, 2012, S. 221.

durchaus unterschiedlich sein kann. Aus den Hinweisen, die sich in normativer und theoretischer Literatur finden, ergibt sich ein derart unübersichtliches Bild, dass sich Lehrkräfte in ihrer Alltagspraxis nur schwerlich daran orientieren können. Eine genuin domänenspezifische Diskussion in Hinblick auf Qualitätskriterien existiert derzeit nur zu den beiden Themen der kognitiven Aktivierung und der unterrichtlichen Strukturierungskonzepte. Die Forderung nach neuen Aufgabenformaten im Geschichtsunterricht bezieht sich hierbei in erster Linie auf kompetenzorientierte Formulierungen, die das Fördern historischen Denkens ermöglichen sollen. Die Entwicklung konkreter Qualitätskriterien und Vorschläge für neue Prüfungsformen steckt dabei noch ganz in den Anfängen.[120] In Hinblick auf die unterrichtsmethodischen Strukturierungskonzepte bzw. die Unterrichtsprinzipien scheint sich ein Konsens darüber abzuzeichnen, dass der problemorientierte Unterricht nach Uwe Uffelmann als Gütekriterium eines guten Geschichtsunterrichts zu gelten habe. So wird die Ansicht geteilt, dass eine Urteilsbildung am Schluss der Stunde als zentrales Moment einer Schulung des Denkens nur über die Konstruktion eines Problems bzw. einer Frage zu Beginn der Stunde, gefördert werden könne.[121] Ebenso dominant in der Qualitätsdiskussion ist die Forderung nach handlungsorientierten Elementen[122] und einer multiperspektivischen Ausrichtung[123] des Geschichtsunterrichts.

Neben der empirischen Forschung nach Gütekriterien guten Geschichtsunterrichts gibt es neuerdings auch vereinzelt Untersuchungen zu der Frage, ob Elemente dieses guten Geschichtsunterrichts bereits umgesetzt werden. Gautschi u. a. kommen in ihrer Studie zu Geschichtsunterricht in neunten Klassen in der Schweiz zu dem Schluss, dass ausgerechnet das wichtigste allgemein akzeptierte Unterrichtselement in Hinblick auf guten Geschichtsunterricht, das Erlernen von historischem Denken, nicht eingelöst wird: Im untersuchten Unterricht überwog die Vermittlung von Sachwissen und nicht die Schulung historischen Denkens.[124] So ergibt sich der Eindruck, dass es zwischen den Versuchen einer Definition guten Geschichtsunterrichts und dem tatsächlich in den

120 Vgl. Sandkühler: Vom Master, 2013, S. 185, FN 93; Wenzel: Aufgaben(kultur), 2012; Heuer: Neue Aufgabenkultur, 2010, S. 88f.

121 Dies entspricht dem Grundmuster des problemorientierten Geschichtsunterrichts, siehe z. B. Uffelmann: Neue Beiträge, 1999. Vgl. z. B. Fritz: Geschichte, Bd. 2, 2012, S. 80f.; Hensel-Grobe: Kompetenzorientierung, 2013; Demantowsky: Unterrichtsmethodische Strukturierungskonzepte, 2012, S. 64–70. Zweifel bei Henke-Bockschatz/Mehr: Professionalisierung, 2013, S. 108.

122 Siehe Pandel: Geschichtsdidaktik, 2013, S. 283; Sauer: Geschichte, 2012, S. 87–89; Völkel: Handlungsorientierung, 2012.

123 Vgl. z. B. Lücke: Multiperspektivität, 2012, S. 281, 288; Borries: Kompetenzmodell, 2007, S. 346.

124 Vgl. Hodel/Waldis: Sichtstrukturen, 2007 und Messner/Buff: Lehrerwissen, 2007, bes. S. 155f.

Klassenzimmern umgesetzten Unterricht mitunter große Abweichungen gibt. Angesichts der wenig entwickelten Gütekriterien können solcherlei empirische Feststellungen allerdings derzeit nur von begrenzter Aussagekraft sein. Besonders wichtig sind die genannten Untersuchungen für den gegenwärtigen Stand der Debatte um guten Geschichtsunterricht, sofern sie ihre Instrumente beschreiben, hinterfragen und zur Diskussion stellen.[125]

### 2.2.2. Kompetenzorientierung im Fach Geschichte

Neben all diesen unterschiedlichen Entwürfen eines guten Geschichtsunterricht besteht folgender grundsätzlicher Konsens: Ein guter Geschichtsunterricht ist heute zwangsläufig ein kompetenzorientierter Geschichtsunterricht.[126] Allgemein- und Fachdidaktiker bzw. -didaktikerinnen sind sich einig, dass ein solcher kompetenzorientierter Unterricht eines Umdenkens und einer neuen Art von Unterrichtsplanung bedarf. Die umfassend angelegte, systematische Ausbildung von Kompetenzen im Sinne von »domänenspezifischen Problemlösungsstrategien«[127] erfordere eine langfristige Unterrichtsvorbereitung, ein neues Selbstverständnis der Lehrkräfte als Lernbegleiter und letztlich ein besonderes fachliches und fachdidaktisches Wissen der Lehrenden, die die bis heute eher vage formulierten normativen Kompetenzvorschläge unterrichts- und lerngruppenspezifisch in der Planungspraxis selbst konkretisieren müssen.[128]

In Reaktion auf die durch PISA und TIMMS angeblich offensichtlich gewordenen Defizite im deutschen Unterrichtswesen forderten die Kultusministerien 2002 einstimmig, dass Unterricht von nun an stärker vom Output, messbar in Kompetenzen, und nicht länger vom Input her beurteilt werden sollte. Die KMK stützte sich hierbei auf die Studie »Zur Entwicklung nationaler

125 So ließen sich Erkenntnisse über Erhebungsmethoden aus anderen Fächern durchaus auch auf die Geschichtsdidaktik übertragen. Vgl. z. B. die Übertragungen von Skalen für die Messung von kognitiven Aktivierungen im Mathematikunterricht auf den Deutschunterricht bei Hertel u. a.: Schulische Rahmenbedingungen, 2010, S. 140.

126 Vgl. z. B. Heil: Kompetenzorientierter Geschichtsunterricht, 2012; Heuer: Neue Aufgabenkultur, 2010, S. 89.

127 Für die Geschichtsdidaktik siehe Adamski: Didaktische Analyse, 2012, S. 225. Ähnlich bei Pandel: Geschichtsdidaktik, 2013, S. 208–210.

128 Für die Allgemeine Didaktik siehe z. B. Helmke: Unterrichtsqualität, 2013, S. 240–248; Lersch: Kompetenzfördernd unterrichten, 2007, S. 43. Für den Geschichtsunterricht siehe z. B. Bergmann/Rohrbach: Chance, 2013, S. 22; Pandel: Geschichtsdidaktik, 2013, S. 117f; Conrad: »Alter Wein«, 2012. Es finden sich allerdings auch kritische Stimmen zur Kompetenzorientierung. So sei unklar, inwiefern es sich hier wirklich um einen Paradigmenwechsel handele, siehe Kämper-van den Boogart: Schulinterner Lehrplan, 2009, S. 318. Zu den warnenden Stimmen siehe auch Heil: Kompetenzorientierter Geschichtsunterricht, 2012, S. 9; Sauer: Geschichte, 2012, S. 22.

Bildungsstandards«, die der Definition des Kompetenzbegriffs durch den Lernpsychologen Weinert folgte: Es gehe von nun an um »wirkliches Verstehen« statt nur um »reproduzierbares Faktenwissen«. Die Expertise betonte zudem deutlich den fachlichen Charakter der kompetenzorientierten Bildungsstandards. Es gehe darum, die »Kernideen der Fächer« klar herauszuarbeiten.[129]

Der Geschichtsunterricht ist weder von einer der großen Vergleichsstudien erfasst worden, noch wurden für ihn amtliche Bildungsstandards formuliert. Dennoch folgt auch die Geschichtsdidaktik mittlerweile geschlossen dem Paradigma der Kompetenzorientierung. Es wird besonders von jenen propagiert, die eine deutliche Abwendung von der Stofforientierung und eine Hinwendung zu »zentrale(n) Zielen und Anliegen des Faches« fordern.[130] Seit 2005 reagieren Geschichtsdidaktiker und -didaktikerinnen auf die Appelle von KMK und BMBF mit eigenen, domänenspezifischen Kompetenzmodellen. Hierbei wird Kompetenz grundsätzlich im oben genannten Sinne im Anschluss an die amtlichen Vorgaben definiert. Es zeigt sich allerdings, dass diese Begriffsbildung weder im theoretischen Bereich der Fachdidaktik noch in der praktischen Unterrichtsrealität übereinstimmend genutzt wird: Oft herrscht Unklarheit bezüglich der konkreten Definition.[131]

Ein allgemein akzeptiertes, konkret ausformuliertes geschichtsdidaktisches Kompetenzmodell, das umfassend Verwendung fände, fehlt bis heute. Stattdessen existiert eine Vielzahl an Kompetenzmodellen und -vorschlägen, die sich in ihrer Qualität in Hinblick auf ihre Domänenspezifik und in ihrem Umfang deutlich unterscheiden.[132] Eine Orientierung für Lehrkräfte ist hierbei schwierig. Pandel beklagt eine »Open-End-Liste« von Kompetenzen.[133] Trotz aller Unterschiede sind aber durchaus Übereinstimmungen festzustellen. So gilt auch für den kompetenzorientierten Unterricht flächendeckend als allgemein akzeptiertes, oberstes Ziel, den Schülern und Schülerinnen die Ausbildung eines re-

129 Weinert: Vergleichende Leistungsmessung, 2001, S. 27; Klieme u. a.: Zur Entwicklung, 2007.

130 Vgl. z. B. Hensel-Grobe: Kompetenzorientierung, 2013; Barricelli u. a.: Historische Kompetenzen, 2012, S. 207f.; Martens: Implizites Wissen, 2010, S. 19.

131 Vgl. z. B. Sauer: Zur Professionalisierung, 2013, S. 33; Barricelli u. a.: Historische Kompetenzen, 2012, S. 212–214. Aufschnaiter/Blömeke: Professionelle Kompetenz, 2010, S. 362f. erläutern, dass die Missverständnisse teilweise in einer unklaren Verwendung durch Weinert gründen, v. a. in Bezug auf affektiv-motivationale Anteile und auf die Handlungsnähe der kognitiven Anteile. Vgl. auch Pandel: Geschichtsdidaktik, 2013, S. 208.

132 Siehe für einen Überblick Pandel: Geschichtsdidaktik, 2013, S. 212; Barricelli u. a.: Historische Kompetenzen, 2012; Heil: Kompetenzorientierter Geschichtsunterricht, 2012. S. 18–48.

133 Pandel: Geschichtsdidaktik, 2013, S. 213. Ihm zufolge sind auch die Ziele der Kompetenzentwicklung völlig unklar und unterschiedlich, vgl. ebda., S. 216f. Ähnlich bei Schönemann/Thünemann/Zülsdorf-Kersting: Was können Abiturienten, 2010, S. 14.

flektierten Geschichtsbewusstseins zu ermöglichen.[134] Peter Adamski zufolge sind die Kompetenzen hierbei die »Denkinstrumente oder kognitive[n] Werkzeuge«, die das historische Denken ermöglichen und somit zum Geschichtsbewusstsein führen.[135] Darüber hinaus beziehen sich alle Modelle grundsätzlich auf die ›narrative Kompetenz‹ als zentrales Element historischen Denkens. Es bestehen aber in den Details der Modelle enorme Unterschiede, was auch erklärt, dass ihre Verfasser und Verfasserinnen nach wie vor heftig miteinander diskutieren. Ein solcher mangelnder Konsens mag unter anderem auf die fehlenden empirischen Grundlagen der Modelle zurückzuführen sein. Wo normative Vorgaben dominieren, ist ein Konsens offenbar kaum erreichbar.[136]

Die meisten Bundesländer haben für das Fach Geschichte Richtlinien veröffentlicht, die jeweils eigenen Kompetenzentwürfen folgen und sich in unterschiedlicher Konsequenz an einem der genannten geschichtsdidaktischen Modelle orientieren. Auch diese Vorschläge unterscheiden sich hierbei naturgemäß stark, und es besteht kein allgemeiner Konsens darüber, welche Kompetenzen für den Geschichtsunterricht als zentral zu gelten haben.[137] So sehr allein diese Vielfalt den Lehrkräften ein gewisses Problem der Orientierung bereiten mag, so kompliziert gestaltet sich für sie die konkrete Umsetzung der Kompetenzschulung im Unterricht: Bis heute gibt es kaum Informationen darüber, wie die jeweiligen Kompetenzen graduiert, also nach Niveaus geordnet werden können. Diesbezügliche Vorschläge fanden sich lange Zeit nur im FUER-Modell und auch hier sind sie bis heute nicht schulpraktisch ausformuliert.[138] Erste Beispiele einer schulpraktischen Umsetzung unterschiedlicher Niveaustufen und dazugehöriger Standards liefert erst neuerdings Werner Heil.[139] Pandel hat darauf hingewiesen, dass es zur konkreteren Stufung der Kompetenzniveaus unbedingt weiterer empirischer Forschung zum Kompetenzerwerb bedürfe.[140] Aus der schmalen Literatur zur Kompetenzgraduierung folgt, dass der Erwerb einer Kompetenz bis heute durch die Lehrkraft nur schwerlich objektiv gemessen und somit ein solcher Kompetenzerwerb auch schlecht geplant werden kann. Dies ist besonders ärgerlich, wenn man bedenkt, dass das Umdenken in der Unterrichtsplanung gerade im langfristig geplanten Kompetenzerwerb bestehen soll. Hierfür wäre ein Wissen über Teilkompetenzen und ihren Aufbau unabding-

---

134 Vgl. z. B. Körber: Graduierung, 2012, S. 240; Sauer: Geschichte, 2012, S. 22.

135 Adamski: Didaktische Analyse, 2012, S. 225.

136 Vgl. Seidenfuß/Kanert: Die Wirksamkeit, 2013, S. 159; Martens: Implizites Wissen, 2010, S. 104; Rohlfes: Geschichte, 2005, S. 396.

137 Kommentierter Überblick über die Bildungspläne der Länder bei Heil: Kompetenzorientierter Geschichtsunterricht, 2012, S. 50–70.

138 Siehe Körber: Graduierung, 2012, S. 249–251.

139 Vgl. Heil: Kompetenzorientiert Geschichtsunterricht, 2012, S. 150.

140 Siehe Pandel: Geschichtsdidaktik, 2013, S. 214.

bar.[141] Ein weiteres Problem der Umsetzung des kompetenzorientierten Geschichtsunterrichts für Praktiker und Praktikerinnen besteht darüber hinaus im nach wie vor nicht gänzlich geklärten Verhältnis zwischen der Vermittlung von Sachwissen, den so verpönten ›Fakten‹, und den Kompetenzen.[142]

Wie ein kompetenzorientierter Unterricht konkret aussehen könnte, ist bislang selten beschrieben worden. Ein klares normatives Planungsraster findet sich erst neuerdings bei Heil.[143] Es fehlt an Vorschlägen der Operationalisierung und an geeigneten Aufgabenformaten oder Lernarrangements im Sinne einer kognitiven Aktivierung.[144] Insgesamt ergibt sich der Eindruck, dass die Umsetzung des angestrebten kompetenzorientierten Unterrichts deutlich zu wünschen übrig lässt. Geschichtsdidaktiker und -didaktikerinnen beklagen einen »eklektische[n] Umgang« mit den Kompetenzmodellen ebenso wie eine deutliche Zurückhaltung der Lehrerschaft gegenüber dem neuen Paradigma. Ausbilder und Ausbilderinnen erfänden jeweils individuelle, neue Kompetenzen und Referendare und Referendarinnen orientierten sich entweder an der Allgemeinen Didaktik und deren Kompetenzvorschlägen oder an den individuellen Vorstellungen ihrer jeweiligen Mentoren bzw. Mentorinnen.[145] Auch wenn diesen düsteren Bewertungen bislang die empirischen Grundlagen fehlen, so ist deutlich, dass eine Entwicklung von Strategien der Kompetenzvermittlung im Geschichtsunterricht nach wie vor ebenso sehr aussteht wie die Konstruktion diesbezüglicher praktischer Planungshilfen. Zur Entwicklung und Förderung einzelner Kompetenzen existiert eine Reihe unterschiedlicher normativer Vorschläge. Sie bleiben aber bis heute sehr abstrakt.[146] Es ist anzunehmen, dass

141 Vgl. Barricelli u. a.: Historische Kompetenzen, 2012, S. 232; Heil: Kompetenzorientierter Geschichtsunterricht, 2012, S. 152; Lersch: Kompetenzfördernd unterrichten, 2007, S. 41.

142 Vgl. Fritz: Geschichte, 2012, S. 45; Gautschi u. a.: Guter Geschichtsunterricht, 2012, S. 338f.; Körber: Kompetenzorientiertes Geschichtslernen, 2012; Zülsdorf-Kersting: Was ist guter Geschichtsunterricht, 2012, S. 10.

143 Siehe Heil: Kompetenzorientiert Geschichtsunterricht, 2012, S. 125.

144 So sind Hinweise, wie jener, dass es auf eine »gute Mischung aus fachlichem Anspruch, Anregung und Herausforderung, Lernfreude und Attraktivität, Erfolgserwartung und Bedeutsamkeit sowie auf Variatonsreichtum und nicht zuletzt auf emotionale Zugänge« ankomme, sicherlich richtig, aber für die konkrete Planung wenig hilfreich. Siehe Wenzel: Aufgaben, 2012, S. 86. Vgl. weiter Barricelli u. a.: Historische Kompetenzen, 2012, S. 230–232; Sauer: Zur Professionalisierung, 2013, S. 34. Tatsächlich bemühen sich Schulbuchautoren und -autorinnen neuerdings deutlich um eine Umsetzung kompetenzorientierter Anforderungen. Wiederum ergibt sich hier aber das Problem der konkurrierenden Modelle.

145 Vgl. z. B. Fritz: Geschichte, 2012, S. 48; Heil: Kompetenzorientierter Geschichtsunterricht, 2012, S. 10; Heinßen: Hauptproblem, 2012, S. 193; Pandel: Geschichtskultur, 2012, S. 158; Sauer: Geschichte, 2012, S. 69.

146 Vgl. für einzelne Vorschläge Barricelli: Narrativität, 2012; Gautschi: Geschichte, 2012, S. 12–23; Heil: Kompetenzorientierter Geschichtsunterricht, 2012, S. 122–145; Themenheft Geschichte lernen 139 (2011): Kompetenzorientiert unterrichten.

diesen Entwicklungen noch verschiedene Studien der Grundlagenforschung vorausgehen müssen.

## 2.3. Geschichtsdidaktische Empfehlungen – zwischen Pragmatik und Theorie

Ebenso wie die Allgemeindidaktiker und -didaktikerinnen betonen auch Geschichtsdidaktiker und -didaktikerinnen die Bedeutung der Unterrichtsplanung für den Unterrichtserfolg. Obwohl die allgemeindidaktischen Planungsvorschläge immer wieder den Anspruch erheben, auf alle Schulfächer anwendbar zu sein, wird ihre Brauchbarkeit innerhalb der Geschichtsdidaktik allerdings bestritten.[147] Allein die oben dargestellte Diskussion um guten Geschichtsunterricht zeigt, wie spezifisch die Ansprüche der Domäne auch an die Planung des Unterrichts sein müssen. Bemerkenswerterweise hat sich eine Diskussion über die Planung oder gar die ›gute‹ Planung eines ›guten Geschichtsunterrichts‹ bislang aber nicht eingestellt. Auch klare normative Aussagen zur Vorbereitung, konkrete Planungsvorschläge oder gar -schemata bleiben in der Geschichtsdidaktik selten. So finden sich in den Handbüchern zwar Beiträge zum Thema ›Unterrichtsplanung‹, sie diskutieren dieselbe aber eher abstrakt als konkrete Anleitungen zu präsentieren. Nur im »Handbuch Methoden im Geschichtsunterricht« findet sich ein Schlussteil zur Unterrichtsplanung, der Artikel mit konkreten Hinweisen zu Teilaspekten der Planung bietet. Aber auch diese Teilvorschläge fügen sich nicht zu einem stimmigen Bild einer Planung von Geschichtsunterricht.[148] Normative Vorgaben zur Unterrichtsplanung muss sich die Lehrkraft eher aus den Veröffentlichungen zu gutem Geschichtsunterricht oder aus Beiträgen zu Teilelementen von Geschichtsunterricht, wie Prinzipien, Inhalten, Methoden, etc., erschließen. Eine allgemein akzeptierte, alltagspraktische Synthese all dieser Normen fehlt bis heute. Bodo von Borries hält in seiner Übersicht über Planungsmodelle im Geschichtsunterricht fest, dass die Literatur zur Stundenvorbereitung trotz ihrer enormen Wichtigkeit für die Praxis weniger von Geschichtsdidaktikern und -didaktikerinnen als vielmehr von pragmati-

147 Siehe Born: Unterrichtsplanung, 2014, S. 192; Pandel: Artikulationsformen, 2013, S. 590.

148 Siehe Mayer/Pandel/Schneider: Handbuch Methoden, 2013. Konkrete Erwähnung findet die Planung bei Pandel: Geschichte, 1997, S. 384 mit der bemerkenswert vagen Aussage, die Entscheidungen bei der Planung müssten »an der Zielsetzung des historischen Unterrichts (Emanzipation, Aufklärung, Identitätsfindung) ausgerichtet werden«. Ähnlich vage bei Fritz: Geschichte, 2012, S. 79: »Jede Unterrichtsplanung geht von den Stoffstrukturen und den daraus zu entwickelnden didaktischen Zielen im Zusammenhang mit der Förderung des Geschichtsbewusstseins aus«.

schen Tipps erfahrener Ausbilder und Unterrichtspraktikerinnen dominiert werde.[149]

Erste dezidiert domänenspezifische Ansätze zur Unterrichtsplanung finden sich bei Hans-Dieter Schmid und Ernst Jeismann in den 1970er Jahren. Trotz einiger praktischer Planungsbeispiele enthalten sie aber keine konkreten Planungskonzepte, anhand deren die planende Lehrkraft sich orientieren könnte.[150] Ähnlich konzipiert ist das jüngst von Gerhard Fritz herausgegebene Werk »Geschichte und Fachdidaktik«, das sich in erster Linie an Lehramtsstudierende der Grund-, Haupt- und Realschulen richtet. Die Vorschläge bleiben sehr vage, enthalten aber ein konkretes Planungsbeispiel, das offenbar als Hilfe im Planungsalltag dienen soll.[151]

Annette Kuhn weist in ihrem Handbuchartikel zur Unterrichtsplanung darauf hin, dass die Geschichtsdidaktik sich von einer Formulierung klarer Planungshilfen generell distanziere, um stattdessen eine Verbesserung der Planungskompetenz der einzelnen Lehrkraft zu fordern. Dementsprechend zielten normative Hinweise weniger auf die Präsentation einer guten Planung als auf die Ausbildung eines guten Planenden. Folgerichtig enthält auch Kuhns Vorschlag eines Planungsmodells keine konkrete praktisch umsetzbare Anleitung.[152] In dieselbe Richtung tendiert Pandel, der ebenso wenig ein verbindliches Schema der Unterrichtsplanung propagieren will, da erst die »alternative Handhabung von konkurrierenden Modellen [...] zur Ausbildung eines kritischen didaktischen Bewusstseins führen« könne.[153] Auch Joachim Rohlfes diskutiert Unterrichtsvorbereitung, wobei er vor allem die gängigen didaktischen Modelle in den Blick nimmt. Ein Vorschlag für ein genuin geschichtsdidaktisches Vorgehen findet sich hier nicht.[154]

Neben diesen eher theoretischen Veröffentlichungen existieren Publikationen, die einen stärkeren unterrichtspragmatischen Charakter haben. So entfaltet Norbert Zwölfer in einem Handbuchartikel einen anschaulichen Eindruck seines eigenen Planungsvorgehens. Mit dem deutlichen Hinweis, es handele sich um ganz persönliche und subjektive Ratschläge eines Praktikers, distanziert auch Zwölfer sich dabei deutlich von jeder Form der Oktroyierung. Dennoch

149 Siehe Borries: Unterrichtsplanung, 2012, S. 183.

150 Der Schwerpunkt liegt hier wie vielerorts bei der Themenwahl, siehe Rohlfes/Jeismann: Geschichtsunterricht, 1974.

151 Vgl. Fritz: Geschichte, 2012, S. 89–95.

152 Es bleibt diskussionswürdig, ob ihre Hinweise, auf eine Analyse des Bedingungsfeldes müsse die Planung von Lernzielen und der Unterrichtsorganisation sowie schließlich die Begründung der didaktischen Entscheidungen folgen, als domänenspezifisches Modell zu bezeichnen sind, siehe Kuhn: Unterrichtsplanung, 1997, S. 458.

153 Pandel: Geschichtsdidaktik, 2013, S. 364. Pandel schlägt dennoch ein eigenes Planungsmodell vor, siehe ebda., S. 418. Es bleibt aber sehr abstrakt.

154 Vgl. Rohlfes: Geschichte, 2005, S. 248–264.

entwickelt er ein Planungsmodell für die Einzelstunde in sieben Stufen, das der rezipierenden Lehrkraft klare Hilfestellung in Form einer Checkliste bietet.[155] Deutliche Anleitungen hinsichtlich eines Vorgehens bei der Planung liefert auch von Borries in seinem Handbuchbeitrag. Sein Vorschlag ist ebenso wie der Artikel Zwölfers in Ton und Inhalt klar unterrichtspragmatisch orientiert.[156] Auch der Beitrag von Gautschi u. a. im selben Band nennt eine Reihe praxisrelevanter Fragen, die sich die Lehrkraft im Rahmen der Vorbereitung zu stellen habe. Die Klarheit der Hinweise erinnert hier an Gautschis Lehrerhandbuch »Geschichte lehren«, in dem sich ebenfalls ein Kapitel zum Thema ›Planung‹ befindet.[157] Ähnlich konkret fasst Sauer in der neuesten Auflage seines Grundsatzwerkes »Geschichte unterrichten« »Stichpunkte zur Unterrichtsplanung« zusammen. Allerdings betont auch er, dass es sich nicht um ein verbindliches Schema, sondern nur um eine »Orientierungshilfe« handele.[158] Die einzigen beiden Monografien, die sich mit der Planung von Geschichtsunterricht befassen, sind das Werk »Geschichtsunterricht« von Horst Gies sowie eine neuere Publikation von Jelko Peters. Beide liefern neben Vorschlägen zu Entscheidungen und Inhalten der Unterrichtsplanung viele konkrete Fragen als Anhaltspunkte für die planende Lehrkraft inklusive einzelner Checklisten.[159]

Ein inhaltlicher Vergleich der geschichtsdidaktischen Planungshinweise ergibt durchaus ein einheitliches Bild. Alle Vorschläge enthalten die Elemente der Bedingungsanalyse (Ermittlung der Schülervoraussetzungen und -interessen, Reflexion über die äußeren Bedingungen des Unterrichts[160] sowie die offiziellen Richtlinien), der didaktischen Analyse (inklusive der Sachanalyse und der Wahl des didaktischen Zugriffs), der Themenwahl, der Formulierung der Lernziele und der Wahl des methodischen Zugriffs sowie der Materialien. Differenzen gibt es hinsichtlich der Vorstellungen davon, wie konkret die Planung auszusehen habe, also inwiefern einzelne Arbeitsaufträge bzw. Tafelbilder bereits vorgeplant sein sollten. Auch die Angaben zur nötigen Reihenfolge der zu treffenden Planungsentscheidungen differieren. Es dominiert allerdings die Haltung, dass die

155 Zwölfer: Die Vorbereitung, 2011.
156 Siehe Borries: Unterrichtsplanung, 2012, S. 199f.
157 Vgl. Gautschi: Geschichte, 2012, S. 30–41.
158 Siehe Sauer: Geschichte, 2012, S. 96–98. Auch an anderer Stelle betont Sauer, man solle aus der Entscheidung für ein Planungsmodell »keine Glaubensfrage machen«, sondern seine Funktion als Orientierungshilfe im Auge behalten, siehe ebda., S. 103.
159 Gies: Geschichtsunterricht, 2004; Peters: Geschichtsstunden, 2014.
160 Was in der geschichtsdidaktischen Literatur selten auftaucht ist der Verweis auf die Rahmenbedingungen (bspw. Lage der Stunde, räumliche Bedingungen, Ausstattungen, etc.). Sie werden in der allgemeinpädagogischen Literatur öfter erwähnt, siehe z. B. Witzenbacher: Praxis, 1994, S. 93.

Reihenfolge variabel gehandhabt werden sollte.[161] Selten findet sich eine intensive Diskussion der domänenspezifischen Inhalte oder Gütekriterien. Allerdings spielen diese natürlich an vielen Stellen implizit eine Rolle, besonders im Rahmen der vorgeschlagenen Fragen an Unterrichtsgegenstand und didaktische Entscheidungen. Einen besonderen Schwerpunkt hat jüngst Pandel auf die Frage der Fachspezifik gelegt und sich bemüht, diesbezügliche Elemente der Unterrichtsplanung zu beschreiben.[162]

Auch für den Geschichtsunterricht existiert jene Art didaktischer Hilfen, die im vorherigen Kapitel als Unterrichtsrezepte bezeichnet wurden. Fertige Unterrichtsmodelle als »Endprodukte einer didaktischen Analyse, frei zur Adaption« finden sich in erster Linie in fachdidaktischen Zeitschriften, aber auch in konkret durchdachten Unterrichtsreihen.[163] Ein Blick ins Internet beweist das ungezwungene Verhältnis, dass angloamerikanische Geschichtslehrkräfte zu solchen Unterrichtsvorschlägen haben: Hier finden sich vorgefertigte und erprobte Unterrichtsreihen zu beinahe jedem Thema des Geschichtsunterrichts.[164] Während zu einem Gebrauch solcher Rezepte auch bei Sauer deutlich geraten wird, werden sie in der übrigen geschichtsdidaktischen Planungsliteratur bemerkenswert selten rezipiert.[165] Pandel kritisiert, dass sich die Hinweise für planende Geschichtslehrkräfte bis heute hauptsächlich in der Zusammenstellung geeigneter Materialien erschöpften. Es bedürfe aber eines »geschichtsdidaktischen Planungsmodells«, das der Lehrkraft bei ihrer täglichen Planung tatsächliche Hilfe leiste.[166]

Dem Mangel an geschichtsdidaktischen Überblicksdarstellungen zur Planung steht eine Fülle an hilfreichen Beiträgen zu Einzelaspekten der Vorbereitung gegenüber. Die Lehrkraft ist gezwungen, sich hier Anhaltspunkte für die eigene Unterrichtsplanung herauszusuchen. Eine Sichtung dieser Literatur ergibt eine Reihe von Schwerpunkten innerhalb der normativen Diskussion um

161 Siehe z.B. Borries: Unterrichtsplanung, 2012, S. 199; Bernhardt/Gautschi/Mayer: Historisches Lernen, 2011, S. 22; Gies: Geschichtsunterricht, 2004, S. 282.

162 Vgl. Pandel: Geschichtsdidaktik, 2013, S. 111–121.

163 Pandel: Geschichte, 1997, S. 385. Ein Zeitschriftenüberblick findet sich bei Sauer: Geschichte, 2012, S. 310.

164 Vgl. z.B. https://sheg.stanford.edu/dark-ages; http://www.historyonthenet.com/lessons/sources/sourceplan.htm; http://www.scholastic.com/teachers (besucht am 02.02.2016). Derartige Vorschläge finden sich auf deutschen Seiten nur im Rahmen von Tauschbörsen.

165 Vgl. Wunderer: Geschichtsunterricht, 2000, S. 6. Pandel: Geschichtsdidaktik, 2013, S. 364 zufolge müssten gute Modelle »Planungsfragen für den eigenen Unterricht schon vorentschieden« haben.

166 Siehe Pandel: Geschichtsdidaktik, 2013, S. 362. Sein eigener Vorschlag löst das nicht unbedingt ein, s.o.

die Planung von Geschichtsunterricht, die im Folgenden dargestellt werden sollen.[167]

### 2.3.1. Themenwahl

Der Begriff der Themenwahl bezeichnet für den Geschichtsunterricht wie für jeden Unterricht die Auswahl eines Inhalts unter didaktisch-methodischen Gesichtspunkten.[168] Natürlich sind die grundlegenden Inhalte des Geschichtsunterrichts im Rahmen der Rahmenrichtlinien oder schulinternen Curricula vorgegeben. Auf der Ebene des täglichen Unterrichts hat die Lehrkraft allerdings große Freiheit, ein konkretes Stundenthema zu formulieren. Immer wieder wird die Themenwahl als domänenspezifische Herausforderung markiert, da die Inhalte des Geschichtsunterrichts sich mitunter der Darstellung bzw. der unterrichtlichen Behandlung entzögen.[169] Der seit langem anhaltende Streit um angemessene Richtlinien bewegt die Mehrheit der Didaktiker und Didaktikerinnen dazu, die Wichtigkeit verantwortungsvoller Entscheidungen durch die Lehrkräfte zu betonen.[170] Die Themenwahl wird hierbei immer wieder als zentrale Entscheidung in Hinblick auf den Erfolg einer Geschichtsstunde dargestellt. Markus Bernhardt u. a. beschreiben sie als »Passungsprozess zwischen kulturellen und individuellen Ansprüchen«, der den Schülern und Schülerinnen die »originale Begegnung« mit dem Historischen erst ermögliche.[171]

Die Themenwahl im Sinne einer zielorientierten Entscheidung für einen Inhalt folgt auch in der normativen geschichtsdidaktischen Literatur überwiegend der didaktischen Analyse Klafkis bzw. der Erweiterung seines Konzepts um die epochaltypischen Schlüsselprobleme. Aus theoretischer geschichtsdidaktischer Sicht wird hierbei die fehlende Anpassung der Klafkischen Analyse an die besonderen Belange des Geschichtsunterrichts beklagt und betont, dass die Fachdidaktik durchaus eigene Hinweise zur Themenwahl zu bieten habe. So gebe es die domänenspezifischen Auswahlkriterien der ›geschichtswissen-

167 Literaturnachweise werden im Verlauf der Darstellung der Schwerpunktthemen aus Gründen der Darstellbarkeit nur dort gegeben, wo sie nicht einer der oben dargestellten geschichtsdidaktischen Publikationen zur Unterrichtsplanung entstammen.

168 Die Abgrenzung der Begriffe ›Inhalt‹ und ›Thema‹ gehen auf Klafki: Zum Verhältnis, 1976 zurück, für den das Unterrichtsthema Ergebnis einer Verbindung von Ziel- und Inhaltsentscheidung ist. Für den Geschichtsunterricht vgl. z. B. Adamski: Didaktische Analyse, 2012, S. 232; Mayer/Gautschi/Bernhardt: Themenbestimmung, 2012, S. 380; Sauer: Geschichte, 2012, S. 42.

169 Gerhard Fritz beklagt diese Freiheit gar als Hypothek für Berufsanfänger und Berufsanfängerinnen, siehe Ders.: Geschichte, 2012, S. 89. Ähnlich bei Gies: Geschichtsunterricht, 2004, S. 131.

170 Vgl. z. B. Mayer/Gautschi/Bernhardt: Themenbestimmung, 2012, S. 389.

171 Bernhardt u. a.: Historisches Lernen, 2011, S. 10.

schaftliche Dimension‹ eines Inhalts sowie der sogenannten ›Basisnarrative‹, die gegenwärtige gesellschaftlichen Erwartungen widerspiegeln sollen.[172]

Als besonderer Schwerpunkt innerhalb der normativen Beiträge zur Themenwahl für den Geschichtsunterricht erweist sich die Berücksichtigung des Gegenwartsbezugs der Themen bzw. ihrer Bedeutung für das Leben der Schüler und Schülerinnen.[173] In der diesbezüglichen Diskussion wird deutlich, dass das Fach Geschichte von Schülern und Schülerinnen offenbar immer wieder als lebensfern und irrelevant erlebt wird. Der Schülerbezug in der Themenwahl soll hier Abhilfe schaffen, im besten Fall indem Schüler und Schülerinnen in den Prozess einbezogen werden.[174] Thomas Martin Buck weist darauf hin, dass der Lebenswelt- und Gegenwartsbezug aber nicht »als kategorischer Imperativ zu formulieren« sei. So könne nicht jeder für den Geschichtsunterricht relevante Inhalt in einen konkreten Bezug zu unserer Gegenwart gestellt werden. Den Schülern und Schülerinnen müsse dennoch transparent sein, in welcher Weise die Geschichtsunterrichtsstunde ihr Leben betreffe.[175]

Ein entscheidendes Element der didaktischen Analyse, die auch »didaktische Profilierung« oder »didaktische Konstruktion« genannt wird,[176] ist den normativen Publikationen zufolge die Reduktion der Inhalte. Die Reduktion soll das Thema für die Schüler und Schülerinnen überschaubar machen und es im Sinne einer Akzentuierung vereinfachen.[177] Auf die Reduktion folgt im Rahmen der didaktischen Analyse die Strukturierung der gewählten Inhalte für die konkrete Unterrichtsstunde. Zur Strukturierung von Themen bzw. zum jeweiligen geschichtsdidaktischen Zuschnitt, den ein Thema erfahren kann, bietet die normative Literatur eine Reihe von Vorschlägen, die von eher theoretischen Diskussionen bis zu einigen wenigen konkreten Hilfestellungen reichen.[178] Pandel

172 Kritik an Klafki besonders prägnant bei Reeken: Wer hat Angst, 1999. Vgl. auch Pandel: Geschichtsdidaktik, 2013, S. 378–380. Zu geschichtswissenschaftlichen Dimensionen bzw. Basisnarrativen vgl. Gautschi u. a.: Guter Geschichtsunterricht, 2012, S. 332–334; Mayer/Gautschi/Bernhardt: Themenbestimmung, 2012, S. 389f.

173 Die Begriffe werden teilweise synonym gebraucht. Vgl. z. B. Buck: Lebenswelt- und Gegenwartsbezug, 2012; Mayer/Gautschi/Bernhardt: Themenbestimmung, 2012, S. 387f. Zu Gefahren eines falsch konzipierten Gegenwartsbezugs, vgl. Fritz: Geschichte, 2012, S. 73; Gies: Geschichtsunterricht, 2004, S. 137.

174 Vgl. z. B. Borries: Kompetenzmodell, 2007, S. 341; Menne: Themengewinnung, 1997, S. 463f. Hierzu kritisch Rohlfes: Geschichte, 2005, S. 248.

175 Buck: Lebenswelt- und Gegenwartsbezug, 2012, S. 293. Anders bei Barricelli/Sauer: »Was ist guter Geschichtsunterricht?«, 2006, S. 14, die für jedes unterrichtliche Thema einen Gegenwartsbezug fordern.

176 »Didaktische Profilierung« geht zurück auf Gies: Handbuch, 2004, S. 156. »Didaktische Konstruktion« z. B. bei Mayer/Gautschi/Bernhardt: Themenbestimmung, 2012, S. 386; Sauer: Geschichte, 2012, S. 99.

177 Vgl. z. B. Adamski: Didaktische Analyse, 2012, S. 230f.

178 Vgl. z. B. Barricelli: Darstellungskonzepte, 2012; Demantowsky: Unterrichtsmethodische Strukturierungskonzepte, 2012. Pandel weist daraufhin, dass der Diskussionsstand um

betont, dass die Elemente eines Themas einer speziellen Denklogik folgen, die im Unterricht transparent werden und im Rahmen einer deutlichen Progression verlaufen müsse.[179]

Ein weiterer Fokus innerhalb der Diskussion um die Themenwahl liegt in der Forderung nach ihrer nötigen fachwissenschaftlichen Korrektheit.[180] Immer wieder wird aber betont, dass die Themen nicht einfach aus der Geschichtswissenschaft abgeleitet und auch nicht eins zu eins nach deren Maßstäben beurteilt werden können.[181] In neueren Publikationen wird hierbei schwerpunktmäßig die Ausrichtung der Themenwahl an geschichtsdidaktischen Prinzipien bzw. Kompetenzen gefordert: Inhalte müssen so ausgewählt sein, dass die Schüler und Schülerinnen an ihnen ihre Kompetenzen für historisches Denken entwickeln können.[182]

Zur Themenwahl existieren einige sehr praktische geschichtsdidaktische Vorschläge. Häufig findet sich hier die Vorgabe, das Thema als Frage zu formulieren, im besten Fall als bipolare Frage.[183] Allerdings finden sich auch hier Stimmen, die behaupten, dass es keine »rezeptartige Anleitung« für die Themengewinnung geben könne, sondern es sich hierbei in erster Linie um einen »kreative[n] Akt« handele.[184] Es wird deutlich, dass die Orientierung an Schulbuch und offiziellen Richtlinien eher als minderwertige Variante gesehen wird. So sei die didaktische Analyse durch die Lehrkräfte besonders wichtig, da jene »die Verantwortung für einen ›guten Geschichtsunterricht‹« nicht den geltenden Richtlinien oder den eingeführten Geschichtsbüchern »überlassen« wolle.[185]

*Hilfsmittel der Themenwahl – offizielle Richtlinien und Schulbuch*

Unbestritten ist, dass die Richtlinien der planenden Lehrkraft eine grundsätzliche Orientierung in Hinblick auf die zu unterrichtenden Themen bieten.[186] Die

---

diese Strukturierungskonzepte verwirrend sei, siehe Ders.: Geschichtsdidaktik, 2013, S. 380.

179 Siehe Pandel: Geschichtsdidaktik, 2013, S. 398.

180 Besonders vehement gefordert von Pandel: Geschichtsdidaktik, 2013, S. 448–450. Vgl. auch z. B. Heinßen: Hauptproblem, 2012, S. 190 f.

181 Siehe z. B. Mayer/Gautschi/Bernhardt: Themenbestimmung, 2012, S. 386.

182 Siehe z. B. Adamski: Didaktische Analyse, 2012, S. 226 f.; Schreiber: Vortrag, 2011, S. 21.

183 Siehe Conrad: Vom Lehrplan, 2012, S. 396 f.; Menne: Themengewinnung, 1997, S. 464–466.

184 Tänzer: Unterrichtsthemen, 2010, S. 134.

185 Adamski: Didaktische Analyse, 2012, S. 224. Vgl. ähnlich z. B. Bergmann/Rohrbach: Chance, 2013, S. 54; Brüning: Die Verwendung, 2012, S. 104, FN 11; Schönemann/Thünemann: Schulbucharbeit, 2010, S. 94 f.

186 Die Begriffe ›Lehrplan‹, ›Richtlinien‹ und ›(Kern-)Curriculum‹ werden gegenwärtig überwiegend synonym verwendet. Dieser Vorgehensweise wird in der vorliegenden Arbeit auch deshalb gefolgt, weil es dem Jargon der Probanden und Probandinnen entspricht. Im Verlauf des 20. Jahrhunderts gab es eine klare Unterscheidung: Richtlinien wurden vom Staat geschaffen, Lehrpläne von den Schulen. Der Begriff ›Curricula‹ wiederum sollte die

darin enthaltenen Vorgaben sind staatliche Steuerungsinstrumente, die der Lehrperson als normatives Richtmaß und Legitimierung für die eigene Themenwahl dienen sollen. Sie beschreiben somit im Grunde einen jeweils aktuellen fachlichen und vor allem gesellschaftlichen Kanon an Wissen. Hierbei ist eine Standardisierung insofern deutlich gewünscht, als sie zur Vereinheitlichung der Bildung beitragen soll.[187] Allerdings gibt es in der Geschichtsdidaktik eine lange Tradition der Kritik an den staatlichen Vorgaben. Sie richtet sich insbesondere gegen den chronologischen Durchgang, dem die Richtlinien in ihrem Aufbau überwiegend bis heute folgen. Bemängelt wird die Stofffülle sowie die Kopplung bestimmter Themen an bestimmte Jahrgänge, die weder lernpsychologisch noch in Hinblick auf Schülerinteressen überdacht sei und häufig zur Über- bzw. Unterforderung von Schülern und Schülerinnen führe. Besonders im Rahmen der Kompetenzförderung entbehre die Orientierung am chronologischen Prinzip der Grundlage.[188] Die vielfältigen Vorschläge von Geschichtsdidaktikern und -didaktikerinnen, Richtlinien stärker an Gegenwarts- oder Schlüsselproblemen auszurichten, sind bis heute weitgehend ohne Folgen geblieben. Auch die umfassende Neuordnung der Richtlinien im Rahmen von Kerncurricula, die der Kompetenzorientierung Rechnung tragen sollen, haben am chronologischen Durchgang und der Stofffülle wenig geändert.[189] Besonders heftig ist die Form der Richtlinien für die Hauptschule beklagt worden. So wurde insbesondere gefordert, dass Bestimmungen zur Unterrichtsplanung für die hiesige heterogene und pädagogisch anspruchsvolle Schülerschaft der Lehrkraft größere Freiheit bieten müssten, um den Unterricht der jeweiligen Lerngruppe und ihren Lebensweltbezügen anpassen zu können.[190] Gerhard Schneider hat in seinem Vorschlag eines Alternativkonzepts den Geschichtsunterricht an der Haupt-

wissenschaftliche Fundierung von Richtlinien betonen. Heute sind die Definitionen unschärfer. Vgl. Sauer: Geschichte, 2012, S. 48; Bölling: Richtlinieninflation, 2006.

187 Vgl. Bergmann/Rohrbach: Chance, 2013, S. 21; Martens: Implizites Wissen, 2010, S. 75.

188 Vgl. z.B. Barricelli: Darstellungskonzepte, 2012, S. 208; Buck: Lebenswelt- und Gegenwartsbezug, 2012, S. 298; Conrad: Vom Lehrplan, 2012, S. 386–383; Gautschi u.a.: Guter Geschichtsunterricht, 2012, S. 332; Sauer: Geschichte, 2012, S. 56. Mitunter wird der Kritik an einem Übermaß an Inhalten auch noch eine Liste fehlender Inhalte gegenübergestellt, besonders häufig der fehlende ›Migrantenbezug‹, z.B. bei Pandel: Geschichtsdidaktik, 2013, S. 196–205; Barricelli: Hintergründige Geschichte, 2011, S. 140; Lund: National-, Europäische, Weltgeschichte, 2012, S. 418–420.

189 Vgl. Mayer/Gautschi/Bernhardt: Themenbestimmung, 2012, S. 379f. In manchen Bundesländern wird gegenwärtig eine Auflockerung des chronologischen Durchgangs versucht, so besonders in den Richtlinien der Länder Hessen, Niedersachsen und Rheinland-Pfalz. Eine radikale Neuorientierung an Längsschnitten ist für die Richtlinien Brandenburg-Berlins angekündigt worden, die Endfassung steht aber zum gegenwärtigen Zeitpunkt noch aus. Siehe http://bildungsserver.berlin-brandenburg.de/index.php?id=anhoerungsportal (besucht am 02.02.2016).

190 Vgl. Pandel: Geschichtsunterricht, 1997, S. 528. Vgl. nicht speziell für den Geschichtsunterricht Ipfling/Zenke: Zur Weiterentwicklung, 1999, S. 375.

schule um eine Reihe »menschlicher Grunderfahrungen« gruppiert. Der chronologische Durchgang ist hier nur ein Nebenaspekt im Curriculumsentwurf, der sich vorrangig an geschichtskulturellen Ereignissen und Schülerbedürfnissen orientiert.[191] Schneiders Vorschlag hat bis heute keinen Eingang in die Richtlinien gefunden.

Auch wenn oben Übereinstimmungen in den grundsätzlichen Zielen der Richtlinien für die unterschiedlichen Bundesländer für den Geschichtsunterricht identifiziert werden konnten und sie alle grundsätzlich dem Aufbau des chronologischen Durchgangs folgen, finden sich auch erhebliche Unterschiede, die den Beginn des Geschichtsunterricht, die Stundenzahl und die Integration in Fächerverbünden betreffen.[192] Dennoch lässt sich feststellen, dass alle den grundlegenden geschichtsdidaktischen Prinzipien der Wissenschafts-, Problem- und Handlungs-, sowie Schülerorientierung folgen. In allen Richtlinien werden die Prinzipien der Multiperspektivität, Kontroversität und des Fremdverstehens betont. Gemein ist den kompetenzorientierten Plänen zudem, dass sie der Fachkonferenz der jeweiligen Schule die Aufgabe zuweisen, eigene, schulinterne Vorgaben zu erarbeiten. In der Umsetzung entstehen hier aber naturgemäß sehr unterschiedliche Versionen.[193]

Über Vor- und Nachteile von verbindlichen Richtlinien zur Themenwahl wird innerhalb der Geschichtsdidaktik und unter Lehrkräften heftig diskutiert. Letztere beklagen den Verlust an pädagogischer Freiheit auf der einen und begrüßen die Entlastung auf der anderen Seite.[194] Die Diskussion offenbart grundsätzliche Meinungsverschiedenheiten in Bezug auf die Rolle des Lehrers und das nötige Maß an Freiheit zur professionellen Berufsausübung.[195]

---

191 Siehe Schneider: Ein alternatives Curriculum, 2000, S. 412. Ein vergleichbares Alternativkonzept hat Bodo von Borries für die Sek I vorgeschlagen. Es hat allerdings keinen Schulformbezug, vgl. Ders.: Überlegungen, 2001, S. 78. Für vergleichbare Vorschläge siehe auch Sauer: Geschichte, 2012, S. 69.

192 Die unterschiedlichen Bezeichnungen der Vorgaben verweisen hier wiederum auf grundsätzlich unterschiedliche Herangehensweisen, vgl. FN 186. Für das Land Berlin: ›Rahmenlehrpläne‹, Nordrhein-Westfalen: ›Kernlehrpläne‹, Niedersachsen und Hessen: ›Kerncurricula‹, Sachsen: ›Rahmenrichtlinien‹. Übersicht auf http://www.bildungsserver.de/Bildungsplaene-Lehrplaene-der-Bundeslaender-fuer-allgemeinbildende-Schulen-400.html (besucht am 02.02.2016).

193 Vgl. Conrad: Vom Lehrplan, 2012, S. 393–395.

194 Siehe ebda., S. 400; Machate: Geschichte, 2010, S. 132.

195 So beklagen Franziska Conrad und Elisabeth Ott, dass die zunehmend starren Vorgaben zu einer Art Selbstentmündigungsprozess der Lehrkräfte führen, indem diese über die Jahre immer weniger in der Lage seien, eine angemessene Themenwahl selbst durchzuführen, siehe Conrad/Ott: Didaktische Analyse, 2013, S. 561. Auch in Bernd Schönemanns Ausführungen wird deutlich, dass er Richtlinien nicht als konkrete Planungshilfe im Sinne einer konkreten Vorgabe missverstanden wissen will, sondern findet, dass die Lehrkraft sich die nötigen Themen vielmehr selbst zusammenstellen müsse, siehe Ders.: Bildungsstandards, 2008, S. 220. Andreas Körber: Kompetenzorientiertes Geschichtslernen, 2012, S. 4f. be-

### 2.3.2. Zielorientierung

Die Zäsur, die die Kompetenzorientierung nach PISA für die deutsche Bildungslandschaft bedeutete, wird in der öffentlichen und wissenschaftlichen Debatte mit einer Wiederkehr der Zielorientierung konnotiert. So bringe es die Output-Orientierung mit sich, dass sich die einzelne Lehrkraft vor jeder Stunde genaue Vorstellungen über die von den Schülern und Schülerinnen zu erreichenden Ziele machen müsse.[196] Dabei ist die Diskussion um einen Primat der Zielentscheidung durchaus nicht neu. Unabhängig von Einfluss und Stellenwert der Lernzielorientierten Didaktik wurde die Wahl der Lehr- und Lernziele in der Vergangenheit als die »entscheidende Aufgabe im Prozess der Unterrichtsplanung« bezeichnet.[197] Es besteht wohl Einigkeit darüber, dass jede einigermaßen verantwortungsbewusste Lehrkraft beim Planen ihres Unterrichts in irgendeiner Form Ziele verfolgt. Die klare Formulierung eines zu erreichenden Outputs geht jedoch darüber hinaus.

Auch wenn in der allgemeindidaktischen Literatur vielfach darauf hingewiesen wird, dass Vorschläge zur Planung von Unterricht niemals linear zu verstehen, sondern die Anordnung der Planungselemente durchaus flexibel zu handhaben sei, finden sich immer wieder Planungsmodelle, in denen die Zielformulierung an erster Stelle der Vorbereitung steht.[198] Mittlerweile scheint sich in der Allgemeinen Didaktik ein Konsens abzuzeichnen, dass die Zielsetzung bei der Unterrichtsplanung zwar prioritär sei, dass die anfangs gewählten Ziele aber revidierbar sein müssen. Entscheidend sei vor allem die konstante Reflexion über die eigenen Ziele und ihre konsequente Ausrichtung an der jeweiligen Lerngruppe.[199]

Innerhalb der Geschichtsdidaktik hat sich die Diskussion um die Lernziele grundsätzlich entspannt: Man ist sich einig, dass Lernziele von grundlegenden Zielen des Geschichtsunterrichts bis zu ganz konkreten Kompetenzformulierungen reichen können. Die klassischen Lernzieltaxonomien, die in der Lehrerausbildung heute noch eine Rolle spielen, sind für den Geschichtsunterricht jedoch vielfach in Frage gestellt worden. Die Praxis der Zielformulierung vor allem von Lehramtsanwärtern und -anwärterinnen wird als »ungeliebte

grüßt verbindliche Richtlinien hingegen offensichtlich, wenn er konstatiert, dass die qualitativ hochwertige Durchführung des Unterrichts »gerade nicht der Entscheidung des einzelnen Lehrers […] überlassen« werden dürfe. Ihm zufolge bedürfe es klarer Kompetenzzielvorgaben, wobei die Lehrkraft den Weg zu ihrer Erreichung variabel gestalten könne.

196 Vgl. z. B. Wiater: Unterrichtsplanung, 2011, S. 31; Gonschorek/Schneider: Einführung, 2009, S. 300.

197 Blumberg: Ziele festlegen, 2010, S. 100. Ähnlich bei Peterßen: Handbuch, 2000, S. 363.

198 Vgl. Jank/Meyer: Didaktische Modelle, 2010, S. 65f.; Wiater: Unterrichtsplanung, 2011, S. 22.

199 Für die Geschichtsdidaktik siehe z. B. Conrad/Ott: Didaktische Analyse, 2013, S. 565.

Pflichtübung« eingeordnet, wobei die niedergeschriebenen Ziele oft nur nichtssagende, leere Floskeln seien.[200] Innerhalb der normativen Literatur wird dennoch mancherorts zu einer möglichst präzisen Formulierung von Lernzielen geraten. Es herrscht aber Einigkeit in der Annahme, dass, anders als in den alten Planungsratgebern vorgeschlagen, die Planung in der Praxis wohl niemals mit den Zielen, sondern vielmehr mit den Inhalten beginne.[201] Marko Demantowsky weist darauf hin, dass jeder Entscheidung für ein unterrichtsmethodisches Strukturierungskonzept immer eine grundsätzliche Zielentscheidung vorausgehen müsse. Ob Wissenserwerb oder Kompetenzerwerb im Zentrum des Unterrichts stehe, sei entscheidend für die grundlegende Anlage der Stunde.[202]

### 2.3.3. Methodik

Der Begriff der Methodik wird in der Geschichtsdidaktik unterschiedlich weit gefasst, beinhaltet aber in der Regel die Bereiche Phasierung, Sozialformen, Arbeitsformen, Artikulationsformen und Medien.[203] Zahlreiche diesbezügliche präskriptive Modelle sind auf dem Markt. Ebenso wie in der Allgemeinen Didaktik wird auch in der normativen geschichtsdidaktischen Literatur eine Methodenvielfalt als Faktor für guten Unterricht identifiziert. Hier wie dort wird beklagt, dass sie in der Alltagsrealität nicht anzutreffen sei, sondern lehrerzentrierte Verfahren dominieren.[204] Während die einen also den Methodenmonismus beklagen, diagnostizieren andere dem gegenwärtigen Geschichtsunterricht überambitionierte, unfunktionale Methodenspektakel.[205] Auf eine nötige Funktionalität der Methodenwahl wird in der Literatur derart vehement hingewiesen, dass man den Eindruck gewinnt, sie sei in der Praxis selten anzutreffen. Pandel betont, dass es auch für den Geschichtsunterricht keinen Nachweis über die Überlegenheit einer Methode gebe, es komme vielmehr darauf an, wie sie gestaltet sei und ob sie mit den jeweils formulierten Themen und Zielen

200 Siehe Rohlfes: Geschichte, 2005, S. 259. Vorsichtige Kritik an präzisen Lernzielen in der Unterrichtsplanung im Rahmen der Geschichtslehrerausbildung auch bei Sauer: Geschichte, 2012, S. 101; Gies: Geschichtsunterricht, 2004, S. 286. Diskussion der Lernzieltaxonomien z. B. bei Körber: Graduierung, 2012, S. 242–244; Sauer: Geschichte, 2012, S. 101 f.

201 Vgl. Rohlfes: Geschichte, 2005, S. 259; Gies: Geschichtsunterricht, 2004, S. 282, FN 6.

202 Siehe Demantowsky: Unterrichtsmethodische Strukturierungskonzepte, 2012, S. 63.

203 Siehe Pandel: Geschichtsdidaktik, 2013, S. 248; Gies: Geschichtsunterricht, 2004, S. 163 f. Bei Fritz: Geschichte, 2012, S. 86–88 findet sich der Begriff ›Aktionsformen‹. Innerhalb der Geschichtsdidaktik wird das Fehlen eines domänenspezifischen Methodenbegriffes kritisiert, vgl. Rohlfes: Quo vadis, 2008, S. 19.

204 Vgl. z. B. Borries: Unterrichtsplanung, 2012, S. 196; Seidel: Lehrerhandeln, 2011, S. 622; Seel: Angehende Lehrer/innen, 2011, S. 36; Hodel/Waldis: Sichtstrukturen, 2007, S. 105, 135 f.

205 Siehe Pandel: Geschichtsdidaktik, 2013, S. 424; Hesse: Auseinandersetzen, 1996, S. 178.

übereinstimme.[206] Grundlegende Einigkeit besteht in Bezug auf das konstruktivistische Lernverständnis: Es wird davon ausgegangen, dass Schüler und Schülerinnen sich historisches Wissen selbst erarbeiten bzw. konstruieren und Lehrkräfte dies nur mit geeigneten Lernarrangements unterstützen, nicht aber forcieren können. Hieraus ergibt sich innerhalb der normativen Literatur ein klares Votum für die Planung offener Unterrichtsformen bzw. handlungsorientierten oder projektorientierten Geschichtsunterrichts. Auch hierzu heißt es, dass diese in der Unterrichtsrealität selten umgesetzt werden.[207]

In der fachdidaktischen Diskussion wird wiederholt beklagt, dass die Methodik als Thema in der Geschichtsdidaktik vernachlässigt worden sei und man sich meist nur um »Arbeitstechniken« und allenfalls »Medien- und Materialumgang«, nicht aber um eine »Grammatik des historischen Denkens« bemüht habe.[208] Mitunter wird das Problem der domänenspezifischen Methodenwahl allerdings damit heruntergespielt, dass »die Anzahl möglicher Lernwege im Geschichtsunterricht begrenzt« sei.[209] Demgegenüber fordert Pandel eine genuin fachdidaktische Auseinandersetzung mit der Methodenplanung durch die Lehrkraft, die konkrete Überlegungen über die Methode der historischen Erkenntnis im Zusammenhang mit den Zielen der Stunde einschließt.[210]

*Phasierung*

Auch die Diskussion um Phasenmodelle spielt in der normativen Planungsliteratur für den Geschichtsunterricht naturgemäß insofern eine große Rolle, als diese helfen sollen, den Lehr-Lernprozess in Hinblick auf seine Transparenz und Funktionalität zu organisieren.[211] Während früher auch innerhalb der Geschichtsdidaktik häufig dem allgemeindidaktischen dreistufigen Schema (Einstieg, Erarbeitung, Ergebnissicherung) ungefragt gefolgt wurde,[212] wird in neueren Publikationen hieran heftige Kritik geübt und ein fachspezifisches Modell gefordert.[213] Sauer betont, dass ein im Unterricht erkennbares fachspezifisches Verlaufskonzept ein klares Zeichen für Unterrichtsqualität sei. Es müsse die »Denkfigur des Unterrichts«, also die historische Fragestellung, Un-

206 Siehe Pandel: Geschichtsdidaktik, 2013, S. 120.

207 Vgl. z. B. Fritz: Geschichte, 2012, S. 81–83; Zülsdorf-Kersting: Historische Projektarbeit, 2012; Martens: Implizites Wissen, 2010, S. 330.

208 Borries u. a.: Schulbuchverständnis, 2005, S. 299.

209 Siehe Gautschi u. a.: Guter Geschichtsunterricht, 2012, S. 343; Günther-Arndt: Methodik, 2003, S. 156.

210 Siehe Pandel: Geschichte, 1997, S. 385.

211 Vgl. Lange: Was ist guter Geschichtsunterricht?, 2012, S. 162. Es existieren zudem die Synonyme: ›Artikulationsschemata‹, ›Strukturierung‹ oder ›didaktische Sequenzierung‹.

212 Vgl. z. B. Pandel: Artikulationsformen, 2013, S. 580. Meyer: Leitfaden, 2010, S. 71 rät hierzu bis heute Anfängern und Anfängerinnen aller Fächer.

213 Siehe Pandel: Geschichtsdidaktik, 2013, S. 400 f.; Reeken: Verlaufsformen, 2012, S. 260.

tersuchung dieser Frage und die Erklärung der Erkenntnisgewinnung enthalten, wobei der Rückbezug auf die Ausgangsfrage also konstitutiv sei.[214] Pandel schlägt jüngst ein domänenspezifisches Phasenmodell vor, das ebenfalls mit der historischen Frage beginnt und anschließend über die Heuristik und Darstellung zur narrativen Erklärung durch die Schüler und Schülerinnen führt. Er entwirft ein Schema zur Unterrichtsplanung, in dem den genannten Phasen geplante bzw. erwartete Sprechakte der Kommunikationsteilnehmer und -teilnehmerinnen des Unterrichts (Lehrkräfte und Schüler und Schülerinnen) zugeordnet werden. Geschichtsunterricht wird hier in erster Linie als fachspezifische Kommunikation begriffen.[215] Von Borries verzichtet auf einen eigenen Vorschlag mit dem Hinweis, dass angesichts der heute notwendigen Differenzierung innerhalb des Unterrichts ein festes Schema nur mehr die »Funktion einer kontrollierenden Checkliste«, nicht aber eines Handlungsplans haben könnte.[216]

Einigkeit herrscht in Hinblick auf eine nötige Verzahnung der Phasen. In der Planung müsse hierbei ein besonderer Schwerpunkt auf die Vorbereitung der ›Gelenkstellen‹ gelegt werden, um Phasenübergänge im Unterricht einerseits transparent zu machen und andererseits störungsfrei zu gestalten.[217] Wiederholt findet sich zudem die Forderung, die Stunde müsse einer gewissen ›Dramaturgie‹ folgen. Schließlich wird immer wieder die Bedeutung von funktionalen Hausaufgaben erwähnt, die als zusätzliche Lernaktivitäten die Unterrichtsstunden miteinander verknüpfen sollen.[218]

In der präskriptiven Literatur kommt der Phase des Einstiegs eine herausragende Bedeutung zu. Ein guter Einstieg motiviere die Schüler und Schülerinnen, eine gestellte ›Problemfrage‹ zu beantworten und mache die Ziele der Stunde transparent.[219] Der Annahme von der zentralen Rolle der Einstiegsphase widerspricht Bernhardt mit der Anmerkung, dass im Gegenteil der Erarbeitungsphase in der didaktischen Literatur »in der Regel die wichtigste Funktion

214 Siehe Sauer: »Putsch«, 2012, S. 56.
215 Siehe Pandel: Geschichtsdidaktik, 2013, S. 417f.
216 Borries: Unterrichtsplanung, 2012, S. 193.
217 Siehe Reeken: Verlaufsformen, 2012, S. 261.
218 Siehe Sauer: Geschichte, 2012, S. 163f.; Lipowsky: Was wissen wir, 2007, S. 27; Borries u. a.: Schulbuchverständnis, 2005, S. 68.
219 Siehe z. B. ebda., S. 262f.; Schneider: Einstiege, 2004, S. 595. Gautschi: Geschichte 2012, S. 114 weist darauf hin, dass der Einstieg von allen Phasen am besten planbar sei. Tatsächlich existieren für die Einstiegsphase eine Reihe sehr konkreter geschichtsdidaktischer Vorschläge, siehe z. B. Böttcher u. a.: Unterrichtseinstiege, 2013; Baumann: 55 Stundeneinstiege, 2011; Geschichte lernen 137 (2010): Einstiege. Kritische Stimmen bemerken, dass nicht jede Stunde eines »echten Einstiegs« bedürfe, sondern diese Forderung »den Unterricht in unerträglicher Weise unter Druck« setze, siehe Menne: Themengewinnung, 1997, S. 468.

zugewiesen« werde.[220] Einen besonders strittigen Punkt bildet die Rolle der letzten Phase der Unterrichtsstunde. Während Wolfgang Hug sein Artikulationsmodell noch mit der Phase der ›Ergebnissicherung‹ enden lässt und in dieser einen Urteilsimpuls integriert wissen will,[221] weisen neuere Publikationen auf die Notwendigkeit einer als ›Problematisierung‹ oder ›Transfer‹ gekennzeichneten Phase hin.[222] Eine Ergebnissicherung fordern die Publikationen konsensual. Dietmar von Reeken weist daraufhin, dass die Vorstellung von Unterricht als »etwas in sich Geschlossene[m]« ein »beliebiges Ende« ausschließe. Lehrkräfte müssten unterschiedliche Abschlussszenarien planen, um diese dann variabel einsetzen zu können.[223]

*Sozialformen*

Für die Klassifizierung von Sozialformen existieren innerhalb der Geschichtsdidaktik unterschiedliche Modelle. Pandel nennt sechs Sozialformen, die im Geschichtsunterricht vorkommen: Einzelarbeit, Partnerarbeit, Gruppenarbeit, Klassenarbeit (inklusive Frontalunterricht, Unterrichtsgespräch) und Exkursion.[224] Besonders dem Besuch außerschulischer Lernorte wird hierbei neuerdings eine große Bedeutung zugesprochen.[225] Günther-Arndt kennzeichnet darüber hinaus die Quellenarbeit als spezielle domänenspezifische Sozialform.[226] Die geringe Anzahl an normativen geschichtsdidaktischen Vorschlägen für die Planung der Sozialformen korrespondiert mit einem diesbezüglichen Empiriedefizit.

*Medien- bzw. Materialwahl*

Auch die Medien- bzw. Materialwahl als Unterpunkt der Methodik wird immer wieder als wichtige Vorbereitungstätigkeit der Lehrkräfte bezeichnet. Das Medium habe speziell im Geschichtsunterricht eine besondere Bedeutung, da es ihn »geradezu mit konstituiert«[227] und die »Realerfahrung« ersetze.[228] Der Begriff der Medien ist hierbei unpräzise, bezeichnet aber im Rahmen der Unterrichts-

220 Bernhardt: Erarbeitung, 2013, S. 621. Bei ihm hierzu sehr konkrete Planungsvorschläge, siehe ebda., S. 626f.
221 Siehe Hug: Geschichtsunterricht, 1985, S. 105. Diese Phase enthält bei ihm allerdings vertiefende Elemente.
222 Vgl. Schneider: Transfer, 2004, S. 650.
223 Reeken: Verlaufsformen, 2012, S. 272.
224 Siehe Pandel: Geschichtsdidaktik, 2013, S. 318.
225 Vgl. z. B. Bergmann/Rohrbach: Chance, 2013, S. 94–98; Kuchler: Historische Orte, S. 2012; Gies, Geschichtsunterricht, 2004, S. 196f.
226 Siehe Günther-Arndt: Methodik, 2011, S. 157.
227 Rohlfes: Geschichte, 2005, S. 261.
228 Siehe Gies: Geschichtsunterricht, 2004, S. 215.

planung grundsätzlich die Informationsträger und Kommunikationsmittel, die die Schulung historischen Denkens und Lernens befördern helfen.[229]

Ein Fokus innerhalb der normativen Literatur zur Unterrichtsplanung liegt hierbei auf der Wahl von Quellen und Darstellungen für die vorzubereitende Unterrichtsstunde. Die Quelle gilt spätestens seit den 1970er Jahren als zentrales Medium des Geschichtsunterrichts, wobei der tatsächliche Nutzen dieser Quellenarbeit heute wieder heftig diskutiert wird.[230] Es gilt als gesetzt, dass Schüler und Schülerinnen Quellenarbeit langweilig und anstrengend finden.[231] Insofern konzentrieren sich die diesbezüglichen Planungshinweise besonders auf eine gezielte Aufbereitung oder eben eine geschickte Auswahl dieser Quellen. Sie liefern aber auch Vorschläge zum motivierenden Einsatz.[232]

Für die Wahl und den Einsatz von Medien gibt es darüber hinaus eine reichhaltige präskriptive Literatur in der Geschichtsdidaktik, die so unterschiedliche Bereiche wie Bilder, Filme, Musik und neue Medien umfasst. Konkrete, themenbezogene Hinweise sind hierbei allerdings selten. Die Materialwahl ist im Gegenteil ein Bereich der normativen Literatur, den die Caveats dominieren. Planende Lehrkräfte sollen vor allem ein Überangebot an Material vermeiden, Beschaffungsprobleme beachten und die Verständnisschwierigkeiten der Schüler und Schülerinnen antizipieren.[233]

Ein besonderer Fokus der geschichtsdidaktischen Diskussion liegt auf dem Schulbuch, von dem nach wie vor angenommen wird, dass es sich um das Leitmedium des Geschichtsunterrichts handelt.[234] Die Praktikabilität der Geschichtsschulbücher bzw. der in ihnen enthaltenen Materialien ist innerhalb der Geschichtsdidaktik aber umstritten.[235] Kritik richtet sich in erster Linie gegen

229 Sauer: Medien, 2012, S. 86 schlägt vor, hierbei Geräte von Lehr- und Lernformaten und fachspezifischen Lehr- und Lernmaterialien zu unterscheiden. Die Geräte Tafel, Kreide, Folie, etc. werden zu Trägermedien, sofern mit ihnen Lehr- und Lernsituationen kreiert werden.

230 Vgl. zur Bedeutung der Quelle Sauer: Medien, 2012, S. 86–88; Eisele-Brauch/Deschner: Bilingualer Unterricht, 2010, S. 152. Auch in den neuen Richtlinien werden Darstellungen gegenüber Quellen klar benachteiligt, ganz anders als bspw. in England, vgl. z. B. Martens: Schulformunterschiede, 2010, S. 61, FN 20. Zur Diskussion um die Quellenarbeit vgl. Sauer: Geschichte, 2012, S. 108; Gies: Geschichtsunterricht, 2004, S. 224–227. Hinterfragt wird hierbei selten die Quellenarbeit als solche, sondern ihre unzureichende Umsetzung im Unterricht, vgl. Fritz: Geschichte, 2012, S. 97. Sauer konnte in einer quantitativen Befragung von Lehramtsstudierenden, Referendaren, Ausbilderinnen, Lehrkräften und Hochschullehrkräften zeigen, dass nahezu übereinstimmend die Beherrschung von Methoden zur Arbeit mit historischen Quellen am bedeutsamsten für die (spätere) Berufsausübung beurteilt wurde, vgl. Ders: Kompetenzen, 2012, S. 332.

231 Siehe z. B. Sauer: Geschichte, 2012, S. 185; Erbar: Sozial- und Arbeitsformen, 2012, S. 15.

232 Siehe z. B. Rox-Helmer: Lesen, 2010; Reeken: Quellenarbeit, 2012.

233 Weitere Warnungen z. B. bei Bernhardt: Erarbeitung, 2013, S. 630.

234 Vgl. z. B. Sperisen/Schär: Akteure, 2013, S. 188; Rox-Helmer: Lesen, 2010, S. 188.

235 Vgl. z. B. Adamski: Didaktische Analyse, 2012, S. 224; Schönemann/Thünemann: Schul-

die Sprache der Bücher. So seien namentlich die Quellen und die Darstellungstexte zu schwierig und den Schülern und Schülerinnen unverständlich. Die Stofffülle und der Anspruch, umfassende Darstellung zu liefern, führten zu inhaltlich und sprachlich höchst komprimierten Konstruktionen, es mangele an einer Elementarisierung in der Darstellung.[236] Ältere empirische Studien haben gezeigt, dass Schüler und Schülerinnen von der Textarbeit mitunter derart überfordert sein können, dass jene zu »krassen Missverständnis[sen]« führe.[237] Verschärft werde das Problem der komplizierten Darstellungen durch das grundsätzliche Problem der mangelhaften Lesekompetenz deutscher Schüler und Schülerinnen und ihrer generellen Leseunwilligkeit.[238] Beunruhigen müssen hierbei von Borries' Funde, in dessen Studien die Schüler und Schülerinnen eine Überforderung durch das Buch selbst wiederum selten wahrnahmen oder jedenfalls nicht beanstandeten. Sie unterlagen offenbar dem Eindruck, das Buch »richtig verstanden« zu haben. Auch die von ihm untersuchten Lehrkräfte zeigten kein Bewusstsein für die Verständnisprobleme der Schüler und Schülerinnen in Bezug auf das Schulbuch.[239]

*Differenzierung*

Sowohl in der Allgemeindidaktik als auch in der Geschichtsdidaktik wird seit der PISA-Studie und ihren Ergebnissen zur Bildungsungerechtigkeit und dem Hinweis auf eine veränderte Schülerklientel das Schlagwort der Differenzierung bzw. der individuellen Förderung großgeschrieben.[240] Während die Differenzierung grundsätzlich schon bei der Themenwahl berücksichtigt werden soll,

---

bucharbeit, 2010, S. 137; Borries: Historisch Denken, 2008, S. 245f. Vereinzelt werden Bücher aber auch gelobt, vgl. z.B. Machate: Geschichte, 2010, S. 140f. Schinkel: Schulbuchanalyse, 2014, S. 485f. weist zu Recht darauf hin, dass es sich bei vielen der Kritiken um »unangemessene Schulbuchschelten« handele. Die unterschiedlichen Ansprüche und Rahmenbedingungen, die die Schulbucherstellung erschweren, werden ihm zufolge zu wenig gewürdigt.

236 Vgl. Pandel: Geschichtsunterricht, 2012, S. 174f.; Henke-Bockschatz: Viel benutzt, 2007, S. 41f.

237 Vgl. Borries: Wie wirken Schulbücher, 2010, S. 105. Vgl. auch Henke-Bockschatz: Viel benutzt, 2007, S. 40, 45.

238 Vgl. z.B. Rox-Helmer: Lesen, 2010, S. 188; Seidenfuß: Geschichtsunterricht, 2002, S. 214.

239 Hierbei sei berücksichtigt, dass es sich um ältere Studien handelt, die naturgemäß ältere Generationen von Schulbüchern und Lehrkräften betrafen. Es ist aber nicht davon auszugehen, dass Schüler und Schülerinnen oder Lehrkräfte einen grundlegenden Bewusstseinswandel hinsichtlich der Schulbucharbeit durchgemacht haben. Vgl. Borries: Wie wirken Schulbücher, 2010, S. 111f.; Ders. u.a.: Schulbuchverständnis, 2005, S. 67; Borries: Lehrereinstellungen, 1995, S. 331.

240 Vgl. z.B. Kühberger/Windischbauer: Individualisierung, 2012, S. 7; Borries: Alters- und Schulstufendifferenzierung, 2013, S. 131. Borries prophezeit allerdings, dass »die Euphorie der ›Individualisierung‹ und ›Differenzierung‹ [in Zukunft] wieder abklingen« werde, siehe Ders.: Unterrichtsplanung, 2012, S. 185.

findet sie ihren Hauptentfaltungsraum in der methodischen Planung bzw. der Binnendifferenzierung. Auch in der Geschichtsdidaktik herrscht Einigkeit, dass es sich hierbei um eine neue Art der Planung handeln müsse: Die einzelnen Elemente müssten deutlich flexibler gehandhabt werden als bei traditionellen Planungsvorgängen, und die Vorbereitung erfordere von der Lehrkraft eine hohe diagnostische Kompetenz. Insgesamt sei die Planung umfangreicher und aufwändiger geworden.[241] Konkrete Vorschläge oder Materialien zur Differenzierung im Geschichtsunterricht sind aber nach wie vor rar.[242] Auch die Ausbildung der Lehramtsanwärter und -anwärterinnen ist bislang nicht in Bezug auf diesen Gesichtspunkt grundlegend reformiert worden.

### 2.3.4. Lerngruppe

Schülerorientierte Planung gilt mittlerweile unbestritten als Schlüssel zu einem guten Geschichtsunterricht und zur Ausbildung des Geschichtsbewusstseins der Jugendlichen. Ein wichtiges Element einer solchen schülerorientierten Planung ist die Erhebung jener Voraussetzungen, die die Schüler und Schülerinnen mit in den Unterricht bringen. Die normative Literatur fordert hier eine Analyse der Lebenswelt, der individuellen Lernvoraussetzungen (relevante Vorkenntnisse, operative Fähigkeiten, Einstellungen) sowie der lerngruppenspezifischen Konstellationen untereinander und in Bezug auf die Lehrkraft.[243] Darüber hinaus bemühen sich Geschichtsdidaktiker und -didaktikerinnen um die Formulierung domänenspezifischer Elemente von Schülervoraussetzungen: Das Geschichtsbewusstsein wird hier zur anthropogenen und die Geschichtskultur zur soziokulturellen Voraussetzung, die es bei der Planung immer wieder zu bedenken gilt. Der wiederholte Hinweis auf die Notwendigkeit ihrer Analyse zeigt, dass eine solche in der Unterrichtspraxis offenbar nicht selbstverständlich durchgeführt wird.[244]

Bis in die 1970er Jahre folgte man innerhalb der Geschichtsdidaktik der Vorstellung eines organischen, inneren Reifungsprozesses von Schülern und Schülerinnen im Rahmen bestimmter Phasen, nach denen die Lehrkraft ihren Unterricht auszurichten hatte: von einer elementarisierenden und emotionalisierenden Behandlung von Personen und Ereignissen hin zu abstrakterer und analytischerer Behandlung von Strukturen und Zusammenhängen. Seit den späten 1960er Jahren wurde die geistige Entwicklung von Heranwachsenden jedoch im Sinne Jean Piagets immer öfter als Ergebnis der Auseinandersetzung

241 Vgl. z. B. Wenzel: Heterogenität, 2012, S. 253f.
242 Siehe z. B. Geschichte lernen 131 (2009): Differenzierung.
243 Siehe z. B. Hodel/Waldis: Sichtstrukturen, 2007, S. 102, 178.
244 Siehe neben den genannten Publikationen z. B. Bergmann/Rohrbach: Chance, 2013, S. 25f.

des Individuums mit seiner Umwelt interpretiert. Der Einfluss der inneren Reifung und Begabung galt hierbei allerdings nach wie vor überwiegend als entscheidender Faktor des Lernerfolgs. In der gegenwärtigen Diskussion spielen Piagets Thesen eine untergeordnete Rolle. Als zentral gilt heute vielmehr das ›bereichsspezifische Wissen‹ der Schüler und Schülerinnen, das sich vergleichsweise unabhängig vom Wissen in anderen Bereichen entwickle und durchaus von außen beeinflussbar sei.[245] Um sich über die oben genannten entwicklungspsychologischen Dispositionen von Jugendlichen in bestimmten Altersstufen zu informieren, steht der Lehrkraft heute eine breite Palette entwicklungspsychologischer Literatur zur Verfügung. Konkrete Aussagen zur Entwicklung des Geschichtsbewusstseins oder des historischen Denkens Jugendlicher finden sich allerdings selten. Die diesbezügliche empirische Forschung befindet sich noch in den Anfängen, hier können lediglich grundsätzliche Schlussfolgerungen gezogen werden, die für die konkrete Vorbereitung wenig hilfreich sind.[246]

Man ist sich darüber einig, dass Heranwachsende Geschichte anders wahrnehmen und denken als Erwachsene, und empirische Studien geben bereits deutliche Hinweise auf eine Progression des historischen Denkens im Verlauf einer Schulkarriere. Mit zunehmendem Alter denken Schüler und Schülerinnen kritisch-distanzierter und sachlicher, was durch gezielte Förderung von Eigenerfahrung weiter verstärkt werden könne. Ähnliches sei für die Entwicklung von Werthierarchien und Wertsystemen anzunehmen, wobei sich der Verlauf aber eben nicht in klar definierbaren Stufen vollziehe, sondern stark vom sozialen Hintergrund der Schüler und Schülerinnen, sozusagen dem sozial-emotionalen Vorwissen, abhänge.[247] Insgesamt ist das Bild bis heute nicht eindeutig: Die Pubertät gilt einerseits als Phase, in der Jugendliche für einfache und eindimensionale Erklärungen besonders anfällig seien, gleichzeitig hinterfragten sie in dieser Lebensperiode grundsätzlich Autoritäten und suchten nach Erklärungen für die Geschehnisse um sie herum.[248] Einerseits heißt es, die Wertsysteme entwickelten sich sukzessive, andererseits zeigten empirische Forschungen, dass sich das Moralurteil der Schüler und Schülerinnen ab der neunten Klasse kaum veränderte.[249]

Erste Ansätze zu Modellen historischen Verstehens, die auch emotionale

245 Vgl. z. B. Pandel: Geschichtsdidaktik, 2013, S. 126; Sauer: Geschichte, 2012, S. 28–31.

246 Vgl. zu neueren Publikationen z. B. Borries: Alters- und Schulstufendifferenzierung, 2013, S. 130; Kölbl: Geschichtsbewusstsein, 2012, S. 114f.; Martens: Implizites Wissen, 2010, S. 305–310. Für diesbezügliche angloamerikanische Veröffentlichungen siehe Beineke: Teaching History, 2011, S. 6.

247 Vgl. Rohlfes: Geschichte, 2005, S. 255; Borries: Das Fach Geschichte, 2004, S. 152f.

248 Siehe Beineke: Teaching History, 2011, S. 4; Rohlfes: Geschichte, 2005, S. 201f.

249 Siehe Borries: Nicht-nur-kognitive Lernziele, 2012, S. 425.

Komponenten umfassen, wurden in jüngster Zeit vorgestellt. So entwickelt von Borries auf Grundlage internationaler empirischer Forschung und seiner eigenen Studien ein »Modell der Progression des rationalen Verstehens von Geschichte« und trifft Aussagen zur Entwicklungslogik des kindlich-jugendlichen Geschichtsverständnisses.[250] Christian Noack geht einen Schritt weiter, indem er aus einem solchen Entwicklungsmodell direkte Konsequenzen für die Vermittlung von Geschichte ableitet.[251] Obwohl es also an allgemein akzeptierten Modellen der Entwicklung des historischen Denkens Jugendlicher fehlt, hat die Forschung drei entscheidende Ergebnisse erbracht, die für die Planungspraxis von Geschichtslehrkräften als wichtig zu gelten haben: Zum Ersten lassen die Ergebnisse den Rückschluss zu, dass historisches Denken unter Schülern und Schülerinnen sehr viel später und auch generell schwerer erlernt wird, als »es den programmatischen Zuschreibungen und Erwartungen entspräche«[252]. Darüber hinaus ist die Streuung in Bezug auf die Qualität des historischen Denkens innerhalb einer Lerngruppe offenbar immens.[253] Schließlich ist die zentrale Rolle, die außerschulische Einflüsse auf die Ausbildung des historischen Denkens und des Geschichtsbewusstseins haben, empirisch nachgewiesen worden.[254]

Während die einen Didaktiker und Didaktikerinnen ein Studium solcher Ergebnisse von Empirie und Sozialisationsforschung im Rahmen der Unterrichtsvorbereitung für unerlässlich halten,[255] warnen andere vor einer Übertragung generalisierter Ergebnisse auf den »konkreten Jugendlichen« im Klassenzimmer.[256] Instrumente zur Messung der Vorkenntnisse und fachspezifische Diagnoseverfahren zur Ermittlung von Einstellungen, Motivation und Kompetenzen der ›konkreten‹ Schüler und Schülerinnen im Geschichtsunterricht sind indessen bislang nicht entwickelt worden. Dem Problem wird mit einer ebenso häufigen wie vagen Forderung nach einer ›Diagnosekompetenz‹ der Lehrkräfte begegnet.[257] Gies räumt ein, dass in »seltenen Ausnahmefällen« Lehrkräfte auch Soziogramme erstellen könnten, dies aber »im Schulalltag kaum möglich« sei.[258] Rohlfes betont, dass die hierbei festzustellenden »Determinanten so grundle-

250 Siehe Borries: Das Fach, 2004, S. 153.
251 Noack: Stufen, 1994.
252 Sauer: Geschichte, 2012, S. 33. Vgl. weiter Borries: Wie wirken Schulbücher, 2010, S. 107, 112f.
253 Vgl. Kölbl: Geschichtsbewusstein, 2012, S. 116; Sauer: Geschichte, 2012, S. 31f.; Borries: Wie wirken Schulbücher, 2010, S. 113f.
254 Siehe z. B. Bergmann/Rohrbach: Chance, 2013, S. 17; Scherr: Sozialisation, 2012, S. 62.
255 Vgl. z. B. Buck: Themenbestimmung, 2012, S. 369; Gies: Geschichtsunterricht, 2004, S. 56.
256 Vgl. z. B. Pandel: Geschichtsdidaktik, 2013, S. 361; Scherr: Sozialisation, 2012, S. 59.
257 Siehe z. B. Schreiber/Ventzke: Überlegungen, 2010, S. 74; Jäger: Diagnostische Aufgaben, 2009.
258 Gies: Geschichtsunterricht, 2004, S. 55.

gender Art« seien, dass sie »nicht stets von neuem vorgenommen werden« müssten.[259]

Generell sind konkrete Schlussfolgerungen aus den oben genannten Ergebnissen der empirischen Forschung zum historischen Denken rar und für die konkrete Unterrichtsvorbereitung wenig hilfreich. So schlägt Gies vor, in der Planung dem »didaktischen Prinzip: vom Elementar-Konkreten zum Begrifflich-Abstrakten«[260] zu folgen, und auch Pandel findet, die jüngeren Schüler und Schülerinnen sollten »einfachere« und die älteren »komplexere« Probleme lösen.[261] Sauer weist in diesem Zusammenhang auf die spezifischen Probleme des Fachs Geschichte als einer »kognitionsypsychologisch gesprochen [...] schlecht strukturierte[n] Domäne« hin: Anders als in anderen Fächern folge der Aufbau der Lerninhalte eben keiner logischen Progression in Hinblick auf Abstraktion oder Anforderungsniveau.[262]

*Schülerinteressen*

Als wichtiges Qualitätsmerkmal und als wichtige Voraussetzung für erfolgreiches unterrichtliches Lernen wird in der didaktischen Literatur immer wieder die Einbeziehung von Schülerinteressen in Themenwahl und unterrichtliche Gestaltung genannt.[263] Die diesbezügliche Forschung ist in der Geschichtsdidaktik intensiv betrieben worden und hat klare Ergebnisse in Bezug auf Interessen und Vorlieben von Schülern und Schülerinnen für Unterrichtsinhalte des Geschichtsunterrichts erbracht.[264] Da diese Ergebnisse allerdings nicht etwa zu einer entsprechenden Umstrukturierung von Richtlinien geführt haben, ist es an den Lehrkräften, sie zu rezipieren und in ihre Unterrichtsplanung zu integrieren. Nachdenklich mag an dieser Stelle von Borries' Befund zur Einschätzung der Schülerinteressen durch ihre Lehrkräfte stimmen: Die Wahrnehmung der favorisierten Inhalte (genauso wie Gestaltungsweisen und Ziele) lagen bei Lehrkräften und Schülern und Schülerinnen in seiner empirischen Studie weit auseinander.[265]

Zentrales Ergebnis der empirischen Untersuchungen ist die Unbeliebtheit des Fachs Geschichte, die bei den Schülern und Schülerinnen offenbar zu einem generellen Desinteresse an historischen Sachverhalten führt. Diese Ablehnung

---

259 Rohlfes: Geschichte, 2005, S. 249.

260 Gies: Geschichtsunterricht, 2004, S. 33. Konkretere Hinweise allerdings ebda., S. 283.

261 Siehe Pandel: Geschichtsunterricht, 2005, S. 54.

262 Sauer: Geschichte, 2012, S. 34. Auch Pandel: Geschichtsunterricht, 2005, S. 56.

263 Vgl. z. B. Meyer-Hamme: »Ja, also«, 2012, S. 24; Wenzel: Heterogenität, 2012, S. 247.

264 Vgl. z. B. für einen Überblick Sauer: Geschichte, 2012, S. 35–39; Waldis/Buff: Die Sicht, 2007, S. 201; Borries u. a.: Schulbuchverständnis, 2005, S. 234f.

265 Siehe Borries: Lehrereinstellungen, 1995, S. 317. Auch hier sei an das Alter der Erhebungen erinnert, vgl. FN 239. So ist zu hoffen, dass jüngere Lehrergenerationen einen realistischeren Blick auf ihre Schüler und Schülerinnen haben.

setzt allerdings erst im Verlauf der Sekundarstufe (Sek I) ein, davor sind die Kinder offenbar eher geschichtsbegeistert.[266] Die Gründe hierfür sind unter Geschichtsdidaktikern und -didaktikerinnen umstritten. Sie werden in den entwicklungspsychologischen Dispositionen der Schüler und Schülerinnen bzw. der jeweiligen Altersgruppe gesucht oder aber in der Art des erteilten Geschichtsunterrichts selbst vermutet. In jedem Fall wird davon ausgegangen, dass die nötige Passung zwischen den Bedürfnissen der Schüler und Schülerinnen und der Umsetzung des Geschichtsunterrichts verbessert werden müsse.[267]

Eine weitere empirische Erkenntnis betrifft die deutliche Differenz zwischen den Geschlechtern in Bezug auf das Interesse. Das grundsätzlich zurückhaltendere Interesse der Mädchen am Geschichtsunterricht wird mit fehlenden Identifikationsmöglichkeiten in Lehrplan- und Schulbuchthemen begründet.[268] Die Ergebnisse korrespondieren hier mit leicht besseren Leistungen der Jungen im Fach Geschichte, die angesichts der immer wieder feststellbaren grundsätzlichen Unterlegenheit der Jungen im Bereich der Lesekompetenz erstaunen. In einem leseintensiven Fach wie Geschichte wäre hier eher ein schlechteres Abschneiden der Jungen zu erwarten gewesen.[269]

Während in Hinblick auf die Unterrichtsqualität der Einbezug von Schülerinteressen konsensual als wichtig angesehen wird, wird in der normativen geschichtsdidaktischen Literatur immer wieder darauf hingewiesen, dass sich der Unterricht aber nicht vornehmlich nach Schülerinteressen richten könne. Die allgemeine Sorge um die Unbeliebtheit des Fachs dürfe nicht dazu führen, dessen allgemeinbildenden Auftrag zu vergessen. Auch müsse die Lehrkraft professionell genug sein, um ein unbeliebtes Thema motivierend umsetzen zu können.[270]

*Fachspezifische Herausforderungen*

Im Zusammenhang mit der Diskussion um die allgemein bekundete Abneigung von Schülern und Schülerinnen gegenüber dem Geschichtsunterricht wird

---

266 Vgl. z. B. Sauer: Geschichte, 2012, S. 36f.; Waldis/Buff: Die Sicht, 2007, S. 206; Borries u. a.: Schulbuchverständnis, 2005, S. 44; Gies: Geschichtsunterricht, 2004, S. 28.

267 Vgl. z. B. Günther-Arndt: Historisches Lernen, 2011, S. 34f.; Gies: Geschichtsunterricht, 2004, S. 28f.

268 Siehe z. B. Bergmann/Rohrbach: Chance, 2013, S. 124; Waldis/Buff: Die Sicht, 2007, S. 200. Umso mehr überrascht Pandels Einschätzung, das »Geschlecht als Heterogenitätsmerkmal [sei] in den vergangenen Jahren für den Geschichtsunterricht in den Hintergrund getreten«, siehe Ders.: Geschichtsdidaktik, 2013, S. 423, FN 124.

269 Vgl. Borries: Wie wirken Schulbücher, 2010, S. 115. Zum besseren Abschneiden der Jungen vgl. Gautschi: Guter Geschichtsunterricht, 2009, S. 69f. Zum geschlechtsdifferenten Wissenserwerb bzw. Kompetenzentwicklung siehe Borries: Nicht-nur-kognitive Lernziele, 2012, S. 424f.; Meyer-Hamme: Historische Identitäten, 2012, S. 96; Kölbl: Geschichtsbewusstsein, 2012, S. 115f.

270 Vgl. z. B. Borries: Wie wirken Schulbücher, 2010, S. 108; Scherr: Sozialisation, 2012, S. 69.

immer wieder auf die speziellen Herausforderungen des Fachs Geschichte hingewiesen. So sei sein bedeutsamstes Spezifikum, dass in ihm keine Primärerfahrung und den Schülern und Schülerinnen immer nur ein indirekter Zugang zum Stoff möglich sei. Dieser gelinge ihnen grundsätzlich nur über die Fähigkeit der Imagination, die wiederum ein gewisses sprachliches Niveau voraussetze und von Lernenden durchaus als anstrengend empfunden werde.[271]

Der Zugang über die Imagination fordert den Schülern und Schülerinnen darüber hinaus einiges an Emotionen ab, von denen sie schließlich in einem weiteren Schritt wieder Abstand nehmen müssen, um zu einer kritischen Distanz gegenüber dem Gegenstand zu gelangen. Dies wiederum ist für Heranwachsende durchaus verunsichernd und verwirrend. Die Lehrkraft kann hier nur durch transparente und exakte Anleitungen abfedern. So weisen die empirischen Ergebnisse darauf hin, dass es Heranwachsenden grundsätzlich schwer fällt, die Vergangenheit nicht »als Gegenwart in einer anderen Epoche« zu denken und nicht nach den eigenen Maßstäben abzuurteilen.[272] Diese große Distanz zum Gegenstand des Geschichtsunterrichts korrespondiert offenbar mit einer für Heranwachsende typischen, generellen Abneigung, sich intensiv mit vergangenen Zeiten zu befassen. Jugendliche wollen nach vorne blicken und sich nicht mit den Hypotheken einer für sie schwer vorstellbaren Vergangenheit belasten.[273] Hinzu kommt, dass die Stofffülle und die den Schülern und Schülerinnen fehlende Orientierung eine Einordnung dieser vergangenen Zeiten äußerst schwierig macht. Martin Stupperich merkt an, dass im Geschichtsunterricht im Gegensatz zum Unterricht in anderen Fächern in der Regel in jeder Stunde ein neues Thema bearbeitet werde, was sich ihm zufolge aus der Fachstruktur selbst ergebe. Auch Pandel konstatiert, dass es in der Geschichte keinen »zwingenden […] Zusammenhang von Ereignissen und Erzählung« gebe.[274] Orientierung sowie Gegenwarts- und Lebensweltbezug müssen hierbei immer wieder von der Lehrkraft neu konstruiert und transparent gemacht werden.

Schließlich habe die Ablehnung bzw. die Indifferenz der Schüler und Schülerinnen gegenüber dem Fach auch institutionelle Ursachen: Es handelt sich um ein Nebenfach und der Unterricht wird in vergleichsweise großen Abständen zwischen den Stunden und in vielen Bundesländern und besonders im Hauptschulbereich in einer Fächerkombination erteilt.[275] Es ist anzunehmen, dass die Eigenständigkeit und Bedeutung des Fachs vielen Schülern und Schülerinnen vermutlich daher nicht präsent ist.

271 Vgl. z.B. Bernhardt: Erarbeitung, 2013, S. 619; Buck: Historisches Lernen, 2012, S. 165.
272 Günther-Arndt: Historisches Lernen, 2011, S. 29f. Vgl. auch Becker: Historische Urteilsbildung, 2012, S. 320; Buck: Lebenswelt- und Gegenwartsbezug, 2012, S. 300.
273 Vgl. Barricelli: »Das wollt' ich nur«, 2012, S. 134.
274 Pandel: Geschichtsdidaktik, 2013, S. 398. Vgl. Stupperich: Orientierung, 2009, S. 621.
275 Vgl. Seidenfuß: Disziplinarität, 2010, S. 26f.

*Heterogenität*
Der Heterogenität in deutschen Schulklassen wird seit PISA in der didaktischen und pädagogischen Literatur besondere Beachtung geschenkt. Der Begriff bezieht sich hierbei auf so unterschiedliche Aspekte wie Leistungsunterschiede, soziale Herkunft und Migrationshintergrund.[276] Unterschiede in der Wahrnehmung historischer Themen durch Schüler und Schülerinnen mit unterschiedlichem ethnischen und kulturellen Hintergrund sind mittlerweile empirisch belegt.[277] Dieser Heterogenität mit den Mitteln der Differenzierung zu begegnen, stellt insofern eine spezielle Herausforderung für den Geschichtsunterricht dar, als hier auch differierende Weltanschauungen und Geschichtsbewertungen berücksichtigt werden müssen.

Als Ort einer diesbezüglich speziell problematischen Durchmischung wird immer wieder die Hauptschule angesehen. Hier finden sich vergleichsweise viele Schüler mit migrantischen Biografien und daraus folgenden allgemeinen und sprachlichen Lern- und Lesedefiziten. Die Schüler und Schülerinnen bringen aufgrund von sprachlichen Problemen und Mangel an kultureller Teilhabe ein deutlich geringeres geschichtliches Vorwissen mit in den Unterricht als Schüler und Schülerinnen anderer Schulformen. Wirtschaftliche Benachteiligung und mangelnde soziale Partizipation führen hier vielfach zu einem generell geringen Selbstwertgefühl, das sich in fehlenden Selbstwirksamkeitsüberzeugungen, grundlegender Politikverdrossenheit sowie fehlendem Interesse an Schule und Bildung äußert.[278] Matthias Fink weist darauf hin, dass Hauptschüler und -schülerinnen aufgrund ihrer vielfach schwierigen Lebenssituation in besonderem Maße dazu neigen, die Gegenwart als Norm aller Dinge zu nehmen.[279] Die ethnische und kulturelle Heterogenität, die an der Hauptschule besonders deutlich zum Tragen kommt, bedeutet hierbei eine besondere Herausforderung für den Geschichtsunterricht, der bis heute hauptsächlich einem eurozentrischen Blick folgt und überwiegend Themen der deutschen Geschichte behandelt.

Es wird häufig betont, dass die Hauptschule eine Schule sei, in der vor-

276 Vgl. z.B. Helmke: Unterrichtsqualität, 2013, S. 253; Scherr: Sozialisation, 2012, S. 63, 66f.; Wenzel: Heterogenität, 2012, S. 239.

277 Vgl. für einen Überblick Meyer-Hamme: Historische Identitäten, 2012, S. 96.

278 Vgl. z.B. Wellgraf: Hauptschüler, 2012; Heuer: Neue Aufgabenkultur, 2010, S. 81; Ipfling: Hauptschule, 2009, S. 243; Mischo: Schulische Einflussgrößen, 2009, S. 435; Nyssen/Stange: »Eigentlich«, 2007, S. 53–55. Es wird vielfach betont, dass in den Hauptschulen die Geschlechterdifferenzen im Lernen deutlicher zum Tragen kommen als in anderen Schulformen. Die Hauptschulen werden zahlenmäßig von Jungen dominiert und diese bestimmen vielfach das Klima, vgl. z.B. Fink: Jugendliche, 2003, S. 203; Siepmann: Mädchen, 1998, S. 115.

279 Siehe Fink: Jugendliche, 2003, S. 206f. Ähnlich bei Cloer: Veränderte Lebenswelten, 1998, S. 77.

nehmlich ›praktisch begabte‹ Schüler und Schülerinnen anzutreffen seien. Dies ist aber weder empirisch belegt noch wird dieses pauschale Urteil den Jugendlichen gerecht.[280] Stattdessen wäre es notwendig, die tatsächlichen Interessen und Stärken dieser Schüler und Schülerinnen zu eruieren und zu benennen, um sie für den Unterricht und im Speziellen für den Geschichtsunterricht nutzbar zu machen. Dies ist aber bislang nicht geschehen. Ein Blick auf die normativen Vorschläge für das Lernen in der Hauptschule zeigt, dass es hier an einem klaren Konzept für die Unterrichtsgestaltung mangelt. So gehen schon die Meinungen über die Art der zu vermittelnden Wissensinhalte und Kompetenzen weit auseinander. Zwar ist durch die Vereinbarung der KMK über die »Schularten und Bildungsgänge im Sekundarbereich I« (2010) für die Hauptschule beschlossen, dass sie ihren Schülern und Schülerinnen »eine grundlegende allgemeine Bildung« vermitteln müsse. Wie eine solche Allgemeinbildung auszusehen habe, ist aber unklar und umstritten.[281] Die Diskussion konzentriert sich hierbei weniger auf konkrete Kenntnisse als auf sogenannte personale Kompetenzen, die die Schüler und Schülerinnen in ihrer Schulzeit erwerben sollen. Mit Verweis auf ihre belasteten Biografien wird immer wieder gefordert, »Könnens- und Erfolgserfahrungen« zu vermitteln und sie in ihrem Sozialverhalten zu erziehen, um sie so auf das Leben in unserer Gesellschaft und ihre persönliche oftmals prekäre Lage vorzubereiten.[282] Hierzu müsse der Unterricht in der Hauptschule konsequent schülerorientiert geplant werden. Diese Schülerorientierung in Themen- und Methodenwahl müsse den Schülern und Schülerinnen wiederum Möglichkeiten der Selbsterfahrung bieten. Das Konzept eines selbsttätigen praktischen Lernens legitimiert sich also in diesen Vorschlägen nicht durch eine etwaige spezielle praktische Überlegenheit der Hauptschüler und -schülerinnen, sondern durch die Notwendigkeit, ihnen Selbsterfahrung zu ermöglichen.[283]

Das Paradigma des praktischen Lernens an der Hauptschule wird heutzutage nicht mehr hinterfragt. Meistens impliziert es den Einsatz offener Unterrichtsformen bis hin zur Projektarbeit.[284] In Bezug auf das methodische Vorgehen ist man sich gleichzeitig einig, dass besonders Hauptschüler und -schülerinnen von

280 Vgl. Ipfling: Hauptschule, 2009, S. 243; Rösner: Hauptschule, 2007, S. 47–50; Bohl u.a.: Einleitung, 2003, S. 4f.

281 Siehe KMK: Vereinbarung vom 03.12.2010, S. 7. Vgl. Seidenfuß: Disziplinarität, 2010, S. 20–22; Ipfling: Hauptschule, 2009, S. 237. Siehe auch die verschiedenen diesbezüglichen Aufsätze in Bronder u.a.: Handbuch, Bd. 1, 1998, S. 135–212.

282 Ipfling/Zenke: Zur Weiterentwicklung, 1999, S. 372f. Siehe Seibert: Bildung, 2009, S. 74; Duncker: Die relative Eigenständigkeit, 2003, S. 24.

283 Siehe Rekus: Methodisch-didaktische Grundsätze, 1998, S. 137–143; Heller: Die Krise, 1999, S. 11.

284 Vgl. Kleinknecht: Aufgabenkultur, 2010, S. 48; Duncker: Die relative Eigenständigkeit, 2003, S. 22; Bronder: Einführung, 1999, S. 114.

einem direkt-instruktionalen Vorgehen profitieren.[285] Eine Kombination beider Qualitätsmerkmale – ein straff organisiertes, transparentes und gleichzeitig offenes Lernarrangement – erfordert von der Lehrkraft eine überaus genaue und intensive Vorbereitung. Als entscheidendes methodisches Element wird angesichts der enormen Heterogenität hierbei immer wieder die Differenzierung genannt.[286]

Empirische Studien haben zu dem Ergebnis geführt, dass in Deutschland klare schulartspezifische Unterrichtskulturen existieren und hieraus sogenannte »Lern- und Entwicklungsmilieus« entstehen, die die domänenspezifische Kompetenzentwicklung der Schüler und Schülerinnen grundsätzlich unterschiedlich beeinflussen und von den Lehrkräften über Generationen weiter tradiert werden.[287] Besonders für die Hauptschule wurde eine ungünstige Lehr- und Lernkultur in Hinblick auf die Leistungsentwicklung konstatiert. Insbesondere wurden systematische Unterschiede in der kognitiven Aktivierung der Schüler und Schülerinnen im Unterricht festgestellt. Empirische Untersuchungen ergaben, dass in der Hauptschule in erster Linie reproduktives Lernen stattfindet.[288] Ein Blick in die pädagogisch-didaktischen Vorschläge zum praktischen Lernen in der Hauptschule ergibt den Eindruck, dass dieses reproduzierende Lernen vermutlich nicht etwa zufällig oder von den Lehrkräften ungewollt stattfindet. So kritisiert Marc Kleinknecht, dass auch in der didaktischen Literatur immer wieder ein »antikognitive[r], niederschwellige[r] Zugang« zu Unterrichtshemen für die Hauptschule propagiert werde.[289] Heinz-Jürgen Ipfling stellt dar, dass auch Alltagsmeinungen vielfach davon ausgehen, dass das Gymnasium für die Wissenschaftsorientierung, die Hauptschule eher für die Alltagsbewältigung zuständig sei. Er räumt ein, dass Hauptschüler und -schülerinnen »als Folge des Ausleseprozesses eine geringere Affinität zur Abstraktion« haben mögen, betont aber, dass eine strikte Trennung zweier Typen von Schülern und Schülerinnen in der Öffentlichkeit zu einer unzulässigen Benachteiligung der Hauptschüler und -schülerinnen führe. Auch diese müssten für eine »von Wissenschaft bestimmte […] Welt qualifiziert« werden.[290] Uneindeutig sind die empirischen Ergebnisse in Hinblick auf die methodische Ausrichtung des Unterrichts: Während die einen bemängeln, dass eng geführte

285 Vgl. z. B. Kleinknecht: Aufgabenkultur, 2010, S. 34f.
286 Vgl. z. B. Seidenfuß: Disziplinarität, 2010, S. 22.
287 Baumert/Stanat/Watermann: Schulstruktur, 2006. Vgl. weiter Kleinknecht: Aufgabenkultur, 2010, S. 3f.; Klieme u. a.: PISA, 2010, S. 277.
288 Die Ergebnisse betreffen hierbei überwiegend den Mathematik- und Physikunterricht, vgl. z. B. Kleinknecht: Aufgabenkultur, 2010, S. 180, 225f. Für den Deutschunterricht vgl. Hertel u. a.: Schulische Rahmenbedingungen, 2010, S. 135.
289 Kleinknecht: Aufgabenkultur, 2010, S. 48.
290 Ipfling: Schülerorientierung, 1998, S. 149.

Unterrichtsgespräche den Unterricht an der Hauptschule dominieren, ergeben andere Studien, dass im Hauptschulunterricht im Vergleich zum Gymnasialunterricht eine größere methodische Vielfalt herrsche und der Anteil der Schülerarbeitsphasen höher sei.[291] Übereinstimmend hingegen sind die Befunde in Bezug auf die Differenzierung und Individualisierung: Diese werde in der Hauptschule deutlich konsequenter umgesetzt als an den anderen Schulformen.[292]

Wie sieht es mit Vorschlägen für den Geschichtsunterricht an Hauptschulen aus? Die Geschichtsdidaktik konstatiert einstimmig ein klares Defizit hinsichtlich der theoretischen und empirischen Beschäftigung ihrer Zunft mit Haupt- und Realschulen.[293] Pandel weist völlig zu Recht darauf hin, dass auch die zunehmenden Bestrebungen hinsichtlich einer Abschaffung der Hauptschule die Geschichtsdidaktik nicht von der Aufgabe befreien, sich dem Geschichtsunterricht für eine komplizierte Schülerklientel zu stellen.[294] Einhellig sind die Forderungen nach einer Diskussion um spezifische Methoden und Medien im historischen Lernen an der Hauptschule.[295] Seidenfuß betont, dass es notwendig sei, unterschiedliche Herangehensweisen an das Geschichtsbewusstsein auszuformulieren, um »unterschiedliche Ausprägungen historischen Denkens, z. B. eine eher praktisch-berufsbezogene (interdisziplinäre) oder eine wissenschaftspropädeutische (disziplinäre)« Herangehensweise auf ein gleichwertiges und gleich anerkanntes Niveau zu bringen.[296] Auch Christian Heuer glaubt, dass hier ein »alternative[s]« historische[s] Lernen« gefördert werden müsse, »zu dem neben »alternativen« Unterrichtsinhalten [...] herausfordernde Aufgabenformate [und] kooperative Arbeits- und Sozialformen gehören»[297].

Die normativen Forderungen, die sich heute für den Geschichtsunterricht in der Hauptschule finden, korrelieren mit jenen, die für den Hauptschulunterricht im Allgemeinen formuliert werden. Bemängelt wird hierbei ein unreflektiertes Vorgehen in der Praxis, das sich viel zu schnell an fachunspezifischen Methoden orientiere, obwohl es innerhalb der Didaktik durchaus Angebote für anschau-

291 Vgl. für eine Übersicht Kleinknecht: Aufgabenkultur, 2010, S. 51–62.

292 Vgl. Hertel u.a.: Schulische Rahmenbedingungen, 2010, S. 145; Kleinknecht: Aufgabenkultur, 2009, S. 91.

293 Vgl. z.B. Martens: Schulformunterschiede, 2010, S. 59; Seidenfuß: Disziplinarität, 2010, S. 31; Zülsdorf-Kersting: Kategorien, 2010, S. 43f. Die Vernachlässigung der Hauptschuldidaktik betrifft auch das Gebiet der praxisorientierten Lehrerzeitschriften und didaktischen Hilfsliteratur, vgl. z.B. Pandel: Geschichtsunterricht, 2012, S. 170f.; Michler: Einführung, 2010, S. 7.

294 Vgl. Pandel: Geschichtsunterricht, 1997, S. 528. Vgl. auch Heuer: Neue Aufgabenkultur, 2010, S. 83.

295 Siehe Michler: Einführung, 2010, S. 9; Seidenfuß: Disziplinarität, 2010, S. 25.

296 Seidenfuß: Disziplinarität, 2010, S. 20. Vgl. ähnlich bei Pandel: Geschichtsunterricht, 2012, S. 170.

297 Heuer: Neue Aufgabenkultur, 2010, S. 88.

liches und lebensnahes Geschichtslernen gebe.[298] So vermutet auch Seidenfuß, dass »[n]icht die Praxis des historischen Denkens, sondern vielmehr die Suche nach schnellen pädagogischen Antworten« heute im Zentrum des Geschichtsunterrichts an den Hauptschulen stehe.[299] Pandel konstatiert für die Hauptschulbücher, dass sie kein genuin fachdidaktisches Profil vorgäben, sondern durch »Trivialisierungsprozesse« entstehen. Ähnlich beurteilt Matthias Martens die Rahmenrichtlinien bzw. die curricularen Vorgaben, denen es ihm zufolge systematisch an geschichtsdidaktischer Ausrichtung fehle.[300]

Neuerdings gibt es einige erste Studien zu Unterschieden im historischen Denken von Schülern und Schülerinnen unterschiedlicher Schulformen. Martens stellt einen großen Unterschied »in den Kompetenzen historischen Denkens zwischen den einzelnen Schulformen« fest. In seiner qualitativen Studie nahmen Hauptschüler und -schülerinnen Geschichte, wie sie ihnen im Unterricht begegnet, sehr viel unreflektierter als Abbild einer vergangenen Wirklichkeit wahr, als untersuchte Gymnasiasten und Gymnasiastinnen dies taten. Zudem neigten sie stärker dazu, die Vergangenheit nach gegenwärtigen Maßstäben zu beurteilen. Martens kommt zu dem Schluss, dass die untersuchten Hauptschüler und -schülerinnen »andere Denkstile haben, die beispielsweise eher auf inhaltliche als auf formale Logik, eher bildhaft auf Gesamtzusammenhänge als abstrahierend auf analytische Zerlegung, eher einfühlend als klassifizierend angelegt sind«[301]. Inwiefern es sich hier um ein Ergebnis oder eine Voraussetzung des Unterrichts handelt, ist beim gegenwärtigen Stand der Forschung jedoch noch völlig unklar.

Während die Heterogenität innerhalb der Lerngruppen natürlich auch in der normativen Literatur für den Gymnasialunterricht eine Rolle spielt, wird sie hier deutlich weniger vehement diskutiert als in den Veröffentlichungen zur Hauptschule. Es wird davon ausgegangen, dass die Heterogenität im Gymnasium sich eher auf das Geschlecht als auf Migrationshintergründe beziehe und Differenzierungsmaßnahmen hier rar seien (s. o.).[302] Deutlich bessere Ergeb-

298 Siehe Seidenfuß: Geschichtsunterricht, 2002, S. 203, 213; Schneider: Ein alternatives Curriculum, 2000, S. 406.

299 Seidenfuß' Annahmen gründen in erster Linie auf seiner Befragung von Ausbildern und Ausbilderinnen, Ders.: Disziplinarität, 2010, S. 33. Vgl. ähnlich Heuer: Aufgabenkultur, 2010, S. 84, der annimmt, dass es »im Geschichtsunterricht an der Hauptschule nur in den allerwenigsten Fällen um historisches Lernen im Sinne des ›historisch Denken‹, und häufiger um reine Inhaltsvermittlung gehe.

300 Pandel: Geschichtsunterricht, 1997, S. 529; Martens: Implizites Wissen, 2010, S. 103. Ähnlich bereits bei Seidenfuß: Geschichtsunterricht, 2002, S. 203, 210.

301 Martens: Implizites Wissen, 2010, S. 331, vgl. auch ebda., S. 75f., 327. Bei grundsätzlicher Zustimmung warnt Seidenfuß: Disziplinarität, 2010, S. 18 davor, »pauschalisierend von der Hauptschule und […] schulartspezifischen Qualitäten des historischen Denkens zu sprechen«.

302 Siehe z. B. Haag/Hopperdietzel: Gymnasium, 2009, S. 260.

nisse erzielt der Gymnasialunterricht wiederum in Hinblick auf die kognitive Aktivierung seiner Schüler und Schülerinnen. So hat denn auch Martens in Bezug auf das historische Denken von Gymnasialschülern und -schülerinnen zeigen können, dass sie ab-straktere und differenziertere Vorstellungen von der Vergangenheit haben und historische Vorkommnisse reflektiert beurteilen können.[303] Eine besondere normative Vorgabe in der Literatur, die speziell für den Umgang mit Gymnasialschülern und -schülerinnen im Geschichtsunterricht wichtig sein dürfte, ist jene, die ›soziale Erwünschtheit‹ der Schülerantworten zu antizipieren und zu reflektieren. Gemeint sind Reaktionen solcher Schüler und Schülerinnen, die durchaus gelernt haben zu »funktionieren, ohne dass hier wirklich gelernt würde. Die Erwartung des Lehrers erfüllen sie formal, ohne inhaltlich substantiell zu werden«. Gerade diese Schüler und Schülerinnen gelangen im Geschichtsunterricht selten zu wirklich eigenständigen Urteilen. Diesem Problem müsse mit einer gesteigerten Aufmerksamkeit und geeignetem Material begegnet werden.[304]

Ebenso wenig wie für die Reaktion auf die entwicklungspsychologischen Erkenntnisse gibt es innerhalb der Geschichtsdidaktik umfassende konkrete Lösungsvorschläge für den Umgang mit der Heterogenität. Die Forderung nach Differenzierung im Unterricht geht natürlich in diese Richtung und es existieren diesbezügliche Materialsammlungen. Ausformulierte Konzepte, angepasste Schulbücher und Richtlinien fehlen aber bis heute. Auch vereinzelte Vorschläge zu interkulturellem Geschichtsunterricht angesichts der unterschiedlichen kulturellen Hintergründe der Schüler und Schülerinnen und Planungshinweise für Lernende mit Förderschwerpunkten sollen der Lehrerschaft Hilfestellungen angesichts einer sich verändernden Schülerschaft leisten.[305] Andere grundsätzliche Probleme wie das der Sprach- und Lesekompetenz sind bislang aber für den Geschichtsunterricht nicht hinreichend diskutiert worden.

### 2.3.5. Flexibilität

Die Flexibilität im Umgang mit der Unterrichtsplanung ergibt sich nicht nur aus der jeweiligen Unterrichtsdurchführung. Flexibilität ist bereits in der Vorbereitung selbst angelegt und kann von unterschiedlichen Planungsfaktoren begünstigt oder behindert werden. So ist die Planung didaktischer Reserven gängige Praxis in der zweiten Phase der Ausbildung. Bemerkenswerterweise

303 Siehe Martens: Implizites Wissen, 2010, S. 329.
304 Heinßen: Hauptproblem, 2012, S. 182f. Vgl. auch z. B. Reeken: Zeitgeschichte, 2008, S. 105; Rohlfes: Geschichte, 2005, S. 394.
305 Vgl. z. B. Wenzel: Heterogenität, 2012, S. 252f.; Alavi: Geschichtsunterricht, 1998, S. 370.

wird sie in den geschichtsdidaktischen normativen Publikationen aber selten erwähnt.[306]

*Schriftliche Unterrichtsplanung*

Besondere Aufmerksamkeit erfährt im Rahmen der Debatte um Flexibilität in Bezug auf die Unterrichtsplanung die Frage, ob es nötig sei, diese Vorbereitung schriftlich festzuhalten. In der geschichtsdidaktischen Literatur werden solche Notizen sowohl für Anfänger und Anfängerinnen als auch für erfahrene Lehrkräfte als wichtig beurteilt. So wird bekräftigt, dass sie eine (offenbar negativ konnotierte) Routine durch den Zwang zum genauen Durchdenken verhinderten und erst die Grundlage einer jeden Reflexion des gehaltenen Unterrichts böten. Hierbei wird durchaus davon ausgegangen, dass sich die Lehrkräfte bei der Unterrichtsdurchführung von diesen Notizen meist völlig lösen. Zudem findet sich überwiegend die Ansicht, dass Lehrkräfte mit steigender Berufserfahrung knappere Notizen anfertigen.[307]

In der Ausbildung werden unterschiedliche Muster für die schriftliche Unterrichtsvorbereitung genutzt, die sich an die klassischen didaktischen Modelle (bildungstheoretisch, lerntheoretisch, lernzielorientiert) anlehnen. Sie werden auch in den geschichtsdidaktischen Handbüchern rezipiert und vorgeschlagen. Feste Elemente der Entwürfe sind hierbei die Verlaufsplanung und eine exakte Zeitplanung. Eine konkrete domänenspezifische Ausformulierung solcher Vorschläge existiert nicht.[308]

*Planungshorizont*

Ein klarer Konsens innerhalb der geschichtsdidaktischen Literatur herrscht in Hinblick auf die Meinung, dass eine gute Planung weniger auf die Vorbereitung von Einzelstunden als auf Unterrichtsreihen oder -sequenzen ziele.[309] In den didaktischen Modellen findet sich überwiegend die Einteilung der Unterrichtsplanung in die drei Ebenen der Jahresplanung, der Planung von Unterrichtseinheiten und der Planung von Einzelstunden.[310] Konkrete Vorschläge für

306 Für eine Ausnahme siehe FN 223.

307 Siehe Meyer: Leitfaden, 2010, S. 36; Gies: Geschichtsunterricht, 2004, S. 279.

308 Diesbezügliche Vorschläge bei Pandel: Geschichtsdidaktik, 2013, S. 418. Vgl. noch einmal das kompetenzorientierte Modell bei Heil: Kompetenzorienter Geschichtsunterricht, 2012, S. 125.

309 Vgl. Borries: Unterrichtsplanung, 2012, S. 194–196; Hodel/Waldis: Sichtstrukturen, 2007, S. 98. Die Begriffe werden aber nicht immer trennscharf verwendet.

310 Siehe z. B. Born: Unterrichtsplanung, 2014, S. 191. Witzenbacher: Praxis, 1994, S. 19 nutzt zudem den Begriff der ›mittelbaren Planung‹, die nebenbei stattfinde, wenn die Lehrkraft Sachbücher lese oder Einfälle notiere.

die Planung von Unterrichtseinheiten hat in der Geschichtsdidaktik vor allem jüngst Pandel geliefert.[311]

### Exkurs: Eine Scheindebatte? Das Problem der Unplanbarkeit

Die Darstellung der umfassenden Planungsliteratur soll nicht darüber hinwegtäuschen, dass es durchaus Stimmen unter Didaktikern und Pädagoginnen gibt, die das Planen von Unterricht und besonders eine Orientierung an didaktischen Modellen zur Gewährleistung eines erfolgreichen Unterrichts hinterfragen. Das Konzept der Unplanbarkeit von Unterricht wird heute besonders vehement vertreten von Ulf Mühlhausen, der in seinen Publikationen statt der Unterrichtsvorbereitung die Flexibilität und das Improvisationstalent von Lehrkräften als Schlüssel zu ihrem Unterrichtserfolg nachzuweisen versucht. Für Mühlhausen ist Unterricht ein »Abenteuer mit einem nicht bekannten Ausgang«[312], dem mit Planung nicht beizukommen sei. Eine gründliche Vorbereitung stellt er auf den ersten Seiten seiner Monografie »Abenteuer Unterricht« klar als Negativum dar, didaktischen Modellen bescheinigt er naiven Optimismus und ein deterministisches Planungsverständnis, das immer wieder Frontalunterricht Vorschub geleistet habe. Sein wichtigster Vorwurf gilt der generellen Inflexibilität, die ein detailliertes Vorausplanen bei Lehrkräften hervorrufe.[313] Ein genaueres Nachlesen und ein Blick hinter seine Schlagwörter zeigen allerdings, dass auch Mühlhausen Planung nicht generell ablehnt. Sein Hauptzorn gilt der schriftlichen, kleinschrittigen Vorplanung, dem Unterrichtsentwurf, wie er von Studienseminaren gefordert wird, und auch hier schränkt er seine anfängliche Tirade ein, wenn er bekennt, selbst diese Vorplanung sei die »halbe Miete« für guten Unterricht, nur »eben nicht mehr«[314]. Mühlhausen plädiert für eine Planung, die Platz für Flexibilität im Unterricht lässt. Angehende Lehrkräfte müssten früh für die Grenzen von Planungen sensibilisiert werden und eine »Planung aus dem Stegreif bzw. situative Planung« während der Unterrichtsdurchführung lernen.[315]

Seine wichtigsten Antagonisten findet Mühlhausen im Autorenduo Grell/Grell, die durchaus einräumen, dass im Unterricht Zufälligkeiten mitunter eine Planänderung erforderlich machen können. Gelungenen Unterricht deshalb als »bloßes Glücksspiel« darzustellen, halten sie aber für ein gefährliches Signal an

---

311 Da sie im Rahmen der vorliegenden Studie nicht untersucht wird, soll sie allerdings hier nur am Rande erwähnt werden. Siehe Pandel: Geschichtsdidaktik, 2013, S. 376–396.

312 Siehe Mühlhausen: Unterrichtsvorbereitungen, 2007, S. 52; Ders.: Abenteuer, 2007, S. 269.

313 Siehe z. B. Mühlhausen: Unterrichtsvorbereitungen, 2007, S. 49f.

314 Ebda., S. 49. An anderer Stelle spricht er von einer »unverzichtbare[n] (!) gründliche[n] Vorbereitung«, Ders.: Abenteuer, 2007, S. 270.

315 Mühlhausen: Unterrichtsvorbereitungen, 2007, S. 42.

angehende Lehrkräfte, das in der Unterrichtsrealität nur allzu oft von erfahrenen Kollegen und Kolleginnen tradiert werde und dazu führe, dass Lehrende zu »ängstlichen[n] Amateure[n]« werden, statt ein professionelles Selbstverständnis aufzubauen. Unterricht ist Grell/Grell zufolge grundsätzlich ein »planmäßig machbares Ereignis«[316].

Während die meisten Planungshandbücher entsprechend der Meinung vieler Didaktiker und Didaktikerinnen naturgemäß auf der Annahme basieren, dass Unterricht planbar und seine Vorbereitung absolut notwendig sei,[317] gibt es neben Mühlhausen durchaus weitere Pädagogen und Didaktikerinnen, die die Sinnhaftigkeit des Vorausplanens hinterfragen.[318] Problematisch sei dieses vor allem innerhalb der Ausbildung, wenn es zu formelhaftem Vorgehen führe oder wenn die Lehrkräfte den Blick dafür verlören, dass »in einem eingespielten Unterricht« die Schüler und Schülerinnen »gelernt haben herauszufinden, was der Lehrer […] erwartet, um ihm dann im Sinne einer self-fulfilling-prophecy durch ihr reales Verhalten dieses zu bestätigen«[319]. Diese Pädagogen und Didaktikerinnen glauben auch nicht daran, dass die Planung unterschiedlicher Alternativen die Unwägbarkeiten des realen Unterrichts eindämmen könne. Sie plädieren wie Mühlhausen vielmehr für eine stärkere Konzentration der Lehrkräfte auf ihre Fähigkeit, spontan und flexibel zu handeln.[320]

Auch die Vertreter und Vertreterinnen einer exakten Vorausplanung auf der anderen Seite räumen ein, dass die unvorhersehbaren Momente im Unterricht ernstgenommen werden müssen und man Unterricht selbstverständlich nicht »gänzlich […] determinieren« könne.[321] Es sei nötig, die rechte Balance zwischen Improvisation und Konstruktion zu finden und mit der eigenen Planung flexibel umzugehen. Ein solcher flexibler Umgang müsse aber erst in der Ausbildung erlernt werden und setze eine vorherige intensive Auseinandersetzung mit der Technik des Unterrichtsplanens voraus.[322] Eine zweite wichtige Reaktion auf die Unvorhersehbarkeiten im Unterricht sehen diese Pädagogen und Di-

316 Grell/Grell: Unterrichtsrezepte, 2010, S. 78–80, 84, 116.

317 Vgl. z. B. Wiater: Unterrichtsplanung, 2011, S. 36; Meyer: Leitfaden, 2010, S. 96. Für den Geschichtsunterricht vgl. z. B. Pandel: Geschichtsdidaktik, 2013, S. 107f.; Borries: Unterrichtsplanung, 2012, S. 183; Gies: Geschichtsunterricht, 2004, S. 12.

318 Vgl. John: Lesson planning, 2006, S. 487; Haas: Unterrichtsplanung, 2005, S. 15; Floden/Clark: Lehrerausbildung, 1991. Grenzen von Planbarkeit sind besonders bei Vertretern von konstruktivistischen Ansätzen zu finden, vgl. Seel: Angehende Lehrer/innen, 2011, S. 32.

319 Vgl. Lenzen: Didaktische Theorie, 1980, S. 165.

320 Vgl. z. B. Henke-Bockschatz/Mehr: Professionalisierung, 2013, S. 108; Bohnsack: Persönlichkeitsbildung, 2004; Floden/Clark: Lehrerausbildung, 1991.

321 Pandel: Geschichtsdidaktik, 2013, S. 362. Vgl. auch Baumert/Kunter: Das Kompetenzmodell, 2011, S. 30; Peterßen: Handbuch, 2000, S. 17; Tulodziecki/Herzig/Blömeke: Gestaltung, 2009, S. 172.

322 Vgl. z. B. Witzenbacher: Praxis, 1994, S. 18f. Für den Geschichtsunterricht vgl. Bernhardt u. a.: Historisches Lernen, 2011, S. 23; Schreiber/Ventzke: Überlegungen, 2010, S. 78.

daktikerinnen in einer Planung, die Alternativen vorsieht. Eine solche Planung verhelfe wiederum erst zu jener Flexibilität im Unterrichtsgeschehen, die ihre Gegner immer wieder einforderten.[323] Einen Erfolg könne sie dennoch nicht garantieren, zumal Lehrkräfte ohnehin bloß angemessene Lernangebote machen, nicht aber Lernergebnisse determinieren könnten.[324] Unterricht dürfe aber letztlich nicht dem Zufall überlassen bleiben, weil dies hieße, ihn »Zwängen auszusetzen, die ihm in seiner Zwecksetzung zuwiderlaufen«[325]. Schließlich sehen die Vertreter und Vertreterinnen der Planbarkeit des Unterrichts in der Auswertung der Stunden ein zentrales Element, um in der Reflexion von gelungenen und weniger gelungenen Entscheidungen künftigen Unterricht zu optimieren und zu antizipieren.[326]

Es ergibt sich der Eindruck, dass die Debatte um die Planbarkeit von Unterricht letztlich über die Begrifflichkeit aufzulösen ist. Mühlhausen zufolge sei es besonders der gängige Planungsbegriff, der neu definiert werden müsse,[327] und auch Rainer Bromme und Falk Seeger stellen fest, es gehe letztlich darum, Planung nicht »als Festlegung« sondern als »bewusste Organisation [...] sowieso vorhandener [...] Handlungspläne« zu verstehen.[328] Die Tatsache, dass das Thema der Planbarkeit von Unterricht eigentlich in jeder normativen Veröffentlichung zur Unterrichtsvorbereitung aufgegriffen wird, zeigt, dass sich alle gleichermaßen des Problems bewusst sind, dass die Lehrkraft den Unterricht nur bis zu einem gewissen Grad steuern und vorher festlegen kann. Für Georg Becker ist es gar ein Zeichen von Berufserfahrung, wenn Lehrkräfte die »Lücke zwischen Vorbereitung und [...] Realisierung« antizipieren und akzeptieren.[329]

### 2.3.6. Hilfsmittel

Die Hilfsmittel zur Vorbereitung des Geschichtsunterrichts sind zahlreich und reichen von Sachbüchern über Internetbeiträge bis zu Populärliteratur und Tageszeitungen. Sie werden aber in ihrer Qualität selten seitens der Ge-

323 Vgl. z.B. Wiater: Unterrichtsplanung, 2011, S. 20; Grunder u.a.: Unterricht, 2010, S. 34; Sandfuchs: Grundfragen, 2009, S. 686; Zumsteg u.a.: Unterricht, 2007, S. 26; Peterßen: Handbuch, 2000, S. 20. In der Geschichtsdidaktik nur Ausnahmsweise, vgl. FN 304.

324 Für den Geschichtsunterricht siehe Gautschi: Geschichte, 2012, S. 7; Gies: Geschichtsunterricht, 2004, S. 208.

325 Peterßen: Handbuch, 2000, S. 17. Siehe auch Gies: Geschichtsunterricht, 2004, S. 12.

326 Siehe z.B. Meyer: Leitfaden, 2010, S. 104; Grunder u.a.: Unterricht, 2010, S. 340; Peterßen: Handbuch, 2000, S. 28–30.

327 Siehe Mühlhausen: Abenteuer, 2007, S. 27.

328 Bromme/Seeger: Unterrichtsplanung, 1979, S. 24. Ähnlich bei Gonschorek/Schneider: Einführung, 2009, S. 279.

329 Becker: Planung, 1994, S. 208.

schichtsdidaktik umfassend diskutiert.[330] Die gespaltene Haltung der Didaktik zu Unterrichtsrezepten im Rahmen von Zeitschriften oder fertigen Unterrichtsreihen ist bereits dargestellt worden. Das Schulbuch hingegen gilt in der Diskussion nicht nur als Leitmedium in der Unterrichtsdurchführung, sondern auch als das zentrale Hilfsmittel der Lehrkräfte bei ihrer Unterrichtsvorbereitung.[331]

Die Ausführungen zu Geschichtsschulbüchern als Medien im Unterricht haben deutlich gemacht, dass Schüler und Schülerinnen diese offenbar häufig nicht ohne fundierte Anleitung durch die Lehrkraft sinnvoll für sich nutzen können. Aber auch Lehrkräften soll vielfach unklar sein, wie sie das Schulbuch gewinnbringend in die eigene Unterrichtsvorbereitung intergrieren können. Die normative geschichtsdidaktische Literatur hält sich gleichwohl mit Vorschlägen zurück, und auch in der Lehrerbildung spielt das Thema der Schulbuchnutzung eine untergeordnete Rolle.[332] Wenn sich Hilfestellungen in der geschichtsdidaktischen Literatur finden, dann zielen sie darauf, die offenbar breit akzeptierten Mängel der Schulbücher auszugleichen. So wird überwiegend eine kritisch-reflektierte Auseinandersetzung mit dem Schulbuch durch die Lehrkraft angemahnt, die allen Planungsentscheidungen voraus gehen müsse.[333] Was also für das reine ›Arbeitsbuch‹ im Sinne Heinz Dieter Schmids schon in den 1970er Jahren kritisiert wurde, dass es nämlich für die Lehrkraft eine Vielfalt von Planungsmöglichkeiten offen lasse, aus der sie unter großem Zeitaufwand auszuwählen habe, muss auch für die heutige Vorbereitung von Lehrkräften auf Grundlage des Buchs gelten.[334] Als problematisch werden in diesem Zusammenhang besonders die in den Büchern enthaltenen Arbeitsaufträge kritisiert. In der Literatur wird den Lehrkräften daher dazu geraten, die abgedruckten Arbeitsaufträge zunächst einmal selbst durchzuarbeiten bzw. auszuprobieren und die Operatoren zu optimieren. Schließlich wird immer wieder darauf hingewiesen, dass Schüler und Schülerinnen gemeinsam mit der Lehrkraft üben müssen, sich mit dem Schulgeschichtsbuch kritisch auseinander zu setzen. Es wird dabei vermutet, dass dies in der Unterrichtsrealität selten passiere.[335]

Immer wieder wird in der geschichtsdidaktischen Literatur betont, dass das Schulbuch sich nicht dazu eigne, die Vorbereitung von Lehrkräften zu bestim-

330 Für einige wenige Hinweise vgl. Grosch: Der Einsatz, 2012.

331 Vgl. FN 234 und z. B. Fritz: Geschichte, 2012, S. 127; Henke-Bockschatz: Viel benutzt, 2007, S. 40; Hodel/Waldis: Sichtstrukturen, 2007, S. 129.

332 Vgl. Sandfuchs: Schulbücher, 2010, S. 11; Fröhlich: Schulbucharbeit, 1997, S. 423, 425.

333 Vgl. z. B. Brüning: Die Verwendung, 2012, S. 103–106; Schönemann/Thünemann: Schulbucharbeit, 2010, S. 113–125.

334 Siehe Schmid: Entdeckendes Lernen, 1974–1978. Vgl. Schönemann/Thünemann: Schulbucharbeit, 2010, S. 63.

335 Vgl. z. B. Brüning: Die Verwendung, 2012, S. 103f.

men und dass sie sich deshalb nicht unkritisch an ihm orientieren sollten. Das Schulbuch dürfe »niemals die einzige Quelle der Unterrichtsvorbereitung [...] sein«. Dies gelte auch und besonders für fachfremd Unterrichtende, die hier unbedingt eigene, reflektierte Entscheidungen treffen müssten.[336] Gleichzeitig wird wiederholt darauf hingewiesen, dass das Schulbuch das am besten zugängliche Hilfsmittel sei und dass es die Unterrichtsplanung deshalb entscheidend erleichtern könne.[337] Es bleibt also unklar, ob Schulbücher prinzipiell für wenig nützlich gehalten werden oder ob die Kritik sich nur auf gegenwärtige, für unzureichend befundene Schulbücher bezieht. In letzterem Fall stellt sich die Frage, wie ein Schulbuch aussehen müsste, das den Ansprüchen der Didaktiker und Didaktikerinnen entspräche. Verbesserungsvorschläge für die Schulbücher zielen in erster Linie auf die Beseitigung der oben genannten Defizite. Es sind aber auch solche formuliert worden, die konkret eine Arbeitserleichterung der Lehrkräfte durch die Schulbücher beabsichtigen. So müssten solche Lehrbücher natürlich in erster Linie verlässlich fehlerfrei sein und sich auf dem jüngsten geschichtsdidaktischen Stand befinden. Darüber hinaus müssten sie stärker didaktisiert sein, indem sie klare historische Fragen vorgäben, die sich anhand des präsentierten Materials beantworten ließen.[338] Tatsächlich scheinen neuere Schulbuchveröffentlichungen auf diese Forderungen zu reagieren, indem sie stark didaktisierte Versionen enthalten. Häufig finden sich hier sowohl Leitfragen als auch methodische Vorschläge zur Umsetzung des jeweiligen Themas. Inwieweit Geschichtsschulbücher auch methodische Arrangements vorschlagen sollten, ist unter Didaktikern und Didaktikerinnen umstritten. Fest steht, dass diesbezügliche Angebote, ob im Schulbuch selbst oder in Form von Lehrerbänden, eine erhebliche Arbeitserleichterung für die Lehrkräfte darstellen.[339] In Reaktion auf die Erkenntnisse über die Leseschwierigkeiten der Schüler und Schülerinnen werden schließlich neuerdings vermehrt Forderungen nach Anregungen für die Leseförderung im Zusammenhang mit den Schulbüchern laut.[340]

Vermutlich ist der Wunsch nach einem »Lehrbuch als ›Selbstläufer‹«[341] unter praktizierenden Lehrkräften größer als unter Didaktikern und Didaktikerinnen. Übereinstimmung herrscht aber sicher in dem Punkt, dass ein Schulbuch eine

336 Fritz: Geschichte, 2012, S. 128. Ähnlich bei Sandfuchs: Schulbücher, 2010, S. 21.
337 Siehe z. B. Bergmann/Rohrbach: Chance, 2013, S. 53; Schönemann/Thünemann: Schulbucharbeit, 2010, S. 133.
338 Vgl. Sandfuchs: Schulbücher, 2010, S. 21; Schönemann/Thünemann: Schulbucharbeit, 2010, S. 42, 84, 117–123, 142.
339 Vgl. ebda., S. 123, 139. Gautschi: Geschichtslehrmittel, 2006, S. 201 zufolge sollten sogar Ziele vorformuliert sein.
340 Siehe z. B. Rox-Helmer: Lesen, 2010; Borries u. a.: Schulbuchverständnis, 2005, S. 303.
341 Kirchhoff: Von der historischen Katechese, 1998, S. 37.

größtmögliche »Inszenierungsfreiheit« bei einer »gleichzeitige[n] Entlastung der Lehrperson« bieten sollte.[342]

### 2.3.7. Lehrerrolle

Welche konkreten Forderungen stellt die normative geschichtsdidaktische Literatur an die Lehrperson im Rahmen der Unterrichtsplanung? Der wichtigste Appell ist der für eine ausgiebige Selbstreflexion. Speziell für den Geschichtsunterricht solle sich diese auf die eigenen Einstellungen, Überzeugungen und Gefühle in Bezug auf den jeweiligen Unterrichtsgegenstand richten. Gleichzeitig wird von den Lehrkräften gefordert, sich stets auf der Höhe der wissenschaftlichen Diskussion zu befinden.[343] Weniger auf die inhaltlichen Kenntnisse als auf Strategien des Fachs zielen Richard Paxton und Sam Wineburg mit ihrer Forderung, die Lehrkräfte müssten »serv[e] as an exemplar for what it means to think historically«[344]. Eine weitere Anforderung an die Lehrkraft besteht darin, ein Klima des Vertrauens in der Lerngruppe herzustellen. Geht man davon aus, dass im Sinne des problemorientierten Geschichtsunterrichts jeder Schüler bzw. jede Schülerin einer Lerngruppe am Ende der Unterrichtsstunde im Rahmen eines Reflexionsgesprächs im Klassenverband dazu in der Lage sein soll, einen historischen Gegenstand zu beurteilen, so liegt auf der Hand, dass hierfür eine besondere Art der Gesprächssituation hergestellt werden muss. Die Schüler und Schülerinnen müssen sich sicher fühlen, um eigene Gefühle und Meinungen zuzulassen und zu artikulieren. Es wird in der Literatur darauf hingewiesen, dass in einem guten Geschichtsunterricht im Sinne einer guten Schulung historischen Denkens die »asymmetrische Situation« zwischen übermächtiger, wissender Lehrkraft und untergeordneten Schülern und Schülerinnen unbedingt aufgelöst werde müsse. Nur in einer mehr oder minder gleichberechtigten Gesprächssituation sei authentische Kommunikation vorstellbar.[345] Die Lehrkraft ist hier analog zum konstruktivistischen Lernverständnis als Lerncoach bzw. ›Moderator‹ oder ›Moderatorin‹ und nicht länger als Wissensvermittler oder -vermittlerin zu begreifen.[346]

342 Binnenkade/Gautschi: Didaktisches Konzept, 2003, S. 205f.

343 So konkret bei Gies: Geschichtsunterricht, 2004, S. 284. Vgl. auch van der Leeuw-Roord: High-quality History education, 2013, S. 92; Buck: Lebenswelt- und Gegenwartsbezug, 2012, S. 294; Rohlfes: Geschichte, 2005 S. 251.

344 Paxton/Wineburg: Expertise, 2000, S. 856.

345 Pandel: Geschichtsdidaktik, 2013, S. 423f. Gefühle werden besonders diskutiert bei Borries: Nicht-nur-kognitive Lernziele, 2012, S. 432.

346 Siehe z. B. Erbar: Sozial- und Arbeitsformen, 2012, S. 14; Gautschi: Geschichtsunterricht erforschen, 2007, S. 21; Borries: Wie wirken Schulbücher, 2010, S. 114.

### 2.3.8. Zusammenfassender Überblick über die normativen Vorschläge aus der Geschichtsdidaktik

Die unübersichtliche Vielzahl an geschichtsdidaktischen Normen zur Vorbereitung von Geschichtsunterricht lässt sich nur mit Mühe in einem umfassenden Anforderungskatalog auflisten. Einzelne Vorschläge widersprechen sich, andere tauchen nur selten auf. Folgende konsensuale Aussagen lassen sich bei aller Vorsicht festhalten:

Die Wahl des Unterrichtsthemas soll unter Berücksichtigung eines Gegenwarts- bzw. Lebensweltbezugs stattfinden. Das Thema soll fachlich korrekt und möglichst in Form einer Leitfrage formuliert werden. Die Reduktion muss mit Rücksicht auf die jeweilige Lerngruppe und hinsichtlich der Kompetenzziele der Stunde durchgeführt werden. Die planende Lehrkraft soll hierbei selbstbewusst gegenüber Richtlinien und Schulbuch agieren.

Eine Zielformulierung im Rahmen der Planung gilt als wichtig. Konkretere Vorgaben hierzu sind allerdings nicht vorhanden. Als entscheidender Anhaltspunkt kann die Förderung einzelner Kompetenzen gelten.

Auch methodische Vorschläge sind wenig konkret, weder Phasierung noch Einsatz von Sozialformen sind planungspraktisch ausformuliert worden. Als besonderes Problem wird der Einsatz von Quellen und Darstellungen aufgeworfen. Umfassende, konkrete Lösungsansätze bzw. unterrichtspraktische Modelle zur schüleradäquaten Nutzung von Quellen sind bislang aber nicht publiziert worden. Als besonders bedeutsam gilt eine differenzierende Anlage der Unterrichtsstunde. Konkrete Handlungshilfen fehlen auch hier.

Die Einschätzung der Lerngruppe in Hinblick auf den zu unterrichtenden Gegenstand wird als wichtig markiert. Besonders die Berücksichtigung von Schülerinteressen bei der Themenwahl wird gefordert. Erste empirische und psychologische Modelle zum historischen Verstehen von Jugendlichen können hier Anhaltspunkte liefern, bedürfen aber der weiteren Entwicklung, um im Planungsalltag relevant werden zu können. Konkrete Modelle zur Analyse der konkreten Lerngruppe fehlen. Schulformspezifische Herausforderungen sind hierbei allgemein bekannt. Vorschläge des konkreten Umgangs mit diesen Problemen sind aber von der Fachdidaktik bislang nicht veröffentlicht worden.

In Hinblick auf die Flexibilität der Unterrichtsplanung empfiehlt die Geschichtsdidaktik der planenden Lehrkraft die Niederschrift eines Verlaufs- und Zeitplans. Genuin fachdidaktische Vorschläge existieren nicht. Generell wird darüber hinaus zu einer langfristigen Planung geraten, die nicht bloß die Einzelstunde, sondern mindestens eine Unterrichtssequenz betrifft.

Die Ansprüche an die planende Lehrkraft in ihrer professionellen Funktion betreffen in erster Linie den fachlichen Bereich, indem von ihnen ein Bewusstsein für die eigenen berufsbezogenen (und hier besonders fachspezifischen)

Überzeugungen sowie ein hohes Fachwissen verlangt wird. Schließlich sollen Lehrkräfte bei der Planung anstreben, ein asymmetrisches Verhältnis zwischen sich selbst und ihren Schülern und Schülerinnen zu unterbinden, um offene Diskussionen und hierüber die Schulung historischen Denkens zu ermöglichen.

## II.3. Wie findet Unterrichtsplanung statt? Vorliegende empirische Ergebnisse

### 3.1. Die Forschungsansätze – ein Überblick

Sowohl in der Allgemein- als auch in der Fachdidaktik existiert eine Vielzahl an normativen Vorschlägen für die Unterrichtsplanung. Wie aber sieht die Unterrichtsplanung in der Realität aus? Grundsätzlich liegen hierzu vergleichsweise wenige empirische Ergebnisse vor. Auf die Probleme ihrer Erfassung ist bereits hingewiesen worden: Es handelt sich bei der Unterrichtsvorbereitung eben nicht um eine genau definierbare Tätigkeit, die an einem bestimmten Ort und zu einer bestimmten Zeit stattfindet. Auch ist unklar, welche Aktivitäten bei einer Untersuchung zur Planung mitbedacht werden müssen. Ist nicht besonders für eine Geschichtslehrkraft die morgendliche Zeitungslektüre bereits Teil der Unterrichtsvorbereitung? Schließlich erweist es sich als kompliziert, die vielfältigen Rahmenbedingungen und Einflussfaktoren auf die Unterrichtsplanung zu benennen und ihre Wirkung zu berücksichtigen, um zu einer Vergleichbarkeit von Ergebnissen zu kommen: So muss man davon ausgehen, dass Schulform, Schulfach und Jahrgangsstufe die Unterrichtsvorbereitung ebenso beeinflussen wie das Schulsystem des Bundeslandes, Regelungen innerhalb der Einzelschule bis hin zu persönlichen Kontexten der planenden Lehrkraft.

Die empirische Untersuchung der Planungspraxis von Lehrkräften nahm ihren Anfang in den USA in den 1960er Jahren. In erster Linie ging es darum, die Praxistauglichkeit des Tyler'schen Planungsmodells zu prüfen. Von einer »empirischen Wende« in der Forschung zur Unterrichtsplanung wird aber erst für die Zeit Ende der 1970er Jahre gesprochen.[347] Die ersten Untersuchungen ergaben, dass sich die theoretischen didaktischen Modelle nicht eindeutig in der Alltagspraxis wiederfinden ließen. Gleichzeitig lieferten die Forschergruppen keine Gegenmodelle oder Hinweise darauf, dass die qualitativ untersuchten Planungsprozesse den theoretischen überlegen wären. Insofern blieben die Untersuchungen für die konkrete Praxis ergebnislos und die angloamerikanischen Forschungsunternehmungen gingen seit den 1980er Jahren deutlich zu-

347 Haas: Unterrichtsplanung, 2005, S. 5.

rück. Zur selben Zeit finden sich erste Forschungsprojekte im deutschsprachigen Raum. Diese waren insbesondere deshalb erforderlich, da sich die Ergebnisse aus den USA nicht auf die Situation in Deutschland übertragen ließen.[348] Auch in Deutschland ging es den Forschern und Forscherinnen zunächst darum, die Anwendbarkeit der existierenden didaktischen Modelle in der Praxis zu überprüfen. Während anfangs lediglich vereinzelt isolierte Elemente des Planungsvorgangs und der diesbezüglichen Handlungen von Lehrkräften untersucht und keine generellen Aussagen über das Planen abgeleitet wurden, etablierte sich im Verlauf der 1980er Jahre die Einordnung der Forschungsvorhaben zum Unterrichtsplanen in den Forschungszweig des »teacher thinking«, also der kognitiven Vorgänge und Denkprozesse der Lehrkräfte.[349] Bis heute bilden empirische Forschungen zur Unterrichtsplanung allerdings ein Randgebiet der Unterrichtsforschung. Hierbei erweist sich als Problem, dass mit der Untersuchung der Denkprozesse der Lehrkräfte beim Planen und der Untersuchung der Rahmenbedingungen des Planens zwei sehr unterschiedliche Bereiche zum Untersuchungsfeld werden, die traditionell von unterschiedlichen akademischen Disziplinen, der Psychologie auf der einen und der Didaktik oder Pädagogik auf der anderen Seite, bearbeitet werden.

Zur Erforschung der alltäglichen Unterrichtsplanung von Lehrkräften haben sich vor allem drei Vorgehensweisen als ergiebig erwiesen: Die Analyse von Planungsmaterialien, die Befragung der Lehrkräfte und die Erhebung der Gedanken der Lehrkräfte während des Planens über die Methode des Lauten Denkens, also der Verbalisierung von Gedanken und Entscheidungen durch die Lehrkräfte während ihrer Planungstätigkeit. Es liegt auf der Hand, dass die Untersuchungsmethoden unterschiedliche Arten von Informationen über den Planungsvorgang erbringen. So eignen sich die Interviews besonders, um Kenntnisse über die Rahmenbedingungen der Unterrichtsplanung und relevante äußere Einflüsse zu erhalten. Das Laute Denken wiederum zielt auf eine möglichst genaue Darstellung der Denkvorgänge während des Planens selbst. Gleichzeitig eignen sich die Interviews aber auch, die tieferen, unbewussten Schichten des Denkens, namentlich Gefühle, Einstellungen und Überzeugungen zu erfassen. Die für die vorliegende Arbeit maßgeblichen Untersuchungen werden im Folgenden zusammengefasst:[350]

348 Vgl. z. B. Hopperdietzel: Unterrichtsplanung, 2011, S. 22–24. Besonders in Bezug auf die Verbindlichkeit von Planungsvorgaben unterscheiden sich die Schullandschaften hier stark, vgl. Tebrügge: Unterrichtsplanung, 2001, S. 54.

349 Vgl. z. B. Haas: Unterrichtsplanung, 2005, S. 5.

350 Die Aufschlüsselung orientiert sich an Seifried: Unterrichtsplanung, 2009, S. 184f. Zu Vor- und Nachteilen der Methoden siehe genauer Kapitel IV.

*Analyse von Planungsmaterialien*

Schon in den 1970er Jahren haben Forscher und Forscherinnen in den USA, Schweden und der Schweiz die Planungsnotizen von Lehrkräften analysiert, um Aufschluss über die Alltagspraxis zu erhalten. Hierbei erwies sich als besonders hilfreich, dass die Anfertigung solcher Notizen in diesen Ländern zum Pflichtprogramm bzw. der gängigen Praxis der Lehrkräfte gehörte und der Untersuchungsauftrag daher der authentischen Situation entsprach.[351] Da derartige Vorgaben in Deutschland fehlen, sah sich Hans Gert Wengert bei seiner Untersuchung der Planungsprotokolle von 34 Mathematiklehrkräften des Gymnasiums einer großen Vielfalt von Notizenvariationen gegenüber.[352]

*Befragungsmethoden*

Die Befragungsmethoden zur Unterrichtsplanung umfassen sowohl schriftliche Befragungen über Fragebögen als auch mündliche Befragungen über Einzelinterviews und Gruppendiskussionen und stellten in den 1970er den wichtigsten Zugang zum Untersuchungsgegenstand in den Forschungsunternehmungen im angloamerikanischen Raum dar.[353] Bromme befragte in seiner für den deutschsprachigen Raum grundlegenden Studie 15 berufserfahrene Mathematiklehrkräfte der Sek I und Sek II zu ihrem Planungshandeln. Andrea Tebrügge untersuchte das Planungsverhalten von 900 Lehrkräften unterschiedlicher Fächer und unterschiedlicher Schulformen über Fragebögen und führte mit 35 von ihnen Einzelinterviews. Die neueste umfangreiche Erforschung des Planens ist von Jürgen Seifried unternommen worden, der über eine schriftliche Befragung 225 Lehrkräfte und 76 Referendare und Referendarinnen der Fächer Handelslehre und Buchführungsunterricht erreichte, von denen er wiederum 21 Lehrkräfte und 20 Referendare und Referendarinnen in Interviews befragte.[354]

*Lautes Denken*

Das Laute Denken gilt seit Bromme überwiegend als Methode der Wahl, um den tatsächlichen Denkprozess der Lehrkräfte beim Unterrichtsplanen nachzuvollziehen. Angewendet bereits in der angloamerikanischen Forschung der 1970er Jahre, verspricht es die größtmögliche Realitätsnähe in der Dokumentation des Alltagshandelns, ein Umstand, der meist durch ein sorgsames Arrangement des Untersuchungsprozesses (Aufzeichnung am Arbeitsplatz) unterstützt werden soll.[355] In seiner Untersuchung der 15 Mathematiklehrkräfte konnte Bromme

351 Für einen Forschungsüberblick siehe Tebrügge: Unterrichtsplanung, 2001, S. 61.

352 Vgl. Wengert: Untersuchungen, 1989, S. 418–437.

353 Für einen Forschungsüberblick vgl. Bromme/Hörnberg: Die andere Hälfte, 1980, S. 13–16.

354 Vgl. Bromme: Das Denken, 1981; Tebrügge: Unterrichtsplanung, 2001; Seifried: Unterricht, 2009.

355 Allerdings mussten die Probanden in diesen frühen Untersuchungen überwiegend in einer

anhand der Laut-Denk-Protokolle in Kombination mit den aus den Befragungen gewonnen Daten typische Muster der Unterrichtsvorbereitung der Mathematiklehrkräfte nachweisen. Anton Haas gewann vergleichbare Ergebnisse in seiner Untersuchung der Unterrichtsplanung von 36 Lehrkräften für das Fach Biologie an unterschiedlichen Schulformen. Tebrügge untersuchte die Unterrichtsplanung von Lehrkräften in den Fächern Mathematik, Deutsch und Chemie anhand des Lauten Denkens.[356]

*Vignetten*

Eine wichtige Untergruppe in den Untersuchungen anhand des Lauten Denkens bieten die Erhebungen mit Hilfe von Vignetten. Vignetten beschreiben hier fiktive Planungssituationen, mit denen die Lehrkräfte konfrontiert werden und die sie im Rahmen des Lauten Denkens – vergleichbar einer authentischen Planungssituation – lösen sollen. Vignetten werden in der Unterrichtsforschung zunehmend eingesetzt, bilden aber im Rahmen der Forschung zum Planungshandeln eine neue Erscheinung. Besonders im Rahmen quantitativer Studien bieten sie eine pragmatische Lösung, um die Vergleichbarkeit der Daten zu erhöhen (vergleichbare Lerngruppe, gleiches Thema) und gleichzeitig möglichst nah am realen individuellen Planungsgeschehen zu bleiben. So wurde im Rahmen der COACTIV-Studie sowie des Anschlussprojekts COACTIV-R das theoretisch-formale Wissen von mehreren hundert Mathematiklehrkräften und -referendaren bzw. -referendarinnen unter anderem in Bezug auf Unterrichtsplanung untersucht und im Rahmen von Vignetten getestet.[357] Ähnlich wurde auch in der MT21-Studie zur Messung des Pädagogischen Wissens bei Studierenden des Mathematiklehramts vorgegangen. Hier mussten die 849 Probanden und Probandinnen allerdings im Rahmen der Vignettenstudie nicht selbst Unterricht planen, sondern fertige Unterrichtsentwürfe einschätzen und Verbesserungsvorschläge nennen.[358] Eine qualitative Untersuchung der Unterrichtsplanung für den Religionsunterricht anhand von Vignetten hat Renate Hofmann vorgenommen.[359] Der Einsatz von Vignetten erfolgte in den dargestellten Studien weniger zur Beschreibung des konkreten Planungshandelns als häufiger zur Erfassung grundsätzlicher planerischer Fähigkeiten bzw. einer Planungskompetenz der Probanden und Probandinnen. Er ist in diesem Zusammenhang durchaus kritisiert und in seiner Aussagekraft hinterfragt worden.[360]

---

hypothetischen und nicht in einer realen Situation planen. Siehe für einen Überblick Clark/Peterson: Teachers' thought processes, 1986.

356 Vgl. Haas: Unterrichtsplanung, 1998; Tebrügge: Unterrichtsplanung, 2001.

357 Vgl. Baumert/Kunter: Professionelle Kompetenz, 2011.

358 Vgl. hierzu und zu den Anschlussstudien TEDS-M Blömeke: Teacher Education, 2011, S. 8; Blömeke/Suhl: Modellierung, 2010, S. 476.

359 Vgl. Hofmann: Religionspädagogische Kompetenz, 2008.

360 Vgl. z.B. Seel: Angehende Lehrer/innen, 2011, S. 34.

Der forschungsmethodische Überblick über die Untersuchungen zur Unterrichtsplanung zeigt, dass ein deutlicher Forschungsschwerpunkt auf dem Planungshandeln von Mathematik- und Naturwissenschaftslehrkräften am Gymnasium liegt. Nur in wenigen neueren Untersuchungen sind auch andere, geisteswissenschaftliche Fächer berücksichtigt worden. Dies ist insofern bedauerlich, als die Ergebnisse der Studien eindeutig auf fachspezifische Planungsprozesse hinweisen und somit nahe legen, dass sich die Ergebnisse einzelner Untersuchungen nicht auf andere Fächer übertragen lassen.[361] Auch der Einfluss der Schulform auf die Unterrichtsplanung ist in den Untersuchungen deutlich geworden und verdient daher größere Aufmerksamkeit, als dies in den bisherigen Untersuchungen der Fall gewesen ist. Der Fokus liegt bisher klar auf der Unterrichtsplanung von Gymnasialunterricht. Darüber hinaus widmen sich nur wenige Studien dem Thema der Berufserfahrung. Schließlich mangelt es an der Untersuchung von Planungen größerer Unterrichtseinheiten.

| | **Bromme** 1981 | **Wengert** 1989 | **Haas** 1998 | **Tebrügge** 2001 | **Coactiv** 2003/4 | **MT 21** 2008 | **Hofmann** 2008 | **Seifried** 2009 |
|---|---|---|---|---|---|---|---|---|
| **Methode** | LD; I | Analyse Protokolle; I | LD; FB | LD; FB; I | FB; Wissenstest; VIG | Wissenstests, VIG | I; VIG | FB; I |
| **Probanden** | 14 LuL | 34 LuL | 36 LuL | FB: 900 LuL; I: 35 LuL; LD: 15 LuL | 412 LuL | 849 Studierende und Referendar/innen | 5 LuL | FB: 225 LuL; I: 21 LuL |
| **Fach** | Mathe | Mathe | Bio | Mathe, Deutsch, Chemie | Mathe | Mathe | Religion | Handelslehre, Buchführung |
| **Schulform** | HS, RS, GYM | GYM | HS, RS, GYM | GYM, HS, RS, IGS | GYM, RS, IGS, HS | GS, GYM | GYM | Berufsschule |
| **Sek I/II** | Sek I/II | Sek I/II | Klasse 6 | Sek I | Sek I | Sek I | Sek I/II | Sek I |

361 Siehe hierzu ausführlich Abschnitt II.3.2.8.

*(Fortsetzung)*

| | **Bromme** 1981 | **Wengert** 1989 | **Haas** 1998 | **Tebrügge** 2001 | **Coactiv** 2003/4 | **MT 21** 2008 | **Hofmann** 2008 | **Seifried** 2009 |
|---|---|---|---|---|---|---|---|---|
| **Planungshorizont** | Einzelstunde | Sequenz | Einzelstunde | Einzelstunde | – | – | Einzelstunde | – |
| **Berufserfahrung** | – | Novizen/ Experten | – | – | Coactiv-R 2007: Anschlussstudie mit Referendar/innen | Novizen (Studierende)/ Experten | Novizen/ Experten | Novizen/ Experten |

*Akürzungen: LD: Lautes Denken; I: Interview; FB: Fragebögen; VIG: Vignette; LuL: Lehrer und Lehrerinnen; HS: Hauptschule; RS: Realschule; GYM: Gymnasium; IGS: Integrierte Gesamtschule; GS: Grundschule*
Abbildung 1: Übersicht der für die vorliegende Arbeit relevanten Untersuchungen

Für den Geschichtsunterricht liegen bis heute keine umfangreichen Untersuchungen des Planungshandelns von Lehrkräften vor. Seidenfuß hat im Jahr 2002 eine Studie zum Planungsverhalten von Geschichtslehrkräften durchgeführt und in seinem Artikel erste Ausblicke auf die Ergebnisse gegeben. Die Studie ist aber bis heute nicht vollständig erschienen.[362] Ähnlich wie im Bereich der normativen Literatur finden sich aber in der empirischen geschichtsdidaktischen Literatur Untersuchungen zu Teilaspekten der Unterrichtsplanung, deren Ergebnisse auch für die vorliegende Studie von Interesse sind. Dies gilt besonders für die Forschungsunternehmungen von von Borries, der in den 1990er Jahren im Rahmen der »Youth and History«-Studie neben 32.000 Schülern und Schülerinnen in 27 Ländern auch 1.300 Lehrkräfte in Hinblick auf einzelne Aspekte der Unterrichtsvorbereitung befragte.[363] 2002 konzentrierte von Borries sich in einer weiteren Untersuchung auf das Thema der Schulbuch- und Richtliniennutzung durch deutsche Lehrkräfte in einer Befragungsstudie mit 70 Probanden und Probandinnen.[364] Seidenfuß' Befragung von 20 Lehrerausbildern und -ausbilderinnen in Baden-Württemberg, die sich unter anderem mit der Unterrichtsplanung befasste, ist für die vorliegende Studie ebenso von Belang wie

362 Vgl. Seidenfuß: Was denken erfolgreiche Geschichtslehrer, 2002.
363 Vgl. Borries: Jugend, 1999.
364 Vgl. Ders. u. a.: Schulbuchverständnis, 2005.

Sauers quantitative Erhebung zu Geschichtslehrerkompetenzen (s. o.).[365] Die bereits erwähnten empirischen Untersuchungen zu ›gutem Geschichtsunterricht‹ sind hier in ihren Ergebnissen ebenfalls hoch relevant. Schließlich sind jene Studien von Bedeutung, die sich mit den berufsbezogenen Überzeugungen von Geschichtslehrkräften befassen. Dieser junge Zweig der geschichtsdidaktischen Forschung wird eingehend in Abschnitt III.2.4. diskutiert werden.

### 3.2. Ergebnisse der empirischen Untersuchungen

Die unterschiedlichen Untersuchungen erbrachten eine Vielzahl von Ergebnissen, die sich einer Gesamtdarstellung entziehen und aufgrund der unterschiedlichen Zugriffe und Untersuchungsziele schwer vergleichen lassen. Sie haben auch bislang nicht zur Erstellung eines empiriebasierten Modells der Unterrichtsplanung geführt. Hierfür sind Erhebungsmethoden, Probanden und Probandinnen, Fächer und Erhebungsumstände zu vielfältig. Dennoch enthalten die empirischen Studien einige für die vorliegende Untersuchung relevante Ergebnisse, die im Folgenden vorgestellt werden.

Auslöser der Untersuchungen zur Unterrichtsplanung war überwiegend die Frage, ob sich die real zu beobachtende Unterrichtsplanung mit den von der Didaktik vorgeschlagenen Modellen übereinbringen lässt. Hierbei ergab sich zum einen die Suche nach den zentralen Elementen der Unterrichtsplanung in der Alltagspraxis und zum anderen die Frage nach ihrer Anordnung im Prozess des Planens. Zunächst sollen die Ergebnisse in Bezug auf die Elemente der Planung dargestellt werden. Anschließend werden Ergebnisse zu Planungsprozessen sowie empirisch belegte Einflüsse auf das Unterrichtsplanen wiedergegeben werden.

#### 3.2.1. Zielfindung

Bereits die frühen Studien in den USA kamen zu dem Ergebnis, dass die Zielfindung in der Unterrichtsplanung nicht die zentrale Rolle spielte, die ihr von der normativen Literatur zugewiesen wurde. Vor allem war sie selten Ausgangspunkt der untersuchten Planungsprozesse.[366] Auch die deutschen Untersuchungen kamen zu vergleichbaren Resultaten. So erwies sich bei Wengert und Haas gleichermaßen die Zielorientierung in der Planung als deutlich weniger

365 Vgl. Seidenfuß: Disziplinarität, 2010. Vgl. Sauer: Kompetenzen, 2012.

366 Für eine Zusammenfassung vgl. Hopperdietzel: Unterrichtsplanung, 2011, S. 21f. und genauer Clark/Peterson: Teachers' thought processes, 1986, S. 262–264.

ausgeprägt als in der didaktischen Literatur vorgeschlagen.[367] Eine Ausnahme bildete die Untersuchung von Tebrügge, die in den Unterrichtsplanungen der Lehrkräfte durchaus Lernzielorientierungen beobachtete. Tebrügge weist allerdings darauf hin, dass die Lehrenden diese Ziele im Rahmen des Lauten Denkens selten explizit benannten, sondern sie sich erst auf Nachfrage in den Nachgesprächen bei beinahe allen Befragten nachweisen ließen.[358] Es ist also anzunehmen, dass die Erwähnung bzw. Nichterwähnung von Lernzielen durch die Probanden und Probandinnen auf Unterschiede im Untersuchungsdesign zurückzuführen ist. So traten auch in der Befragung von Wirtschaftspädagogen und -pädagoginnen durch Seifried Lernziele anders als in den älteren Studien durchaus als wichtige Faktoren der Unterrichtsplanung auf. Über die Hälfte der Befragten gab an, solche zu Beginn der Planung festzulegen.[369] Hierbei bleibt offen, ob sich ein solches Ergebnis auch im Rahmen des Lauten Denkens widergespiegelt hätte. In der einzigen derartigen Untersuchung für den Geschichtsunterricht stellten Jan Hodel und Monika Waldis via Befragung fest, dass nur für ein Viertel der von ihnen untersuchten 41 Geschichtsstunden explizite Angaben zu Lernzielen im Rahmen der Unterrichtsplanung gemacht wurden.[370]

### 3.2.2. Themenwahl

In keiner der Studien ließ sich eine besonders intensive Auseinandersetzung der Probanden und Probandinnen mit der Themenwahl feststellen. Haas schließt, dass den meisten erfahrenen Lehrkräften »einfach klar [war]«, was zu unterrichten war, da sie die Themen im selben Ablauf bereits mehrfach behandelt hatten. Er fasst zusammen, dass es sich bei der Themenformulierung um einen Bereich handele, in dem Routinen besonders deutlich wirksam werden.[371]

Als spezielle Einflussgröße auf die Themenwahl erfuhren die offiziellen Richtlinien in den empirischen Untersuchungen eine besondere Aufmerksamkeit. So wurde bereits in älteren skandinavischen Studien nachgewiesen, dass die Lehrkräfte den Einfluss der offiziellen Richtlinien auf ihre Unterrichtsplanung für entscheidend hielten.[372] Bromme konnte eine überwiegende Akzeptanz der Richtlinien feststellen und nachweisen, dass die von ihm untersuchten Lehrkräfte sich in der Themenwahl überwiegend exakt an die Richtlinienvorgaben

367 Vgl. Haas: Unterrichtsplanung, 1998, S. 123f.; Wengert: Untersuchungen, 1989, S. 418.
368 Siehe Tebrügge: Unterrichtsplanung, 2001, S. 174.
369 Siehe Seifried: Unterricht, 2009, S. 261.
370 Vgl. Hodel/Waldis: Sichtstrukturen, 2007, S. 104.
371 Vgl. Haas: Unterrichtsplanung, 1998, S. 116, 119.
372 Referiert in Haas: Unterrichtsplanung, 1998, S. 28. Ähnlich in englischsprachigen Untersuchungen, vgl. Lachance Wolcott: Understanding, 1994, S. 3.

hielten. Auch Wengert kam zu vergleichbaren Ergebnissen.[373] Tebrügge zeigte, dass die von ihr untersuchten Gemeinschaftslehrkräfte zwar selten die Richtlinien, wohl aber die ausformulierten Schulcurricula im Sinne von Stoffverteilungsplänen bei der Unterrichtsvorbereitung nutzten. Die Verbindlichkeit dieser Absprachen variierte dabei stark von Schule zu Schule, wobei besonders am Gymnasium die Curricula sehr »weitmaschig formuliert wurden, um die Planungsfreiheit des einzelnen so wenig wie möglich einzugrenzen«[374]. Ein deutlicher Facheffekt zeigte sich in Bezug auf die Schuljahresplanung. Hier gaben die Lehrkräfte der Fächer Mathematik und Chemie überwiegend an, überhaupt nicht selbst zu planen, sondern sich völlig an den offiziellen Richtlinien oder dem schulinternen Curriculum zu orientieren. Für das Fach Deutsch hingegen konnte Tebrügge diese Ergebnisse nicht replizieren.[375] Auch Udo Rauin u.a. fanden, dass der Einfluss von Richtlinien fächerübergreifend bei der Themenwahl von großer Bedeutung war. In ihrer Untersuchung galt dies allerdings nur für die langfristige Planung. Bei der Vorbereitung von Sequenzen und Einzelstunden wurden sie kaum je konsultiert.[376] Für die alltägliche Vorbereitung der Einzelstunde ist wiederum der große Einfluss des Schulbuchs bei der Themenwahl nachgewiesen worden. Hierbei ergab sich aber erneut ein deutlicher Unterschied in Hinblick auf die Fachspezifik. So ließ sich die große Akzeptanz der Richtlinien durch die Mathematiklehrkräfte, wie bei Bromme, Wengert und Haas gezeigt, auch für das Schulbuch finden, das diese Vorgaben in der Vorstellung der Lehrkräfte widerspiegelte. Für das Fach Deutsch war das Schulbuch hingegen nicht das zentrale Medium der Vorbereitung, wie Tebrügge in ihrer fächerübergreifenden Untersuchung zeigte.[377]

Für den Bereich der Themenwahl liegen auch aus der geschichtsdidaktischen Empirie Ergebnisse vor. So zeigte bereits Hug im Jahr 1985, dass der Einfluss der Richtlinien auf die Themenwahl im Fach Geschichte gering war.[378] Von Borries wies im Rahmen seiner Lehrkräftebefragung zehn Jahre später nach, dass die Probanden und Probandinnen offiziellen Richtlinien im Sinne von Vereinheitlichungen oder Kanonbildungen grundsätzlich kritisch gegenüber standen. Hierbei zeigte sich allerdings ein Schulformeffekt: So versprachen sich Hauptschullehrkräfte mehr von klaren Richtlinienvorgaben als Gymnasiallehrkräf-

373 Vgl. Bromme: Das Denken, 1981, S. 197; Wengert: Untersuchungen, 1989, S. 415f.

374 Tebrügge: Unterrichtsplanung, 2001, S. 103.

375 Siehe Tebrügge: Unterrichtsplanung, 2001, S. 56f., 126.

376 Die Untersuchung betraf die Fächer Mathematik, Deutsch, Chemie und Geschichte, vgl. Rauin/Tillmann/Vollstädt: Lehrpläne, 1999, S. 90f. Ähnlich bei Tebrügge: Unterrichtsplanung, 2001, S. 139f. und Wengert: Untersuchungen, 1989, 415f.

377 Sie betont hierbei den Unterschied zum Fach Mathematik, siehe Tebrügge: Unterrichtsplanung, 2001, S. 98, 132–134.

378 Siehe Hug: Geschichtsunterricht, 1985, S. 10.

te.[379] Noch einmal zehn Jahre später publizierte von Borries Ergebnisse, denen zufolge die Richtlinien nach Aussage der Lehrkräfte insgesamt einen geringen Einfluss auf ihre Planung hatten, bei der Themenwahl allerdings »maßvoll« genutzt würden. Insgesamt kritisierten die Lehrkräfte die existierenden Vorgaben stark und wünschten sich deutlich einen großen »Freiheitsspielraum«[380]. Von Borries stellte allerdings fest, dass die Lehrkräfte die Richtlinien zwar deutlich beanstandeten, sich in ihrem Unterrichtsaufbau aber klar nach ihnen richteten.[381]

Aus der geschichtsdidaktischen Literatur ergibt sich der Eindruck, dass Geschichtslehrkräfte und besonders Praktiker und Praktikerinnen an Gymnasien die Orientierung an offiziellen Richtlinien bei der Themenwahl deutlich schärfer ablehnen als Kollegen und Kolleginnen in anderen Fächern und anderen Schulformen. Pandel beruft sich auf »neuere Untersuchungen« wenn er feststellt, dass die »Steuerungsfunktion der Richtlinien in der Schulpraxis [mit Ausnahme der Oberstufe] schwach« sei,[382] und Hodel/Waldis nennen in ihrer empirischen Studie bei der Aufzählung der Einflussfaktoren auf die Themenwahl von Geschichtslehrkräften Richtlinien erst an fünfter Stelle.[383]

*Kooperation*

Ergebnisse zur Themenwahl finden sich auch in Untersuchungen, die sich mit der Kooperation beim Unterrichtsplanen befassen. Es zeigte sich, dass Lehrkräfte, die kooperativ planten, selten Hilfsmittel wie Richtlinien oder Schulbücher zurate zogen, sondern in der Gruppe gemeinsam zu Themenentscheidungen kamen. Die Studien zur Kooperation im Planen ergaben darüber hinaus, dass formale Kooperation an deutschen Schulen nach wie vor sehr selten ist.[384] Hierbei zeigten sich klare Differenzen in Hinblick auf die Schulformen: Während an Gymnasien kaum Kooperation herrscht, ist sie an Hauptschulen und besonders an Gesamtschulen durchaus zu finden. Die Untersuchungen betrafen die Planungen für unterschiedliche Schulfächer.[385]

379 Siehe Borries: Lehrereinstellungen, 1995, S. 296–298.

380 Es handelte sich überwiegend um Gymnasiallehrkräfte. Siehe Borries u. a.: Schulbuchverständnis, 2005, S. 247–251, 261–263.

381 Vgl. Borries u. a.: Schulbuchverständnis, 2005, S. 117; Borries: Lehrereinstellungen, 1995, S. 486.

382 Pandel: Geschichtsdidaktik, 2013, S. 184.

383 Siehe Hodel/Waldis: Sichtstrukturen, 2007, S. 97.

384 Vgl. z. B. Helmke: Unterrichtsqualität, 2013, S. 324 f.

385 Vgl. z. B. Ehlers u. a.: Soziodemografische Merkmale, 2008, S. 317; Maier: Formen, 2006, S. 8; Steinert u. a.: Lehrerkooperation, 2006; Tebrügge: Unterrichtsplanung, 2001, S. 91–96; Wengert: Untersuchungen, 1989, S. 417.

*Reflexion des Fachinhalts*

Eine Reflexion des Fachinhalts spielte in allen untersuchten Planungen und für alle Fächer eine deutlich größere Rolle als von den Forschern und Forscherinnen eingangs erwartet.[386] Seifrieds Studie zufolge nimmt die Priorität des Lerninhalts bei zunehmender Berufserfahrung allerdings deutlich ab. Es leuchtet ein, dass Lehrkräfte hier mit wachsender stofflicher Sicherheit weniger Zeit und Energie auf diesbezügliche Überlegungen verwenden.[387]

### 3.2.3. Methodik

Die Ergebnisse in Bezug auf die Relevanz von Methodenentscheidungen sind widersprüchlich. Besonders in den älteren Studien werden sie als zentrale Elemente der Unterrichtsvorbereitung gewertet. Tebrügge hingegen stellte fest, dass in Planungen für die von ihr untersuchten drei Fächer (Mathematik, Deutsch und Chemie) Überlegungen zur Methodik eine deutlich untergeordnete Rolle spielten. Besonders die Gymnasiallehrkräfte gaben an, dass die Inhalte bzw. das Material in sich motivierend genug und methodische Überlegungen hier nicht weiter nötig seien. Auch in Seifrieds Untersuchung für die Fächer Handelslehre und Buchführung ergab sich, dass die methodischen Überlegungen eine Nebenrolle spielten.[388] Mögen diese widersprüchlichen Ergebnisse auf den ersten Blick verwirren, so fügen sie sich zu einem kohärenten Bild, sobald man die neuesten Erkenntnisse zur Entwicklung von Lehrerexpertise auf der einen und den Aspekt der Fachspezifik auf der anderen Seite bedenkt. In empirischen Studien konnte gezeigt werden, dass sich Expertenwissen oftmals in der Entscheidung für bestimmte Unterrichtselemente verdichtet. Erfahrene Mathematiklehrkräfte konzentrierten sich bei der Unterrichtsplanung überwiegend auf die Auswahl und Anordnung mathematischer Aufgaben, wobei sie ein umfangreiches fachdidaktisches Wissen einsetzten.[389] Wenn alle zentralen Überlegungen in Fächern wie Mathematik, Chemie und vermutlich auch Handelslehre in die Konstruktion einer Aufgabe bzw. eines Experiments fließen und hier gleichsam verdichtet parallel zueinander auftreten (ausführlich unter Abschnitt II.3.2.8.), sind weitere methodische Überlegungen von untergeordneter Bedeutung. Die Wahl der Aufgabe bzw. des Experiments gibt hier die Methodenentscheidung offensichtlich vor.

386 Für eine Zusammenfassung vgl. Seifried: Unterricht, 2009, S. 134.

387 Vgl. ebda., S. 194. Zur Inhaltslastigkeit der Planungen von Studierenden siehe Seel: Angehende Lehrer/innen, 2011, S. 35.

388 Siehe Tebrügge: Unterrichtsplanung, 2001, S. 205f.; Seifried: Unterricht, 2009, S. 261.

389 Siehe Neuweg: Das Wissen, 2011, S. 462f. und ausführlich in Abschitt III.1.

*Phasierung*

Die Irrelevanz der didaktischen Modelle für die alltägliche Planungspraxis in Hinblick auf die Ziel- und Themenformulierung scheint der Forschung zufolge eindeutig. Dennoch wird in den einschlägigen Studien wiederholt darauf hingewiesen, dass didaktische Modelle in der Unterrichtsplanung der untersuchten Lehrkräfte durchaus eine Rolle spielen, jene sich dessen aber nicht bewusst seien. Zentrale Elemente sowie einzelne Kategorien der didaktischen Modelle tauchen in den untersuchten Planungen auf, und besonders jene Bausteine guten Unterrichts, die in der normativen Literatur diskutiert werden, konnten nachgewiesen werden.[390] So orientierten sich die Lehrkräfte in beinahe allen Studien an einem Phasenmodell für den Unterricht und benutzten die darin enthaltenen Begriffe explizit oder implizit. Hierbei erfuhren allerdings nicht alle Phasen die gleiche Aufmerksamkeit. Bei den von Tebrügge und Haas untersuchten Lehrkräften wurde vor allem die Phase des Einstiegs eingehend diskutiert und intensiv geplant.[391] Auch Hanako Pade und Michael Sauer stellten in einer Untersuchung für den Geschichtsunterricht fest, dass die Einstiege für die Lehrpersonen eine wichtige Rolle spielten. In Pade/Sauers Beurteilung wiesen sie allerdings keinen genuin geschichtsdidaktischen, sondern eher einen allgemeinpädagogischen Charakter auf.[392] Die Planung eines Stundenendes konnte hingegen weder bei Tebrügge noch bei Haas beobachtet werden. Dies entspricht den Ergebnissen Wengerts, der via Befragung feststellte, dass sowohl Fachleiter und Fachleiterinnen als auch Lehrkräfte für das Fach Mathematik die »Abrundung« einer Unterrichtsstunde im Sinne eines abschließenden und ausblickenden Stundenendes für wenig wichtig hielten.[393]

*Materialwahl*

Als besonders wichtig im Rahmen der Methodenwahl ergab sich in den empirischen Studien der Bereich der Materialplanung bzw. Medienorganisation. Wenn sich die methodischen Überlegungen innerhalb der beobachteten Planungen auf einige wenige Gedanken beschränkten, so fand in jedem Fall eine Materialwahl statt.[394] Hierbei zeigte sich allerdings ein deutlicher Schulformunterschied: Die Medienplanung im Hauptschulbereich war in Haas' Untersuchung für das Fach Biologie deutlich umfangreicher als im Bereich des Gym-

390 Vgl. Seifried: Unterricht, 2009, S. 135; Tebrügge: Unterrichtsplanung, 2001, S. 215f.; Clark/Peterson: Teachers' thought processes, 1986; Bromme: Das Denken, 1981, S. 199.

391 Siehe Tebrügge: Unterrichtsplanung, 2001, S. 174; Haas: Unterrichtsplanung, 1998, S. 164f.

392 Referiert bei Sauer: Geschichte, 2012, S. 106.

393 Vgl. Haas: Unterrichtsplanung, 2005, S. 12; Tebrügge: Unterrichtsplanung, 2001, S. 215; Wengert: Untersuchungen, 1989, S. 354.

394 Vgl. diesbezügliche Zusammenfassungen bei Kobarg u.a.: Lernwirksame Unterrichtsbedingungen, 2011, S. 52f.; Tebrügge: Unterrichtsplanung, 2001, S. 215.

nasiums. Gründe hierfür sah Haas darin, dass die Fachräume der Gymnasiallehrkräfte deutlich besser ausgestattet waren als die der Lehrkräfte anderer Schulformen und sich daher eine lange Materialsuche erübrigte.[395] Eine Fachspezifik ergab sich in Hinblick auf die Hilfsmittel, denen die Materialien entnommen wurden. Wie schon bei der Themenwahl orientierten sich die Mathematiklehrkräfte hauptsächlich am Schulbuch.[396] Auch Hodel/Waldis stellten in ihrer Untersuchung an Schweizer Geschichtslehrkräften fest, dass Schulbücher neben Quellensammlungen die zentralen Unterlagen für die Auswahl von Materialien bildeten.[397] Die von Seifried untersuchten Handelslehrkräfte benutzten hingegen hauptsächlich selbst erstellte Materialien, die sie aus vergangenen Unterrichtsvorbereitungen besaßen. Diese wurden mitunter noch einmal modifiziert, nicht aber neu ausgewählt.[398] Erkenntnisse über die Ergebnisse der Materialwahl liegen also vor. Dietlinde Heckt weist darauf hin, dass wir über die Gründe für die Wahl unterschiedlicher Medien in den einzelnen Fächern aber nach wie vor wenig wissen.[399]

*Differenzierung*

Die in der normativen Literatur so vehement geforderte Beachtung der Differenzierung konnte in keiner der Untersuchungen nachgewiesen werden.[400] Wengert beobachtete, dass Differenzierung im kleinen Rahmen spontan während der Unterrichtsdurchführung organisiert wurde.[401] Gründe hierfür liegen womöglich in fehlenden Hilfestellungen. In einer Studie mit Lehrkräften der Sek I konnte Claudia Solzbacher zeigen, dass Lehrkräfte Differenzierung und individuelle Förderung zwar als wichtiges Ziel sahen, zugleich aber auch als belastende Herausforderung erlebten.[402] Eine fehlende Differenzierung wurde in den Studien auch im Rahmen der nachträglichen Stundenreflexion deutlich. So nahmen die Lehrkräfte die Schüler und Schülerinnen rückblickend überwiegend als Klasse, nicht aber als einzelne Individuen wahr.[403]

395 Siehe Haas: Unterrichtsplanung, 2005, S. 11.

396 Für einen Forschungsüberblick siehe Seifried: Unterricht, 2009, S. 135.

397 Es stellte sich heraus, dass hierbei in erster Linie visuelle Lernmaterialien und selten Texte gewählt wurden, vgl. Hodel/Waldis: Sichtstrukturen, 2007, S. 98f. Borries weist in diesem Zusammenhang auf die mögliche soziale Erwünschtheit diesbezüglicher Antworten hin, vgl. Ders.: Lehrereinstellungen, 1995, S. 293.

398 Siehe Seifried: Unterricht, 2009, S. 255. Ähnlich bei Tebrügge: Unterrichtsplanung, 2001, S. 146f.

399 Siehe Heckt: Unterrichtsrelevante Wissensquellen, 2009, S. 75.

400 Vgl. für einen Überblick siehe Helmke: Unterrichtsqualität, 2013, S. 259; Seifried: Unterricht, 2009, S. 135. Für den Geschichtsunterricht vgl. Borries u.a.: Schulbuchverständnis, 2005, S. 303.

401 Siehe Wengert: Untersuchungen, 1989, S. 420.

402 Vgl. Solzbacher: Positionen, 2009.

403 Bromme: Kompetenzen, 1997 fasst dies in den Begriff des ›Kollektiven Schülers‹.

### 3.2.4. Lerngruppe

Der in der normativen Literatur so wichtige Bereich der Lerngruppe tritt in der empirischen Literatur erstaunlich selten auf. So bildet die Berücksichtigung der Lerngruppe durch die von Haas untersuchten Lehrkräften eine Ausnahme.[404] Tebrügge markiert in ihrer Untersuchung die Beachtung der Schüler und Schülerinnen durch die Lehrkräfte als defizitär: In den Planungen war sie von deutlich untergeordneter Bedeutung.[405] Wie für andere Bereiche ist allerdings auch hier davon auszugehen, dass die Berücksichtigung der Lerngruppe in der Unterrichtsvorbereitung überwiegend implizit geschieht und daher von den untersuchten Lehrkräften mitunter schlicht nicht verbalisiert wurde. So räumt auch Tebrügge ein, dass »die konkrete Lerngruppe [...] immer irgendwie präsent« war, nur eben nicht dezidiert diskutiert wurde.[406] Dies würde erklären, warum in den englischsprachigen Veröffentlichungen zum Thema der Umgang mit den Lerngruppenvoraussetzungen deutlich häufiger beobachtet werden konnte,[407] da divergierende Erhebungsstrategien hier möglicherweise zu abweichenden Ergebnissen führen.

*Schülerinteressen*

Einen besonderen Bereich der Berücksichtigung der Lerngruppe bildet die Einbeziehung von Schülerinteressen oder gar der Schüler und Schülerinnen selbst in Planungsfragen. Für den Geschichtsunterricht stellte von Borries vor 20 Jahren fest, dass Schülerinteressen hier ein »wichtiges, aber kein ausschlaggebendes Auswahlkriterium« boten.[408] Seine quantitative Studie zeigte darüber hinaus deutlich, dass die von ihm untersuchten Lehrkräfte die Interessen ihrer Schüler und Schülerinnen mitunter völlig falsch einschätzten.[409] Hodel/Waldis fanden in einer neueren Untersuchung, dass die Lehrpersonen in ihrer Untersuchung selbst glaubten, dass Überlegungen zu ihren Schülern und Schülerinnen, deren Vorwissen und antizipierten Lernschwierigkeiten innerhalb ihrer Planung viel Platz einnähmen.[410] Ob dies auch ihrer tatsächlichen Planungspraxis entsprach, ist aber nicht untersucht worden. So gaben bei Tebrügge beinahe alle Lehrkräfte an, Schüleranregungen und -interessen bei der Themenwahl zu berücksichtigen. In der tatsächlich beobachteten Planung fand eine solche Berücksichtigung allerdings nicht statt. Hierbei zeigte sich, dass die von

404 Vgl. Haas: Unterrichtsplanung, 1998, S. 147f.
405 Siehe Tebrügge: Unterrichtsplanung, 2001, S. 215.
406 Ebda., S. 177. Ähnlich bei Haas: Unterrichtsplanung, 1998, S. 148.
407 Vgl. z.B. Milner: A Qualitative investigation, 2001, S. ii; Woods: Teacher Cognition, 1996, S. 143.
408 Borries: Lehrereinstellungen, 1995, S. 293.
409 Vgl. ebda., S. 317.
410 Hodel/Waldis: Sichtstrukturen, 2007 S. 97.

Richtlinien und Schulbuch unabhängigere Planung im Fach Deutsch eine solche Berücksichtigung klarer begünstigte als in den Fächern Mathematik oder Chemie.[411]

### 3.2.5. Flexibilität

In den untersuchten Unterrichtsvorbereitungen wurde selten die Planung von Alternativen im Sinne didaktischer Reserven festgestellt.[412] Die Lehrkräfte sahen offenbar nicht die Notwendigkeit, flexibles Vorgehen im Voraus zu planen.

*Planungshorizont*

Ein besonders intensiv untersuchtes Gebiet im Zusammenhang mit der Flexibilität bei der Unterrichtsvorbereitung betrifft den Planungshorizont. Empirische Studien bemühten sich hier schon früh um die Frage, in wie vielen Stufen Lehrkräfte in der Alltagsrealität planen. In den deutschsprachigen Untersuchungen wurden meist drei Stufen festgestellt: Die Jahresplanung, die Planung von Unterrichtseinheiten bzw. Sequenzen und die Planung von Einzelstunden. Hierbei kommt in der Alltagsrealität der lang- und mittelfristigen Planung offenbar eine weitaus größere Bedeutung zu als der Planung der einzelnen Stunden.[413] Die Untersuchungen ergaben in diesem Zusammenhang einen klaren Schulformeffekt: Die Hauptschullehrkräfte gaben an, regelmäßig Schuljahrespläne zu erstellen. Auch die Gymnasiallehrkräfte berichteten häufig davon, langfristig zu planen, allerdings eher fürs Halbjahr denn fürs ganze Schuljahr. Zudem ließ sich in den Studien ein gewisser Effekt der Berufserfahrung feststellen: Lehrkräfte, die Jahrespläne bereits in der Vergangenheit erstellt hatten, erstellten keine neuen, sondern nutzten die alten.[414] Seifried zufolge erweiterte sich der Planungshorizont von sehr erfahrenen Lehrkräften grundsätzlich auf eine langfristigere Planung.[415]

*Notizen*

Bedeutsam zur Untersuchung der Flexibilität bei der Unterrichtsplanung ist schließlich die Form, in der die Pläne festgehalten werden. Insgesamt zeigten die Studien, dass die Notizen sehr individuell und meist eher skizzenhaft ausfielen.

411 Vgl. Tebrügge: Unterrichtsplanung, 2001, S. 101, 183.

412 Nur bei Tebrügge: Unterrichtsplanung, 2001, S. 215 und hier bes. für Gymnasiallehrkräfte.

413 Siehe Hopperdietzel: Unterrichtsplanung, 2011, S. 21f.; Tebrügge: Unterrichtsplanung, 2001, S. 205.

414 Siehe Tebrügge: Unterrichtsplanung, 2001, S. 125, 205; Haas: Unterrichtsplanung, 1998, S. 25.

415 Siehe Seifried: Unterricht, 2009, S. 259. Ähnlich bei Tebrügge: Unterrichtsplanung, 2001, S. 107. Gegenteilige Ergebnisse referiert bei Haas: Unterrichtsplanung, 1998, S. 23.

Am häufigsten fanden sich Versatzstücke von Verlaufsplänen und Tafelbildern.[416] Haas konnte hierbei fachspezifische Unterschiede beobachten: So wurden für das Fach Chemie ausführlichere Stundenverläufe erstellt als für andere von ihm untersuchte Fächer. Die schriftliche Vorbereitung bestand ansonsten überwiegend aus dem Erstellen von Arbeitsblättern oder anderen Materialien.[417] In Tebrügges Untersuchung spielte die Berufserfahrung eine entscheidende Rolle. Einmal hergestellte Notizen wurden von den Lehrkräften für spätere Stunden wieder verwendet, weshalb eine neuerliche Niederschrift überflüssig war.[418]

*Die Relevanz der Planung für die Unterrichtsdurchführung*

Bei allen Vorgaben, die für die Planung von Unterricht gemacht werden, stellt sich die Frage, ob die konstruierten Pläne der Lehrkräfte in ihrem unterrichtlichen Handeln überhaupt relevant werden. Untersuchungen hierzu sind nach wie vor selten und die Ergebnisse mitunter widersprüchlich. So weist schon Bromme darauf hin, dass im Unterricht offenbar häufig Routinen greifen, die nicht immer eins zu eins auf eine konkrete Planung zurückzuführen sind. Zudem stelle sich die Frage, was eigentlich eine ›Übereinstimmung von Planung und Unterricht‹ bedeute: Ist eine strikte Planerfüllung gemeint oder geht es um die Umsetzung der grundsätzlichen Ziele? Die Forschung ist sich hier gänzlich uneins.[419] Penelope Peterson und Christopher Clark stellten fest, dass die Bereitschaft der von ihnen untersuchten Lehrkräfte, von der eigenen Planung abzuweichen, davon abhing, ob sie eher inhalts- oder prozessorientiert planten. Ziel- und inhaltsorientierte Planer und Planerinnen wichen ihren Studien zufolge auch dann kaum von ihren Vorhaben ab, wenn der Unterricht unbefriedigend verlief und Alternativen zur Verfügung standen.[420] Haas fand, dass die Offenheit im Umgang mit der eigenen Planung von unterschiedlichen Variablen abhing, die nicht unmittelbar mit der Planung in Zusammenhang standen, wie zum Beispiel der gegenwärtigen Befindlichkeit der Lehrkraft, dem jeweiligen Zeitdruck oder der Lerngruppe selbst.[421] Wengert beobachtete in seiner Untersuchung eine hohe Flexibilität der Lehrkräfte in der Umsetzung ihrer Vorbereitung. Hierbei waren die Unterrichtsplanungen allerdings vielfach von vorneherein sehr frei angelegt. Besonders das Stundenende wurde in der Planung

416 Siehe Seel: Angehende Lehrer/innen, 2011, S. 39; Tebrügge: Unterrichtsplanung, 2001, S. 178; Wengert: Untersuchungen, 1989, S. 420.

417 Siehe Haas: Unterrichtsplanung, 1998, S. 29.

418 Siehe Tebrügge: Unterrichtsplanung, 2001, S. 146f.

419 Siehe Hopperdietzel: Unterrichtsplanung, 2011, S. 25; Seifried: Unterricht, 2009, S. 135–137; Haas: Unterrichtsplanung, 1998, S. 31–33.

420 Siehe Peterson/Marx/Clark: Teacher Planning, 1978.

421 Siehe Haas: Unterrichtsplanung, 1998, S. 168.

bewusst offen gelassen.[422] Tebrügge entdeckte, dass die Flexibilität im Umgang mit der Planung stark von der grundsätzlichen Einstellung zu Flexibilität bzw. Plantreue abhing.[423] Peter John konstatiert, dass Lehrerexperten und -expertinnen sich im Gegensatz zu Novizen und Novizinnen durch eine deutlich offenere Haltung zum Unterrichtsplanen auszeichnen. Ihm zufolge sehen Novizen und Novizinnen Planung »as the glue that [holds] the various pieces of learning and teaching together«, während Experten und Expertinnen Unterricht stärker mit »unpredictabilty, flexibility, and creativity« verbinden.[424]

### 3.2.6. Praxisrelevanz didaktischer Modelle in der Wahrnehmung der Lehrkräfte

Es zeigte sich, dass die zentralen normativ propagierten Elemente der Unterrichtsplanung nicht in allen untersuchten Planungen deutlich nachweisbar waren. Wie aber ordnen planende Lehrkräfte selbst ihre Vorbereitung in Bezug auf didaktische Modelle ein? Die älteren Studien zur Unterrichtsplanung kommen überwiegend zu dem Ergebnis, dass die Praktiker und Praktikerinnen sich in ihrer Planung bewusst nicht an klassischen didaktischen Modellen orientieren.[425] Bromme zufolge beurteilen die Lehrkräfte es zwar als positiv, die Modelle erlernt zu haben. In der von ihm beobachteten alltäglichen Planungspraxis seien eigene individuellen Routinen aber wichtiger gewesen als die Orientierung an Modellen.[426] Tebrügge berichtet, dass die interviewten Lehrkräfte die Frage nach didaktischen Modellen als Grundlage ihrer Planung meist ausschließlich auf methodische Überlegungen bezogen und keine klare Vorstellung von den klassischen Modellen aufwiesen.[427] Auch Haas' Studie belegte, dass die Lehrkräfte sich nicht an einem speziellen didaktischen Modell der Planung richteten. In seinen Interviews sprachen 31 Prozent der Befragten der Didaktik eine gewisse Orientierungsfunktion zu, besonders für den Beginn der Ausbildung. Die übrigen zwei Drittel der Probanden und Probandinnen beurteilten die Didaktik eindeutig negativ, darunter alle Gymnasiallehrkräfte. Wie bei Bromme schien sich auch bei Haas das Vorgehen der Lehrkräfte bei der Planung vielmehr auf ganz individuelle Erlernungsprozesse in Ausbildung und Berufspraxis zu beziehen.[428] Auch Tebrügge stellte fest, dass es sich bei den Vorgehensweisen bei der Unterrichtsplanung selten um Anlehnungen an klassische didaktische Modelle handelte, sondern dass vielmehr »individuelle handlungsleitende Sche-

422 Siehe Wengert: Untersuchungen, 1989, S. 418.
423 Siehe Tebrügge: Unterrichtsplanung, 2001, S. 147.
424 John: Lesson planning, 2006, S. 489.
425 Für einen Überblick vgl. Seel: Angehende Lehrer/innen, 2011, S. 39.
426 Siehe Bromme: Das Denken, 1981, S. 199.
427 Siehe Tebrügge: Unterrichtsplanung, 2001, S. 185.
428 Siehe Haas: Unterrichtsplanung, 2005, S. 14.

mata oder Pläne« wichtig waren, die den Planungsverlauf steuerten.[429] Seifrieds Untersuchungen der Differenzen in der Unterrichtsplanung angesichts unterschiedlicher Expertisegrade erbrachte das bemerkenswerte Ergebnis, dass auch die von ihm untersuchten Referendare und Referendarinnen sich nicht explizit auf didaktische Modelle beriefen.[430]

Für den Geschichtsunterricht existieren nur empirische Erhebungen, die weit zurückliegen. So interviewte Hug in seiner Studie im Jahr 1985 Lehrkräfte zu eben jenem Thema und erfuhr, dass drei Viertel der Befragten sich vorbereiteten, ohne sich bewusst an einem bestimmten Planungsmodell zu orientieren.[431] Von Borries' quantitative Untersuchung von Lehrkräften belegte eine deutliche Distanz der Probanden und Probandinnen gegenüber der Didaktik.[432]

### 3.2.7. Hilfsmittel

Über die Nutzung von Hilfsmitteln zur Vorbereitung des Unterrichts ist grundsätzlich wenig bekannt. Die wenigen empirischen Studien bestätigen die zentrale Rolle des Schulbuchs als Hilfsmittel bei der Unterrichtsvorbereitung. Besonders unter den untersuchten Mathematikern und Mathematikerinnen diente es nicht nur zur Themenwahl und als grundsätzlich richtungsweisend für die Unterrichtsorganisation, sondern auch konkret als Materialpool bzw. Aufgabensammlung.[433] Auch in Haas' Untersuchungen war das Lehrbuch ein entscheidendes Vorbereitungsmittel. Wichtiger waren für die von ihm untersuchten Biologielehrkräfte jedoch ältere Planungen, auf die sie bei der jeweiligen Vorbereitung zurückgriffen.[434] Insgesamt ergab sich in Bezug auf die zentralen Hilfsmittel ein klarer Schulfacheffekt: Während in Tebrügges Untersuchung das Schulbuch für die Mathematiklehrkräfte das wichtigste Vorbereitungsmittel war, kam es bei den Deutschlehrkräften erst an vierter, bei den Chemielehrkräften an dritter Stelle. Hier waren die eigens erstellten älteren Unterlagen die zentralen Hilfsmittel. Insbesondere im Fach Deutsch spielte die Zusammenstellung »aktuellen Unterrichtsmaterials« eine entscheidende Rolle.[435] Auch Haas hatte gefunden, dass in den Fächern Erdkunde und Geschichte häufig auf zusätzliche Informationsquellen zurückgegriffen wurde, während die gleichen Lehrkräfte

429 Tebrügge: Unterrichtsplanung, 2001, S. 218.
430 Siehe Seifried: Unterrichtsplanung, 2009, S. 192.
431 Siehe Hug: Geschichtsunterricht, 1985, S. 102.
432 Vgl. Borries u. a.: Schulbuchverständnis, 2005, S. 247–249.
433 Für eine Zusammenfassung für das Fach Mathematik siehe Tebrügge: Unterrichtsplanung, 2001, S. 59f.
434 Siehe Haas: Unterrichtsplanung, 1998, S. 133–136.
435 Vgl. Tebrügge: Unterrichtsplanung, 2001, S. 201f.

angaben, sich in den Fächern Mathematik und Englisch sehr viel stärker am Buch zu orientieren.[436]

Während ältere Untersuchungen ergaben, dass die Lehrkräfte kaum allgemeindidaktische oder fachdidaktische Literatur bei der Unterrichtsplanung nutzten, rezipierten besonders die Gymnasialprobanden und -probandinnen in Haas' Studie Unterrichtsrezepte im Sinne fertiger Unterrichtseinheiten.[437] Ganz anders waren die Ergebnisse Tebrügges: Hier spielten Lehrerhandbücher und sogenannte Rezepte eine zu vernachlässigende Rolle. In den von ihr geführten Interviews und Fragebögen gaben zwar 30 Prozent der Befragten an, häufig didaktische Literatur bei der Planung zu konsultieren. In den von ihr aufgezeichneten Planungen war dies aber kein einziges Mal zu beobachten. Es ergab sich, dass der Umgang mit Unterrichtsrezepten bzw. die Übernahme fremder Planungen von Kollegen und Kolleginnen an der Gesamtschule deutlich zwangloser gehandhabt wurde als an den anderen Schulformen. Tebrügge zufolge lässt sich dies wiederum auf den kooperativen Charakter der dortigen Schulatmosphäre zurückführen.[438]

Die Untersuchungen zu Hilfsmitteln der Vorbereitung im Geschichtsunterricht sind vergleichsweise zahlreich. Die 2002 von von Borries befragten Lehrkräfte nutzten in der Vorbereitung nach eigenen Angaben in erster Linie Quellensammlungen. Auch fachwissenschaftliche Literatur wurde oft zu Rate gezogen. Unterrichtsrezepte in Form von vorgefertigten Stundenblättern oder Zeitschriften sowie das Internet spielten eine untergeordnete Rolle. Von Borries' Untersuchung zeigte weiter, dass das Schulbuch trotz aller Kritik durch die Lehrkräfte die Unterrichtsgestaltung weitgehend prägte. Er beobachtete einen unkritischen Umgang der Lehrkräfte mit den Schulbüchern, der nicht etwa darauf zielte, deren Mängel auszugleichen. Die Lehrenden orientierten sich vielmehr an ihnen.[439] Hodel/Waldis fanden, dass die von ihnen untersuchten Lehrkräfte das Schulbuch und andere Schulbücher in der Vorbereitung vor allem als Materialsammlung nutzten.[440] Auch in Sauers jüngerer Untersuchung an Geschichtslehrkräften stellte sich heraus, dass diese eigenen Angaben zufolge auf der Suche nach Quellenmaterial in erster Linie das Schulbuch konsultieren. Sie nutzen allerdings zudem das Internet und manchmal didaktische Zeitschriften.[441] Vera Sperisen und Bernhardt Schär identifizierten in ihrer Untersuchung an 20 Geschichtslehrkräften ebenfalls das Schulbuch als wichtiges Vorbereitungshilfsmittel, zeigten aber, dass die Wahrnehmung und der Einsatz

---

436 Siehe Haas: Unterrichtsplanung, 1998, S. 27f.
437 Siehe ebda, S. 136.
438 Siehe Tebrügge: Unterrichtsplanung, 2001, S. 141.
439 Siehe Borries u.a.: Schulbuchverständnis, 2005, S. 118f., 301.
440 Siehe Hodel/Waldis: Sichtstrukturen, 2007, S. 130.
441 Sauer: Quellenarbeit, 2013, S. 190f.

des Buchs stark variierte und von Einstellungen und persönlichen Hintergründen der Lehrkräfte abhing.[442]

Es fällt auf, dass jene Hilfsmittel wie fertige Unterrichtsreihen und Zeitschriften, die konkret für die Unterrichtsvorbereitung konzipiert werden, in der Unterrichtsrealität von Geschichtslehrpersonen eigenen Angaben zufolge offenbar kaum genutzt werden. In seiner Umfrage unter Lehrerausbildern und -ausbilderinnen kommt Seidenfuß zu dem Ergebnis, dass die didaktischen Zeitschriften als unpraktisch und vor allem gymnasiallastig kritisiert werden.[443] Es bleibt allerdings offen, ob Lehrkräfte die Nutzung von Unterrichtsrezepten womöglich schlicht verschweigen. So ist erklärungsbedürftig, warum die Zeitschriften in großer Zahl abonniert werden, wenn Lehrkräfte sie für ihre Vorbereitung selten nutzen. Auf die ambivalente Haltung von Lehrpersonen zu solcherlei Planungshilfen ist bereits hingewiesen worden.

### 3.2.8. Einfluss der Fachspezifik

Während mitunter darauf hingewiesen wird, dass Planungsprozesse derart vielfältig und unübersichtlich seien, dass sie sich der Darstellung entzögen, haben andere Empiriker und Empirikerinnen durchaus Muster in den Planungen ihrer Probanden und Probandinnen erkannt und in Gesamtdarstellungen festgehalten. Die Ergebnisse deuten auf eine Fachspezifik hin. So lässt sich die Planung der von Bromme untersuchten Mathematiklehrkräfte ihm zufolge in drei Abschnitte teilen: Zu Beginn setzten sich die Lehrkräfte in einer Anfangsphase mit dem Fachinhalt auseinander und reflektierten den erreichten Lernstand der Schüler und Schülerinnen. Sie überlegten sich einen Einstieg der Stunde, der meist schon in Form einer Aufgabe formuliert wurde und Gedanken über Anschlussaufgaben nach sich zog. Im Mittelteil der Planung wählten die Lehrkräfte weitere Aufgaben unter fachlichen und fachdidaktischen Gesichtspunkten und antizipierten deren Bearbeitung. Am Ende der Planung vergegenwärtigten sich die Probanden und Probandinnen noch einmal den geplanten Stundenablauf. Bromme räumt ein, dass einzelne Planungsschritte überwiegend gleichzeitig vollzogen wurden. Es könne also nicht von einer klaren linearen Abfolge gesprochen werden.[444] Mischke/Wragge-Lange kamen in ihrer Untersuchung der Planung einer Englischlehrerin für die fünfte Klasse zu einer abweichenden Darstellung: Die Lehrerin begann die Vorbereitung mit Überlegungen über das didaktische Potenzial des Unterrichtsthemas. Anschließend wählte sie einen Stundeneinstieg und eine darauf folgende Übungsphase. Sie

442 Vgl. Sperisen/Schär: Akteure, 2013, S. 189, 200.
443 Vgl. Seidenfuß: Disziplinarität, 2010, S. 30.
444 Vgl. Bromme: Das Denken, 1981, S. 149, 193f.

wiederholte die geplanten Schritte und widmete sich dann methodischen Fragen nach Medien und einer Sitzordnung.[445]

Tebrügge hat als erste klar skizzierte Handlungspläne von Lehrkräften für die drei von ihr untersuchten Fächer entworfen. So begannen bei ihr die Mathematiklehrkräfte ihre Planung mit einer Orientierungsphase, in der sie sich die Ausgangslage vergegenwärtigten und das Thema wählten. Bestandteil dieser Orientierungsphase war häufig eine Informationsphase, die die Sichtung unterschiedlicher Schulbücher beinhaltete. Anschließend planten die Lehrkräfte den Stundenverlauf, wobei der Wahl des Einstiegs die entscheidende Rolle zukam, und entschieden sich für Einführungsbeispiele. Auch für das Fach Chemie begannen die Lehrkräfte ihre Planung mit einer Orientierungsphase, die eine Themenwahl und mitunter eine Informationsphase enthielt. Die anschließende Planung des Stundenverlaufs beinhaltete auch hier vor allem eine Planung des Einstiegs. Die Planungen der Deutschlehrkräfte gestalteten sich wiederum umfangreicher. Auch sie begannen mit einer Orientierungsphase, in der sich die Lehrkräfte den Lernstand der Schüler und Schülerinnen vergegenwärtigten, das Thema oder Ziel der Stunde festlegten und ggf. das nötige Unterrichtsmaterial suchten oder erstellten. Anschließend planten sie den Stundenverlauf begleitet von didaktisch-methodischen Überlegungen. Hierbei wurde immer der Einstieg, nicht allerdings immer alle anderen Phasen für eine einzelne Stunde geplant (teilweise zogen sich die Phasen der Erarbeitung und Ergebnissicherung über mehrere Stunden hin). In der dritten Planungsphase durchdachten die Lehrkräfte noch einmal den Stundenverlauf und vollzogen einen Ausblick auf die nächste Stunde.[446] Tebrügge zeigte, dass die grobe Vorgehensweise für alle drei Fächer vergleichbar war, dass die Inhalte der Planungsphasen aber deutliche fachspezifische Unterschiede aufwiesen. Auch stimmte die grobe Vorgehensweise ihr zufolge mit der in den Vorgängermodellen (Bromme, Mischke/Wragge-Lange) überein: Überall fanden sich Orientierungsphasen, die Überlegungen bezüglich des Fachinhalts (bei Mischke/Wragge-Lange gleich unter didaktischen Gesichtspunkten) und Schülervoraussetzungen umfassten. In einer zweiten Phase folgten Überlegungen zu den Phasen des Unterrichts mit einem klaren Fokus auf der Einstiegsphase. Die Fachspezifik zeigte sich hierbei besonders in Brommes ›Mittelteil‹, der im Fach Mathematik die Auswahl der Aufgaben, im Fach Chemie die Auswahl des Versuchs und im Fach Deutsch die Suche nach Themen bzw. Leitfragen beinhaltete. Eine anschließende Reflexion der Planung fand sich sowohl in der Untersuchung von Bromme als auch bei Mischke/Wragge-Lange und Tebrügge. Trotz all dieser Übereinstimmungen möchte auch Tebrügge betont wissen, dass es sich bei der Planung letztlich doch

445 Vgl. Mischke/Wragge-Lange: Handlungsregulation, 1987, S. 102–106.
446 Siehe Tebrügge: Unterrichtsplanung, 2001, S. 153f., 163–165, 170–172.

immer um ein »individuelles Geschehen [handele], das vor allem durch subjektive Faktoren geprägt und gesteuert« werde.[447]

*Das zentrale Element der Unterrichtsplanung*

Grundsätzlich ergeben sich aus den empirischen Untersuchungen zahlreiche deutliche fachspezifische Unterschiede in Bezug auf die jeweils zentralen Elemente der Planungen. So lässt sich die oben genannte übergeordnete Rolle, die die Inhalte in der Planung spielen, besonders deutlich für die Vorbereitungen im Fach Mathematik nachweisen. Die Stunden scheinen sich in ihrem methodischen Ablauf und der Materialwahl für die Lehrkräfte quasi aus der Fachlogik zu ergeben, die sie wiederum vorstrukturiert dem Schulbuch entnehmen. Die Planungsaktivitäten der Lehrenden bestehen demzufolge im Wesentlichen aus einer Formulierung und Anordnung von Aufgaben für die Unterrichtsstunde. Diese Aufgabenformulierung wird hierbei in der Literatur als Vorgang beschrieben, in dem nicht nur inhaltliche, sondern auch didaktische und pädagogische Überlegungen implizit zusammenfließen. Wenn eine Lehrkraft also in der Unterrichtsvorbereitung mehr oder weniger ›nur‹ eine Aufgabe vorbereite, so schließe diese Vorbereitung alle wichtigen Planungsentscheidungen mit ein, ohne dass dies der Lehrkraft bewusst sein müsse. Ganz im Gegenteil glaubten die von Bromme befragten Lehrkräfte, kaum eigene Entscheidungen bei der Unterrichtsplanung zu treffen, da »der Stoff [...] bereits vollständig die Abfolge [...] der Unterrichtsthemen« vorgebe.[448]

Auch die Untersuchungen mit Lehrkräften anderer naturwissenschaftlicher Fächer zeigten einen Schwerpunkt auf Inhaltsentscheidungen. Die Aufgabenformulierung als zentrale Tätigkeit konnte hier allerdings zwar für Biologie, nicht aber für Chemie repliziert werden. Stattdessen erwies sich, dass hier die Auswahl von Experimenten eine vergleichbare Funktion erfüllte. Die Antizipierung einer Versuchsdurchführung beinhaltete für das Fach Chemie Analysen der Schülervoraussetzungen und daraus resultierende didaktische und pädagogische Entscheidungen.[449] Besonders prägnant wird eine solche Fachspezifik in der Planung bei Tebrügge dargestellt, die die Unterrichtsvorbereitungen von Lehrkräften der Fächer Mathematik, Chemie und Deutsch miteinander verglich. So entdeckte auch sie die analoge Rolle, die im Fach Mathematik die Aufgabenformulierung und im Fach Chemie die Experimentvorbereitung spielte. Ihre Ergebnisse für das Fach Deutsch deutet Tebrügge so, dass hier einerseits die Formulierung von Leitfragen bzw. die Themenwahl und andererseits die Text-

447 Ebda., S. 187, 211. Ähnlich bei John: Lesson planning, 2006, S. 490.
448 Bromme: Der Lehrer, 1992, S. 101. Vgl. auch Ders.: Das Denken, 1981, S. 178. Ähnlich bei Wengert: Untersuchungen, 1989, S. 445.
449 Siehe Haas: Unterrichtsplanung, 1998, S. 18f.; Bromme: Kompetenzen, 1997, S. 200.

wahl zentral waren.[450] Mischke/Wragge-Lange hatten für das Fach Englisch eine vergleichbare Funktion der Themenwahl feststellen können.[451]

Ähnlich den Mathematiklehrkräften veranlasste in Seifrieds Studie auch die Buchführungslehrkräfte die Struktur ihres Fachs offenbar dazu, sich an einer immer gleichen, klar sachlogischen Struktur zu orientieren. So konnte Seifried wie vor ihm Tebrügge nachweisen, dass manche Fächer ein gewisses Muster der Planung stärker vorzugeben scheinen als andere.[452] Die Ergebnisse zeigen, dass eine Untersuchung aller existierenden Schulfächer durchaus wichtig wäre. Haas weist darauf hin, dass die Lehrkräfte der Fächer Erdkunde und Geschichte selbst aussagten, dass sie einen großen Gegensatz zur Vorbereitung in den naturwissenschaftlichen Fächern vermuteten.[453] Es ist anzunehmen, dass in diesem Zusammenhang auch Differenzen in Bezug auf die grundsätzliche Einstellung zur Planbarkeit des Unterrichts der unterschiedlichen Fächer anzutreffen sind.[454]

Die Ergebnisse zum zentralen bzw. prioritären Planungsgegenstand sind insofern von entscheidender Bedeutung, als sie eine wichtige Annahme Brommes zu bestätigen scheinen: Das vielfältige professionelle Wissen erfahrener Lehrkräfte äußert sich in der Unterrichtsplanung offenbar in verdichteter Form in der Auswahl fachspezifisch-unterschiedlicher Elemente. In dieser Entscheidung fließen also sozusagen stellvertretend unterschiedliche Überlegungen und Entscheidungen zusammen (vgl. zum Expertenwissen ausführlich Abschnitt III.1.). Für das Fach Geschichte ist der Gegenstand bislang nicht untersucht worden.

### 3.2.9. Einfluss der Schulform

Auf den Einfluss der Schulform, in der die planende Lehrkraft tätig ist, ist bereits mehrfach hingewiesen worden. Dennoch wird dieser Schulformspezifik in der empirischen Literatur kaum Rechnung getragen. Während die empirischen Untersuchungen zum Unterricht am Gymnasium zahlreich sind, gibt es bis heute ebenso selten Studien zur Vorbereitung des Hauptschulunterrichts wie zum Lernen und Lehren an der Hauptschule generell.

Einzelne einschlägige Informationen in Bezug auf die Unterrichtsplanung liefern hier Studien zum Selbstverständnis der Lehrkräfte, das sich in den un-

450 Vgl. Tebrügge: Unterrichtsplanung, 2001, S. 200–204.

451 Vgl. Mischke/Wragge-Lange: Handlungsregulationen, 1987, S. 102–104.

452 Siehe Seifried: Unterrichtsplanung, 2009, S. 193f.; Tebrügge: Unterrichtsplanung, 2001, S. 217.

453 Siehe Haas: Unterrichtsplanung, 1998, S. 18.

454 So zeigte Wengert, dass die von ihm untersuchten Mathematiklehrkräfte die fachinhaltliche Seite für gut planbar hielten, interaktive Aspekte des Unterrichtsgeschehens aber nicht, vgl. Ders.: Untersuchungen, 1989, S. 433.

terschiedlichen Schulformen offenbar deutlich unterscheidet. Für Hauptschullehrkräfte werden in der öffentlichen Wahrnehmung, aber auch in der didaktischen Literatur eher Stärken im pädagogischen und Schwächen im fachlichen Bereich angenommen.[455] Diese öffentliche Wahrnehmung korrespondiert mit der Selbstwahrnehmung der Lehrkräfte und zeigt sich auch darin, dass in ihren Planungen pädagogische Überlegungen offenbar eine deutlich größere Rolle spielen als didaktische. So erbrachten Studien, dass sich Unterrichtserfolg für Hauptschullehrkräfte eher im erzieherischen Bereich bemisst als im anspruchsvollen fachlichen Arbeiten. Dies lässt sich auch daran ablesen, dass sie häufig als eine ihrer Hauptaufgaben begreifen, ihren Schülern und Schülerinnen soziales Lernen (s. o.) zu ermöglichen. Ein solches Lernen wiederum findet selten über die Vermittlung von Fachinhalten, sondern vor allem über einen adäquaten Umgang miteinander statt.[456] Schließlich belegt auch die häufige Verteidigung des Klassenlehrerprinzips durch Hauptschullehrkräfte, dass für sie die Beziehungsarbeit im Vordergrund steht und für wichtiger gehalten wird als die fachliche Arbeit.[457] Mareike Kunter und Jürgen Baumert stellten fest, dass sich auch mehr als 20 Jahre nach der jeweiligen Ausbildung die unterschiedlichen Ausbildungstraditionen von Gymnasial- und Hauptschullehrkräften sehr deutlich in unterschiedlichen Überzeugungen widerspiegelten.[458]

Im Gegensatz dazu verstehen sich Gymnasiallehrkräfte überwiegend als Vertreter und Vertreterinnen ihrer jeweiligen Bezugswissenschaften. Pädagogische Fähigkeiten beurteilen sie für ihren eigenen Beruf als eher nachrangig wichtig.[459] Dies entspricht nicht nur der öffentlichen Wahrnehmung, der zufolge die Stärken von Gymnasiallehrkräften im fachlichen und nicht im pädagogischen Bereich gesehen werden, sondern auch dem Anspruch der Schulform, die Schüler und Schülerinnen auf ein Hochschulstudium vorzubereiten.[460]

Auch in geschichtsdidaktischen Studien wird speziell auf das unterschiedliche Selbstverständnis von Lehrkräften unterschiedlicher Schulformen hingewiesen. Martens zufolge orientieren Gymnasiallehrkräfte sich eher an kognitiven Leistungen ihrer Schüler und Schülerinnen.[461] Seidenfuß berichtet von einer

455 Vgl. z. B. Kunter: Motivation, 2011, S. 263. Zur jeweiligen Ausbildung siehe Abschnitt III.4.
456 Vgl. Kleinknecht: Aufgabenkultur, 2010, S. 205, 226f.; Seidenfuß: Disziplinarität, 2010, S. 33; Nyssen/Stange: »Eigentlich«, 2007, S. 57; Lipowsky: Professionelles Lehrerwissen, 2003, S. 234.
457 Vgl. Kleinknecht: Aufgabenkultur, 2010, S. 194; Seidenfuß: Geschichtsunterricht, 2002, S. 209.
458 Siehe Kunter/Baumert: Das COACTIV-Forschungsprogramm, 2001, S. 356. Vgl. zur jeweiligen Ausbildung III.4. und zu den unterschiedlichen Vorraussetzungen der Lehrkräfte III.2.
459 Siehe Herrmann: Lehrerausbildung, 2004, S. 336f.
460 Vgl. Blömeke/König: Profile, 2011, S. 12; Seibert: Bildung, 2009, S. 74.
461 Vgl. Martens: Implizites Wissen, 2010, S. 331.

unveröffentlichten Studie mit Geschichtsreferendaren und -referendarinnen des Hauptschullehramts, bei denen er eine klare Orientierung an den »Grundprinzipien der alten Volksschularbeit« als »übergeordnete Planungsinstrumente« beobachten konnte.[462] Seidenfuß' Umfrage zeigte darüber hinaus, dass die von ihm untersuchten Lehrkräfte der Hauptschule die gängigen Kompetenzmodelle für das Fach Geschichte selten kannten. Offenbar hatten sie keinen direkten Anschluss an die gebräuchlichen, gegenwärtigen Vorgaben der geschichtsdidaktischen Diskussion.[463] Es muss allerdings darauf hingewiesen werden, dass auch Lehrkräfte anderer Schulformen in jüngeren Untersuchungen wenig explizites Wissen zur Kompetenzorientierung aufwiesen. Sie zeigten allerdings ein implizites Wissen, das sie bei konkreterem Nachfragen exemplifizieren konnten.[464]

Eine wichtige Untersuchung zum inhaltlichen Arbeiten an den Hauptschulen stammt von Kleinknecht, der neben dem Fach Mathematik auch das Fach Welt-Zeit-Gesellschaft (WZG), also einen Fächerverbund, der das Fach Geschichte einschließt, untersuchte. Kleinknecht fand, dass die Kontrolle von Lernprozessen und -ergebnissen aus Lehrkraftsicht im Hauptschulunterricht generell eine besonders große Rolle spielte. Sie ließ sich allerdings den Lehrkräften zufolge mit offenen Arbeitsphasen und entdeckenlassendem Lernen problemlos vereinbaren. Ein ganzheitliches und handlungsorientiertes Vorgehen bezeichneten die befragten Probanden und Probandinnen mehrheitlich als wichtig für ihre Schülerklientel.[465] Besonders interessant für die vorliegende Studie ist, dass Kleinknecht Unterschiede in der Anlage des Unterrichts für die beiden Fächer feststellte. So spielte die Schülerorientierung in Themenwahl und methodischer Anlage des Unterrichts im Fach WZG eine herausragende Rolle. Kleinknecht kommt zu dem Ergebnis, dass unter den befragten Hauptschullehrkräften das Lernen in WZG einen eher »schülerorientiert-entdeckenden« und im Fach Mathematik einen eher »lehrerzentriert-konzeptvermittelnden« Charakter habe.[466] Insgesamt ermöglichen die Untersuchungen aber keinen tieferen Einblick in die Situation des Geschichtsunterrichts an Hauptschulen. Es lassen sich nur Vermutungen ableiten. Die fehlenden Kenntnisse über die Realität korrespondieren hier mit dem Mangel an Vorschlägen seitens der Didaktik.

---

462 Seidenfuß: Geschichtsunterricht, 2002, S. 210.
463 Siehe Seidenfuß: Disziplinarität, 2010, S. 26.
464 Siehe Waldis/Wyss/Hodel: Kompetenzförderung, 2011, S. 97.
465 Siehe Kleinknecht: Aufgabenkultur, 2010, S. 192.
466 Ebda., S. 208.

### 3.2.10. Einfluss der Rahmenbedingungen und persönlicher Faktoren

Ein letztes für die vorliegende Arbeit wichtiges Forschungsfeld stellen die Rahmenbedingungen dar, die das Planen beeinflussen. So wird in der didaktischen Literatur davon ausgegangen, dass Lehrkräfte Einflüsse wie die Bildungspolitik des Landes, die Atmosphäre in der Schule, die Lage der zu unterrichtenden Stunde, die Verfassung der Schüler und Schülerinnen oder die (technische) Ausstattung des Klassenraums zwar selten ändern können, diese aber in der Planung reflektieren müssen.[467] Die empirischen Untersuchungen zeigen allerdings, dass das Nachdenken über die Rahmenbedingungen des Unterrichts in den Unterrichtsplanungen von untergeordneter Bedeutung ist und von den Lehrkräften selten erwähnt wird.[468]

Grundsätzlich ist die individuell unterschiedliche Ausgestaltung des Unterrichtsplanens institutionell gewollt und in den empirischen Studien nachgewiesen worden. Hier zeigten sich nicht nur persönliche Interessen und Vorlieben in Bezug auf Planungsentscheidungen, sondern auch berufsbiografische Entwicklungen, Herkunftsmilieu, Alter und subjektive Theorien in Bezug auf Lehren und Lernen als auf die Vorbereitung einflussreich. Es gilt als sicher, dass individuelle Vorlieben, positive Befindlichkeit sowie ein gutes Verhältnis zur Klasse die Planung der Lehrkräfte in Hinblick auf Motivation und Intensität positiv beeinflussen.[469] Von Borries' ältere Befunde, denen zufolge sich für Geschichtslehrkräfte gravierende Unterschiede zwischen ihren Vorstellungen von einem idealen Geschichtsunterricht und dem tatsächlich durchgeführten Unterricht fanden, müssen in dieser Hinsicht beunruhigen.[470] Es bleibt zu hoffen, dass sich für jüngere Generationen von Geschichtslehrkräften ein günstigeres Verhältnis feststellen ließe (vgl. FN 239 und 265).

Auch der äußeren Form der Unterrichtsplanung, also Zeit und Ort der Vorbereitung, haben Forscher und Forscherinnen Studien gewidmet. In diesem Bereich haben Lehrkräfte beinahe absolute Freiheit und es bleibt ihnen selbst überlassen, wie viel Zeit sie letztlich für die Unterrichtsvorbereitung aufwenden. Aufgrund der Schwierigkeit, die Tätigkeit der Unterrichtsplanung klar zu definieren, sind die Ergebnisse zur durchschnittlich benötigten Zeit für die Planung einer Unterrichtsstunde widersprüchlich. Heinz-Jörg Oehlschläger berechnete in den 1970er Jahren durchschnittlich 15 Minuten für die Planung einer Ein-

467 Siehe neben den oben genannten didaktischen Publikationen z. B. Adamski: Didaktische Analyse, 2012, S. 229; Thomas: Die Bedeutung, 2010.

468 Vgl. z. B. Tebrügge: Unterrichtsplanung, 2001, S. 173; Haas: Unterrichtsplanung, 1998, S. 127. Ganz anders allerdings bei Lachance Wolcott: Understanding, 1994, S. 3.

469 Vgl. z. B. Tänzer: Bedingungen, 2010, S. 64; Haas: Unterrichtsplanung, 2005, S. 13.

470 Vgl. Borries: Lehrervorstellungen, 1995, 281–283.

zelstunde. Daten aus den 1980er Jahren zeigen ähnliche Ergebnisse.[471] Die Resultate beruhen allerdings letztlich auf Schätzungen. Wengerts Mathematiklehrkräfte planten für ihre Sek II-Stunden am Gymnasium im Durchschnitt 33 Minuten lang, wobei die einzelnen Planungen aber zwischen 6 und 81 Minuten variierten.[472] Zu einem ähnlichen Ergebnis kommen Peter Hübner und Markus Werle, die in einer Fragebogenerhebung mit Gymnasiallehrkräften eine Durchschnittszeit von knapp 29 Minuten pro Einzelstunde errechnen.[473] Die von Haas untersuchten Hauptschullehrkräfte benötigten im Schnitt etwa 16 Minuten für die Stundenplanung, wobei die Werte zwischen eineinhalb Minuten und 42 Minuten schwankten.[474] Bei Tebrügge zeigte sich, dass die Jahrgangsstufe, für die geplant wurde, einen erheblichen Einfluss auf die Länge der Planung hatte. So bereiteten Lehrkräfte für Oberstufenkurse deutlich umfangreicher vor als für die Sek I.[475]

Als nicht eindeutig ist der Einfluss des Geschlechts der planenden Lehrkraft auf den Zeitaufwand zu werten. Während Josef Sageder in seiner Untersuchung der Handelslehrkräfte hier durchaus Unterschiede feststellte, konnte Seifried diese Ergebnisse nicht replizieren.[476] Als konsensual einschlägig erwiesen sich vielmehr die subjektiven Voraussetzungen und Einstellungen der jeweiligen Lehrkräfte zur Unterrichtsplanung. Der persönliche Anspruch an die eigene Planung zeigte sich hierbei als ausschlaggebender Faktor in Bezug auf die Dauer der Vorbereitung. Wer eine exakte Vorarbeit als wichtigen Faktor für den Unterrichtserfolg wertet und einen solchen erzielen möchte, plant sehr genau und widmet dieser Planung viel Zeit. Auch eine subjektive Vorliebe für ein Fach oder Thema können die Vorbereitung offenbar intensivieren. Wer dem Planen allerdings bewusst wenig Zeit im Alltag einräumt bzw. andere Schwerpunkte legt, plant ebenso knapp wie jemand, der sich von seinem Beruf als Lehrkraft grundsätzlich überlastet fühlt.[477]

In den Studien zeigte sich immer wieder, dass Lehrkräfte unzufrieden darüber waren, für ihre Vorbereitung zu wenig Zeit aufzuwenden. Besonders ein vielfach beklagter Verwaltungsaufwand wurde als Grund dafür gesehen, dass letztlich zu wenig Zeit für die Vorbereitung bleibe. Tebrügge stellt dar, dass sich

471 Siehe Oehlschläger: Zur Praxisrelevanz, 1978, S. 353.
472 Siehe Wengert: Untersuchungen, 1989, S. 411.
473 Siehe Hübner/Werle: Arbeitszeit, 1997, S. 216.
474 Siehe Haas: Unterrichtsplanung, 1998, S. 26.
475 Siehe Tebrügge: Unterrichtsplanung, 2001, S. 193.
476 Seifried: Unterrichtsplanung, 2009, S. 194 zitiert eine Studie Josefs Sageders aus dem Jahr 1993, derzufolge Frauen in der Planung länger brauchen.
477 Siehe Tebrügge: Unterrichtsplanung, 2001, S. 192f.; Haas: Unterrichtsplanung, 1998, S. 26.

die Vorbereitung bei den von ihr untersuchten Lehrkräften bei knapper Zeit vor allem auf inhaltliche Aspekte reduzierte.[478]

Ein Unterschied in der Dauer ergab sich in der Untersuchung Seifrieds beim Vergleich der Vorbereitung fragend-entwickelnder und handlungsorientierter Unterrichtsstunden, wobei die Vorbereitung für letztere im Durchschnitt beinahe doppelt so lang war.[479] Hier liegt möglicherweise die Erklärung dafür, dass die gemessene Dauer in neueren Untersuchungen grundsätzlich sehr viel länger ist als in älteren Studien. In der einzigen Messung für den Geschichtsunterricht ermittelten Hodel/Waldis als durchschnittliche Planungszeit 84 Minuten für eine Einzelstunde.[480] Es ist davon auszugehen, dass unser gegenwärtiges Verständnis von gutem Unterricht häufiger zur Planung von handlungsorientierten, aufwändigen Unterrichtsarrangements führt, die eine umfangreichere Vorbereitung erfordern, als dies früher der Fall gewesen ist.

Ebenso wie die Zeitpunkte der Unterrichtsplanung waren auch die Orte der Planung in den Studien vielfältig und stets von der persönlichen Situation und dem Charakter der jeweiligen Lehrkraft abhängig. Viele planten entweder gleich nach ihrem Unterricht in der Schule oder erst sehr viel später am Abend zuhause. Meist geschah die Arbeit am Schreibtisch. Die Mehrzahl der von Tebrügge befragten Lehrkräfte berichtete, dass sie die Planung »immer im Hinterkopf« hatte.[481]

*Berufserfahrung*

Die Ergebnisse der empirischen Studien lassen keine generellen Aussagen über eine Entwicklung im Planungshandeln von Lehrkräften in Bezug auf ihre Berufserfahrung zu. Immer wieder wird konstatiert, dass die interindividuellen Unterschiede größer seien als jene, die auf unterschiedliche Grade der Praxiserfahrung zurückzuführen seien.[482] Dies steht in deutlichem Gegensatz zu den Annahmen der theoretischen Literatur, die Unterschiede zwischen Berufsanfängern bzw. -anfängerinnen und berufserfahrenen Lehrkräften in Hinblick auf Effizienz und Belastung als gegeben voraussetzen. Die Vorteile der Berufserfahrenen werden überwiegend darin gesehen, dass sie auf bereits vorhandene Materialien zurückgreifen können.[483]

478 Vgl. Tebrügge: Unterrichtsplanung, 2001, S. 189–191, 199.

479 Siehe Seifried: Unterricht, 2009, S. 257.

480 Es handelte sich um eine Sek I-Stunde. Die Daten wurden über Selbsteinschätzungen erhoben, vgl. Hodel/Waldis: Sichtstrukturen, 2007, S. 98.

481 Tebrügge: Unterrichtsplanung, 2001, S. 110, 194. Für eine Zusammenfassung der älteren Studien siehe ebda., S. 65–67.

482 Siehe John: Lesson planning, 2006, S. 489f.; Seel: Unterrichtsplanung, 1996, S. 14f.

483 Plakativ bei Becker: Planung, 1994, S. 200: »Wenn ein Geschichtslehrer zum fünften Mal [...] den Lerninhalt [...] ›Machtergreifung durch die Nationalsozialisten‹ vermittelt, wird er sich kaum noch vorbereiten, es sei denn, es tauchen echte Hitler-Tagebücher auf.«

Tatsächlich sind Differenzen im Planungshandeln von Novizen und Novizinnen auf der einen und Experten und Expertinnen auf der anderen Seite vereinzelt durchaus festgestellt worden. Studien zeigten, dass erfahrene Lehrkräfte langfristiger planten als Berufsanfänger und -anfängerinnen.[484] Tebrügge kam in ihrer Untersuchung darüber hinaus zu dem Schluss, dass Lehrkräfte mit steigender Berufserfahrung weniger Zeit für die Planung benötigen. Gründe hierfür sieht sie in Routinen im Planungshandeln, hilfreichen wachsenden Kenntnissen in Bezug auf den Sachgegenstand, aber auch entsprechend den Annahmen der Didaktik in bereits vorhandenem Unterrichtsmaterial, das eine langwierige Suche überflüssig mache und zu Zeitersparnissen führe. Die Planung sei bei den von ihr untersuchten Lehrkräften aus diesen Gründen aber nicht etwa unnötig geworden.[485]

Grundsätzlich ist im Sinne der Entwicklung von Expertise anzunehmen, dass das Wissen von Lehrkräften mit steigender Berufserfahrung umfangreicher wird und die Lehrpersonen über dieses Wissen zunehmend differenzierter und variabler verfügen. Gleichzeitig kann aber nicht davon ausgegangen werden, dass ein berufserfahrener Lehrer automatisch auch ein ›guter Lehrer‹ ist, wenngleich Konsens darüber besteht, dass eine Expertenlehrkraft über eine langjährige Berufserfahrung verfügen muss.[486] Die empirischen Ergebnisse zum unterschiedlichen Planungshandeln von Novizen und Novizinnen auf der einen und Experten und Expertinnen im Sinne von ›guten Lehrkräften‹ auf der anderen Seite werden im folgenden Kapitel (Abschnitt III.1.) dargestellt.

Die Erfahrung von Lehrkräften wird oft damit beschrieben, dass diese sich verschiedener ›Routinen‹ bei der Unterrichtsplanung bedienen.[487] Routinen sind nach Bromme Handlungen, die »durch häufige Wiederholung entstanden sind, […] eine relativ hohe Geschwindigkeit des Vollzugs haben [und] wenig Steuerungsprozeduren« erfordern.[488] Die Entlastungsfunktion solcher Routinen liegt auf der Hand. Routiniertes Lehrerhandeln wird in der Literatur aber auch vielfach als Gefahr für die Unterrichtsqualität gesehen, da es zu erstarrten Verhaltensmustern führe, die nicht unbedingt qualitativ ›gut‹ sein müssen. Grundsätzlich wird für eine Reflexion und ein Bewusstmachen dieser Prozesse plädiert.[489]

484 Vgl. Seel: Unterrichtsplanung, 1996, S. 5.

485 Vgl. z.B. Tebrügge: Unterrichtsplanung, 2001, S. 192. Einen bloß geringen Unterschied zwischen Novizen und Expertinnen findet Seifried: Unterricht, 2009, S. 258.

486 Vgl. Anselm: Kompetenzentwicklung, 2011, S. 83; Krauss: Das Experten-Paradigma, 2011, S. 180, 184; Berliner: Teacher Expertise, 1994, S. 6023.

487 Siehe Seifried: Unterrichtsplanung, 2009, S. 194; Tebrügge: Unterrichtsplanung, 2001, S. 219; Seel: Unterrichtsplanung, 1996, S. 5f.

488 Bromme: Was sind Routinen, 1985, S. 184.

489 Vgl. Jank/Meyer: Didaktische Modelle, 2010, S. 97; Seifried: Unterricht, 2009, S. 135; Witzenbacher: Praxis, 1994, S. 181.

Bromme u.a. nehmen als gesetzt, dass Lehrkräfte mit ihren Lerngruppen »eingeübte Handlungsmuster« entwickeln, die sowohl Lehrkraft als auch Schüler und Schülerinnen im täglichen Unterricht entlasten.[490] Seel zufolge bedeutet dies aber nicht, dass erfahrene Lehrkräfte weniger bewusst planen. Sie seien im Gegenteil eher dazu in der Lage, eigene implizite Theorien zu verbalisieren und somit auch zu reflektieren.[491] Auch Tebrügge fand in ihren Untersuchungen die hohe Bedeutung von Routinen im Planungsprozess. Viele Äußerungen der Lehrkräfte im Lauten Denken konnten ihr zufolge als Verdichtungen (im Sinne Brommes) gedeutet werden. Besonders das Mitbedenken der Lerngruppe schien ihren Beobachtungen zufolge quasi automatisch abzulaufen.[492]

## II.4. Zusammenfassung und Konsequenzen für die vorliegende Studie

Die Geschichtsdidaktik bietet der Lehrkraft eine Reihe von Vorschlägen, die ihr zur Orientierung bei der Unterrichtsplanung dienen können. Sie betreffen die Bereiche der Themen- und Zielformulierung sowie die Wahl der Methoden, die Beachtung der Lerngruppe, den Umgang mit der Flexibilität, die Nutzung geeigneter Hilfsmittel und die Wahrnehmung der eigenen Lehrerrolle. Diese Vorschläge sind allerdings wenig konkret, und ein umfassender, normativer Konsens hinsichtlich der Elemente oder Vorgehensweisen existiert bis heute nicht. Aus den Publikationen ergibt sich vielmehr der Anspruch an die planende Lehrkraft, möglichst selbstständig vorzugehen. Fertigkeiten, die für eine solche Selbständigkeit nötig wären, werden aber nur am Rande formuliert: So müsse die Lehrkraft über ein hohes Fachwissen verfügen und gleichzeitig über die neuesten fachwissenschaftlichen Entwicklungen informiert sein. Beides helfe ihr, sich von Schulbuch und Rahmenrichtlinien unabhängig zu machen, wozu zu raten sei.

Eine Distanz zur Arbeit mit dem Schulbuch ist den normativen Publikationen deutlich häufiger zu entnehmen als etwa Forderungen nach verbesserten Hilfsangeboten. Womöglich ist es dieser bewussten Abgrenzung von konkreten Vorgaben geschuldet, dass auch für die methodischen Entscheidungen kaum klare, domänenspezifische Vorschläge im Sinne von Planungshilfen vorliegen.

490 Vgl. Bromme u.a.: Lehrende, 2006, S. 320f.

491 Vgl. Seel: Unterrichtsplanung, 1996, S. 5. Auch Kiper: Unterrichtsplanung, 2011, S. 132 und Bromme: Was sind Routinen, 1985, S. 185f. betonen die »Bewusstheit« der Routinebildung in Bezug auf die Unterrichtsplanung.

492 Siehe Tebrügge: Unterrichtsplanung, 2001, S. 213. Zur Bedeutung solcher Verdichtungen im Zusammenhang mit Expertenwissen siehe Kapitel III.

Die Lehrperson wird auch hier hauptsächlich als Fachkraft angesprochen, die die Schwächen der Medien auszugleichen im Stande sein muss. Trotz diesem deutlichen Bekenntnis zu einem selbstbestimmten Unterrichtsplanen lässt sich aus den normativen Publikationen aber kein Appell bezüglich einer flexiblen Vorbereitung ableiten. Ebenso wie in Bezug auf die übrigen Planungselemente sind die Vorschläge hier unübersichtlich und uneindeutig.

Allen Publikationen liegt die Forderung an die Lehrkraft zugrunde, das historische Denken der Schüler und Schülerinnen zu trainieren, ohne dass aber auch hierfür klare Anhaltspunkte gegeben würden. So ist Literatur zu historischen Bewusstseinsstufen von Heranwachsenden zwar vorhanden, konkrete Hinweise zur Diagnose oder Differenzierung fehlen jedoch ebenso wie Hinweise auf schulformspezifische Herausforderungen.

Die Zusammenschau der Normen zeigt, dass es an einem verbindlichen, theoretisch fundierten und praktisch anwendbaren geschichtsdidaktischen Planungsmodell und einer adressatendifferenzierten Aufschlüsselung von Planungsvorschlägen für Lehrkräfte in verschiedenen Schulformen und mit unterschiedlicher Berufserfahrung fehlt. Besonders der Bereich der Kompetenzorientierung ist hier nur defizitär bearbeitet worden. Empirisch ließ sich entsprechend feststellen, dass untersuchte Lehrkräfte bei der Planung nicht bewusst klassischen Modellen folgten, dass sich aber durchaus Elemente der normativen didaktischen Vorschläge in ihren Planungen finden ließen. Bei aller Vagheit der Forderungen weisen die empirischen Ergebnisse dennoch grundsätzlich auf eine Diskrepanz zwischen den Ansprüchen der Allgemein- und Fachdidaktik und der Durchführung von Unterrichtsplanung im Berufsalltag hin. Die vielfältigen Resultate aus der Empirie ergeben aber diesbezüglich kein eindeutiges Bild, und es lässt sich feststellen, dass über die tatsächliche alltägliche Vorbereitung von Geschichtsunterricht wenig Klarheit herrscht.

Für die vorliegende Untersuchung ergibt sich daher die folgende Leitfrage: *Wie sehen die Planungen von Geschichtslehrkräften konkret aus?*

Hierbei wird von Interesse sein, inwiefern sich die so vielfältigen normativen Vorschläge in den Planungen der einzelnen Probanden und Probandinnen wiederfinden lassen. Weisen die Vorbereitungen womöglich auf einen Konsens hin, der für die Planungspraxis – anders als in der Theorie – beschreibbar ist?

Unterrichtsplanung erweist sich angesichts der referierten empirischen Befunde als klar domänenspezifisch. Sie hat eine äußere Seite, die von den emotionalen, kognitiven und mentalen Voraussetzungen der Lehrperson, staatlichen und innerschulischen Vorgaben und nicht zuletzt den Schüler und Schülerinnen als ihren Adressaten geprägt ist. Sie hat zudem eine innere Seite, die offenbar deutlich vom Charakter des jeweiligen Schulfachs bestimmt ist. Während entscheidende Elemente der Planung für eine Reihe von Fächern entdeckt werden konnten, steht ein solcher Fund für das Fach Geschichte noch aus. Gibt es ein derartiges zentrales Element bei der Planung von Geschichtsunterricht, bei dessen Vorbereitung unterschiedliche Entscheidungen der Lehrkraft komprimiert zusammenfließen?

Unterrichtsplanung erweist sich angesichts der empirischen Ergebnisse darüber hinaus als erfahrungsspezifisch. Offenbar bilden sich in der berufsbiografischen Entwicklung von Lehrkräften Routinen und Fertigkeiten aus, die das Unterrichtsplanen womöglich erleichtern, in jedem Fall aber verkürzen.

Unterrichtsplanung erweist sich schließlich als schulformspezifisch. Die unterschiedlichen Adressaten der unterschiedlichen Schulformen scheinen eine Wirkung auf das Planungsverhalten der Lehrkräfte zu haben, die sowohl deren Selbstwahrnehmung als auch die Wahrnehmung der Schüler und Schülerinnen sowie die Zusammenarbeit mit Kollegen und Kolleginnen betrifft.

Als weitere Leitfrage der vorliegenden Untersuchung ergibt sich somit:

*Welche äußeren und inneren Bedingungen beeinflussen die Unterrichtsplanung von Geschichtslehrkräften?*

Hierbei werden sowohl die Einflüsse der Schulformen als auch der Berufserfahrung und schließlich des Fachs selbst zu untersuchen sein.

# III. Lehrerforschung – der Forschungsstand

Wer das Planungshandeln von Lehrkräften untersuchen möchte, muss die Frage klären, welchen Stellenwert das Unterrichtsplanen in der Diskussion um Lehrerkompetenzen einnimmt, die die deutsche Bildungslandschaft seit PISA umtreibt. Spiegelt es sich als Tätigkeit in diesen geforderten Kompetenzen wider? In welcher Form ist es in Anforderungsprofilen an Lehrkräfte konzeptionalisiert worden? Hierfür ist eingangs ein Blick auf die Traditionen der Lehrerforschung nötig: Wie sind Fähigkeiten und Fertigkeiten von Lehrkräften bis heute untersucht und verstanden worden? Welche konzeptionellen Grundlagen sind für die Untersuchung des Planungshandelns von Lehrkräften grundlegend?

Die Traditionen der Lehrerforschung lassen sich nach Bromme und Helmke idealtypisch als eine Aufeinanderfolge von drei Paradigmen beschreiben: Dem Persönlichkeitsparadigma folgte das Prozess-Produkt-Paradigma. Heute dominiert das Expertenparadigma die Forschung zu erfolgreichem Lehrerhandeln.[493]

Den Beginn der empirischen Lehrerforschung kennzeichnete die Überzeugung, dass sich für den Beruf günstige Charaktereigenschaften einer Lehrkraft im Sinne einer günstigen Persönlichkeit würden nachweisen lassen. So suchte man schon seit den 1950er Jahren nach generellen, positiven Charaktermerkmalen eines guten Lehrers. Diese frühen Arbeiten sind für ihre methodischen Schwächen kritisiert worden. Ihre Ergebnisse sind widersprüchlich. Das Persönlichkeitsparadigma galt innerhalb der Wissenschaft bald grundsätzlich als überholt.[494] Dennoch beweisen jüngere Studien mit praktizierenden Lehrkräften, dass der Glaube an die Lehrerpersönlichkeit als entscheidendes Einflussmerkmal auf die Qualität von Unterricht nach wie vor vorherrschend ist. Hierbei betonen befragte Lehrkräfte überwiegend, dass es sich um Eigenschaften han-

493 Vgl. Helmke: Unterrichtsqualität, 2013, S. 46 f.; Bromme u. a.: Lehrende, 2006, S. 299–307.

494 Siehe Mayr: Der Persönlichkeitsansatz, 2011, S. 125; Schulte: Selbstwirksamkeitserwartungen, 2008, S. 19.

dele, die nicht erlernbar seien.[495] Auch in neueren didaktischen Publikationen wird der Begriff der ›Lehrerpersönlichkeit‹ durchaus gebraucht. Er bezieht sich hier heute aber weniger auf nicht-erlernbare Komponenten als im Gegenteil auf solche Eigenschaften, die sich eine Lehrkraft aneignen kann. Daneben wird aber auch wiederholt darauf hingewiesen, dass es stabile, nicht-erlernbare Charaktereigenschaften gebe, die eine positive berufsbiografische Entwicklung begünstigen bzw. verhindern können. Inwiefern auch diese Eigenschaften durch Lernen bzw. Training verändert werden können, ist umstritten.[496]

Anders als die Persönlichkeitsforschung fokussierten Arbeiten, die sich am Prozess-Produkt-Paradigma orientierten, ausschließlich das konkrete Verhalten der Lehrkräfte im Unterricht. Hier wurden einzelne Verhaltensweisen und ihre Wirkung auf exakt beschriebene Indikatoren des Schülerverhaltens systematisch untersucht, um letztlich optimales und effektives Lehrerverhalten zu identifizieren. Stefan Krauss zufolge konnten im Rahmen diesbezüglicher Forschungsunternehmungen einige Aspekte erfolgreichen Unterrichtshandelns identifiziert werden. Die Ergebnisse gehörten allerdings überwiegend in den pädagogischen Bereich und waren demzufolge fachunspezifisch.[497] Grundsätzlich zeigte sich, dass sich viele Resultate widersprachen: Es ergab sich kein klares Bild erfolgreichen Lehrens. Bromme resümiert, die Prozess-Produkt-Forschung habe schlicht zur Benennung einer Vielzahl von für eine Lehrkraft nötigen Teilfertigkeiten geführt, »von denen man gar nicht erwartete, dass sie alle in einer Person realisiert sein konnten«[498].

Mit der Orientierung am Expertenparadigma haben jüngere Untersuchungen zu einer Berücksichtigung der Lehrpersonen als kompetenter Fachleute für das Unterrichten zurückgefunden. Anders als im Rahmen des Persönlichkeitsparadigmas zielt die Expertenforschung allerdings nicht auf die Identifikation stabiler Charaktereigenschaften. Auch geht es anders als im Prozess-Produkt-Paradigma nicht um die Erforschung separierter Teilhandlungen. Die Expertenforschung intendiert vielmehr die Beschreibung umfassender Lehrerkompetenzen und des professionellen Wissens, das die Lehrkräfte für eine erfolgreiche Berufsausübung benötigen. Hiermit wird dem Umstand Rechnung getragen, dass Lehrkräfte in ihrem beruflichen Handeln komplexe Aktionen vollziehen müssen, die meist weit über das Geschehen in einer einzelnen Unterrichtsstunde hinausreichen und sich auf verschiedenen Ebenen äußern

495 Vgl. Herzog/Makarova: Anforderungen, 2011, S. 65; Mayr: Der Persönlichkeitsansatz, 2011, S. 125; Bromme/Haag: Forschung, 2004, S. 777.

496 Vgl. Helmke: Unterrichtsqualität, 2013, S. 103; Czerwenka/Nölle: Forschung, 2011, S. 367f.; Hascher: Forschung, 2011, S. 418; Blömeke: Lehrerausbildung, 2009, S. 7; Rothland: Lehrerberuf, 2009, S. 497.

497 Vgl. Krauss: Das Experten-Paradigma, 2011, S. 171.

498 Siehe Bromme: Kompetenzen, 1997, S. 186.

können.[499] Expertenforschung wird hierbei nicht nur genutzt, um Lehrerkompetenzen und Lehrerwissen zu identifizieren und zu beschreiben, sondern auch, um hieraus Normen für das Handeln von Lehrkräften sowie für ihre Ausbildung abzuleiten.[500]

## III.1. Expertenforschung

Die lehrkraftbezogene Expertenforschung geht programmatisch und methodisch zurück auf die kognitionspsychologische Expertenforschung, die sich schon in den 1960er Jahren der Frage widmete, inwiefern sich Erfahrung und Routine für die Bewältigung komplexer Aufgaben als nützlich erweisen.[501] Die Kognitionspsychologen konzentrierten sich in ihren Untersuchungen auf gut definierte Domänen, besonders das Schachspiel, in denen Probleme und Lösungswege klar beschreibbar waren. Damit konnte das hierzu nötige Wissen recht einfach operationalisiert und gemessen werden. Ein Experte bzw. eine Expertin war in diesen Forschungen derjenige bzw. diejenige, der bzw. die in diesem Zusammenhang Höchstleistungen erzielte. In schlecht definierten Domänen wie dem Schulunterricht besteht das Aufgabenprofil hingegen aus vielen komplexen Problemen, für die es selten klare Lösungen oder klar messbare Lösungswege gibt. Hier ist ein Experte bzw. eine Expertin, wer diese Aufgaben erfolgreich bewältigt.[502] Die ersten empirischen Untersuchungen zeigten, dass sich die Expertise erfahrener Schachspieler darin äußerte, dass sie aufgrund ihrer langjährigen Spielerfahrung komplexe Figurenkonstellationen besonders effektiv abspeicherten und somit künftige Spielsituationen problemlos und schnell antizipieren konnten. David C. Berliner u.a. konnten nachweisen, dass Lehrerexperten und -expertinnen ähnlichen Denkmustern folgen: Auch sie speichern Unterrichtssituationen ganzheitlich und gut strukturiert ab und erwerben mit steigender Berufserfahrung ein breites prozedurales Wissen, das

---

499 Vgl. Krauss: Das Experten-Paradigma, 2011, S. 172; Haag/Lohrmann: Lehrerhandeln, 2009, S. 621. Zur Kritik der Expertenmetapher siehe Bromme: Lehrerexpertise, 2008, S. 159. Die Expertenforschung blüht besonders seit den 1980er Jahren. Ein Überblick über die entscheidenden Studien der 1980er und 1990er Jahre findet sich ebda., S. 160–162.

500 Sogenannte Best-Practice-Studien, z.B. schon Koeller/Thompson: Another Look, 1980 sowie Moser/Tresch: Best Practice, 2003.

501 Vgl. Tillmann: Konzepte, 2011, S. 232f.

502 Für einen Überblick siehe z.B. Bromme/Rambow: Experten-Laien-Kommunikation, 2001. Krauss: Das Experten-Paradigma, 2011, S. 173 weist daraufhin, dass die Übertragung »begriffliche[r] und praktische[r] Probleme« aus der Kognitionspsychologie in die allgemeine Expertiseforschung mitunter durchaus problematisch sei.

ihnen ermöglicht, während der Unterrichtsdurchführung ad hoc Konzepte zur Problemlösung abzurufen und umzusetzen.[503]

Die Expertenforschung beruht auf der Überzeugung, dass das für die erfolgreiche Berufsausübung nötige Wissen, das Expertenwissen also, eine Mischung aus deklarativem und prozeduralen Wissen darstellt und als ›praktisches Wissen‹ konzeptionalisiert werden kann.[504] Die Unterscheidung von deklarativem und prozeduralen Wissen soll hierbei eine vermeintliche Dualität von Wissen und Können aufheben, indem sie eher theoretisches Wissen abgrenzt von Wissen, das dazu verhilft, Handlungen zielgerichtet und effektiv auszuführen.[505] Dieses prozedurale Wissen gilt als zu großen Teilen implizit bzw. von Routinen gesteuert. Es muss aber durch die Lehrkräfte erklärbar sein, um nicht bloß anekdotisches Wissen zu darzustellen.[506]

Die empirischen Studien belegen, dass Experten und Expertinnen sich von Novizen und Novizinnen nicht nur in Hinblick auf die Quantität ihres Wissens unterscheiden, sondern vor allem in Hinblick auf dessen Qualität: Expertenwissen ist besser strukturiert und vernetzt als das Wissen von Novizen und Novizinnen.[507] Ihr Wissen hilft den Experten und Expertinnen im Sinne einer filternden oder kategorialen Wahrnehmung, Eindrücke in komplexen Situationen besser und schneller problemangemessen zu reduzieren.[508] So zeigte sich, dass Expertenlehrkräfte auch Unterrichtsverläufe fremder Lehrkräfte besser vorhersagen und erklären konnten, als dies Novizen und Novizinnen gelang. Die Experten und Expertinnen konzentrierten sich in der Beobachtung besonders auf jene Unterrichtssituationen oder -elemente, die für den Lehr-Lern-Prozess entscheidend waren, während Novizen und Novizinnen eher Details beschrieben und schlechter zwischen Wichtigem und Unwichtigem unterscheiden

503 Siehe Berliner: The nature, 1992.

504 Vgl. Baumert/Kunter: Das Kompetenzmodell, 2011, S. 35; Messner/Buff: Lehrerwissen, 2007, S. 147; Gruber: Kompetenzen, 2004, S. 25. Auch ›Praxiswissen‹, ›Berufwissen‹ oder ›Professionswissen‹, ›Lehrerwissen‹, ›Handlungswissen‹ sowie ›Teacher knowledge‹ mit jeweils leicht abweichenden Bedeutungen, vgl. z. B. Jank/Meyer: Didaktische Modelle, 2010, S. 147f. Zum Problem der Mehrdeutigkeit und undifferenzierten Verwendung des Expertisebegriffs siehe z. B. Seidenfuß: Was denken erfolgreiche Geschichtslehrer, 2002, S. 68.

505 Siehe Kunter: Theorie, 2011, S. 108. Zum Zusammenhang zwischen explizitem Wissen und Können siehe Neuweg: Das Wissen, 2011, S. 452f., 466–468; Sembill: Zeitver(sch)wendung, 2008, S. 37.

506 Vgl. Sandkühler: Vom Master, 2013, S. 168; Baumert/Kunter: Das Kompetenzmodell, 2011, S. 35. Zu den Schwierigkeiten bezüglich der Verbalisierbarkeit von implizitem Wissen vgl. z. B. Gruber: Kompetenzen, 2004, S. 25; Bromme: Der Lehrer, 1992, S. 101.

507 Vgl. z. B. Anselm: Kompetenzentwicklung, 2011, S. 68; Krauss: Das Experten-Paradigma, 2011, S. 178f.; Baer u. a.: Auf dem Weg, 2009, S. 124; Blömeke/Kaiser/Lehmann: Professionelle Kompetenz, 2008, S. 136.

508 Vgl. z. B. Seel: Angehende Lehrer/innen, 2011, S. 37; Baer u. a.: Auf dem Weg, 2009, S. 124; Bromme: Kompetenzen, 1997, S. 199f.

konnten.[509] Diese Fähigkeit der Experten und Expertinnen, situationsangemessen und schnell Muster zu erkennen, entlastet ihr Arbeitsgedächtnis und macht so den ›Kopf frei‹, sich im Unterrichtsgeschehen auf andere, unerwartete Vorkommnisse zu konzentrieren. Die hilfreichen Denkhandlungen laufen hierbei bei steigender Expertise offenbar zunehmend routiniert und automatisiert ab.[510] Berliner hält fest, dass die von ihm untersuchten Experten und Expertinnen schneller aus den beobachteten Situationen Schlüsse zogen und Strukturen erkannten.[511] Michelene Chi u. a. zufolge schienen die Experten und Expertinnen die beobachteten Probleme »on a deeper level« zu verstehen als Novizen und Novizinnen.[512]

Wissen von Experten und Expertinnen ist empirischen Untersuchungen zufolge weniger abstrakt als das Wissen von Novizen und Novizinnen, weil es fallbezogen, bei Lehrkräften häufig in Form typischer Unterrichtssituationen, abgespeichert ist und sich somit kontextbezogen entwickelt.[513] Diese kategorialen Wissenseinheiten werden in der Literatur mit so unterschiedlichen Begriffen wie ›chunks‹, ›Skripts‹ oder ›Schemata‹ bezeichnet.[514] Hierbei ist man sich heute grundsätzlich einig, dass Expertenwissen bereichsspezifisches Wissen ist.[515]

In den empirischen Studien zeigte sich, dass Experten und Expertinnen Problemlöseprozesse nicht unbedingt schneller begannen als Novizen und Novizinnen. Sie riefen im Gegenteil häufig ein umfangreicheres Set an Informationen ab und ließen sich bewusst Zeit, die Problemstellung zu verstehen, bevor sie effizient an die Problemlösung gingen.[516] Während des Problemlöseprozesses nutzten sie häufiger sogenannte Metakomponenten zur Planung und Überprüfung ihres Vorgehens, wie beispielsweise Monitoring oder Evaluie-

509 Vgl. Seidel u. a.: Observer, 2010, S. 297f.; Haag/Lohrmann: Lehrerhandeln, 2009, S. 622.

510 Siehe Baumert/Kunter: Das Kompetenzmodell, 2011, S. 34; Berliner: Learning, 2001, S. 472; Ders.: Teacher Expertise, 1994, S. 6023f.

511 Siehe Berliner: Der Experte, 1987, S. 295f.

512 Vgl. Chi/Glaser/M. Farr: The Nature, 1988, zitiert nach Berliner: Teacher Expertise, 1994, S. 6024f.

513 Siehe z. B. Baumert u. a.: Professionelle Kompetenz, 2011, S. 15.

514 Für den Begriff ›chunks‹ oder ›Verdichtung‹ vgl. Seidenfuß: Was denken erfolgreiche Geschichtslehrer, 2002, S. 68f. Für den Begriff ›Skript‹ siehe bspw. Bromme: Lehrerexpertise, 2008, S. 163. Für den Begriff ›Schema‹ vgl. Seidenfuß: Ein Anwendungsfeld, 2003, S. 251, 257, der ein anschauliches Beispiel der Schemabildung hinsichtlich des Planungsprozesses liefert.

515 Vgl. z. B. Krauss: Das Experten-Paradigma, 2011, S. 172f.; Haag/Lohrmann: Lehrerhandeln, 2009, S. 623. Weitere Ergebnisse in Hinblick auf das überlegene Können von Experten und Expertinnen betreffen besonders die Klassenführung, vgl. Helmke: Unterrichtsqualität, 2013, S. 177, sind aber für die vorliegende Studie nicht relevant.

516 Siehe Berliner: Learning, 2001, S. 472.

rungen, als Novizen und Novizinnen dies taten.[517] Die Experten und Expertinnen verfolgten in ihrem Vorgehen klare Ziele, blieben in der Zielverfolgung aber flexibel.[518]

Sehr selten wird auch eine spezielle Expertise von Lehrkräften in Bezug auf die Unterrichtsplanung erwähnt. So postuliert Frank Lipowsky, erfolgreiche Lehrkräfte verfügten über ein »ausgeprägtes, meist implizites Planungswissen«, das ihnen zu einer großen Flexibilität in der Vorbereitung verhelfe.[519] Expertenlehrkräfte berücksichtigten hierbei in empirischen Untersuchungen ihre jeweilige Lerngruppe und die räumlichen Gegebenheiten bei der Unterrichtsvorbereitung in besonderer Weise und wiesen gute Kenntnisse darüber auf, wie Schüler und Schülerinnen denken.[520] Grundsätzlich wird davon ausgegangen, dass Experten und Expertinnen »eher ganzheitlich« an die Planungsaufgabe heran gehen und eine »innere Vorstellung« von der Stunde entwickeln.[521] Dagegen planen Novizen und Novizinnen eher parzelliert. Studien mit angehenden Lehrkräften zeigten, dass diese auch selbst ihre Planung als weniger ganzheitlich empfanden.[522] Hanna Kiper erklärt, dass die ganzheitliche Planung von Experten und Expertinnen von dem Umstand begünstigt werde, dass sie bei der jeweiligen Stundenplanung aus einem Vorrat an erfolgreichen Handlungsplänen schöpfen, aus dem sie lediglich auszuwählen haben.[523]

Da Expertenwissen domänenspezifisch ist, muss es auch domänenspezifisch untersucht werden. Die raren Ergebnisse aus der Geschichtsdidaktik entsprechen der insgesamt schmalen Forschung zu Geschichtslehrkräften.[524] So wissen wir bis heute nicht, ob es sich bei dem Geschichtslehrkraftexperten um einen ganz eigenen Typus in Abgrenzung zu Expertentypen anderer Schulfächer handelt.[525]

517 Vgl. Frey/Jung: Kompetenzmodelle, 2011, S. 546.

518 Vgl. Haag/Lohrmann: Lehrerhandeln, 2009, S. 622; Mischo: Schulische Einflussgrößen, 2009, S. 437; Berliner: Learning, 2001, S. 472. Für den Geschichtsunterricht siehe Seidenfuß: Ein Anwendungsfeld, 2003, S. 257.

519 Lipowsky: Was wissen wir, 2007, S. 30.

520 Vgl. Lipowsky: Was wissen wir, 2007, S. 29; Smith/Strahan: Toward, 2004, S. 366; Berliner: Teacher expertise, 1994, S. 6023 f.

521 Wiater: Didaktische Theoriemodelle, 2009, S. 683.

522 Vgl. Seel: Angehende Lehrer/innen, 2011, S. 37; John: Lesson planning, 2006, S. 489.

523 Siehe Kiper: Unterrichtsplanung, 2011, S. 139 f.

524 Vgl. Hasberg: Historiker, 2010, S. 160.

525 Siehe Demantowsky: Zur Sozialisation, 2013, S. 134.

## 1.1. Entwicklung von Expertise

Um die Entwicklung von Expertise zu beschreiben, liegen unterschiedliche Modelle vor. Eine richtungsweisende Konzeptionalisierung stammt von Frances Fuller und Oliver Brown, die von drei Stufen der Expertiseentwicklung bei Lehrkräften ausgehen: In der survival stage seien diese überwiegend mit persönlichen Schwierigkeiten der Berufsbewältigung befasst. In der mastery stage konzentrierten sie sich auf die didaktische und methodische Gestaltung des Unterrichts und eine möglichst große Kontrolle der Unterrichtssituation. Die routine stage schließlich beschreibt das Stadium, in dem die Lehrkräfte sich auf die einzelnen Schüler und Schülerinnen konzentrieren und ihren Unterricht adaptiv nach ihnen ausrichten.[526]

Auch Berliner beschreibt unter Rückgriff auf das breit rezipierte Entwicklungsmodell von Hubert und Stuart Dreyfus die Entwicklung zum Expertentum. Sein differenzierteres Modell sieht fünf Stufen vor:

1. Im novice level besitzen angehende Lehrkräfte vor allem theoretisches, kontextfreies Wissen und verhalten sich vergleichsweise unflexibel.
2. Im advanced beginner level beginnen sie, ein fallbezogenes Wissen aufzubauen, in das das theoretische Wissen integriert wird.
3. Im competent level setzen Lehrkräfte bewusst Entscheidungen um. Sie setzen Prioritäten, wählen klare Ziele und sind sensibel für die Rahmenbedingungen, besonders für die Lerngruppe. Allerdings sind die Lehrkräfte in ihren Handlungen noch wenig flexibel und effizient.
4. Im proficient level handeln Lehrkräfte intuitiv und routiniert, indem sie sich der oben beschriebenen elaborierten Wahrnehmungsmuster bedienen.
5. Im expert level zeigt sich die oben beschriebene ganzheitliche Sicht der Experten und Expertinnen auf das unterrichtliche Geschehen.[527]

Es ist anzunehmen, dass die Übergänge zwischen den unterschiedlichen Phasen fließend sind und der Entwicklungsprozess nicht unbedingt linear verläuft.[528] Dennoch herrscht in der Lehrerforschung Einigkeit darüber, dass Lehrkräfte sich nach dem Abschluss des Studiums nach wie vor in der Novizenphase befinden, also zu diesem Zeitpunkt kein Stadium der Expertise erreicht haben. Es wird davon ausgegangen, dass das berufsrelevante Handlungswissen haupt-

526 Vgl. Fuller/Brown: Becoming a teacher, 1975. Umfassend rezipiert und diskutiert z. B. bei Herzog: Berufseinstieg, 2011, S. 318f.; Hericks: Professionalisierung, 2006, S. 41f.; Bohnsack: Persönlichkeitsbildung, 2004, S. 157.

527 Vgl. Dreyfus/Dreyfus: Mind, 1986. Siehe Berliner: Teacher Expertise, 1994, S. 6021f.

528 So stellen Experten und Expertinnen bisweilen auch Novizenfragen, vgl. Haag/Lohrmann: Lehrerhandeln, 2009, S. 622.

sächlich in der Unterrichtspraxis erworben wird.[529] Sigrid Blömeke u. a. zeigten, dass während des Studiums ein gewisser Anstieg an professionellem Wissen bei Lehramtsstudierenden nachgewiesen werden konnte, dass dieses aber erst durch Handlungserfahrungen im Referendariat und im anschließenden Berufsleben ausgebildet wurde. Die Forschergruppe hält fest, dass der Weg zur Expertise situations- und personenspezifisch ausfalle. Durchschnittlich dauere er im Lehrerberuf aber zehn Jahre.[530]

## 1.2. Untersuchung von Expertise

Im Expertenansatz wird die Lehrperson als ›reflective practitioner‹ verstanden, der bzw. die verantwortlich und zielgerichtet handelt.[531] Dennoch muss davon ausgegangen werden, dass der Lehrkraft viele der ihr zur Verfügung stehenden Wissensbestände nicht bewusst sind. Bromme hat darauf hingewiesen, dass erfahrene Lehrkräfte häufig stark verdichtete Begrifflichkeiten nutzen, um komplexe Sachverhalte zu beschreiben. Er konnte empirisch zeigen, dass den erfahrenen Lehrkräften dabei die Komplexität ihres Wissens häufig nicht bewusst war.[532] Dieser Umstand muss in einer Untersuchung von Expertise berücksichtigt werden. Untersuchungsmethoden müssen Lehrpersonen selbst zu Wort kommen lassen, aber gleichzeitig möglichst nah an ihre Denkprozesse heranreichen und diese abbilden.

Das Experten-Novizen-Paradigma (ENP), auch ›kontrastiver Ansatz‹ genannt, gilt mittlerweile als konzeptionelle Grundlage zur Erforschung von Expertise und liegt auch der vorliegenden Arbeit zugrunde. Es folgt weniger der Untersuchung von Expertise im Sinne von Höchstleistungen, wie es für die kognitionspsychologischen Untersuchungen gängig war. Der Fokus liegt vielmehr auf dem Unterschied zwischen dem Wissen erfahrener Praktiker und Praktikerinnen (Experten und Expertinnen) im Vergleich mit dem von Neulingen im jeweiligen Anforderungsbereich (Novizen und Novizinnen).[533] Nach einer Ermittlung der Anforderungen werden beiden Probandengruppen für die

529 Vgl. Krauss: Das Experten-Paradigma, 2011, S. 182f.

530 Vgl. Blömeke u. a. Professionelle Kompetenz, 2008, S. 125, 136f. Siehe zum Thema genauer Abschnitt IV.2.

531 Vgl. z. B. Krauss: Das Experten-Paradigma, 2011, S. 172; Haag/Lohrmann: Lehrerhandeln, 2009, S. 620. Auch ›reflexive pracititioner‹, siehe Grossman/Hammerness/McDonald: Redefining teacher, 2009, S. 274.

532 Vgl. Bromme: Was sind Routinen, 1985, S. 187. Vgl. auch Borries: Alters- und Schulstufendifferenzierung, 2013, S. 130, demzufolge sie ihr Expertenwissen jedenfalls nur mit Mühe verbalisieren können.

533 Vgl. Haag/Lohrmann: Lehrerhandeln, 2009, S. 621; Bromme/Rambow: Experten-Laien-Kommunikation, 2001, S. 542.

Domäne repräsentative Aufgaben gestellt und die Unterschiede in ihrer Bearbeitung auf kognitiver und Verhaltensebene untersucht.[534] Mitunter wird zudem eine dritte Probandengruppe einbezogen, deren Teilnehmer und Teilnehmerinnen sich in einem Zwischenzustand auf dem Weg zum Experten bzw. zur Expertin befinden (sogenannte ›Intermediates‹).[535] Der kontrastive Ansatz eignet sich nicht nur, um Unterschiede im Wissen von Lehrkräften unterschiedlicher Erfahrungsstadien aufzuzeigen, sondern kann auch Hinweise auf die Entwicklungswege geben.[536]

Untersuchungen zu Lehrerexpertise sind bis heute vor allem in qualitativem Rahmen durchgeführt worden. Die Erfassung von Denkprozessen über sprachliche Äußerungen führt hierbei üblicherweise zu großen Datenvolumen, die eine Beschränkung auf einige wenige Probanden und Probandinnen erforderlich machen.[537] Aber auch die neueren, großen quantitativen Studien zu Lehrerkompetenzen sind als Teil der Untersuchung von Lehrerexpertise zu werten.[538]

Das ENP zielt nicht darauf ab, Experten und Expertinnen zu ermitteln, sondern soll dazu dienen, das Wissen von vorher benannten Experten und Expertinnen zu untersuchen. Allerdings kann bei Lehrkräften nicht etwa von einer hohen Anzahl an Berufsjahren auf eine hohe Expertise geschlossen werden (s. o.). Wie aber lassen sich Experten und Expertinnen ermitteln, wenn dies nicht anhand der Berufserfahrung möglich ist? Dabei kommt es auf die Definition von Expertise an, die sehr unterschiedlich ausfallen kann. Entscheidend für die vorliegende Untersuchung ist, dass ein Experte bzw. eine Expertin ein »technisches Prozess- und Deutungswissen« in seiner Domäne hat, das nicht jeder Person zugänglich ist und das ihn bzw. sie »in relevanter Weise [agieren lässt]«[539]. Berliner bestimmte die von ihm untersuchten Experten und Expertinnen, indem er von Schuldirektoren herausragende Lehrkräfte benennen und anschließend von drei Projektmitarbeitern im Unterricht beobachten und unabhängig voneinander als ›gut‹ beurteilen ließ. Die Nennung von guten Lehrkräften durch die Schulleitung oder Kollegen und Kolleginnen – mitunter auch durch Schüler und Schülerinnen – wurde in der Folge häufig als Kriterium für Experten und Expertinnen herangezogen. Diese Benennungen beruhen zum Teil

534 Vgl. Krauss: Das Experten-Paradigma, 2011, S. 177f. Die Leistungen der Novizen gelten dabei nicht grundsätzlich als qualitativ schlechter. Nichtsdestoweniger erlaubt der kontrastive Vergleich auch normative Aussagen in Hinblick auf einen Expertiserwerb, vgl. Anselm: Kompetenzentwicklung, 2011, S. 68f.; Gruber: Kompetenzen, 2004, S. 23.

535 Beispielsweise bei Bromme/Rambow: Experten-Laien-Kommunikation, 2001, S. 542.

536 Vgl. Seidenfuß: Was denken erfolgreiche Geschichtslehrer, 2002, S. 68.

537 Blömeke: Qualitativ, 2007, S. 21f. betont die Notwendigkeit solcher qualitativer Forschung zur Entwicklung von Kompetenzmodellen.

538 Hier besonders COACTIV und die TEDS-Studien. Sie werden unten genauer beschrieben.

539 Meuser/Nagel: Experteninterview, 2009, S. 37.

auf einem an Schülerleistungen gemessenen Lehrerfolg der Expertenlehrkräfte.[540] Häufiger beziehen sie sich auf ein bei diesen Lehrkräften beobachtetes überdurchschnittliches Engagement, das sich überwiegend im Besuch von Fortbildungen oder dem Streben nach höheren oder speziellen Funktionen im Kollegium äußert.[541] Vielfach fallen beide Umstände zusammen. Insgesamt ist die Definition einer Expertenlehrkraft im Sinne einer guten Lehrkraft aber schwierig und jeweils umstritten. Es besteht Konsens hinsichtlich der Tatsache, dass ein einziges Merkmal zur Identifizierung nicht hinreichend sein kann.[542] Hier ist nicht zuletzt der Umstand entscheidend, dass das Wirken und der Erfolg einer Lehrperson an gewisse Rahmenbedingungen wie die Lerngruppe, das Schulklima oder die jeweiligen bildungspolitischen Entwicklungen im Bundesland gebunden sind, die bei der Identifizierung kaum berücksichtigt werden können. Die Definition von Novizen und Novizinnen ist demgegenüber einfach: Hier werden grundsätzlich Referendare und Referendarinnen am Ende ihrer Ausbildung untersucht.[543]

## III.2. Professionelles Wissen

Die Expertenforschung untersucht nicht länger die Handlungen von Lehrkräften, sondern deren Denkprozesse und ihr Wissen. Wie aber lässt sich ein solches professionelles Wissen von Lehrkräften konzeptionalisieren?

Entscheidende Grundlage aller gegenwärtigen Strukturierungsbemühungen bieten die frühen Konzepte des Psychologen Lee Shulman (1987) und Brommes (1997). In der Folge Shulmans unterteilte Bromme das professionelle Wissen in die fünf Bereiche des fachlichen, fachspezifisch-pädagogischen, curricularen und pädagogischen Wissens sowie die sogenannte »Philosophie des Fachs«.[544] Das fachliche Wissen (FW) bezeichnet hierbei die Methoden und Inhalte des jeweiligen Schulfachs. Das fachspezifisch-pädagogische Wissen (FDW) beschreibt etwa jenes Wissen, das wir heute als fachdidaktisches Wissen be-

540 Vgl. Berliner: The nature, 1992. Vgl. Helmke: Unterrichtsqualität, 2012, S. 24; Krauss: Das Experten-Paradigma, 2011, S. 179–181; Bromme: Der Lehrer, 1992, S. 47. Zur Fragwürdigkeit der Schülerleistung als Hinweis auf gute Lehrkräfte vgl. Krauss, Das Experten-Paradigma, 2011, S. 180.

541 Vgl. ebda., S. 180; Haag/Lohrmann: Lehrerhandeln, 2009, S. 621; Seidel u.a.: Grundbedingungen, 2008, S. 201.

542 Vgl. z.B. Krauss: Das Experten-Paradigma, 2011, S. 181.

543 Vgl. z.B. Seidenfuß: Was denken erfolgreiche Geschichtslehrer, 2002, S. 67. Zur Identifikation von Probandengruppen generell siehe Bromme: Der Lehrer, 1992, S. 45–49.

544 Siehe Bromme: Kompetenzen, 1997, S. 196f.; Shulman: Knowledge, 1987, S. 8. Vgl. zur Rezeption Baumert/Kunter: Das Kompetenzmodell, 2011; Bremerich-Vos u.a.: Professionelles Wissen, 2011, S. 50; Frey/Jung: Kompetenzmodelle, 2011, S. 547.

zeichnen, also Kenntnisse über die Darstellung und Vermittlung des jeweiligen Unterrichtsinhalts. Das curriculare Wissen bezieht sich auf die vorgeschriebenen Inhalte im eigenen Fach und in den Parallelfächern und kann als Element des FDW im heutigen Sinne verstanden werden. Das pädagogische Wissen (PW) umfasst Wissen über Classroom Management und die Bedingungsfaktoren schulischen Lernens überhaupt. Die Philosophie des Schulfachs (in der vorliegenden Untersuchung: ›berufsbezogene Überzeugungen‹, BÜ) enthält grundsätzliche Überzeugungen über Ziele des Fachs und darüber, inwiefern dessen Inhalte auf die Schüler und Schülerinnen bezogen werden können. Sowohl Shulman als auch Bromme betonen hierbei naturgemäß die Domänenspezifik des professionellen Wissens.[545] Die unterschiedlichen Wissensbereiche können kognitiv unterschiedlich repräsentiert sein: als Regelwissen, Erfahrungswissen, fallbezogenes Wissen über typische Beispiele oder als strategisches Wissen (Handlungswissen). Besonders die Überzeugungen gelten als häufig wenig reflektiert und wenig bewusst.[546]

Auch die großen quantitativen internationalen Lehrervergleichsstudien beruhen konzeptionell auf der Dimensionierung des professionellen Wissens nach Shulman und Bromme. So ist in den TEDS-Studien, die die Mathematiklehrerbildung in unterschiedlichen Ländern untersuchten, das professionelle Wissen in die kognitiven Elemente (FW, PW, FDW) und die affektiv-motivationalen Komponenten (BÜ, Berufsmotive) unterteilt worden.[547] Auch die COACTIV-Studie zur Messung des professionellen Wissens von Mathematiklehrkräften folgte der Einteilung in die fünf Wissensbereiche. Gleichzeitig betont die Forschergruppe, dass neben den Bereichen des Professionswissens zum Erwerb von Handlungskompetenz im Lehrerberuf ebenso Werthaltungen, motivationale Orientierungen und selbstregulative Fähigkeiten gehören.[548] Erste geschichtsdidaktische Untersuchungen, die auf eben diesem Wissenskonzept beruhen, sind jüngst angekündigt worden.[549]

545 Vgl. Bromme/Haag: Forschung, 2004, S. 779. Bei Shulman: Knowledge, 1987, S. 8: »content knowledge, general pedagogical knowledge, curriculum knowledge, pedagogical content knowledge, knowledge of learners, knowledge of educational contexts and ends«.

546 Vgl. Reusser/Pauli/Elmer: Berufsbezogene Überzeugungen, 2011, S. 482; Messner/Buff: Lehrerwissen, 2007, S. 148.

547 Vgl. Blömeke: Forschung, 2011, S. 350f. Die TEDS-Untersuchungen starteten mit der MT21-Studie im Jahr 2002. Es folgte TEDS-M mit angehenden Mathematiklehrkräften der Grundschule und Sek I in allen drei Schulformen. Ab 2009 wurde TEDS-LT durchgeführt. Hier wurden auch die Fächer Deutsch und Englisch berücksichtigt, vgl. Blömeke: Teacher Education, 2011, S. 3f.

548 Zudem wurde das sogenannte Organisations-/Interaktions- und Beratungswissen berücksichtigt, vgl. Baumert/Kunter: Das Kompetenzmodell, 2011, S. 31–33, 40f., 46f.

549 Siehe bes. Kanert/Resch: Erfassung, 2014, S. 17f.; Waldis u. a.: »Der Unterricht«, 2014, S. 32–49.

## 2.1. Fachwissen

### 2.1.1. Bedeutung des Fachwissens in Allgemein- und Fachdidaktik

Die theoretische didaktische Literatur wertet ein solides Fachwissen einhellig als wichtige Voraussetzung für eine erfolgreiche Berufsausübung. Hierbei wird davon ausgegangen, dass dieses Fachwissen im Fachstudium, also der sogenannten ersten Phase der Lehrerbildung, erworben werde.[550] Auch die KMK (2008) formuliert die Anforderungen an die universitäre Ausbildung im Sinne eines »anschlussfähigen Fachwissens« als »solides und strukturiertes Fachwissen (Verfügungswissen) zu den grundlegenden Gebieten [der] Fächer« und als »Überblickswissen (Orientierungswissen) über den Zugang zu den aktuellen grundlegenden Fragestellungen [der] Fächer« sowie »Erkenntnis- und Arbeitsmethoden«.[551] Das Fachwissen ermögliche hierbei erst den Aufbau eines soliden fachdidaktischen Wissens: Eine fachlich gebildete Lehrkraft könne mit den Anforderungen der Lernenden bereits in der Vorbereitung flexibel umgehen.[552] Besonders in der Themenwahl sei ein gutes Fachwissen naturgemäß wichtig. Es helfe hier unter anderem, Inhalte sinnvoll zu elementarisieren bzw. zu reduzieren. Das Fachwissen stärke die Lehrkraft darüber hinaus in ihrem Selbstvertrauen im Umgang mit den Schülern und Schülerinnen.[553]

Auch von Seiten der Geschichtsdidaktik ist die Bedeutung des Fachwissens für die Lehrkraft hervorgehoben worden. Auch hier wird die Wichtigkeit eines fundierten Fachwissens für die Themenwahl betont. Ein umfangreiches Wissen ermögliche der Lehrkraft, mit den Inhalten flexibel und adaptiv umzugehen, also fachdidaktisch sinnvoll zu hantieren.[554] Bei der Themenwahl benötige die Lehrkraft zudem ein umfangreiches Wissen, um Fragen konstruieren zu können. Insgesamt sei ein breites Wissen für die didaktischen Analyse und beson-

550 Vgl. z. B. Reinhold: Fachdidaktische Ausbildung, 2004, S. 420.

551 Siehe KMK: Ländergemeinsame inhaltliche Anforderungen, 2008, S. 3. Die geschichtsdidaktische Aufschlüsselung steht hierbei völlig am Anfang. Siehe für einen Versuch z. B. Waldis u. a.: »Der Unterricht«, 2014, S. 34, die das FW in »geschichtsphilosophisches und geschichtstheoretisches Wissen«, »Wissen über das Schulcurriculum« und »geschichtskulturelles Wissen« unterteilen.

552 Vgl. Krauss u. a.: Konzeptualisierung, 2011, S. 137; Beck u. a.: Adaptive Lehrkompetenz, 2008, S. 42.

553 Vgl. Brunner u. a.: Zusammenhänge, 2006, S. 524; Frey: Die Kompetenzstrukturen, 2005, S. 77; Peterßen: Handbuch, 2000, S. 22.

554 Siehe Rohlfes: Geschichte, 2005, S. 253; Hesse: Auseinandersetzen, 1996, S. 7, 146. Eine mögliche Aufschlüsselung von fachwissenschaftlichen Kompetenzen findet sich bei Sauer: Kompetenzen, 2012, S. 333. Hier zählen sowohl Kenntnisse über »zentrale Fragestellungen und Erkenntnisweisen des Fachs« und »orientierende Kenntnisse zu historischen Epochen« als auch Wissen über zentrale Methoden zur Arbeit mit historischen Quellen dazu. Es handelt sich hierbei allerdings weniger um normative Vorschläge als um für die Forschung konstruierte Thesen.

ders die Elementarisierung notwendig.[555] Eine gute Geschichtslehrkraft müsse zudem einen eigenen Standpunkt haben, der auf inhaltlichen Grundlagen beruhe.[556] Darüber hinaus lassen die Publikationen der Geschichtsdidaktik erkennen, dass ihre Verfasser und Verfasserinnen ein hohes Fachwissen der Lehrkräfte für nötig halten, damit diese kontinuierlich alle Materialien, Richtlinien und Schulbücher kritisch hinterfragen können.[557] Insgesamt ergibt sich der Eindruck, dass für die Vorbereitung des Geschichtsunterrichts ein solides Fachwissen der Lehrkraft als nicht ausreichend empfunden, sondern vielmehr ein ausgedehntes, sehr umfangreiches Fach- und Detailwissen als unabdingbar notwendig angesehen wird.[558]

### 2.1.2. Empirische Befunde

Die empirische Forschung hat sich eingehend mit der Frage beschäftigt, inwiefern sich ein gutes Fachwissen der Lehrkraft in den Leistungen ihrer Schüler und Schülerinnen widerspiegelt. Die Ergebnisse sind widersprüchlich. Besonders die älteren Studien konnten keinen oder nur einen schwachen Zusammenhang zwischen einem (an Ausbildungsmerkmalen orientierten) hohen Fachwissen und guten Lernleistungen feststellen. Dieses Resultat ist allerdings mit Hinweis auf forschungsmethodische Schwächen der Untersuchungen umfassend hinterfragt worden. Eine mögliche Erklärung für die widersprüchlichen Ergebnisse liefert der ›Deckeneffekt‹: Ein gewisses Maß an Fachwissen sei für die Erreichung hoher Schülerleistungen notwendig. Ab einer gewissen Schwelle sei aber kein zusätzlicher positiver Effekt festzustellen. Schließlich weisen die Ergebnisse darauf hin, dass ein mangelhaftes Fachwissen von Lehrkräften offenbar durch pädagogische und fachdidaktische Fähigkeiten teilweise kompensiert werden kann.[559] Neuere Studien zeigen überwiegend positive Korrelationen zwischen Fachwissen und Schülerleistungen. Die Studien betreffen allerdings mehrheitlich das Fach Mathematik. So konnte vor allem die COACTIV-Studie

555 Siehe Thünemann: Fragen, 2009, S. 117; Borries: Kompetenzmodell, 2007, S. 335–337; Schneider: Transfer, 2004, S. 650f.

556 Siehe Rohlfes: Geschichte, 2005, S. 248.

557 Vgl. Kanert: Geschichtslehrerausbildung, 2014, S. 142; Thünemann: Fragen, 2009, S. 117f.; Rohlfes: Geschichte, 2005, S. 251; Paxton/Wineburg: Expertise, 2000, S. 860.

558 Ausnahmen bilden Seidenfuß/Kanert: Die Wirksamkeit, 2013, S. 150; Sauer: Geschichte, 2012, S. 98f.; Borries: Das Fach, 2004, S. 140f., die für eine »pragmatische Linie« plädieren. Eine solche wird Sauers Studien zufolge auch von Studierenden selber gewünscht, vgl. Ders.: Die Ausbildung, 2012, S. 356.

559 Vgl. Neuweg: Das Wissen, 2011, S. 456f.; Blömeke: Lehrerausbildung, 2009, S. 7. Andererseits wurde in COACTIV gefunden, dass Lücken im Fachwissen kaum durch fachdidaktisches Wissen kompensiert werden konnten, vgl. Baumert/Kunter: Das mathematikspezifische Wissen, 2011, S. 185.

zeigen, dass Lehrkräfte mit hohem Fachwissen und hohem fachdidaktischen Wissen bei Schülern und Schülerinnen bessere Lernergebnisse erzielen.[560] Es wurde festgestellt, dass die Qualität des Fachwissens der Lehrkräfte die Inhaltswahl und Aufgabenformulierung beeinflusst.[561] Tatsächlich erwiesen sich Lehrkräfte mit hohem Fachwissen zudem als flexibler in der Unterrichtsführung: Sie banden deutlich häufiger Beiträge von Schülern und Schülerinnen ein, die inhaltlich nicht direkt zu dem von ihnen beabsichtigten Unterrichtsverlauf passten. Andere Studien für den Mathematikunterricht erwiesen, dass Lehrkräfte mit einem geringeren Fachwissen häufiger direkte, wenig komplexe Unterrichtsfragen stellten und dass sie selten Zusammenhänge zwischen den unterschiedlichen Abschnitten des Unterrichtsthemas herstellten.[562] Insgesamt zeigte sich, dass das Fachwissen seine Wirkung weniger explizit bei der Unterrichtsdurchführung entfaltete, als gemeinhin häufig angenommen. So ergab sich für die untersuchten Lehrkräfte etwa selten die Notwendigkeit, unvorbereitete Fachinhalte zu erläutern. Das Fachwissen entfaltete seine Wirkung vielmehr über seinen Einfluss auf das fachdidaktische Wissen und demzufolge überwiegend bereits in der Unterrichtsvorbereitung.[563]

Für den Zusammenhang zwischen dem Fachwissen von Geschichtslehrkräften und ihrer Unterrichtsdurchführung sind die Untersuchungen ebenso dürftig wie für den Zusammenhang zwischen ihrem Fachwissen und Lernerfolgen ihrer Schüler und Schülerinnen. Peter Lee u. a. stellten fest, dass das Fachwissen von Geschichtslehrkräften für einen Kompetenzgewinn ihrer Schüler und Schülerinnen weniger wichtig war als ihr grundsätzliches Verständnis von Geschichte (BÜ).[564] Heinßen konstatiert in seiner Beurteilung der Unterrichtsstunde eines

560 Vgl. Helmke: Unterrichtsqualität, 2013, S. 112f.; Czerwenka/Nölle: Forschung, 2011, S. 363f. In den Naturwissenschaften ist die Forschungslage inkonsistent, für andere Fächer fehlt sie, vgl. Lipowsky: Auf den Lehrer, 2006, S. 52.

561 Ergebnisse zusammengefasst bei Neuweg: Das Wissen, 2011, S. 456.

562 Vgl. Paxton/Wineburg: Expertise, 2000, S. 858f.; Bromme: Kompetenzen, 1997, S. 194f.

563 So wurde in COACTIV gezeigt, dass das fachdidaktische Wissen mit dem Fachwissen hoch korrelierte und beide für hohe Schülerleistungen grundlegend bedeutsam waren, siehe Kunter/Baumert: Das COACTIV-Forschungsprogramm, 2011, S. 359. Gleiches wurde in TEDS-LT für Deutsch und Mathematik nachgewiesen, siehe Terhart: Anmerkungen, 2013, S. 47. Die konzeptionelle Unterscheidung zwischen FW und FDW ist hierbei durchaus umstritten, vgl. Neuweg: Das Wissen, 2011, S. 459. COACTIV zeigte jedoch für Mathematik empirisch zwei differenzierte, aber stark überlappende Wissensbereiche, siehe Krauss u. a.: Konzeptualisierung, 2010, S. 157f. Andere Studien erwiesen, dass besonders leistungsschwächere Schüler und Schülerinnen, von einem hohen Fachwissen der Lehrkräfte profitieren. Auch hier wird der Effekt des Fachwissens mit seiner Wirkung auf das fachdidaktische Wissen erklärt. Das Fachwissen erweist sich in dieser Lesart also als notwendige, aber eben nicht hinreichende Bedingung für guten Unterricht, siehe Baumert/Kunter: Das mathematikspezifische Wissen, 2011, S. 166f.

564 Referiert von Gautschi: Geschichtsunterricht erforschen, 2007, S. 47. Weitere diesbez. Studien referiert von Paxton/Wineburg: Expertise, 2000, S. 859.

Geschichtslehrers, dass die Didaktisierung sich als Hauptproblem der Stundenkonzeption erweise. Eine solche Didaktisierung sei Lehrkräften nur möglich, wenn sie über eine hohe Fachkompetenz verfügten. Eine Einschränkung dieses Fachwissens, etwa durch eine Kürzung der fachlichen Anteile im Lehramtsstudium wäre ihm zufolge der »Sargnagel anspruchsvollen Gymnasialunterrichts«[565]. Susanne Popp ermittelte in einer Befragung von Hochschullehrkräften, dass diese weniger für die Vermittlung eines Kanons an Grundwissen in der universitären Ausbildung von Geschichtslehrkräften plädierten als vielmehr die Funktion eines solchen Fachwissens betonten: Studierende müssten in die Lage gebracht werden, selbstständig Zusammenhänge zu erschließen.[566]

Neuerdings häufen sich quantitative Studien zur Messung des tatsächlich vorhandenen Fachwissens von Lehrkräften. So schnitten sowohl in der COACTIV- als auch in der TEDS-LT-Studie Mathematiklehramtsstudierende für das Gymnasium hinsichtlich des für den Unterricht relevanten Fachwissens deutlich besser ab als Studierende für das Grund-, Haupt- oder Realschullehramt.[567] Für andere Fächer liegen bislang keine vergleichbaren Untersuchungen vor. Verfasser und Verfasserinnen von Untersuchungen von Schülerleistungen im Geschichtsunterricht haben allerdings immer wieder darauf hingewiesen, dass es Geschichtslehrkräften an grundsätzlichen Kenntnissen in ihrem Fach zu mangeln scheine.[568] Die empirischen Ergebnisse zur Bedeutung des Fachwissens haben zudem immer wieder zu besorgten Äußerungen über die Vielzahl an derzeit fachfremd unterrichtenden Lehrkräften geführt.[569] Für den Geschichtsunterricht mahnt Buck in Bezug auf fachfremd unterrichtende Grundschullehrkräfte, dass sie »historisches Lernen kaum in dem Maße, wie es eigentlich [...] notwendig wäre, fördern [...] können«[570].

565 Heinßen: Hauptproblem, 2012, S. 193, FN 16.

566 Siehe Popp: Orientierungswissen, 2009.

567 Vgl. Terhart: Anmerkungen, 2013, S. 47; Blömeke/Suhl: Modellierung, 2010, S. 494.

568 Vgl. Daumüller: Einstellungen, 2012, S. 380; Schönemann/Thünemann/Zülsdorf-Kersting: Was können Abiturienten, 2010. Nur angedeutet bei Sperisen/Schär: Akteure, 2013; Völkel: Steinzeitmänner, 2007, S. 48.

569 Vgl. Kunter/Baumert: Das COACTIV-Forschungsprogramm, 2011, S. 356; Helmke u. a.: Soziodemografische Merkmale, 2008, S. 370; Terhart: Was wissen wir, 2006, S. 45.

570 Buck: Historisches Lernen, 2012, S. 164. Ähnlich besorgt zeigen sich z. B. Fritz: Geschichte, 2012, S. 77; Borries: Das Fach, 2004, S. 143; Seifried: Geschichtsunterricht, 2002, S. 210.

## 2.2. Fachdidaktisches Wissen

### 2.2.1. Bedeutung des fachdidaktischen Wissens in Allgemein- und Fachdidaktik

Beim fachdidaktischen Wissen handelt es sich nach Shulman um das Wissen über das »Verständlich machen von Inhalten«. Shulman differenziert es weiter in Wissen über das Erklären und Darstellen dieser Inhalte auf der einen und Wissen über fachbezogene Schülerkognitionen auf der anderen Seite.[571] Bromme zufolge handelt es sich um »integriertes Wissen, in dem psychologisch-pädagogische Kenntnisse [und individuelle Erfahrungen] auf das curriculare Wissen bezogen werden«[572]. Der Begriff des fachdidaktischen Wissens wird in der Didaktik allerdings bis heute durchaus uneinheitlich gebraucht und beschreibt keineswegs einen international oder national gültigen Kanon.[573]

Dass für die Berufsausübung einer Lehrkraft fachdidaktisches Wissen entscheidender sei als rein fachliches Wissen, ist eine weit verbreitete Annahme. Auch die KMK (2008) fordert für die Lehrkräfte ein »anschlussfähiges fachdidaktisches Wissen«, das neben »Strukturierungsansätzen« Wissen über »fachdidaktische und lernpsychologische [...] Forschung über das Lernen« sowie »Merkmale von Schülern und Schülerinnen, die den Lernerfolg fördern« enthält.[574] Die COACTIV-Forscher und -Forscherinnen konstatieren, dass mathematikdidaktisches Wissen ein mathematisches Fachwissen voraussetze, aber ein ganz eigenes, unterrichts- und schülerbezogenes fachliches Wissen darstelle. In ihrer Studie bezieht sich dieses Wissen auf das didaktische und diagnostische Potenzial von Aufgaben bzw. Unterrichtsinhalten und deren Anordnung, auf das Wissen über Schülervorstellungen und Schülerwissen und das Wissen über Repräsentations- und Erklärungsmöglichkeiten.[575] In der MT21-Studie wird zwischen »lehrbezogenen Anforderungen« vor dem Unterricht, also Aufgabenauswahl und Repräsentation der Inhalte, und »lernprozessbezogenen Anforderungen« während des Unterrichts, zum Beispiel Umgang mit Schülerantworten, unterschieden.[576] Als speziellen Ausläufer des fachdidaktischen Wissens führt Shulman das curriculare Wissen (curricular knowledge) an. Es beschreibt das Wissen um die Inhalte der einschlägigen Curricula und der ihnen korrespondierenden didaktischen Materialien sowie Vorstellungen von deren di-

571 »its teachability«, siehe Shulman: Those Who Understand, 1986, S. 9f. Auch: »Verfügbarmachen« der Inhalte, siehe Brunner u.a.: Zusammenhänge, 2006, S. 524.

572 Bromme: Kompetenzen, 1997, S. 197.

573 Siehe Oser: Wirkung, 2011, S. 593; Aufschnaiter/Blömeke: Professionelle Kompetenz, 2010, S. 364.

574 Siehe KMK: Ländergemeinsame Anforderungen, 2008, S. 4.

575 Siehe Krauss u.a.: Konzeptualisierung, 2011, S. 136, 142.

576 Wiedergegeben bei Neuweg: Das Wissen, 2011, S. 458, FN 9.

daktischem Potenzial. Hierzu gehört auch Wissen über gegenwärtige und vergangene Inhalte im eigenen Fach sowie in anderen Fächern.[577]

Erst neuerdings werden auch in der Geschichtsdidaktik Versuche unternommen, das FDW aufzuschlüsseln. Waldis u. a. fächern es in »Wissen über Bedingungen und Ausprägungen historischen Denkens«, »Wissen über instruktionale Aktivitäten zur Förderung des historischen Denkens« und »Curriculares Wissen«.[578]

### 2.2.2. Empirische Befunde

Ebenso wie das fachliche ist auch das fachdidaktische Wissen von Lehrkräften empirisch untersucht worden. Es zeigte sich, dass der Umfang und die Qualität des fachdidaktischen Wissens der Lehrkräfte ein Prädiktor für Schülerleistungen waren. Auch hier wurden allerdings hauptsächlich Mathematiklehrkräfte getestet.[579] Gleichzeitig wird aber von einem Effekt des jeweiligen Schulfachs ausgegangen.[580] Ebenso wie für das fachliche Wissen ist auch für den Einfluss des fachdidaktischen Wissens der Mathematikehrkräfte in COACTIV ein Deckeneffekt in Bezug auf die Schülerleistungen festgestellt worden.[581]

Studien über die tatsächlich vorhandenen fachdidaktischen Kenntnisse von Lehrkräften sind vor allem für das Fach Mathematik durchgeführt worden. Wie für das fachliche Wissen zeigte sich auch hier ein klarer Schulformeffekt: Referendare und Referendarinnen mit besonders schwachen Ergebnissen im fachdidaktischen Bereich fanden sich überwiegend unter jenen, die für die Grund-, Haupt- und Realschulen ausgebildet wurden, während jene mit sehr guten Ergebnissen überwiegend das Lehramt an Gymnasium oder Gesamtschule anstrebten.[582]

Interessanterweise zeigten die Befunde aus COACTIV zudem, dass berufs-

577 Siehe Shulman: Those who understand, 1986, S. 10.

578 Siehe Waldis u. a.: »Der Unterricht«, 2014, S. 35.

579 Vgl. Czerwenka/Nölle: Forschung, 2011, S. 364; Hascher: Forschung, 2011, S. 427; Kunter/Baumert: Das COACTIV-Forschungsprogramm, 2011, S. 347, 353, 362. Gegenstimmen, die keinen positiven Zusammenhang mit Schülerleistungen feststellten, stammen aus den USA, wo das Verständnis von FDW ein anderes ist, vgl. Blömeke: Voraussetzungen, 2009, S. 124; Leuchter u. a.: Unterrichtsbezogene Überzeugungen, 2006, S. 565.

580 So glauben Cristina Alleman-Ghionda und Ewald Terhart, dass in einigen Fächern, besonders Mathematik, die didaktischen Kenntnisse der Lehrkräfte eine besonders große Rolle spielen, weil hier »sozioökonomisch bedingte Einstellungen, Verhaltensweisen und Vorwissen weniger bedeutend sind als in den anderen Wissensgebieten«, siehe Dies.: Zur Einleitung, 2006, S. 8.

581 Vgl. Lipowsky: Auf den Lehrer, 2006, S. 52.

582 Vgl. Blömeke/Suhl: Modellierung, 2010, S. 495. Wiederum wird hier auf den Zusammenhang zwischen hohem Fach- und hohem fachdidaktischen Wissen verwiesen, vgl. Brunner u. a.: Zusammenhänge, 2006, S. 540.

erfahrene Lehrkräfte nicht über mehr Fachwissen oder fachdidaktisches Wissen verfügten als Novizen und Novizinnen.[583] Georg Hans Neuweg weist darauf hin, dass es hierfür unterschiedliche Erklärungsansätze gibt: Entweder wird das fachdidaktische Wissen hauptsächlich in der Ausbildung erworben und im Verlauf eines Berufslebens nicht auffällig intensiviert. Eine andere mögliche Erklärung wäre, dass sich andere, nicht-ausbildungsgebundene Faktoren, wie z. B. allgemeine kognitive Leistungsfähigkeit und Kreativität mindestens ebenso stark auf die fachdidaktischen Fähigkeiten auswirken wie das angeeignete fachdidaktische Wissen.[584] Gleichzeitig muss allerdings daran erinnert werden, dass sich Expertenwissen von Lehrkräften offenbar überwiegend in der Entscheidung für bestimmte Unterrichtselemente verdichtet (vgl. Abschnitt II.3.2.8.). Möglicherweise ist hier also doch von einem umfangreicheren, in jedem Fall aber funktionaler eingesetzten fachdidaktischen Wissen auszugehen.

Es wird deutlich, dass die Messung fachdidaktischen Expertenwissens noch der Entwicklung bedarf. Für das Fach Geschichte liegen bislang keine Konzepte vor.

### 2.3. Pädagogisches Wissen

Das pädagogische Wissen beschreibt das mehr oder weniger fachunabhängige Wissen über die Gestaltung von Lehr-Lern-Prozessen. Auch ihm wird neben dem fachlichen und dem fachdidaktischen Wissen ein hoher Stellenwert innerhalb der professionellen Lehrerkompetenz zugesprochen.[585] Baumert/Kunter unterteilen es in konzeptuelles bildungswissenschaftliches Wissen, allgemeindidaktisches Planungswissen, Wissen über Unterrichtsführung und Wissen über Prinzipien des Diagnostizierens und Bewertens.[586] Bei COACTIV wird zudem das Wissen über Ursprünge und Ausprägungen der Heterogenität der Schülerschaft sowie über Arten des Lernens hinzugerechnet.[587]

Pädagogisches Wissen ist bis heute deutlich seltener untersucht worden als die anderen Wissenskomponenten. Es ergab sich das Problem, dass das Testen von Fachsprache bzw. explizitem Ausbildungswissen im Rahmen von Vignet-

583 Siehe Krauss: Die Untersuchung, 2008, S. 245.

584 Siehe Neuweg: Das Wissen, 2011, S. 462f. Vgl. auch Abschnitt III.1.

585 Vgl. König/Blömeke/Doll: Pädagogisches Wissen, 2011, S. 135; Hofmann: Religionspädagogische Kompetenz, 2008, S. 275.

586 Siehe Baumert/Kunter: Stichwort, 2006, S. 485. Bei COACTIV zudem »methodische Grundlagen empirischer Sozialforschung«, siehe Baumert/Kunter: Das Kompetenzmodell, 2011, S. 39. Bei TEDS-LT: »Strukturieren von Unterricht, Motivieren von Schüler und Schülerinnen, Umgang mit Heterogenität, Klassenführung, Leistungsbeurteilung«, siehe König/Blömeke/Doll: Pädagogisches Wissen, 2011, S. 137f.

587 Siehe Voss/Kunter: Pädagogisch-psychologisches Wissen, 2011, S. 195.

tenstudien in seiner Aussagekraft bezüglich tatsächlicher pädagogischer Kompetenzen der Lehrkräfte fragwürdig blieb. Auch stellte sich die Abgrenzung vom fachdidaktischen Wissen als schwierig heraus.[588] In den wenigen Untersuchungen wurden allerdings überwiegend positive Effekte des pädagogischen Wissens auf Schülerleistungen festgestellt. Deutlich zeigten die Effekte sich jedoch nur bei einem gleichzeitig umfangreichen Fachwissen der Lehrkräfte.[589]

## 2.4. Berufsbezogene Überzeugungen

Der große Einfluss von berufsbezogenen Überzeugungen der Lehrkräfte besonders auf ihr Planungshandeln wird vielerorts betont. Die Philosophie des Fachs als Inhalt des Professionellen Wissens wird dabei jedoch unterschiedlich definiert. Während sie manchmal als Teil des curricularen Wissens verstanden wird, neigen die jüngsten Konzeptualisierungen überwiegend zu einer Übersetzung des Begriffs in die umfassende Bezeichnung der ›Überzeugungen‹ in Bezug auf Lernen, Lehren und auf das Schulfach.[590] Auch dieser Ausdruck ist aber nach wie vor unscharf, und es existiert eine Vielzahl von unterschiedlichen Begriffen, die teilweise synonym benutzt werden, sich zum Teil aber auch auf unterschiedliche Forschungsperspektiven und Forschungstraditionen zurückführen lassen. Die Bezeichnungen reichen von ›epistemologischen Überzeugungen‹ und ›Beliefs‹ über ›Subjektive Theorien‹ und ›Konzeptionen‹ bzw. ›Vorstellungen‹ bis zu ›pädagogischen Orientierungen‹ und ›Grundhaltungen‹.[591] Die unübersichtliche Zahl von Konzeptualisierungen macht es nötig, für

---

588 Siehe König/Blömeke/Doll: Pädagogisches Wissen, 2011, S. 136.

589 Vgl. die Ergebnisse aus TEDS-LT bei König/Blömeke/Doll: Pädagogisches Wissen, 2011, S. 141. Vgl. für eine Übersicht Lipowsky: Auf den Lehrer, 2006, S. 53. Fehlende Wirksamkeit wurde überwiegend in US-amerikanischen Studien nachgewiesen. Blömeke verweist auf den abweichenden PW-Begriff, vgl. Dies.: Voraussetzungen, 2009, S. 124.

590 Vgl. Krauss u. a.: Konzeptualisierung, 2011, S. 41–43; Seifried: Unterricht, 2009, S. 122; Bromme: Lehrerexpertise, 2008, S. 164.

591 Für ›Epistemologische Überzeugungen‹ vgl. z. B. Bromme/Kienhues: Epistemologische Überzeugungen, 2007. In der Geschichtsdidaktik als ›implizite didaktische Überzeugungen‹ oder ›Theorien‹, vgl. Horn: Kommentar, 2011, S. 121; Fenn: Implizite Theorien, 2010, S. 81 f. Für ›Beliefs‹ vgl. z. B. Staub/Stern: The Nature, 2002, S. 345. Als besonderes Problem zeigt sich hier die uneinheitliche Übersetzung des Begriffs ›beliefs‹ ins Deutsche. Die neueren quantiativen Studien verwenden aber relativ einheitlich den Begriff ›Überzeugungen‹, siehe Reusser u. a.: Berufsbezogene Überzeugungen, 2011, S. 479. Der Begriff ›Subjektive Theorien‹ geht zurück auf das gleichnamige Forschungsprogramm von Groeben u. a.: Das Forschungsprogramm, 1988 und war lange im deutschen Sprachraum zentral, vgl. z. B. Wahl: Vom trägen Wissen, 2008; Viebrock: Bilingualer Erdkundeunterricht, 2007. Erwähnt auch in der Geschichtsdidaktik bei Thünemann: »Ganz, ganz historisch«, 2012, S. 41. Hier zudem ›berufshabituelle Dispositionen‹, vgl. Schär/Sperisen: Zum Eigensinn, 2011, S. 125. Auch ›Einstellungen‹ bei Schnotz u. a.: Das BITE-Projekt, 2010,

die vorliegende Untersuchung einen Begriff zu wählen und diese Wahl begründet darzustellen. Als besonders plausibel erweist sich hier der Ausdruck der ›berufsbezogenen Überzeugungen‹, wie er von der Forschergruppe Kurt Reusser u. a. benutzt wird. Berufsbezogene Überzeugungen dienen ihr als »übergreifende Bezeichnung für jene Facetten der Handlungskompetenz von Lehrpersonen, welche über das deklarative und prozedurale pädagogisch-psychologische und disziplinär-fachliche Wissen hinausgehen«. Es handele sich um »affektiv aufgeladene, eine Bewertungskomponente beinhaltende Vorstellungen über das Wesen und die Natur von Lehr-Lernprozessen, Lerninhalten, die Identität und Rolle von Lernenden und Lehrenden sowie den institutionellen und gesellschaftlichen Kontext von Bildung und Erziehung«. Reusser u. a. verstehen berufsbezogene Überzeugungen als Teileinheiten von übergeordneten subjektiven Theorien, zu denen sie sich verbinden können. Dabei sind die Überzeugungen meist implizit, häufig fragmentarisch und können einander durchaus widersprechen.[592]

Berufsbezogene Überzeugungen haben Lehrkräfte bereits in ihrer eigenen Schulzeit erworben. Sie sind äußerst langlebig und zeigen sich den Einflüssen der Lehrerausbildung gegenüber insofern ziemlich resistent, als ihnen die Funktion eines psychologischen Filters oder einer Barriere in der Aufnahme neuer Informationen zugeschrieben wird.[593] Weite Verbreitung hat in diesem Zusammenhang das Schlagwort der ›Konstanzer Wanne‹ gefunden. Es beschreibt das Phänomen, dass Lehramtsanwärter und -anwärterinnen ihr Studium mit eher konservativen Vorstellungen von Lernen und Lehren antreten, sich aber im Verlauf des Studium eher an liberalen Einstellungen orientieren, mit denen sie im Studium konfrontiert werden. Mit Eintritt in die Berufspraxis scheinen diese Einstellungen aber offenbar schnell wieder durch die konserva-

S. 149 und ›Sichtweisen‹, vgl. dazu Seifried: Unterricht, 2009, S. 39, oder ›Haltungen‹› vgl. Reusser u. a.: Berufsbezogene Überzeugungen, 2011, S. 484. Baumert/Kunter differenzieren in COACTIV zwischen ›Wertbindungen‹ im Sinne einer Berufsethik, ›epistemologischen Überzeugungen‹ über Wissen und Wissenserwerb im Unterrichtsfach, ›Subjektiven Theorien‹ über Lehren und Lernen und ›Zielsystemen‹ für Curriculum und Unterricht, vgl. Dies.: Das Kompetenzmodell, 2011, S. 42.

592 Siehe Reusser u. a.: Berufsbezogene Überzeugungen, 2011, S. 478. Eine eindeutige Abgrenzung zu Begriffen wie ›Subjektive Theorie‹, ›Vorstellung‹ oder ›Konzeption‹ wollen aber auch Reusser u. a. nicht formulieren, siehe ebda., S. 478, 480. Vgl. auch Voss u. a.: Überzeugungen, 2011, S. 252; Seifried: Unterricht, 2009, S. 111; Leuchter u. a.: Zusammenhänge, 2008, S. 169.

593 Vgl. z. B. Fenn: Modifikation, 2011, S. 84; Reusser u. a.: Berufsbezogene Überzeugungen, 2011, S. 481; Voss u. a.: Überzeugungen, 2011, S. 251. Dies wird generell als problematisch gesehen. So seien Lehrkräfte auch im Verlauf ihres Berufslebens einer Veränderung ihres professionellen Handelns gegenüber nicht aufgeschlossen, vgl. Helmke: Unterrichtsqualität, 2013, S. 316.

tiven Haltungen ersetzt zu werden.[594] Vergleichbare Ergebnisse werden bis in die Gegenwart repliziert. So wurde in jüngeren Studien empirisch eine »Gleichförmigkeit« des Unterrichts festgestellt, die weder mit den normativen Vorgaben der Literatur noch mit den Bestrebungen der Lehrerausbildung in Einklang zu bringen ist und auf ältere Überzeugungen der Lehrkräfte zurückgeführt wird.[595] Diese Stabilität der Überzeugungen und ihre Funktion als Filter in der Wahrnehmung aller Informationen über den Lehrerberuf weisen bereits auf ihre große Bedeutsamkeit für die professionelle Berufsausübung hin. Überzeugungen gelten als klar handlungsleitend.[596] In diesem Zusammenhang wird immer betont, dass Unterrichten ein ›Handeln unter Druck‹ sei, bei dem explizite, kognitive Wissensbestände der handelnden Lehrperson weniger entscheidend seien als implizite. Ob auch die Unterrichtsvorbereitung als ein solches Handeln unter Druck beschrieben werden kann, ist allerdings umstritten.[597]

Die konsensuale Wahrnehmung der immensen Bedeutung der berufsbezogenen Überzeugungen und das Wissen über die Schwierigkeit ihrer Beeinflussung haben in jüngster Zeit zu einem vermehrten Forschungsaufkommen zur Modulierung solcher inneren Vorstellungen geführt. Einschneidende Veränderungen können den Publikationen zufolge nur erzielt werden, wenn sich die Lehrkräfte ihrer Überzeugungen bewusst werden und sie somit reflektieren können. Dies wird für die Lehrerausbildung immer häufiger vorgeschlagen bzw. angemahnt.[598]

Studien zu Überzeugungen wurden lange ausschließlich von der Psychologie betrieben. Für die vorliegende Arbeit interessant sind jene Untersuchungen, die sich mit den Überzeugungen von Lehrkräften befassen. So konnte in der TIMMS-Studie gezeigt werden, dass in den untersuchten Ländern offenbar

---

594 Ursprünglich bei Müller-Fohrbrodt: Wie sind Lehrer, 1973. Es muss allerdings darauf hingewiesen werden, dass diese Ergebnisse bis heute hinterfragt werden. Die Kritik richtet sich allerdings in erster Linie gegen die Postulierung eines sogenannten ›Praxisschocks‹ bei Berufseinstieg als Erklärung des Phänomens, siehe Seidenfuß/Kanert: Die Wirksamkeit, 2013, S. 153; Hericks: Professionalisierung, 2006, S. 36–38.

595 Für eine Zusammenfassung vgl. Seifried: Unterricht, 2009, S. 25.

596 Vgl. z. B. Reusser u. a.: Berufsbezogene Überzeugungen, 2011, S. 482; Voss u. a.: Überzeugungen, 2011, S. 235; Fenn: Implizite Theorien, 2010, S. 84. Nichtsdestoweniger wurde aber gezeigt, dass Überzeugungen nicht konsequent auf das Unterrichtshandeln wirkten. Für die Geschichtsdidaktik vgl. z. B. Henke-Bockschatz/Mehr: Von den Möglichkeiten, 2012, S. 121; Daumüller: Einstellungen, 2012, S. 383. Für diese Inkongruenzen gibt es verschiedene Erklärungsansätze, siehe Voss u. a.: Überzeugungen, 2011, S. 241.

597 Siehe Tebrügge: Unterrichtsplanung, 2001, S. 45 f.; Haas: Unterrichtsplanung, 1998, S. 75 f.

598 Siehe Helmke: Unterrichtsqualität, 2013, S. 316 f.; Kunter/Baumert: Das COACTIV-Forschungsprogramm, 2011, S. 348. Speziell für den Geschichtsunterricht siehe Schröer: Mitschnitte, 2012, S. 198 f.; Waldis u. a.: Kompetenzförderung, 2011, S. 98; Borries: Historisch Denken, 2008, S. 167. Sogar gezielt für die Unterrichtsplanung bei Fenn: Modifikation, 2011, S. 87 f.

grundsätzlich unterschiedliche Vorstellungen vom Unterrichten unter den Lehrkräften herrschten: Während z. B. in Japan eine geplante Unterrichtsstunde stets als inhaltliche Einheit begriffen wurde, die man ähnlich einem Gottesdienst nicht mit dem Pausenklingeln unterbrechen dürfe, wurde dagegen im US-amerikanischen Unterricht ein Unterbrechen der Stunde als unproblematisch gewertet. Die Zugänge haben naturgemäß Einfluss auf die jeweilige Unterrichtsgestaltung.[599] Der Schwerpunkt der Forschungsbemühungen liegt wie überall auf dem Fach Mathematik. Unterschiedliche berufsbezogene Überzeugungen wurden erfasst und genauer beschrieben.[600] Quantitative Aussagen über die tatsächlich vorhandenen Überzeugungen zum Lernen sind allerdings bislang widersprüchlich. So zeigten Blömeke u. a., dass die von ihnen untersuchten Mathematiklehrkräfte überwiegend konstruktivistische Überzeugungen vom Lernen hatten. In der COACTIV-Studie konnte dieses Ergebnis allerdings nicht repliziert werden.[601] Auch in Seifrieds Untersuchung an Handelslehrkräften zeigte sich, dass diese überwiegend einem transmissiven Lehr-Lernverständnis anhingen, das ihnen zufolge mit ihrem Fach besonders kompatibel war. Seifried stellte fest, dass in seiner Untersuchung weder das Unterrichten an einem besonderen Schultyp noch das Durchlaufen einer besonderen Ausbildung Prädiktor für die Entwicklung eines besonderen Überzeugungssystems war. Einen Unterschied fand er aber in Hinblick auf die Berufserfahrung. So zeigten die von ihm untersuchten Studierenden gemäß dem Modell der Konstanzer Wanne eine größere Bereitschaft zu handlungsorientierten Unterrichtsverfahren und dachten stärker konstruktivistisch als die untersuchten erfahrenen Berufspraktiker und Berufspraktikerinnen. Seifried konstatiert darüber hinaus, dass von einer klaren Abhängigkeit der Überzeugungen vom jeweils unterrichteten Schulfach auszugehen sei, dass es hierzu aber noch an Forschungen fehle.[602]

Für den Geschichtsunterricht beobachteten Samuel Wineburg und Suzanne Wilson Anfang der 1990er Jahre in einer Untersuchung an zwei ›erfolgreichen‹ Geschichtslehrkräften, dass diese auf den ersten Blick völlig unterschiedlich in ihrem Unterricht agierten. Eine genauere Untersuchung ergab, dass sie aber in ihren Überzeugungen große Übereinstimmungen aufwiesen: Beide wollten den Lernenden nicht nur Wissen vermitteln, sondern ihnen auch ermöglichen, Urteile zu bilden. Beide wollten Lerngelegenheiten schaffen, anhand derer die Schüler und Schülerinnen historisches Denken üben könnten. Beide sahen das Schulbuch nicht als Leitfaden, sondern als Begleiter. Und beide sahen sich selbst

599 Vgl. Stigler/Hiebert: The teaching gap, 1999, S. 95f.
600 Für einen Überblick siehe Voss u. a.: Überzeugungen, 2011, S. 235–237.
601 Siehe Müller/Felbrich/Blömeke: Überzeugungen, 2008; Voss u. a.: Überzeugungen, 2011, S. 250.
602 Siehe Seifried: Überzeugungen, 2006, S. 112–114, 121–123.

als lebenslange Geschichtslernende, die ständig nach neuen Themen suchten.[603] Daumüller bestätigte in seiner Studie an 27 Geschichtslehrkräften die Langlebigkeit der berufsbiografischen Überzeugungen von Geschichtslehrpersonen. Ihm zufolge seien diese vergleichsweise »immun« gegenüber geschichtsdidaktischen Entwicklungen.[604] Die Ergebnisse korrelieren mit den Funden Sperisen/Schärs aus ihrer Untersuchung zum Schulbucheinsatz unter Schweizer Geschichtslehrpersonen. In einem Fallbeispiel zeigte das Forscherteam, dass die tatsächliche Umsetzung von Schulbuchvorschlägen den eigentlichen Inhalten und Aussagen des Schulbuchs diametral entgegenstehen kann, ohne dass dies der vermittelnden Lehrkraft bewusst ist. Die untersuchte Lehrperson folgte vielmehr den eigenen, grundsätzlichen Vorstellungen vom Wesen der Geschichte und des Geschichtsunterrichts, ohne dass ihr der Gegensatz bewusst wurde.[605]

Insgesamt sind die Ergebnisse unübersichtlich, lückenhaft, und es fehlt an fachspezifischen Resultaten. Dies liegt unter anderem daran, dass die Messung von berufsbezogenen Überzeugungen bis heute eine große Herausforderung darstellt. Besonders bei der Untersuchung des Einflusses von Überzeugungen auf Schülerleistungen gestaltet es sich als kompliziert, diese vom fachdidaktischen Wissen zu trennen. So ergibt sich, dass die einen das Fehlen konkreter Nachweise für eine Wirkung der Überzeugungen beklagen,[606] während andere betonen, dass der Einfluss auf die Schülerleistungen sogar stärker bewiesen sei als für die anderen Komponenten professionellen Wissens.[607]

Berufsbezogene Überzeugungen werden in der Literatur überwiegend unterschieden in Überzeugungen über das Schulfach, Überzeugungen über das Lernen und die Lernenden, Überzeugungen über das Lehren bzw. Unterrichten und Überzeugungen über die (individuelle) Lehrerrolle.[608] Die vorliegende Untersuchung orientiert sich an dieser Einteilung und differenziert sie geschichtsdidaktisch aus:

---

603 Referiert von Gautschi: Geschichtsunterricht erforschen, 2007, S. 35. Ähnliche Ergebnisse präsentieren Paxton/Wineburg, Expertise, 2000, S. 859.

604 Siehe Daumüller: Einstellungen, 2012, S. 380–382.

605 Vgl. Sperisen/Schär: Akteure, 2013, S. 200. Siehe für ähnliche Ergebnisse Borries: Historische Kompetenzen, 2013, S. 29.

606 Vgl. Helmke: Unterrichtsqualität, 2013, S. 113; Seifried: Unterricht, 2009, S. 26f.; Hartinger/Kleickmann/Hawelka: Der Einfluss, 2006, S. 122.

607 Vgl. Blömeke: Qualitativ, 2007, S. 19; Bromme u. a.: Lehrende, 2006, S. 315.

608 Siehe Voss u. a.: Überzeugungen, 2011, S. 235. Zudem gibt es Untersuchungen zu Überzeugungen über den Prozess der professionellen Entwicklung, vgl. Blömeke: Qualitativ, 2007, S. 20, und zu Sichtweisen über Schülern und Schülerinnen, vgl. Seifried: Unterricht, 2009, S. 87–89. Reusser u. a.: Berufsbezogene Überzeugungen, 2011, S. 485f. differenzieren zwischen personenbezogenen Überzeugungen (zur eigenen Lehrerrolle, zu Lehrkräften und zu Schülern und Schülerinnen) und kontextbezogenen Überzeugungen (zur Schule und Gesellschaft).

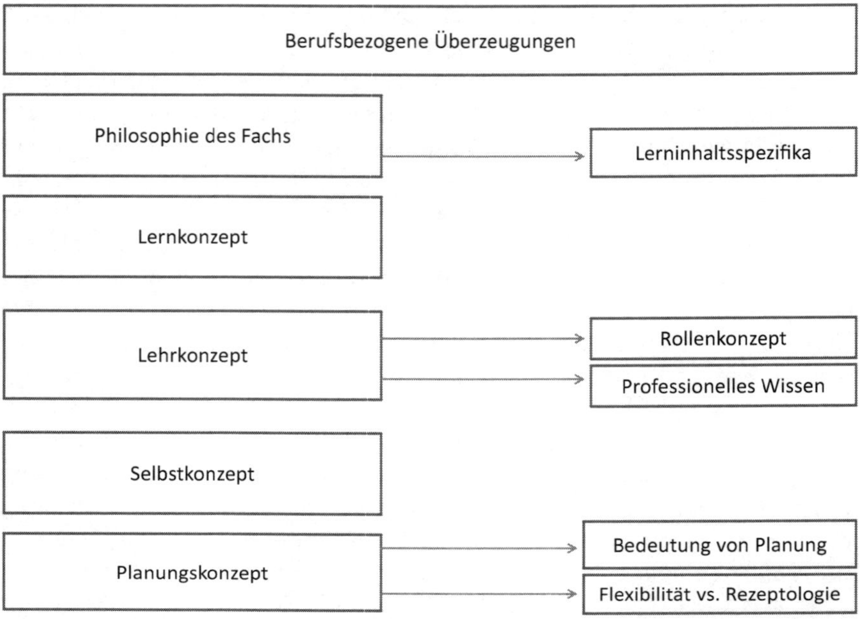

Abbildung 2: Differenzierung der berufsbezogenen Überzeugungen in der vorliegenden Arbeit

Im Folgenden werden jene empirischen Ergebnisse dargestellt, die die für die vorliegende Untersuchung relevanten Überzeugungen im Sinne der obigen Differenzierung betreffen.

### 2.4.1. Empirische Ergebnisse zur Philosophie des Fachs

Die Untersuchungen zu lerninhaltsspezifischen Überzeugungen von Lehrkräften sind vergleichsweise umfangreich. Meist zielen sie entsprechend ihrem deskriptiven Anliegen darauf, die Einschätzung von Lehrkräften nach dem »Wesentlichen« oder dem »Sinn« ihres Fachs zu erfragen.[609] Hierbei ergab sich, dass aller angenommenen Domänenspezifik zum Trotz Lehrpersonen häufig fachunspezifische Ziele als Kern ihres Fachs nennen.[610] Auch für den Geschichtsunterricht wurden solcherlei Studien unternommen. Es galt herauszufinden, inwiefern sich die Überzeugungen von Lehrkräften zum Fach mit den Traditionen der universitären Bezugsdisziplin deckten bzw. welche eigenen spezifi-

609 Vgl. Daumüller: Einstellungen, 2012, S. 374; Bromme u. a.: Lehrende, 2006, S. 315.

610 Vgl. Daumüller: Einstellungen, 2012, S. 381; Thünemann: »Ganz, ganz historisch«, 2012, S. 51f. Auch in Kanert: Geschichtslehrerausbildung, 2014, S. 372 nannten die von ihm untersuchten Geschichtslehrkräfte vornehmlich fachunspezifische Kriterien als Maßstab der eigenen Professionalität.

schen Überzeugungen sich finden ließen. Die Forscher und Forscherinnen interessierte hier insbesondere, welchem grundsätzlichen Verständnis von Geschichte die Lehrkräfte anhingen und ob ihre Überzeugungen die als ›gut‹ postulierten Kriterien eines Geschichtsunterrichts (siehe Abschnitt II.2.2.) erfüllten. Sie versuchten zudem herauszufinden, ob tatsächlich eine Abkehr von der Vorstellung eines ›Pauk‹- hin zu einem ›Denkfach‹ zu verzeichnen war.

In seiner quantitativen Studie konnte von Borries zeigen, dass die von ihm untersuchten Geschichtslehrkräfte am Ausgang des vorigen Jahrhunderts recht unterschiedliche Ziele für den eigenen Geschichtsunterricht nannten. So galt das Ziel der Erziehung zur »Diskussions- und Argumentationsfähigkeit« allgemein als wichtiger als die Erziehung zur »Zivilcourage«, zum »Spaß [...] an Geschichte«, zur »Abwägung von Konsequenzen für Gegenwart und Zukunft« und zur »Internalisierung von Grundwerten und -rechten«. Als besonders bemerkenswert stellte von Borries heraus, dass die Lehrkräfte das in der Geschichtsdidaktik breit postulierte Ziel der »Bildung einer historischen Identität« für gering wichtig hielten und stattdessen die Stoffvermittlung für besonders bedeutsam befanden.[611] Das Ergebnis konnte von ihm knapp zehn Jahre später repliziert werden. Hierbei zeigte sich allerdings, dass die Lehrkräfte die Stoffvermittlung als weniger wichtig einordneten, sobald man ihnen einräumte, sich einen Geschichtsunterricht »unter Idealbedingungen« vorzustellen. Auch in diesem Fall allerdings rückte nicht etwa das Ziel der »Bildung einer historischen Identität« auf den vordersten Platz, sondern vielmehr die Schulung von »Argumentationsfähigkeit« und »Zivilcourage«.[612] Generell beklagten die Lehrkräfte die Situation des gegenwärtigen Geschichtsunterrichts als zu wenig schülerzentriert und zu wenig auf die Bildung von Geschichtsbewusstsein und Teilhabe an Geschichtskultur angelegt.[613] Auch Helmut Messner und Alex Buff konnten in ihrer quantitativen Studie des Jahres 2007 zeigen, dass die untersuchten Lehrkräfte ihren Unterricht überwiegend stofforientiert statt prozessorientiert im Sinne der Förderung historischen Denkens gestaltet sahen.[614] Monika Fenn liefert ähnliche Ergebnisse auch für Studienanfänger und -anfängerinnen und zitiert diese dahingehend, dass sie derartige Sichtweisen direkt von ihren eigenen Lehrern und Lehrerinnen übernommen hätten.[615] Nicola Brauch und Andreas Bihrer kamen in einer Umfrage unter Studierenden zu vergleichbaren Ergebnissen.[616]

Einen wichtigen Aspekt der Überzeugungen von Geschichtslehrkräften über

611 Siehe Borries: Lehrereinstellungen, 1995, S. 281, 283.
612 Siehe Ders.: Historisch Denken, 2008, S. 169f.
613 Vgl. Ders. u.a.: Schulbuchverständnis, 2005, S. 240.
614 Siehe Messner/Buff: Lehrerwissen, 2007, S. 170.
615 Vgl. Fenn: Modifikation, 2011, S. 85.
616 Vgl. Brauch/Bihrer: Die Wikinger, 2011, S. 127.

das Wesentliche ihres Fachs bilden die Vorstellungen darüber, inwiefern das Fach besondere Anforderungen an sie stellt. Auf die speziellen Herausforderungen aus Sicht der didaktischen Literatur ist bereits hingewiesen worden (vgl. Abschnitt II.2.3.). Empirische Ergebnisse, die die Überzeugungen der Lehrpersonen selbst erfassen, liegen hierzu bislang nicht vor.

### 2.4.2. Empirische Ergebnisse zum Lernkonzept

Überzeugungen zum Lernen sind unter unterschiedlichen Fragestellungen und Prämissen erforscht worden. Zentral war hier insbesondere die Frage, ob sich der theoretische Konsens hinsichtlich eines konstruktivistischen Lernverständnisses unter Lehrkräften allgemein durchgesetzt habe.[617] Thamar Voss u. a. plädieren hierbei für eine integrative Untersuchung der Bereiche Lehren und Lernen in Hinblick auf konstruktivistische vs. behavioristische Ansichten. Diese Kombination wurde auch in COACTIV genutzt und ist ebenso für die vorliegende Studie relevant.[618] Wie bereits in älteren Studien wurde in COACTIV nachgewiesen, dass eine konstruktivistische Orientierung der Lehrkräfte sich positiv auf die Schülerleistungen auswirkte. Darüber hinaus konnte empirisch gezeigt werden, dass Lehrkräfte mit höherem fachlichen und fachdidaktischen Wissen eher eine konstruktivistische Sichtweise auf Unterricht aufwiesen.[619]

Für den Geschichtsunterricht lassen sich zwei Wahrnehmungen des Lerngegenstands unterscheiden: Der einen Überzeugung zufolge ist er als Erlernen wichtiger Daten und Fakten durch Schüler und Schülerinnen zu begreifen. In der anderen Wahrnehmung erscheint er als persönlicher Prozess der Sinnbildung bzw. der Bildung eines Geschichtsbewusstseins durch die Schüler und Schülerinnen.[620] Daumüller konnte in seiner qualitativen Untersuchung zu Überzeugungen von Geschichtslehrkräften Versatzstücke beider Wahrnehmungsmuster nachweisen. Ihm zufolge verschwimmen verschiedene Elemente von Überzeugungen zu einem »Patchwork«, das die Lehrkräfte überwiegend zu konstruktivistischen Überzeugungen führe, diese aber »kaum gemäß der ihnen inhärenten Lernprämissen anwende[n lasse], sondern für ihre Erziehungsintention funktionalisiert«[621]. Das Ergebnis erinnert an die oben genannten Funde Schär/

617 Vgl. z. B. Voss u. a.: Überzeugungen, 2011, S. 236–238. Bromme u. a.: Lehrende, 2006, S. 315 weisen daraufhin, dass in der Forschung zwischen ›naiven‹ und ›entwickelten‹ Überzeugungen unterschieden werde, wobei eine konstruktivistische Lernvorstellung als entwickelt gelte.

618 Siehe Voss u. a.: Überzeugungen, 2011, S. 238–240.

619 Referiert in Neuweg: Das Wissen, 2011, S. 458; Voss u. a.: Überzeugungen, 2011, S. 240; Seifried: Unterricht, 2009, S. 109.

620 Vgl. z. B. Messner/Buff: Lehrerwissen, 2007, S. 170.

621 Daumüller: Einstellungen, 2012, S. 383.

Sperisens, denen zufolge den Lehrkräften ihre eigenen Überzeugungen selten bewusst sind und sie mitunter gegensätzlich zu dem handeln, was sie grundsätzlich für ›richtig‹ bzw. erstrebenswert halten.

Für das Fach Geschichte stellt sich die Frage, ob ein radikal konstruktivistisch ausgerichteter Unterricht überhaupt möglich ist. Sofern an den alten Richtlinien und Prüfungsformaten festgehalten wird, ist kaum vorstellbar, wie Lehrkräfte auf positivistisch ausgerichtete Stundenkonzeptionen verzichten können. Ein diesbezügliches ›Patchwork‹ an Überzeugungen ist also womöglich derzeit noch alternativlos.

### 2.4.3. Empirische Ergebnisse zum Lehrkonzept

Untersuchungen zu Lehrkonzepten von Lehrkräften befassten sich mit deren Überzeugungen zur Unterrichtsgestaltung sowie ihrer Rolle als Lehrperson. Die Vorstellungen vom Lehren werden überwiegend unterteilt in lehrerorientierte und lernerorientierte Überzeugungen. Die korrespondierenden Lehrerrollen wären hierbei die des Wissensvermittlers und die des Lerncoaches. Dem Wissensvermittler werden dabei vornehmlich instruktionale oder transmissive Orientierungen zugewiesen, dem Lerncoach vornehmlich konstruktivistische Überzeugungen.[622] Messner/Buff fanden in ihrer Untersuchung an Geschichtslehrkräften, dass sich die Rollenkonzepte nicht eindeutig einzelnen Personen zuordnen ließen. Sie konstatieren, dass sich im Alltag wohl eine Mischung der beiden Rollen ergebe, die die Lehrkräfte recht problemlos miteinander vereinbaren können.[623] Messner/Buff zeigten dennoch, dass die Überzeugungen zum Rollenkonzept sich mit Überzeugungen zu Lehren und Lernen kombinieren ließen, so dass sich klare Lehrertypen ergaben, bei denen jeweils eine der beiden Überzeugungsrichtungen dominierte: Die Lerncoaches, deren Lehrkonzept Messner/Buff als »progressiv« bezeichnen, stehen den Wissensvermittlern und -vermittlerinnen gegenüber, deren Orientierung bei dem Forscherteam als »traditionell« gekennzeichnet ist. Progressive Lehrkräfte betonten die Bedeutung eigenständigen Lernens durch die Schüler und Schülerinnen und die Bedeutung der Differenzierung durch die Lehrperson. Lehrkräfte, die das ›Beibringen‹ von Wissen als Unterrichtsziel nannten, sahen sich eher als Instruktoren bzw. Instruktorinnen, die Wert auf eine standardisierte Vermittlung legten.[624] Das Forscherteam fand keine bedeutsamen Unterschiede zwischen Lehrpersonen unterschiedlicher Schultypen hinsichtlich ihrer Überzeugungen.

622 Vgl. z.B. Seifried: Unterricht, 2009, S. 62–66, 291. Auch für den Geschichtsunterricht bei Gautschi: Guter Geschichtsunterricht, 2009, S. 72–74.

623 Siehe Messner/Buff: Lehrerwissen, 2007, S. 170.

624 Vgl. ebda., S. 162–169.

Dies ist interessant angesichts der häufig beobachteten Selbstwahrnehmung von Gymnasiallehrkräften als Fachlehrpersonen und Lehrkräften anderer Schulformen als Pädagogen bzw. Pädagoginnen (vgl. Abschnitt II.3.2.9.). Das Ergebnis legt die Annahme nah, dass das Rollenkonzept des Lerncoaches eben nicht mit einer zuvorderst pädagogischen Orientierung einhergeht, während das Konzept des Wissensvermittlers mit jenem eines Fachlehrers korrespondiert. Die Konzepte sind im Gegenteil offenbar weitaus komplexer. Dennoch bleibt offen, inwiefern sich der »Druck eines bildungsbürgerlichen Traditionalismus«, den von Borries an Gymnasien »gerade auch in der Lehrerschaft« verortet, in den Lehr- und Rollenkonzepten der Lehrkräfte widerspiegelt.[625]

Neben den beiden genannten Rollenkonzepten werden in der geschichtsdidaktischen Forschung eine Reihe anderer Geschichtslehrertypen vorgeschlagen. Gautschi referiert Ronald Evans‹ Ergebnisse einer Studie mit 30 Lehrpersonen, unter denen dieser fünf Typen ausmachte: »Storytellers«, »Scientific Historians«, »Relativist-Reformers«, die dem Gegenwartsbezug im Unterricht besondere Bedeutung einräumen, »Cosmic Philosophers«, die das Überzeitliche der Themen besonders betonen, und sogenannte »Eclectics«, die unterschiedliche Konzepte zusammenwürfeln.[626] Daumüller schlägt die Typen »Fachwissenschaftler«, »Erziehertyp«, »Diskussionstyp«, »Wahrheitssucher«, »Lebenshelfer« und »Resignationstyp« vor. In seiner Befragung von Geschichtslehrkräften fand er, dass die »Fähigkeit zur Rollendistanz« überwiegend ausblieb. Das eigene professionelle Handeln und die eigenen Überzeugungen seien von den Lehrkräften nicht »konzeptionell durchdrungen« worden.[627] Für die Erforschung geschichtsdidaktischer Rollen- und Selbstkonzepte von Lehrkräften ist dieses Ergebnis höchst relevant: So muss untersucht werden, ob die Lehrkräfte überhaupt wirkliche eigene Haltungen entwickeln oder sich bloß an Vorgaben und Erfordernissen der Praxis orientieren, ohne diese wirklich zu hinterfragen.

Ein wichtiger Bereich der Lehrkonzepte betrifft schließlich die Überzeugungen der Lehrkräfte hinsichtlich des für ihre Berufsausübung nötigen professionellen Wissens. Für den Geschichtsunterricht gibt es hierzu ebenso wenig Erhebungen wie für andere Fächer.

### 2.4.4. Empirische Ergebnisse zum Selbstkonzept

Unter die Rubrik Selbstkonzepte fallen die Überzeugungen von Lehrkräften zum Einfluss der Berufserfahrung auf unterschiedliche Aspekte des Berufslebens.

---

625 Borries: Historisch Denken, 2008, S. 246. Ähnlich bei Herrmann: Lehrerausbildung, 2004, S. 338.

626 Siehe Evans: Teacher conceptions, 1989, zitiert nach Gautschi: Geschichtsunterricht erforschen, 2007, S. 35.

627 Siehe Daumüller: Einstellungen, 2012, S. 375, 382.

Auch hierzu existieren keine empirischen Erhebungen. Generelle Überzeugungen der Lehrkräfte zur eigenen individuellen Rolle werden häufig unter dem Stichwort der ›Selbstwirksamkeitsüberzeugungen‹ untersucht (s. u.).

### 2.4.5. Empirische Ergebnisse zum Planungskonzept

Eine frühe Untersuchung von Überzeugungen über das Unterrichtsplanen findet sich bei J. J. Peters, dessen Studie drei Planertypen hervorbrachte: Typ 1 orientierte sich in der Vorbereitung hauptsächlich an (Schulbuch-)Material. Der Planung wurde ein geringer Stellenwert eingeräumt. Typ 2 orientierte sich ebenfalls an Materialien, sichtete aber eine Vielzahl derselben, indem er sie unter Antizipation der Schülerreaktionen miteinander verglich. Typ 3 orientierte sich am Unterrichtsgegenstand selbst und wählte eigene Zugänge. Für ihn hatte die Unterrichtsvorbereitung einen großen Stellenwert und er räumte ihr mehr Zeit ein als die beiden anderen Typen.[628] Anderswo sind Überzeugungen von Lehrkräften zum Planen hauptsächlich unter der Frage nach den Gründen für das Planen erhoben worden. Die Ergebnisse sind im Abschnitt II.1. dargestellt worden. Untersuchungen aus der Geschichtsdidaktik liegen nicht vor.

Wengert fand, dass viele der von ihm untersuchten Lehrkräfte Unterricht nur für bedingt planbar hielten. Dennoch gingen sie nie völlig planlos in eine Unterrichtsstunde. Berufserfahrung minimierte den Lehrkräften zufolge hierbei allerdings den Planungsaufwand.[629] Wengert befragte in seiner Studie neben den Lehrkräften auch Fachleiter und Fachleiterinnen, die die Planung wiederum für bedeutend wichtiger hielten als die Lehrkräfte dies taten. Hierbei ergab sich insgesamt eine bemerkenswert unterschiedliche Einschätzung in Bezug auf die Planung verschiedener Unterrichtsabschnitte: So wurde die Vorbereitung des Stundenanfangs für deutlich wichtiger befunden als die Planung des Stundenendes.[630] Auch die von Tebrügge befragten Lehrkräfte betonten die Notwendigkeit einer guten Unterrichtsvorbereitung für den Unterrichtserfolg und für die eigene Zufriedenheit. Auch sie gaben an, nie unvorbereitet zu unterrichten. Viele Lehrkräfte bedauerten hierbei, dass ihnen der Berufsalltag zu wenig Zeit für eine befriedigende Planung lasse.[631] Eine solche Unzufriedenheit der Lehrkräfte wird auch in Haas' empirischer Studie thematisiert. Er erläutert, dass Lehrkräfte niemals wissen, wie lange und wie viel andere Lehrkräfte vorbereiten, und dass hieraus für manche ein großer Druck erwachse.[632] Sowohl die von Tebrügge als auch die von Wengert untersuchten Lehrkräfte gaben an, bei

628 Vgl. Peters: Teaching, 1984, zitiert nach Carle: Mein Lehrplan, 1995, S. 38.
629 Vgl. Wengert: Untersuchungen, 1989, S. 430–432.
630 Siehe ebda, S. 348.
631 Siehe Tebrügge: Unterrichtsplanung, 2001, S. 178–180.
632 Siehe Haas: Unterrichtsplanung, 1998, S. 10f. Auch bei Bromme: Das Denken, 1981, S. 35.

mangelhafter Vorbereitung auf Übungsstunden oder Filmstunden auszuweichen.[633]

Eine wichtige Frage in Hinblick auf das Planungskonzept betrifft die Überzeugung darüber, ob Unterrichtsplanung erlernbar sei und wie sie erlernt werden sollte. Wiewohl es hierzu in der Literatur eine Vielzahl an Vermutungen gibt, ist das Thema mit Lehrkräften bislang nicht empirisch untersucht worden. Grundsätzlich wird in der Literatur davon ausgegangen, dass angehende Lehrkräfte sich durch ihre theoretische Ausbildung nicht darauf vorbereitet fühlen, Unterricht angemessen zu planen (siehe hierzu genauer Abschnitt III.4.).

### 2.5. Emotion, Motivation und Selbstwirksamkeitsüberzeugung

Neben den kognitiven Wissensbereichen und dem Bereich der Überzeugungen werden weitere Aspekte des menschlichen Denkens als für die erfolgreiche Unterrichtsdurchführung wichtig angesehen. Hierbei handelt es sich um solche Bereiche, die das Fühlen betreffen. So beschäftigt sich eine wachsende Zahl von Untersuchungen mit dem Thema der Lehreremotionen. Hierbei gilt die Annahme, dass grundsätzlich alle kognitiven Prozesse von Emotionen begleitet sind.[634] Eng verknüpft mit den Emotionen, die eine Lehrkraft in Bezug auf ihr Fach und ihren Unterricht hat, sind motivationale Merkmale. Auch sie werden als Teil der professionellen Kompetenz verstanden. Motivationale Merkmale von Lehrpersonen bestimmen nicht nur Unterrichtsverhalten, sondern auch Selbstwahrnehmung der Lehrkraft. Darüber hinaus haben sie offensichtlich Vorbildcharakter für die Schüler und Schülerinnen.[635] Eine besondere Untergruppe der Untersuchungsbemühungen betrifft hierbei den Bereich des Enthusiasmus, der sich entweder in Bezug auf das Unterrichten oder das Unterrichtsfach entfalten kann. Der Enthusiasmus wird als entscheidender Bereich der professionellen Kompetenz gesehen, der durchaus von außen beeinflusst werden könne. Empirische Ergebnisse zeigen hierbei, dass die Freude einer Lehrkraft am Umgang mit den Schülern und Schülerinnen für die eigene Berufszufriedenheit und vermutlich auch für die Unterrichtsqualität wichtiger ist als die Liebe zum Fach.[636]

Als zentrale motivationale Orientierung und wichtige psychologische Voraussetzung für erfolgreiches Unterrichtshandeln gilt zudem die Selbstwirksamkeitsüberzeugung der Lehrkraft, also ihre Erwartung, schwierige Situatio-

633 Siehe Tebrügge: Unterrichtsplanung, 2001, S. 181; Wengert: Untersuchungen, 1989, S. 433 f.
634 Vgl. Oser: Wirkung, 2011, S. 595; Bromme u. a.: Lehrende, 2006, S. 321–324.
635 Vgl. Helmke: Unterrichtsqualität, 2013, S. 225; Kunter: Motivation, 2011, S. 259 f., 270.
636 Siehe Kunter/Baumert: Das COACTIV-Forschungsprogramm, 2011, S. 349.

nen lösen zu können. Forschungen haben ergeben, dass Lehrkräfte mit ausgeprägten Selbstwirksamkeitsüberzeugungen einen größeren Enthusiasmus für ihren Unterricht zeigen. Es gilt zudem als gesichert, dass sie sich höhere Ziele stecken, diese mit mehr Anstrengung verfolgen und zu besseren Ergebnissen kommen.[637] Albert Bandura betont, dass Selbstzweifel alle professionellen Kompetenzen außer Kraft setzen können.[638]

Die Auswirkungen der Selbstwirksamkeitserwartungen in Bezug auf die Unterrichtsplanung sind hierbei ungeklärt. Es gilt als gesichert, dass eine geringe Selbstwirksamkeitserwartung zu Angst vor künftigen schwierigen Situationen führt.[639] Müsste dies nicht bei den betroffenen Lehrkräften in einem gesteigerten Planungsengagement resultieren? Oder hemmt sie eine solche Angst im Gegenteil in der Vorbereitung von Unterricht? Forschungen haben ergeben, dass Lehrkräfte mit höherer Selbstwirksamkeit neuen Ideen gegenüber offener sind, in ihrer Planung lieber mit neuen Methoden experimentieren und mehr Ausdauer zeigen. Auch scheinen die Erwartungen zu einem konstruktiven Unterstützungsverhalten in Bezug auf die Schüler und Schülerinnen zu führen, das sich bereits in der Vorbereitung niederschlägt. In diesem Zusammenhang konnte eine Wirkung auf Schülerleistungen festgestellt werden.[640]

Studien haben allerdings gezeigt, dass Lehrkräfte offenbar vielfach über ein eher geringes Selbstwirksamkeitskonzept verfügen. So wiesen Wilfried Schubarth u. a. nach, dass sich Referendare und Referendarinnen deutlich weniger kompetent einschätzten, als dies den Fremdeinschätzungen der Ausbilder und Ausbilderinnen entsprach.[641] Klaudia Schulte zeigte wiederum in einer quantitativen Studie, dass Referendare und Referendarinnen höhere Selbstwirksamkeitserwartungen aufwiesen als Studienanfänger und Studienanfängerinnen.[642] Weniger auf die Einschätzung der eigenen Kompetenz als auf eine negative Wahrnehmung ihrer Lerngruppen weisen die Aussagen einer vom Allensbach-Institut befragten Stichprobe hin. 48 Prozent der Lehrkräfte gaben an, sie hätten wenig oder gar keinen Einfluss auf ihre Schüler und Schülerinnen.[643] Offenbar fühlen sich viele Lehrkräfte zudem aufgrund der institutionellen Bedingungen zu einer gewissen Hilflosigkeit verdammt.[644]

---

637 Siehe z. B. Baumert/Kunter: Das Kompetenzmodell, 2011, S. 43; Schulte: Selbstwirksamkeitserwartungen, 2008, S. 5–9; Tschannen-Moran/Woolfolk Hoy: Teacher efficacy, 2001.

638 Siehe Bandura: Self-efficacy, S. 35.

639 Siehe Schulte: Selbstwirksamkeitserwartungen, 2008, S. 9.

640 Vgl. z. B. Baumert/Kunter: Das Kompetenzmodell, 2011, S. 43; Schulte: Selbstwirksamkeitserwartungen, 2008, S. 12.

641 Siehe Schubarth/Speck/Seidel: Die zweite Phase, 2010, S. 343.

642 Siehe Schulte: Selbstwirksamkeitserwartungen, 2008, S. 29.

643 Vgl. Spiewak: »Ich bin superwichtig«, 2013, S. 3.

644 Grell/Grell: Unterrichtsrezepte, 2010, S. 39 f. zufolge unterschätzen sie hierbei ihre eigenen Einflussmöglichkeiten.

In der Literatur findet sich wiederholt die Forderung an die Lehrkräfte, von ihrer eigenen Wirksamkeit überzeugt zu sein. Begleitet wird dieser Appell immer allerdings von der Anmerkung, die Lehrpersonen müssten sich gleichsam der Tatsache bewusst sein, dass ihr Einfluss auf den Unterrichtserfolg immer nur begrenzt sein könne.[645] Grundsätzlich ist unklar, inwiefern Selbstwirksamkeit gezielt erworben und gestärkt werden kann. Es gilt als gesetzt, dass eine langfristige Enttäuschung im Lehrerberuf zu einem Absinken der Selbstwirksamkeitserwartungen führt. In jedem Fall scheint die jeweilige berufsbiografische Phase und die soziale Situation an der jeweiligen Schule Einfluss zu haben.[646]

## III.3. Lehrerkompetenzen

Die Diskussion um das professionelle Wissen von Lehrkräften ist Teil der Debatte um Lehrerkompetenzen, die sich im Anschluss an die Debatte um Schülerkompetenzen entfaltete und die bis heute intensiv betrieben wird.[647] Die Begrifflichkeiten sind hierbei nicht immer scharf zu trennen. Anders als der Terminus des professionellen Wissens beschreibt der Begriff der Lehrerkompetenz im Sinne Weinerts allerdings in jedem Fall auch Aspekte des Handelns. Kompetenz umfasst hierbei sowohl die Fähigkeit zu handeln als auch die Bereitschaft dazu: Weinert zufolge sind Kompetenzen »kognitive Fähigkeiten und Fertigkeiten, bestimmte Probleme zu lösen, sowie die damit verbundenen motivationalen, volitionalen und sozialen Bereitschaften und Fähigkeiten, die Problemlösungen in variablen Situationen erfolgreich und verantwortungsvoll zu nutzen«[648]. Sie gelten grundsätzlich als erlernbar.[649]

---

645 Siehe z. B. Herzog/Makarova: Anforderungen, 2011, S. 74f.; Gautschi: Lernumgebungen, 2002, S. 81; Bromme: Kompetenzen, 1997, S. 203.

646 Siehe Baumert/Kunter: Das Kompetenzmodell, 2011, S. 43; Schulte: Selbstwirksamkeitserwartungen, 2008, S. 13.

647 Für einen Überblick über neuere Veröffentlichungen siehe Helmke: Unterrichtsqualität, 2012; Frey/Jung: Kompetenzmodelle, 2011.

648 Weinert: Vergleichende Leistungsmessung, 2001, S. 27f. Mitunter werden auch Überzeugungen speziell als Teil der Kompetenz erwähnt, vgl. z. B. Baumert/Kunter: Das Kompetenzmodell, 2011, S. 31. Der Begriff wird aber bis heute nicht konsensual verwendet. Ebenso wie für den Bereich des professionellen Wissens ergibt sich auch hier die schwierige Debatte um den Unterschied zwischen Wissen und Handeln, siehe Krauss: Das Experten-Paradigma, 2011, S. 182 und FN 505. Es existiert allerdings auch für die Kompetenzen eine enge Definition, die rein auf die kognitiven Aspekte abzielt, vgl. Baumert/Kunter: Das Kompetenzmodell, 2011, S. 31. Heute herrscht Einigkeit darüber, dass Wissen eine notwendige Grundlage für den Erwerb von Handlungskompetenzen ist, siehe z. B. Bruder u. a.: Modellierung, 2010, S. 284.

649 Vgl. z. B. Kunter: Modellierung, 2010, S. 307. Nichtsdestoweniger gelten Persönlichkeits-

Ebenso wie die Schülerkompetenzen beruhen auch die Lehrerkompetenzen auf Standards, die seit Anfang des 21. Jahrhunderts für die Lehrerbildung gefordert werden. Im Dezember 2004 beschloss die KMK »Standards für die Lehrerbildung«, die die vier Bereiche des Unterrichtens, Erziehens, Beurteilens und Innovierens abdeckten, aber fachunspezifisch formuliert waren. Alle Bundesländer verpflichteten sich, diese Standards als Grundlage der Lehrerausbildung zu implementieren.[650] Die Gesellschaft für Fachdidaktik (GFD) schlug ein eigenes »Kerncurriculum Fachdidaktik« vor, das fünf Kompetenzbereiche und 20 eigene fachdidaktische Standards enthielt, deren Erreichung sie für das Ende der ersten Phase der Lehrerbildung einforderte. 2008 reagierte die KMK mit der Veröffentlichung der »Ländergemeinsamen inhaltlichen Anforderungen für die Fachwissenschaften und Fachdidaktiken in der Lehrerbildung«, in denen auch fachspezifische Angaben enthalten waren.[651] Konkrete Vorschläge für Kompetenzmodelle und Vorschläge für einzelne Lehrerkompetenzen existieren seit Längerem. Die konkrete Aufschlüsselung ist hierbei divers und sieht besonders für die einzelnen Fächer unterschiedlich aus. Während die meisten Modelle Weinerts Einteilung der Lehrerkompetenzen in ›Fachkompetenz‹, ›didaktische Kompetenz‹, ›Klassenführungs-‹ und ›diagnostische Kompetenz‹ folgen, finden sich darüber hinaus alternative Konzepte, wie zum Beispiel jenes der ›Selbstkompetenz‹.[652]

## 3.1. Lehrerkompetenzen in der Geschichtsdidaktik

Mit der Veröffentlichung der »Ländergemeinsamen inhaltlichen Anforderungen« durch die KMK (2008) wurden erstmals auch für künftige Geschichtslehrkräfte fachspezifische Kompetenzen von offizieller Seite vorgeschlagen. Die Anwärter und Anwärterinnen sollten demnach nach Abschluss der ersten Phase

merkmale auch hier als einflussreich, siehe Baumert u. a.: Professionelle Kompetenz, 2011, S. 11f. Für kritische Stimmen bezüglich der Erlernbarkeit vgl. Czerwenka/Nölle: Forschung, 2011, S. 367; Neuweg: Das Wissen, 2011, S. 471.

650 Der Entwurf enthielt elf Kompetenzbereiche zur Erreichung am Ende des Referendariats, siehe KMK: Standards, 2004. Dennoch konstatieren Blömeke/König im Jahr 2010, dass die »curriculare Vielfalt« nie größer gewesen sei »als zurzeit«, vgl. Dies.: Profile, 2010, S. 17.

651 Die diesbez. Veröffentlichungen der GFD sind abrufbar unter http://zlb.uni-due.de/node/111. Für das Lehramt Geschichte siehe KMK: Ländergemeinsame Anforderungen, 2008, S. 27f.

652 Siehe z. B. Bremerich-Vos u. a.: Professionelles Wissen, 2011, S. 50; Frey/Jung: Kompetenzmodelle, 2011, S. 567f. Für die ›Selbstkompetenz‹ vgl. Meyer: Leitfaden, 2010, S. 164. Als zentral gilt in beinahe allen Modellen zudem die Fähigkeit der Lehrkraft über die eigenen Vorgehensweisen zu reflektieren. Dies wird aber nur manchmal als ›Reflexionskompetenz‹ bezeichnet, vgl. z. B. Anselm: Kompetenzentwicklung, 2011, S. 84; Jank/Meyer: Didaktische Modelle, 2010, S. 162.

über »anschlussfähiges fachwissenschaftliches und fachdidaktisches Wissen [und Arbeitstechniken] verfügen«, die sie zur Unterrichtsgestaltung im Fach Geschichte benötigen. Darüber hinaus sei unter anderem der Erwerb von »zentralen geschichtsdidaktischen Kategorien und Konzepten sowie Forschungsansätzen und -methoden«, »kognitiven, sozialen und emotionalen Dimensionen der Förderung von Geschichtsbewusstsein und reflektiertem Umgang mit Geschichtskultur« sowie Kenntnissen über »Curricula, Lehrpläne und Kompetenzmodelle«, »kompetenzorientierte Gestaltung von [...] historischem Lernen« und schließlich die »kompetenzorientierte Planung von Geschichtsunterricht und Reflexion erster Durchführungserfahrungen« nötig. Der Ausbildung für die unterschiedlichen Schulformen wird insofern Rechnung getragen, als für die Sek II und das Gymnasium von einem »größere[n] Vertiefungsgrad« gesprochen wird, der sich offensichtlich auf inhaltliche Aspekte bezieht.[653] Michael Sauer hat diesen Weg der Differenzierung kritisiert und eine inhaltliche Begründung gefordert. Es sei nicht nachvollziehbar, warum Lehrkräfte der Sek II stärker in Hinblick auf fachliches Reflexionsvermögen ausgebildet werden sollten als die Lehrkräfte anderer Schulformen. Sauer fragt darüber hinaus, ob nicht besonders Lehrkräfte der Hauptschule eines reflektierten und sinnvoll organisierten Fachwissens bedürften, um »einen stärker exemplarisch ausgerichteten Unterricht erteilen zu können«[654].

Innerhalb der Geschichtsdidaktik werden Lehrerkompetenzen bereits seit längerer Zeit diskutiert. Die Debatte hat aber bis heute nicht etwa zu konsensual akzeptierten Vorschlägen oder gar flächendeckend in der Ausbildung genutzten Standards geführt. Auch sind die Beiträge deutlich überschaubarer als jene zu Schülerkompetenzen.[655] Bis heute existieren nur zwei ausformulierte Vorschläge für Kompetenzmodelle für Geschichtslehrkräfte: Hans-Jürgen Pandels Überlegungen (2005) und der daran anschließende Entwurf von Michael Jung und Holger Thünemann aus dem Jahr 2007.

Pandel zufolge müssen Lehrkräfte über all jene Kompetenzen verfügen, die auch von Schülern und Schülerinnen gefordert werden.[656] Darüber hinaus erwartet er von den Lehrkräften Diagnosekompetenz, curriculare Kompetenz, kategoriale Kompetenz und Planungskompetenz. Die curriculare Kompetenz beschreibt hierbei im Grunde eine Kompetenz zur Themenwahl bzw. die Fä-

---

653 KMK: Ländergemeinsame Anforderungen, 2008, S. 27f. Kritische Rezeption bei Hasberg: Historiker, 2010, S. 174.

654 Sauer: Professionalisierung, 2013, S. 35.

655 Vgl. hierzu z.B. Hensel-Grobe: Kompetenzorientierung, 2013, S. 209–213; Sandkühler: Vom Master, 2013, S. 167; Sauer: Die Ausbildung, 2012, S. 355.

656 Siehe Pandel: Geschichtsunterricht, 2005, S. 45. Ähnlich bei Hensel-Grobe: Kompetenzorientierung, 2013, S. 213; Barricelli u.a.: Historische Kompetenzen, 2012, S. 232; Schreiber/Ventzke: Überlegungen, 2010, S. 78.

higkeit, aus »heterogenen Wissensbeständen einen roten Faden zu destillieren«. Sie ermögliche den Lehrkräften zudem, auf dem neuesten Stand der Geschichtsdidaktik zu bleiben. Die kategoriale Kompetenz bezieht sich hingegen auf Kenntnisse über geschichtsdidaktische Ordnungsbegriffe und deren Anwendung im Unterricht sowie die generelle reflektierte Behandlung historischer Sachverhalte.[657] Sein Konzept einer Planungskompetenz wird unten ausführlich dargestellt werden. Pandels Vorschläge sind für ihre fehlende Fachspezifik kritisiert worden.[658] Jung/Thünemann entwickeln in Anlehnung an die bei Pandel genannten Schülerkompetenzen einen eigenen, deutlich fachspezifischen Kompetenzkatalog, der fünf Kompetenzbereiche unter den Stichworten »fachwissenschaftliche Kompetenz«, »Gattungskompetenz«, »Interpretationskompetenz«, »narrative Kompetenz« und »geschichtskulturelle Kompetenz« enthält.[659]

Obwohl bis heute keine weiteren umfassenden Lehrerkompetenzkataloge für Geschichtslehrkräfte publiziert worden sind, befindet sich die diesbezügliche Diskussion Barricelli u. a. zufolge in einer »Hochphase«[660]. Praktische Relevanz haben insbesondere die unterschiedlichen Lehrerkompetenzmodelle in Form von Ausbildungsleitfäden, die an jedem Studienseminar in Deutschland vorliegen. Ob diese Kataloge sich an geschichtsdidaktischer Forschung, den Erlassen der KMK oder den Entscheidungen des jeweils zuständigen Ausbilders oder der zuständigen Ausbilderin orientieren, lässt sich im Einzelnen nicht nachvollziehen und unterliegt keiner öffentlichen Kontrolle. Es ist deutlich, dass der Begriff der Lehrerkompetenz auch in der Geschichtsdidaktik bis heute unscharf bleibt.[661] Dies mag ursächlich dafür sein, dass die wenigen empirischen Ergebnisse vereinzelter Studien darauf hindeuten, dass der Kompetenzerwerb angehender Geschichtslehrkräfte nicht unbedingt erfolgreich verläuft.[662] Wiederholt wird darauf hingewiesen, dass eine flächendeckend verbindliche Katalogformulierung allerdings erst möglich sei, wenn Geschichtslehrerkompetenzen empirisch untersucht und somit in ihren Facetten darstellbar seien. Die empirische Forschung zum Thema steht aber noch absolut am Anfang.[663]

657 Siehe Pandel: Geschichtsunterricht, 2005, S. 47.
658 Vgl. Hasberg: Historiker, 2010, S. 165.
659 Siehe Jung/Thünemann: Welche Kompetenzen, 2007, S. 248–250.
660 Barricelli u. a.: Historische Kompetenzen, 2012, S. 232. Siehe besonders Waldis u. a.: »Der Unterricht«, 2014.
661 Vgl. Hensel-Grobe: Kompetenzorientierung, 2013, S. 209–213; Sauer: Zur Professionalisierung, 2013, S. 33; Fritz: Geschichte, 2012, S. 48.
662 Vgl. Sauer: Kompetenzen, 2012, S. 325.
663 Einen Überblick über die jüngsten Unternehmungen findet sich in Hodel/Waldis/Ziegler: Forschungswerkstatt Geschichtsdidaktik 12, 2013 sowie Hodel/Ziegler: Forschungswerkstatt Geschichtsdidaktik 09, 2011. Vgl. weiter Kanert: Geschichtslehrerausbildung, 2014; Sauer: Kompetenzen, 2012, S. 326f.

Ein wichtiges Projekt zur Aufschlüsselung der Kompetenzen aus Sicht der Betroffenen hat Sauer unternommen. In einer quantitativen Befragung an 114 Studierenden, 101 Referendaren und Referendarinnen, 97 Lehrkräften, 41 Hochschullehrkräften und 41 Ausbildern und Ausbilderinnen ließ er die Teilnehmer und Teilnehmerinnen unterschiedliche fachspezifische Kompetenzbereiche in Bezug auf Relevanz und Erwerb einschätzen. Als besonders wichtig beurteilt wurden von allen Teilnehmenden die Kompetenzbereiche des Fachwissens und der Planung von Geschichtsunterricht. Hierbei zeigte sich gleichwohl ein deutlicher Unterschied zwischen Mitgliedern der Expertengruppe (Ausbilder und Ausbilderinnen sowie Lehrkräfte) und Mitgliedern der Novizengruppe (Studierende und Referendare bzw. Referendarinnen): Erstere hielten den Kompetenzbereich des Fachwissens für deutlich wichtiger als die Novizen und Novizinnen.[664] Insgesamt zeigt Sauers Untersuchung, dass unterschiedliche Probanden und Probandinnen in unterschiedlichen Phasen der Lehrerausbildung die Wichtigkeit einzelner Kompetenzen durchaus unterschiedlich bewerten. Die Ergebnisse veranlassen ihn zur Auflistung offener Fragen. So sei es dringend nötig, die bereits existierenden Kompetenzen zu operationalisieren und begründet sinnvolle Niveauunterscheidungen festzulegen. Auch stehe eine klarere Differenzierung zwischen fachwissenschaftlichen Kompetenzen und Kompetenzen der Vermittlung aus.[665]

## 3.2. Messung von Kompetenzen

Die Messung des professionellen Lehrerwissens bzw. der Lehrerkompetenzen stellt die Wissenschaft bis heute vor eine Herausforderung. Unterschiedliche Operationalisierungen des Wissens und der Kompetenzen sind im Umlauf, konkrete Testaufgaben werden kontinuierlich entwickelt.[666] Es geht in erster Linie darum, die unterschiedlichen Wissens- bzw. Kompetenzbereiche detailliert in »Kompetenzfacetten« zu differenzieren, »die durch konkrete Indikatoren operationalisiert werden« können.[667] Grundsätzlich ist bei der Messung Terhart zufolge zu beachten, dass sowohl »Dimensionen des Wissens, Könnens [als auch] Wollens« beachtet werden müssen.[668] Prinzipiell erfordert die Messung

664 Siehe Sauer: Kompetenzen, 2012, S. 330f.

665 Siehe Ders.: Zur Professionalisierung, 2013, S. 33.

666 Vgl. z. B. Blömeke: Teacher Education, 2011, S. 14–16; Frey/Jung: Kompetenzmodelle, 2011, S. 561; Oser/Düggeli/Heinzer: Qualitätsmessung, 2010.

667 Baumert/Kunter: Das Kompetenzmodell, 2011, S. 33. Die Modellierungen werden nach wie vor häufig als zu eng empfunden, vgl. z. B. Aufschnaiter/Blömeke: Professionelle Kompetenz, 2010, S. 363.

668 Terhart: Erfassung, 2007, S. 52.

von Kompetenzen eine möglichst handlungsbezogene Erhebung. Gleichzeitig wird in der Literatur wiederholt darauf hingewiesen, dass die gemessene Performanz immer nur ein Indikator für eine vorhandene Kompetenz sein kann.[669] Claudia von Aufschnaiter und Sigrid Blömeke betonen, dass die gegenwärtige Situation verlangt, die existierenden Kompetenzbeschreibungen eher als Konstruktionshilfen für Testaufgaben zu nutzen, um erst aus den Testergebnissen konkretere Schlüsse für sinnvolle Formulierungen zu ziehen. So hat oft erst die empirische Überprüfung von Kompetenzvorschlägen gezeigt, dass die komplexen Handlungen von Lehrkräften hier nicht sinnvoll abgebildet werden konnten. Es ergibt sich allerdings das Problem, dass zur vergleichsweise offenen Erfassung neuer Kompetenzen bzw. zur Kompetenzdefinition sehr offene Aufgabenstellungen bzw. Testitems nötig sind. Diese sind aber wiederum nur unter großem Aufwand zu codieren und auszuwerten.[670]

Es sind unterschiedliche Versuche der Operationalisierung bzw. Graduierung von Kompetenzen zu deren empirischer Untersuchung unternommen worden. So nutzten Fritz Oser und Jürgen Oelkers das Konstrukt der »Verarbeitungstiefe«, anhand dessen die befragten Absolventen unterschiedlichen Graden des Kompetenzerwerbs bzw. unterschiedlichen Kompetenzniveaus zugeordnet werden konnten.[671] Auch Andreas Frey entwickelte einen differenzierten Katalog von Kompetenzen, den er über Selbsteinschätzungen an Referendaren und Referendarinnen und Lehramtsstudierenden überprüfte.[672] Schließlich lobt Neuweg die »bemerkenswerten Operationalisierungsanstrengungen« der jüngeren quantitativen Studien und deren »sehr kompetenznahe Tests«[673]. Niveauunterschiede werden unter Rückgriff auf die Ergebnisse der Expertenforschung mit den unterschiedlichen Anforderungen »beschreiben, erklären und vorhersagen« ermittelt.[674] Die Operationalisierungen für die Geschichtsdidaktik stecken entsprechend den hier geringen Forschungserfolgen in Hinblick auf Lehrerkompetenzen noch in den Anfängen.[675]

Die Methoden zur Messung von Kompetenzen sind bis heute überschaubar.

669 Siehe Sauer: »Putsch«, 2012, S. 57; Maag-Merki/Werner: Erfassung, 2011, S. 576f.

670 Vgl. z.B. Aufschnaiter/Blömeke: Professionelle Kompetenz, 2010, S. 364.

671 Aufrecht erhalten in einer jüngeren Studie Osers: Qualitätsmessung, 2010, S. 137. Die tiefste Prägung zeigt sich daran, dass die drei Lernwege ›theoretisch, übend und praktisch‹ beschritten werden. Neuerdings genutzt von Seidenfuß/Kanert: Die Wirksamkeit, 2013, S. 160–162. Hier ergänzt durch die Dimensionen ›Bedeutsamkeit‹ und ›Anwendungswahrscheinlichkeit‹. Bei Kanert: Geschichtslehrerausbildung, 2014, S. 19: »Handlungsrelevanz«.

672 Vgl. Frey: Die Kompetenzstrukturen, 2005.

673 Neuweg: Das Wissen, 2011, S. 458. Ein Überblick über weitere Untersuchungen bei Frey/Jung: Kompetenzmodelle, 2011, S. 551–553.

674 Siehe Seidel u.a.: Observer, 2010, S. 297. Ähnlich bei König/Blömeke/Doll: Pädagogisches Wissen, 2011, S. 149.

675 Vgl. Hensel-Grobe: Kompetenzorientierung, 2013, S. 215.

Selbsteinschätzungen gelten gegenwärtig besonders in Kombination mit Fremdeinschätzungen, etwa durch Kollegen und Kolleginnen oder auch durch Schüler und Schülerinnen, als aussagekräftig.[676] Darüber hinaus wird die Beobachtung und Erfassung von Kompetenzen in Handlungssituationen betrieben. Auch wenn hier die Forderung nach Handlungsnähe eingelöst wird, wird die Beobachtung ähnlich wie die Selbsteinschätzungen in ihrer Aussagekraft als alleinige Methode allerdings immer wieder angezweifelt.[677] Schließlich werden sogenannte offene Entwicklungsaufgaben und standardisierte Testverfahren in Kombination genutzt, wobei die Tests sich vorrangig zur Erhebung deklarativen Wissens eignen.[678] Als besonders ergiebig hat sich neuerdings der Einsatz von Vignetten in Form von simulierten oder echten Unterrichtssituationen, häufig über Videos oder schriftliche Szenarien, erwiesen, die die Untersuchungspersonen beschreiben und beurteilen müssen.[679] Neuere Publikationen plädieren grundsätzlich für eine Testung über mehrere, unterschiedliche Verfahren.[680]

### 3.3. Planungskompetenz

In jedem existierenden Modell von Lehrerkompetenzen nehmen Fähigkeiten in Bezug auf die Unterrichtsplanung eine zentrale Stellung ein. Dies schlägt sich aber nicht in der Ausformulierung spezieller Planungskompetenzen nieder. Die grundsätzlichen diesbezüglichen Aufgaben, die Lehrkräfte im Rahmen der Planung zu bewältigen haben, sind in Abschnitt II.2. ausführlich dargestellt worden. Welche theoretischen und normativen Vorschläge gibt es hinsichtlich der Kompetenzen, die den Bereich des Unterrichtsplanens umfassen?

Auch in den »Standards« der KMK aus dem Jahr 2004 wird Unterrichtsplanung als zentraler Aspekt professioneller Lehrerkompetenz präsentiert. Lehrkräfte müssten ihren Unterricht »fach- und sachgerecht« planen. Hierzu sollten sie auf einer theoretischen Ebene »bildungs- und erziehungstheoretische Ziele«, »allgemein- und fachbezogene Didaktiken«, »unterschiedliche Unterrichtsmethoden«, »Konzepte der Medienpädagogik« und »Diagnoseverfahren« kennen und »wissen, was bei der Planung von Unterrichtseinheiten beachtet werden muss«. Auf einer praktischen Ebene müssten sie fachliches und fachdidaktisches Wissen verknüpfen sowie Inhalte, Methoden, Arbeitsformen und Medien

676 Vgl. Terhart: Erfassung, 2007, S. 53f.; Baer u.a.: Werden angehende Lehrpersonen, 2007, S. 42.

677 Vgl. Frey: Methoden, 2006, S. 34.

678 Vgl. Sauer: Kompetenzen, 2012, S. 327; Frey: Methoden, 2006, S. 36–41.

679 Siehe ausführlich Abschnitt IV.3.3.

680 Siehe z.B. Aufschnaiter/Blömeke: Professionelle Kompetenz, 2010, S. 364.

wählen.[681] Konkrete Fähigkeiten im Sinne von Kompetenzen werden hier nur vage angedeutet. Auch die »Ländergemeinsamen Anforderungen« an Geschichtslehrkräfte im Jahr 2008 wiederholen die grundsätzlichen Elemente der »Standards« von 2004, ohne jedoch konkrete Kompetenzvorschläge zu liefern. Die Unterrichtsplanung wird hier lediglich an zwei Stellen erwähnt: So heißt es, Absolventen der ersten Phase müssten »über grundlegende Fähigkeiten der [...] Planung« verfügen und »erste reflektierte Erfahrungen in der kompetenzorientierten Planung« von Geschichtsunterricht gemacht haben.[682] In der Veröffentlichung der Gesellschaft für Fachdidaktik (2005) heißt es, Lehrkräfte müssten am Ende der ersten Phase »Planungsentscheidungen treffen und reflektieren«. Hierzu gehöre die didaktische Rekonstruktion, die »Fähigkeit zur Begründung auf die Schulpraxis bezogener Entscheidungen auf der Basis soliden und strukturierten Wissens« und schließlich die adressatenorientierte Vorbereitung von Unterrichtseinheiten, -stunden und -sequenzen »mit angemessenem fachlichen Niveau, bezogen auf verschiedene Kompetenz- und Anforderungsbereiche«[683]. Der Begriff der ›Planungskompetenz‹ fällt allerdings in keiner der Veröffentlichungen und auch in der allgemeindidaktischen Debatte wird der Ausdruck nur vorsichtig und selten benutzt.[684] Dies korrespondiert mit den Erfahrungen der Verfasserin der vorliegenden Untersuchung, die in informellen Gesprächen mit Fachleitern und Fachleiterinnen unterschiedlicher Studienseminare überwiegend auf die Meinung traf, der Begriff der Planungskompetenz sei weder gebräuchlich noch glücklich. Tatsächlich handelt es sich bei der Unterrichtsplanung um eine »Querschnittsmaterie«[685], und es ist offensichtlich schwierig, all die unterschiedlichen hierbei anfallenden Einzelhandlungen und Denkprozesse unter einen Begriff zu bringen, der sie repräsentiert. So enthalten selbstverständlich alle oben genannten Kompetenzvorschläge Komponenten, die in erster Linie bei der Unterrichtsplanung zum Tragen kommen. Gleichzeitig könnte beinahe jeder für das Unterrichtsplanen notwendigen Tätigkeit das Suffix ›-kompetenz‹ angehängt werden. Dieser Umstand hat vermutlich dazu geführt, dass die Planungskompetenz bis heute weder einheitlich definiert noch flächendeckend als fester Bestandteil von Lehrerkompetenzkatalogen gebräuchlich ist.

Auch in der Geschichtsdidaktik fällt der Begriff der Planungskompetenz

681 Vgl. KMK: Standards, 2004, S. 7.

682 KMK: Ländergemeinsame Anforderungen, 2008, S. 27.

683 GFD: Zuordnungstabelle von Kompetenzformulierungen, 2005, S. 1f.

684 Bei Kiper: Unterrichtsplanung, 2011, S. 139; Seel: Angehende Lehrer/innen, 2011, S. 31; Jank/Meyer: Didaktische Modelle, 2010, S. 163; Sandfuchs: Grundfragen, 2009, S. 687; Beck u. a.: Adaptive Lehrkompetenz, 2008, S. 10; Frey: Die Kompetenzstrukturen, 2005, S. 6; Bromme/Seeger: Unterrichtsplanung, 1979, S. 103.

685 Seel: Angehende Lehrer/innen, 2011, S. 41.

selten.[686] Erstmals deutlich gefordert wurde sie 2005 von Pandel, der hierunter in erster Linie ein kreatives Arrangieren jeweils angemessener Methoden verstand.[687] Auch Sauers Kompetenzvorschläge, die als Grundlage seiner empirischen Untersuchung dienen, enthalten einen Kompetenzbereich der ›Planung von Geschichtsunterricht‹. Eben dieser Bereich wurde von nahezu allen seiner Befragtengruppen als wichtigster Kompetenzbereich gewertet. Für Sauer umfasst Planungskompetenz hierbei unter anderem die Fähigkeit, »historische Themen didaktisch begründet« und schülerorientiert auszuwählen und zu erschließen, spezifische Untersuchungsverfahren zu kennen und anwenden zu können, fachspezifische Lehrmittel, Medien, Methoden und Sozial-, Kommunikations- und Präsentationsformen unterrichtlich umzusetzen sowie eigene Arbeitsmaterialien zu erstellen. Schließlich sollten die Lehrkräfte selbsttätiges Lernen von Schülern und Schülerinnen durch Planung vorbereiten und ihnen die Teilhabe an der gegenwärtigen Geschichtskultur ermöglichen können. In der Bewertung der Wichtigkeit der Einzelkompetenzen durch die Probanden und Probandinnen ergaben sich hierbei bemerkenswerte Unterschiede. So sahen sowohl Studierende als auch Referendare und Referendarinnen die Handhabung von fachspezifischen Medien als wichtigste Einzelkompetenz. Ausbilder und Ausbilderinnen sowie Hochschullehrkräfte hielten demgegenüber die Auswahl und Erschließung historischer Themen für wichtiger. Die Professoren und Professorinnen beurteilten darüber hinaus die Kenntnis von Sozial-, Kommunikations- und Präsentationsformen sowie die Vermittlung des Umgangs mit Quellen und Darstellungen als relevanter. Letztere wurde auch von den Lehrkräften als besonders bedeutsam gewertet. Einigkeit herrschte in Bezug auf die am wenigsten wichtige Kompetenz: Die Lernenden zur Teilhabe an der Geschichtskultur zu befähigen, rangierte bei allen Befragtengruppen auf dem letzten Platz.[688] Georg Kanert hat in seiner Untersuchung zur Wirksamkeit der Geschichtslehrerausbildung die Planungskompetenz in 20 Unterkompetenzen aufgeschlüsselt, die den Definitionen Sauers vielfach entsprechen. Seine Konzeption für die Ausbildung von Grund-, Haupt- und Realschullehrkräften umfasst unter anderem zusätzlich die Fähigkeit, »außerschulische Lernorte für das historische Lernen zu erschließen«[689].

686 Siehe z. B. bei Kanert: Geschichtslehrerausbildung, 2014, S. 77; Borries: Historische Kompetenzen, 2013; Hasberg: Historiker, 2010, S. 179; Mebus: Ausbildung, 2007, S. 812 f.; Barricelli/Sauer: »Was ist guter Geschichtsunterricht?«, 2006, S. 8–10.

687 Siehe Pandel: Geschichtsunterricht, 2005, S. 47 f.

688 Siehe Sauer: Kompetenzen, 2012, S. 336 f.

689 Siehe Kanert: Geschichtslehrerausbildung, 2014, S. 142.

### 3.4. Messung von Planungskompetenz

In empirischen Studien ist versucht worden, Planungskompetenzen konkret zu messen. Entsprechend den gängigen Methoden der Kompetenzforschung wurden die Daten über Selbsteinschätzungen der Probanden und Probandinnen anhand von Skalen erhoben, häufig auch in Kombination mit Fremdeinschätzungen, zum Beispiel von Ausbildern und Ausbilderinnen.[690] Zudem existieren Beobachtungsstudien in Bezug auf das Planen, die sich allerdings auf das kooperative Planen in Gruppen beziehen.[691] Die Untersuchungen stammen überwiegend aus dem Bereich der Mathematik- oder Physikdidaktik, konzentrieren sich allerdings häufig auf pädagogische Aspekte der Unterrichtsplanung, weshalb ihre Ergebnisse mitunter auch für die vorliegende Studie interessant sind.[692]

So wurden im Projekt VERBAL über Selbst- und Fremdeinschätzungen unter den Überschriften ›Unterrichtsplanung‹ und ›Lernplanung‹ auch Daten über fachwissenschaftliche Grundlagen der Unterrichtsplanung erhoben. Im Zentrum standen aber die Fragen danach, ob die Probanden und Probandinnen bei der Vorbereitung reflektierte Entscheidungen trafen, schülerorientiert und unter Antizipation von Schwierigkeiten eine didaktische Reduktion durchführten und Ziele formulierten.[693] In TEDS-M wurde ein anderes Erhebungsinstrument genutzt: Die Forschergruppe versuchte, pädagogisches Wissen über Leistungstests zu messen, die deklaratives, theoretisches Wissen zur Unterrichtsplanung abprüften. Über offene Aufgaben wurden aber zudem prozedurale Wissenselemente erfasst. Das pädagogische Wissen wurde hierbei in die Bereiche Strukturierung von Unterricht, Motivierung, Umgang mit Heterogenität bzw. Differenzierung und Klassenführung unterteilt. Während die internationale Studie deutlich zeigte, dass deutsche Lehramtsstudierende im Vergleich zu jenen in Taiwan und USA ein hohes pädagogisches Wissen in der Unterrichtsplanung an den Tag legten, waren die innerdeutschen Vergleiche in Bezug auf die Schulformen uneindeutig. Erste Ergebnisse deuten auf ein höheres Wissen der Grund-, Real- und Hauptschulanwärter und -anwärterinnen im Vergleich zu den Gymnasialanwärtern und -anwärterinnen hin. Sie müssen aber in weiteren Studien verifiziert werden.[694] Einen wieder anderen Weg der Forschung wählten Erwin Beck u.a., die die Planungskompetenz via Vignetten zu erheben versuchten. Hier mussten die Probanden und Probandinnen sich in die Rolle einer Praktikumslehrkraft versetzen und Anfängern bzw. Anfängerinnen Ratschläge zur Unterrichtsplanung geben. Matthias Baer u.a. führten An-

690 Vgl. Blüthmann/Lepa/Thiel: Überfordert, 2012; Schneider/Bodensohn: Entwicklung, 2010.
691 Für das Fach Physik siehe Wilbers/Jonas-Ahrend: Die Lernerperspektiven, 2009.
692 So z.B. in der MT-21 Studie, siehe z.B. Blömeke: Forschung, 2011, S. 350f.
693 Siehe Bodensohn/Balzer/Frey: Diagnose, 2008.
694 Vgl. Blömeke/König: Profile, 2011.

schlussstudien mit Vignetten durch.[695] Für den Religionsunterricht hat Renate Hofmann eine ebensolche Vignettenstudie zum Planungsverhalten von Lehramtsstudierenden ausführlich dokumentiert.[696] In allen Erhebungen wurden die Ergebnisprotokolle über vorher festgelegte Standards evaluiert und Aussagen über unterschiedliche Kompetenzen der einzelnen Probanden und Probandinnen getroffen.

## III.4. Unterrichtsvorbereitung in der Lehrerausbildung

Es ist deutlich geworden, dass das Unterrichtsplanen in der didaktischen Literatur und von ministerieller Seite als erlernbarer Kompetenzbereich für Lehrkräfte begriffen wird. Wie und an welcher Stelle in ihrer Ausbildung lernen angehende Lehrkräfte das Planen aber gegenwärtig tatsächlich?

### 4.1. Konzepte der Förderung von Lehrerkompetenzen

Die Forschung zu Lehrerkompetenzen ist untrennbar mit der Forschung zur Lehrer(aus)bildung verbunden. Letztlich zielen die Formulierungen zu einer ›guten Lehrkraft‹ und der Aufschlüsselung ihrer ›Güte‹ in Kompetenzen in erster Linie auf die Lehramtsstudierenden, Referendare und Berufsanfängerinnen, weil es eben jene sind, die in ihrem Wirken noch als beeinflussbar gelten. Auch empirische Forschungen konzentrieren sich auf diese Phasen der Berufsbiografie.[697] Trotz eines immensen Aufschwungs an Forschungsbemühungen zur Lehrerbildung besteht aber bis heute kein Konsens darüber, zu welchem Zeitpunkt der Ausbildung welche Kompetenzen bis zu welchem Grad erlernt werden sollen.[698] Nahezu einheitlich hingegen wird die gegenwärtige Lehrerausbildung grundsätzlich kritisiert. Stein des Anstoßes ist hierbei immer wieder ihre Zweiphasigkeit bzw. die fehlende Verknüpfung der oft als zu theoretisch empfundenen ersten Phase der Ausbildung an der Universität und der häufig als zu wenig reflektiert bewerteten praktischen Ausbildung in der zweiten Phase, dem Referendariat.[699]

695 Siehe Beck u. a.: Adaptive Lehrkompetenz, 2008, S. 91 f.; Baer u. a.: Auf dem Weg, 2009.
696 Vgl. Hofmann: Religionspädagogische Kompetenz, 2008.
697 Literaturüberblick bei Keller-Schneider/Hericks: Forschung, 2011, S. 303, 306 f.
698 Vgl. für einen Überblick z. B. Terhart: Anmerkungen, 2013, S. 41–51. Für das Fach Geschichte siehe z. B. Seidenfuß: Forschungsfeld, 2014, S. 6; Sauer: Zur Professionalisierung, 2013, S. 34; Barricelli u. a.: Historische Kompetenzen, 2012, S. 232.
699 Vgl. z. B. Sauer: Zur Professionalisierung, 2013, S. 37 f.; Schubarth u. a.: Die zweite Phase, 2010, S. 345 f. Für die Hauptschule vgl. Spanhel: Lehrerausbildung, 2004, S. 331–333. Für

Die Organisation der ersten Phase der Lehrerbildung ist derzeit nach wie vor heftig in der Diskussion. Es existieren besonders gegenwärtig angesichts eines akuten Lehrermangels viele Wege zum Beruf, die »kaum noch zu überschauen« sind.[700] Hierbei richten sich die Reformbestrebungen überwiegend darauf, das Verhältnis von Theorie und Praxis neu zu definieren, Praxissemester in die erste Phase zu integrieren oder Akteure beider Phasen zur Kooperation zu bewegen. Darüber hinaus wird angestrebt, ein sinnvolles Verhältnis der unterschiedlichen Bereiche des professionellen Wissens (FW, FDW, PW) in der Lehre zu gewährleisten. Es wird allerdings unter Rückverweis auf die Kompetenzdebatte vielfach betont, dass all diese Reformen ins Leere laufen, solange man sich nicht über jene Lehrerkompetenzen verständigt habe, die am Ende ausgebildet sein sollten.[701]

Nach wie vor dominiert der Erwerb von deklarativem Wissen die erste Phase der Lehrerausbildung. In der Diskussion um die Wirksamkeit wird hierbei besonders der Erwerb des Fachwissens als für die spätere Berufspraxis wichtig erachtet. Hierbei unterscheiden sich die Ausbildungsinhalte allerdings grundsätzlich in Bezug auf die unterschiedlichen Lehrämter. Lehramtsstudierende für das Gymnasium (bzw. die Sek II) absolvieren ein intensiveres Fachstudium als Lehramtsstudierende für Grund-, Haupt- und Realschule, die wiederum pädagogische Studieninhalte stärker gewichten müssen.[702] Ungeachtet des großen Umfangs der fachlichen Studieninhalte wird die fachliche Ausbildung in der ersten Phase allerdings auch für die Gymnasiallehrerausbildung immer wieder stark kritisiert. Die Kritik richtet sich neben dem fehlenden Praxisbezug gegen die starke Spezialisierung der Studierenden sowie die Vermittlung von Wissensinhalten statt fachspezifischer Denk- und Arbeitsmuster.[703] Becker behauptet, dass Referendare und Referendarinnen meist erst in der zweiten Phase als »Trugschluss« entlarvten, dass sie »den zu vermittelnden Lerninhalt schon einmal durchdacht« hätten.[704] Was die Unterrichtsplanung betrifft, so konzentriert sich die Ausbildung in der ersten Phase überwiegend auf »statische Aspekte« der Planung und weniger auf den Planungsprozess.[705] Pandel resümiert für die erste Phase in der Geschichtslehrerausbildung, dass der Unterrichtsplanung an der Universität zu wenig Aufmerksamkeit geschenkt werde und deren Erlernen vor allem im Referendariat verortet werde.[706]

einen Überblick der gegenwärtigen Modelle siehe http://www.hrk.de/bologna/de/home/2603_2642.php (besucht am 02.02.2016).

700 Terhart: Anmerkungen, 2013, S. 39f. Vgl. Bertschi-Kaufmann: Organisationsstrukturen, 2011, S. 74; Blömeke: Lehrerausbildung, 2009, S. 5; Winter: Studienstrukturreform, 2008.

701 Vgl. z.B. Sauer: Die Ausbildung, 2012, S. 351.

702 Vgl. Kleickmann/Anders: Lernen, 2011, S. 306; Spanhel: Lehramtsausbildung, 2004.

703 Vgl. Czerwenka/Nölle: Forschung, 2011, S. 362; Neuweg: Das Wissen, 2011, S. 460.

704 Becker: Planung, 1994, S. 198.

705 Seel: Angehende Lehrer/innen, 2011, S. 41.

706 Siehe Pandel: Geschichtsdidaktik, 2013, S. 361.

In der zweiten Phase der Ausbildung, dem Referendariat oder Vorbereitungsdienst, bilden die Anwärter und Anwärterinnen berufsspezifische Handlungskompetenzen an Studienseminaren und an Ausbildungsschulen in Form von angeleitetem eigenverantwortlichem Unterricht aus. In der Literatur wird wiederholt darauf hingewiesen, dass der Vielfalt an unterschiedlichen Lehramtskonzeptionen an den Universitäten eine noch viel umfangreichere Vielfalt an Ausbildungsrealitäten in der zweiten Phase gegenüber stehe. So werde in den einzelnen Studienseminaren jeweils völlig unterschiedlich ausgebildet.[707] Tatsächlich unterrichten in einigen Bundesländern und an einigen Seminaren Referendare und Referendarinnen überwiegend eigenverantwortlich und unbeobachtet, während andernorts eine viel engmaschigere Begleitung gängig ist. Kritik trifft hierbei immer wieder die Ausbilder und Ausbilderinnen bzw. die Form ihrer Rekrutierung. Es handele sich häufig um nicht ausreichend qualifizierte, mehr oder weniger zufällig ausgewählte Kräfte. Dieses Auswahlverfahren stehe im Gegensatz zu deren großen Einfluss auf die Auszubildenden.[708] Auch die fehlende Ausbildung der Mentoren und Mentorinnen beunruhige angesichts des großen Einflusses, den diese auf die Referendare und Referendarinnen hätten.[709] Entsprechend den unterschiedlichen Ausbildungsvarianten wird das Referendariat von Referendaren und Referendarinnen in Bezug auf seine Wirksamkeit offenbar sehr unterschiedlich empfunden. Während einige den Nutzen im Vergleich zum Studium betonen, bezeichnen andere die zweite Phase der Berufsausbildung als belastend.[710] Der sogenannte ›Praxisschock‹ wird hierbei überwiegend auf die unmögliche Verknüpfung des erlernten Fachwissens mit den Anforderungen des pädagogisch-didaktischen Alltags zurückgeführt. Die angeblich feststellbare »Inkompetenz« vieler Referendare und Referendarinnen wird in der Literatur mit einer in Folge eben jenes Praxisschocks auftretenden Verunsicherung erklärt.[711] Gert Konrad berichtet aus einer empirischen Studie, dass Referendare und Referendarinnen die Unterrichtsvorbereitung als aufwändigsten Teil ihres Vorbereitungsdienstes wahrnähmen.[712] Als zentraler Aspekt in Bezug auf das Erlernen von Planung gilt hierbei das Erstellen des sogenannten Unterrichtsentwurfs, in dem die Planung detailliert dargestellt und reflektiert werden muss. Diese Praxis ist mit Hinweis

707 Vgl. z. B. Bongertmann: Der neue Weg, 2012, S. 72f.; Sauer: Geschichte, 2012, S. 95.

708 Siehe Konrad: Möglichkeiten, 2009, S. 413; Schubarth/Speck/Seidel: Endlich, 2004, S. 285.

709 Speziell für die Geschichtsdidaktik vgl. z. B. Hensel-Grobe: Kompetenzorientierung, 2013, S. 218–220; Bongertmann: Der neue Weg, 2012, S. 71.

710 Vgl. Strietholt/Terhart: Referendare, 2009, S. 623–625; Schubarth u. a.: Endlich, 2007, S. 7, 235f.

711 Siehe Anselm: Kompetenzentwicklung, 2011, S. 243; Strietholt/Terhart: Referendare, 2009, S. 623f. Der Begriff des ›Praxisschock‹ ist allerdings höchst umstritten, siehe FN 594.

712 Siehe Konrad: Moglichkeiten, 2009, S. 309. Hertramph: Lehrer, 2002, S. 125 berichtet, dass sie hierbei offenbar wenig Unterstützung erfahren.

auf die Realitätsferne der Situation und die Kreation von ›Paradestunden‹ kritisiert worden.[713] Überwiegend wird sie in der didaktischen Literatur aber vehement verteidigt. An der Erstellung der Entwürfe lernten die Referendare und Referendarinnen die nötigen Kategoriensysteme und deren Interdependenzen kennen und übten sich im Priorisieren.[714] Schon Bromme/Seeger weisen darauf hin, dass in der Ausbildung vielfach einem »Absinkmodell« gefolgt werde, demzufolge die ausführliche und wiederholte Bearbeitung der Entwürfe ein Speichern der wichtigen Elemente im Unbewussten herbeiführen solle.[715]

Innerhalb der Diskussion um die Lehrerausbildung hat es sich mittlerweile durchgesetzt, von den ersten Berufsjahren der Lehrkräfte als der ›dritten Phase‹ der Ausbildung zu sprechen. Diese dritte Phase ist bislang allerdings nicht als Institution entwickelt. Lehrkräfte müssen überwiegend Eigeninitiative ergreifen, wenn sie sich weiterbilden und weiter angeleitet werden wollen.[716]

Für die Ausbildung von Geschichtslehrkräften gelten dieselben Stadien wie für alle anderen Lehrpersonen. Innerhalb der Geschichtsdidaktik wird die Lehrerbildung allerdings erst neuerdings intensiver beforscht und erörtert. Eine Diskussion der Ausbildungsinhalte in Bezug auf das Unterrichtsplanen fehlt hier völlig. Die Unterrichtsplanung begegnet den Studierenden der Universität eher selten im Rahmen der Fachdidaktik, sondern häufiger in der Pädagogik bzw. durch Betreuer oder Betreuerinnen im Fachpraktikum. Immerhin haben die universitären Reformen neuerdings vereinzelt zu einer Berücksichtigung der Unterrichtsplanung auch im Rahmen der geschichtsdidaktischen Veranstaltungen geführt. Hensel-Grobe diskutiert die Einführung einer »Planungskompetenz« in der rheinland-pfälzischen Studienordnung für das Geschichtslehramt an Gymnasien, die neben dem Erlernen theoretischen Wissens zur Problemorientierung und zum Geschichtsbewusstsein auch praktische Anteile bzw. eigene Planungsversuche und deren Reflexion enthält. Auch hier soll die Veranstaltung allerdings in erster Linie auf das Fachpraktikum vorbereiten, in dem die Planung anschließend umgesetzt werden soll. Der Weg der Kompetenzvermittlung beruht in diesem rheinland-pfälzischen Modell auf einer graduellen Steigerung der Anforderungen: Anfangs werden den Studierenden einzelne Planungselemente durch den Seminarleiter abgenommen, damit sie sich auf eine »klare Phasierung und Anbahnung des historischen Denkens konzentrieren können«. Sukzessive steigt somit der Schwierigkeitsgrad der Planung an.[717] Das Beispiel zeigt, dass die Ausbildung durchaus in Bewegung ist.

713 Vgl. z.B. Pandel: Geschichtsdidaktik, 2013, S. 414; Sandfuchs: Grundfragen, 2009, S. 686.
714 Vgl. z.B. Seel: Angehende Lehrer/innen, 2011, S. 42; Peterßen: Handbuch, 2000, S. 301.
715 Siehe Bromme/Seeger: Unterrichtsplanung, 1979, S. 103.
716 Vgl. z.B. Sauer: Die Ausbildung, 2012, S. 354f.; Konrad: Möglichkeiten, 2009, S. 4. Hierzu ist bislang auch wenig geforscht worden, vgl. Herzog: Berufseinstieg, 2011, S. 321.
717 Dargestellt und diskutiert bei Hensel-Grobe: Kompetenzorientierung, 2013, S. 216f.

Im Referendariat wird den angehenden Geschichtslehrkräften gemeinhin von Seiten der Allgemeinen Didaktik eine Auffrischung in Sachen Planung vermittelt. Grundsätzlich trainieren sie die Unterrichtsvorbereitung nun aber im Rahmen ihrer Fächer bzw. erörtern sie im Fachseminar. Auch hier gilt wie in allen Fächern, dass die Studienordnungen meist eigenen, mitunter ganz unterschiedlichen Herangehensweisen an das Einüben von Unterrichtsplanung folgen. So wird das nötige Wissen mancherorts theoretisch vermittelt, um dann erst im Einzelgespräch zwischen Referendar und Ausbilderin am praktischen Beispiel diskutiert und reflektiert zu werden. Anderswo planen Referendare und Referendarinnen zusammen mit ihrem Ausbilder oder ihrer Ausbilderin Stunden kooperativ durch. Manche Seminare konzentrieren sich in erster Linie auf die Planung von Einzelstunden, andere bieten überwiegend Trainings zum Planen von Reihen an. Manche Ausbilder und Ausbilderinnen raten zu einer möglichst detaillierten Planung, andere üben mit ihren Referendaren und Referendarinnen, Stundenvorbereitungen innerhalb von kürzester Zeit durchzuführen. Offensichtlich ist, dass die Möglichkeiten stark variieren.

## 4.2. Empirische Befunde zu Planungskompetenzen in der Lehrerausbildung

Die empirischen Bemühungen zur Beschreibung der Situation der Lehrerbildung in Deutschland haben insgesamt zeigen können, dass es im Rahmen der Ausbildung zu einer Kompetenzsteigerung gerade auch hinsichtlich der Unterrichtsplanung kommt.[718] Blömeke u. a. maßen die Kompetenzsteigerung am Vergleich zweier Unterrichtsentwürfe, einmal zu Beginn und einmal am Ende der Ausbildung. Sie kamen zu dem Schluss, dass sich die Steigerung besonders in einer klareren Zielfokussierung der fortgeschrittenen Studierenden erwies.[719] Auch in Untersuchungen, die mit Selbsteinschätzungen der Studierenden arbeiteten, konnte ein enormer Kompetenzzuwachs in Bezug auf das Planungshandeln festgestellt werden.[720] Schließlich wurde auch anhand von Vignettenstudien eine – wenn auch nicht übermäßige – Kompetenzsteigerung nachgewiesen. Auch in diesen Untersuchungen wird angesichts einer großen Streuung allerdings wiederholt betont, dass es sich beim Kompetenzerwerb um einen klar individuellen Prozess handele.[721] Seel konstatiert, dass neueren Studien zufolge

718 Literaturüberblick bei Seel: Angehende Lehrer/innen, 2011, S. 38. Sie hält die diesbezüglich Ausbildung dennoch nur für »bedingt« gelungen, ebda., S. 40.

719 Vgl. Blömeke u. a.: Future teachers', 2008.

720 Vgl. Larcher u. a.: Unterrichtskompetenz, 2010, S. 67; Baer u. a.: Angehende Lehrpersonen, 2007, S. 41–43.

721 Siehe Anselm: Kompetenzentwicklung, 2011, S. 84; Seel: Angehende Lehrer/innen, 2011, S. 39.

die Planungskompetenz zu Beginn der Berufstätigkeit wieder abnehme. Sie nimmt an, dass dies durch eine gewisse Überforderung der Anfänger und Anfängerinnen in anderen Bereichen oder durch eine frühe, nicht unbedingt segensreiche Routinisierung erklärt werden könne.[722] Baer u. a. fanden, dass Absolventen des Lehramtstudiums eine ähnlich hohe Planungskompetenz zeigten wie erfahrene Lehrkräfte.[723] Insgesamt wird die Forschungslage zur Wirkung der Lehrerbildung ebenso wie jene zum Kompetenzerwerb allerdings als unbefriedigend beurteilt.[724] So ist die Vorgehensweise der neueren quantitativen Studien, die den Kompetenzerwerb nicht länger über Ausbildungsmerkmale oder subjektive Einschätzungen erfassen, sicher als ein qualitativer Fortschritt zu sehen. Generell fehlt es aber bis heute an einer sinnvollen Stufung der geforderten Kompetenzen für alle Unterrichtsfächer.

Für die Geschichtsdidaktik haben empirische Studien darauf hingewiesen, dass Universitätsabsolventen des Lehramts sich bis heute wünschen, durch ein Studium besser auf Probleme der Unterrichtsplanung vorbereitet zu werden.[725]

Auch für das Referendariat fallen Bewertungen grundsätzlich kritisch aus. So zeigten allgemeindidaktische Untersuchungen, dass Lehrkräfte die Praxis der Entwurferstellung rückblickend als unökonomisch und »vorwiegend prüfungsrelevant« einschätzten und sich mit Berufseinstieg von dieser Art der Unterrichtsplanung verabschiedeten.[726] Haas zitiert eine Lehrkraft mit der Angabe, die ausführlichen Unterrichtsentwürfe im Referendariat würden ja doch nur oberflächlich angefertigt und »aus Büchern abgeschrieben«.[727] Auch Tebrügge findet bei den von ihr befragten Lehrkräften eine »starke Distanzierung zu den im Referendariat verwendeten didaktischen Modellen« und eine deutliche Ablehnung der Ausbildung.[728] Zu anderen Ergebnissen kommt Konrad, dessen Befragung von Lehrkräften überwiegend eine positive Bewertung der Praxis der Entwurferstellung hervorbrachte.[729] Hofmann porträtierte in ihrer

722 Vgl. s. o. Bromme/Seeger: Unterrichtsplanung, 1979, S. 135 zufolge erschwert ihre Unsicherheit den Berufsanfänger und Berufsanfängerinnen die sinnvolle Nutzung des erworbenen Wissens.

723 Siehe Baer u. a.: Lehrerbildung, 2011.

724 Siehe z. B. Kleickmann/Anders: Lernen, 2011, S. 307; Aufschnaiter/Blömeke: Professionelle Kompetenz, 2010, S. 363; Strietholt/Terhart: Referendare, 2009, S. 622.

725 Vgl. Sandkühler: Vom Master, 2013, S. 184, der neben eigenen Erkenntnissen ältere Studien referiert. Kanert zeigte in einer Längsschnittstudie mit Real-, Haupt- und Grundschulanwärtern, dass Studierende des Lehramts Geschichte die universitäre Vermittlung von Planungskompetenzen als problematisch empfanden und sich eine stärkere Praxisorientierung wünschten, siehe Kanert: Geschichtslehrerausbildung, 2014. S. 366.

726 Seel zitiert hier ältere Studien, vgl. Dies.: Angehende Lehrer/innen, 2011, S. 39–42.

727 Haas: Unterrichtsplanung, 1998, S. 9.

728 Tebrügge: Unterrichtsplanung, 2001, S. 185. Bemerkenswerterweise gilt dies in ihrer Untersuchung allerdings nicht für die Mathematiklehrkräfte, vgl. ebda., S. 214.

729 Vgl. Konrad: Möglichkeiten, 2009, S. 310.

qualitativen Studie Religionslehrkräfte, die in der Planung ihres Unterrichts genauso vorgingen, wie sie es Jahre zuvor in der Ausbildung gelernt hatten.[730]

Wie also ließe sich Planungskompetenz nach Meinung der Didaktiker und Didaktikerinnen am besten erwerben, und an welcher Stelle der Lehrerausbildung sollte sie trainiert werden? Ein Blick in die Literatur zeigt, dass nirgendwo eine wirkliche Reform der Ausbildungspraxis in Bezug auf das Erlernen von Unterrichtsplanung gefordert wird. Die einen vertreten klar das oben beschriebene Absinkmodell und propagieren, dass Unterrichtsplanung nur durch Üben am Entwurf und durch Beobachtung anderer Lehrkräfte sowie über eigene Erfahrungen erlernt werden könne.[731] Andere betonen die entscheidende Rolle der kontinuierlichen Selbstreflexion des eigenen Handelns.[732] Didaktiker und Didaktikerinnen stimmen darin überein, dass die Unterrichtsplanung für Anfänger und Anfängerinnen eine enorme Herausforderung darstellt und auch ihre Reflexion sehr anspruchsvoll ist. Vielerorts wird daher für eine deutliche Graduierung der Anforderungen plädiert, wobei Referendare und Referendarinnen anfangs einfache Planungsaufgaben und Planungshilfen erhalten sollen.[733] Seel propagiert Formen kooperativen Planens, bei denen allein der Zwang zur ständigen verbalen Reflexion hilfreich sei.[734] Konrad bekräftigt, dass ein gemeinsames Planen von Referendar und Mentorin zu Beginn der zweiten Phase effektiv wäre.[735] Sabine Anselm betont angesichts der Erkenntnisse über den Kompetenzerwerb, dass die Lehrerbildung generell eine stärker persönlichkeitsbezogene Kompetenzausbildung anstreben müsse, die dem Individuum gerecht werde.[736]

Sauer befragte in seiner oben zitierten Studie Lehramtsstudierende, Referendare, Ausbilderinnen, Lehrkräfte und Hochschullehrkräfte darüber, an welcher Stelle der Geschichtslehrerausbildung welche Kompetenzen erlernt werden sollten. Die Ergebnisse dokumentieren die große Kluft, die sich zwischen den Protagonisten der einzelnen Ausbildungsphasen auftut: Professoren und Professorinnen ordneten das Studium als wichtigsten Ausbildungszeitraum ein. Demgegenüber hielten Lehrkräfte sowie Ausbilder und Ausbilderinnen die erste Phase für am wenigsten wichtig für den Kompetenzerwerb. Immerhin glaubten alle Probanden und Probandinnen, die erste Phase sei der geeignete Zeitraum für die Aneignung des nötigen Fachwissens, wobei sie die gegenwärtige Praxis

730 Vgl. Hofmann: Religionspädagogische Kompetenz, 2008, S. 267.
731 Siehe z. B. Pandel: Geschichtsdidaktik, 2013, S. 364; John: Lesson planning, 2006, S. 492.
732 Vgl. z. B. Seel: Angehende Lehrer/innen, 2011, S. 41; Bromme/Seeger: Unterrichtsplanung, 1979, S. 28.
733 Siehe Sandfuchs: Grundfragen, 2009, S. 686.
734 Siehe Seel: Angehende Lehrer/innen, 2011, S. 41.
735 Siehe Konrad: Möglichkeiten, 2009, S. 393.
736 Anselm: Kompetenzentwicklung, 2011, S. 88.

allerdings als ungenügend beurteilten.[737] Uneinigkeit herrschte in Bezug auf den Erwerb des fachdidaktischen Wissens: Während die Ausbilder und Ausbilderinnen sowie die Lehrkräfte diesen im Referendariat angesiedelt wissen wollten, verorteten die anderen Probandengruppen ihn bereits im Studium. Es überrascht nicht, dass die Ausbilder und Ausbilderinnen, aber auch die Lehrkräfte die gegenwärtige Praxis der Fachdidaktik-Vermittlung an der Universität folgerichtig für unzureichend hielten.[738]

In Bezug auf den Kompetenzbereich der Planung von Geschichte herrschte unter den Probanden und Probandinnen Einigkeit: Fast alle Einzelkompetenzen sollten allen Gruppen zufolge im Referendariat erworben werden. Das Urteil über die gegenwärtige Situation in Hinblick auf die Ausbildung im Referendariat war hierbei durchaus positiv, wobei die Ausbilder und Ausbilderinnen sich am deutlichsten und die Lehrkräfte sich in ihren Äußerungen am wenigstens optimistisch zeigten.[739]

## III.5. Zusammenfassung und Konsequenzen für die vorliegende Studie

Die Aufschlüsselung der Komponenten von Lehrerexpertise in Fachwissen, fachdidaktisches und pädagogisches Wissen, berufsbezogene Überzeugungen und Emotionen hat gezeigt, dass es sich entsprechend dem Expertenparadigma hierbei nicht um vage individuelle Eigenschaften handelt, sondern vielmehr um objektivierbare Merkmale, die beobachtet und gemessen werden können. Gleichzeitig wird in der Literatur jedoch betont, dass der Erwerb von Kompetenzen nur als individueller Prozess zu verstehen sei. Obwohl man sich bezüglich der Dringlichkeit einer Professionalisierung von Lehrkräften durchaus einig ist, können zur Förderung ihrer Expertise also nur Anregungen gegeben werden. Konkrete Konzepte aus der Geschichtsdidaktik, eine solche Expertise auszubilden, liegen bislang nicht vor.

Für die vorliegende Untersuchung ergibt sich daher die drängende Frage, ob und wie Lehrerexpertise beobachtet und analysiert werden kann. Die Ergebnisse der Forschung lassen folgende Annahme zu: Sofern im planerischen Vorgehen der Probanden und Probandinnen Übereinstimmungen auftreten, kann dies Hinweise auf Expertenhandeln und somit auf die Formulierung von Unterstützungsangeboten liefern. Sofern aber überwiegend individuelle Unterschiede beobachtet werden, die weder auf Schulformzugehörigkeit noch Berufserfah-

737 Vgl. Sauer: Kompetenzen, 2012, S. 338f., 342, 347.
738 Vgl. ebda., S. 340, 343.
739 Vgl. ebda., S. 342, 345.

rung zurückzuführen sind, würde dies hingegen die Annahme unterstreichen, dass der Prozess des Erlernens von Unterrichtsplanung für Geschichtslehrkräfte kaum objektiviert werden kann.

Die Konzeptionalisierung des professionellen Wissens von Lehrkräften ist weit fortgeschritten und eignet sich auch dazu, das für die Unterrichtsplanung nötige Wissen zu beschreiben. Bei der Vorbereitung werden für die Lehrkraft alle dargestellten Wissensbereiche relevant. Gleichwohl ist das planungsrelevante Wissen bis heute noch nicht hinreichend definiert und ein allgemeingültiger Kompetenzbegriff noch nicht formuliert. Allgemein anerkannte Vorschläge von Seiten der Geschichtsdidaktik sind bislang nicht ausgearbeitet worden. Entsprechend der Kompetenzorientierung steht immerhin fest, dass sich die Qualität einer ›guten Lehrkraft‹ nicht nur am professionellen Wissen bemisst. Es bedarf darüber hinaus der Bereitschaft und Fähigkeit, das Wissen in Handlungen zu überführen und dieses Handeln regelmäßig zu reflektieren.

Den empirischen Befunden zufolge ist davon auszugehen, dass sich das in der Ausbildung und im Berufsleben erworbene Wissen darüber, wie Unterricht nach normativen Vorgaben gestaltet werden sollte, von den in der eigenen Praxis erworbenen Überzeugungen unterscheidet und beide häufig in Konkurrenz zueinander stehen.[740] In der vorliegenden Arbeit werden daher sowohl der Bereich des fachlichen, fachdidaktischen und pädagogischen Wissens als auch die berufsbezogenen Überzeugungen untersucht. Alle Wissensbereiche sollen in einem späteren Analyseschritt zueinander in Beziehung gesetzt werden.

Daten über den Kompetenzerwerb von Geschichtslehrkräften hinsichtlich des Erlernens von Unterrichtsplanen liegen bislang nicht vor. In der vorliegenden Arbeit soll ermittelt werden, wie die Probanden und Probandinnen den eigenen diesbezüglichen Kompetenzerwerb beurteilen und an welcher Stelle in ihrer Berufswerdung sie ihn verorten.

Die Unterscheidung der jeweiligen Wissensbereiche kann nur in Abgleich mit den unter Abschnitt II.2. und II.3. gefundenen normativen und empirischen Planungselementen unternommen werden. Die Untersuchung der berufsbezogenen Überzeugungen orientiert sich an den in Abschnitt III.2.4. dargestellten empirischen Befunden. Zur Ergründung der Leitfragen wurde ein Leitfaden für die vorliegende Untersuchung erstellt, der unter IV.3.2.1. abgebildet ist. Auf die zugrunde liegenden normativen bzw. empirischen Befunde wird dort jeweils gesondert hingewiesen.

740 Vgl. Wengert: Untersuchungen, 1989, S. 145. Aber auch »Amalgam«, siehe Leuchter u. a.: Zusammenhänge, 2008, S. 168.

# IV. Untersuchungsdesign

## IV.1. Untersuchungsfragen und Charakter der Studie

Aus den in Kapitel II und III dargestellten Befunden der Unterrichtsplanungsliteratur und Lehrerkompetenzforschung lassen sich die folgenden untersuchungsleitenden Erkenntnisinteressen ableiten:

*Leitfrage 1: Wie sehen die Planungen von Geschichtslehrkräften konkret aus?*

Es wird zu klären sein, welche Elemente in den Planungsprozessen der Probanden und Probandinnen auftauchen und wie sich der jeweilige Planungsprozess vollzieht. Hierbei ist zu prüfen, ob sich ein zentrales Element der Planung feststellen lässt, das in Abgrenzung zu zentralen Elementen anderer Untersuchungen als Domänenspezifikum eingeordnet werden kann.

*Leitfrage 2: Welche äußeren und inneren Bedingungen beeinflussen die Unterrichtsplanung von Geschichtslehrkräften?*

Hier ist von Interesse, inwiefern die unterschiedlichen und besonders schulformspezifischen Rahmenbedingungen das Unterrichtsplanen beeinflussen. Darüber hinaus sind die individuellen inneren Haltungen und besonders die berufsbezogenen Überzeugungen sowie die Nutzung von Hilfsmitteln als Einflussgrößen Gegenstand der Untersuchung. Informationen über das Erlernen von Unterrichtsplanung werden an dieser Stelle ebenso berücksichtigt werden wie Angaben über die Orientierung an (fach-)didaktischen Modellen. Neben der Schulform wird schließlich auch die Berufserfahrung als Bedingungsfeld zu untersuchen sein.

*Leitfrage 3: Welche Typen lassen sich hinsichtlich des Planungsverhaltens unterscheiden?*

Während sich die Berücksichtigung von Lehrkräften unterschiedlicher Schulformen und unterschiedlicher Erfahrungsgrade also aus den theoretischen und praktischen Vorarbeiten ergibt, stellt sich die Frage, ob die Ergebnisse der vorliegenden Arbeit auch eine Gruppierung der Probanden und Probandinnen unter anderen Gesichtspunkten zulassen. So ist denkbar, dass Schulform und Expertisegrad eben nicht in jedem Fall die entscheidenden Merkmale zur Beschreibung und Einordnung der hier untersuchten Planenden darstellen. Eine Analyse der anonymisierten Daten soll zeigen, ob sich weitere Strukturierungsmerkmale im Sinne von Typenbildungen finden lassen.

*Leitfrage 4: Welche Standards des Unterrichtsplanens für das Fach Geschichte lassen sich auf der Basis der Untersuchung formulieren?*

Schließlich ist zu prüfen, ob die Einteilung nach unterschiedlichen Graden der Berufserfahrung (Novizen – Intermediates – Experten, vgl. Abschnitt IV.2.) Hinweise auf Anforderungskataloge zur Unterrichtsplanung im Fach Geschichte liefern kann. So wäre zu erwarten, dass sich besonders aufgrund der Struktur der Vignettenaufgabe derart klar vergleichbare Planungsvorgehensweisen abbilden lassen, dass hierüber Rückschlüsse auf unterschiedliche Planerniveaus gezogen werden können.

Bei der vorliegenden Arbeit handelt sich um eine qualitative Studie mit explorativem Charakter. Dieser Ansatz entspricht sowohl dem Forschungsinteresse als auch dem Forschungsstand. Die Stichprobe von 24 Geschichtslehrkräften kann dabei nicht als repräsentativ für die Unterrichtsvorbereitungen aller Geschichtslehrkräfte gelten. Dies entspricht auch nicht dem explorativen Anliegen der Untersuchung, die mit ihrem triangulativen Ansatz ein äußerst umfangreiches und aufwändig zu analysierendes Datenmaterial hervorgebracht hat. Es entspricht aber auch generell nicht dem Ansatz von Studien, die ›best practice‹ von Expertenlehrkräften abzubilden versuchen. Hier steht vielmehr im Mittelpunkt, grundsätzlich die Ursachen und Bedingungen von guter Planung zu erkunden.[741] Dies ist über detaillierte Analysen bzw. differenzierte Beschreibungen des individuellen Planungsverhaltens einer überschaubaren Probandenzahl ohne vorab definierte Hypothesen zu erreichen. Die Herangehensweise entspricht dabei zudem dem Forschungsstand über den Gegenstand: Es handelt sich bei der Unterrichtsplanung von angehenden und praktizierenden Geschichtslehrkräften um ein weitgehend unerforschtes Thema, dem man sich so offen wie möglich nähern muss, um es überhaupt deskriptiv erfassen zu können. Der offene Charakter der Untersuchung mag hierbei schließlich dazu führen, am Ende differenzierte Fragestellungen zu definieren, die womöglich sogar in begründete Handlungsempfehlungen münden können.[742]

Die Arbeit ist also klar qualitativ orientiert. Dennoch werden bei der Auswertung der unterschiedlichen Erhebungsdaten durchaus auch quantitative Messungen einbezogen, die generelle Aussagen über die Stichprobe ermöglichen und Trends bezüglich der unterschiedlichen Untergruppen erkennen lassen.

In den Ausführungen über die empirischen Arbeiten zum Unterrichtsplanen

741 Vgl. Borries u. a.: Schulbuchverständnis, 2005, S. 11; Bromme: Das Denken, 1981, S. 68, FN 1.

742 Vgl. Mayring: Qualitative Inhaltsanalyse, 2010, S. 22.

(Abschnitt II.3.) ist bereits auf die Nachteile unterschiedlicher Methoden hingewiesen worden. So haben die Untersuchungen von Planungsprotokollen die Begrenzung dieser Methode zu Tage gebracht: Die Notizen von Lehrkräften zu ihrer Unterrichtsplanung sind im Alltag häufig verdichtet und schwer verständlich, die Bitte um eine ausführliche schriftliche Darstellung würde die Erhebungssituation unrealistisch machen. Zudem würde der Planungsprozess vernachlässigt. Ebenso wenig eigneten sich die Untersuchungen mit größerer Kontrolle im Sinne von Experimenten, Aussagen über die tatsächliche Alltagsplanung zu treffen.[743] Insgesamt ergab der Überblick über die empirischen Arbeiten, dass eine Untersuchung von Unterrichtsplanung nach wie vor eine große Herausforderung darstellt. Dies liegt auch am Charakter dieser Tätigkeit, die zu jeder Tageszeit, in unterschiedlichen Situationen ohne größere äußere Kontrolle von jeder Lehrkraft individuell ausgeführt werden kann, so dass eine systematische Erfassung schwierig ist. Zudem gestaltet es sich als besondere Herausforderung, diese überwiegend kognitiven Aktivitäten angemessen zu beobachten und abzubilden. Die vorliegende Untersuchung berücksichtigt den Umstand, dass Unterrichtsplanung in erster Linie ein kognitiver Vorgang ist, der mit entsprechenden Methoden erfasst werden muss. Sie berücksichtigt zudem den Umstand, dass Unterrichtsplanen gleichzeitig eine praktische Seite hat, die sich in praktischen Tätigkeiten äußert und die ebenfalls erhoben wurde.

So offen der Charakter dieser Arbeit auch sein mag, jeder Interviewleitfaden und jede Fragestellung bedingt eine gewisse Konzentration auf spezifische Bereiche ihres Untersuchungsgegenstands. Die größte Einschränkung im vorliegenden Konzept bezieht sich auf den Planungshorizont: Die Untersuchung fokussiert die Unterrichtsplanung einer Einzel- bzw. einer Doppelstunde. Reihenplanungen werden nur dort weiter bedacht, wo sie von den Probanden und Probandinnen selbst erwähnt werden. Auch liefern die erhobenen Daten keinerlei Hinweise auf die anschließend durchgeführte Stunde. Eine Überprüfung von Planung und Durchführung ist bis heute empirisch selten durchgeführt worden. Ältere Studien deuten aber darauf hin, dass es hier zu deutlichen Diskrepanzen kommen kann.[744]

## IV.2. Auswahl der Stichprobe

In der Einleitung zur vorliegenden Studie ist darauf hingewiesen worden, dass die Untersuchung von Hauptschullehrkräften auf der einen und Gymnasiallehrkräften auf der anderen Seite die Abbildung eines ›maximalen Kontrasts‹

743 Siehe Tebrügge: Unterrichtsplanung, 2001, S. 53, 68f.
744 Siehe Bromme: Das Denken, 1981, S. 28ff., 73.

gewährleisten soll. Hierbei wurde im Rahmen der Untersuchungsvorbereitungen erwogen, eine dritte Vergleichsgröße hinzuzunehmen. Der Pretest, mit dem auch eine Realschullehrkraft untersucht wurde, zeigte allerdings, dass die Ergebnisse aller drei methodischen Erhebungen (Lautes Denken, Interview, Vignette) denen der untersuchten Gymnasiallehrkraft deutlich ähnelten. Dies führte zu der Entscheidung, die Studie auf die beiden anderen Schulformen zu beschränken.

Die Untersuchung orientiert sich an einem Experten-Novizen-Design. Dementsprechend mussten sowohl Lehrkräfte gewonnen werden, die einem Anfänger- (Referendare und Referendarinnen), als auch solche, die einem Fortgeschrittenenniveau (Lehrkräfte mit einer gewissen Berufserfahrung) zugerechnet werden konnten (vgl. hierzu genauer IV.2.3.). Zudem wurde zusätzlich eine Mittelgruppe gewählt. Die Einteilung wurde sowohl unter den Gymnasial- als auch unter den Hauptschullehrkräften vorgenommen.

Gleichzeitig ist die Studie dem Best-Practice-Ansatz verpflichtet, weshalb auch die Probanden und Probandinnen des Anfängerniveaus unter qualitativen Gesichtspunkten als ›gute‹ Lehrkräfte gelten mussten, um aussagekräftig aus ihrer Praxis berichten zu können. Die Verfasserin konnte hierbei auf ihre eigenen Kontakte aus ihrer Tätigkeit an Schulen zurückgreifen. Es handelte sich überwiegend um Lehrkräfte, die in ihren Schulen einen Ruf als ›gute Mentoren‹ bzw. ›gute Mentorinnen‹ hatten, Referendare und Referendarinnen also einerseits auf ein gelungenes Staatsexamen vorbereiteten, gleichzeitig aber auch umfassende Tipps in Hinblick auf den Berufsalltag zu liefern wussten. Darüber hinaus wurden Empfehlungen von Mitgliedern von Schulleitungen, Ausbildern und Kolleginnen berücksichtigt.

Insgesamt hatte die Verfasserin weniger Probleme, Probanden und Probandinnen zu gewinnen, als dies offenbar bei anderen Untersuchungen der Fall ist.[745] Lehrkräfte gelten auch in der öffentlichen Wahrnehmung als zurückhaltend, wenn es darum geht, sich in die Karten sehen zu lassen. Bei der hier untersuchten Stichprobe war das anders. Alle befragten Probanden und Probandinnen empfanden es als persönliches und allgemeines Desiderat, die Unterrichtsplanung für den Geschichtsunterricht zu diskutieren und langfristig zu verbessern. Besonders die Examenskandidaten und -kandidatinnen sahen es eigenen Äußerungen zufolge als ›Pflicht‹, kommenden Ausbildungsgenerationen Hilfe zu leisten. Insofern erwies sich die häufig als Problem verstandene »selektive Bereitschaft«[746] der Stichprobe hier als Vorteil: Es war durchaus

745 Vgl. Günther-Arndt: Auf dem Weg, 2011, S. 314; Flick: Triangulation, 2011, S. 98; Gautschi: Guter Geschichtsunterricht, 2009, S. 119; Maier: Formen, 2006, S. 25.

746 Siehe Flick: Triangulation, 2011, S. 98; Anselm: Kompetenzentwicklung, 2011, S. 103; Tebrügge: Unterrichtsplanung, 2001, S. 69.

einkalkuliert, dass solche Lehrkräfte, die als ›gut‹ gelten, vergleichsweise offen dafür sein würden, aus ihrer Praxis zu berichten. Zwar sind hieraus keine konkreten Aussagen über den ›Durchschnittslehrer‹ ableitbar. Wohl aber können Informationen über die Planung herausragender Lehrkräfte gewonnen werden. Ein Problem ergab sich letztlich nur dabei, Fachlehrkräfte zu finden, die Geschichte an Hauptschulen unterrichteten und im Urteil von Kollegen und Kolleginnen oder Schulleitern als besonders erfolgreich galten. So war es nicht etwa Wunsch der Verfasserin, fachfremd unterrichtende Lehrkräfte zu interviewen. Dennoch sind letztlich fünf der zwölf befragten Hauptschullehrpersonen keine ausgebildeten Geschichtslehrkräfte. Sie gelten gleichwohl als ›Experten‹ bzw. ›Expertinnen‹ im Sinne der vorliegenden Studie.

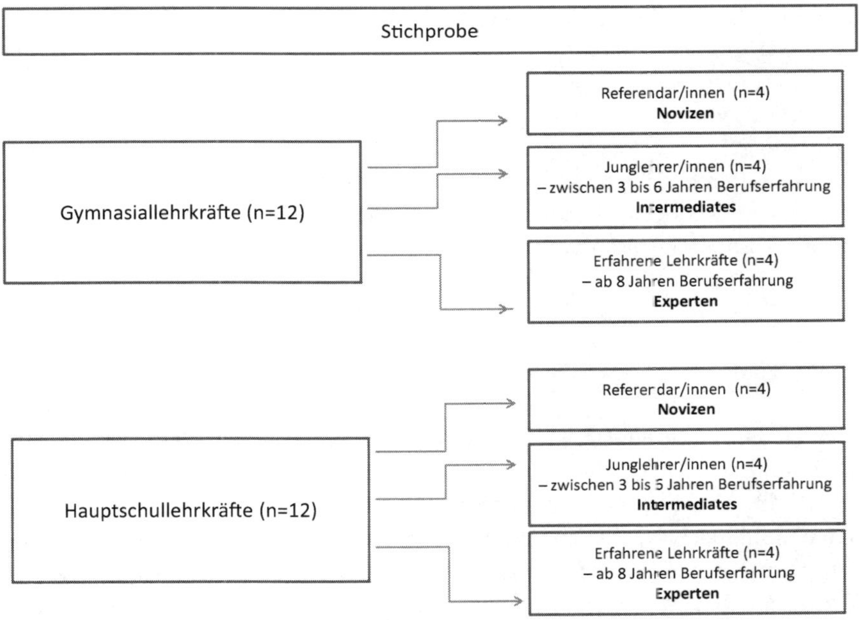


Abbildung 3: Stichprobe der vorliegenden Untersuchung[747]

747 Zur Begründung der Auswahl in Bezug auf die Berufserfahrung s. Abschnitt IV.2.3.

## 2.1. Gymnasiallehrkräfte

Bei den interviewten Gymnasiallehrpersonen handelte es sich um sechs Männer und sechs Frauen. Sie waren zum Zeitpunkt der Aufnahmen zwischen 28 und 54 Jahre alt. Alle hatten eine fachwissenschaftliche Ausbildung in beiden Phasen durchlaufen, wobei die Referendare und Referendarinnen sich alle kurz vor ihrem Zweiten Staatsexamen befanden. Die befragten Lehrkräfte stammten aus Niedersachsen oder Berlin. Nicht alle waren in diesen Bundesländern ausgebildet worden. Sie arbeiteten gegenwärtig an städtischen Schulen. Ein wichtiger Unterschied in Bezug auf den geografischen Hintergrund betrifft die von ihnen unterrichtete Schülerklientel: Während in Niedersachsen die Grundschule nur vier Jahre dauert, wechseln Schüler und Schülerinnen in Berlin erst nach sechs Jahren an eine weiterführende Schule. Unter den Gymnasiallehrkräften befanden sich ein Mitglied einer Schulleitung, eine Fachleiterin Geschichte und eine Ausbilderin für das Fach Geschichte. Zwei der befragten Referendare bzw. Referendarinnen waren Mitglieder im Personalrat. Die Zweitfächer der befragten Lehrkräfte verteilten sich wie folgt: Englisch (4), evangelische Religion (3), Deutsch (2), Latein (1), Spanisch (1), Französisch (1). Drei der befragten Lehrkräfte unterrichteten zudem in einem Drittfach (Politik/Wirtschaft, Ethik, Darstellendes Spiel). Vier der befragten Lehrkräfte unterrichteten Geschichte auch auf Englisch (bilingual).

## 2.2. Hauptschullehrkräfte

Die in der vorliegenden Studie befragten Hauptschullehrkräfte waren zum Zeitpunkt der Untersuchung zwischen 27 und 62 Jahre alt. Es handelte sich um zwei männliche Probanden und zehn weibliche Probandinnen. Auch sie arbeiteten in städtischen Schulen der Bundesländer Niedersachen und Berlin. Hierbei ist anzumerken, dass die Hauptschule in Berlin seit 2010 als abgeschafft gilt. Die Schülerklientel ist zusammen mit den ehemaligen Realschülern und -schülerinnen in den sogenannten Integrierten Sekundarschulen zusammengefasst worden. Dennoch existierten zum Zeitpunkt der Befragung in vielen der neu gegründeten Sekundarschulen noch reine Hauptschulklassen. Die befragten Lehrkräfte und Referendare und Referendarinnen waren ausnahmslos solche, die für die Hauptschule ausgebildet waren und in diesem Bereich Berufserfahrungen gemacht hatten. In Niedersachsen ist die Hauptschule als Einzelschule noch existent.

In Niedersachsen wird das Fach Geschichte als Einzelfach unterrichtet. In Berlin wird es gemeinsam mit den Fächern Politik und Erdkunde unter dem

Namen »Lernbereich Gesellschaftswissenschaften« erteilt.[748] Die Interviews zeigten deutlich, dass diese Einbettung des Fachs von den Lehrkräften überwiegend in Form einer verkürzten Unterrichtszeit umgesetzt wird: Es handelt sich also nur in Ausnahmefällen um Unterricht, der einen Gegenstand interdisziplinär von drei Seiten betrachtet. Die Lehrkräfte entscheiden vielmehr überwiegend selbst oder in der Fachgruppe, wie viele Stunden im Halbjahr sie jeweils der Geografie, der Politik und der Geschichte widmen. Inhaltlich folgt der Geschichtsunterricht dabei entsprechend den offiziellen Richtlinien einem chronologischen Durchgang.[749] In der vorliegenden Studie sind fünf der zwölf befragten Lehrkräfte fachfremd Unterrichtende,[750] ursprünglich ausgebildet für folgende Fächerkombinationen: Mathematik/Deutsch/evangelische Religion; Deutsch/Kunst/Englisch; Sport/Deutsch/ Erdkunde, Deutsch/Englisch und Hauswirtschaft/Mathematik. Die Zweitfächer der Fachlehrkräfte verteilen sich wie folgt: Deutsch (3), Sport (2), Sozialkunde (1), Biologie (1). Zwei der befragten Referendare bzw. Referendarinnen waren Mitglieder des Personalrats. Bei einer Lehrkraft handelte es sich um eine pädagogische Ausbilderin.

### 2.3. Auswahl in Bezug auf Berufserfahrung

Die konkrete Auswahl der Probandengruppen hinsichtlich ihrer unterschiedlichen Berufserfahrung orientierte sich an den in Kapitel III dargestellten Studien zur Entwicklung von Expertise. Eine Kombination des Entwicklungsmodells von Patricia Sikes, Lynda Measor und Peter Woods, das sich am Lebensalter der Lehrkräfte orientiert, mit dem Modell von Michael Huberman, das Berufsjahre als Messgröße nimmt, und schließlich dem Entwicklungsmodell von Anselm, die Überlegungen der berufsbiografischen Professionsforschung zusammengetragen und die einzelnen Stadien der beruflichen Ausbildung berücksichtigt hat, ergibt folgende Übersicht:[751]

748 Vgl. http://www.nibis.de; http://bildungsserver.berlin-brandenburg.de (besucht am 02.02. 2016).

749 Vgl. auch Sauer: Geschichte, 2012, S. 67; Arand: Fächerverbindender Geschichtsunterricht, 2012, S. 312f.

750 Dies entspricht der heute gängigen Situation an Hauptschulen, siehe z.B. Seidenfuß: Disziplinarität, 2010, S. 33.

751 Vgl. Sikes/Measor/Woods: Teacher Careers, 1985, zitiert nach Herzog: Berufseinstieg, 2011, S. 317f.; Huberman: Der berufliche Lebenszyklus, 1991, S. 249; Anselm: Kompetenzentwicklung, 2011, S. 10f.

| Berliner 1994 | Sikes/Measor/Woods 1985 | Huberman 1989 | Anselm 2010 |
|---|---|---|---|
| | | | Phase 1: eigene Schulzeit |
| | | | Phase 2: Studium |
| Novice Stage | Eröffnungsphase (bis 29 Lebensjahre) | | Phase 3: Referendariat |
| Intermediate Stage | | 1. Phase: Berufseinstieg (1–3 Berufsjahre); 2. Phase: Stabilisierung (4–6 Berufsjahre) | Phase 4: Eigentliche Herausbildung der professionellen Lehrerpersönlichkeit (3–5 erste Berufsjahre) |
| | Phase des Niederlassens (30–40 Lebensjahre) | 3. Phase (7–18 Berufsjahre) | Phase 5: Wechselnde Phasen des Aufbruchs und der resignativen Haltung |
| High levels of performance | Plateau-Phase (40–55 Lebensjahre) | 4. Phase (19–30 Berufsjahre), 5. Phase (31–40 Berufsjahre). | |
| | Phase der Vorbereitung auf den Rückzug aus dem Berufsleben (über 55 Lebensjahre). | | Phase 6: Berufsausstieg |

Abbildung 4: Zusammenschau der für die Studie relevanten Entwicklungsmodelle

Hieraus ableitend lassen sich die für die vorliegende Studie relevanten Stichprobengruppen wie folgt beschreiben:

*Novizenstadium*

Als Novizen bzw. Novizinnen gelten in der vorliegenden Untersuchung Referendare und Referendarinnen kurz vor ihrem Zweiten Staatsexamen. Es handelt sich um Kandidaten und Kandidatinnen, die von ihren Ausbildern und Ausbilderinnen als ›sehr erfolgreich‹ und von Lehrerkollegen und -kolleginnen als für den Beruf ›besonders gut geeignet‹ eingeschätzt wurden. Auszubildende des Lehramts können vor ihrem Zweiten Staatsexamen sowohl in theoretischer als auch in praktischer Hinsicht für den Lehrerberuf als voll ausgebildet gelten, haben aber gleichzeitig noch keine wirklichen eigenständigen Erfahrungen in Hinblick auf die solitäre Planungsrealität gemacht. Anselm extemporiert in ihrem Entwicklungsmodell, dass Referendare und Referendarinnen einen ersten

»Theorie-Praxis-Bezug« hergestellt und Handlungsroutinen erstmals entwickelt und eingeübt haben.[752]

*Zwischenstadium*

Als Intermediates gelten im vorliegenden Untersuchungsdesign Lehrkräfte mit mindestens drei Jahren Berufserfahrung exklusive dem Referendariat.[753] Diese Junglehrkräfte entwickeln langsam ihre »eigentliche Berufsidentität oder ihren Stil«[754]. Die von Anselm derart ausgewiesene Phase 4 korrespondiert mit der Phase 4 der Stabilisierung bei Huberman, in der die Lehrkräfte die grundlegenden Techniken des Unterrichtens erfasst und sich langsam mit ihrer Lehrerolle identifiziert haben. Der Berufseinstieg der Lehrkräfte ist hierbei nur selten von Unterstützungsmaßnahmen begleitet. In der Literatur wird darauf hingewiesen, dass es häufig zu einer »It-Works-Routinisierung« komme, die nicht unbedingt den normativen Grundsätzen von Ausbildung und didaktischer Literatur entspreche.[755] Zu Experten und Expertinnen können die Lehrkräfte hingegen nur werden, wenn sie sich aktiv mit den Berufsaufgaben auseinander setzen.[756]

*Expertenstadium*

Die Studien geben keine Hinweise darauf, wie viele Berufsjahre eine Lehrkraft hinter sich haben muss, um ein Experte bzw. eine Expertin geworden zu sein. Für die vorliegende Untersuchung wurde die Grenze von acht Jahren gewählt. Zusammen mit dem Referendariat können solche Lehrkräfte einen Erfahrungshorizont von zehn Jahren aufweisen. Es zeigte sich, dass viele der von Schulleitung und Kollegium vorgeschlagenen Lehrkräfte eben diese acht Jahre Berufserfahrung hinter sich hatten. Häufig waren dies Kollegen bzw. Kolleginnen, die aufgrund ihres Engagements und ihrer Fähigkeiten jüngst zusätzliche Aufgaben oder Beförderungsstellen übernommen hatten. Wichtig für die vorliegende Studie war, dass eine solche Expertenlehrkraft in ihren Fächern alle Schuljahre unterrichtet und die meisten Lerngebiete zum wiederholten Male vermittelt hatte. Berliner zufolge erreichen die Experten und Expertinnen in diesem Level einen eher intuitiven Zugang und die für Experten und Exper-

752 Siehe Anselm: Kompetenzentwicklung, 2011, S. 111.

753 Die Berufseingangsphase wird übereinstimmend mit ein bis drei Jahren angegeben, siehe Kraler: Professionalisierung, 2008, S. 5.

754 Seidenfuß/Kanert: Die Wirksamkeit, 2013, S. 156. Ähnlich bei Anselm: Kompetenzentwicklung, 2011, S. 110; Terhart: Was wissen wir, 2007, S. 22. Konrad: Möglichkeiten, 2009, S. 4 zufolge handelt es sich bei den ersten Berufsjahren um die entscheidende Jahre zur Entwicklung der berufsrelevanten Kompetenzen.

755 Hertramph: Lehrer werden, 2002, S. 127.

756 Siehe Keller-Schneider/Hericks: Forschung, 2011, S. 298.

tinnen oben beschriebene ›ganzheitliche‹ Sicht auf unterrichtliche Situationen.[757]

Die Probandengruppen der vorliegenden Untersuchung bilden somit zentrale Phasen der beruflichen Sozialisation ab. Methodologisch handelt es sich um ein Querschnittdesign. Die Untersuchung ist zugleich als »unechte Längsschnittstudie« zu bezeichnen, weil sie verschiedene Stadien der Berufslaufbahn abbildet, womit sich gegebenenfalls Entwicklungen nachzeichnen lassen werden.[758] Spezielle Unterscheidungsdimensionen wie das Geschlecht sind hier nur unsystematisch berücksichtigt worden. Sie werden in der Auswertung dort einbezogen, wo sie in auffälligem Verhältnis zum Auftreten spezifischer Daten stehen.

## IV.3. Untersuchungsmethoden

Die Geschichtsdidaktik verfügt über keine eigenen empirischen Methoden, sondern bedient sich jener der empirischen Sozialforschung. Entscheidend auch für die vorliegende Arbeit ist, dass die Methodenwahl sich »an der Eigenart des untersuchten Gegenstandes« orientiert.[759] Angesichts der Vielfalt an Erkenntnisinteressen in Bezug auf die Unterrichtsplanung und die unterschiedlichen Aspekte des planerischen Handelns ergibt sich die Notwendigkeit, Daten über unterschiedliche Methoden zu erheben und anschließend miteinander zu kombinieren. Eine solche Triangulation wird heute auch für die Unterrichtsforschung immer häufiger gefordert. Die unterschiedlichen Daten können hierbei zur Ergebnisvalidierung beitragen. Vorrangig geht es aber darum, aus der Kombination der Ergebnisse zusätzliche Resultate zu erlangen und den Erkenntnishorizont zu erweitern.[760]

In der vorliegenden Studie werden drei Perspektiven miteinander trianguliert. Zum einen wird der Prozess des Unterrichtsplanens anhand der Beobachtung über das Laute Denken erhoben. Daneben werden in Einzelfallinterviews sowohl Informationen über Rahmenbedingungen und Einflüsse des Planens als auch relevante subjektive Überzeugungen erfasst. Schließlich wird im Rahmen einer Vignette eine fiktive Stundenplanung anhand des Lauten Den-

757 Bei Berliner ab dem fünften Berufsjahr bereits ›proficient level‹ als Vorstufe, vgl. Ders.: Teacher Expertise, 1994, S. 6022.

758 Siehe Anselm: Kompetenzentwicklung, 2011, S. 112; Gautschi: Guter Geschichtsunterricht, 2009, S. 115.

759 Ortenburger/Hartung: Verbindende Ansätze, 2009, S. 144. Vgl. auch Gautschi: Guter Geschichtsunterricht, 2009, S. 116.

760 Zur Triangulation siehe Flick: Triangulation, 2011; Gautschi: Guter Geschichtsunterricht, 2009, S. 120–125; Ortenburger/Hartung: Verbindende Ansätze, 2009, S. 145.

kens beobachtet, um die Vergleichbarkeit der untersuchten Planungssituationen zu erhöhen. Daneben werden auch die Aufzeichnungen der Unterrichtsplanungen berücksichtigt. Bereits der Pretest hatte allerdings ergeben, dass es sich hierbei nicht um besonders umfangreiche bzw. aussagekräftige Informationsquellen handeln würde.

Der klare Vorteil der Triangulation ergibt sich aus den oben genannten Herausforderungen des Forschungsgegenstands: Eine Beobachtung des Planungsprozesses genügt nicht, weil davon ausgegangen werden muss, dass die Probanden und Probandinnen nicht alle Überlegungen und Entscheidungen explizit verbalisieren, selbst wenn sie dies möchten. Eine Beobachtung des Planungsprozesses genügt auch deshalb nicht, weil Rahmenbedingungen die Planung beeinflussen können, die langfristig wirksam sind und im gegenwärtigen Moment der Planungssituation nicht erfasst werden können. Hierzu zählen nicht zuletzt die berufsbezogenen Überzeugungen sowie die vielfältigen Erfahrungen der Lehrkräfte.[761] Eine singuläre Erfassung von Daten über Interviews genügt nicht, weil hierüber weder der reale Planungsprozess noch die Denkprozesse in ihrer Tiefenstruktur noch die konkreten Handlungsabläufe erfasst werden können. Schließlich eignet sich der Einsatz der Vignette, Daten über das professionelle Wissen der Lehrkräfte zu erheben, das derart gezielt in den anderen beiden offen angelegten Verfahren nicht erfasst werden könnte. Die Triangulation ermöglicht demzufolge sowohl detaillierte als auch bis zu einem gewissen Grad verallgemeinerungsfähige Aussagen über die Unterrichtsplanung der untersuchten Probanden und Probandinnen bzw. Probandengruppen. Im Folgenden werden die einzelnen Methoden vorgestellt.

## 3.1. Lautes Denken

Es ist oben darauf hingewiesen worden, dass das Laute Denken gegenwärtig als Methode der Wahl zur Untersuchung der Denkprozesse von Lehrkräften während der Unterrichtsplanung gilt. Die diesbezüglichen Untersuchungen, besonders wenn sie aus dem Bereich der Psychologie stammen, zielen allerdings häufig auf eine sehr viel konkretere Abbildung der neurologischen bzw. psychologischen Prozesse, als dies in der vorliegenden Arbeit der Fall ist.[762] Dennoch fokussiert auch Leitfrage 1 der vorliegenden Untersuchung die Pla-

761 In der Literatur ist die Rede davon, dass über das Laute Denken eher handlungsnahe und über Interviews eher bewusstseinsfähige, verhaltensferne Kognitionen erfasst werden können. Eine scharfe Trennung ist hierbei aber umstritten, vgl. Reusser u.a.: Berufsbezogene Überzeugungen, 2011, S. 490; Haas: Unterrichtsplanung, 1998, S. 92.

762 So bei Bromme: Das Denken, 1981, S. 84. Zur Geschichte des Lauten Denkens vgl. Weidle/Wagner: Die Methode, 1994, S. 81–83.

nungshandlungen und Denkprozesse während der Unterrichtsvorbereitung. Es geht hier aber weniger um die Repräsentation der kognitiven Prozesse als vielmehr um die Erfassung der Inhalte des Denkens und der gedanklichen Organisation dieser Inhalte. Grundsätzlich war es nötig zu antizipieren, dass die Probanden und Probandinnen sich vieler Aspekte ihres professionellen Wissens nicht bewusst sein würden, auch wenn diese handlungsleitend sein würden. So musste das Ziel sein, Informationen zu gewinnen, aus denen dieses Handlungswissen im Rahmen der Auswertung rekonstruiert werden konnte. Dies ließ sich nicht nur über die Offenheit der Fragen und die Möglichkeit von Nachfragen gewährleisten: Die Interviews boten den Probanden und Probandinnen zudem die Gelegenheit, aus ihrem Alltag zu erzählen, Handlungswissen in Beispielen erkennbar werden zu lassen und eigene Prinzipien deutlich zu machen.[763]

In einer Laut-Denk-Untersuchung wird der Proband bzw. die Probandin aufgefordert, alle Gedanken, Entscheidungen und Ideen, die ihm bzw. ihr während seiner bzw. ihrer Tätigkeit durch den Kopf gehen, zu verbalisieren. Das Ziel ist eine möglichst unverfälschte Erfassung der tatsächlichen handlungsleitenden Kognitionen. Insofern ist eine simultane einer retrospektiven Erfassung klar vorzuziehen.[764] Die Probanden und Probandinnen werden hier als reflexive Subjekte verstanden, die ihr Handeln steuern und darüber Auskunft geben können (vgl. Abschnitt III.1.2.). Hierbei hat sich herausgestellt, dass Lehrkräfte sich offenbar in besonderer Weise dazu eignen, sich des eigenen professionellen Vorgehens bewusst zu werden und es in Worte zu fassen. Es zeigen sich dennoch erwartungsgemäß individuelle Unterschiede, was diese Fähigkeit betrifft.[765]

Trotz ihrer Verbreitung bringt die Methode des Lauten Denkens eine Reihe von Problemen mit sich. So stellt sich in erster Linie die Frage, ob die Verbalisierung der Gedanken durch die Lehrkräfte die kognitiven Prozesse zuverlässig abbildet. Die Äußerung der Gedanken führt notwendigerweise zu einem Selektionsprozess, in dessen Verlauf Probanden und Probandinnen besonders schwer begrifflich zu fassende Ahnungen, Antizipationen, aber auch Gefühle aussparen, insbesondere wenn es sich um parallel ablaufende Fühl- und Denkprozesse handelt. Untersuchungen haben gezeigt, dass Lehrkräfte mitunter Dinge nicht verbalisieren, die in der fertigen Planung aber durchaus auftauchen. In der Literatur wird darauf hingewiesen, dass im Laut-Denk-Prozess Momente des Schweigens häufig bei besonders denkintensiven Prozessen auftreten.[766] Darüber hinaus muss davon ausgegangen werden, dass der Akt der Verbalisie-

763 Zu den Schwierigkeiten der Erhebung vgl. Bogner/Menz: Experteninterviews, 2009, S. 13.
764 Vgl. z. B. Leuchter u. a.: Zusammenhänge, 2008, S. 170. Zur Methode des Nachträglichen Lauten Denkens bzw. stimulated recalls vgl. Weidle/Wagner: Die Methode, 1994, S. 91–95.
765 Vgl. Carle: Mein Lehrplan, 1995, S. 68; Weidle/Wagner: Die Methode, 1994, S. 85; Bromme: Das Denken, 1981, S. 79.
766 Vgl. Haas: Unterrichtsplanung, 2005, S. 6; Tebrügge: Unterrichtsplanung, 2001, S. 88.

rung den Denkakt – wenn auch nur geringfügig – beeinflusst und zu einer weiteren Verfälschung der Realität führt.[767] Wie für die meisten qualitativen, offenen Forschungsmethoden gilt schließlich auch für das Laute Denken, dass es durch die Probanden und Probandinnen zu Verbalisierungen kommen kann, die auf soziale Erwünschtheit und weniger auf reales Vorgehen schließen lassen. In solchen Fällen orientiert sich der Proband bzw. die Probandin weniger an seinem bzw. ihrem alltagspraktischen Vorgehen als vielmehr an einem eigenen Bild von einer idealen Planung, die er bzw. sie zu präsentieren wünscht.[768]

Diesen Herausforderungen der Methode musste im vorliegenden Untersuchungsdesign durch eine Vielzahl von Maßnahmen begegnet werden. Eine wichtige Voraussetzung zur Minimierung des Faktors der sozialen Erwünschtheit war hierbei der Kontakt der Probanden und Probandinnen zur Verfasserin. Es wurde großer Wert darauf gelegt, die Probanden und Probandinnen entweder nach einem bestehenden Vertrauensverhältnis auszuwählen oder ein solches aufzubauen.[769] Besonders die Biografie der Verfasserin, die selbst eine Lehramtsausbildung durchlaufen hat, erwies sich als deutlich günstig, den Probanden und Probandinnen das Gefühl zu vermitteln, ihren Denkprozess einerseits ohne Erklärungsnot verbalisieren zu können, gleichzeitig aber auch Unsicherheiten im Vorgehen ungeschönt präsentieren zu können.[770] Hierbei vermittelte die Verfasserin den Lehrkräften in einem oder mehreren Vorgesprächen die Dringlichkeit der Untersuchung, die von allen Probanden und Probandinnen geteilt wurde. Man war sich einig, dass nur eine möglichst realistische Darstellung des Planungsvorgangs zur Formulierung von Desiderata und Problemen führen könne. Die Vorgespräche beinhalteten zudem klare Informationen über die Methode und das gewünschte Vorgehen. Die Probanden und Probandinnen wurden aufgefordert, ausschließlich zu formulieren, was ihnen durch den Kopf ging, ohne hieraus Schlussfolgerungen zu ziehen oder Erklärungen oder Bewertungen zu liefern.[771] Sie sollten sich bis auf die Verbalisierung verhalten wie bei einer normalen Unterrichtsplanung in ihrem Alltag. Die Durchführung der Aufzeichnung wurde so unauffällig wie möglich vorgenommen. Das Aufnahmegerät wurde außerhalb des Sichtfelds der Probanden und Probandinnen aufgebaut, jegliche Kommunikation wurde vermieden. Zeit und Ort wurde überwiegend von den Probanden und Probandinnen selbst gewählt, um die

767 Vgl. Bromme/Hörnberg, Die andere Hälfte, 1980, S. 16. Es kann hier zu einer Beeinträchtigung der Problemlösung kommen. Andererseits können aber auch innere Reflexionsprozesse positiv verstärkt werden, siehe Weidle/Wagner: Die Methode, 1994, S. 99f.

768 Vgl. Seifried: Unterricht, 2009, S. 102; Weidle/Wagner: Die Methode, 1994, S. 85.

769 Siehe Tebrügge: Unterrichtsplanung, 2001, S. 86; Wahl: Handeln, 1991, S. 73.

770 Siehe so auch bei Wengert: Untersuchungen, 1989, S. 98. Vgl. weiter Kleinknecht: Aufgabenkultur, 2010, S. 115.

771 Vgl. Weidle/Wagner: Die Methode, 1994, S. 83f.

Bedingungen der Aufzeichnung so natürlich wie möglich zu halten. Die Verfasserin versuchte, im Raum ›zu verschwinden‹, und trat während keiner der Laut-Denk-Protokollierungen in Erscheinung. Es zeigte sich allerdings bei einigen Aufzeichnungen, dass es zu Momenten und Phasen des Schweigens seitens der Probanden und Probandinnen kam, die augenscheinlich darauf hindeuteten, dass diese zwar nachdachten, aber in ihrer Verbalisierung inne hielten. In diesem Fall machte die Verfasserin ein mit den Probanden und Probandinnen vorher verabredetes Zeichen und notierte sich den Zeitpunkt dieses Vorkommnisses, um auf die Situation im Nachgespräch zurückkommen zu können.

Das Nachgespräch, das zwischen Laut-Denk-Protokoll und Interview stattfand, gab den Probanden und Probandinnen Gelegenheit, in entspannter Atmosphäre den beobachteten Planungsvorgang zu kommentieren oder zu erläutern und gegebenenfalls Unterschiede zu normalen Abläufen zu benennen. Hierbei ergab sich für die Verfasserin die Möglichkeit, nach unklaren Begriffen zu fragen und besonders augenscheinlich verdichtete Begriffe und Phasen des Schweigens noch einmal aufschlüsseln zu lassen. Eine durchgängige kommunikative Validierung war hierbei nicht praktikabel, sondern beschränkte sich auf die unklaren Punkte.[772]

Die Verfasserin erprobte das methodische Vorgehen im Rahmen eines Pretests an drei Lehrkräften. Hieraus ergaben sich Konsequenzen für die Untersuchung. Zum einen führte die Durchführung des Tests zu einer Ausklammerung der Realschullehrkräfte (s. o.). Darüber hinaus resultierte sie in einer Änderung des Laut-Denk-Auftrags an die Probanden und Probandinnen: So wurden nicht länger Unterrichtsplanungen für die Sek II zugelassen, sondern die Aufzeichnungen auf Planungen für die Sek I begrenzt. Die Erhebung einer Planung zu einer Unterrichtsstunde für einen Grundkurs der 12. Klasse hatte ergeben, dass diese Vorbereitungen mitunter so grundsätzlich anders angelegt zu sein scheinen als jene für die Sek I, dass ein Vergleich mit Planungen von Hauptschullehrkräften, die zwangsläufig für die Sek I gedacht sein müssen, wenig ertragreich gewesen wäre. Schließlich dienten die Pretests dazu, das eigene Verhalten der Verfasserin bei der Durchführung zu reflektieren und zu verbessern.[773]

772 Vgl. auch Haas: Unterrichtsplanung, 1998, S. 108. Zur kommunikativen Validierung siehe IV.3.2.2.

773 Vgl. Tebrügge: Unterrichtsplanung, 2001, S. 86.

## 3.2. Interview

Die zweite Methode der vorliegenden Arbeit ist die des durch einen Leitfaden strukturierten, problemzentrierten, offenen Experteninterviews. Die Offenheit des Interviewverfahrens entspricht hierbei dem explorativen Charakter der Studie. Der Leitfaden diente als Gesprächshilfe und ermöglicht eine Vergleichbarkeit der Gesprächsergebnisse.[774]

Die Interviews erfüllten in der vorliegenden Untersuchung zwei Zwecke. Zum einen dienten sie der Flankierung der Laut-Denk-Protokolle insofern, als sie eine Reihe von Fragen (Leitfragenbereich 1) aus einem anderen Blickwinkel zu beantworten suchten. So war durchaus von Interesse, ob sich die Lehrkräfte auf einer abstrakteren Ebene als während der konkreten Unterrichtsplanung ähnlich über ihr Planungshandeln äußerten, als sie dies während des tatsächlichen Handelns taten. Es war wichtig, ob sie etwa didaktische Modelle und offizielle Richtlinien vielleicht theoretisch im Gespräch guthießen, in der tatsächlichen Planung aber nicht zu Rate zogen. Darüber hinaus eignete sich das Interview zur Vertiefung jener Punkte, die in der Laut-Denk-Planung und deren Nachbesprechung nur angerissen wurden (z. B. verdichtete Begriffe) bzw. zur Klärung von in der gegenwärtigen Unterrichtsforschung mehrdeutig verwendeten Begrifflichkeiten (bspw. ›Kompetenzen‹). Darüber hinaus sollte die Interviewerhebung den Erkenntnissen über den impliziten Charakter vieler Wissensbestände Rechnung tragen, indem sie nach eben jenen Dingen fragte, die die Probanden und Probandinnen von sich aus womöglich nicht verbalisierten. Schließlich eignete sich das Interview, eine Reihe anderer Punkte zu klären, die mit den Laut-Denk-Protokollen nicht erfasst werden konnten. So bezog sich der zweite Bereich der Forschungsfragen auf jene Bedingungen, die den Rahmen der Unterrichtsplanung bilden und die nicht unbedingt im Rahmen einer Einzelstundenplanung ersichtlich werden. Forschungssystematisch lässt sich das Design somit als »exploratives Experteninterview« bezeichnen, das darüber hinaus Elemente eines »theoriegenerierenden Experteninterviews« trägt.[775]

Ebenso wie die Durchführung des Lauten Denkens bergen auch offene Interviews Probleme. So muss sich der Interviewer bzw. die Interviewerin darüber im Klaren sein, dass er bzw. sie die Daten mit generiert. Um möglichst wenig Einfluss zu nehmen, ist neben diesem Bewusstsein eine »Offenheit für die

774 Zu Experteninterviews vgl. bes. Meuser/Nagel: Experteninterview, 2009, S. 50–53; Bogner/Menz: Experteninterviwes, 2009, S. 8ff.; Flick: Interviews, 2006, S. 218ff. Zum problemzentrierten Interview siehe z. B. Mayring: Einführung, 1996. S. 67–72. Zur Kritik am Interviews als Datenerhebungsverfahren siehe Viebrock: Bilingualer Erdkundeunterricht, 2007, S. 91f. Zu halbstandardisierten bzw. teilstandardisierten Experteninterviews siehe v. a. Gläser/Laudel: Experteninterviews, 2010, S. 41f.

775 Vgl. Bogner/Menz: Das theoriegenerierende Experteninterview, 2009, S. 64ff.

Sichtweise, Lebenswelt oder das Referenzsystem des Anderen« eine ebenso wichtige Voraussetzung wie die Reflexion eigener Vorannahmen.[776] Zudem ergibt sich auch in den Interviews das Problem der sozialen Erwünschtheit in besonderem Maße. In der vorliegenden Untersuchung bot es sich allein deshalb an, die Daten der Laut-Denk-Protokolle und der Interviews miteinander in Beziehung zu setzen bzw. zu überprüfen. Zudem bot die Form des Interviews der Verfasserin die Möglichkeit, durch geschickte Rückfragen und Kommentare bei sensibler Beobachtung die Gefahr der sozialen Erwünschtheit zu minimieren. Es wird deutlich, dass das Interview in der vorliegenden Studie im Sinne eines seriösen Austauschs zwischen Professionellen einerseits und eines vertrauensvollen, offenen, zwischenmenschlichen Dialogs andererseits geführt werden musste. Der Leitfaden diente also der Kontrolle, wurde aber flexibel gehandhabt: Die Reihenfolge der Fragen wurde variiert, Nachfragen gestellt, und es lag im besonderen Interesse der Verfasserin, dass die Probanden und Probandinnen eigene Themen ansprachen und vertiefen konnten, die im Leitfaden nicht bedacht worden waren.[777] Ebenso wie bei der Laut-Denk-Erhebung erwies sich als günstig, dass zwischen den Probanden und Probandinnen und der Verfasserin ein Vertrauensverhältnis bestand. Gleichzeitig musste darauf geachtet werden, dass gerade die Vorkenntnisse der Verfasserin nicht zu Untersuchereffekten wie Suggestivfragen oder falschem Verständnis führten.[778]

Die Interviews wurden im Anschluss an die Laut-Denk-Beobachtung geführt. Sie dauerten zwischen 58 Minuten und 2 Stunden 56 Minuten. Hierbei zeigte sich, dass die Gymnasiallehrkräfte oft sehr viel ausführlicher sprachen als die Hauptschullehrkräfte. Auch zeigten die Referendare und Referendarinnen eine größere Redebereitschaft als die erfahrenen Lehrkräfte. Die Interviews gliederten sich in mehrere Phasen, die der Struktur des Leitfadens grundsätzlich entsprachen, aber durch Einwürfe und Ausführungen der jeweiligen Lehrkraft mitunter sehr unterschiedlich ausfielen.

### 3.2.1. Zum Leitfaden

Der Leitfaden entstand auf Grundlage der relevanten theoretischen Vorannahmen und empirischen Erkenntnisse zum Untersuchungsgegenstand, wie sie in den Kapiteln II und III ausführlich dargestellt worden sind. Die Fragen sollten hier möglichst offen formuliert und variabel eingesetzt werden, um den Pro-

776 Flick: Interviews, 2006, S. 216. Zur Interviewführung siehe ebda., S. 229ff.; Viebrock: Bilingualer Erdkundeunterricht, 2007, S. 92–96.

777 Vgl. Flick: Interviews, 2006, S. 230; Bogner/Menz: Das theoriegenerierende Experteninterview, 2009, S. 93.

778 Hinweise zur Gesprächsführung bei Experteninterviews: Gläser/Laudel: Experteninterviews, 2010, S. 120–142, 172–190; Pfadenhauer: Auf gleicher Augenhöhe, 2009.

banden und Probandinnen die Möglichkeit zu geben, eigene Schwerpunkte zu setzen. Gleichzeitig gewährleistete die Orientierung an Fragen aber eine gewisse Vergleichbarkeit. Schließlich war es wichtig, die Fragen so zu formulieren, dass sie den Alltagshorizont der Probanden und Probandinnen auf eine Weise betrafen, die Vertrauen in die Kenntnisse und Absichten der Interviewerin schuf.[779]

Der Leitfaden wurde in zwei Probeinterviews getestet und anschließend überarbeitet. Die Überarbeitung betraf besonders einzelne Formulierungen, wobei aus wörtlichen Fragen eher Impulse wurden, auf die die Probanden und Probandinnen vergleichsweise frei antworten konnten. Darüber hinaus diente die Überarbeitung dem Zweck, die Dauer der Interviews einzuschränken.

| Interviewleitfaden | Vgl. insbesondere Abschnitt |
|---|---|
| **1. Berufsbiografische Angaben** | |
| – Fächer | |
| – Form der Berufsausbildung | |
| – Berufserfahrung (wie lange im Fach Geschichte) | |
| – Schwerpunkt des Geschichtsunterrichts (Sek I/Sek II) | |
| **2. Äußerer Rahmen der Unterrichtsplanung** | |
| – Wo planen Sie? Wie viele Stunden? Unterschiede Sek I und Sek II? | II.3.2.10. |
| – Planen Sie Ihrem Empfinden nach eher zu viel oder eher zu wenig? | III.2.4.5. |
| – Wann hören Sie mit dem Planen auf, wann sind Sie fertig? | II.3.2.8. |
| – Planen Sie eher jede Stunde einzeln, oder setzen Sie sich Langzeitziele? | II.2.3.5., II.3.2.5. |
| **3. Planungsmodelle** | |
| – Wie und wo haben Sie Unterrichtsplanen gelernt? Was wurde gelernt? | III.4. |
| – Welche Schemata kennen Sie aus dem Referendariat? Welche davon benutzen Sie noch im Alltag? | II.2.1., II.2.3., II.3.2.3., II.3.2.6. |
| – Planen Sie immer nach einem gewissen Schema? | II.2.1., II.2.3., II.3.2.6. |
| – Inwiefern hat sich Ihre Planung im Lauf der Zeit verändert? | II.3.2.2., II.3.2.10. |
| – Was waren Anstöße, das Planungshandeln zu verändern? | II.3.2.10. |
| **4. Inhaltliches Vorgehen unter Berücksichtigung der normativen Vorgaben** | |
| – Was bedenken Sie bei der Planung? (Reihenfolge) | II.2.; II.3. |
| – Was ist für Sie das Wichtigste bei der Planung? (Themenfindung, Methodenfindung, Lerngruppenanalyse, Materialwahl, Differenzierung, …) | II.2.3., II.3., bes. II.3.2.8. |
| – Was stellen Sie sich beim Planen vor? (Die Schüler, die Klassensituation, den Ablauf?) | II.2.3.4. |

779 Vgl. Flick: Interviews, 2006, S. 227f.; Gläser/Laudel: Experteninterviews, 2010, S. 115f., 144–150.

*(Fortsetzung)*

| Interviewleitfaden | Vgl. insbesondere Abschnitt |
|---|---|
| **4.1. Themenwahl** | |
| – Was leitet Sie beim Planen? Welche Rolle spielen Kerncurricula, Richtlinien, Lehrbuch, Kompetenzen, etc.? | II.2.2.2., II.2.3.1., II.3.2.2. |
| – Berücksichtigen Sie eigene fachliche Schwächen oder Stärken bei der Themenwahl? | III.2.1. |
| **4.2. Materialwahl** | |
| – Wo finden Sie Materialien? | II.3.2.3. |
| – Wie wählen Sie Quellen aus? | II.2.3.3. |
| **4.3. Notizen** | |
| – Machen Sie sich beim Planen Notizen? | II.2.3.5., II.3.2.5. |
| **4.4. Auswertung** | |
| – Welche Rolle spielt eine nachträgliche Stundenauswertung für die Planung einer neuen Stunde? | II.2.3.5. |
| **5. Hilfsmittel der Planung** | |
| – Welche Hilfsmittel benutzen Sie für die Planung? | II.2.3.6., II.3.2.2., II.3.2.7. |
| – Inwieweit nutzen Sie das Lehrbuch? (Gründe) | s.o. |
| **6. Berufsbezogene Überzeugungen** | |
| **6.1. Philosophie des Fachs und Rollenkonzept** | |
| – Was ist für Sie das Entscheidende am Geschichtsunterricht? Was ist der Sinn? | III.2.4.1., III.2.4.2., III.2.4.3. |
| – Gibt es für Sie Besonderheiten bei der Planung für den Geschichtsunterricht? | II.2.3.4., II.3.2.8. |
| – Erfordert das Fach Geschichte mehr Planung als Ihr anderes Fach? (Gründe) | III.2.4.1., II.3.2.8. |
| **6.2. Professionelles Wissen** | |
| – Welches professionelle Wissen ist besonders wichtig für die Planung? (FW, FDW, PW?) | II.2.3.4., II.3.2.2., II.3.2.9., III.2.4.1., III.2.4.4., |
| – Woher wissen Sie, was Schüler interessiert? | II.2.3.4., II.3.2.4. |
| **6.3. Selbstkonzept** | |
| – Für wie wichtig halten Sie die Planung des Geschichtsunterrichts in Bezug auf den Erfolg der Stunde? | II.2.3.5., II.3.2.5. |
| – Welche Rolle spielen Sie als Lehrkraft für den erfolgreichen Verlauf eines Unterrichts? | III.2.4.4., III.2.5. |
| – Was ist ein erfolgreicher Verlauf? | II.2.2. |
| **6.4. Planungskonzept** | |
| – Wie lernt man gute Planung? Was raten Sie jungen Kollegen? | III.2.4.5., III.3.3., III.4. |
| – Was sind Gefahren der Planung? | III.2.4.5. |
| – Haben Sie genug Zeit für die Planung? (Gründe) | II.3.2.10. |
| **6.5. Flexibilität** | |
| – Wie flexibel gehen Sie mit Ihrer Planung um? | II.2.3.5.,II.3.2.5., III.2.4.5. |
| – Was machen Sie, wenn Sie mal nicht planen können? Bemerken die Schüler/innen den Unterschied? | III.2.4.5. |
| – Läuft der Unterricht oft nicht wie geplant? Warum? | II.2.3.5., III.3.2.5. |

*(Fortsetzung)*

| Interviewleitfaden | Vgl. insbesondere Abschnitt |
|---|---|
| **7. Desiderata**<br>– Gäbe es konkrete Hilfestellungen, die Sie sich für die Planung im Geschichtsunterricht wünschen würden?<br>– Was würden Sie Anfängern raten? | II.2.1., II.3.2.7., III.3.3. |

Abbildung 5: Interviewleitfaden

Nach einer Warming-Up-Phase (Fragebereich 1) widmete sich Fragebereich 2 den äußeren Bedingungen der Unterrichtsplanung. Hierbei zielte das Interview darauf ab, auf einer deskriptiven Ebene zu zeigen, welche Variablen überhaupt von den Lehrkräften als Bedingungen wahrgenommen werden und welche Wirkung sie haben. Mit Bromme wurde davon ausgegangen, dass die objektiv existierenden Rahmenbedingungen auf die Alltagspraxis von Lehrkräften nicht weniger Einfluss haben als deren individuelle Wahrnehmung dieser Bedingungen.[780] Themenbereich 3 adressierte konkret die Ausbildung der Lehrkräfte in Bezug auf das Unterrichtsplanen und ihre Kenntnisse und Relevanzeinschätzungen von didaktischen Modellen. An dieser Stelle wurden zudem Fragen zur selbst erlebten Berufserfahrung in Bezug auf das Planen gestellt. Themenbereich 4 orientierte sich stringent an den normativen Vorgaben zur Unterrichtsplanung (siehe Abschnitt II.2.). Themenbereich 5 galt der Erfassung der nötigen Hilfsmittel bei der Unterrichtsvorbereitung. Der Bereich 6 widmete sich den berufsbezogenen Überzeugungen. In Anlehnung an die Aufschlüsselung für die vorliegende Studie (siehe Abschnitt III.2.4.) wurden die Probanden und Probandinnen zur Philosophie des Fachs und daraus folgenden Auswirkungen auf die Planung befragt. Es schlossen sich Fragen nach dem nötigen professionellen Wissen für die Unterrichtsplanung an. Die Frage nach den Interessen der Schüler und Schülerinnen ergab sich dabei aus den Erfahrungen der Pilotstudie: In allen drei Pilotinterviews hatten die Lehrkräfte betont, die eigene Planung an den Interessen der Schüler und Schülerinnen zu orientieren. Eine diesbezügliche Nachfrage schien der Interviewerin daher besonders ertragreich. Fragen zum Selbstkonzept dienten vor allem dazu, die subjektiven Planungskonzepte zu kontextualisieren. Die abschließenden Fragen zielten auf die Einschätzung der Lehrkräfte in Bezug auf die für das Planen nötige Flexibilität. Das Interview endete mit der Frage nach möglichen Hilfestellungen und fehlenden Unterstützungsmaßnahmen in Bezug auf die Unterrichtsplanung.

Der Leitfaden enthielt keine schultypenspezifischen Fragestellungen. Dies entsprach der Intention, die jeweiligen Daten erst in der Phase der Auswertung miteinander in Beziehung zu setzen. Auch der Pretest hatte keine Hinweise auf

780 Siehe Bromme: Das Denken, 1981, S. 46.

eine nötige Anpassung der Fragen gegeben. Jedoch ergab sich im Laufe der Interviewdurchführung, dass durchaus schulformspezifische Verständnis- bzw. Antwortschwierigkeiten auftraten (siehe genauer Abschnitt V.3.4.1.).

Die unterschiedlichen Phasen der Berufsausbildung wurden im jeweiligen Gespräch berücksichtigt. So liegt auf der Hand, dass Referendare und Referendarinnen sehr ausführlich über die in der zweiten Phase üblichen Formen der Unterrichtsplanung sprachen, aber wenig zu einer Veränderung ihrer Planungspraxis sagen konnten. Stichprobenuntergruppenspezifische Interviewleitfäden waren aber auch hier nicht vonnöten.

### 3.2.2. Erhebung von Berufsbezogenen Überzeugungen im Rahmen der Interviews

Die Offenheit der leitfadenbasierten Interviews war in der vorliegenden Studie besonders wichtig, wenn es darum ging, die berufsbezogenen Überzeugungen der Probanden und Probandinnen zu untersuchen. Bei einer solchen Untersuchung erweist es sich als zentrales Problem, dass Überzeugungen überwiegend implizit sind und selten direkt erfragt werden können.[781] Zwar gilt die Lehrperson auch in diesem Zusammenhang als Experte bzw. Expertin für das eigene professionelle Handeln. Dennoch ist umstritten, ob und inwiefern Überzeugungen überhaupt bewusstseinszugänglich sind bzw. ob also, falls die Lehrkraft eine Überzeugung benennt, es sich um eine tatsächliche (rekonstruierte) Überzeugung handelt. In jedem Fall muss sich die Verfasserin bewusst sein, dass hier nur auf Grundlage einer »(Re-)konstruktionsebene« Aussagen gemacht werden können.[782] Eine weitere Herausforderung ergibt sich aus der Tatsache, dass Forschung über Überzeugungen von Geschichtslehrkräften gegenwärtig noch Grundlagenforschung bedeutet. Es geht noch immer um die Erfassung auf einer deskriptiven Ebene. Hierbei zeigt sich das Problem, dass Überzeugungen im Detail sehr individuell sein können.[783] Es war also Aufgabe der Verfasserin, Übereinstimmungen und Differenzen in den Äußerungen der Probanden und Probandinnen zu finden, ohne zu voreingenommen heranzugehen. Sie musste für die Rekonstruktion und Beschreibung der Überzeugungen Begriffe finden,

781 In diesem Zusammenhang entsprach die Form des Interviews im Grunde einem Konstruktinterview, bei dem besonders davon ausgegangen wird, dass der Interviewer die zu erfragenden Konstrukte seines Interviewpartners nicht antizipieren kann und dem völlig offen gegenüber stehen muss, siehe z. B. König: Das Konstruktinterview, 2005, S. 83ff.

782 Siehe Seel: Unterrichtsplanung, 1996, S. 49ff.; Viebrock: Bilingualer Erdkundeunterricht, 2007, S. 65.

783 Siehe Reusser u. a.: Berufsbezogene Überzeugungen, 2011, S. 483; Seifried: Unterricht, 2009, S. 252.

die der Lehrkraft gerecht und von ihr bestätigt werden konnten.[784] Wie auch für die anderen methodischen Durchführungen dieser Untersuchung galt hier im Besonderen, dass ein vertrauensvolles Verhältnis ebenso wichtig war wie die Offenlegung der Forschungsziele. Als Validierungsinstrument der Wahl gilt hier die kommunikative Validierung. Hierbei müssen die formulierten Überzeugungen durch die Probanden und Probandinnen in einem »Dialog-Konsens« bestätigt werden.[785]

Die Ausführungen und der Hinweis auf den unbefriedigenden Forschungsstand zum Thema zeigen bereits, dass sich für die vorliegende Studie weder eine Erfassung der Überzeugungen über Fragebögen noch über vergleichbare vorstrukturierte Methoden wie die Struktur-Lege-Technik eigneten.[786] Das Leitfadeninterview bot den Probanden und Probandinnen einerseits die Möglichkeit, vergleichsweise uneingeschränkt zu sprechen, und erlaubte andererseits der Verfasserin, Nachfragen zu stellen und die Probanden und Probandinnen zur Konzentration auf einzelne Punkte zu bewegen. Hierbei war wichtig, dass die diesbezüglichen Fragen eben auf keiner Hypothese beruhten, sondern flexibel und offen formuliert wurden. Neben den Interviews können auch die Auswertungen der Laut-Denk- und der Vignettenprotokolle Hinweise auf Überzeugungen liefern. Sie waren in der vorliegenden Studie aber nicht zentrale Erhebungstechnik, sondern zur Erlangung von zusätzlichen Informationen interessant.

Zur Vorbereitung der Fragen bezüglich der berufsbezogenen Überzeugungen hat die Verfasserin Untersuchungsskalen bereits durchgeführter Fragebogenstudien zur Kenntnis genommen, die Anhaltspunkte zur Einteilung der Philosophie des Fachs und zur Unterscheidung von konstruktivistischen und rezeptiven Lehrverständnissen liefern. Eine gute Gesprächsvorbereitung bildeten darüber hinaus Skalen zur Erfassung von Selbstwirksamkeitsüberzeugungen oder Vorstellungen zum Lernen und zur Lehrerrolle.[787] Da konkrete Operatio-

784 Vgl. Dann/Diegritz/Rosenbusch: Gruppenunterricht, 1999, S. 243ff.; Clark/Peterson: Teachers' thought processes, 1986, S. 287.

785 Vgl. z.B. Viebrock: Bilingualer Erdkundeunterricht, 2007, S. 42–49, 67; Huber/Mandl: Verbalisationsmethoden, 1994, S. 31ff. Weitere Möglichkeiten der Validierung bei Seel: Unterrichtsplanung, 1996, S. 51f. Seifried: Unterricht, 2009, S. 82 betont, dass ein Dialog-Konsens nicht zwingend nötig sei, um die Untersuchung valide zu machen.

786 Zur Erhebung via Fragebögen siehe Leuchter: Die Rolle, 2009, S. 67; Seifried: Überzeugungen, 2006, S. 113f. Zu Likert-Skalen siehe Fenn: Implizite Theorien, 2010, S. 90. Zu Strukturlegetechniken in diesem Zusammenhang siehe Seifried: Unterricht, 2009, S. 97ff.; Dann u.a.: Gruppenunterricht, 1999, S. 174. Zum Stimulated recall siehe Seifried: Unterricht, 2009, S. 99, FN 52.

787 Vgl. Voss u.a.: Überzeugungen, 2011, S. 242; Schulte: Selbstwirksamkeitserwartungen, 2008, S. 38; Seifried: Überzeugungen, 2006, S. 114, 120f.; Staub/Stern: The nature, 2002; Rakoczy/Buff/Lipowsky: Befragungsinstrumente, 2005; Fischler: Verfahren, 2001, S. 110ff.

nalisierungen für den Gegenstand Geschichtsunterricht nicht vorliegen, konnten diese Literaturvorschläge aber immer nur als Anregung dienen.

In den Interviews waren an vielen Stellen subjektive Aussagen der Probanden und Probandinnen verlangt. Das heißt jedoch nicht, dass es sich bei diesen Antworten immer um Hinweise auf berufsbezogene Überzeugungen handelt. Überzeugungen beschreiben hier konstante, langlebige und grundsätzliche Anschauungen in Bezug auf das Planen, Lehren und Lernen im Unterrichtsfach Geschichte (vgl. ausführlich Abschnitt III.2.4.). Die Auswertung der berufsbezogenen Überzeugungen stellte einen eigenen Schritt im Auswertungsverfahren dar, der in Abschnitt VI.5.1.1. diskutiert und beschrieben werden wird.

### 3.3. Vignetten

Die dritte in der vorliegenden Untersuchung genutzte Methode ist die der Vignettenuntersuchung. Vignetten beschreiben hypothetische Fallbeispiele oder Szenarien im Sinne von ›strukturierten Impulsen‹, in die die Probanden und Probandinnen sich entweder hineinversetzen oder die sie kommentieren sollen, indem sie erläutern, wie sie in der jeweiligen Situation vorgehen würden.[788] Unterrichtsvignetten werden zur Untersuchung von Planungshandeln in der gegenwärtigen Forschung häufig genutzt. In den meisten Designs müssen die Probanden und Probandinnen hierbei jemandem erklären, wie sie bei der Planung vorgehen.[789] Die Vergleichbarkeit der Ergebnisse von Vignettenstudien zählen ebenso zu deren häufig genannten Vorteilen wie die Einbettung der Fragestellung in einen möglichst handlungsnahen Kontext.[790] Entsprechend waren in der Laut-Denk-Untersuchung im vorliegenden Vignettendesign sowohl Thema als auch Klassenstufe klar vorgegeben. Dennoch liegen im experimentellen Charakter der Methode zugleich ihre Grenzen. Unterrichtsplanungen, die nicht auf konkrete Lerngruppen bezogen werden können, sind natürlich nur sehr eingeschränkt realistisch. Es ist nicht davon auszugehen, dass eine

788 Siehe Beck u. a.: Adaptive Lehrkompetenz, 2008, S. 90f.; Atria/Strohmeier/Spiel: Der Einsatz, 2006, S. 235. Blömeke u. a.: Future teachers' competence, 2008 erläutern, wie in MT21 Pädagogisches Wissen anhand einer Vignette gemessen wurde: Mit der Frage nach Kriterien zur Beobachtung einer Unterrichtsstunde wurde deklaratives, mit der Frage nach Ratschlägen an den unterrichtenden Kollegen bzw. die Kollegin prozedurales Wissen erhoben.

789 Hierbei folgen sie aber durchaus unterschiedliche Forschungsinteressen. Vgl. für einen kommentierten Überblick Seel: Angehende Lehrer/innen, 2011, S. 34; Barter/Renold: The Use, 1999, S. 2. Für eine geschichtsdidaktische Untersuchung siehe Kanert/Resch: Erfassung, 2014.

790 Siehe Beck u. a.: Adaptive Lehrkompetenz, 2008, S. 90.

Vignettenplanung eine tatsächliche Unterrichtsplanung exakt abbildet.[791] Vielmehr liefert sie einen eher abstrakten Blick der Probanden und Probandinnen auf das eigene Vorgehen und präsentiert vermutlich eine eher idealtypische Herangehensweise an die Vorbereitung. Gerade dieser Umstand ermöglicht es der Verfasserin in der vorliegenden Studie allerdings, Aspekte des professionellen Wissens der Lehrkräfte in Bezug auf die Unterrichtsplanung zu identifizieren. Insofern wird in der vorliegenden Untersuchung schließlich die Frage verfolgt, ob Vignetten für die Untersuchung von Unterrichtsplanung im Geschichtsunterricht überhaupt von Nutzen sein können und womöglich im Rahmen der Lehrerausbildung eine Rolle spielen sollten.

Der Vignettenimpuls lautete:

> *»Sie unterrichten parallel in einer siebten Klasse und einem Grundkurs der Oberstufe Geschichte und müssen für beide Lerngruppen eine Doppelstunde zum Einstieg in das Themengebiet ›Mittelalter‹ planen. In einem Mentorengespräch mit einem Referendar bzw. einer Referendarin beschreiben Sie die einzelnen Schritte der Planung und begründen diese.«*[792]

Für die Vignettenuntersuchung in der vorliegenden Studie hat sich der Pretest bzw. die Pilotierung als sehr wichtig erwiesen. So war ursprünglich beabsichtigt, nach der Planung einer Einführungsstunde in das Thema ›Stadt im Mittelalter‹ zu fragen. Das Vorgespräch mit einer Hauptschullehrkraft zeigte jedoch, dass sie ›die Stadt im Mittelalter‹ nicht unbedingt im Unterricht zu erörtern gedachte, auch wenn dies in den offiziellen Richtlinien vorgesehen war. Als weitere Schwierigkeit erwies sich die Feststellung, dass Hauptschullehrkräfte deutlich seltener Einzelstunden planen als ihre Kollegen und Kolleginnen an Gymnasien, weshalb eine separierte Planung in der Vignette ihrer Alltagspraxis höchst fremd und somit weit von einer realistischen Alltagsplanung entfernt gewesen wäre. Die Entscheidung fiel daher, eine Einstiegsstunde ins generelle Themengebiet ›Mittelalter‹ planen zu lassen und so dem Problem einer unrealistisch-kontextlosen Planung entgegenzuwirken. Dies schloss nicht aus, dass bei einer solchen Planung Gedanken über künftige Stunden formuliert werden würden. Die Lehrkraft bedurfte aber keines konkreten Vorwissens über bereits durch-

791 Siehe Atria u. a.: Der Einsatz, 2006, S. 248. Es existieren aber durchaus Hinweise auf Übereinstimmungen siehe Barter/Renold: The Use, 1999, S. 3.

792 Für die Hauptschullehrkräfte galt: »*Sie unterrichten in einer siebten Klasse Geschichte und müssen für die Lerngruppe eine Stunde zum Einstieg in das Themengebiet ›Mittelalter‹ planen. In einem Mentorengespräch mit einem Referendar bzw. einer Referendarin beschreiben Sie die einzelnen Schritte der Planung und begründe diese.*« Anregungen zur Erstellung der Vignette stammen von Krauss u. a.: Konzeptualisierung, 2011, S. 138; Beck u. a.: Adaptive Lehrkompetenz, 2008, S. 91 f.; Kraler/Menges: Fallvignetten, 2007, S. 60; Atria u. a.: Der Einsatz, 2006, S. 237; Barter/Renold: The Use, 1999, S. 3 sowie den Funden aus Abschnitt II.2.3.4.

geführte Stunden. Die Notwendigkeit einer Antizipierung folgender Unterrichtseinheiten sollte vielmehr im günstigsten Fall eine besonders intensive Auseinandersetzung mit dem Gegenstand der Vorbereitung bewirken, was einen weiteren Vorteil für die Erhebung bedeutete. Schließlich war denkbar, dass in einer Einführungsstunde häufiger Hilfsmittel wie offizielle Richtlinien herangezogen werden würden als üblicherweise. Die Aufzeichnung geschah über die Methode des Lauten Denkens. Die Bearbeitung dauerte zwischen 6 und 22 Minuten.

Zur Identifizierung professionellen Wissens durch die Vignette ergaben sich unterschiedliche Möglichkeiten. Allerdings ging es in der vorliegenden Untersuchung nicht wie in anderen Studien um eine konkrete Messung solchen Wissens. Dafür hätten an dieser Stelle klar zu erreichende Mindest-, Regel- und Exzellenzstandards formuliert und mit möglichen Lösungsmöglichkeiten verknüpft werden müssen.[793] Hierfür ist die Forschung zu Planungskompetenzen im Fach Geschichte aber noch nicht weit genug fortgeschritten (siehe Abschnitt III.3.). Die vorliegende Studie zielt vielmehr auf das erstmalige Aufspüren von Kriterienrastern und möglichen Items, die künftigen Studien zur Kompetenzmessung dienlich sein können. Eine grundsätzliche Orientierung lieferten hierbei die unter Kapitel II und III dargestellten Merkmale guten Geschichtsunterrichts.

Ansatzpunkte zur Beobachtung des fachlichen Wissens ergeben sich aus dem Umstand, dass es sich um eine Einführungsstunde in ein Themengebiet handelt. So war von einer fachlich gut ausgebildeten Lehrkraft an dieser Stelle zu erwarten, dass sie die entscheidenden Unterbereiche des Themas ›Mittelalter‹ unter Berücksichtigung der curricularen Rahmenbedingungen reflektierte, um eine begründete Auswahl für ein Einstiegsthema zu finden. Adäquatheit der Themenwahl, der Begriffe und der historischen Gegebenheiten sollten an dieser Stelle ebenso beobachtbar sein wie Überlegungen zu Strukturierungskonzepten bzw. Dimensionierungen des Gegenstands. Grundsätzlich ging es um die Sachgemäßheit der Entscheidungen.[794]

Die Herangehensweise an die Themenwahl sollte zudem Hinweise auf fachdidaktisches Wissen geben. Hierbei musste die Berücksichtigung der Lerngruppe und ihrer spezifischen Voraussetzungen eine herausragende Rolle spielen. Die Frage für die Gymnasiallehrkräfte nach der Vorbereitung für unterschiedliche Lerngruppen fokussierte eben jenes Entscheidungsfeld. So war zunächst von Interesse, ob die Planung der Lehrkräfte für die unterschiedlichen

793 Ein vergleichbares Vorgehen findet sich bei Hofmann: Religionspädagogische Kompetenz, 2008, S. 196–200.

794 Vgl. besonders Anselm: Kompetenzentwicklung, 2011, S. 143; Beck u. a.: Adaptive Lehrkompetenz, 2008, S. 92; Hofmann: Religionspädagogische Kompetenz, 2008, S. 219 f.

Klassenstufen unterschiedlich aussehen müsste und worin diese Unterschiede bestünden.[795] Hinweise auf fachdidaktisches Wissen lassen sich zudem aus allen methodischen Entscheidungen, Überlegungen zu Sozialformen, Medien- und Materialwahl entnehmen. Hierbei war von besonderer Bedeutung, inwiefern die Lehrkraft ihre jeweiligen Entscheidungen an ihre Überlegungen zur Lerngruppe und andere Rahmenbedingungen rückkoppelte und hierbei auch sich selbst in ihrer Rolle reflektierte.[796] Fachdidaktisches Wissen lässt sich dabei naturgemäß nicht an einer ›richtigen‹ Stundenplanung ablesen. Es finden sich aber einige Hinweise in der normativen Literatur, die sich speziell auf Einführungsstunden in einen Themenbereich beziehen. So wäre eine hier angeratene Vorgehensweise, das Vorwissen der Schüler und Schülerinnen zu erheben, um eine schülerorientierte weitere Planung des Unterrichts zu ermöglichen.[797]

Schließlich ließe sich pädagogisches Wissen aus Überlegungen zu Sozialformen und Methoden ebenso ableiten wie aus grundsätzlichen Bemerkungen zur Situation der Klasse in Hinblick auf die Klassenführung.[798]

## IV.4. Untersuchungsverlauf

Die Datenerhebung fand im Jahr 2011 statt. Hierbei wurden alle Interviews von der Verfasserin aufgezeichnet und somit eine größtmögliche Standardisierung und Vergleichbarkeit erreicht. Auch die Transkription wurde von der Verfasserin vorgenommen, wobei es sich um eine vollständige Transkription aller Aufzeichnungen handelte.

Es gilt mittlerweile als selbstverständlich, die Transkription bereits als Akt der Interpretation anzusehen.[799] Zwar wurde auf eine möglichst naturgetreue Übertragung der Probandenäußerungen auch deshalb geachtet, weil die vorliegende Studie mit Zitaten arbeitet. Nichtsdestoweniger stehen die inhaltlichen Aussagen im Vordergrund, weshalb die Transkripte aus Gründen der Versteh-

795 Vgl. besonders Helmke: Unterrichtsqualität, 2013, S. 112; Adamski: Didaktische Analyse, 2012, S. 236. Eine vergleichbare Aufgabe findet sich bei Hofmann: Religionspädagogische Kompetenz, 2008, S. 201 f. Sie erwartete sich eine Analyse altersspezifischer soziokultureller und anthropogener Voraussetzungen und Folgerungen für die Unterrichtsplanung.

796 Vgl. hierzu Anselm: Kompetenzentwicklung, 2011, S. 144; Baer u. a.: Angehende Lehrpersonen, 2007, S. 34.

797 Vgl. z. B. Günther-Arndt: Historisches Lernen, 2011, S. 27; Conrad/Ott: Didaktische Analyse, 2013, S. 566.

798 Vgl. besonders Beck u. a.: Adaptive Lehrkompetenz, 2008, S. 93; Baer u. a.: Angehende Lehrpersonen, 2007, S. 34.

799 Vgl. Viebrock: Bilingualer Erdkundeunterricht, 2007, S. 99; Lange: Imagination, 2005, S. 49.

barkeit mitunter sprachlich leicht geglättet wurden.[800] Bisweilen wurden nichtsprachliche Merkmale des Gesprächsverhaltens transkribiert (Lachen, Stirnrunzeln), die für die Analyse von Bedeutung sein können. Sie wurden durch Klammern gekennzeichnet, Betonungen wurden mit Großschreibungen deutlich gemacht. Schließlich wurden die Interviews durch ›Korrekturhören‹ von Übertragungsfehlern bereinigt.[801] Die Aufbereitung des Untersuchungsmaterials enthielt auch eine Auflistung der von den Lehrkräften benutzten Hilfsmittel, die diese zwar zur Kenntnis genommen, nicht aber während der Aufzeichnung erwähnt hatten.

## IV.5. Prozess der Auswertung

Die Auswertung der Daten aller drei methodischen Erhebungsverfahren beruhte auf den theoretischen Grundlagen der Qualitativen Inhaltsanalyse. Dies bedeutete in erster Linie, dass die Textdaten in einem Wechselverhältnis zwischen einerseits theoriegeleitet entworfenen, deduktiven Codes und andererseits am Material gebildeten, induktiven Kategorien geordnet wurden. Den einzelnen Transkripten wurden Informationen entnommen, und diese wurden anhand von thematischen Einheiten ausgewertet.[802]

### 5.1. Codierung

Um eine regelgeleitete und intersubjektiv nachvollziehbare Analyse zu gewährleisten, musste eingangs ein Ablaufmodell festgelegt werden, in dem die einzelnen Analyseschritte definiert und die konkreten Schritte der Kategoriebildung erläutert wurden.[803] Das zu bearbeitende Ausgangsmaterial umfasste alle transkribierten Äußerungen der Probanden und Probandinnen. Die Verfasserin entschied sich hierbei nach eingehender Prüfung gegen eine Auswertung mit der Unterstützung einer Computersoftware.[804] Die Zusammenstellung der Kategorien und Zuordnungen ließ sich ebenso übersichtlich in unter-

800 Vgl. Gropengießer: Qualitative Inhaltsanalyse, 2005, S. 178f.; Kowal/O'Connell: Zur Transkription, 2005, S. 441. Die sprachliche Glättung war in der vorliegenden Untersuchung allerdings marginal.

801 Siehe auch Lange: Imagination, 2005, S. 49.

802 Vgl. Mayring: Qualitative Inhaltsanalyse, 2010, besonders S. 49–65; Meuser/Nagel, Experteninterview, 2009, S. 56.

803 Vgl. Mayring: Qualitative Inhaltsanalyse, 2010, S. 49f., 59.

804 Die Prüfung der kommerziell vertriebenen Computersoftware betraf Maxquda und ATLAS.ti, vgl. hierzu sowie zu weiterer Software Kuckartz: Qualitative Inhaltsanalyse, 2014, besonders S. 132.

schiedlichen Word-Dateien mit unterschiedlichen Tabellensystemen darstellen, deren Einsehbarkeit ebenso gewährleistet blieb, wie dies bei einem Computerprogramm der Fall gewesen wäre. Auch die quantitativen Daten ließen sich beherrschen. Letztlich ist der Nutzen eines solchen Programms wohl von der untersuchenden Person abhängig: Der Verfasserin half es, sich jedem einzelnen Interview und jedem einzelnen Schriftdokument auf dem Papier zu widmen, um den Text so besonders intensiv lesen und die einzelnen Passagen direkt zueinander in Beziehung setzen zu können.

| **Codierung** | | |
|---|---|---|
| **Interviews** | **Durchgang 1** | - Zerlegung der Transkripte in Analyseeinheiten<br>- Festlegung und Definition von Kategorien (mit Ankerbeispielen)<br>= Festlegung **deduktiv:** Orientierung an Leitfaden |
| | **Durchgang 2** | - Probedurchlauf |
| | **Durchgang 3** | - Überprüfung und ggf. Revision der deduktiven Kategorien<br>- Neuer Materialdurchlauf: Auffinden neuer Kategorien = **induktiv** |
| | **Durchgang 4** | - Probedurchlauf mit zwei externen Codierern |
| | **Durchgang 5** | - Neuer Materialdurchlauf mit revidiertem Kategoriensystem/Codierleitfaden für alle 3 Textkorpora |
| | **Durchgang 6** | - Neuer Durchgang aller Schritte zur Identifizierung bzw. Rekonstruktion der berufsbezogenen Überzeugungen |
| **Laut-Denk-Protokolle** | | - Durchgang aller Schritte für die Laut-Denk-Protokolle<br>- Einzelauswertung jedes Protokolls zur Erstellung eines individuellen Handlungsplans |
| **Vignetten** | | - Durchgang aller Schritte für die Vignetten<br>- Einzelauswertung jedes Protokolls zur Erstellung eines individuellen Handlungsplans<br>- Analyse der Protokolle hinsichtlich professionellen Wissens mittels Codierung |

Abbildung 6: Ablaufplan der Codierung[805]

805 Der Ablauf beruht auf Mayring: Qualitative Inhaltsanalyse, 2010, S. 60, 84f. Er folgt zudem den Vorschlägen Gläser/Laudels, Experteninterview, 2010, auch wenn diese sich von dem Begriff der ›Codierung‹ klar distanzieren und ihr Vorgehen als ›Extraktion‹ bezeichen, vgl. ebda., S. 199, 212–221.

### 5.1.1. Interviews

*Durchgang 1*

Der erste Codierungsdurchlauf wurde anhand des Interviewleitfadens vorbereitet. Auch die Ergebnisse der Kapitel II und III wurden noch einmal gezielt berücksichtigt. Anhand des Leitfadens ließen sich sieben übergreifende Code-Bereiche formulieren. Dabei handelte es sich um eher abstrakte Kategorien, die erst anhand des Materials konkreter formuliert werden sollten.[806] Es war wichtig, nicht einfach die Formulierungen des Leitfadens als Kategorien zu übernehmen, weil es durchaus sein konnte, dass die Probanden und Probandinnen gänzlich andere Begriffe nutzten.[807] Die konkrete Definition der Kategorien bildete einen »sensiblen Prozess«[808]. So mussten eingangs die Codiereinheit bzw. der kleinstmögliche Bestandteil eines zu codierenden Materialabschnitts und die Kontexteinheit, also der größtmögliche Textbestandteil, definiert werden. Die Kategorien mussten dann präzise beschrieben und klar voneinander abgegrenzt werden. Zudem wurden sie mit Ankerbeispielen verknüpft.[809] Des Weiteren war überaus wichtig, im Prozess der Auswertung den zu findenden Kategorien gegenüber so offen wie möglich zu bleiben. Die deduktiven Codes sollten nicht zu einer vorschnellen Einordnung von Fundstellen verleiten, wenn diese sich möglicherweise zur Formulierung neuer Kategorien eigneten.[810]

| Proband/in | Transkript | Oberkategorie (Code) | Unterkategorie (Sub-Code) | Notizen | Quelle |
|---|---|---|---|---|---|
| L4, GYM Ref | Da ich ja sozusagen mehr von Stunde zu Stunde plane, auch deswegen, weil ich nicht weiß, wie die Stunde verläuft, und ich so denke, ich muss jetzt nicht hier Stunde für Stunde für die nächsten drei Wochen planen, wenn ich das alles noch mal umschreiben muss, weil das alles ganz anders läuft, als ich das dachte. Das ist immer so ein bisschen das, mit dem | Planungshorizont<br><br>Planen lernen<br><br>Erfahrung<br>Selbstkonzept | Sequenzplanung; Planung Einzelstunde<br>Diskrepanz: Alltag – Seminar<br>fehlende Erfahrung<br>Unzufriedenheit | offenbar Rechtfertigungsbedarf<br><br>fehlende Koope- | Z. 532–542 |

806 Vgl. Mayring: Qualitative Inhaltsanalyse, 2010, S. 85.

807 Vgl. Schmidt: Analyse, 2005, S. 447–451.

808 Mayring: Qualitative Inhaltsanalyse, 2010, S. 83.

809 Vgl. ebda., S. 59ff.

810 Hierbei sollten die Kategorien des Leitfadens klar offen bleiben. Es war durchaus möglich, dass die Probanden die von mir im Leitfaden angedachten Bereiche nicht aufnahmen oder besprachen. Ein eigenständiger Schritt in der Auswertung bestand darin, die Interviews später neu nach den Kategorien und nicht länger nach den Leitfadenthemen zu strukturieren.

*(Fortsetzung)*

| Pro-band/in | Transkript | Oberkategorie (Code) | Unterkategorie (Sub-Code) | Notizen | Quelle |
|---|---|---|---|---|---|
| | ich mich da rechtfertige, dass ich da Stunde für Stunde plane und dass ich im Zweifelsfall jetzt gar nicht wüsste, was wollte ich jetzt eigentlich machen. Weiß ich nicht so richtig, ich habe manchmal das Gefühl, andere planen da irgendwie großflächiger. | | | ration (implizit) | |

Abbildung 7: Beispiel der Auswertung einer Textpassage in Durchgang 1

*Durchgang 2*

Der Probedurchlauf an sechs ausgewählten Textdokumenten ergab eine Vielzahl neuer Kategorien sowie eine Ausschärfung der vorformulierten Codes. Die neu gefundenen Kategorien wurden mit den bestehenden verglichen und entweder integriert oder als neue Codes definiert.

*Durchgang 3*

Der dritte Durchgang betraf alle 24 Interviewtranskripte und resultierte in der Erstellung eines Codierleitfadens, der sowohl die ursprünglichen deduktiven Kategorien in überarbeiteter Form enthielt als auch die induktiv gewonnen Codes beinhaltete. Aus den induktiv gewonnenen Kategorien wurden neue Oberkategorien gebildet. Hierbei wurden alle Kategorien weiter benutzt und nicht etwa nur solche, die in einer bestimmten Häufigkeit auftraten.[811] An dieser Stelle wurde auch überprüft, ob die eingangs und im frühen Verlauf der Untersuchung formulierten Kategorien sich als sinnvoll und korrekt formuliert erwiesen.[812] Diese Prüfung wurde im **Durchgang 4** im Sinne einer Intercoderreliabilität (s. u.) fortgesetzt. Zur eigenen Absicherung diskutierte die Verfasserin den Codierleitfaden zu diesem Zeitpunkt mit einer Gruppe von geschichtsdidaktischen Experten und Expertinnen.

*Durchgang 5*

Der neue und endgültige Codierleitfaden wurde noch einmal auf alle Transkripte angewendet. Durchschnittlich wurden pro Transkriptseite etwa acht Themenzuordnungen vorgenommen.

811 Vgl. Bromme: Das Denken, 1981, S. 153.
812 Vgl. Mayring: Qualitative Inhaltsanalyse, 2010, S. 84f.

*Durchgang 6*

Die Codierung der berufsbezogenen Überzeugungen bedurfte eines gesonderten Vorgehens, für das es an Vorbildern aus der Geschichtsdidaktik fehlte. Die Vorgehensweise orientierte sich daher an einem Modell der Biologiedidaktik von Harald Gropengießer, das eine Auswertung in fünf Schritten vorsieht:

| | |
|---|---|
| **Durchgang 1** | – Thematisches Ordnen der Überzeugungen anhand von Kategorien (deduktiv + induktiv)<br>= dieser Schritt enthält die obigen Durchgänge 1–5 |
| **Durchgang 2** | – Bündeln bedeutungsgleicher Aussagen<br>– Kohärenzprüfung, Identifizieren von Widersprüchen |
| **Durchgang 3** | – Charakteristika der Überzeugungen erschließen<br>– Sprachliche Aspekte auslegen<br>– Quellen der Vorstellungen finden<br>– Brüche/Probleme identifizieren |
| **Durchgang 4** | – Überzeugungskonzepte heraus präparieren und formulieren |

Abbildung 8: Codierung und Analyse von Überzeugungen in Anlehnung an Gropengießer (2005)[813]

Die Untersuchung der Überzeugungen machte es nötig, alle oben genannten fünf Durchgänge durch die Interviews noch einmal gezielt an jedem Transkript zu wiederholen. Dies war deshalb besonders aufwändig, weil anders als bei den übrigen Kategorien Hinweise auf Überzeugungen nicht in erster Linie aus den Antworten auf die Fragen nach denselben gewonnen werden konnten, sondern gleichsam versteckt in Antworten auf andere Fragen verborgen sein konnten. Die Laut-Denk- oder Vignettenprotokolle wurden auf der Suche nach den Überzeugungen mit einbezogen.

Eine erste Zusammenstellung von Auswertungskategorien ergab sich auch hier aus den Fragen des Leitfadens. Weitere Kategorien wurden induktiv gewonnen. Hierbei war durchaus von Bedeutung, wie intensiv oder wie häufig ein Proband bzw. eine Probandin ein Thema besprach bzw. ob er oder sie bestimmten Fragen und Themen auswich, andere aber betonte.[814] In diesem Zusammenhang war es gleichfalls wichtig, mögliche Widersprüche in den Aussagen der Probanden und Probandinnen festzumachen, um einen Gesamteindruck von deren Überzeugungssystem gewinnen zu können. Der dritte Schritt richtet sich Gropengießer zufolge auf die Explikation der aufgefundenen Überzeugungen. Hier ging es für die Verfasserin darum, die Überzeugungen in stimmiger Gesamtschau darzustellen und zu erklären. Die Analyse resultierte schließlich in der Zusammenstellung von klar definierten Überzeugungen. Hierbei war es äußerst wichtig und diffizil, treffende Bezeichnungen zu finden.

813 Siehe Gropengießer: Qualitative Inhaltsanalyse, 2005, S. 176. Es wurden zudem Vorgehensweisen von Gläser/Laudel: Experteninterviews, 2010, S. 229ff. berücksichtigt.

814 Viebrock: Bilingualer Erdkundeunterricht, 2007, S. 105.

Von einer zweiten kommunikativen Validierung in einem Dialog-Konsens wurde jedoch Abstand genommen.

### 5.1.2. Laut-Denk-Protokolle

Grundsätzlich folgte die Auswertung der Laut-Denk-Protokolle der für die Interviews oben dargestellten Vorgehensweise der Analyse. Allerdings stellte die Analyse der Protokolle eine besondere Herausforderung dar. Da es sich hierbei um eine besonders gering strukturierte Erhebungsmethode handelte und darüber hinaus eine Vielzahl von unterschiedlichen Wissenssystemen bei der Unterrichtsplanung zum Tragen kommt, war die Kategorisierung und Ordnung der Daten besonders schwierig. Implizite Elemente des Denkens mussten neben Gefühlen und voneinander abhängigen und sich beeinflussenden Gedanken in eine darstellbare Form gebracht werden. Besonders schwierig war hierbei, jene Elemente zu erfassen, die sich implizit im Sinne von Routinen abspielten und demzufolge von den Lehrkräften noch nicht einmal im Ansatz angedeutet und nur manchmal in den Nachgesprächen rekonstruiert wurden. Als Beispiel wäre die Gestaltung von Arbeitsblättern zu nennen, die augenscheinlich gewissen Grundannahmen (beispielsweise Gedanken über Vorlieben der Schüler und Schülerinnen, visuelle Gestaltung in didaktischer Hinsicht, etc.) folgte, diese Grundannahmen aber so routiniert in Handlungen integrierte, dass sie absolut unbewusst abzulaufen schienen und auch auf Nachfrage nur lückenhaft rekonstruiert werden konnten. Darüber hinaus war es wichtig, die Bedeutung unterschiedlicher didaktischer Kategorien in den Äußerungen der Probanden und Probandinnen auf den Grad ihrer Verdichtung zu untersuchen, um festzustellen, was mit diesen Begriffen tatsächlich im jeweiligen Zusammenhang gemeint war.[815]

Die deduktiven Kategorien für die Auswertung der Laut-Denk-Protokolle orientierten sich an den Erkenntnissen über die normativen Vorgaben zur Planung von Geschichtsunterricht (Abschnitt II.2.). So lag es auch im Forschungsinteresse, wenn die normativen Elemente in den aufgezeichneten Planungen *nicht* auftauchten. Andere deduktive Kategorien ergaben sich aus den Ergebnissen älterer Forschung zur Unterrichtsplanung (siehe Abschnitt II.3.), wie sie bereits in den Leitfaden eingeflossen waren.

Nach Zuordnung aller Textteile zu den entsprechenden Kategorien wurde jedes Laut-Denk-Protokoll einzeln ausgewertet. Es wurde versucht, die einzelnen Bedeutungseinheiten unter den Stichworten der jeweils vergebenen Kategorien zu bündeln und anschließend in Handlungsplänen zusammenzufassen, um so für jede einzelne aufgezeichnete Unterrichtsplanung den individuellen

815 Vgl. Bromme: Das Denken, 1981, S. 108.

Planungsablauf visuell darstellen zu können. Hierbei musste besonders darauf geachtet werden, die erfassten Daten eben nicht in ein Schema zu pressen, um einen leicht handhabbaren Handlungsplan zu erhalten, wenn dies nicht der Realität des beobachteten Denkprozesses entsprach.[816]

### 5.1.3. Vignetten

Auch die Auswertung der Vignetten orientierte sich an der oben dargestellten Auswertung der Interviews. Ebenso wie bei den Laut-Denk-Protokollen wurden auch hier individuelle Handlungspläne für jeden Probanden bzw. jede Probandin visualisiert. Schließlich wurden in den Protokollen in einem letzten Schritt gezielt Hinweise auf professionelles Wissen gesucht. Hierzu wurden gesonderte Kategoriensysteme erstellt, die wie gewohnt aus deduktiven Codes (hergeleitet aus der normativen Literatur) und induktiven Codes bestanden.

## 5.2. Interpretation der Daten

Die Analyse des Datenmaterials durch Codierung resultierte in folgenden Auswertungsergebnissen:

| Interviews | Laut-Denk-Protokolle | Vignetten |
|---|---|---|
| | Gesamtübersicht der aufgezeichneten Stunden | Gesamtübersicht der aufgezeichneten Stunden |
| Auflistung von Planungselementen geordnet nach Kategorien | Auflistung von Planungselementen geordnet nach Kategorien | Auflistung von Planungselementen geordnet nach Kategorien |
| Bedeutungstragende Passagen geordnet nach Kategorien | | |
| Rekonstruierte individuelle Handlungspläne | Rekonstruierte individuelle Handlungspläne | Rekonstruierte individuelle Handlungspläne |
| Passagen mit Hinweisen auf Überzeugungen geordnet nach Kategorien | Passagen mit Hinweisen auf Überzeugungen geordnet nach Kategorien | Passagen mit Hinweisen auf Überzeugungen geordnet nach Kategorien |
| | | Passagen mit Hinweisen auf professionelles Wissen geordnet nach Kategorien |

Abbildung 9: Ergebnisse des Codierungsvorgangs

816 Vgl. hierzu auch Haas: Unterrichtsplanung, 1998, S. 106.

Es ergaben sich verschiedene Möglichkeiten des Vergleichs bzw. der Interpretation der erhaltenen Analysedaten. Zum einen zeigte die Fülle an Kategorien, dass eine Analyse jedes Datensatzes für sich lohnend sein würde. Darüber hinaus mussten die unterschiedlichen Daten auf der Ebene des Einzelfalls aufeinander bezogen werden. Daneben waren die Daten quer zu den Probanden und Probandinnen auszuwerten. Die Interpretation umfasste hierbei auch formale Aspekte des Texts in Bezug auf die Sprache und die Mimik der Probanden und Probandinnen.[817]

| | | | |
|---|---|---|---|
| **Schritt 1** | **Interviews** | Durchgang 1 | – Ordnung und Darstellung leitfragenrelevanter Aussagen quer zu den Interviews anhand der Kategorien<br>– Ordnung der Passagen in Hinblick auf die Fragestellungen |
| | | Durchgang 2 | – Einordnung der Ergebnisse in die normative und empirische Literatur |
| | | Durchgang 3 | – Stichprobengruppenspezifische Auswertung (schulformspezifisch, berufserfahrungsspezifisch) |
| | | Durchgang 4 | – Quantitative Zuordnung von Textstellen zu Kategorien |
| **Schritt 2** | **LD-Protokolle** | Durchgang 1 | – Fallübergreifende Auswertung der Handlungspläne nach Stichprobengruppen |
| | | Durchgang 2 | – Vergleich der unterschiedlichen Stichprobengruppenergebnisse |
| | | Durchgang 3 | – Einordnung der Ergebnisse in die normative und empirische Literatur |
| **Schritt 3** | **Interviews + LD-Protokolle** | Durchgang 1 | – Fallimmanente Untersuchung: Abgleich der individuellen Handlungspläne (LD) mit den in den Interviews geäußerten Elementen der Planung<br>– Zusammenfassung der Ergebnisse unter ›individuellen Arbeitsstilen‹ |
| | | Durchgang 2 | – Fallimmanente Untersuchung: Berücksichtigung der Personendaten |
| **Schritt 4** | **Vignetten** | Durchgang 1 | – Fallübergreifende Auswertung der Handlungspläne nach Stichprobengruppen |
| | | Durchgang 2 | – Vergleich der unterschiedlichen Stichprobengruppenergebnisse |
| | | Durchgang 3 | – Einordnung der Hinweise auf professionelles Wissen in die normative und empirische Literatur |

817 Lissmann: Inhaltsanalyse, 2008, S. 17.

*(Fortsetzung)*

| | | | |
|---|---|---|---|
| **Schritt 5** | **Interviews, LD-Protokolle + Vignetten** | Durchgang 1 | – Ordnung und Darstellung der Hinweise auf die berufsbezogenen Überzeugungen quer zu den Interviews |
| | | Durchgang 2 | – Vergleich der unterschiedlichen Stichprobengruppenergebnisse |
| **Schritt 6** | | | – Versuch einer Typenbildung<br>– Zuordnung der Typen zu den Stichprobengruppen |

Abbildung 10: Vergleich und Interpretation der Analyseergebnisse

Die nach Kategorien geordneten Interviewpassagen wurden quer zu den einzelnen Personen thematisch neu gruppiert und zusammenfassend bzw. nach Stichprobengruppe geordnet. Besonders typische Äußerungen wurden in Form von Zitaten dargestellt. Hierbei ging es in erster Linie darum, dominante Meinungen wiederzugeben. Auch divergierende Auffassungen lieferten jedoch mitunter eine geeignete Illustration des Meinungsbildes.[818] Die Dominanz unterschiedlicher Auffassungen sollte im vierten Durchgang auch quantitativ abgesichert werden.[819] Bei den Zitaten wurden jeweils Gesprächspartner, Berufserfahrung, Schulform und Interviewabschnittsnummer mit Kürzeln angegeben. Die Kennzeichnung *L1, 3J, GYM, LD, 87* bedeutet also: Der Proband bzw. die Probandin ist die erste Lehrkraft der Gruppe von Gymnasiallehrkräften mit mindestens drei Jahren Berufserfahrung, die interviewt wurde. Der Abschnitt stammt aus Zeile 87 der Laut-Denk-Aufzeichnung.

Die Auswertung der Laut-Denk-Protokolle beinhaltete in einem ersten Durchgang den Vergleich der entstandenen visualisierten Handlungspläne innerhalb einer Stichprobe. Es wurde angestrebt, einen Handlungsplan zu visualisieren, der die einzelnen Handlungspläne aller Stichprobengruppenmitglieder repräsentierte. Solche Gruppenhandlungspläne sollten in einem weiteren Schritt den Vergleich zwischen den Stichgruppen unterstützen. In einem dritten Schritt wurden die Interviews und Laut-Denk-Protokolle auf der Ebene des Einzelfalls verglichen, um Übereinstimmungen und Differenzen herauszuarbeiten. Die Interpretation der Vignettenergebnisse (Schritt 4) orientierte sich an der Interpretation der Laut-Denk-Protokolle. Im fünften Schritt wurden alle Hinweise auf berufsbezogene Überzeugungen sowohl auf der Ebene des Einzelfalls als auch auf der Ebene der Stichprobengruppe zusammengestellt.

818 Somit ist auch eine größeren Kontrolle der von mir abgeleiteten Ergebnisse möglich, vgl. Tebrügge: Unterrichtsplanung, 2001, S. 84; Bromme/Hörnberg, Die andere Hälfte, 1980, S. 12.

819 Vgl. Mayring: Qualitative Inhaltsanalyse, 2010, S. 51.

Die Studie widmet sich sowohl der Untersuchung von Lehrkräften unterschiedlicher Schulformen als auch von Lehrpersonen unterschiedlicher Erfahrungsgrade. In einem letzten Schritt war es dennoch nötig, die Daten noch einmal anonymisiert bzw. ohne Zuordnung zu Schulform oder Erfahrungsstadium miteinander in Beziehung zu setzen und nach auffälligen Abhängigkeiten zu untersuchen. Es stellte sich die Frage, inwiefern einzelne Codes miteinander korrelierten. Darüber hinaus war interessant, ob sich aufgrund dieser Korrelationen Typen innerhalb der Stichprobe erkennen lassen würden, wobei deren Zugehörigkeit zu einer Schulform oder einem Erfahrungsgrad anfangs nebensächlich sein müsste und erst in einem späteren Schritt der Interpretation berücksichtigt werden würde.[820] Eine Typologie beschriebe in diesem Zusammenhang einen »Gruppierungsprozess [...]«, bei dem eine Analyseeinheit anhand »mehrerer Merkmale in [...] Typen eingeteilt wird, so dass sich die Elemente eines Typus möglichst ähnlich sind [...] und sich die Typen voneinander möglichst stark unterscheiden«[821].

| | |
|---|---|
| **Schritt 1** | Bestimmung relevanter Vergleichsdimensionen |
| **Schritt 2** | Gruppierung der Fälle und Zuordnung zu den Stichprobengruppen |
| **Schritt 3** | Analyse der inhaltlichen Zusammenhänge |

Abbildung 11: Vorgehen bei der Typenbildung[822]

Grundsätzlich beginnt ein Prozess der Typenbildung mit der Bestimmung relevanter Vergleichsdimensionen. Für die vorliegende Studie wurde hierbei zuerst nach quantitativen Auffälligkeiten gesucht, um nicht etwa eine Entscheidung bezüglich der Wichtigkeit einzelner Kategorien vorwegzunehmen. Dabei wurden keine umfangreichen, sondern geringe Merkmalsräume als Grundlage von Typenarten formuliert. Dies erleichterte die Bearbeitung des diversen und ausgedehnten Materials und bot die Möglichkeit, mehrere unterschiedliche Arten von Typenbildungen vorzunehmen.[823] Die auffälligen Korrelationen ließen sich in drei unterschiedlichen Typenbildungen beschreiben. Die Typen wurden dargestellt und den Stichprobengruppen zugeordnet. In einem letzten Schritt wurden die Daten interpretiert. Auf eine ausführliche Beschreibung der Typen und Typenarten im Sinne von vertiefenden Einzelfallinterpretationen ist im Rahmen der vorliegenden Arbeit verzichtet worden. Die Typenbildung stand

820 Bei Kuckartz: Qualitative Inhaltsanalyse, 2014, S. 124f. handelt es sich um eine ›typenbildende Inhaltsanalyse‹, wenn Typen aus bereits vorhandenen Kategorien abgeleitet werden können.

821 Kelle/Kluge: Vom Einzelfall, 2010, S. 85. Ähnlich Kuckartz: Qualitative Inhaltsanalyse, 2014, S. 118f.

822 Orientiert an Kelle/Kluge: Vom Einzelfall, 2010, S. 91–107 und Kuckartz: Qualitative Inhaltsanalyse, 2014, S. S. 119–130.

823 Vgl. Kuckartz: Qualitative Inhaltsanalyse, 2014, S. 126.

nicht im analytischen Zentrum der Studie. Sie diente der Auswertung nur, indem sie einen zusätzlichen Blickwinkel lieferte. Eine ausführliche Beschreibung und Untersuchung der Typen in Anschlussstudien wäre aber selbstverständlich von großem Wert.

## IV.6. Methodenreflexion

Als überaus hilfreich für die Durchführung der Studie erwies sich, dass die Probanden und Probandinnen über persönliche Kontakte gewonnen werden konnten. Die Lehrkräfte erklärten in den Nachgesprächen, dass sie die Beobachtung durch die Verfasserin nicht als Einschränkung ihres üblichen Vorgehens empfunden hätten. Es ergaben sich auch keine Hinweise auf einen Geschlechtereffekt im Umgang der Probanden und Probandinnen mit der Interviewerin.[824] Männliche wie weibliche, alte wie junge Lehrkräfte begegneten ihr auf einer professionellen und gleichzeitig menschlich offenen Ebene. Ein Indiz für die Offenheit der Probanden und Probandinnen war hierbei, dass sich viele von ihnen unterbrachen, um die eigene Offenheit zu reflektieren, wie in den folgenden Beispielen zu erkennen ist:

> *»Bin selbst entsetzt, dass ich so etwas sage.« (L2, GYM, 3J, 420–421)*
>
> *»Aber nicht Professor S[...] vorspielen, was ich gerade gesagt habe!« (lacht) (L3, GYM, 3J, 778–779)*

Insgesamt zeigte sich, dass die Hauptschullehrkräfte in ihren Äußerungen deutlich zurückhaltender waren als die Gymnasiallehrkräfte. Die Verfasserin spürte in den Gesprächen zunächst offenkundiges Misstrauen und demzufolge anfangs defensive Äußerungen. Besonders die fachfremd Unterrichtenden zeigten ein Bedürfnis, die eigene Professionalität zu verteidigen. Die Gespräche resultierten mehrfach in ausführlichen Klagen über die Wahrnehmung von Hauptschulen und Hauptschullehrkräften in der Öffentlichkeit. Dieser Zurückhaltung musste mit einer besonders sensiblen Gesprächsführung und vertrauensbildenden Maßnahmen begegnet werden.

Das Laute Denken fiel allen Probanden und Probandinnen nach eigenem Bekunden leicht. Trotzdem ergaben sich auch hier die in älteren empirischen Forschungen konstatierten Phasen des Schweigens, die von der Verfasserin in den Nachgesprächen diskutiert und von den Lehrkräften erklärt werden mussten. Ein erneutes Vorspielen des Tonbands war hierfür in keinem Fall nötig. Die Lehrkräfte betonten ohne Ausnahme, dass sie das Planen nicht als von ihrem alltäglichen Vorgehen abweichend empfunden hatten. Vier der befragten Lehr-

824 Vgl. Abels/Behrens: ExpertInnen-Interviews, 2009, S. 167.

kräfte entschuldigten sich nahezu im Nachgespräch für die Kürze ihrer Vorbereitungen, betonten aber, diese entspreche eben ihrer Alltagsrealität. Nur eine einzige Referendarin wandte sich während der Erhebung einmal an die Verfasserin. Die anderen Probanden und Probandinnen schienen die zusätzliche Person im Raum tatsächlich nicht zu bemerken oder wenigstens nicht zu beachten.

Als Erhebungsproblem besonders bezüglich der Hauptschulprobanden und -probandinnen erwies sich, dass diese im Alltag kooperativ und langfristig planten. Beides konnte in der Laut-Denk-Untersuchung nicht erfasst werden. Die Verfasserin bemühte sich daher, diesbezügliche Randbemerkungen der Probanden und Probandinnen zu beachten und in die Auswertung mit einzubeziehen.

Eine besondere Rolle für die gelungene Durchführung der Interviews spielte rückblickend die Wahrnehmung der Interviewerin durch die Probanden und Probandinnen als ›Quasi-Expertin‹ bzw. als ›Mitstreiterin‹ (s. u.). So hatte ihre Rolle als mit dem Feld vertraute, aber aufgrund geringer Berufserfahrung nicht etwa dem Expertenstadium zurechenbare Gesprächspartnerin und ihr diesbezügliches Auftreten einen klaren Effekt hinsichtlich der Offenheit und vermutlich Ehrlichkeit der Untersuchungsteilnehmer und -teilnehmerinnen. Dies ließ sich an Äußerungen wie den folgenden festmachen:

> *»Du weißt ja, wie es ist: In Wahrheit arbeiten alle mit dem Buch, wenn keiner hinguckt.« (L3, GYM, 3J, I, 302)*

> *»Denen ist ja egal im Endeffekt, was wir hier vor Ort machen. Kennst du ja.« (L2, GYM, 3J, I, 504–505)*

Auf einen solchen Effekt ist in sozialwissenschaftlichen Publikationen bereits hingewiesen worden. So haben die Soziologen Alexander Bogner und Wolfgang Menz den besonders hilfreichen Effekt einer Wahrnehmung als »Quasi-Experte« beschrieben, demzufolge Probanden und Probandinnen solchen vertrauensvoller und ehrlicher gegenübertreten, aber anders als im Austausch mit anderen Experten und Expertinnen auch keinen Konkurrenzdruck empfinden. Für die Wahrnehmung als »Mitstreiter« oder »Komplize« gelte dies noch einmal in gesteigertem Maß, hierbei müsse aber verhindert werden, dass als geteilt vermutete Prämissen nicht weiter diskutiert werden.[825] In der vorliegenden Untersuchung wurde darauf geachtet, Äußerungen der Probanden und Probandinnen zu erwirken, die auch einem Laien verständlich sein würden. Oben genannte reservierte Haltungen von Hauptschullehrpersonen gegenüber der Interviewerin als Gymnasiallehrkraft mussten allerdings mitunter stringent und offensiv abgemildert werden.

825 Bogner/Menz: Das theoriegenerierende Experteninterview, 2009, S. 86f.

Trotz dieser guten Voraussetzungen war deutlich erkennbar, dass den Probanden und Probandinnen eine Reihe von Fragen unangenehm war und sie sich schnell in die Ecke gedrängt fühlten. So führte in der Regel schon die Frage »Planst Du Deinem Empfinden nach eher zu viel oder eher zu wenig?« zu ausführlichen Rechtfertigungsmonologen. Einzelne Fragen erwiesen sich hierbei im Rückblick als regelrecht unverständlich und somit überflüssig. So war beispielsweise die Frage nach möglichen ›Gefahren‹ einer Planung, bei der die Interviewerin sich konkrete Warnungen der Lehrkräfte erhofft hatte, den meisten Probanden und Probandinnen unklar und erbrachte keine Ergebnisse.

Auch in der Vignettenstudie erwies sich das gute Verhältnis zwischen Probanden bzw. Probandinnen und der Verfasserin als günstig: Alle waren bereit, sich der gestellten Aufgabe ernsthaft zu widmen. Nur eine Probandin kritisierte eingangs, dass sie mit einer fiktiven Lerngruppe nicht planen könne. Eben jene Kandidatin zeigte im Anschluss allerdings geradezu vorbildlich, welch zielführende Gedanken sich auch unter Berücksichtigung einer fiktiven Lerngruppe verbalisieren ließen:

> *»Ich mache erst mal Brainstorming […], allerdings schriftlich, jeder für sich. […] Aber natürlich dann auch kooperativ, erst die Sitznachbarn […], damit keiner sich so entblößt fühlt, wenn ihm nichts zum Mittelalter einfällt. […] Einige bringen Vorwissen mit, andere nicht. Oder andere haben vielleicht Vorwissen, aber es scheint ihnen nicht so offensichtlich, und beim Wort Mittelalter fällt ihnen aber erst mal nichts ein, obwohl sie sich eigentlich vielleicht ganz gut auskennen.« (L2, GYM, Ref, VIG, 8–28)*

Dennoch zeigten sich bei der Auswertung der Protokolle, dass die Beantwortung der Vignette den Probanden und Probandinnen mitunter schwer gefallen war. So sprangen die Planenden derart häufig zwischen eher praxisnahen und stärker theoretischen Ausführungen hin und her, dass auf deren Grundlage keine aussagekräftigen, vergleichbaren Handlungspläne erstellt werden konnten. Es ergaben sich nur Einzelhinweise auf das Alltagsplanen, die der weiteren Analyse dienlich waren. Offenbar fühlten sich die Probanden und Probandinnen durch die Simulation einer Prüfungssituation, die von der Verfasserin beabsichtigt, wenn auch nicht ausdrücklich erwähnt worden war, derart unter Druck gesetzt, dass sie überwiegend nervös und wenig strukturiert antworteten.

Eine besondere Herausforderung bedeutete schließlich die jeweilige Länge der Untersuchung. Alle Probanden und Probandinnen wurden zum Ende des Gesprächs hin sehr müde. Besonders entspannt liefen die Interviews, die am frühen Morgen stattfanden, zäh gestalteten sich jene, die nach dem Schulalltag am Abend durchgeführt wurden. Die Lehrkräfte reflektierten allerdings, dass es sich bei den abendlichen Aufzeichnungen um eine Untersuchungssituation handele, die besonders nah am üblichen Planungsalltag sei und somit eine sehr realistische Abbildung liefere.

## 6.1. Gütekriterien

Grundsätzlich erwies sich die Wahl eines offenen Verfahrens als durchaus brauchbar zur Ermittlung der Leitfragen und als deutlich angemessen in Hinblick auf den explorativen Charakter der Studie. Insbesondere weil die Probanden und Probandinnen sich in der Planung wenig an den normativen Vorgaben orientierten und meist eigene Begrifflichkeiten nutzten, war eine offene Herangehensweise zweckmäßig.

Die drei unterschiedlichen methodischen Untersuchungen erbrachten Ergebnisse in den angestrebten Bereichen. Die Methode des Lauten Denkens ergab wichtige Daten zum Planungsvorgehen. Die in älteren Studien festgestellten Schwierigkeiten bei der Verbalisierung der Stundenplanungen waren bei den untersuchten Probanden und Probandinnen nicht festzustellen.[826] Die Interviews lieferten zum einen Informationen zu Planungsumständen, darüber hinaus validierten sie aber auch die Ergebnisse der Laut-Denk-Studie. Die Lehrkräfte erwiesen sich hierbei als geeignete, auskunftsgebende Experten und -expertinnen für ihr professionelles Handeln. Die Ergebnisse der Vignettenstudie ermöglichten schließlich einen weitaus konkreteren Vergleich der unterschiedlichen planerischen Herangehensweisen, als er anhand der Laut-Denk-Protokolle möglich war.

Der methodische Aufwand der Erhebung und Auswertung der vorliegenden Studie war dabei erheblich, aber lohnend. Die Triangulation der Daten gab Aufschluss über Unstimmigkeiten im theoretischen und praktischen Handeln der Lehrkräfte. Trotz der Nachgespräche muss hierbei davon ausgegangen werden, dass einige Vorgehensweisen im planerischen Verhalten implizit blieben und von den Probanden und Probandinnen nicht verbalisiert wurden. Die Triangulation dreier unterschiedlicher Untersuchungsverfahren eignete sich dennoch dazu, viele Lücken in der Darstellung zu schließen.

Das inhaltsanalytische Vorgehen in Anlehnung an Philipp Mayring eignete sich in besonderer Weise, das umfangreiche Datenmaterial zu strukturieren und nach Kategorien zu ordnen. Die eigens konstruierte Erhebungs- und Untersuchungsstrategie zur Untersuchung der berufsbezogenen Überzeugungen erwies sich als ertragreich. Die Überzeugungen der Probanden und Probandinnen waren vergleichsweise systematisch reflektiert. Es wurde allerdings deutlich, dass sich die befragten Gymnasiallehrpersonen ihrer Ziele deutlicher bewusst waren als die befragten, in hoher Zahl fachfremden, Hauptschullehrkräfte. Auf diese Diskrepanz wäre in Anschlussstudien unbedingt zu achten und den Hauptschullehrpersonen ggf. mehrere Antwortmöglichkeiten oder konkrete Sprechimpulse zur Verfügung zu stellen.

826 Siehe Tebrügge: Unterrichtsplanung, 2001, S. 88.

Fraglos handelt es sich bei der Zuordnung von Kategorien zu Bedeutungseinheiten um einen interpretativen Akt. Dieser Akt ist aber in der vorliegenden Arbeit durch die Regeln der Inhaltsanalyse kontrolliert und nachvollziehbar. Die intersubjektive Nachvollziehbarkeit ist im vorliegenden Design gewährleistet durch die umfassende Auflistung bzw. klare Ausformulierung der Kategoriesysteme mit Ankerbeispielen. Sie wurde zudem getestet als Intercoderreliabilität durch Einbeziehung zweier zusätzlicher Codierer, die jeweils zwei Laut-Denk-Protokolle, zwei Vignettenprokolle und zwei Interviews in zwei Codierdurchgängen inklusive Codierschulungen codierten und deren Codierungen einzig dieser Reliabilitätsprüfung dienten. Nach den zwei Codierschulungen wurden die Ergebnisse gemeinsam besprochen und einige, wenige Codes revidiert.[827] Ein weiteres Reliabilitätsmoment wurde bei der Erstellung der deduktiven Codes erreicht, indem dieses Vorgehen mit unterschiedlichen Experten und Expertinnen diskutiert wurde.

Zur Feststellung der Validität dienten die Pretests, die mit allen drei Methoden durchgeführt wurden. Ein wichtiges Merkmal der Validität wurde hier mit allen oben genannten Maßnahmen erfüllt, die bei der Erhebung das natürliche Setting gewährleisteten. Die Durchführung im möglichst natürlichen Rahmen diente darüber hinaus der Objektivität der Studie. Die kommunikative Validierung in Bezug auf die Überzeugungen gewährleistete ebenso eine Absicherung hinsichtlich der Erfüllung der Messabsicht wie die Nachgespräche, die im Anschluss an die Laut-Denk-Beobachtungen stattfanden. Schließlich diente die Triangulation der Ergebnisse deren Validierung.

Auch wenn die Codierung und ihre Offenlegung einen großen Grad an Objektivität gewährleistet, war der Verfasserin bewusst, dass sie mit ihren individuellen Vorannahmen und Erfahrungen Einfluss auf die Auswertung des Textes hat. So musste sie sich im Vorfeld der Analyse ihre eigenen Einstellungen zu Unterrichtsplanung, aber auch zu gutem Geschichtsunterricht ebenso vergegenwärtigen und von den Vorgaben der normativen Literatur trennen, wie sie es vor der Erhebung selbst musste, um möglichst unvoreingenommen und möglichst zurückhaltend an die Beobachtung zu gehen. Schließlich war es für die Verfasserin bedeutsam, sich während der Auswertung der Tatsache bewusst zu bleiben, dass es sich bei den Protokollen trotz aller Annäherung immer nur um eine unvollständige Abbildung des Planungsvorgangs handeln kann.

Während Reliabilität, Objektivität und Validität der Untersuchung also gegeben waren, konnte das Kriterium der Repräsentativität nicht erfüllt werden. Wie oben ausgeführt, entspricht dies dem Forschungsstand zum Thema und dem explorativen Charakter der vorliegenden Studie.

---

827 Vgl. Mayring: Qualitative Inhaltsanalyse, 2010, S. 51, 117.

## 6.2. Gewinn für die Probandinnen und Probanden

Die Probandengruppen zeigten ein unterschiedlich großes Bedürfnis, aus ihrem Alltag zu berichten. So war der Redebedarf der Referendare und Referendarinnen auffallend ausgeprägt. Gleichzeitig reflektierten sie ebenso wie die Lehrkräfte der Mittelgruppen deutlich, dass ihnen das theoretische Berichten von ihren eigenen Planungsbemühungen sehr schwer falle. Dieser Umstand erstaunt bei den Referendaren und Referendarinnen in besonderer Weise, da doch davon ausgegangen werden muss, dass eine solche Reflexion und Aufschlüsselung ihres eigenen professionellen Bemühens Teil ihrer täglichen Ausbildung ist:

> *»Es fällt mir gerade ganz schwer, das wirklich adäquat zu sagen, wie ich das mache.« (L1, GYM, Ref, I, 469–470)*

> *»Ich stelle mir auch keine Schüler vor. […] Das läuft einfach nach Schema F. Das ist eigentlich komisch, also ich habe gerade so darüber nachgedacht. Das finde ich eigentlich eigenartig. […] Wie mache ich das? (schweigt)« (L2, GYM, Ref, I, 511–516)*

> *»Das ist total interessant. Ist mir selber nicht so bewusst gewesen. Aber so mache ich das.« (L1, HS, Ref, I, 296)*

Auch die erfahreneren Gymnasiallehrpersonen gelangten im Rahmen der Interviews zu Erkenntnissen über das eigene Vorgehen, die ihnen offenbar neu waren:

> *»Wie wähle ich [Themen] aus? Naja, ich gucke eben, was würde mich interessieren? Und hoffe dann, dass genau das eben auch die Schüler interessiert. Jetzt wo ich es so ausspreche denke ich natürlich, dass es wahrscheinlich häufig ein Irrglaube ist.« (L4, GYM, 3J, I, 344–346)*

> *»Ich habe das ganz stark gesehen bei den Kreuzzügen, […] dass die Schüler doch sich sehr angesprochen fühlen, wenn man erzählt: Sie gingen durch die Türkei […]. Stimmt, das müsste man öfter machen.« (L2, HS, 8J, I, 497–506)*

> *»Da komme ich jetzt erst im Gespräch mit Ihnen drauf, dass die Geschichte ihrer Heimatländer noch nie einer nach gefragt hat, ob wir das nicht auch mal behandeln könnten.« (L3, HS, 8J, 360–362)*

Besonders die Probanden und Probandinnen der beiden erfahreneren Gymnasialgruppen äußerten deutlich, dass die Reflexion über das eigene Vorgehen im Rahmen der Interviews für sie sehr fruchtbar sei. Sie betonten, dass ihnen eine solche Reflexion im Unterrichtsalltag fehle.

> *»Man muss auch aufpassen […], dass man nicht in diesem Saft versackt jetzt […]. Sondern dass man […], naja, dass man auch solche Gespräche jetzt meinetwegen hier führt und dass man immer wieder überlegt: Wie mache ich es nächstes Mal vielleicht anders?« (L1, GYM, 3J, I, 799–802)*

> *»Du brauchst echt ein Korrektiv, [sonst] bist du in der Gefahr, gewisse Dinge zu machen, die du da nicht etablieren solltest. Und jetzt versucht man das selber, dieses Korrektiv zu sein, so gut es geht, […] was ich für ein ganz großes Problem in unserem Beruf halte.« (L2, GYM, 8J, I, 727–730)*

Auch in der didaktischen Literatur herrscht Einigkeit darüber, dass eine Entwicklung sinnvoller Lehrerkompetenzen nur über Reflexion stattfinden könne, die jedem kontrollierten Handeln vorausgehen müsse. Speziell die Offenlegung der eigenen berufsbezogenen Überzeugungen gilt hier als konstitutiv für die professionelle Entwicklung. Die vorliegende Untersuchung gibt Hinweise darauf, dass eine solche Reflexion im Alltag allerdings selten stattfindet.

# V. Auswertung – Unterrichtsplanung in den Laut-Denk-, Interview- und Vignettenprotokollen

Die Auswertung und Interpretation der erhobenen Daten umfasste eine Vielzahl von Schritten, wie in Kapitel IV ausführlich dargestellt worden ist. Alle diese Zwischenschritte und -ergebnisse sind im Sinne einer Dokumentation schriftlich festgehalten worden. Im vorliegenden Kapitel muss aus ökonomischen Gründen und aus Gründen der Lesbarkeit jedoch auf eine Wiedergabe aller Zwischenschritte verzichtet werden. Abgebildet werden indes die Ergebnisse der Analyse und Interpretation, geordnet nach Themen und in Bezug auf die Leitfragen der vorliegenden Arbeit. Die Darstellung orientiert sich also grundsätzlich nicht an der Reihenfolge der Erhebung und Untersuchung. Die Ergebnisse werden vielmehr direkt miteinander trianguliert.

Eine Ausnahme in der Darstellung bildet nur der erste Abschnitt (V.1.) des vorliegenden Kapitels, der eine ausführliche Abbildung der einzelnen Planungsvorgänge der Probandinnen und Probanden enthält, wie sie über die Laut-Denk-Beobachtung erhoben werden konnten. Die Planungsprotokolle werden hier im Einzelnen vorgestellt, weil die besondere Praxisnähe der Laut-Denk-Untersuchung ihnen einen ganz eigenen Wert verleiht. Zwar wurden auch über die Interview- und Vignettenprotokolle Daten über die Planungsprozesse gewonnen. Da es sich hierbei aber sowohl um rein theoretische Aussagen in den Interviews als auch um wenig strukturierte, oftmals ebenfalls eher theoretische Ausführungen in der Vignettenerhebung handelte, werden diese im vorliegenden Kapitel nicht in ihrer Gesamtheit abgebildet. Es genügt eine Betrachtung der Wechselbeziehungen zwischen den Ergebnissen der Interviews mit den Vignetten- und Laut-Denk-Protokollen.

Unter V.2. und V.3. folgen die Ergebnisse aus allen drei Erhebungsformen, geordnet nach ihrer Relevanz hinsichtlich der beiden großen Untersuchungsfragen nach den Elementen und den Umständen der Unterrichtsplanung (vgl. Abschnitt IV.1.). In diesen beiden Abschnitten ist also ausdrücklich auf eine Abbildung der Ergebnisse der einzelnen Untersuchungsvorgänge verzichtet worden, um stattdessen direkt Informationen aus allen drei Erhebungsformen zur Beantwortung der beiden Untersuchungsfragen 1 und 2 kombiniert abzubilden. Die Darstellung erfolgt entlang der Schulformen unter Berücksichtigung der Erfahrungsstadien der Probanden bzw. Probandinnen. Im anschließenden Kapitel VI wird geprüft werden, ob eine andere Form der Generalisierung im Rahmen einer Typenbildung sinnvoll ist (Leitfrage 3).

Die Ergebnisdarstellung wird ergänzt um illustrierende Zitate aus den Interviews, die besonders exemplarische und prägnante Textpassagen wiedergeben und stellvertretend für die Aussagen einer jeweiligen Probandengruppe gelten können. Mitunter werden darüber hinaus divergierende Aussagen präsentiert, um ein allgemeines Meinungsbild zu schaffen. Zur Konstruktion eines solchen Meinungsbilds in Bezug auf einige Fragen war es mitunter wichtig, auch quantitative Aussagen zu treffen.

## V.1. Deskription der Planungshandlungen

Ein erstes entscheidendes Ergebnis der Untersuchung der Planungsabläufe aller Probanden und Probandinnen war, dass sich jeder einzelne Planungsprozess über die Aufschlüsselung nach Codes derart übersichtlich beschreiben ließ, dass er in einer Grafik darstellbar war.[828] Die folgende Präsentation der grafischen Handlungspläne orientiert sich am Codierhandbuch der Laut-Denk-Auswertung. Darunter finden sich jeweils die Planungsabläufe der einzelnen Probanden und Probandinnen. Es handelt sich hierbei um eine Wiedergabe der Planungsprozesse, die aufgrund der Codierung bereits analytischer Art ist: Entlang didaktischer Kategorien und unter Verknüpfung der beobachteten Planungselemente ergibt sich dem Leser bzw. der Leserin ein kohärentes Bild der einzelnen Laut-Denk-Aufzeichnungen jedes Probanden bzw. jeder Probandin.

828 Die schematische Darstellung des Handlungsplans ist hier mit Tebrügge: Unterrichtsplanung, 2001, S. 210 nichtsdestoweniger nur als These zu verstehen.

## 1.1. Ablauf der Unterrichtsplanungen – der Planungsprozess in den Laut-Denk-Protokollen

*Lehrkräfte des Gymnasiums*

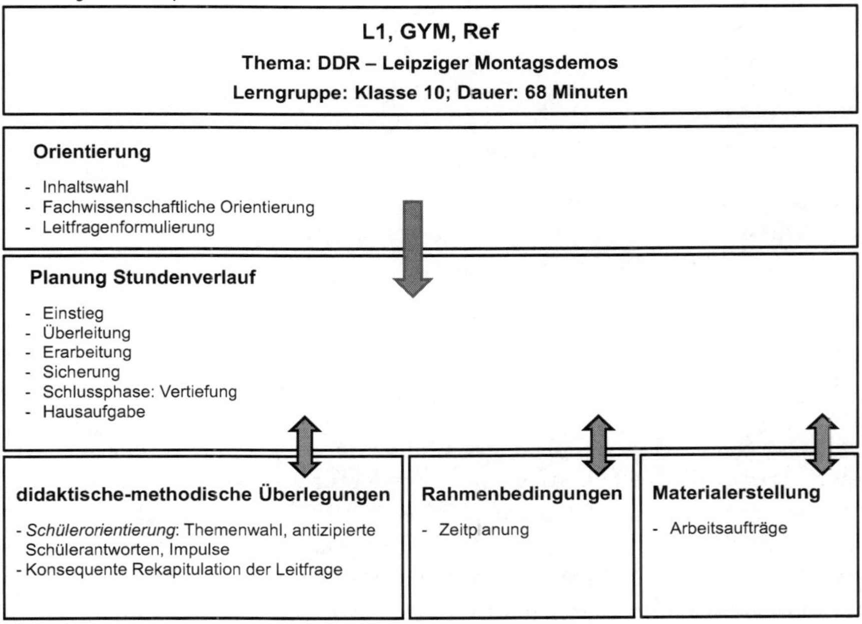


Abbildung 12: Individueller Handlungsplan L1, GYM, Ref

L1, GYM, Ref begann seine Stundenplanung mit einer ausführlichen Rekapitulation des historischen Themas »Leipziger Montagsdemo«. Er bettete diese in den historischen Kontext ein und formulierte aus diesen geschichtswissenschaftlichen Überlegungen heraus eine Leitfrage für die Stunde, die sich an dem orientierte, was L1, GYM, Ref als Kern des Themas unter schülerorientierten Gesichtspunkten verstand: »*Und es ist nicht so, dass Politik eben immer nur von oben gemacht wird, ne?*« (Z. 12–13). Diese Grundidee war für L1, GYM, Ref Leitgedanke seiner gesamten Stundenplanung. Die Orientierungsphase führte ihn zügig in die konkrete Planung des Stundenverlaufs, die bei ihm mit dem Einstieg begann. Unterstützend wirkte hier eine Maske seines Studienseminars, die L1, GYM, Ref während der Planung ausfüllte und die die Punkte: Thema, Lerngruppe, Einstieg, Erarbeitung, Sicherung, Vertiefung und Hausaufgabe enthielt. Der Einstieg orientierte sich wiederum an der Leitidee der Stundenplanung, indem L1, GYM, Ref Situationen konstruierte, in denen seine Schüler und Schülerinnen »*selbst eine Ohnmacht empfinden*« (Z. 25). Seine Überlegungen folgten also nicht einem vorgefundenen Material, sondern klar der

Leitfrage bzw. der von ihm implizit gedachten Kompetenz: »Sich in die historische Situation einzufühlen«. Zur Gestaltung der Erarbeitungsphase begab L1, GYM, Ref sich auf Materialsuche im Schulbuch. Er war hierbei anfangs offen für unterschiedliche Materialien:

> *»[J]etzt gucke ich erst mal im Schulbuch, weil ich dann mir das Material nicht selber erstellen müsste, aus Zeitersparnisgründen, [...] am liebsten irgendwie ein Erfahrungsbericht von einer Person, die da dabei war bei den Leipziger Montagsdemos.« (Z. 48–51)*

Im Schulbuch fand L1, GYM, Ref drei Quellen in Form von Erfahrungsberichten, die er unter konsequenter Rekapitulation des historischen Inhalts und der Leitfrage auf ihre Tauglichkeit für die Lerngruppe prüfte:

> *»Das sind so die Sachen, die dann die Leute dann bewegt haben quasi, oder wo sie sich entschieden haben vielleicht: Hier, jetzt, jetzt ist es so weit, jetzt gehe ich quasi in offensichtliche Opposition mit meinem Staat.« (Z. 67–69)*

Er notierte sich die Fundstelle und formulierte Arbeitsaufträge zur Bearbeitung. An dieser Stelle rekapitulierte er erstmals die zeitliche Dimension des Stundenablaufs. L1, GYM, Ref plante das Stundenende, blieb hierbei in seiner Planung aber deutlich offen. Seine Überlegungen zur Schlussphase waren klar inhaltlicher bzw. didaktischer, nicht aber methodischer Natur. So hielt er fest, dass die Schüler und Schülerinnen an dieser Stelle eine Perspektivübernahme vornehmen müssten, um für sich selbst zu entscheiden, ob sie Widerstand in Form einer Demonstration würden leisten wollen. Im Nachgespräch räumte L1, GYM, Ref ein, für die Schlussphase klar von einer Diskussion als Methode ausgegangen zu sein. Seine Vorbereitung endete, indem er die im Buch gefundenen Arbeitsaufträge auf einem Zettel umformulierte. Er zeichnete sich einen groben Ablaufplan, in dem die Phasen des Unterrichts markiert waren. Für die Schlussphase notierte er Impulse sowie mögliche Antworten der Schüler und Schülerinnen. Einen Arbeitsauftrag im Buch kennzeichnete er als Hausaufgabe.

Während inhaltliche Fragen bei L1, GYM, Ref über die ganze Vorbereitung hinweg deutlich im Zentrum standen, vollzog er methodische Entscheidungen überwiegend implizit. Explizit erwähnte er solche nur für die Phase der Erarbeitung, wenn er unterschiedliche Quellen für *»die eine Hälfte der Klasse«* (Z. 99) zu verteilen einplante. Ein Kennzeichen seiner Planung waren die Impulse, die er für jede Phase kontinuierlich formulierte, ohne sie allerdings konsequent niederzuschreiben.

L1, GYM, Ref zeigte sich während seiner Unterrichtsplanung selten unsicher, er traf Entscheidungen vergleichsweise zügig. Das Ende seiner Planung blieb allerdings derart offen, dass die Vermutung nahe liegt, dass er sie im Laufe des

Tages noch einmal überdenken würde. Tatsächlich räumte er dies im Nachgespräch offen ein.

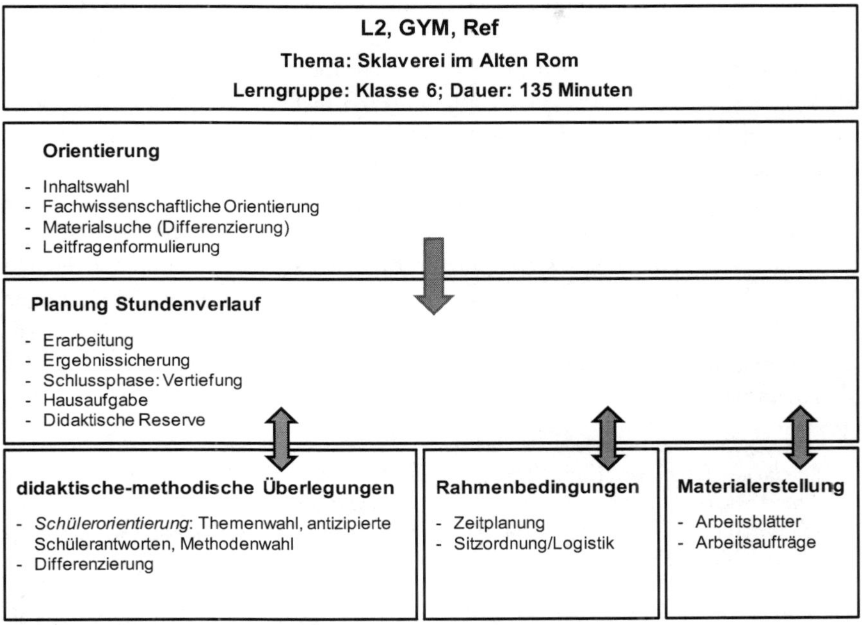


Abbildung 13: Individueller Handlungsplan L2, GYM, Ref

L2, GYM, Ref begann ihre Vorbereitung, indem sie dem Kerncurriculum den Stundeninhalt entnahm und diesen ausführlich unter schülerorientierten Gesichtspunkten reflektierte. Sie überlegte, welche Fragen an das Thema die Schüler und Schülerinnen formulieren könnten und formulierte hiervon ausgehend eine Leitfrage für die Stunde: »*[K]onnte man aus der Sklaverei raus kommen…?*« ( Z. 15–16). An dieser Stelle machte L2, GYM, Ref sich ausführliche Gedanken über ihre Lerngruppe, die sie als sehr heterogen beschrieb. Sie konsultierte unterschiedliche Schulbücher auf der Suche nach Quellen, die sie unter Gesichtspunkten der Differenzierung auswählte und die gleichzeitig unterschiedliche Beispiele zum Leben in der Sklaverei im Alten Rom liefern sollten. Die Materialsuche fand hierbei äußert zielorientiert statt: L2, GYM, Ref machte sich differenzierte Gedanken über ein mögliches Tafelbild für eine Sicherungsphase, aus der sich für sie Konsequenzen für Material- und Methodenwahl ergaben:

*»Wenn man am Ende […] ein Tafelbild haben will, wo man verschiedene Sparten hat […] (denkt lange) dann… braucht man a) Quellen, die diese ganzen Fragen abdecken*

*und b) müssen sie am besten... wenn man es dann im Sinne eines Gruppenpuzzles machen will [...] sich ergänzen.« (Z. 35–40)*

Im Anschluss an diese konkreten Zielformulierungen reflektierte L2, GYM, Ref eine Kompetenzförderung, wobei sie sich für die Schulung von Perspektivität entschied und entsprechend die Quellen für die Unterrichtsstunde auswählte. Sie legte sich auf die Methode des Gruppenpuzzles fest und vergegenwärtigte sich zügig den Ablauf unter ständiger Berücksichtigung einzelner Schüler und Schülerinnen und deren Sitzposition. Anschließend begann sie in einem langen Prozess aus den in den Schulbüchern befindlichen Quellen Arbeitsblätter für ihre Schüler und Schülerinnen zu erstellen, wobei sie im Sinne der Differenzierung eine Vielzahl unterschiedlicher Arbeitsblätter mit unterschiedlichen Arbeitsaufträgen und unterschiedlich schwierigen und unterschiedlich langen Quellen konzipierte. Die Formulierung der Arbeitsaufträge erfolgte sehr schülernah und war sehr zeitaufwändig. L2, GYM, Ref rekapitulierte hierbei ihre Erfahrungen mit anderen Lerngruppen:

*»Deswegen sollen sie [...] Schlüsselwörter im Text unterstreichen, [...] eine vorgegebene Anzahl am besten, weil sonst ist bei einigen der Text ganz rot [...], zwei bis drei, [...] die ihrer Ansicht nach die Sicht des Autors deutlich machen. Das kann dann so etwas sein, wie ›unglücklich‹, [...] aber nicht nur unterstreichen, weil dann ist mal schnell etwas unterstrichen, aber man kann es [...] nicht erklären.« (Z. 74–82)*

Bei einer erneuten Überarbeitung ihrer Arbeitsblätter in Bezug auf die Operatoren bedachte L2, GYM, Ref an dieser Stelle zum ersten Mal den zeitlichen Ablauf der Stunde. Anschließend spielte sie gedanklich die Durchführung des Gruppenpuzzles durch, antizipierte mögliche Probleme und fand hierfür sukzessive Lösungen, die überwiegend in einer erneuten Überarbeitung ihrer Arbeitsblätter resultierten. L2, GYM, Ref plante nun ausführlich eine Phase der Ergebnissicherung unter Berücksichtigung der methodischen Vorlieben und Stärken der Lerngruppe, wobei sie wiederum auf eine Differenzierung achtete. Die Schlussphase der Stunde wurde von L2, GYM, Ref vor allem unter inhaltlichen Gesichtspunkten geplant, wobei sie sie auch methodisch einordnete. Sie formulierte eine Reihe von möglichen Schlussimpulsen, die sie unter Rekapitulation der Leitfrage abwog und immer wieder umformulierte. An dieser Stelle vergegenwärtigte sich L2, GYM, Ref, inwieweit die Schüler und Schülerinnen durch die Erarbeitungsphase inhaltlich und hinsichtlich der Kompetenzen auf eine Schlussdiskussion vorbereitet worden waren. Die Überlegungen über mögliche Vertiefungsfragen nahmen viel Raum ein und beanspruchten viel Zeit. L2, GYM, Ref überlegte ausführlich, inwieweit das Thema Rückschlüsse auf gegenwärtige Phänomene (Sklaverei) zuließ, und notierte Impulse. Es wurde deutlich, dass sie ihre Vorbereitung an dieser Stelle nicht abschloss, sondern sich gedanklich noch für den Rest des Tages damit zu befassen plante, auch wenn sie einen formalen Schluss für sich gefunden hatte. Abschließend formulierte sie eine vertiefende Hausaufgabe. Auch dies geschah unter differenzierenden Gesichtspunkten und unter Abwägung vieler unterschiedlicher inhaltlicher und kompetenzschulender Möglichkeiten. Schließlich formulierte L2, GYM, Ref eine didaktische Reserve.

L2, GYM, Ref arbeitete deutlich schülerorientiert und fühlte sich hierzu aufgrund einer als heterogen empfundenen Lerngruppe auch erkennbar verpflichtet. Es zeigte sich, dass keine ihrer Entscheidungen abrupt gefällt wurde, sondern dass sie stets unterschiedliche Optionen, Vor- und Nachteile berücksichtigte, wobei die Leitfrage stets Ankerpunkt aller Überlegungen blieb. Die Vorbereitung der Probandin war deutlich auf Zeiteffizienz in der Unterrichtsdurchführung ausgerichtet. So achtete sie während der Planung stets darauf, dass an keiner Stelle Unterrichtszeit verloren ging:

> *»[…] dass dann jede Gruppe ihre Ergebnisse auf Folie verschriftlicht, also dann immer der schreibstarke Schüler, […] weil die können währenddessen schreiben, während die Gespräche auch noch laufen und dann ist nicht so viel Leerlauf […]. Dann spart man sich a) ein Tafelbild, wo man selber vorne steht […] und dran schreibt, was ewig dauert.« (Z. 156–161)*

L2, GYM, Ref war mit ihrer Vorgehensweise durchweg zufrieden, wobei sie sich in vielen Reflexionsphasen ihrer Entscheidungen ständig rückversicherte. Sie räumte im Nachgespräch ein, über die Vertiefungsphase bis zur tatsächlichen Stundendurchführung noch eingehend nachdenken zu wollen.

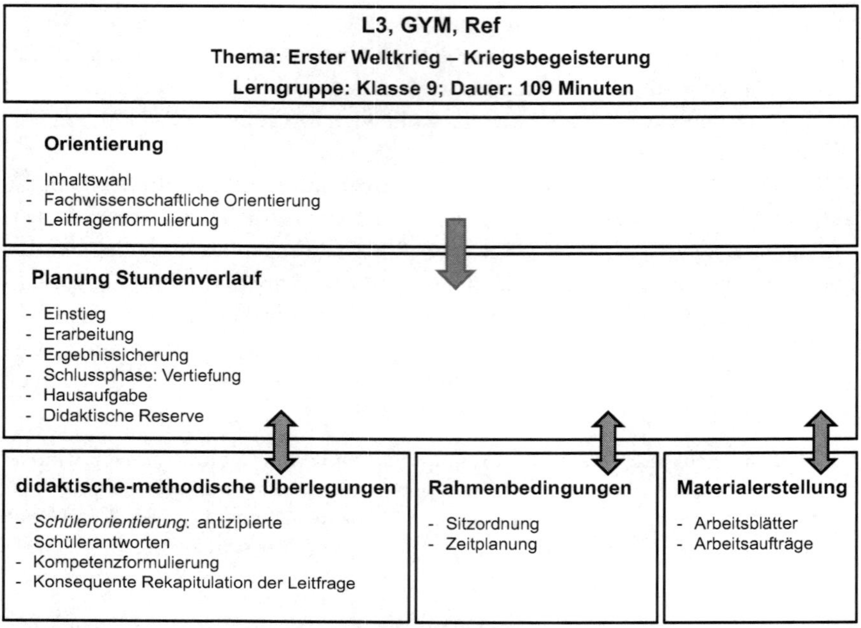


Abbildung 14: Individueller Handlungsplan L3, GYM, Ref

L3, GYM, Ref begann seine Stundenplanung mit einer ausführlichen Rekapitulation der historischen Zusammenhänge. Er nutzte hierbei das Internet, um sich dem speziellen Gegenstand der ›Kriegsbegeisterung‹ zu nähern und nach eigenem Bekunden den Kern des Gegenstands besser zu verstehen. Diese intensive Auseinandersetzung führte zur Formulierung der Leitfrage der Unterrichtsstunde unter schülerorientierten Gesichtspunkten. Offensichtlich waren auch Kompetenzziele enthalten:

> *»Sie müssen ja diese Begeisterung verstehen, um dann auch den Schock zu verstehen – als Frage: Was war denn nun dieser Kriegseinsatz: Krieg als Segen?«* (Z. 48–49)

Nach dieser langen Phase der Orientierung ging L3, GYM, Ref stringent zur Planung der einzelnen Phasen über. Die Einstiegsphase ergab sich hierbei aus einer vorbereitenden Hausaufgabe, die die Schüler und Schülerinnen in einer Konfrontation mit provozierendem Bildmaterial vortragen sollten. Es zeigte sich, dass L3, GYM, Ref aus seinem Universitätsstudium über eine Reihe von Materialien verfügte, die er vor sich auf dem Tisch ausbreiten und aus denen er unter kontinuierlicher Rekapitulation der Leitfrage zügig für die Einstiegs- und Erarbeitungsphase auswählen konnte. L3, GYM, Ref rekapitulierte an dieser Stelle eingehend die Kompetenz für die vorliegende Stunde und formulierte diese ausführlich:

*»Sie können sich in die Perspektive eines deutschen Soldaten im August 1914 begeben und aus dieser Perspektive heraus Einstellungen zum Krieg formulieren.«* (Z. 77–78)

Er entwarf Arbeitsblätter anhand der zusammengesuchten Quellen und wog Arbeitsaufträge ab. L3, GYM, Ref rekapitulierte das inhaltliche Ergebnis der Einstiegsphase und antizipierte mögliche Schülerantworten. Anhand dieser Antizipationen überarbeitete er die unterschiedlichen Arbeitsblätter sukzessive unter differenzierenden Gesichtspunkten, wobei er sich jeden Schüler und jede Schülerin einzeln vergegenwärtigte. An dieser Stelle fiel die methodische Entscheidung für eine Gruppenarbeit, und L3, GYM, Ref machte sich Gedanken über die Sitzordnung, wobei er unterschiedliche Sitzkombinationen aufzeichnete. Er rekapitulierte hierbei immer wieder die Leitfrage bzw. mögliche Endergebnisse der Stunde und notierte diese in Form von Stichpunkten. Es zeigte sich in seinen Aufzeichnungen, dass er hierbei einer klaren Vorgabe seines Studienseminars folgte, indem er Stundenziel und Kompetenz in die oberste Spalte eines vorgefertigten Formulars eintrug und diese Formulierung im Verlauf der Planung immer wieder leicht überarbeitete. Nachdem L3, GYM, Ref eine fertige Liste der antizipierten Schülerantworten als Ergebnis der Erarbeitungsphase angefertigt hatte, widmete er sich der Endphase bzw. der Formulierung von Vertiefungsimpulsen. Der Fokus lag hier deutlich auf inhaltlichen Überlegungen. Die Methode des Klassengesprächs wurde hierbei implizit mitgedacht, wie L3, GYM, Ref im Nachgespräch bestätigte. Er wog eine Vielzahl von unterschiedlichen Impulsen ab, wobei er konsequent seine Eingangsüberlegungen zum Kern der Stunde rekapitulierte und reflektierte bzw. auf ihre Beantwortbarkeit prüfte. L3, GYM, Ref formulierte eine weiter vertiefende Hausaufgabe und eine didaktische Reserve.

Die Stundenplanung von L3, GYM, Ref präsentierte sich dem Beobachter als sehr zeiteffizient. Die Orientierung an der Leitfrage organisierte klar den Denkprozess. Ein zeitsparender Vorteil lag für L3, GYM, Ref in den ihm bereits bekannten Materialien, die er augenscheinlich schon einmal in Hinblick auf deren Schüleradäquatheit überprüft hatte. Die Stundenplanung wirkte mit der Hausaufgabenformulierung deutlich abgeschlossen. Im Nachgespräch räumte L3, GYM, Ref allerdings ein, dass er vorhabe, sich die Schlussimpulse am Abend noch einmal durch den Kopf gehen zu lassen und gegebenenfalls zu überarbeiten.

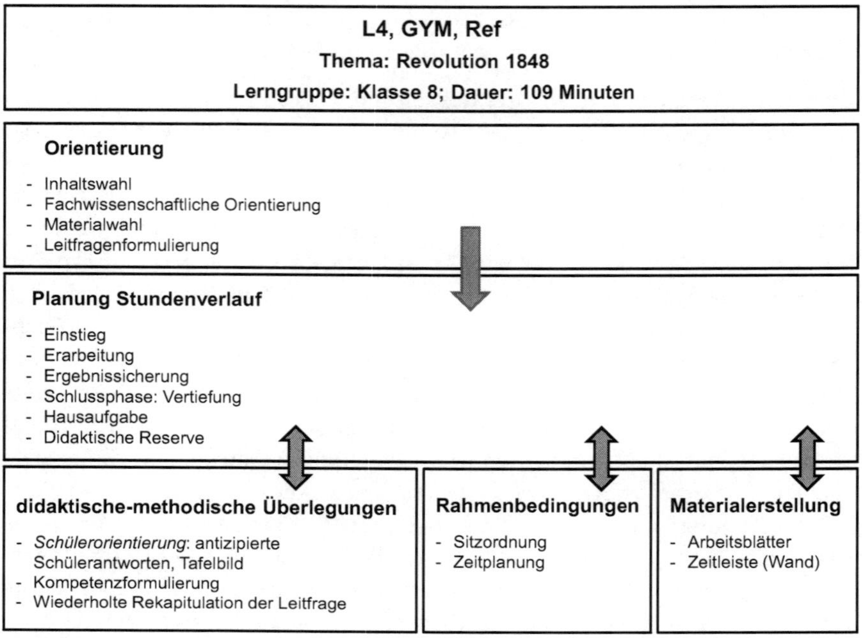


Abbildung 15: Individueller Handlungsplan L4, GYM, Ref

L4, GYM, Ref entnahm das Stundenthema dem Kerncurriculum und ihrem selbsterstellten Sequenzplan. Aus ihren Ausführungen wurde deutlich, dass sie auf Rat ihres Ausbilders eine neue Materialart (Lied) auszuprobieren wünschte, weshalb sie verschiedene Lieder in unterschiedlichen didaktischen Veröffentlichungen studierte. Die Materialprüfung nahm viel Zeit in Anspruch. L4, GYM, Ref konzentrierte sich schließlich auf zwei Lieder als mögliche Quellen und versuchte, für beide parallel Stundenziele und Leitfragen zu formulieren. Sie entwarf einen Notizzettel, wie sie ihn für offizielle Besuche des Seminars benutzte. Im Nachgespräch erklärte sie, dies bei jeder Stundenplanung zu tun. L4, GYM, Ref entschied sich für Material und Leitfrage und rekapitulierte nötige logistische Hilfsmittel (CD-Player, etc.). Anschließend widmete sie sich noch einmal ausführlich dem Lied bzw. der Quelle, indem sie es mehrfach anhörte, unbekannte Worte nachschlug und sich unter Rückbesinnung auf ihre Lerngruppe entschied, welche Wörter annotiert, gekürzt oder hinterfragt werden sollten. Sie konsultierte didaktische Literatur, um Hintergrund und Rezeption des historischen Liedes zu erfahren, und stieß auf Arbeitsaufträge und Vorschläge zur Arbeit mit dem Lied, die sie eingehend prüfte und unter Antizipation möglicher Schülerantworten für sich umformulierte. An dieser Stelle machte sich L4, GYM, Ref noch einmal konkrete Gedanken über eine genaue Formulierung des Stundenthemas bzw. der Leitfrage. Sie rekapitulierte die Vorgaben des Studienseminars (*»Da es ja immer so schön bipolar gemacht werden soll…«*, Z. 177) und wählte anschließend die methodische Vorgehensweise für den Einstieg und für die Erarbeitungsphase. Erneute Gedanken über die Arbeitsaufträge für die Erarbeitungsphase führten sie dazu, die Einstiegsphase noch einmal neu zu planen, indem sie Impulse und Arbeitsaufträge strich und neue erstellte. An dieser Stelle fiel L4, GYM, Ref ein, dass sie eigentlich laut ihres Notizzettels eine Kompetenz für die Stunde formulieren müsste: *»Oh oh, Kompetenz. Ich muss ja eine Kompetenz schreiben…«* (Z. 135–136). Zudem erinnerte sie sich, einen Sitzplan erstellen zu müssen. Bei der Erstellung des Sitzplans schweifte sie ab in ausführliche Gedanken über die Lerngruppe und ihr persönliches, offenbar kompliziertes Verhältnis zu den Schülern und Schülerinnen und vergewisserte sich noch einmal sich selbst gegenüber, dass das gewählte Material die Lerngruppe motivieren und der Lehrkraft gegenüber günstig stimmen werde. Anschließend rekapitulierte L4, GYM, Ref Methode und Arbeitsaufträge für die Einstiegsphase. An dieser Stelle antizipierte sie den zeitlichen Ablauf der Stunde. Sie vergegenwärtigte sich das methodische Vorgehen der Erarbeitungsphase und machte sich erneut ausführliche Notizen über mögliche Schülerantworten auf ihre Arbeitsaufträge. L4, GYM, Ref entwarf ein Tafelbild und eine Zeitleiste als Wandbild. Beides kostete sie viel Zeit, wobei sie stets die Leitfrage der Stunde und mögliche Schülereinwürfe reflektierte. Das Erstellen der Zeitleiste veranlasste L4, GYM, Ref an dieser Stelle zu einer intensiven Auseinandersetzung mit dem historischen Gegenstand, die Recherchen mithilfe des Internet und didaktischer Literatur beinhaltete. Diese inhaltliche Auseinandersetzung veranlasste sie zu einer Rekapitulation und Bewertung des bereits stattgefundenen Unterrichts in Hinblick auf die Lerngruppe, wobei sie überlegte, welche Schüler und Schülerinnen unterschiedliche Inhalte womöglich bis zu diesem Zeitpunkt nicht verstanden haben könnten. L4, GYM, Ref plante eine Sicherung und formulierte aufgrund der antizipierten Ergebnisse dieser Sicherung Vertiefungsimpulse, wobei sie sich nun erstmals konkrete Gedanken über eine zu fördernde Kompetenz machte. Sie formulierte auf Grundlage der didaktischen Literatur einen Impuls zur Förderung dieser Kompetenz und spielte die methodische Umsetzung im Kopf durch. L4, GYM, Ref konzipierte eine weiter vertiefende Hausaufgabe, die sie allerdings variabel hielt und flexibel an die Ergebnisse der Vertiefungsphase anzupassen plante. Die Hausaufgabe zielte besonders darauf, die Kompetenzschulung zu vertiefen, in Bezug auf welche L4, GYM, Ref eher pessimistisch war: *»Ich weiß nicht, ob sie es tatsächlich schaffen, diese Perspektivübernahme.«* (Z. 378–379). Schließlich plante sie eine didaktische Reserve. Hierfür vergegenwärtigte sie sich noch einmal die Leitfrage und fragte sich erstmals konkret, wovon die Stunde eigentlich im Kern handele:

*»Ich finde, also noch mal zu dem Thema der Stunde, dieses Aufgeben oder Weitermachen oder ›die Hoffnung begraben oder aufrecht erhalten‹ – ha, schreibe ich mir mal hin. Das entwickelt sich noch, glaube ich, in den nächsten Stunden und Tagen, das finde ich gar nicht blöd.« (Z. 407–410)*

L4, GYM, Ref war die einzige der vier Gymnasialreferendare bzw. -referendarinnen, die das Thema nicht deutlich unter schülerorientierten Gesichtspunkten wählte. Es wurde offenbar, dass sie von Seiten ihrer Ausbilder den Druck spürte, ein besonderes Material bzw. eine besondere Methode auszuprobieren. Ihre Planung zeigte sich deutlich unkoordinierter als die der drei anderen Gymnasialreferendare bzw. -referendarinnen und L4, GYM, Ref war mit dem Ergebnis auch unzufriedener. Sie hinterfragte sich an vielen Stellen und zeigte sich mitunter regelrecht ängstlich, ob die Planung der Lerngruppe angemessen sein würde. Grundsätzlich wirkte bei ihr die Leitfrage weniger richtungsweisend im Rahmen der Vorbereitung als bei den anderen Lehrkräften, was zum Eindruck einer eher unkoordinierten Planung deutlich beitrug. Die Vorbereitung war augenscheinlich noch nicht abgeschlossen, was L4, GYM, Ref im Nachgespräch bestätigte: *»Ich muss jetzt erst mal mein Kind abholen. Da muss ich heute Nacht nochmal ran.«* (Z. 411–412).

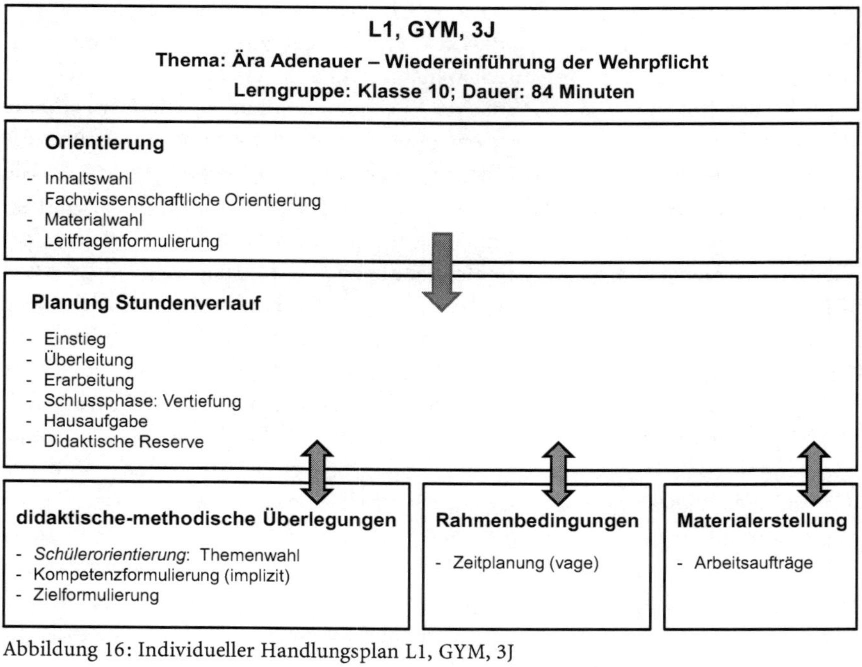


Abbildung 16: Individueller Handlungsplan L1, GYM, 3J

L1, GYM, 3J begann ihre Planung mit Überlegungen zur Inhaltswahl, wobei sie unter Berücksichtigung der bereits laufenden Sequenz den historischen Rahmen rekapitulierte. Hierbei las sie in unterschiedlichen Schulbüchern nach, um sich die historischen Prozesse zu vergegenwärtigen. Parallel zu dieser Rekapitulation formulierte sie Fragen, die ihre Lerngruppe interessieren könnten:

> *»Interessant ist jetzt hier die Wiedereinführung der Wehrpflicht […]. Warum wurde die jetzt eingeführt von Adenauer? […] Und hier scheint ja auch irgendwie interessant zu sein, dass […] vom Großteil der Bevölkerung dagegen demonstriert wurde.« (Z. 5–12)*

Während des Studiums der unterschiedlichen Schulbücher stieß L1, GYM, 3J auf Materialien, die sich in ihren Augen zur Verwendung für die Stunde eigneten. Die Leitfrage, die sie schließlich formulierte, war demzufolge Ergebnis einer fachwissenschaftlichen Reflexion unter didaktischen, schülerorientierten Gesichtspunkten bei gleichzeitiger Berücksichtigung möglicher Materialien. In dieser Orientierungsphase beanspruchte die Materialprüfung die meiste Zeit. L1, GYM, 3J kannte den fachwissenschaftlichen Hintergrund ihres Themas offenbar ungefähr – auch wenn sie Einzelheiten immer wieder nachschlug – und prüfte die in den Büchern enthaltenen Quellen eindringlich auf deren Verwendbarkeit. Aus dieser Prüfung erwuchsen für sie neue Denkanstöße, die sie als eventuelle Schlussimpulse notierte:

> *»Ich schaue, was diese Quellen hergeben, ob die interessant sind […]: Realität und Schein bzw. was gibt Adenauer vor […] für diese Einführung der Wehrpflicht, und was ist aber der eigentliche Grund, und […] inwieweit begreift das die Opposition? […] was hat das […] mit dem Ost-West-Konflikt generell zu tun?« (Z. 31–36)*

Die Formulierung der Leitfrage ging bei L1, GYM, 3J mit Überlegungen über mögliche inhaltliche Ziele der Stunde einher, wobei sie sich für eine inhaltliche Zielformulierung entschied, ohne diese zu notieren. Anschließend plante L1, GYM, 3J die unterschiedlichen Phasen des Unterrichts, wobei ihre Planung deutlich der vorherigen Inhaltsentscheidung verpflichtet war. An vielen Stellen handelte es sich im Grunde um eine erneute Rekapitulation des Fachwissens:

> *»Also erst mal: Wie begründet Adenauer die Einführung der Wehrpflicht?, dann kommt die Rede Adenauers […] die Schüler […], beurteilen lassen, ist das denn eine sinnvolle Begründung […], und vielleicht […] als zweite Vertiefung die Rede der Opposition […] lesen lassen. Adenauer, der ja behauptet, […] dass er in die europäische Gemeinschaft […] aufgenommen werden möchte, […] und dadurch dann in die NATO aufgenommen wird und die anderen Mitglieder auch als Hilfe haben kann, […] Deutschland wieder zu vereinen. […] Die Opposition […] kritisiert das natürlich.« (Z. 65–77)*

L1, GYM, 3J machte sich nur knappe Gedanken über Methodik und Sozialform. Die Interviewerin erkundigte sich daher in einem Nachgespräch, ob hier Dinge unerwähnt blieben, die die Probandin dennoch im Kopf hatte. L1, GYM, 3J räumte ein, dass die Entscheidung für Methode und Sozialform bei ihr »*wohl implizit*« (Z. 141) gefallen sei. Sie habe aber nichts verschwiegen. Es komme immer häufiger vor, dass ihr ein Blick auf die Quelle bzw. das Arrangement der Quellen genüge, um sich hiervon ausgehend für eine Methode zu entscheiden:

> *»Wenn ich sehe, ich nehme hier so eine Quelle und dann hier so eine, die der widerspricht… dann ist das für mich irgendwie klar, dann habe ich zwei Gruppen, die einen nehmen die, die anderen nehmen die und dann tauschen wir uns in der Klasse später aus. […] das muss ich gar nicht mehr entscheiden, das ist dann schon entschieden.« (Z. 144–148)*

Auch die Ergebnissicherung denke sie entweder implizit mit oder entscheide über sie spontan während der Unterrichtsdurchführung. L1, GYM, 3J formulierte am Ende eine vertiefende Hausaufgabe. Eine didaktische Reserve formulierte sie nicht unter einem solchen Namen. Dennoch wurde deutlich, dass die Probandin durchaus unterschiedliche Varianten eines möglichen Stundenverlaufs im Kopf hatte bzw. antizipierte.

Bei L1, GYM, 3J nahm die inhaltliche Auseinandersetzung mit dem Gegenstand unter didaktischen Gesichtspunkten einen großen Raum ein. Ihre Notizen waren deutlich funktional, ohne sich an einer gängigen Phasierung zu konzentrieren. Zentrales Element ihrer Stundenplanung war klar die Quellenwahl, wie L1, GYM, 3J im Nachgespräch bestätigte. Die Schüler und Schülerinnen tauchten in ihren Überlegungen nur am Rande auf.

Die Stundenplanung von L1, GYM, 3J enthielt mehrere Momente der Revision. Bei grundsätzlich selbstbewusstem Auftreten war sie mit dem Planungsergebnis nicht übermäßig zufrieden. So schloss sie mit folgenden Sätzen:

> *»Reicht das? […] Aber im Grunde würde ich jetzt sagen, da ich heute einfach nicht mehr so viel Zeit habe, würde ich das so machen.« (Z. 87–92).*

Im Nachgespräch bestätigte L1, GYM, 3J ihre Unzufriedenheit, fügte aber hinzu, dass sie selten mit ihrer Vorbereitung zufrieden sei und dass sich diese Unzufriedenheit auch häufig in der Stundenreflexion fortsetze.

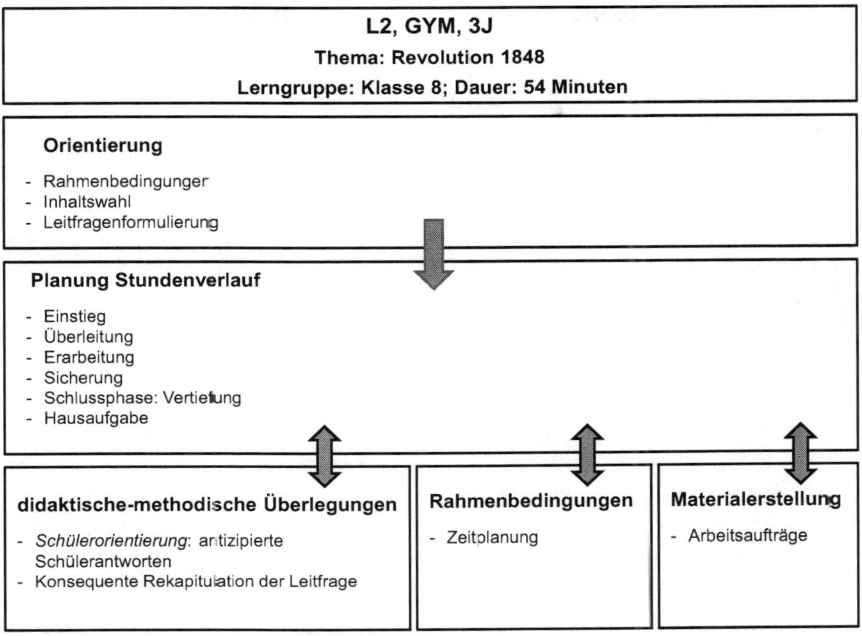


Abbildung 17: Individueller Handlungsplan L2, GYM, 3J

L2, GYM, 3J begann ihre Planung mit einer Rekapitulation der Rahmenbedingungen, welche in die Festlegung des Stundeninhalts mündete:

> *»Ich […] weiß, dass ich sehr knapp in der Zeit bin und ich […], das hat sich heute erst rausgestellt, weil durch Bundesjugendspiele, etc. noch mehr Unterrichtsausfall ist, die komplette Revolution in dieser Stunde machen muss.«* (Z. 3–5)

Zu diesen Rahmenbedingungen zählten für L2, GYM, 3J auch die Hausaufgaben der vergangenen Stunde, die sie als Grundlage der nun vorzubereitenden Stunde zu nutzen gedachte. Es wurde deutlich, dass L2, GYM, 3J das für die Planung erforderliche Fachwissen bereits besaß. Sie musste sich hierbei nichts anlesen, sondern entschied schnell und ohne Zögern, welche Elemente des Unterrichtsinhalts ›Revolution‹ für ihre Lerngruppe in der vorliegenden Stunde thematisiert werden sollten. Hierbei formulierte sie weder eine klare Leitfrage noch ein klares Ziel. Ihre Bestrebung, *»die komplette Revolution [zu] machen«*, kann allerdings als implizite Zielformulierung gewertet werden. Die Stundenvorbereitung von L2, GYM, 3J kreiste deutlich um eine Zeitplanung, die die Probandin für jeden Schritt mitbedachte und problematisierte:

> *»Also setze ich mir als Ziel, wir besprechen zwar die Quelle, und ich mache da gleich schnell eine Folie zu, damit wir die als gemeinsame visuelle Grundlage haben, aber das*

*muss kurz sein, das heißt, es darf höchstens ein Schüler vorlesen und wir dürfen nur ganz kurz die rhetorischen Mittel besprechen.«* (Z. 10–13)

Ihr Vorgehen war hierbei sehr funktional: Die Vorbereitung der Einstiegsphase nahm nicht einmal eine Minute ein und beinhaltete dennoch Entscheidungen über Inhalt, Material, Methodik und Sozialform. Auch für die übrigen Phasen inklusive der Überleitung fielen die Entscheidungen der Probandin ähnlich zügig, wobei sie sich für alle Phasen die Impulse bzw. Arbeitsaufträge schriftlich und wörtlich notierte. Die Materialwahl vollzog sich hierbei ähnlich schnell und effizient: L2, GYM, 3J warf einen Blick auf unterschiedliche Quellen in unterschiedlichen Schulbüchern und entschied sich zügig für eine Quelle, wobei sie nach einem kurzen Scannen einen Arbeitsauftrag aus dem Buch wählte, umformulierte und niederschrieb. Insgesamt zeigte L2, GYM, 3J sich sehr lösungsorientiert: Sie erkannte Probleme des Materials bzw. der Arbeitsaufträge unter Berücksichtigung ihrer Lerngruppe und fand dafür schnell Lösungen. So wurde ihr während der Quellenwahl klar, dass den Schülern und Schülerinnen zur Bearbeitung Hintergrundwissen fehlte. L2, GYM, 3J entschied sich ohne Zögern dafür, einen Lehrervortrag einzuschieben, eine eigene Formulierung für das Tafelbild zu liefern und mit einem zusätzlichen Denkimpuls die Schüler und Schülerinnen einzubeziehen. Auch dieser Vorgang benötigte in ihrer Planung nicht einmal eine Minute:

*»Da ist jetzt das Problem, dass sie ›sozial‹ nicht beantworten können, weil ich den Beginn der industriellen Revolution unterschlagen habe…, liefere ich in einem kurzen Lehrervortrag nach und schreibe dann einfach darunter: Ungelöste soziale Frage und Missernten. Und ansonsten ist mein Impuls an dieser Stelle: Nennt die historischen Ursachen für die Forderungen im März 1848.«* (Z. 51–54)

Die Entscheidungsfreudigkeit der Probandin äußerte sich auch in besonderem Maße in einer beherzten Reduktion. Ihre anfängliche Entscheidung »die ganze Revolution« zu verhandeln, zwang sie zu einer radikalen Reduktion der Inhalte, die sie, ohne zu zögern, konsequent und sukzessive während der Stundenplanung durchführte:

*»Die liberale und nationale Bewegung ist im Vormarsch und aufgrund dessen kommt es letztendlich zu der Paulskirchenversammlung, alles andere kann man unter den Tisch fallen lassen.«* (Z. 71–73)

Längere Zeit benötigte L2, GYM, 3J für den Entwurf eines Tafelbildes, den sie unter Berücksichtigung antizipierter Schülerantworten immer wieder überarbeitete. Das Tafelbild bereitete inhaltlich die Vertiefungsphase vor, in deren Verlauf die Schüler und Schülerinnen die inhaltlichen Erkenntnisse unter unterschiedlichen Fragestellungen beurteilen sollten. Besonders funktional war wiederum die Wahl der Hausaufgabe, die bei L2, GYM, 3J eine inhaltliche Information enthielt, die erst den tatsächlichen inhaltlichen Schluss ihrer Stundenplanung bedeutete. L2, GYM, 3J entwickelte aus der Hausaufgabe bereits gedanklich den Einstieg in die kommende Stunde. Im Nachgespräch bestätigte sie, dies bei ihren Planungen grundsätzlich zu tun. Sie bezeichnete dieses Vorgehen als »*Herzstück meiner effizienten Planung*« (Z. 94).

Das effiziente und funktionale Vorgehen der Probandin führte zu einer deutlichen Zufriedenheit mit der eigenen Vorgehensweise: »*Guck mal, mein schöner Plan. Da passt alles zusammen.*« (Z. 80). Impulse und Fragestellungen waren nach Abschluss der Vorbereitung ausformuliert festgehalten, um im Unterricht direkt genutzt werden zu können.

Die Stundenplanung erwies sich grundsätzlich als wenig schülerorientiert. Dies mag mit dem besonderen Umstand zusammenhängen, dass L2, GYM, 3J sich genötigt sah, viel Inhalt in einer Stunde unterzubringen. Auch eine Kompetenzorientierung war in ihrer Planung nicht erkennbar.

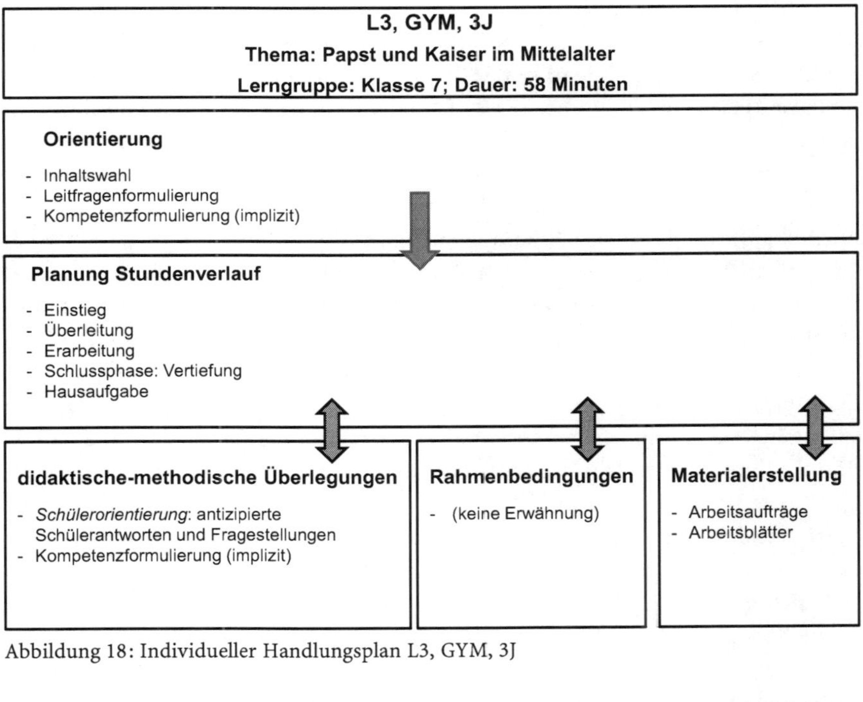


Abbildung 18: Individueller Handlungsplan L3, GYM, 3J

L3, GYM, 3J reflektierte zu Beginn seiner Planung, dass er eine Stunde desselben Inhalts schon einmal gehalten habe. Er vergegenwärtigte sich zügig sein früheres Vorgehen und stellte dann ausführliche Überlegungen darüber an, wie er die Stunde auf die konkrete Lerngruppe adaptieren könne. Ganz am Anfang dieser Reflexion stand die Formulierung einer Leitfrage:

*»Die Stunde wird heißen […] Kaiser und König… nee, der Machtanspruch des Papstes, irgendwie so, oder ›Wer hat eigentlich das Sagen‹?« (Z. 6–8)*

L3, GYM, 3J plante nun entlang der Unterrichtsphasen. Er suchte sich die Materialien für die unterschiedlichen Unterrichtsphasen aus eigenen Ordnern zusammen und formulierte Arbeitsaufträge bzw. Impulse, die er wörtlich notierte. Hierbei antizipierte er unter Reflexion seiner Erfahrungen mit dem Material Schülerantworten. Während dieses Vorgangs setzte L3, GYM, 3J sich noch einmal intensiv mit den bei seiner früheren Vorbereitung gewählten Materialien auseinander und rechtfertigte seine Wahl:

*»Hier dieses berühmte Bild, ein Buchdruck des 14. Jahrhundert […], wo Kaiser und Papst, ist ein Farbbild, bisschen verwackelt und verrutscht, ganz berühmt, sitzen da Arm und Arm und […] sieht alles ganz peacig aus […], ist auch nicht so […] gut gemalt […]. Aber du erkennst schon klar, Kaiser, Krone und Zepter, und Papst […] sitzen da wie zwei Kumpels.« (Z. 13–17)*

Die Fragen an die Quellen und die Arbeitsaufträge formulierte L3, GYM, 3J sehr schülernah. Seine Antizipation der Schülerreaktionen war äußerst ausführlich und veranlasste ihn zu immer neuen Formulierungen von Impulsen. Anders als die Einstiegsphase plante L3, GYM, 3J die Erarbeitungsphase nach einer eingehenden Material- und Inhaltsreflexion klar methodisch. Er reflektierte die Ergebnisse der Einstiegsphase und entwickelte für die Erarbeitungsphase einen Schreibauftrag, der deutlich kompetenzorientiert war, ohne dass L3, GYM, 3J dies allerdings reflektierte. Gleichzeitig war die Erarbeitungsphase klar und funktional darauf ausgerichtet, die eingangs formulierte Leitfrage zu beantworten. Die Planung von L3, GYM, 3J enthielt ein wichtiges Moment der Revision. So erkannte er bei der konkreten inhaltlichen Vorbereitung der Vertiefungsphase, dass es für die Erkenntnisfindung der Schüler und Schülerinnen sinnvoller wäre, wenn sie einige von ihm zur vorherigen Vermittlung geplanten Informationen nicht erhalten hätten. Auf Grundlage dieser Einschätzung reorganisierte L3, GYM, 3J seinen Stundenentwurf, indem er die vorher eingeplante Informationsvermittlung an unterschiedlichen Stellen strich. Dieser Vorgang resultierte in der Formulierung neuer Vertiefungsimpulse, die der Proband sich wörtlich notierte. L3, GYM, 3J formulierte keine explizite didaktische Reserve. Seine Stundenplanung bot allerdings ein anschauliches Beispiel für eine Planung, die von Vorneherein flexibel angelegt war: So notierte er für alle Phasen unterschiedliche oder leicht alternierende Impulse bzw. Arbeitsaufträge. Auf Nachfrage im Nachgespräch erläuterte er, dass er dies immer tue, um sich in der jeweiligen Situation der Durchführung schnell für eine passende Formulierung entscheiden zu können. Besonders die Vertiefungsimpulse waren hierbei gänzlich unterschiedlich in Bezug auf ihre inhaltliche Ausrichtung: Sie konnten abhängig von inhaltlicher und zeitlicher Entwicklung der durchgeführten Stunde variabel eingesetzt werden.

An der Stundenplanung von L3, GYM, 3J zeigte sich deutlich der Vorteil, den eine bereits gehaltenen Stunde für eine planende Lehrkraft bedeuten kann: Der Proband hatte die nötigen Materialien bereits im Kopf und musste sie nicht erst mühsam an unterschiedlichen Orten zusammensuchen. Dies bedeutete allerdings nicht, dass er eine bereits aufgezeichnete Stundenplanung einfach übernahm. Sein Vorgehen hätte dies auch nicht zugelassen: So hatte L3, GYM, 3J seine Lerngruppe bei der Planung bis zur Erwähnung von einzelnen Schülern und Schülerinnen sehr klar im Kopf. Er formulierte während der gesamten Vorbereitung mögliche Fragen und Reaktionen der Schüler und Schülerinnen und orientierte sich an diesen Antizipationen, sobald es galt, unterschiedliche Entscheidungen zu treffen. Dass L3, GYM, 3J seine Stundenplanung im Grunde genommen bei der Planung der Vertiefungsphase noch einmal umwarf, unterstreicht diese Beobachtung: Die bereits angefertigte Vorbereitung diente ihm als grobe Orientierung, die konkrete Planung der Stunde konzipierte er aber bis in inhaltliche Entscheidungen hinein neu.

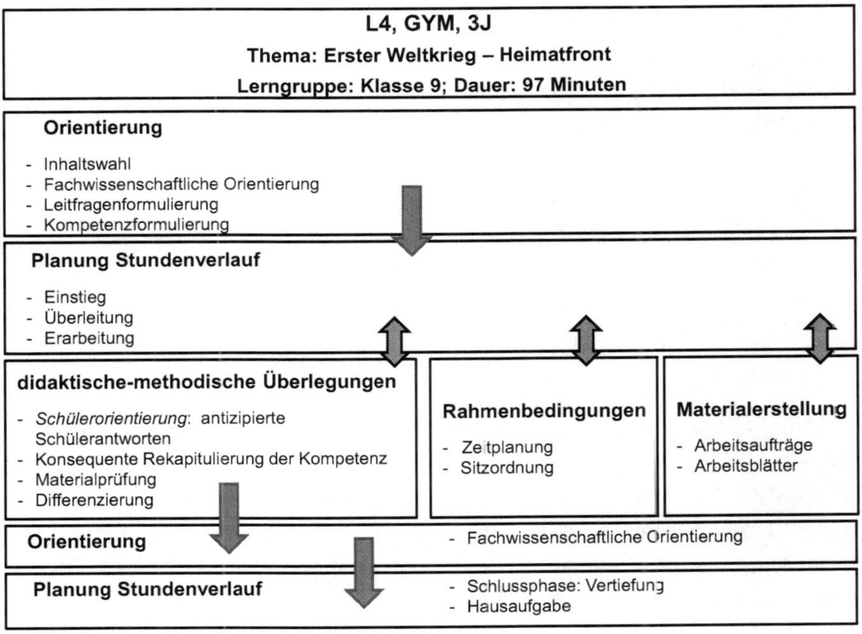


Abbildung 19: Individueller Handlungsplan L4, GYM, 3J

L4, GYM, 3J bestimmte den Inhalt der Stunde, wobei er den Verlauf der Sequenz und vor allem die Hausaufgaben der letzten Stunde reflektierte. Diese Reflexion führte ihn zur Formulierung unterschiedlicher eigener Fragen an den Sachgegenstand, über den er sich in unterschiedlichen Schulbüchern noch einmal intensiv informierte. L4, GYM, 3J vergegenwärtigte sich den Wissensstand der Lerngruppe und leitete hieraus eine mögliche Leitfrage für die Stunde ab, die eng mit einem möglichen Stundenziel verknüpft war. Dieses Stundenziel wurde hierbei von ihm klar sequenziell gedacht:

> *»Dann werde ich […] zum Schluss darauf kommen müssen […], dass der Krieg verloren ist. Also das muss das Endgefühl sein. Damit wir nächste Stunde dann Dolchstoß und so weiter machen können.« (Z. 22–25)*

An diese Überlegungen schloss er ausführliche Gedanken zur Kompetenzförderung an, was er speziell mit den Herausforderungen des Inhalts begründete:

> *»Mir ist es immer wichtig bei diesen ganzen Kriegsthemen, Empathie zu erzeugen, das heißt, die Schüler müssen ansatzweise […] dazu gebracht werden, dass sie sich […] annähernd vorstellen können, was so ein Krieg eigentlich bedeutet. Ich meine, dass das überhaupt der Sinn ist dieser ganzen Kriegsunterrichtsthemen. […] ihnen das Gefühl zu vermitteln, dass sie selber niemals so einen Krieg erleben möchten.« (Z. 29–34)*

Auf Nachfrage räumte L4, GYM, 3J im Nachgespräch ein, nicht bei jeder Stundenvorbereitung eine konkrete Entscheidung für eine zu fördernde Kompetenz zu treffen. Dennoch vermutete er, dass eine solche Förderung bei ihm in jeder Stunde stattfinde. Die anschließende Planung des Stundenverlaufs war eng verknüpft mit einer Planung der benötigten Zeit. Alle methodischen Entscheidungen die er traf, wurden unter dem Maßgabe der benötigten Zeit bewertet und entweder bejaht oder abgelehnt:

> *»Warte mal, mache ich denn jetzt Lehrervortrag? 30, 40, 45, 65. Dann habe ich ja theoretisch noch 25 Minuten… nee, dann sollen sie es mal erarbeiten. Ach naja, oder doch lieber ein bisschen länger? Zehn Minuten… nee. Also dann kriegen sie das ganz knapp. Erarbeiten das zu zweit. Und nee… wir machen fifty fifty. Also die ersten kriegen die ersten sieben Punkte […], die anderen den Rest [und] stellen sich das kurz vor.« (Z. 76–81)*

Die Entscheidungsfindungen hinsichtlich der Methodik wurden unterbrochen von sehr langen Phasen der Materialsuche und Materialprüfung. L4, GYM, 3J fand unterschiedliche Quellen in Schulbüchern und Zeitschriften und sammelte diese. Er erwog während dieser Sammlung unterschiedliche Arbeitsaufträge und begann gedanklich Arbeitsblätter zu konzipieren, wobei er stets die Reaktionen und Antworten der Schüler und Schülerinnen antizipierte. Teilweise vollzog sich seine Planung in Dialogform zwischen antizipierten Schüler- und antizipierten Lehrerreaktionen:

*»Dann werden sie also sagen müssen: Demokratie. Und dann muss ich sagen: Tja, und nun? Die Deutschen lieben doch ihren Kaiser, das haben wir doch eben auf dem Bild gesehen …oder?« (Z. 88–90)*

Die Methodenwahl, die L4, GYM, 3J für jede Phase explizit durchdachte, vollzog sich bei ihm klar nach schülerorientierten Maßstäben. Auch die Sozialform wurde von ihm sehr genau geplant. Er entwarf schriftlich eine Sitzordnung, die zur eingesetzten Methode passte, und plante konkret, wie das Umsetzen bei geringem Zeitverlust gemanagt werden könne:

*»Das heißt, wir haben 29 Schüler… aber F. ist nicht da, das heißt wir haben glücklicherweise 28, das sind dann also… […] ja, vierzehn Paare […]. Ich mache vier Themen… oder mache ich drei Themen? Nee, ich mache vier Themen, […] und das heißt, immer zu zweit. Dann habe ich schon mal acht weg. Ja. Dann mache ich dreimal drei und zweimal eins. Oder? Muss ich gleich noch mal ausrechnen, und die machen ein Schreibgespräch. Das heißt, die können so sitzen bleiben.« (Z. 106–112)*

Nach der Entscheidung für die Materialen und die Methode für die Erarbeitungsphase folgte in der Planung von L4, GYM, 3J eine zweite ausgedehnte Phase der Orientierung in Bezug auf den fachwissenschaftlichen Inhalt, in deren Verlauf er auch fachwissenschaftliche Literatur mit einbezog. Die Auseinandersetzung resultierte im eigenen Verfassen von Darstellungstexten für vier unterschiedliche Typen von Arbeitsblättern, die L4, GYM, 3J in seiner Gruppenarbeit zu verwenden plante. Die Erstellung der Arbeitsblätter folgte deutlich dem Prinzip der Differenzierung. So überlegte er für jeden einzelnen Schüler bzw. Schülerin, welches Arbeitsblatt angemessen wäre. Die zuvor herausgesuchten Quellen wurden zur Vervollständigung der Arbeitsblätter genutzt, wobei L4, GYM, 3J jede einzelne Quelle kürzte und annotierte. Hierbei bemerkte er plötzlich, dass er schon einmal eine Stunde zum Thema unterrichtet hatte. Diese vorherige Planung war ihm aber weder zu diesem Zeitpunkt noch im künftigen Verlauf der Vorbereitung eine Orientierung.

L4, GYM, 3J machte sich Notizen zu allen Stundenphasen und notierte wörtlich Impulse der Überleitungen und der Vertiefungsphase. Ähnlich wie bei L3, GYM, 3J geriet auch L4, GYM, 3J bei der Planung der Vertiefungsphase in eine Reflexion des bisherigen Vorgehens. Wie bei L3, GYM, 3J führte diese Reflexion auch bei L4, GYM, 3J zu einer Revision seines Plans, indem er den Einstiegsimpuls inhaltlich und sprachlich umformulierte, was ihn in einem weiteren Schritt zur Formulierung einer Reihe von möglichen Vertiefungsimpulsen veranlasste. L4, GYM, 3J plante eine Hausaufgabe in Hinblick auf die folgende Stunde. Unzufrieden mit den Vorschlägen im Buch, sah er sich hierbei genötigt, einen Darstellungstext zu schreiben, was ihn viel Zeit kostete. Es schlossen sich inhaltliche Gedanken an die kommende Stunde an.

Das Vorgehen des Probanden war durch die konsequente zeitliche Orientierung sehr funktional. Auch seine Notizen waren sehr übersichtlich, was zu einer klaren Zufriedenheit mit der eigenen Planung führte:

> *»Ich muss sagen, ich bin eigentlich sehr zufrieden mit der Stunde. […] sie ist eigentlich sehr gut geworden.«* (Z. 273–274)

Viel Zeit kostete L4, GYM, 3J seine konsequente Schülerorientierung: Insbesondere die Materialerstellung, die Formulierung von Darstellungstexten und Arbeitsaufträgen sowie die Erstellung konkreter Sitzpläne dauerten sehr lang. Seine sehr konkreten Zielvorstellungen inhaltlicher Art sowie Vorstellungen von einer Kompetenzförderung halfen ihm hierbei allerdings stringent im Sinne einer Leitlinie.

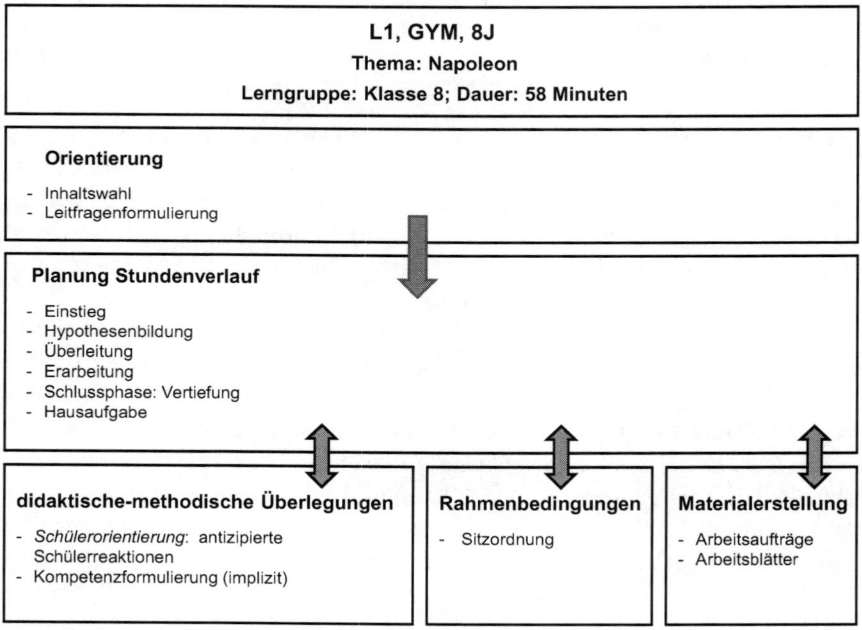


Abbildung 20: Individueller Handlungsplan L1, GYM, 8J

L1, GYM, 8J begann seine Planung, indem er einen Blick auf die Materialien und die Hausaufgaben der vorangegangenen Stunde warf. Nachdem er sich über den zu vermittelnden Themenkomplex (Koalitionskriege) klar geworden war, begann für L1, GYM, 8J eine intensive Phase der Themenformulierung. Hierbei reflektierte er den fachwissenschaftlichen Zusammenhang oberflächlich. Sein Schwerpunkt in der Auseinandersetzung lag auf didaktischen Fragen bzw. der Erörterung des schülerorientierten Zugriffs:

*»Bei Napoleon ist ja auch wieder das Ambivalente das Aufregende, […] du kannst ihn ja erst mal ganz groß machen. Mit seinen ganzen Siegen, mit seinen tollen Ansprachen […]. Und wenn du das erreicht hast, dann […] müssen sie ihn in Frage stellen. Was ist der Preis dafür? […] Und dann versteht man […] die Ambivalenz, mit der wir in unserem Leben konfrontiert sind, dauernd, ja? Dass wir das ganz großartig finden, und zugleich ahnen wir auch, dass das ganz schrecklich ist, ne? Und unser ständiger Wunsch auch nach Sicherheit und vielleicht auch, dass […] wir jemanden haben, der uns sagt, wo es hin geht […]. Auf der anderen Seite dieses absolute Gegenbedürfnis, Individuum sein zu wollen und immer etwas Besonderes sein zu wollen.«* (Z. 44–55)

Die resultierende Formulierung einer Leitfrage leitete L1, GYM, 8J bei allen folgenden Planungsentscheidungen. Er antizipierte die einzelnen Phasen des Stundenverlaufs unter inhaltlichen Gesichtspunkten und überlegte sich, was die Schüler und Schülerinnen in welcher Phase verstanden haben könnten. Hierbei dachte der Proband klar an eine Kompetenzschulung, ohne dass er dies deutlich erwähnte: *»Hier sehen sie dann, was das heißt, Teil dieses Volkes zu sein. Sie fühlen das.«* (Z. 72).

L1, GYM, 8J dachte und argumentierte stringent schülerorientiert. So hatte er stets einzelne Schüler und Schülerinnen vor Augen, und seine Prüfung unterschiedlicher Motivierungs- sowie Unterstützungsstrategien ließ ein deutlich differenzierendes Vorgehen erkennen, ohne dass er dies explizit ansprach. Er schloss mit der Erwägung unterschiedlicher Vertiefungsimpulse. Seine Vertiefungsphase war hierbei klar mit der Einstiegs- bzw. Hypothesenphase verknüpft: Die Schüler und Schülerinnen sollten die hier anfangs aufgeworfenen Fragen beantworten. L1, GYM, 8J fand zielsicher Quellen in unterschiedlichen Schulbüchern und eigenen Aufzeichnungen, die er auf Arbeitsblätter zu kopieren plante. Auch Impulse für die Vertiefungsphase und die Gelenkstellen schrieb er wörtlich auf. Erst am Ende der Vorbereitung stellte L1, GYM, 8J Überlegungen zur Methode an, indem er sich für eine arbeitsteilige Gruppenarbeit entschied, wobei er sich Gedanken über eine nötige Sitzordnung machte und diese notierte. Auch diese Überlegungen folgten vermutlich dem Prinzip der Differenzierung, wurden aber nicht ausführlich verbalisiert und vermutlich demzufolge auch nicht aktiv durchdacht. An dieser Stelle reflektierte L1, GYM, 8J die Situation der Lerngruppe und deren vermutliche Stimmung: *»Das ist direkt nach dem Praktikum. Eigentlich kannst du die natürlich vergessen.«* (Z. 107). Diese Reflexion führt allerdings nicht zu einer Revision des unterrichtlichen Vorgehens. Der Proband formulierte eine vertiefende Hausaufgabe, die die kommende Stunde inhaltlich vorbereiten sollte. L1, GYM, 8J notierte sich diese Hausaufgabe und rekapitulierte abschließend noch einmal die Leitfrage.

Die Stundenplanung von L1, GYM, 8J war bei aller Schülerorientierung deutlich inhaltlich orientiert. Fragen des Materials und der Methodik traten in den Hintergrund. L1, GYM, 8J überlegte während der Planung konsequent, welche Bedeutung die jeweilige Phase in inhaltlicher Hinsicht für den Lernprozess der Schüler und Schülerinnen haben könnte. Seiner Erfahrung hatte er es hierbei zu verdanken, dass er die nötigen Materialien bereits besaß, trotzdem erstellte er zwei Folien, auf denen er dieses Material neu zusammenstellte. L1, GYM, 8J äußerte auf Nachfrage im Nachgespräch, dass die Stundenplanung hiermit für ihn abgeschlossen sei und er auch nicht gedenke, im Verlauf des Tages noch über seine Vertiefungsimpulse nachzusinnen. Er schloss allerdings mit dem bemerkenswerten Satz:

> *»Kann aber natürlich sein, dass ich morgen alles umschmeiße, wenn ich die Schwelle zum Klassenraum übertrete.«* (Z. 117–118).

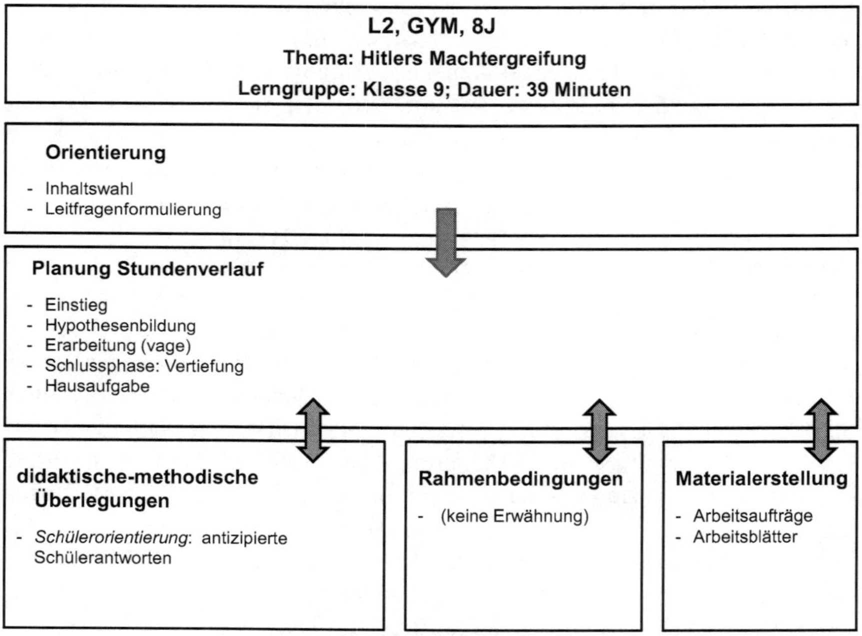


Abbildung 21: Individueller Handlungsplan L2, GYM, 8J

L2, GYM, 8J orientierte sich an dem Ergebnis der vorangegangenen Stunde bzw. den Hausaufgaben, um den Inhalt für die zu planende Stunde festzulegen. Er bestätigte im Nachgespräch, dass er hierbei eine genaue Vorstellung vom inhaltlichen Ablauf seiner Sequenz hatte, ohne dies an irgendeiner Stelle nachschlagen zu müssen. Eine intensive fachwissenschaftliche Orientierung entfiel an dieser Stelle aus denselben Gründen: Es wurde deutlich, dass L2, GYM, 8J seinen Stoff bis ins Detail kannte. Er reflektierte gründlich das erreichte Vorwissen der Lerngruppe und leitete hieraus eine Leitfrage der Stunde ab. Im

Anschluss an die Formulierung der Leitfrage definierte er ganz klar ein Ziel der Stunde:

> *»In dem Zusammenhang ist dann auch [...] Ziel der Stunde, [...] ›Machtergreifung‹ als etablierten Begriff zu problematisieren.«* (Z. 17–19)

Im Anschluss wählte L2, GYM, 8J Quellen als Material für die Stunde, wobei er auf seine Kenntnisse über geeignetes Material zurückgriff. Dies bedeutete aber nicht, dass er beispielsweise über einen Ordner verfügte, in dem sich bereits zusammengestelltes Material für die vorliegende Stundenplanung befand. Der Vorteil seiner Berufserfahrung zeigte sich darin, dass er sich erinnerte, dass geeignetes Material für die vorliegende Stunde existierte und dass er es an irgendeiner Stelle finden konnte. L2, GYM, 8J unterzog dieses Material einer erneuten Prüfung, formulierte unterschiedliche Fragen an die Quellen und antizipierte mögliche Schülerantworten, die er auf ihre Passung mit der Leitfrage untersuchte. Anschließend plante er die Einstiegsphase methodisch und wählte geeignetes Material aus. L2, GYM, 8J verlor keine Gedanken über das methodische Arrangement der Erarbeitungsphase, sondern ging direkt zur inhaltlichen Ausgestaltung der Vertiefungsphase über. Er formulierte unterschiedliche Vertiefungsimpulse und antizipierte unterschiedliche Gesprächsverläufe, wobei er weitreichende Überlegungen in unterschiedliche Richtungen der Fachdiskussion einschlug:

> *»Weimarer Verfassung [...] wird von vielen als demokratischer als unsere jetzige Verfassung bezeichnet und dennoch angreifbarer. So diese Problematik der ›wehrhaften Demokratie‹. Bis dahin könnte man ja sogar kommen.«* (Z. 68–71)

L2, GYM, 8J machte sich keine Notizen zum Stundenverlauf. Er notierte allerdings zwei mögliche Hausaufgaben, von denen eine vertiefenden Charakter hatte und die andere inhaltlich die kommende Stunde vorbereitete. Er erklärte, am Ende der Stunde spontan eine von beiden wählen zu wollen. Im Nachgespräch bestätigte L2, GYM, 8J, dass seine Stundenplanung hiermit abgeschlossen aber dennoch nach wie vor offen sei. So könne es durchaus vorkommen, dass ihm im Verlauf des Tages noch eine gänzlich andere Quelle einfalle, die er dann am morgigen Tag in der Schule kopieren und nutzen werde.

Trotz allem Selbstbewusstsein zeigte L2, GYM, 8J sich am Ende der Planung erstaunt darüber, wie schnell sich diese vollzogen habe. Seine Einschätzung, dass »*der größte Aufwand dann fast schon technisch*« (Z. 81–82) sei, war allerdings nicht zutreffend. So nahm die von ihm als ›technisch‹ bezeichnete Aufbereitung von Material und Erstellung von Kopien weniger Zeit ein als seine Eingangsüberlegungen zur Leitfrage.

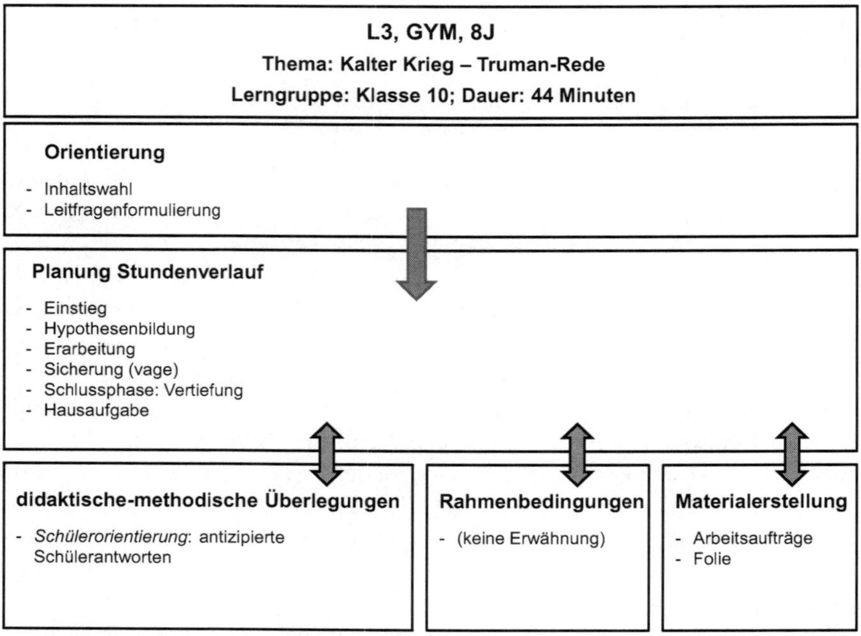


Abbildung 22: Individueller Handlungsplan L3, GYM, 8J

L3, GYM, 8J warf einen Blick auf die Aufzeichnungen und Hausaufgaben der vergangenen Stunde wählte auf Grundlage dessen den folgenden Stundeninhalt. Sie formulierte eine bipolare Leitfrage *(»Hat Truman mit seiner Rede den Kalten Krieg ausgelöst? Ja oder nein?«*, Z. 8–9) und folgerte selbst, dass diese klare Struktur der Frage den Verlauf der Stunde bereits vorgebe. L3, GYM, 8J spulte gedanklich ein umfangreiches Fachwissen in Form von Pro- und Contra-Argumenten zur Beantwortung der Frage ab. Sie erinnerte sich an Quellen für beide Argumentationsstränge und suchte diese in ihrem Materialfundus, der aus eigenen Quellenzusammenstellungen bestand. Sie erstellte Folien mit diesen Quellen und formulierte Arbeitsaufträge. L3, GYM, 8J entwarf einen kurzen inhaltlichen Einstieg. Sie antizipierte den Ablauf der Erarbeitung, machte sich hierzu aber keine konkreteren Überlegungen. Auch eine Differenzierung oder individuelle Förderung wurde nicht ersichtlich. Intensivere Gedanken widmete L3, GYM, 8J erst wieder der Vertiefungsphase, die sich bei ihr an der Einstiegsphase bzw. der Leitfrage orientierte. Sie entwarf unterschiedliche Gesprächsverläufe und notierte sich unterschiedliche Impulse. Ihre Planung gestaltete sich hierbei äußerst flexibel und ließ eine große Bandbreite an Vertiefungsthemen zu. Abschließend notierte sie eine Hausaufgabe, die inhaltlich zur kommenden Stunde hinführte.

Die Stundenplanung von L3, GYM, 8J war klar inhaltlich orientiert. Einzelne

Schüler und Schülerinnen traten in ihren Überlegungen selten auf. Erst bei der Antizipierung der Vertiefungsphase wurde deutlich, dass die Probandin ihre Lerngruppe gut kannte und ihre diesbezüglichen Kenntnisse mit unterschiedlichen fachwissenschaftlichen Themen zu verknüpfen versuchte. L3, GYM, 8J machte sich an keiner Stelle intensive Gedanken über den methodischen Verlauf der Stunde. Dies war insofern bemerkenswert, als sie die Stunde nach eigenem Bekunden zuvor niemals durchgeführt hatte. Ihre Erklärungen zeigten jedoch, dass sich ein methodischer Ablauf für sie klar aus der Konzeption der Leitfrage ergab. Eine entsprechende Umsetzung (Partnerarbeit, Präsentation, Klassengespräch) war für sie offenbar derart routiniert, dass sie keiner weiteren Vorbereitung bedurfte, wie sie im Nachgespräch bekundete. Auch gab L3, GYM, 8J sich in Bezug auf die Arbeitsatmosphäre derart sicher, dass sie keine speziellen störungspräventiven Maßnahmen einzuplanen gedachte. Im Nachgespräch erklärte L3, GYM, 8J, ihre Planung hiermit abgeschlossen zu haben. Sie knüpfte an dieses Statement allerdings weitere fachwissenschaftliche Überlegungen zum Thema an, die nicht Teil der Stundenplanung gewesen waren, was darauf schließen lässt, dass sie den Stoff noch weiter im Kopf umwälzte.

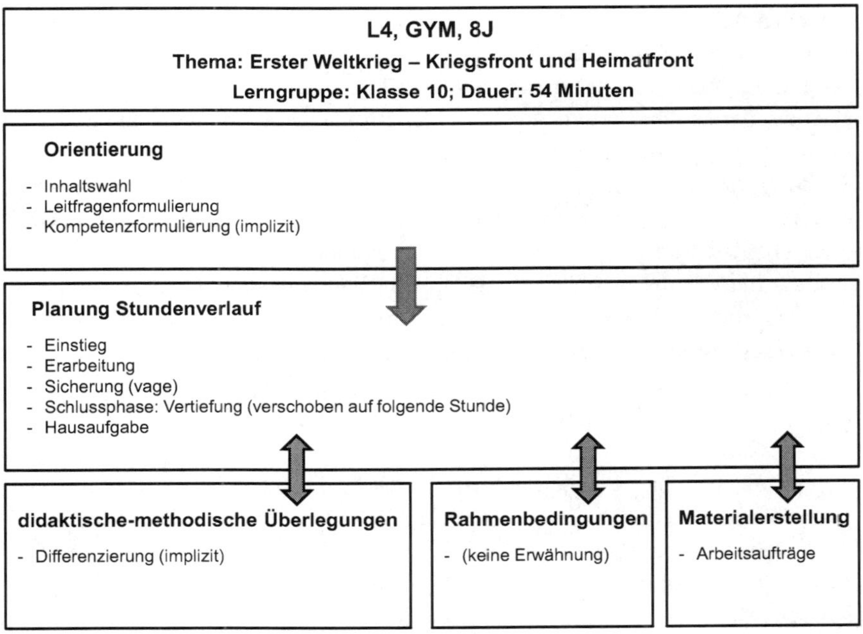


Abbildung 23: Individueller Handlungsplan L4, GYM, 8J

L4, GYM, 8J reflektierte den bisherigen Verlauf ihrer Sequenz und wählte auf Grundlage dessen den Inhalt der Stunde. In ihrer Planung zeigte sich deutlich, dass sie den Eindruck hatte, nicht etwa einer vorgegebenen Inhaltswahl zu folgen, sondern selbst zu wählen. Sie rekapitulierte dafür ausführlich ihr Fachwissen zum Gegenstand, wobei diese Rekapitulation eng mit einer Formulierung von didaktischen Fragen verknüpft war, die zu einer Entscheidung für eine Leitfrage führte:

> *»[W]as ist das Neuartige am Ersten Weltkrieg? Und zwar für die Soldaten, für die Kriegsführung […], die dann ja auch entsprechende psychologische Auswirkungen hat, aber […] auch die Betroffenheit derjenigen, die zu Hause sind, insofern also auch Kriegswirtschaft und Heimatfront.« (Z. 9–13)*

Die Verlaufsplanung begann bei L4, GYM, 8J mit einer Einstiegsplanung, die auf der Auswertung der Hausaufgaben beruhte. Sie entwarf eine Erarbeitungsphase, wobei sie keine konkreten methodischen Überlegungen anstellte. Konkretere Gedanken widmete sie erst der Vertiefungsphase. Hierbei reflektierte sie selbst, dass es sich vor allem um inhaltliche Überlegungen handelte, die eine Verknüpfung zwischen Leitfrage (bzw. Einstieg) und Vertiefung gewährleisten sollten. Anschließend stellte L4, GYM, 8J sich die Frage nach der grundlegenden methodischen Organisation der Stunde. Sie verknüpfte diesbezügliche Überlegungen mit Bewertungen der Quellen, die sie im Schulbuch zum Thema vorfand. Nach einer eingehenden Prüfung der Materialien bei gleichzeitiger Formulierung möglicher Arbeitsaufträge entschied sie sich für zwei konfligierende Quellen, deren Einsatz den Aussagen der Probandin zufolge die methodische Ausrichtung der Stunde vorgab: Eine arbeitsteilige Gruppenarbeit wurde von ihr durch das Erstellen unterschiedlicher Arbeitsblätter vorbereitet, aber nicht konkret vorausgeplant. Auch war kein differenziertes Zuteilen von Arbeitsaufträgen bzw. -blättern erkennbar. Die fehlende methodische Vorausplanung war deshalb bemerkenswert, weil die Gruppenarbeit mit einer Plakatpräsentation eine anspruchsvolle Form der Ergebnissicherung beinhaltete. Die diesbezüglichen Überlegungen der Probandin fielen aber sehr knapp aus:

> *»Sie stellen es sich in Gruppen vor, bearbeiten die Quellen und machen daraus jeweils ein Plakat, bei sechs Gruppen, sechs Plakate, das ist viel, aber es ist okay.« (Z. 62–63).*

Impulse für die Gelenkstellen notierte L4, GYM, 8J sich wörtlich. Ihre geplante Stunde endete nicht mit einer Vertiefung. Sie reflektierte dies als Problem ausführlich, entschied aber schließlich, dass die Vertiefung in der Hausaufgabe vorbereitet und in der folgenden Doppelstunde durchgeführt werden solle und dass dies dem Thema angemessen sei:

> *»Die sollen auch erst mal geschockt sein, von dem, was sie da sehen. Das muss tief sitzen. Und in der nächsten Stunde können sie sich dann von den eigenen Gefühlen distanzieren und beurteilen, um was es sich hier handelt. Den Begriff der Heimatfront problematisieren, das will ich ja.« (Z. 103–106)*

Wie die anderen Gymnasialexperten und -expertinnen zeigte auch L4, GYM, 8J ein tiefes, weit verzweigtes Fachwissen, das sie während ihrer Stundenplanung an vielen Stellen abrief. Die gesamte Vorbereitung war deutlich inhaltlich ausgerichtet. Deutlicher noch als bei den anderen Expertenlehrkräften wurde bei L4, GYM, 8J allerdings offenbar, dass die Lehrkraft die methodischen Abläufe nicht nur im Kopf hatte, sondern auch implizit deren jeweilige Durchführung antizipierte.

*Hauptschullehrkräfte*

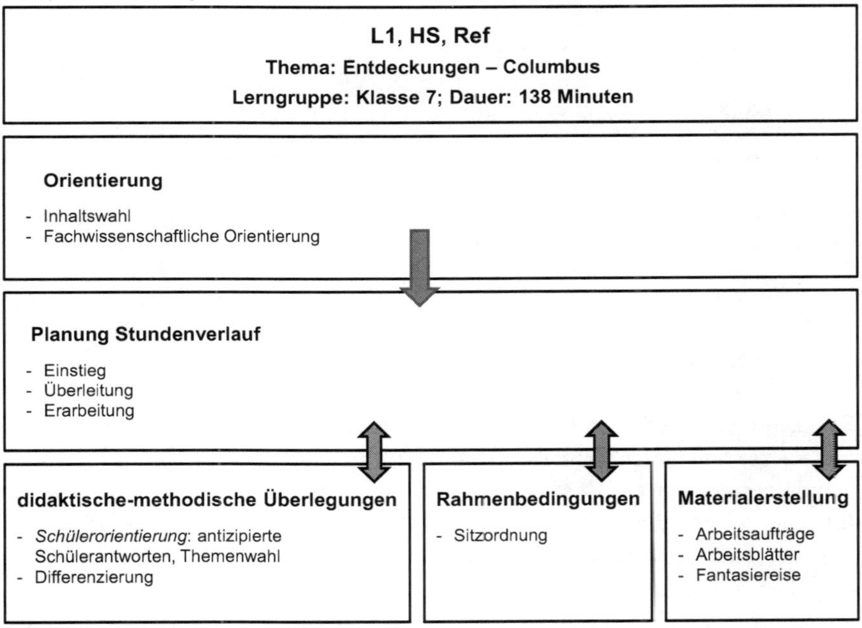


Abbildung 24: Individueller Handlungsplan L1, HS, Ref

L1, HS, Ref begann ihre Unterrichtsvorbereitung mit der Inhaltswahl. Da es sich um die erste Stunde einer Unterrichtssequenz handelte, war die Lehrkraft in ihren Überlegungen vergleichsweise frei: Sie spulte schnell eine Reihe von inhaltlich möglichen Themenfeldern ab:

> *»Welchen Entdecker möchte ich in den Mittelpunkt stellen […] oder ganz viele verschiedene? Um welche Teile der Welt soll es denn gehen? Soll ich eher von Europa ausgehen, oder will ich die ganze Welt angucken? Was war überhaupt bekannt […]?« (Z. 9–12)*

Hierbei war ihr erster Gedanke interdisziplinär: Der Inhalt ›Entdeckungen‹ ließ sich in ihren Augen gut mit Inhalten des Faches Erdkunde (Kartenarbeit) verknüpfen. Es schloss sich eine lange und intensive Phase des Einarbeitens in das Fachwissen ein. Hierbei fiel auf, dass L1, HS, Ref bei dieser fachlichen Recherche von Beginn an sozialgeschichtliche Schwerpunkte der Einarbeitung zu setzen versuchte, die den anfangs formulierten, für den Unterricht relevanten Fragen (»*Was war überhaupt bekannt […]?*«, Z. 12) entsprachen. Diese Einarbeitung gestaltete sich für L1, HS, Ref komplex und schwierig. Sie entschied sich letztlich für die Thematisierung des Entdeckers Columbus, weil ihr die Materialbeschaffung hier am einfachsten erschien: »*Wahrscheinlich wird es auf Columbus hinaus laufen, weil der in unserem Buch ist.*« (Z. 13–14).

L1, HS, Ref machte sich konkrete Gedanken über den Einstieg, die einerseits sach- und andererseits schülerorientiert waren. Ihr thematischer Zugang war hierbei bemerkenswert offen. So erwog sie einen personifizierenden Zugang, ohne hierbei auf konkrete Materialien zurückgreifen zu können:

> *»Das wäre […] schön, wenn wir […] eine Figur hätten, die mitfahren würde. Das mache ich auch. Jemand, der anheuert bei einem Schiff. […] ja, schwierig. Aber das wird schon irgendwie gehen. Auf jeden Fall jemand, der auf dem Schiff mitfährt. Weil ich auch die Überfahrt spannend finde.« (Z. 37–43).*

Anschließend überlegte L1, HS, Ref, welche Methode bzw. welches Material sich für die Umsetzung ihrer Idee anbot. Sie entschied sich für eine Fantasiereise und konstatierte, dass ihr hierfür fachliche Informationen fehlten. Eine weitere intensive Phase der fachlichen Einarbeitung schloss sich an. L1, HS, Ref schrieb die Fantasiereise selbst, womit sie ihre Einstiegsphase als vorbereitet betrachtete, ohne konkrete Strategien der Umsetzung zu verbalisieren. Sie antizipierte Schülerreaktionen auf das Vortragen der Fantasiereise, plante eine Erarbeitungsphase in Form eines Rollenspiels und beendete ihre Vorbereitung, ohne dass ein Ende der Stunde in der Planung ersichtlich wurde. Auch eine Hausaufgabe wurde nicht vorbereitet.

Das Vorgehen der Probandin war sehr schülerorientiert. Die Lerngruppe wurde bei ihr an vielen Stellen der Planung ausführlich thematisiert. Dies äußerte sich überwiegend in Bedenken hinsichtlich der Durchführung unterschiedlicher Methoden, die sich als für die Lerngruppe nicht durchführbar erwiesen. Es wurde deutlich, dass L1, HS, Ref über das nötige Fachwissen zur Formulierung eines geeigneten Stundenthemas und zur Vorbereitung der Stunde nicht verfügte. Sie musste es sich während der Vorbereitung anlesen, was sie sehr viel Zeit kostete. Besonders die Entscheidung für ein Stundenthema dauerte sehr lange. Bis zum Schluss der Planung zeigte L1, HS, Ref sich nicht zufrieden bzw. sehr unsicher in Bezug auf ihre Vorbereitung. Sie gab im Nachgespräch allerdings an, aus Zeitgründen nicht weiter darüber nachdenken zu können.

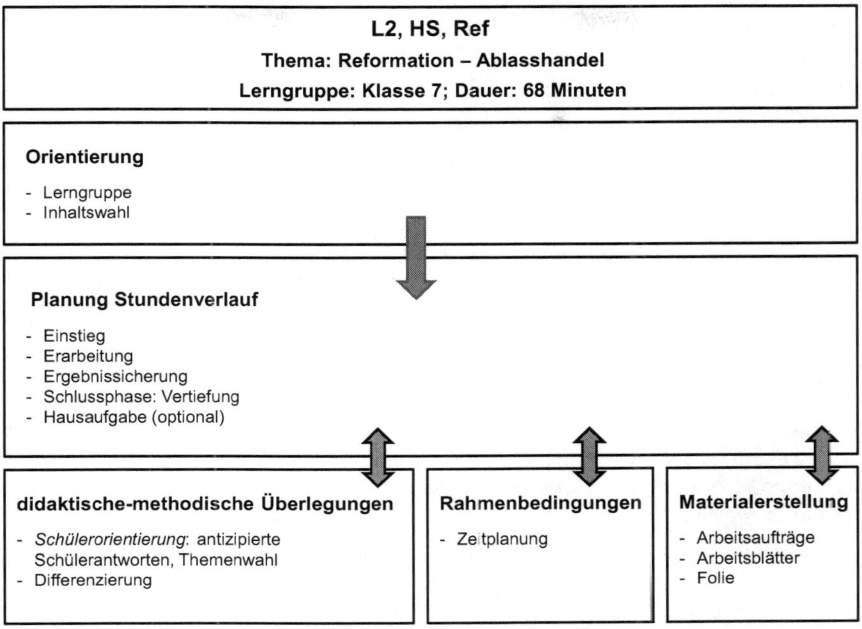


Abbildung 25: Individueller Handlungsplan L2, HS, Ref

L2, HS, Ref begann ihre Planung mit Überlegungen zu ihrer Lerngruppe, die sie als »*hoch problematisch*« (Z. 3) bezeichnete. Sie reflektierte explizit die Umstände, in denen die Schüler und Schülerinnen sich während der zu planenden Stunde befinden würden:

> *»Morgen ist noch eher eine ganz gute Stunde, davor haben die nichts Schlimmes, das ist die zweite, da müssten die relativ fit sein.« (Z. 23–25)*

In der Inhaltswahl bezog sich die Probandin klar auf einen ihr vorliegenden, selbsterstellten Sequenzplan. An ihrer Vorbereitung wird allerdings ersichtlich, wie frei ein solcher Sequenzplan formuliert sein kann:

> *»Okay, also morgen ist Luther dran, und zwar habe ich dafür mir so drei Stunden gegeben, aber das Ding ist, ich kann bei denen überhaupt nie viel machen. Also eher so gar nichts. Deswegen […] habe ich mir schon […] überlegt, […] Ablasshandel, da muss irgendwie Stimmung rein.« (Z. 13–17)*

Es zeigte sich, dass L2, HS, Ref den ungefähren inhaltlichen Ablauf ihrer Stunde schon einmal im Vorfeld durchdacht hatte, in der Vorbereitung des Einstiegs und der Erarbeitungsphase konzentrierte sie sich nun auf methodische Überlegungen. Hierbei plante sie sehr genau die Zeitintervalle und reflektierte die Zeitplanung konsequent. Sie antizipierte die Schülerreaktionen und richtete ihre Methodenwahl danach, wobei sie deutlich differenzierend vorging. Anschließend plante sie eine Ergebnissicherung in Form eines Tafelbilds. L2, HS, Ref formulierte sehr genau die eigenen Wortbeiträge und Arbeitsaufträge und notierte diese. Sie plante eine Schlussphase, die eine Beurteilung des Ablasshandelns durch die Schüler und Schülerinnen enthielt. Ein von L2, HS, Ref selbst erstelltes Arbeitsblatt, das ihr als mögliche Hausaufgabe diente, sollte diese Vertiefung intensivieren und nahm hierbei die Funktion einer Überleitung zur folgenden Stunde ein.

In der Stundenvorbereitung der Probandin war die Lerngruppe als entscheidender Faktor die ganze Zeit über präsent. Sie stand nicht nur am Anfang der Planung, sondern wurde von L2, HS, Ref auch nach abgeschlossener Vorbereitung weiter bedacht. So schloss sie mit der bemerkenswert frustrierten Aussage:

> *»Das Problem ist in dieser wie in allen Stunden. Es kann sein, dass mir das Ganze gleich am Anfang Schüler wie G. oder H. komplett sprengen. Das kann ich dann abhaken. Dann muss ich sie rausschmeißen, okay. Aber dann ist der ganze Effekt mit dem Ablassprediger natürlich völlig hin.«* (Z. 125–128)

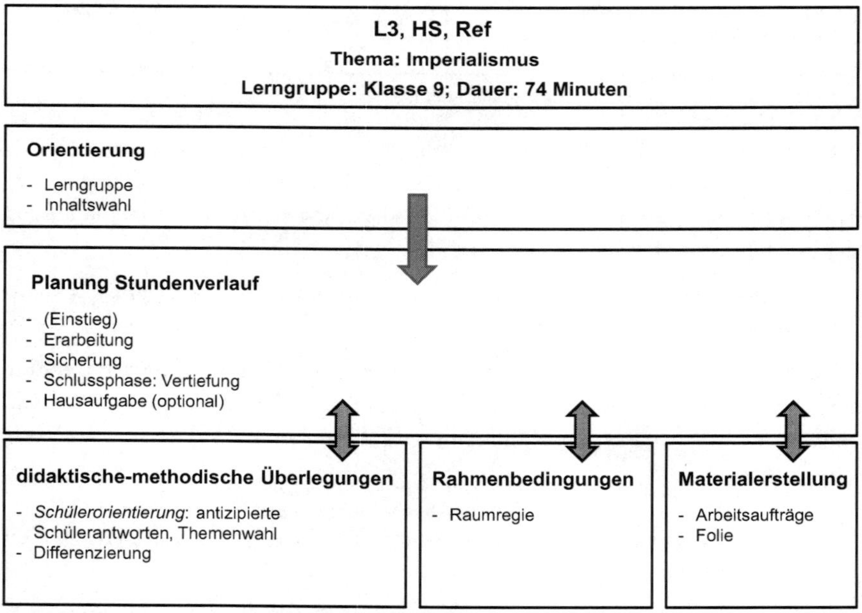


Abbildung 26: Individueller Handlungsplan L3, HS, Ref

L3, HS, Ref studierte zu Beginn der Vorbereitung seinen Sequenzplan und wählte auf dessen Grundlage den Stundeninhalt. Hierbei dachte er klar sequenziell: Der Imperialismus sollte in seiner Einheit das Vorspiel zum Ersten Weltkrieg bilden. L3, HS, Ref reflektierte an dieser Stelle ausführlich sein Fachwissen in Bezug auf die vergangenen und die künftigen Stunden der Sequenz. Im Rahmen dieser Reflexion wurde deutlich, dass er sich mit dem Gegenstand und dessen fachlichen Seite intensiv auseinandergesetzt hatte:

> *»Da hatte ich mir auch angesehen, was gibt es zu England, was ist wichtig, und was England eben gerade auszeichnet, ist dieses Commonwealth. Wirklich dieses weltumspannende Reich. [...] Und das macht quasi exemplarisch England aus.« (Z. 68–71)*

L3, HS, Ref ordnete die eigene Inhaltswahl an dieser Stelle interdisziplinär ein, indem er eine Verknüpfung mit dem Fach Englisch herstellte. Er konsultierte ausführlich unterschiedliche Schulbücher und Arbeitshefte. Anschließend studierte er noch einmal fachliche Literatur. Nach der Orientierungsphase begann er seine Phasenplanung mit der Erarbeitungsphase unter methodischen Gesichtspunkten. Er wählte eine vergleichsweise anspruchsvolle Methode (›Cocktailparty‹ als themenbezogene Adaption der Methode ›Doppelkreis‹), die für ihn offensichtlich einen Einstieg in die Stunde beinhaltete, weshalb er einen solchen nicht genauer vorbereitete. Die Planung der Raumregie spielte für die Antizipation seiner Erarbeitungsmethode eine große Rolle: *»Also das ist jetzt höllisch wichtig, dass ich die Logistik gut hinkriege.«* (Z. 124–125). Hierbei reflektierte L3, HS, Ref die nötigen Schritte zur Differenzierung und variierte die Methode dahingehend. Die Schlussphase seiner geplanten Stunde enthielt vertiefende Elemente insofern, als die Ergebnisse der Erarbeitung nicht bloß zusammengetragen, sondern auch in den thematischen Zusammenhang der Sequenz eingeordnet werden sollten. L3, HS, Ref legte sich eine mögliche Hausaufgabe zurecht, blieb sich aber unsicher, ob er diese verwenden würde. Die Hausaufgabe hatte einen vertiefenden Charakter.

L3, HS, Ref erwähnte seine Lerngruppe in der Planung seltener als seine Mitreferendare bzw. Mitreferendarinnen. Es wurde aber deutlich, dass ihm die Schüler und Schülerinnen ständig präsent waren und er seine Entscheidungen klar nach ihnen richtete. Dies spiegelte sich auch in seiner Vorbereitung der Vertiefungsphase wider, in deren Verlauf er Reaktionen und Verständnishorizont einzelner Schüler und Schülerinnen antizipierte. Die Impulse blieben jedoch vergleichsweise offen formuliert, und der Proband machte sich hierzu keine Notizen.

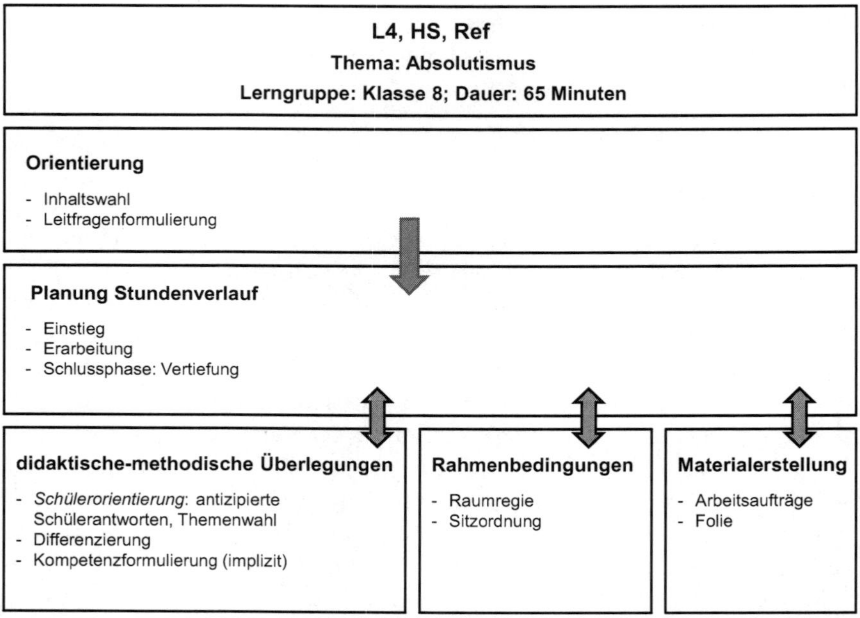


Abbildung 27: Individueller Handlungsplan L4, HS, Ref

L4, HS, Ref begann ihre Planung mit einer Rekapitulation ihrer Sequenzplanung und einer klaren Entscheidung für den Stundeninhalt. Sie widmete Überlegungen zur Leitfrage der Unterrichtsstunde viel Zeit:

> *»Jetzt geht es mir darum, dass sie verstehen noch mal, was ist daran jetzt so besonders? […] was bedeutet Absolutismus und was dagegen Aufklärung? Und wie ist das jetzt in Verbindung zu setzen? Diese neuen Ideen, wurden die jetzt umgesetzt?« (Z. 11–14)*

L4, HS, Ref formulierte eine klare Leitfrage (»*Ist Friedrich ein aufgeklärter Staatsmann oder ein absolutistischer Herrscher?*«, Z. 8–9) und plante einen Einstieg, der zur Formulierung dieser Leitfrage durch die Schüler und Schülerinnen hinführen sollte. Sie plante eine Erarbeitungsphase unter differenzierenden Gesichtspunkten, wobei sie mit der ›Placemat‹-Methode eine anspruchsvolle Methode wählte, die einer intensiven Vorbereitung und der Formulierung vieler unterschiedlicher Arbeitsaufträge bedurfte. An dieser Stelle gab L4, HS, Ref Hinweise darauf, dass sie mit ihrer Planung auch Kompetenzziele verfolgte, ohne dass sie hierbei explizit Kompetenzen benannte:

> *»Es geht mir einfach nur darum, dass sie nicht alles so einseitig sehen. Und dass sie […] überlegen […] ist das jetzt hier ein Aufklärer, oder ist das halt keiner, oder ist hier irgendein Unterschied zu vorher oder halt nicht? Und wenn sie dafür so ein Gefühl bekommen, dann ist das schon in Ordnung.« (Z. 109–113)*

Ihr methodisches Arrangement beinhaltete eine Phase, in der die Schüler und Schülerinnen untereinander diskutieren und die Schlussdiskussion zur Leitfrage vorbereiten sollten. L4, HS, Ref reflektierte, dass nur eine solche Gruppenphase eine breite Aktivierung im späteren Vertiefungsgespräch erlaube. Ebenso wie L3, HS, Ref plante sie dieses Vertiefungsgespräch nicht detailliert über unterschiedliche Impulse, sondern ließ diese relativ offen.

Für L4, HS, Ref war ihre Lerngruppe in der Planung klar präsent. Es war offensichtlich, dass sie die Schüler und Schülerinnen gut kannte und dementsprechend zwischen unterschiedlichen Methoden treffsicher zu wählen in der Lage war. Unsicherheiten zeigte sie in Bezug auf ihre inhaltliche Anlage der Stunde:

> *»Kann aber auch sein, dass ich sie überfordere. Das war in der letzten Stunde auch schon so. Aufklärung ist etwas Schwieriges für sie. Das ist sehr abstrakt.«* (Z. 106–108).

Im Nachgespräch erläuterte L4, HS, Ref, dass ihre Lerngruppe für sie bis zur Umsetzung der Planung ein derartig unsicherer Faktor bleibe, dass sie nie mit einem vollständig sicheren Gefühl in eine Unterrichtsstunde gehe.

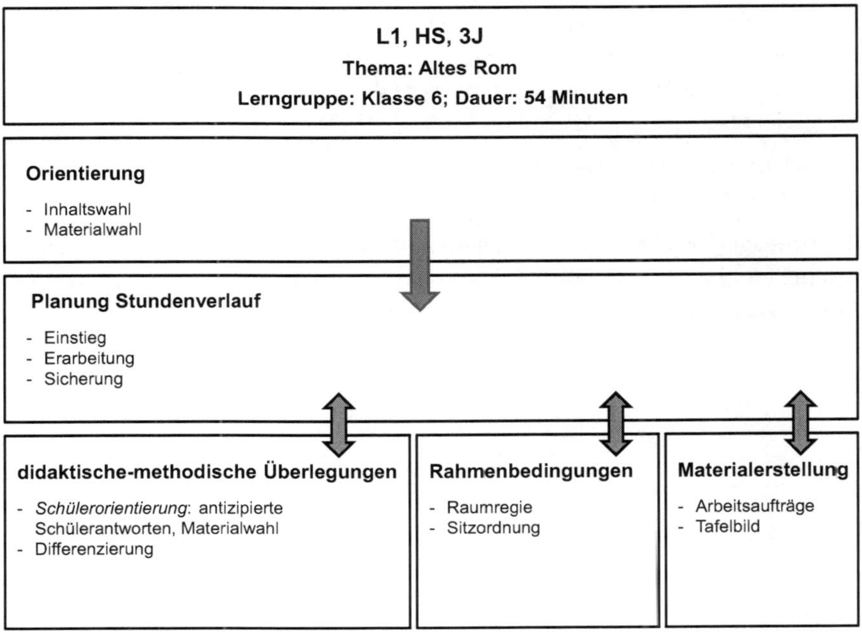


Abbildung 28: Individueller Handlungsplan L1, HS, 3J

L1, HS, 3J konsultierte ihre Reihenplanung und entnahm daraufhin dem Schulbuch die konkrete Formulierung des Unterrichtsinhalts. Sie erinnerte sich eines Filmausschnitts und wählte diesen als Material für den Einstieg, wobei sie plante, die Schüler und Schülerinnen die entscheidenden Fragen für die Stunde selbst entnehmen zu lassen. L1, HS, 3J antizipierte diese Schülerfragen. Hierbei wurde deutlich, dass sie mit bestimmten Fragen rechnete und gemäß ihrer Planung auch rechnen musste, weil sie für die Antwort auf diese Fragen unterschiedliche Texte konzipierte, die sie den Schülern und Schülerinnen in der Erarbeitungsphase auszuteilen plante. Ein Abweichen der Schüler und Schülerinnen von diesen antizipierten Fragen wurde von L1, HS, 3J weder erwogen noch eingeplant. Die Erarbeitungsphase konzipierte sie nach dem Prinzip der Differenzierung. Die Schüler und Schülerinnen arbeiteten in leistungsdifferenten Gruppen zusammen, wobei L1, HS, 3J sich ausführliche Gedanken über Sitzordnung und Raumregie machte. Sie plante eine Ergebnissicherung an der Tafel und notierte sich das Tafelbild in Form einer Grafik. Mit der Planung der Ergebnissicherung endete die Stunde:

> *»Dann wird das vorgestellt und zusammengetragen, und es wird dann […] eine riesige Mindmap an der Tafel geben.« (Z. 68–69)*

Die Unterrichtsvorbereitung von L1, HS, 3J gestaltete sich sehr zügig. Es wurde deutlich, dass sie die wichtigsten Vorentscheidungen bereits getroffen hatte und sich nun auf die konkrete Umsetzung konzentrierte. Die Stunde war grundsätzlich auf den Erwerb faktischen Wissens durch die Schüler und Schülerinnen ausgerichtet:

> *»Wie leben Kinder? Wie wohnen reiche Römer? Was machen Erwachsene? Was für einen Bereich gibt es noch? Brot und Spiele, genau.« (Z. 20–22)*

Eine flexible Durchführung des Unterrichts war anhand dieser Planung schwer vorstellbar. L1, HS, 3J erwartete konkrete Reaktionen der Schüler und Schülerinnen zu Beginn der Stunde, auf denen das gesamte Stundenkonzept beruhte.

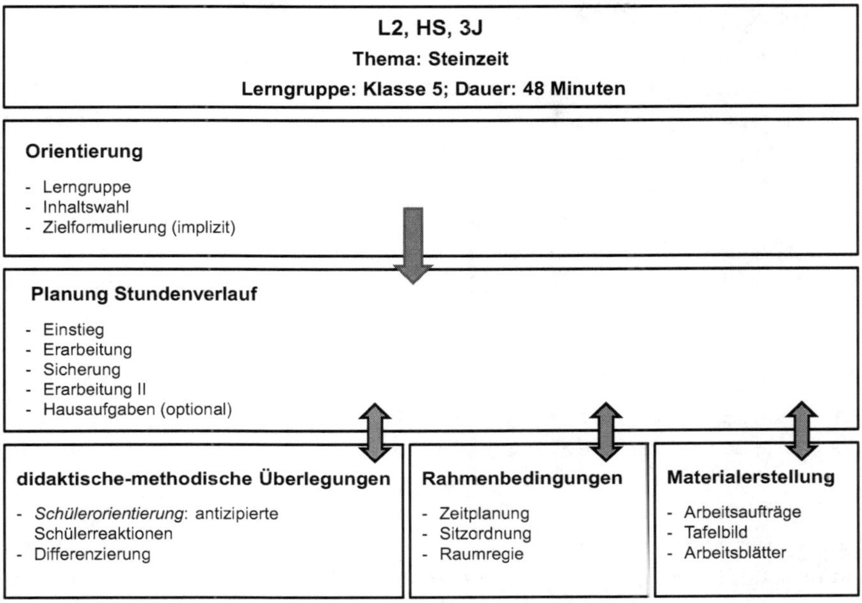


Abbildung 29: Individueller Handlungsplan L2, HS, 3J

L2, HS, 3J begann ihre Stundenvorbereitung mit einer Reflexion über die Lerngruppe und die Besonderheiten bezüglich ihrer Zusammensetzung. Ihre Stunde war offensichtlich schon einmal im Rahmen der Reihenplanung vorbereitet worden, denn sie wählte den Unterrichtsinhalt zielsicher mit einem Blick auf die eigenen Unterlagen. L2, HS, 3J äußerte den Wunsch, das Vorwissen der Schüler und Schülerinnen zum Unterrichtsinhalt zu erheben. Diese Äußerung kann als implizites Ziel der Stunde aufgefasst werden. Sie wählte einen Einstieg über ein Realobjekt (Knochen), das sie als stummen Impuls im Klassenzimmer im Rahmen eines Stuhlkreises zu präsentieren gedachte. L2, HS, 3J reflektierte an dieser Stelle ausführlich ihre Kenntnisse über die Lerngruppe und wog ab, ob sich Material und Methode für diese tatsächlich eigneten. In Kombination mit den antizipierten Schülerantworten reflektierte sie den zeitlichen Verlauf der Stunde. Die Erarbeitungsphase wurde von ihr recht offen geplant:

> *»Und dann könnte ich hier mit einem Bild weitermachen, was die Schüler dann auf ihren Platz bekommen mit einer Zeitleiste drauf, […]. Und dann werde ich die Schüler ein bisschen vermuten lassen, über welchen Zeitbereich man spricht, und werde an der Tafel verschiedene Segmente von diesem Zeitstreifen durcheinander hinhängen und dann versuchen, die sortieren zu lassen, wann gab es vielleicht das erste Werkzeug.« (Z. 55–61).*

L2, HS, 3J begründete diese offene Vorbereitung mit dem Hinweis auf den herausfordernden Charakter der Lerngruppe, mit der eine exakte Vorausplanung schwierig sei. Da es ihr in der Erarbeitung nicht um den Erhalt eines klaren Ergebnisses ging, sondern sie vielmehr angab, den Schülern und Schülerinnen ein ›Gefühl‹ für die Epoche vermitteln zu wollen, plante sie, die Phase unabhängig vom Ergebnis nach zehn Minuten zu beenden. Sie bereitete eine Schlussphase vor, die die Bearbeitung eines weiteren Materials umfasste. Dieser Darstellungstext informierte die Schüler und Schülerinnen über die Epoche, stand aber in keinem erkennbaren Zusammenhang zur Erarbeitungsphase. Die Planung endete mit der Überlegung, die Schüler und Schülerinnen darum zu bitten, in der nächsten Stunde Material aus der Grundschulzeit mitzubringen. Hierbei handelte es sich um eine optionale Hausaufgabe. L2, HS, 3J schloss an ihre Planung ausführliche Überlegungen über den weiteren Verlauf der Reihe an. Es wurde deutlich, dass die Reihenplanung um den Besuch eines außerschulischen Lernorts herum gruppiert worden war.

Die Planung von L2, HS, 3J war im Rahmen einer Sequenzplanung bereits vorbereitet worden. Dennoch bedurfte die konkrete Ausgestaltung einigen Aufwands. Die Hauptzeit verbrachte die Probandin hierbei mit der Erstellung von differenzierenden Arbeitsblättern. Ein roter Faden wurde in ihrer Planung nicht ersichtlich. Es war deutlich zu erkennen, dass sie sich mit ihrer Vorbereitung nicht sonderlich sicher fühlte: *»Ich hätte das natürlich gern klarer, aber das geht mit denen einfach nicht.«* (Z. 92–93).

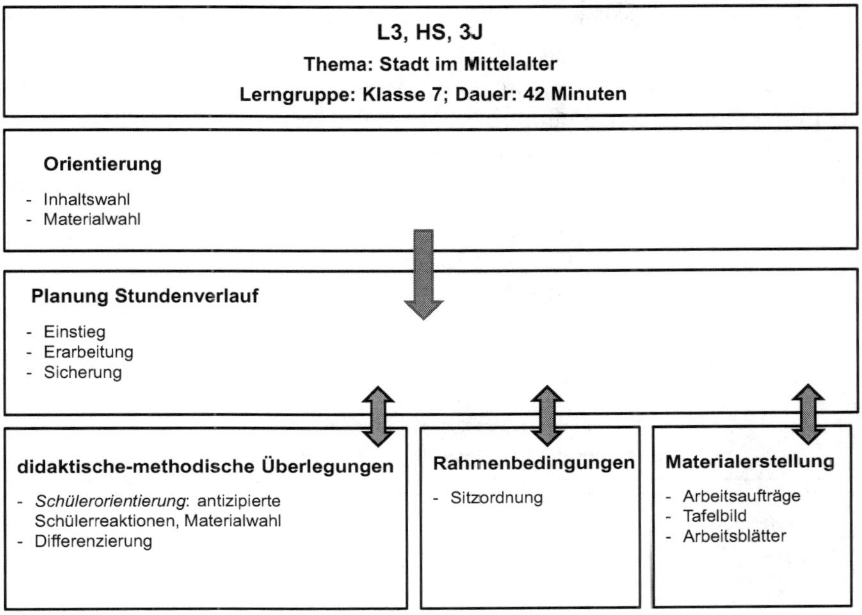


Abbildung 30: Individueller Handlungsplan L3, HS, 3J

L3, HS, 3J griff in ihrer Vorbereitung zur Wahl des Inhalts auf ihre Sequenzplanung zurück. Sie konstatierte, dass sich die gesamte Reihe auf den Besuch eines außerschulischen Lernorts beziehe und für die vorliegende Stundenplanung die Materialwahl im Zentrum stehe, da das Material (ein Stadtplan, der den außerschulischen Lernort abbildete) die Erkundung des Lernorts vorbereiten solle. L3, HS, 3J plante einen knappen Einstieg, der vornehmlich die Präsentation des Materials und dazugehörige Arbeitsaufträge umfasste. Anschließend bereitete sie eine arbeitsteilige, also differenzierende Erarbeitungsphase vor, die eine genaue Erkundung und Bearbeitung des Materials enthielt:

> *»Die Schüler sollen eh selbst wählen, was sie wollen. Manche hier sind einfacher und vor allem auch schneller zu bearbeiten als andere.« (Z. 33–35)*

L3, HS, 3J machte sich an dieser Stelle ausführliche Gedanken über eine mögliche Sitzordnung. Die Erinnerung an Erfahrungen mit der Lerngruppe brachte sie zu dem Schluss, die Schüler und Schülerinnen die Fragen an das Material aus einer historischen Rolle heraus beantworten zu lassen. Sie entnahm ihren Unterlagen vier mittelalterliche Charaktere, die sie mit Bild und Namen den unterschiedlichen Arbeitsblättern zuwies. Daraufhin antizipierte sie die Antworten der Schüler und Schülerinnen und erstellte aus diesen ein Tafelbild. Die Stunde endete in ihrer Planung mit der Niederschrift des antizipierten Tafelbilds. Eine Schlussphase wurde nicht erkennbar.

Die Vorbereitung von L3, HS, 3J richtete sich klar auf die Erarbeitung inhaltlicher Informationen zum zu besuchenden Lernort. Einstiegs- und Erarbeitungsphase waren deutlich auf die Erarbeitung dieser Informationen ausgerichtet. Eine flexible Handhabung dieser Vorbereitung war schwer vorstellbar und war von L3, HS, 3J auch nicht beabsichtigt, wie sie im Nachgespräch kund tat:

*»Ja klar wird etwas schief gehen. Die werden ja nicht lieb auf den Stühlen sitzen. Aber vom Ergebnis… das wird dabei rauskommen.«* (Z. 75–77)

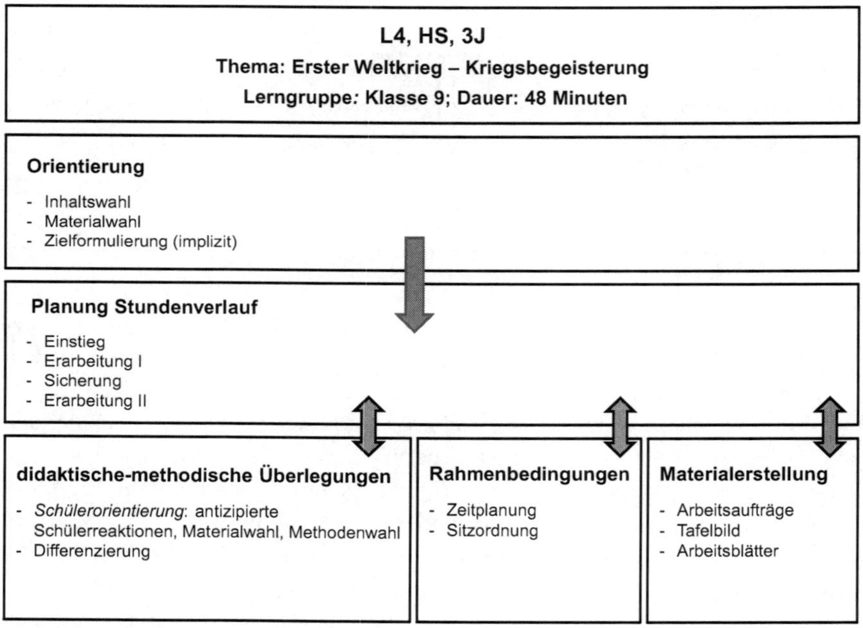


Abbildung 31: Individueller Handlungsplan L4, HS, 3J

L4, HS, 3J entnahm das Stundenthema seiner Reihenplanung. Seine Ausführungen über die Sequenz machten deutlich, dass diese auf den Besuch eines außerschulischen Lernorts hin strukturiert war. L4, HS, 3J reflektierte die Themenwahl und machte sich implizit Gedanken über das Stundenziel:

*»Für mich [ist] immer das Wichtigste, dass die da raus gehen und Krieg fürchten. Die sollen verstehen, wie furchtbar das ist. Dass das nicht wie ihr Computerspiel ist.«* *(Z. 18–19)*

Dieses Stundenziel enthielt im Grunde eine Kompetenzformulierung, was der Proband aber nicht weiter reflektierte. Er machte ausführliche Annahmen über die emotionale und soziale Situation einzelner Schüler und Schülerinnen und betonte in diesem Zusammenhang die Notwendigkeit einer geschickten Materialwahl. L4, HS, 3J entschied sich für die Behandlung von Feldpostbriefen, die sich im eingeplanten außerschulischen Lernort (Museum) wiederfinden lassen würden. Er plante knapp die Präsentation des Materials (Einstieg) und konstruierte darauf hin differenzierte Arbeitsaufträge für die Erarbeitungsphase. Die Arbeitsaufträge zielten hierbei klar auf die Zusammenstellung inhaltlicher Komponenten, die den Texten zu entnehmen waren:

> *»Was dachte der Soldat bei seiner Abreise? […] Welche Ängste hatte der Soldat bei seiner Abreise?« (Z. 76–78)*

L4, HS, 3J antizipierte Schülerantworten und erstellte hieraus ein Tafelbild. Er plante eine anschließende Schlussphase, die die Bearbeitung eines Textes umfasste, aus dem die Schüler und Schülerinnen Hintergrundinformationen über den Ersten Weltkrieg entnehmen sollten. Die Stundenplanung endete an dieser Stelle. Es wurde keine weitere Ergebnissicherung erkennbar.

In der Planung von L4, HS, 3J zeigte sich deutlich, dass es ihm darum ging, die Stundenkonzeption auf ein klares Ziel hin zu organisieren. Er bestätigte im Nachgespräch, dass ihm ein solches abprüfbares Ziel als Ergebnis seiner Stundenplanung stets ein wichtiges Anliegen sei, zumal es auch für die Schüler und Schülerinnen Transparenz schaffe.

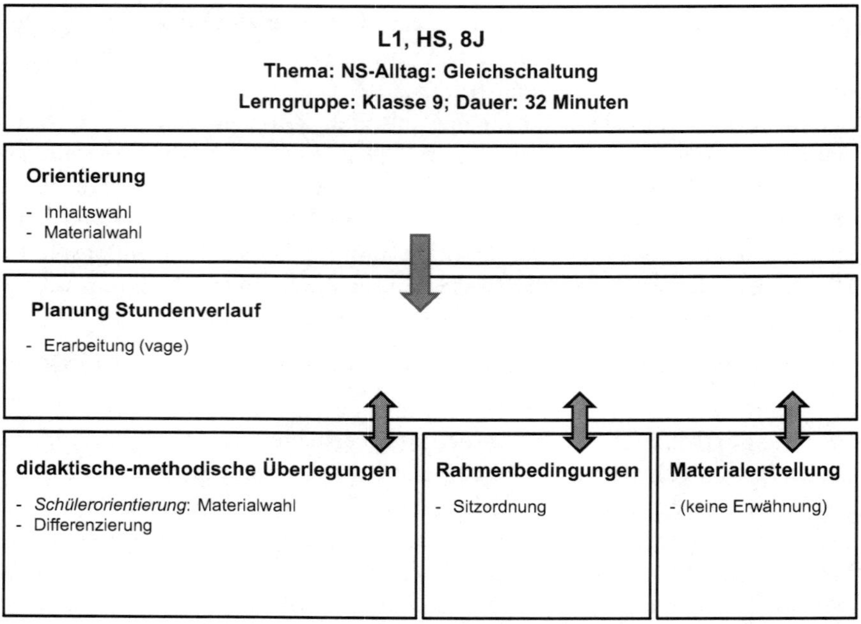


Abbildung 32: Individueller Handlungsplan L1, HS, 8J

L1, HS, 8J entnahm das Stundenthema ihrer Sequenzplanung. Zur weiteren Orientierung konsultierte sie das Schulbuch und die dort vorgeschlagenen Materialien samt Arbeitsaufträgen. Sie prüfte diese Arbeitsaufträge und reflektierte das soziale Verhalten und Vorwissen ihrer Lerngruppe. Anschließend suchte sie in Ordnern, die sie im Laufe ihrer Berufstätigkeit zusammengestellt hatte, nach Materialien zum Inhalt und prüfte auch hier insbesondere alte Arbeitsaufträge. Sie reflektierte hierbei konsequent, ob diese hinführend für die spätere Klassenarbeit sein könnten. Unter Abwägung der sozialen Situation innerhalb der Klasse entschied L1, HS, 8J sich für einen personifizierenden Zugang:

> *»Die müssen wirklich mal ihren Problemen entfleuchen. Das geht gar nicht anders: Die müssen selbst zu den historischen Figuren quasi werden, sonst denken die nicht mit.« (Z. 58–59)*

L1, HS, 8J griff hierbei zu in der Vergangenheit konzipierten Arbeitsblättern, anhand derer die Schüler und Schülerinnen sich nach Geschlecht differenziert das Leben im Dritten Reich im Sinne einer biografischen Zeitleiste in Partnerarbeit erschließen sollten. L1, HS, 8J plante keine einzige Phase konkret. Sie entschied sich für das Material und behielt im Hinterkopf, dass nach der Erarbeitungsphase eine weitere Informationsphase stattfinden sollte, die sie aber nicht genauer vorbereitete:

> *»Dann gibt es da den Text im Buch, den man lesen muss. Wo dann auch nochmal die Grafik da ist und wo […] Zeitzeugen etwas dazu sagen.«* (Z. 84-85)

L1, HS, 8J plante zudem einen Lehrervortrag zum Thema, ließ aber völlig offen, an welcher Stelle im Unterricht er eingesetzt werden sollte:

> *»Dann habe ich ja immer meinen Papa, der mal in der Hitlerjugend war. Das würde ich dann auch immer noch mit erzählen. Dass er immer mit seinem Pony zur Hitlerjugend geritten ist, weil er es lustig fand, und erst mal zum Strafdienst verdonnert wurde.«* (Z. 85–88)

Die Vorbereitung von L1, HS, 8J beschränkte sich im Grunde auf das Suchen und Organisieren von geeigneten Materialien. Diese Materialien waren in der Vergangenheit von ihr offenbar sehr gründlich vorbereitet worden, so dass sie sie ohne große Überarbeitung wieder verwenden konnte. Die unterrichtliche Anwendung dieser Materialien war für sie offenbar derart routiniert, dass sie keinerlei Gedanken an die konkreten Phasen verwendete. L1, HS, 8J bestätigte diese Beobachtung im Nachgespräch. Eine Schlussphase im Sinne einer Beurteilung des Erlernten war in dieser Stunde nicht vorgesehen. L1, HS, 8J bekannte im Nachgespräch, dass es ihr in erster Linie darum gehe, den Schülern und Schülerinnen die »*Realität des NS-Alltags [zu] vermitteln*« (Z. 95–96).

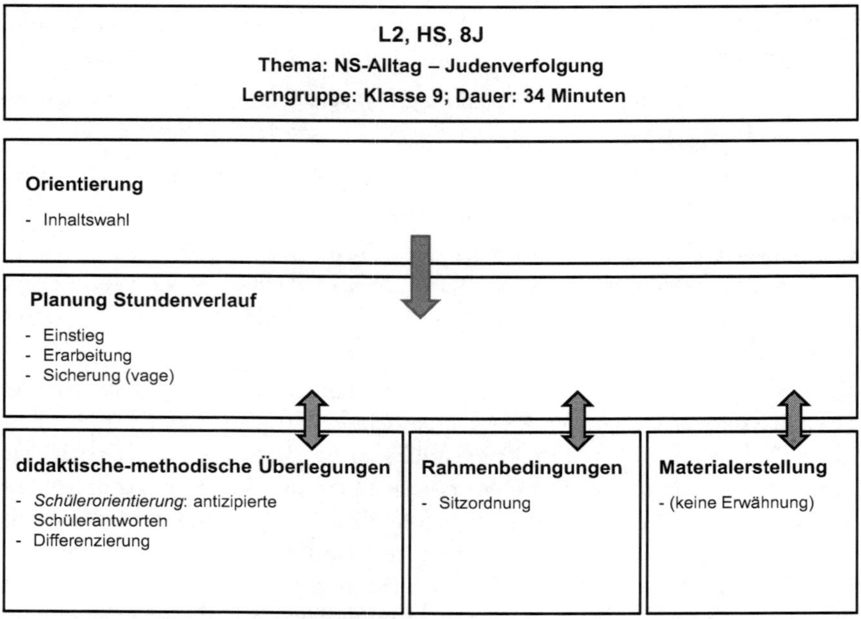


Abbildung 33: Individueller Handlungsplan L2, HS, 8J

L2, HS, 8J entnahm das Thema ihrem Sequenzplan. Es wurde deutlich, dass sie sich bereits im Rahmen der Sequenzplanung Gedanken zur vorzubereitenden Stunde gemacht hatte. So plante sie nun zügig und ohne Zweifel die Phasen der Reihe nach durch. Für den Einstieg wählte sie ein Bild und ein bereits in der Vergangenheit erstelltes Arbeitsblatt und formulierte einen Impuls. Anschließend leitete L2, HS, 8J aus den antizipierten Schülerantworten eine Leitfrage für die Stunde ab: *»Wie kommt es trotzdem, dass solche Leute so denken [...]?«* (Z. 20–21). Diese Leitfrage wurde allerdings in der folgenden Stundenplanung nicht weiter aufgegriffen. Stattdessen plante L2, HS, 8J, die Schüler und Schülerinnen anhand von dem Schulbuch entnommenen Texten im Sinne der Differenzierung unterschiedliche NS-Restriktionen für die Juden kennen zu lernen bzw. erarbeiten zu lassen. Die Vorbereitung endete mit der Antizipierung einer Ergebnissicherung: *»Dann wird das zusammengetragen.«* (Z. 43–44).

Die Vorbereitung vollzog sich sehr zügig und sicher. L2, HS, 8J erläuterte im Nachgespräch, dass für sie bei der Planung am wichtigsten sei, dass das von ihr vermittelte Wissen am Ende auch abgetestet werden könne. Hierbei bezog sie sich nicht nur auf eine Klassenarbeit am Schluss der Sequenz, sondern auch auf kleine Wissenstests, die sie wöchentlich oder alle zwei Wochen durchführe:

> *»Und zum Schluss teste ich das dann richtig ab. [...] Damit ich auch eine Grundlage für meine schriftliche Leistung habe.« (Z. 49–52)*

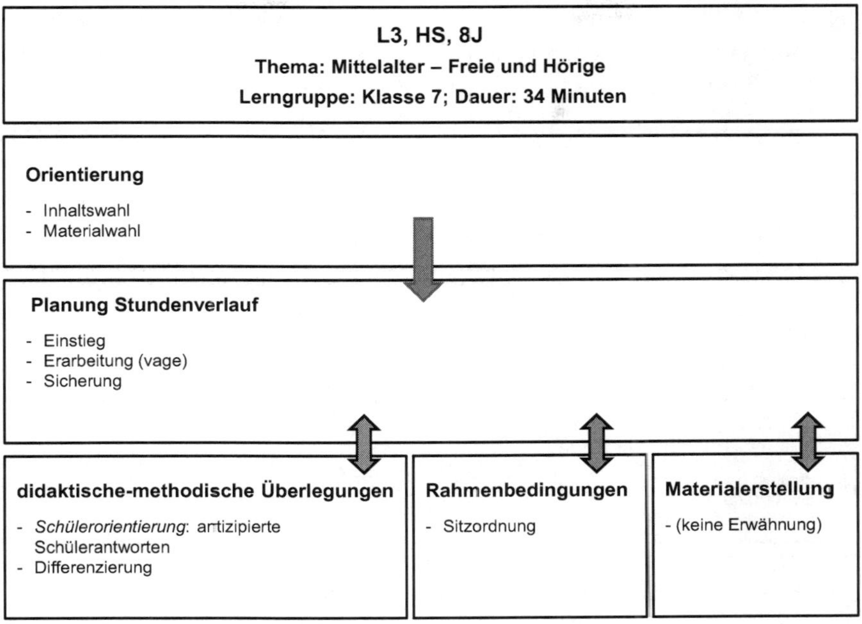


Abbildung 34: Individueller Handlungsplan L3, HS, 8J

L3, HS, 8J konsultierte ihren Sequenzplan und entnahm ihm das Thema. Sie wies an dieser Stelle darauf hin, dass sie grundsätzlich jede einzelne Stunde kooperativ plane: »*Normalerweise würde ich das alles jetzt nochmal genau mit Frau C. absprechen.*« (Z. 3). Die Probandin schlug das Buch auf, untersuchte die dort bereit gestellten Materialien und prüfte die Arbeitsaufträge unter Reflexion ihrer Lerngruppe. Daraufhin suchte sie eigene, früher erstellte Materialien aus Ordnern heraus und entschied sich schnell für eine Reihe von differenzierten Arbeitsblättern, anhand derer die Schüler und Schülerinnen das Leben eines Hörigen im Mittelalter in personifizierter Form beschreiben und bearbeiten sollten. L3, HS, 8J machte sich Gedanken über eine Sitzordnung und eine differenzierende Verteilung der jeweiligen Arbeitsblätter. Sie plante sehr knapp einen Einstiegsimpuls und antizipierte Schülerergebnisse für das Ende der Erarbeitungsphase. Diese Ergebnisse notierte sie in Form eines Tafelbilds, wobei sie darauf verwies, dass sich dieses zur Nutzung in der Klassenarbeit eignen werde: »*Perfekt. Dann haben sie das gleich für die Klassenarbeit. Das wird nämlich abgeprüft.*« (Z. 72–73).

Mit der Planung der Ergebnissicherung endete die Stundenvorbereitung. Die Lehrkraft betonte im Nachgespräch, dass eine kooperative Planung – anders als die Einzelplanung in der Laut-Denk-Aufzeichnung – meist noch eine intensivere Auseinandersetzung auch über mögliche weitere Verläufe der Sequenz beinhalte. Die Vorbereitung der Stunden ende dennoch überwiegend mit der Planung der Ergebnissicherung und dem, *»was sie [die Schüler] dann im Heft haben«* (Z. 84).

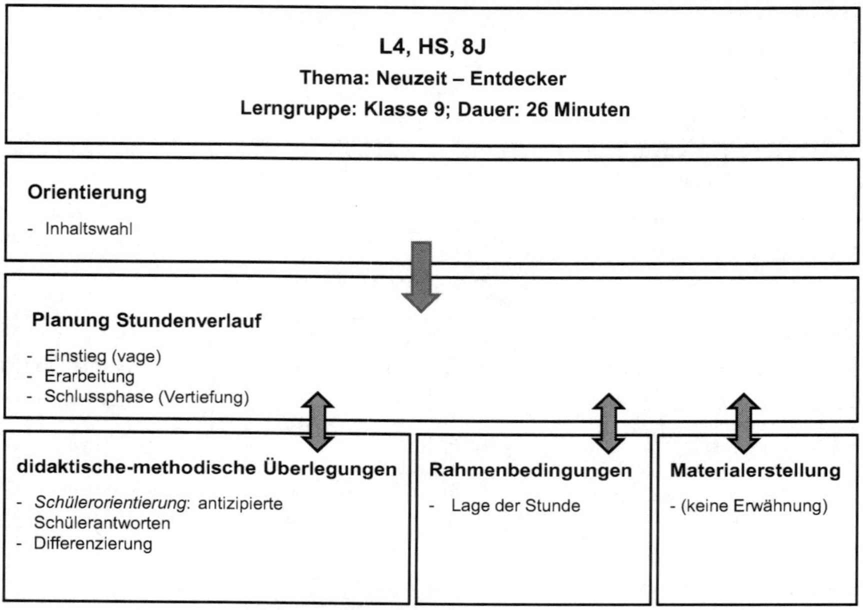


Abbildung 35: Individueller Handlungsplan L4, HS, 8J

L4, HS, 8J reflektierte zu Beginn ihrer Planung, dass die folgenden Geschichtsstunden den Besuch eines außerschulischen Lernorts vorbereiten sollten. Sie schloss ein Brainstorming hinsichtlich jener Fragen an, die für ihre Schüler und Schülerinnen im Zusammenhang mit dem Thema interessant sein könnten:

> *»Gibt es heute etwas zu entdecken, und warum waren die da so hinterher, und möchtet ihr das auch? Was ist für euch das Faszinierendste? Welcher Kontinent interessiert euch? […] Was haben die uns mitgebracht von diesen Entdeckungen? Wo hat Europa davon profitiert?« (Z. 10–13)*

Anschließend überlegte sie ausführlich, was ihre spezielle Lerngruppe besonders interessieren könnte, wobei sie intensiv das eigene Fachwissen reflektierte. Hierbei bedachte die Probandin explizit den besonderen migrantischen Hintergrund ihrer Schüler und Schülerinnen:

> *»Ich lasse auf jeden Fall nicht außer Acht, dass die Situation im Irak und Afghanistan anders ist als in Europa. Also die haben hundertprozentig schon kleine Wege gehabt zu Asien. Die haben schon Gewürze, die viel näher dran sind an Kontinenten, die wir noch gar nicht kannten. […] Da müssen wir auf jeden Fall hingucken.« (Z. 35–39)*

Die inhaltlich-didaktische Durchdringung des Lerngegenstand mündete bei L4, HS, 8J nahtlos in die Vorbereitung der Einstiegsphase, die bei ihr ein Gespräch mit den Schülern und Schülerinnen über die anfangs angedachten Fragen und ihre jeweiligen Interessen enthalten sollte. L4, HS, 8J bereitete dieses Gespräch nicht weiter vor. Für die Erarbeitung wählte sie als Material unterschiedliche Karten, die sie differenzierend einzusetzen gedachte. Sie reflektierte an dieser Stelle die fächerübergreifende Arbeitsweise. L4, HS, 8J antizipierte Schülerantworten besonders der Schlussphase, welche in ihrer Vorbereitung deutlich vertiefenden Charakter hatte: Die Schüler und Schülerinnen sollten in einer Schlussdiskussion auf Grundlage der erarbeiteten Ergebnisse begründen, ob sie gern in der Epoche der Entdeckungen gelebt hätten. Im Rahmen dieses Gesprächs sollten die Anfangsfragen wieder aufgenommen werden.

L4, HS, 8J plante deutlich schülerorientiert, wobei sie einzelne Schüler und Schülerinnen der Lerngruppe konsequent erwähnte und beachtete. Methodisches Vorgehen oder der Umgang mit den Materialien wurde von ihr hingegen nur am Rande und kaum explizit vorbereitet. Es lag nahe davon auszugehen, dass sich für sie die Umsetzung eines Klassengesprächs und die Arbeit mit den Arbeitsblättern derart routiniert gestaltete, dass sie hierfür keiner Vorbereitung zu bedürfen glaubte. L4, HS, 8J bestätigte dies im Nachgespräch.

## 1.2. Planungsprozesse in den Interview- und Vignettenprotokollen

Auch in den Interviews waren die Probanden und Probandinnen an vielen Stellen aufgefordert, abstrakt über ihr Planungshandeln zu berichten. Der Vergleich der Laut-Denk-Protokolle und Interviewdaten erbrachte unterschiedliche Ergebnisse bezüglich der unterschiedlichen Probandengruppen. Sowohl bei den Mittel- und Expertengruppen der Hauptschulprobanden und -probandinnen als auch bei der Gymnasialexpertengruppe zeigten sich bei den für beide Textarten vergebenen Codes in Bezug auf das planerische Vorgehen große Übereinstimmungen. Diese Probanden und Probandinnen verfügten offenbar über ein deutliches Bewusstsein über das eigene praktische Vorgehen auf theoretischer Ebene. Gleiches galt für den Vergleich der Vignettenergebnisse dieser Probandengruppen mit den jeweiligen Ergebnissen der beiden anderen methodischen Erhebungen: Auch bei den fiktiven Planungen erwiesen sich die Vorgehensweisen mit den Daten aus den anderen Erhebungsformen als kongruent.

Anders sah es für die beiden Referendarsgruppen aus. Hier wichen die zugeordneten Codes für die unterschiedlichen Erhebungssituationen mitunter deutlich voneinander ab. So erklärten alle Hauptschulreferendare und -referendarinnen im Interview, dass sie zu Beginn ihrer Planung grundsätzlich eine

Leitfrage formulierten. In den Laut-Denk-Protokollen war dies allerdings nur bei einer Referendarin zu beobachten. In den Vignettenerhebungen formulierten immerhin zwei von ihnen mögliche Leitfragen für die zu planenden Stunde. Eine Kompetenzformulierung, die drei der Hauptschulnovizen bzw. -novizinnen in den Interviews für ihre Unterrichtsplanung postulierten, war weder in ihren Laut-Denk-Beobachtungen noch in den Vignettenprotokollen feststellbar. Hingegen erwähnten die Hauptschulreferendare und -referendarinnen in ihren Interviews die Differenzierung nicht, während es sich hierbei in den Laut-Denk-Aufzeichnungen um einen ganz grundlegenden Faktor in ihrem planerischen Vorgehen handelte. In den Vignettenprotokollen fanden sich keine Gedanken zur Differenzierung.

Während bei den Gymnasialreferendaren bzw. -referendarinnen die abstrakten Darstellungen des eigenen Planungshandelns in allen vier Fällen grundsätzlich mit dem aufgezeichneten Handeln in der Untersuchungssituation korrespondierten, ergaben sich auch hier im Einzelnen Widersprüche: So gaben alle vier Referendare bzw. Referendarinnen in den Interviews an, sich bei der Inhaltsentscheidung am eigenen Sequenzplan zu orientieren. Tatsächlich konsultierten beim Lauten Denken nur zwei von ihnen eigene Sequenzpläne und machten sich Gedanken über eine wirkliche Einbettung der Unterrichtsstunde in eine Sequenz. Auch in den Vignettenbeobachtungen tauchten sequenzielle Gedanken nur selten auf. Ebenso verhielt es sich mit der Zielformulierung. Alle vier Gymnasialreferendare bzw. -referendarinnen erklärten im Interview, sich recht früh im Verlauf der Planung ein klares Stundenziel zu setzen. Tatsächlich waren in den Vignettenaufzeichnungen aber keine Zielüberlegungen erkennbar. In der Laut-Denk-Aufzeichnung verbalisierte nur eine Gymnasialreferendarin zu Beginn ihrer Stundenplanung Gedanken über ein Stundenziel. Zwei Gymnasialnovizen bzw. -novizinnen formulierten zu einem späteren Zeitpunkt der Vorbereitung ein Stundenziel, namentlich im Anschluss an die Antizipation der Schülerantworten im Rahmen der Erarbeitungsphase. Schließlich war auch die von den Gymnasialreferendare und -referendarinnen in ihren Interviews durchgängig als bedeutsam bezeichnete Kompetenzformulierung in den Laut-Denk-Untersuchungen nur in zwei Fällen und in der Vignettenaufzeichnung nur in einem Fall zu beobachten. Tatsächlich wurde in beiden Erhebungsformen deutlich, dass sich die Probanden und Probandinnen durchaus Gedanken zur Kompetenzförderung in der jeweiligen Stunde machten, sie kennzeichneten diese aber nicht als eine solche.

Die Daten der Interview- und Laut-Denk-Protokolle der Gymnasialmittelgruppe zeigten kaum Übereinstimmungen hinsichtlich des planerischen Vorgehens. Besonders prägnant offenbarte sich diese Diskrepanz in Bezug auf die Erwähnung von Materialerstellungen. Keine der Lehrkräfte gab in den Interviews an, beim Planen viel Zeit für das Entwerfen eigener Materialien aufzuwenden. Auch der Materialwahl maßen sie keine besondere Bedeutung zu. Tatsächlich nahmen aber sowohl das Auswählen als auch das Herstellen von Materialien in den beobachteten Stundenplanungen der Gymnasialmittelgruppe die meiste Zeit ein. Überlegungen zum Stundenverlauf traten hier in den Hintergrund. Auch in den Vignettenaufzeichnungen verbalisierten die Probanden und Probandinnen der Gymnasialmittelgruppe entsprechend selten Gedanken zum Stundenverlauf. Insgesamt beschränkten sich ihre Überlegungen hier überwiegend auf die Themenwahl bzw. die Formulierung von Leitfragen. Ihre Vorschläge für die Unterrichtsstunden blieben insgesamt sehr abstrakt.

Auch in den Vignetten- und Laut-Denk-Planungen der Gymnasialexperten und -expertinnen war kaum mehr eine Stundenstruktur erkennbar. Diese Probanden und Probandinnen konzentrierten sich gänzlich auf Überlegungen zur Themen- und Materialwahl. Nur eine Probandin äußerte hier einen Gedanken zu einer einzelnen Stundenphase. Entsprechend ihren Angaben in den Interviews verwandten die Gymnasialexperten und -expertinnen in den Vignetten- und Laut-Denk-Aufzeichnungen viel Zeit auf die Rekapitulation des eigenen Fachwissens zur Konstruktion von Leitfragen. Während die Hauptschulexpertinnen sich häufig auf eigene Erfahrungen mit bereits durchgeführten Stunden beriefen, erwähnten Gymnasialexperten und -expertinnen solche nicht. Sofern sie sich eigene Erfahrungen mit dem Stundenthema vergegenwärtigten, bezogen sich diese niemals auf eine in der Vergangenheit durchgeführte Stunde, sondern stets auf grundsätzliche Erfahrungen mit Schülern und Schülerinnen, die die Lehrkräfte als relevant für die vorliegende Stundenplanung einschätzten.

Die Diskrepanzen in den Interview- und Laut-Denk-Daten der Referendare und Referendarinnen beider Schulformen sowie in den Daten der Gymnasialmittelgruppe weisen deutlich auf die Schwierigkeiten dieser Probanden bzw. Probandinnen hin, ihr professionelles Wissen losgelöst von der professionellen Situation zu beschreiben und zu reflektieren. Dies ist insofern bemerkenswert, als besonders Referendare und Referendarinnen im Rahmen ihrer Ausbildung ständig gefordert sind, eben dieses zu tun. Allerdings zeigen die Laut-Denk-Aufzeichnungen, dass beim Unterrichtsplanen derart viele Prozesse parallel ablaufen, dass sich hieraus für die Planenden selbst nur mit großer Anstrengung ein schlüssiges Bild ihrer typischen Vorgehensweise ergeben kann. Die Diskrepanz in abstrakter Wiedergabe und tatsächlichem Vorgehen mag aber auch mit der Unschärfe der Begriffe bzw. deren unklarer Verwendung zu tun haben. Schließlich ist anzunehmen, dass auch die soziale Erwünschtheit bzw. das Wunschdenken der Probanden und Probandinnen in Bezug auf das eigene planerische Vorgehen als Erklärung für die Diskrepanzen dienen kann. Dass diese soziale Erwünschtheit wiederum besonders bei den Vignettenuntersuchungen zum Tragen kam, die eine Prüfungssituation simulierten, liegt auf der Hand (s. o.).

Grundsätzlich waren die Ergebnisse der Vignettenplanungen deutlich schlechter in Grafiken zu fassen als die Resultate der Laut-Denk-Untersuchung, da die Probanden und Probandinnen die gestellte Vignettenaufgabe eher theoretisch beantworteten und sich ihre planerischen Absichten hier als weniger strukturiert erwiesen. Die folgende Abbildung der Vignettenplanung eines Gymnasialreferendars veranschaulicht dennoch beispielhaft den ganz grundsätzlichen Unterschied zwischen Laut-Denk-Planungen (vgl. V.1.1.) und Vignettenvorbereitungen. Während die Probanden und Probandinnen in den Laut-Denk-Planungen allesamt demselben Ablauf (Orientierungsphase, Planung des Stundenverlaufs) folgten, sprangen sie in der Vignettenerhebung zwischen Orientierung und Verlaufsplanung, ohne dass hier eine allgemeingültige Struktur erkennbar wurde.

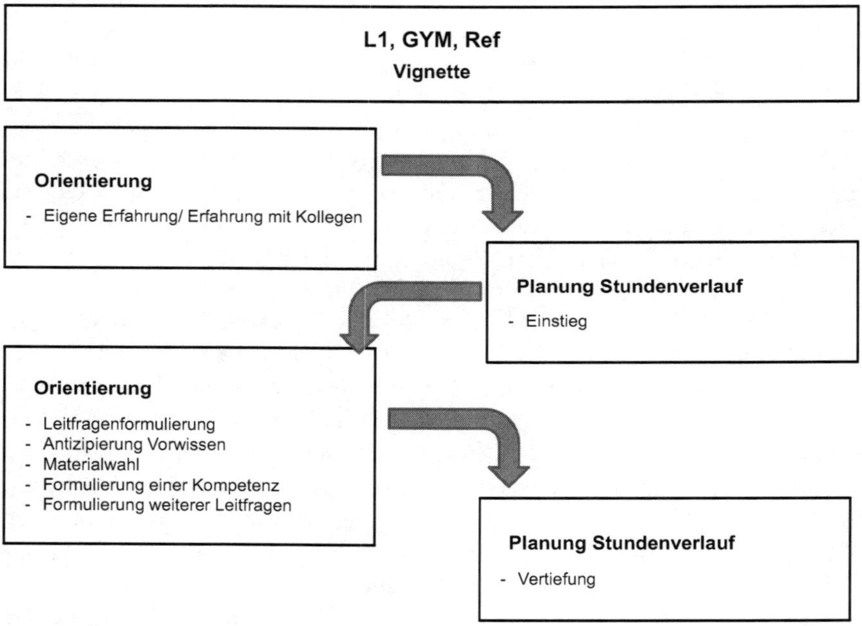


Abbildung 36: Vignette L1, GYM, Ref

## V.2. Elemente der Unterrichtsplanung

Im Folgenden werden die Analyseergebnisse bezüglich einzelner Planungselemente entlang der Probandengruppen dargestellt. Hierbei werden markante Tendenzen hinsichtlich der Schulform- bzw. Erfahrungsgradzugehörigkeit aufgezeigt. Ergebnisse aller drei Erhebungsformen werden miteinander trianguliert.

## 2.1. Themenwahl

In jeder einzelnen der 24 beobachteten Unterrichtsplanungen bezog sich die erste Planungsentscheidung auf die Themenwahl. Alle Gymnasiallehrkräfte zeigten hierbei in ihren Laut-Denk-Aufzeichnungen eine intensive inhaltliche Auseinandersetzung mit dem historischen Gegenstand. Dies war insofern besonders bemerkenswert, als keine dieser Lehrkräfte, im Gegensatz zu vielen Hauptschullehrkräften, die Notwendigkeit einer solchen inhaltlichen Auseinandersetzung in den Interviews problematisierte. Hierbei ist denkbar, dass derlei Überlegungen der sozialen Erwünschtheit zum Opfer gefallen sind und einige Gymnasialprobanden bzw. -probandinnen sich zu etwaigen Lücken im eigenen fachlichen Wissen nicht bekennen wollten. Es ist aber auch möglich, dass ihnen das eigene planerische Vorgehen nicht bewusst war. Tatsächlich entpuppte sich die gedankliche Durchdringung des historischen Gegenstands in den Laut-Denk-Planungen aller Gymnasiallehrkräfte klar als Voraussetzung für die Formulierung des Unterrichtsthemas unter didaktischen Gesichtspunkten. Schon die Referendare und Referendarinnen zeigten hierbei ein bemerkenswert effizientes Vorgehen, indem sie die historischen Prozesse in direkte Beziehung zu möglichen Anknüpfungspunkten für die Schüler und Schülerinnen setzten, um den didaktischen Kern des Inhalts herauszufiltern:

> *»Der Krieg ist nun beschlossene Sache, da waren wir ja schon. Sarajewo als Anlass, Imperialismus, Bündnispolitik […]… alles klar. Wir sind ja schon 1914. Also: Die Deutschen vertrauen auf ihre Überlegenheit, militärisch […], und sind nach wie vor imperialistisch auf der Höhe. Das ist natürlich für die [Schüler] kaum nachzuvollziehen, also zu fühlen, […] wie ist das, wenn man sich an der Spitze der Welt sieht? Das ist doch wunderbar. […] Gut. Also die militärische Überlegenheit ist 1914 allen auf dem Schirm, Kriegsschuld oder nicht, das interessiert jetzt erst mal keinen. […] für heute ist wichtig: Wie kann es sein, dass die alle jubelnd und feiernd in den Krieg ziehen? […] Ist Krieg nicht scheußlich? Will man nicht lieber leben? Oder ist das ein Abenteuer? So wie heute: Nachts um die Häuser ziehen. Die Stimmung ist 1914 […]: Wir haben Österreich, wir haben recht, wir haben Militärpower ohne Ende, wir ziehen da hin und sind morgen zurück. Als Sieger. […] Das müssen sie begreifen. Thema: Kriegsbegeisterung: Abenteuer oder… tja, oder was? Abenteuer oder Desaster? Krieg als Chance – zur Karriere zum Beispiel. Zur Anerkennung. Oder Krieg als Katastrophe? Krieg als Segen? Das wird sie schocken.« (L3, GYM, Ref, LD, 3–45)*

Bei der Themenwahl handelte es sich um eine für die Gymnasiallehrkräfte sehr denkintensive, anstrengende Phase, wie sie in den Nachgesprächen bekundeten, die in allen beobachteten Fällen eine Vielzahl an späteren Entscheidungen – methodischer und inhaltlicher Natur – vorausnahm bzw. implizit enthielt. Gemäß den theoretischen Angaben zur Themenfindung, die sie in den Interviews machten, formulierten die Gymnasiallehrkräfte das Thema hierbei überwiegend und unabhängig vom Ort ihrer Ausbildung bipolar, im Sinne einer Leitfrage:

*»[N]atürlich habe ich gelernt, dass man einen Spannungsbogen am besten erstellen kann, indem man […] dieses bipolare Thema formuliert […]: ›Technischer Fortschritt im Mittelalter – Segen oder Fluch?‹« (L3, GYM, 3J, I, 65–69)*

Auch eine Hauptschulreferendarin folgte in ihrer Inhaltswahl dem Konzept der Rekapitulierung des Fachwissens mit anschließender Formulierung einer bipolaren Leitfrage. Bei allen übrigen Hauptschullehrkräften gestaltete sich die Inhaltswahl grundsätzlich anders. Zum einen war ihre Vorbereitung langfristiger angelegt als jene der Gymnasiallehrpersonen. Demzufolge konnten sie in der Planung ihrer Einzelstunde auf eine grobe Vorplanung zurückgreifen, die sie im Verlauf ihrer Sequenzplanung angefertigt hatten. So war ihnen nicht nur der zu behandelnde Inhalt bereits gegenwärtig, sie hatten auch schon eine grundsätzliche Vorstellung davon, wie sie diesen Inhalt in ein Unterrichtsvorhaben bringen wollten. Eine fachwissenschaftliche Orientierung war hier an manchen Stellen trotzdem zu beobachten. Sie erreichte aber niemals die Intensität und das Ausmaß, das bei den Gymnasiallehrkräften zu erkennen war. Leitfragen wurden von den Hauptschullehrkräften mit einer Ausnahme im Rahmen der Laut-Denk-Untersuchung nicht formuliert. Der Unterrichtsinhalt wurde in sieben der zwölf untersuchten Fälle von den Probanden und Probandinnen in Form eines Schlagworts am Beginn der jeweiligen Stundenplanung benannt:

*»Einführung Steinzeit – alles klar.« (L2, HS, 3J, LD, 5–6)*

*»Thema für heute ist: Gleichschaltung, Drittes Reich.« (L1, HS, 8J, LD, 10)*

### *Schulformspezifische Funktionen der Sachanalyse*

Die Auseinandersetzung mit dem Fachinhalt gestaltete sich im Rahmen der Unterrichtsplanung grundsätzlich schulformspezifisch. So galt für alle Gymnasiallehrkräfte, dass sie sich nach einer tiefen Auseinandersetzung mit dem Sachgegenstand der Reduktion und Elementarisierung unter schülerorientierten Gesichtspunkten widmeten. L4, GYM, 3J elaborierte seine diesbezüglichen Entscheidungen im Interview:

*»Was ist im […] Curriculum dran? […] Arbeiterbewegung oder […] Entwicklung der Sozialdemokratie. […] Dann muss man sich überlegen, wie mache ich hieraus ein Thema für meine Schüler, das heißt: Wer sind meine Schüler? Was können die? […] Und dann ist das Thema eben nicht […] ›Entstehung der […] Sozialdemokratie‹, sondern es*

*ist so etwas wie (denkt lange) ›Gegensatz: […] Arbeitnehmer Arbeitgeber‹ […]. Wie kann man das jetzt für die Schüler so aufdröseln […], dass sie das verstehen, worum es geht. […] eine schwache Minderheit hat sich gegen eine starke Übermacht erhoben. […] Das wäre ein Weg zum Thema. Dieses Thema kann man sich natürlich nur überlegen in Kombination mit den Schülern. […] wer sitzt da drin? […] da sitzt in meinem Fall M., dessen Vater hat hier einen Betrieb. Ist ja schon interessant, […]. Da hinten sitzt H. zum Beispiel, ihre Mutter arbeitet im Kiosk. […] Das muss man natürlich irgendwie nutzen.« (L4, GYM, 3J, I, 525–552)*

Hierbei war in Bezug auf die Sachanalyse innerhalb der Gruppe der Gymnasiallehrpersonen ein deutlicher Erfahrungseffekt zu verzeichnen. So reflektierten Lehrkräfte der Gymnasialmittelgruppe ebenso wie die Referendare und Referendarinnen, dass sie den Gegenstand durchdrungen wissen wollten, um sicher zu gehen, dass sie angemessen würden elementarisieren können. Sie lasen sich demzufolge vertieft in das Thema ein und konsultierten Schulbücher und Internetseiten zum Inhalt sowie in einem Fall auch fachwissenschaftliche Literatur. Hierbei ging es nicht um das Nachschlagen von Daten oder Detailinformationen, sondern um eine tiefe Auseinandersetzung mit dem Gegenstand. Es zeigte sich aber, dass die Probanden und Probandinnen der Mittelgruppe über ein umfassenderes gegenstandsbezogenes Fachwissen verfügten als die Referendare und Referendarinnen und daher vieles aus ihrer Erinnerung abrufen konnten, ohne es noch einmal nachlesen zu müssen. Auch die Expertenlehrkräfte zeigten eine vergleichbar tiefe Reflexion des Sachgegenstands. Sie verzichteten aber völlig auf die Nutzung von Hilfsmitteln und konnten ihr Fachwissen derart zielgerichtet rekapitulieren, dass dies jeweils stringent in die Formulierung einer Leitfrage mündete.

Die Sachanalyse im Rahmen der Inhaltsfindung bei den Hauptschullehrkräften ergab ein weniger eindeutiges Bild. So zeigten drei der Hauptschulreferendare bzw. -referendarinnen sowie eine Hauptschullehrkraft der Mittelgruppe und eine Hauptschulexpertin eine dem Vorgehen der Gymnasiallehrkräfte vergleichbare Strategie, indem sie den fachlichen Gegenstand bei gleichzeitiger Formulierung didaktischer bzw. schülerorientierter Fragen reflektierten. Nur in einem Fall wurde hierbei allerdings eine Leitfrage formuliert. Bei den übrigen Hauptschullehrkräften war die Inhaltsformulierung grundsätzlich anderer Natur. Zwar setzten auch diese Lehrpersonen sich während der Laut-Denk-Planung immer wieder mit dem Fachgegenstand auseinander. Diese Auseinandersetzung vollzog sich aber in keinem beobachteten Fall am Beginn bzw. in der Orientierungsphase der Planung. Sie diente im Verlauf der Vorbereitung der eigenen fachlichen Orientierung der Lehrkraft, nicht aber der Reduktion oder Elementarisierung des Unterrichtsthemas. Die Inhaltswahl dieser Hauptschullehrpersonen folgte entweder der Formulierung im Schulbuch oder

der Formulierung im Sequenzplan, die in allen untersuchten Fällen der Formulierung des schulinternen Curriculums entsprach.

*Vorteile der Berufserfahrenen*
Die Gymnasialprobanden und -probandinnen entnahmen die zu vermittelnden Inhalte unterschiedlichen Hilfsmitteln. In keinem beobachteten Fall aber befreite sie dies von der Formulierung eines konkreten Themas. Als besonderer Vorteil der berufserfahreneren Lehrkräfte beider Schulformen erwies sich hierbei ihre klare Orientierung an einer Sequenzplanung, die sie im Vorfeld erstellt hatten. Anders als bei den Referendaren und Referendarinnen zeigte sich bei den Probanden und Probandinnen der Mittelgruppen, dass sie die gesamte Sequenz bereits einmal durchgeplant oder wenigstens gedanklich durchdrungen und diese Orientierung bei ihren Laut-Denk-Stundenplanungen klar im Kopf hatten. Es wurde deutlich, dass der Blick in ihren Sequenzplan die Lehrkräfte der Mittelgruppen also nicht allein über den zu unterrichtenden Inhalt informierte, wie dies bei den Referendaren und Referendarinnen der Fall war, sondern vielmehr grundsätzliche Vorstellungen über den inhaltlichen Verlauf der Stunde aktivierte, die sie sich zu einem früheren Zeitpunkt gemacht hatten.

Darüber hinaus erwies sich besonders die Leitfragenformulierung als von der Berufserfahrung beeinflusst. Die Probanden und Probandinnen der Mittel- und der Expertengruppe des Gymnasiums zeigten sich hier deutlich entschlossener und zielgerichteter in ihren Stundenvorbereitungen als ihre Referendarskollegen und -kolleginnen. Sowohl in den Laut-Denk- als auch in den Vignettenbeobachtungen wurde deutlich, dass die erfahreneren Gymnasiallehrpersonen ein versiertes Fachwissen entschieden mit didaktischen Überlegungen zur Lerngruppe verwoben und darüber hinaus Ideen zu einem möglichen Sequenzverlauf äußerten. Besonders die Experten und Expertinnen dachten hier auffallend verknüpft, so dass sie am Ende ihrer Vignettenplanungen bereits Überlegungen für die anschließenden vier bis acht Stunden vollzogen hatten. Noch deutlicher als bei der Laut-Denk-Untersuchung zeigte sich hier bei allen erfahreneren Gymnasiallehrpersonen eine recht klare Abfolge des Planungshandelns im Rahmen der Leitfragenformulierung: Alle begannen mit einer fachwissenschaftlichen Analyse des Themas, an die sich fachdidaktische Überlegungen unmittelbar anschlossen. Die Lehrkräfte antizipierten Probleme aus Schülersicht und fanden sukzessive Lösungen bzw. Ideen für Hilfestellungen. Die Leitfragenformulierung endete bei allen acht erfahreneren Probanden und Probandinnen mit einer Abwägung mehrerer möglicher Leitfragen und einer klaren Entscheidung.

*Fächerübergreifende Ansätze*

In vielen Bundesländern wird der Geschichtsunterricht an den Hauptschulen überwiegend fachübergreifend erteilt. Immer wieder wird eine solche Zusammenlegung von Geschichte mit anderen Fächern auch an anderen Schulformen ausprobiert oder erwogen. Interessant ist, dass eine wirkliche Auseinandersetzung mit dem Thema in der Geschichtsdidaktik bislang nicht stattgefunden hat. In der Literatur wird überwiegend davon ausgegangen, dass in der Realität selten wirklich interdisziplinär unterrichtet wird, sondern die unterschiedlichen Fächer vergleichsweise unverbunden nebeneinander stehen und sich lediglich die Zahl der Stunden teilen müssen.[829] Die Berichte der Probanden und Probandinnen der vorliegenden Studie bestätigen diese Annahmen:

> *»Man kann sich natürlich entscheiden, dass man sagt, ich mache […] ein halbes Jahr zwei Stunden Geschichte und das andere halbe Jahr dann zwei Stunden Erdkunde dafür.« (L4, HS, Ref, I, 194–196)*

> *»Man sagt, so drei Viertel Geschichte, ein Viertel Politik oder so. Also es ist ganz schwierig, das zu vereinbaren in diesem einen Fach. […] Und jeder Lehrer überlegt sich selbst, wie er das vereinbart.« (L2, HS, Ref, I, 290–293)*

Nichtsdestoweniger fanden sich in den Unterrichtskonzeptionen der Hauptschullehrkräfte vereinzelt fächerübergreifende Ansätze. Besonders bei der Themenwahl zeigte sich, dass viele von ihnen häufig interdisziplinär dachten. Das interdisziplinäre Herangehen entsprach hierbei interessanterweise nicht unbedingt ihrem Zweitfach.[830] Es schien sich vielmehr um ein grundsätzliches Anliegen zu handeln, die Inhalte miteinander zu verknüpfen. L2, HS, 3J berichtete von einem fächerübergreifenden Ansatz, demzufolge sie in einer Sequenz über die Reformation Themen der Fächer Geschichte und Religion kombiniert hatte:

> *»Das ist sehr selten. [Dabei ist es] einfach klar, dass es für die Schüler mehr Sinn macht, wenn die das in größeren Zusammenhängen […] sehen. Ist ja klar, wenn es fächerübergreifend ist, habe ich bei meinen Schülern eine größere Chance, dass etwas hängen bleibt […].« (L2, HS, 3J, I, 343–346)*

Unter den Gymnasiallehrkräften wurde interdisziplinäres Unterrichten nur ein einziges Mal erwähnt. So hatte eine Gymnasialreferendarin ein interdisziplinäres Stationenlernen in Kombination mit ihrem Zweitfach Religion zum Thema ›Das Leben Jesu‹ durchgeführt.

829 Siehe Arand: Fächerverbindender Geschichtsunterricht, 2012, S. 319; Sauer: Geschichte, 2012, S. 72.

830 So plante L3, HS, Ref beispielsweise eine Stunde mit englischen Quellen und reflektierte den fächerübergreifenden Charakter seiner Stunde, ohne dass Englisch zu den von ihm studierten Unterrichtsfächern gehörte.

### 2.1.1. Richtlinien und Schulbuch als Hilfsmittel bei der Themenwahl

Die Analyse der Daten zeigte, dass die tatsächliche Nutzung unterschiedlicher Hilfsmittel zur Themenwahl mit den grundsätzlichen berufsbezogenen Überzeugungen der Probanden und Probandinnen zu eben jener Nutzung deutlich korrelierte.

*Gymnasiallehrkräfte: Freiheit von den Vorgaben als Überzeugungsfrage*
Anders als bei den übrigen Gymnasialprobandengruppen ging der Blick der Gymnasialexperten und -expertinnen bei der Themenwahl immer zuerst auf die Aufzeichnungen der letzten Stunde. Schulinterne Curricula oder selbst verfasste Reihenplanungen konsultierten sie nicht. Ihre Ausführungen belegten hierbei klar, dass sie eine solche Reihenplanung im Kopf hatten, diese aber nicht in schriftlicher Form vorlag. Sie selbst unterlagen allerdings deutlich dem Eindruck, ihre Themen vergleichsweise unabhängig und selbstbestimmt zu wählen. Dies korrespondierte mit einem grundsätzlichen Bekenntnis der Gymnasialexperten und -expertinnen zu einer selbstbestimmten Themenwahl:

> *»Darf ich das sagen, dass ich mich [an das Schulcurriculum] nicht halte? (lacht) Ja. Also, ich bin in einem Alter, wo man weiß […], was interessant ist für Jugendliche. […] meine Schwerpunkte setze ich natürlich dort, wo ich will.« (L1, GYM, 8J, I, 342–345)*

> *»Ich unterrichte nicht gegen geltende Verwaltungsvorschriften. […] Aber ich fühle mich da schon sehr frei.« (L2, GYM, 8J, I, 459–461)*

> *»[E]s gibt so Themen, da kenne ich mich nicht so gut aus. […] Das sind dann auch oft so Themen, wo ich […] einfach denke, Reichsdeputationshauptschluss, habe ich nie so ganz verstanden. (lacht) Das lasse ich weg.« (L3, GYM, 8J, I, 539–542)*

Die Ausführungen machten deutlich, dass die selbstbewusste Herangehensweise der Gymnasialexperten und -expertinnen an die Themenwahl sowie der Glaube an eine weitgehende Unabhängigkeit von den offiziellen Richtlinien für diese Probanden und Probandinnen wichtige Mittel darstellen, um die Inszenierung eines Unterrichts zu ermöglichen, der ihren eigenen Grundvorstellungen entspricht:

> *»Im Nationalsozialismus würde ich zum Beispiel immer, auch wenn das im Schulcurriculum nicht so vorgesehen ist, […] mindestens zehn Stunden für Widerstand verwenden. […] Das heißt, der ganze Holocaust, […] das kommt natürlich irgendwo vor. [Aber] ich kann Schüler damit ja nur erschrecken, ja? […] aber mein Schwerpunkt liegt dort: [W]ie kann man in so einer Situation überleben? […] Deswegen versuche ich ganz viele Arten von Widerstand aufzuzeigen […]. Nur angenommen, […] unsere Schüler kommen auch mal in eine Situation, wo sie sich die Frage stellen müssen, soll ich widerstehen? Dann sollen sie irgendwelche Handlungsmöglichkeiten, -optionen, -alternativen kennen gelernt haben, ja? […] Also, ich setze meine Schwerpunkte so, wie ich es will.« (L1, GYM, 8J, I, 346–356)*

Gymnasialprobanden und -probandinnen der beiden anderen Stichprobengruppen zeigten kein derartiges Selbstbewusstsein und keine derartig starken Überzeugungen in Hinblick auf die Themenwahl wie die Experten und Expertinnen. Trotzdem wurde auch in ihren Aussagen deutlich, dass sie die offiziellen Vorgaben mitunter hinterfragen und gegebenenfalls von ihnen abweichen:

*»Zum Beispiel in der Unterstufe, das stand jetzt in keinem KC, also weder schulintern, noch KC... da habe ich mit Schülern Herrschaftssymbole des Pharaos [...] entschlüsselt. Ich meine, letztlich ist es eine wichtige Kompetenz, [...] im KC [...] kommt es schon auch vor, aber halt nicht an der Stelle.« (L2, GYM, Ref, I, 386–390)*

*»Im letzten [...] Jahr hatte ich eine zehnte Klasse [...] und da sollte ich gleich mit Deutschland nach 45 anfangen, und sie hatten die Nazizeit so gut wie noch nicht gemacht. Und [...] da ich so ein bisschen von der Gedenkstättenpädagogik komme und auch diese Arbeit gegen Antisemitismus wichtig finde, habe ich gedacht, ich kann da nicht drüber hinweggehen. [...] Habe das dann auch durchgezogen.« (L4, GYM, Ref, I, 201–208)*

Insgesamt zeigte sich in den Interviews, dass die Gymnasiallehrkräfte die Orientierung an Richtlinien oder Schulbuch grundsätzlich nicht für angemessen hielten:

*»Ich weigere mich, langweiligen Buchunterricht für eine graue Masse zu machen. Obwohl das dreimal schneller ginge. Na klar. Aber dann kann ich sie gleich auf den Schulhof schicken, ich habe doch hier einen Auftrag, oder nicht?« (L4, GYM, 3J, I, 12–15)*

Sofern ein Gymnasialproband bzw. eine Gymnasialprobandin angab, Richtlinien oder Schulbuch bei der Vorbereitung zu nutzen, war dies stets mit einer Rechtfertigung verbunden. Es dominierte die Haltung, dass man die Vorgaben nicht zu eng sehen dürfe, sondern selber in der Lage sein müsse, zu entscheiden. Interessanterweise gelangten viele der Lehrkräfte erst im Verlauf des Interviews zu derartigen Einstellungen, wie in den folgenden Zitaten deutlich wird:

*»Ich finde zum Beispiel, so etwas wie diese Verfassungsschemata, da weiß ich genau, die Schüler werden es hassen. Das finde ich auch immer sehr frustrierend, weil ich denke, irgendwie muss ich es machen [...] ja, aber dann ist die Frage, muss man es wirklich machen?« (L1, GYM, 3J, I, 434–437)*

*»Klar, man hat diesen Anspruch, dass die Schüler lückenlos alles lernen. [...] weil das gehört dazu und muss doch sein. Aber das ist Quatsch. Schüler [...] müssen [...] nicht in der Lage sein, die ganze Menschheitsgeschichte [...] zu lernen und zu verstehen. [...] Und doch ist es das, was ich mache... weil ich es muss. [...] weil ich mich an die Vorgaben halte, was mich aber frustriert.« (L4, GYM, 3J, I, 268–274)*

*Ambivalenzen in der Vorgabentreue der Hauptschullehrpersonen*

Anders als die Gymnasiallehrkräfte empfanden speziell die vier Referendare bzw. Referendarinnen unter den Hauptschullehrkräften eine starke Abhängigkeit von den Richtlinien, auch wenn sie einräumten, dass dies keinen institutionellen Vorgaben entspreche:

*»Ich bin da sehr eng am Stoffverteilungsplan. Da ist kein Druck, aber man versucht [...] als Referendar, immer alles richtig zu machen [...]. Der wurde mir in die Hand gedrückt, und es wurde gesagt, das wird gemacht, und das mache ich jetzt.« (L1, HS, Ref, I, 421–423)*

Gleichzeitig hinterfragten sie die Richtlinien bezüglich der enthaltenen Inhaltsvorschläge wiederholt:

*»Eigentlich ist es so ein Spagat zwischen diesem Stoffverteilungsplan meiner Schule, in dem steht: So, jetzt machen wir die Kreuzzüge, und jetzt machen wir das und [...] das, damit dieser Kanon einmal durchgelaufen wird und gleichzeitig, so ein bisschen praktischen Nutzen daraus zu ziehen und zu schauen, was bringt denen das eigentlich?« (L3, HS, Ref, I, 412–416)*

Auch erfahrenere Hauptschullehrkräfte erklärten, dass die Richtlinien zwar wichtige Hinweise lieferten, aber stets auf ihre Passung mit der Lerngruppe geprüft werden müssten. Deutlicher als die Gymnasiallehrkräfte betonten sie hierbei die Notwendigkeit einer schülerorientierten Reduktion in Bezug auf die offiziellen Inhaltsvorschläge:

*»Ich muss sagen, dass ich [...] ziemlich stark manchmal vom Lehrplan abweiche. Weil ich das Gefühl habe, ich bin ja in der Verantwortung, dass die hier etwas mitnehmen.« (L3, HS, 3J, I, 251–253)*

*»Ich glaube, die Geschichtswissenschaftler nehmen sich alle selber so wichtig, dass sie denken, jedes einzelne Ding müssen die Schüler wissen. [...] Ich finde zum Beispiel [...] die Erfindungen super. Dann noch mal Industrialisierung. [...] den Ersten Weltkrieg kann man schon wegkicken. Und dann muss man den Nationalsozialismus machen. [...] ich gehe da ganz selbstbewusst vor.« (L4, HS, 8J, I, 159–163)*

*»Mit ihrer Dreifelderwirtschaft [...], wofür muss das irgendein Mensch wissen? Weil ich immer den Ansatz habe: [...] Was müssen sie heute noch wissen von der Zeit damals?« (L3, HS, 8J, I, 245–248)*

Das nichtsdestoweniger deutliche Bekenntnis aller Hauptschullehrkräfte zu den offiziellen Vorgaben stand in einem auffallenden Gegensatz zu einer eklatanten Unabhängigkeit von den Gepflogenheiten der Bezugswissenschaft bzw. fachwissenschaftlichen Normen, die sich in den Laut-Denk-Protokollen und Interviews zeigte. Die Hauptschullehrkräfte reflektierten diese Normen ebenso wie die Gymnasiallehrpersonen, sie grenzten sich von ihnen in der Inhaltswahl aber häufig unter schülerorientierten Gesichtspunkten ab. So fanden sich in zwei Laut-Denk- sowie in zwei Vignetten-Planungen von Hauptschulreferendaren bzw. -referendarinnen personifizierende Zugänge, die eindeutig nicht auf historischen Referenzen beruhten. Auch eine erfahrenere Hauptschullehrkraft reflektierte ein derartiges Vorgehen:

> *»Das ist natürlich mal wieder alles nicht korrekt und so. Genau wissen wir das ja alles nicht. […] Aber meine Schüler brauchen das, die brauchen da eine konkrete Person, mit der sie sich identifizieren können.« (L4, HS, 3J, LD, 98–101)*

*Fachfremde Lehrkräfte: Richtlinien als Anker*

Als eine spezielle Untergruppe unter den Hauptschullehrkräften erwiesen sich die fachfremden Lehrkräfte insofern, als sie eine besonders enge Bindung an die Vorgaben zeigten. Sie richteten sich sowohl nach eigenem Bekunden im Rahmen der Interviews als auch in den Laut-Denk-Beobachtungen in ihrer grundsätzlichen thematischen Orientierung überwiegend nach dem Buch. Eine solche Themenwahl nach Buch wurde von ihnen nicht negativ beurteilt:

> *»Man orientiert sich […] am Geschichtsbuch, was [den] Inhalt […] angeht, weil man da auch gute Hilfestellungen hat und weil Schüler auch gerne mal mit einem Geschichtsbuch arbeiten.« (L3, HS, Ref, I, 380–382)*

> *»Inhaltlich gehe ich klar nach Lehrbuch vor. Also nach den Kapiteln, die da dran sind.« (L2, HS, 3J, I, 367–368)*

Auch die offiziellen Rahmenrichtlinien bewerteten die fachfremd unterrichtenden Hauptschullehrkräfte als besonders bedeutsames Hilfsmittel der Themenwahl:

> *»Gerade als fachfremde Lehrperson ist es total wichtig, diese curricularen Vorgaben sich immer anzugucken, […] das ist für mich auch echt ein Leitfaden. […] Für fachfremde Lehrpersonen […] sind diese Interpretationsmöglichkeiten oder Freiheiten, die so die curricularen Vorgaben geben, […] erschwerend.« (L2, HS, 3J, I, 244–249)*

Für ähnlich wichtig befanden sie die schulinternen Vorgaben:

> *»[D]as war für mich total super einfach zu wissen, grob, was muss ich denn da so an Lernzielkontrollen […] bis wann geschafft haben, um das alles hinzukriegen? Bis zu welchen Zeugnissen und so weiter.« (L2, HS, 3J, I, 258–260)*

> *»Angesichts der Tatsache, dass alle Schüler ja mal in eine Gesellschaft entlassen werden, wäre es […] fatal, wenn das jeder Lehrer wirklich komplett selber entscheiden müsste, weil das dann […] zu sehr von der Kompetenz von Lehrern abhängt.« (L1, HS, 3J, I, 177–179)*

*Exkurs: Kritik an den offiziellen Vorgaben*

Obwohl dies nicht Teil des Interviewleitfadens war, äußerten sich die Lehrkräfte an vielen Stellen ausführlich und negativ über die offiziellen Vorgaben. Die Kritik bezog sich hierbei bei 19 der 24 Probanden bzw. Probandinnen speziell auf den chronologischen Durchgang und die große Vielfalt an vorgeschlagenen Inhalten:

*»Man hat keine Zeit, in irgendeiner Art und Weise groß handlungsorientiert oder auch methodisch zu unterrichten. […] Weil es zu viele Inhalte gibt.« (L2, GYM, Ref, I, 70–75)*

*»Manchmal verliert sich der Nährwert für ihre Zukunft dadurch, dass sie gewisse Dinge abgehakt haben zu einem Zeitpunkt, wo sie den Zusammenhang noch gar nicht erkennen konnten. […] eigentlich wäre es ja vielleicht ganz sinnvoll, wenn man da dann wieder zurückgehen würde […], was ich dann auch mache, dass ich sage: Scherbengericht und Diktaturen in der Entwicklung […] Welche Diktaturen gab es in der Geschichte? Wie sieht es heute aus?« (L4, HS, 8J, I, 191–196)*

Die Kritik betraf auffallend häufig das Unterrichtsgebiet Mittelalter und seine als altersunangemessen empfundene Vermittlung:

*»Ich habe große Schwierigkeiten mit […] der ganzen Herrschaftsgeschichte des Mittelalters. […] Da wird es dann nämlich auch superabstrakt. Investiturstreit. Was sollen Schüler damit anfangen?« (L1, GYM, 8J, I, 480–487)*

*»Die ganzen Verstrickungen, diese Herrschergeschichte, der ganze Streit zwischen den verschiedenen Obrigkeiten […] das setzt unglaublich abstraktes Wissen oder abstrakte Fähigkeiten voraus, mit dieser Art von Geschichte umzugehen. […] Politisches zu verstehen.« (L2, GYM, 8J, I, 510–514)*

Einzig die Gymnasialreferendare und -referendarinnen fokussierten in ihrer Kritik zudem häufig die fehlende Ausrichtung der Richtlinien im Sinne der Kompetenzorientierung:

*»[E]igentlich heißt ja dieser Kompetenzbegriff, dass ich anhand eines Beispiels Schülerinnen und Schüler einen Weg [zeige], wie sie mit so einem Problem […] zurecht kommen können. Und das bedeutet ja für mich, dass ich nicht von der Steinzeit bis 1945 oder 1990 jedes Thema durcharbeiten muss, ne? […] das passt einfach mit diesem Kompetenzbegriff […] nicht so richtig zusammen.« (L4, GYM, Ref, I, 419–426)*

*»Ich glaube, wenn man wirklich sagt, man möchte Kompetenzen schulen, dann ist es doch total egal, ob man zehn Themenbereiche abdeckt oder ob man sich zwei auswählt und die total intensiv bearbeitet. Das ist doch bestimmt viel ergiebiger.« (L1, HS, Ref, I, 367–369)*

*»Ich glaube, dass dieser […] Vollständigkeitsanspruch der Geschichte eigentlich nicht mehr mit der Kompetenzorientierung zusammenpasst […]. Wir könnten ja auch sagen, wir brauchen ein Kerncurriculum [mit] aktuelle[n] Probleme […] zum Beispiel geopolitisch oder aktuelle militärische Konflikte. […] Was wir aber haben, ist […] diese […] chronologische Reihenfolge […] und wenn wir wirklich problemorientierten Geschichtsunterricht machen wollen, dann müssen wir das immer selbst neu konstruieren.« (L1, GYM, Ref, I, 249–262)*

Die fachfremden Lehrkräfte äußerten keine Kritik in Bezug auf die Richtlinien. Im Gegenteil reflektierten sie ein selbstempfundenes Unvermögen diese Vorgaben zu bewerten:

> *»Aber in Frage stellen, die Konzeption, dass es chronologisch geht und dass das Dritte Reich eben einen großen Platz einnimmt, das stelle ich nicht in Frage, nein. Das würde ich mich gar nicht trauen. (lacht)« (L1, HS, 8J, I, 212–214)*

Während die fachfremden Lehrkräfte sich möglichst verbindliche Vorgaben wünschten, lehnten die übrigen Probanden und Probandinnen solche geschlossen ab:

> *»Ich finde es sinnvoll, dass man das auch wählen kann. […] Lehrer müssen auch mit dem Herzen dabei sein, um etwas zu vermitteln. [Bei einem] Pflichtprogramm […] kommt nichts raus für die Schüler.« (L2, HS, Ref, I, 280–282)*

> *»[K]ein Schüler gleicht dem anderen, keine Klasse gleicht der anderen. […] Kulturelle Vielfalt […] muss einfach Platz finden. Und deswegen muss einfach jeder Lehrer die Möglichkeit [haben,] das selbst entscheiden zu können.« (L3, HS, Ref, I, 429–454)*

> *»Ich glaube, dass [engere Vorgaben schlecht wären], weil […] da einfach […] die Erfahrung der Praxis zeigt, dass es unrealistisch ist, weil immer dauernd irgendetwas ausfällt, irgendwer krank ist […].« (L4, GYM, 8J, I, 388–391)*

### 2.1.2. Schülerinteressen und ihr Einfluss auf die Themenwahl

In den Interviews wurde deutlich, dass alle befragten Lehrkräfte ihre Schüler und Schülerinnen wichtig nehmen und sich bemühen, deren Interesse zu erkunden. Ausnahmslos alle Lehrkräfte berücksichtigten in ihrer Themenfindung Kenntnisse über Dispositionen und Interessen ihrer Lerngruppe. Es ergab sich aber ein klarer Schulformunterschied: Die Hauptschullehrpersonen verbalisierten im Rahmen des Lauten Denkens weitaus öfter Überlegungen zur konkreten Lerngruppe als die Gymnasiallehrpersonen. Innerhalb der Gymnasialgruppe wiederum zeigte sich ein Erfahrungseffekt: Die erfahreneren Lehrkräfte berücksichtigten die Interessen bzw. das Vorwissen ihrer Lerngruppen deutlich seltener als die Referendare und Referendarinnen.

Befragt nach ihrer Vorgehensweise ließen die Probanden und Probandinnen zwei grundsätzlich unterschiedliche Haltungen erkennen: Die einen vertraten die Auffassung, dass man die Interessen im Laufe der Berufserfahrung irgendwann einfach kenne. Die anderen glaubten, dass man die Interessen aktiv ermitteln müsse, entweder über formelle Methoden oder informell im Gespräch. Die beiden Lager ließen sich weder einer Schulform noch einer bestimmten Expertisegruppe zuordnen. So meinten zwar alle Referendare und Referendarinnen des Gymnasiums, man müsse Interessen aktiv ermitteln, und auch eine Expertenlehrerin war dieser Auffassung. Die übrigen Expertenlehrkräfte des

Gymnasiums und die Probanden und Probandinnen der Mittelgruppe glaubten dagegen daran, die Interessen in der Alltagspraxis über die Jahre kennen gelernt zu haben, und gingen davon aus, dass diese sich unter den Lerngruppen nicht wesentlich unterschieden. Vielmehr gebe es einige generationenübergreifende Gewissheiten, auf die man vertrauen könne:

*»Es gibt einfach so […] Grundfragen des Lebens, die sind immer interessant. Freiheit. Essen, Trinken, das andere Geschlecht. Das ist völlig egal. Da muss ich sie nicht für kennen.« (L3, GYM, 3J, I, 416–418)*

*»Alltagsgeschichtliche Dinge sind natürlich meistens interessanter. Dinge, mit denen sie sich identifizieren können […] als irgendwelche politischen Strukturen, Verträge, oder so. […] Und geschweige denn Mittelalter und Kirchengeschichte.« (L1, GYM, 3J, I, 557–565)*

Eine besondere Untergruppe bildeten hierbei Äußerungen über die Geschlechtsspezifik von Schülerinteressen:

*»Ob du da mehr Jungs oder mehr Mädchen hast […], das beeinflusst meine Planung […] kolossal. […] Ich würde […] in einer [Jungen]-Klasse ein bisschen mehr Krieg machen, […] ein bisschen mehr reden über Schlachten, über Ausrüstung und solche Geschichten. […] Für Mädchen würde ich […] so etwas nicht forcieren, solche Technikgeschichten, da rede ich mehr auch über […] das ganze Soziale, ne?« (L1, GYM, 8J, I, 31–43)*

*»Ich habe eine relativ hohe Jungenanzahl in beiden Klassen, und dann weiß ich halt, dass […] Wirtschaft oder auch Industrialisierung, Technik, […] dass, wenn ich das habe, dass die Motivation relativ hoch ist, weil unheimlich viele Jungs da sind. Und deshalb würde ich das auf jeden Fall immer auch fokussieren […] und in einer anderen Klasse, wo dann […] mehr Mädchen sind, würde ich sagen: […] Wirtschaft machen wir jetzt ein bisschen weniger und dafür aber Mode.« (L4, HS, Ref, I, 173–179)*

*»Jungs mögen eher technische Themen, Kriege kommen immer gut. Aber auch Herrscher. Mit Mädchen mache ich eher so etwas wie Pferde. (lacht) Pferde im Krieg.« (L4, GYM, 3J, I, 338–339)*

Unter den Gymnasiallehrkräften verwiesen einige Probanden bzw. Probandinnen darauf, dass sie im Rahmen der Themenwahl überwiegend von ihrem eigenen Interesse auf die Interessen der Schüler und Schülerinnen schlössen. Das Eigeninteresse rangierte hier quantitativ noch vor der Angabe, dass der Kontakt mit Teen-agern außerhalb der Schule, vornehmlich eigenen Kindern, die wichtigste Informationsquelle zum Schülerinteresse sei. Eine einzige Lehrkraft zitierte eine geschichtsdidaktische Studie zum Thema ›Schülerinteressen‹ und gab an, sich an dieser bei der Themenwahl zu orientieren:

*»Ich habe […] so eine Studie gelesen von dem Borries Anfang der 90er, […] da stand drin, dass die Schüler sich im Wesentlichen für sich selbst interessieren, für ihre persönliche Geschichte und für die ihrer Familie. […] ich gehe davon aus, alles, […] wozu*

*sie irgendeinen Bezug haben. Und das ist zum Beispiel nicht Nationalstaatenbildung im 19. Jahrhundert, was Geschichtslehrer ja immer so super interessant finden.« (L4, GYM, 8J, 350–356)*

Eine andere Lehrkraft konstatierte, dass sie eine konkrete Auseinandersetzung mit der Lebenswelt der Schüler und Schülerinnen für überflüssig halte:

*»Ich gehe jetzt nicht ins Internet und besuche irgendwelche Chatrooms oder so. [...] Ich lese nicht mal mehr die Shell-Studie. (lacht)« (L4, GYM, 3J, 358–360)*

Unter den Hauptschullehrkräften war die Gruppe derer, die eine aktive Ermittlung der Schülerinteressen propagierte, deutlich zahlreicher als unter den Gymnasiallehrkräften. Überwiegend wurde auch hier allerdings für einen informellen Austausch plädiert und berichtet, dass dieser an der Hauptschule ohnehin kontinuierlich stattfinde. Folgende Beispiele illustrieren diesen engen Kontakt der Lehrkräfte mit ihren Schülern und Schülerinnen. Der Inhalt beiläufiger Gespräche fließt hier in die Unterrichtsplanung ein:

*»Wenn ich mit ihnen darüber rede, welche Filme sie sich anschauen. Oder einige lesen eben so etwas wie Harry Potter oder so, was ja vielleicht auch in einer fantastischen Zeit spielt, die sich teilweise mit dem Leben auf der Burg... dass man ein bisschen Anknüpfungspunkte findet.« (L1, HS, Ref, I, 584–587)*

*»Das erzählen die einem. Also meine erzählen mir das einfach. Was sie für Filme sehen, was sie für Actionfiguren mögen, in welcher Zeit sie leben wollen. Oft muss ich sie gar nicht fragen, die kommen rein und erzählen mir, was sie wollen. (lacht)« (L4, HS, 3J, I, 370–372)*

Eine formale Ermittlung der Interessen wurde vor allem von den Referendaren und Referendarinnen beider Schulformen erwähnt. Sie gaben an, die Interessen ihrer Schüler und Schülerinnen überwiegend im Rahmen von Lernstandserhebungen zum Einstieg in ein neues Themengebiet oder über einen Evaluationsfragebogen zu eruieren. Konkrete Beispiele solcher Erhebungsmethoden ließen sich in der Vignettenstudie beobachten, wo die Referendare und Referendarinnen Fragebögen und Karteikartensortierungen einzusetzen planten. Bemerkenswerterweise erklärten zwei der Referendare bzw. Referendarinnen, dass ihnen die Beteiligung der Schüler und Schülerinnen an der Themenfindung im Fach Geschichte deutlich schwerer falle als in ihrem Zweitfach:

*»In Geschichte [...] geht das schwieriger. [...] weil es ja doch immer so geplant ist, dass man einen chronologischen Durchlauf macht [... ], bin ich stärker selbst in der Chronologie verhaftet und habe dementsprechend auch das Gefühl, ich kann die Schüler nicht so mitbestimmen lassen.« (L2, GYM, Ref, I, 432–437)*

*»[D]as ist in Geschichte halt nicht so richtig möglich, oder vielleicht habe ich es noch nicht so richtig raus.« (L4, GYM, Ref, I, 568–570)*

*Schülerinteressen bedienen*
Einen wichtigen Bereich innerhalb der Aussagen der Lehrkräfte zu den Schülerinteressen bildeten Reflexionen darüber, inwieweit Schülerinteressen in der Planung berücksichtigt bzw. bedient werden sollten. Die Angaben der Gymnasialprobanden und -probandinnen waren hierbei uneinheitlich. So hielten alle Gymnasialreferendare und -referendarinnen eine schülerorientierte Themenwahl offensichtlich für eine unumstößliche Norm. Demgegenüber äußerten alle Gymnasiallehrkräfte der Expertengruppe und zwei Probanden bzw. Probandinnen der Mittelgruppe an unterschiedlichen Stellen während der Interviews, dass das Schülerinteresse nicht im Zentrum der Themenwahl stehen dürfe. Die Lehrkräfte verwiesen im Gegenteil darauf, dass sie es als ihren Auftrag verstünden, die Schüler und Schülerinnen eben auch an Themen heranzuführen, die für diese nicht auf den ersten Blick interessant seien:

> *»Es ist […] nicht so, dass ich jetzt meinen Unterricht nur daraufhin plane, ob es [der Lerngruppe] auch schmeckt. Also ich mute denen auch schon mal etwas zu.« (L2, GYM, 8J, I, 580–582)*

> *»Ich kann ja jetzt auch nicht nur das bedienen, was Schüler interessiert. Ich will sie ja auch für etwas interessieren. […]. Ich kann ja nicht die Wunschliste der Schüler abarbeiten. Das wäre ja auch völlig banal. Schüler haben es ja […] gern einfach.« (L1, GYM, 8J, I, 470–473)*

Die Kommentare der Hauptschullehrkräfte zum Thema nahmen sich grundsätzlich anders aus. Während die Gymnasiallehrpersonen immer wieder den Eindruck vermittelten, dass sie geschichtliches Interesse für genuin menschlich hielten, betonten die Hauptschullehrkräfte das generelle Desinteresse ihrer Schülerschaft:

> *»Man müsste da ganz anders ran. Die identifizieren sich null mit meinen Themen. Die machen nur mit, weil sie mich mögen. (lacht)« (L4, HS, 3J, I, 517–518)*

> *»Ich habe eben welche, die einfach nicht so lernwillig sind. Für die so die Notwendigkeit, überhaupt etwas über die Geschichte zu lernen, nicht so gegeben ist. […] Weil die auch einfach aus Familien kommen, in denen das keine Rolle spielt.« (L1, HS, Ref, I, 152–155)*

Zwar fanden sich auch hier Bemerkungen darüber, dass der Geschichtsunterricht nicht für jeden Schüler oder jede Schülerin interessant sein müsse. Es ergab sich aber der generelle Eindruck, dass die Hauptschulprobanden und -probandinnen glaubten, das Interesse der Schüler und Schülerinnen bedienen zu müssen, um Unterricht überhaupt durchführen zu können:

> *»Natürlich müssen sie auch mal Dinge machen, die sie nicht interessieren. Das ist klar. […] Aber dann merke ich immer relativ schnell, […] dass sie dann teilweise auch komplett verweigern.« (L2, HS, 3J, I, 239–241)*

*»[G]erade Geschichte ist halt [...] ein Fach, wo man [...] mit so etwas punkten muss, dass man sie irgendwie packt erst mal.« (L4, HS, Ref, I, 161–162)*

*»Ich glaube, dass Spaß auch ganz viel bei diesen Schülern... dass das ganz wichtig ist, dass das denen auch Spaß macht.« (L2, HS, Ref, I, 266–267)*

Die Schülerinteressen waren hierbei für die Hauptschullehrkräfte demzufolge vielfach wichtiger bei ihrer Themenwahl als die Maßgaben der Bezugswissenschaft:

*»Das war total faszinierend, weil die Schüler, die waren ganz interessiert an dieser Person [Napoleon]. Man will ja oft auch so ein bisschen weg von diesen [...] historischen Persönlichkeiten und mehr [...] gesellschaftliche Entwicklungen aufzeigen, aber die fanden die Kriege total interessant. [...] Und darauf habe ich mich dann eingelassen.« (L2, HS, Ref, I, 217–222)*

*»[A]m besten laufen die Stunden, in denen ich irgendwie versuche, die Schüler mit einzubeziehen und zu sagen: Wie ist denn das bei euch? Oder wie ist denn das Wetter in eurem Geburtsmonat? Was haben denn die Bauern damals wohl [in dem Monat] gepflanzt? [...] was man ja eigentlich nicht sollte: Zu sehr mit fiktionalen Elementen zu arbeiten. Aber [das] ist wirklich [...] befruchtend.« (L1, HS, Ref, I, 154–167)*

Auch unter Gymnasiallehrkräften fand sich die Ansicht, dass es sich um ein Spezifikum des Geschichtsunterrichts handele, dass die Schüler und Schülerinnen engagiert und motiviert mitarbeiten müssten, um dessen Ziele zu erfüllen:

*»In Geschichte muss man sich auf das Thema einlassen. Also der problemorientierte Geschichtsunterricht funktioniert ja nur, wenn man die Leute dazu kriegt, da bei dem Ganzen mitzudenken. Und sie eigentlich so für die Sachen wirklich zu interessieren.« (L4, GYM, 8J, I, 107–110)*

*»Irgendwie ist Begeisterung schon wichtig im Geschichtsunterricht. Sonst kommen sie ja niemals zu einer ernsthaften Beurteilung.« (L4, GYM, 3J, I, 321–322)*

Die Gymnasiallehrkräfte empfanden es aber offenbar überwiegend als ihre professionelle Pflicht, dieses Interesse der Schüler und Schülerinnen auch für Themen zu wecken, die gemeinhin als uninteressant gelten.

## 2.2. Stundenziel

### 2.2.1. Zielbestimmung

*Gymnasiallehrkräfte: Leitfrage als Zielformulierung*

Die Handlungspläne der Probanden und Probandinnen haben gezeigt, dass die Gymnasialreferendare bzw. -referendarinnen während der Laut-Denk-Beobachtung nur vage und erst im Verlauf der Planung Stundenziele verbalisierten. In den Interviews hingegen bezeichneten sie die Formulierung des Stundenziels als entscheidende und richtungsweise Handlung im Planungsprozess:

> *»Wir haben das Ziel, das ja am Anfang steht. Und von dem Ziel her wird ja auch der Unterricht aufgebaut. […] Und dahingehend plane ich die einzelnen Phasen in meinem Unterricht.« (L3, GYM, Ref, I, 71–73)*

> *»[Am Anfang steht] immer das Ziel, […] also was rauskommen soll am Ende der Stunde. […] das Lernziel definiere ich nicht immer scharf, aber ich habe schon eine grobe Vorstellung immer […].« (L1, GYM, Ref, I, 72–74)*

Die Referendare und Referendarinnen schienen die Formulierung eines Ziels zu Beginn ihrer Unterrichtsplanung also als didaktische Norm abgespeichert und grundsätzlich akzeptiert zu haben. In den beobachteten Planungen aber übernahm nicht ein formuliertes Stundenziel, sondern vielmehr eine offen formulierte Leitfrage die Funktion einer Orientierung für den Planungsprozess. Wie kann es zu dieser Diskrepanz in der Selbstwahrnehmung kommen? Einen Hinweis geben jene Äußerungen der Referendare und Referendarinnen, die die Orientierung an einer Zielformulierung kritisch beleuchten – ohne jedoch hieraus konkrete Konsequenzen für die eigene Praxis ziehen zu wollen:

> *»Gerade im Geschichtsunterricht hat man so viele Anknüpfungsmöglichkeiten, die auch einfach mit aktuellen Begebenheiten zu tun haben, und die fallen halt einfach weg bei […] einer klaren Zielvorgabe, die man sich selbst gesetzt hat. Zwischengedanken haben da kaum Raum.« (L3, GYM, Ref, I, 50–53)*

> *»Die ganze Zeit versuche ich ein bisschen drum herum zu lavieren, um das Ziel dieser Stunde. Aber das fällt mir dann auch noch irgendwann ein. Also merke ich, […] dass ich das schwierig finde, irgendwie vorher ein Ziel der Stunde fest zu machen. Also ich weiß ungefähr, in welche Richtung es gehen kann. Aber ich weiß erst, wenn ich eine Stunde entwickelt habe, was das Stundenziel am Ende tatsächlich sein kann.« (L4, GYM, Ref, LD, 105–109)*

In der Gymnasialmittelgruppe gab keine Lehrkraft an, explizite Ziele zu formulieren. L3, GYM, 3J wehrte sich sogar deutlich dagegen und verstand ›Ziel‹ offenbar als negativen Begriff:

> *»Ich formuliere Leitfragen ja nie so in dem Sinne, dass ich dann genau weiß, am Schluss… ›die Schüler haben herausgefunden, dass …‹, sondern eher auch noch schon noch so offen, […] dass du halt noch agieren kannst. Dass du halt auch in verschiedene Antwortbereiche kommen kannst. Nehmen wir […] Napoleon und die Deutschen. […] Leitfrage wäre halt jetzt nun zu verfolgen, wie haben sie ihn gesehen? Oder welche Vorteile und welche Nachteile hat Napoleon für die deutschen, von ihm besetzten Gebiete gebracht? Das muss geklärt werden. Das ist aber ganz, ganz offen, wohin man sich am Schluss entscheiden wird.« (L3, GYM, 3J, I, 385–392)*

Für die zitierte Lehrkraft bedeutete eine Zielformulierung also offenbar eine Einschränkung sowohl ihrer eigenen Flexibilität als auch der Flexibilität ihrer Schüler und Schülerinnen. Gegen eine solche Einschränkung wehrte sie sich explizit.

Auch unter den Gymnasialexperten und -expertinnen fand sich ein überwiegend negatives Verständnis vom Begriff ›Ziel‹:

> *»Nein, das überhaupt nicht. nein. Nee, weil ich daran auch nicht glaube. Ich glaube, ich kann das nicht beeinflussen, was Schüler mitnehmen.« (L1, GYM, 8J, I, 433–434)*

Der Begriff ›Zielformulierung‹ war offenbar für viele Lehrkräfte mit dem Begriff der ›Wissensvermittlung‹ verknüpft, den sie geradeheraus ablehnten und offenbar auch glaubten, ablehnen zu müssen:

> *»Ich habe schon [manchmal] ein konkretes Ziel, […] gerade wenn es um Wissensvermittlung geht. Dann weiß ich auch, […] dann muss das so aussehen und dann sollen sie das im Heft haben. […] aber das ist natürlich keine Wunschvorstellung, […] so soll Unterricht ja eigentlich nicht sein.« (L1, GYM, 8J, I, 607–611)*

Grundsätzlich erfüllte bei allen Gymnasialprobanden und -probandinnen die Leitfragenformulierung im Rahmen der Laut-Denk-Aufzeichnungen die Funktion einer Zielformulierung: In allen Fällen wurde hier implizit davon ausgegangen, dass die Schüler und Schülerinnen am Ende der Stunde zu einer Beurteilung der Leitfrage gelangen würden. Grundsätzlich könnte man sagen, dass mit der Erstellung der Leitfrage jedes Mal ein Kompetenzziel formuliert wurde: Die Lehrkräfte waren durchgängig bestrebt, ihre Schüler und Schülerinnen dazu zu befähigen, die Leitfrage am Ende der Stunde zu beantworten bzw. ein diesbezügliches Urteil zu fällen. Die Leitfrage stellte hier quasi ein ›besseres Ziel‹ dar, weil sie offen blieb und keine konkret antizipierbare Erfüllung verlangte. Explizite Erwähnung fanden Kompetenzziele allerdings nur bei zweien der 24 befragten Lehrkräfte, namentlich bei zwei Gymnasialreferendaren bzw. -referendarinnen.

Auf Nachfrage räumten die Gymnasiallehrkräfte schließlich selbst ein, bei aller Ablehnung des Zielbegriffs durchaus Ziele beim Planen zu verfolgen, ohne sich diese aber stets bewusst zu machen:

> *»[I]ch muss sagen, ich habe selten nur noch richtig komplett ausformulierte Stundenziele. Ich weiß halt, da und darauf will ich hinaus.« (L2, GYM, 3J, I, 481–483)*

> *»Es ist natürlich implizit klar, worum geht es, also das schreibe ich mir aber nicht mehr auf. […] ich schreibe mir nicht auf: Die Schüler sollen hier am Ende der Stunde wissen, dass das Heiraten im 15. Jahrhundert anders ist als im 20. – oder so. […] Das ist implizit klar, aber das schreibe ich mir selber nicht mehr auf.« (L2, GYM, 8J, I, 152–156)*

*Schulformspezifische Bewertung des eigenen Vorgehens*

Die Hauptschullehrkräfte äußerten sich in den Interviews nicht zu Zielformulierungen. Auch in den Laut-Denk-Beobachtungen waren solche nicht festzustellen. Ihre Planungen begannen klar mit der Inhaltswahl, und auch im Verlauf der Vorbereitung war an keiner Stelle eine Zieldefinition erkennbar. Einzig die Formulierung einer Leitfrage durch eine Referendarin darf im Sinne einer impliziten Zielformulierung verstanden werden (s. o.). Ähnlich ist die vage Formulierung einer Hauptschullehrkraft der Mittelgruppe zu werten, die angab, die Vorkenntnisse ihrer Lerngruppe ermitteln zu wollen. Hierbei handelte es sich zwar um ein planungsrelevantes Anliegen, nicht aber um ein Ziel im Sinne eines geschichtsdidaktischen Lernziels.

Ein deutlicher schulformspezifischer Unterschied ergab sich in Hinblick auf die Bewertung des eigenen planerischen Vorgehens bezüglich einer Zielorientierung. Während die Hauptschullehrkräfte das eigene Vorgehen schlicht überhaupt nicht beurteilten, zeigten sich die Gymnasiallehrkräfte in ihrer Selbsteinschätzung ambivalent. Es überwog eine Haltung, der zufolge die eigene Erfahrung gelehrt habe, dass eine ausführliche Zielformulierung, wie sie den normativen Vorgaben entspreche, für eine Unterrichtsplanung nicht nötig sei. Mitunter zeigte sich aber auch, dass die erfahrenen Lehrkräfte das eigene Vorgehen zwar für funktional hielten, aber gleichzeitig damit haderten, den normativen Ansprüchen hierbei nicht zu genügen:

> *»Dann muss ich […] auch ganz ehrlich sagen, dass es… es mag […] problematisch und vielleicht sogar schauderhaft erscheinen, aber es hängt zu einem gewissen Teil auch immer davon ab […] was ich an Material greifen kann, andere Ziele gibt es nicht.« (L2, GYM, 3J, I, 210–213)*

Zwei andere Probanden bzw. Probandinnen räumten auf wiederholte Nachfrage ein, dass sie eine Zielfindung für die Planung für wichtig hielten, um die Stunde möglichst transparent zu gestalten:

> *»Ich finde es schon wichtig, jede einzelne Stunde nochmal zu planen, um sich bei jeder Stunde zu fragen, was ist eigentlich das Stundenziel? Das finde ich eigentlich entscheidend, weil ich glaube, dass das die Schüler eben merken. Ob man eins hat oder nicht.« (L4, GYM, 3J, I, 325–328)*

> *»Ich nehme mir das immer vor. Ich mache das in der Praxis ehrlich gesagt nicht immer. Manchmal ist es auch so, dass man denkt, okay, ich habe 90 Minuten, dann mache ich das jetzt und das und das, und dann ist die Zeit um. (seufzt)« (L2, GYM, 3J, I, 314–316)*

Praktische Entsprechungen dieser theoretischen Überzeugungen fanden sich in den Laut-Denk-Protokollen aber nicht.

Eine Sondergruppe unter den Hauptschullehrkräften bildeten die fachfremd Unterrichtenden. Alle fünf Lehrkräfte fragten sich im Verlauf ihres Laut-Denk-

Planungsvorgangs oder während des Interviews, ob die Stunde den Schülern und Schülerinnen derart konkrete Fachkenntnisse vermittle, dass sich diese für eine spätere Abprüfung im Sinne einer Leistungskontrolle eignen würden:

*»Was will ich testen? Was will ich letztlich als Lernziel dann an Wissen vermittelt haben?« (L1, HS, 8J, LD, 34–35)*

*»Entweder es wird erfüllt oder nicht. Und dann muss ich mir überlegen, wenn es nicht erfüllt ist, warum es nicht erfüllt ist.« (L2, HS, 8J, I, 275–276)*

Den Zielbegriff empfanden diese Fachfremden offenbar unproblematisch. Auch wenn sie in den Laut-Denk-Beobachtungen nicht durchgängig genaue Ziele verbalisierten, zeigten ihre theoretischen Ausführungen sowohl in den Interviews als auch in den Nachgesprächen, dass sie klare Unterrichtsziele verfolgten und eine Erfüllung durch die Schüler und Schülerinnen erwarteten.

### 2.2.2. Das zentrale Element der Vorbereitung

In den Interviews wurden die Probanden und Probandinnen danach gefragt, was sie selbst als zentrale Aktivitäten der Unterrichtsplanung ansahen. Es handelte sich hierbei um den Sprechimpuls mit dem größten Klärungsbedarf.[831]

*Der rote Faden versus Materialorientierung*

Die Antworten ließen sich deutlich in schulform-, aber innerhalb der Schulformen auch in erfahrungsspezifische Gruppen einteilen. So gaben alle acht erfahreneren Hauptschullehrkräfte an, dass in ihrer Vorbereitung die Organisation bzw. die Erstellung von Materialien zentral sei. Auch die erfahreneren Gymnasiallehrkräfte nannten die Materialorganisation als zentrale Tätigkeit ihrer Vorbereitung. Sie taten dies allerdings nur in drei Fällen. Unter diesen Gymnasiallehrkräften überwog deutlich die Einschätzung, in ihrer Stundenplanung stehe die Konstruktion eines ›roten Fadens‹ im Mittelpunkt. Ein solcher roter Faden diene hierbei nicht nur der Lehrkraft als Wegweiser, der sie durch die Stunde führe, sondern gewährleiste auch für die Schüler und Schülerinnen Transparenz:

*»Wenn du das […] nicht machst, dann kann das ganz schnell passieren, dass das entgleitet. […] Dass die Schüler nicht wissen, worauf man überhaupt hinaus möchte. Und ich glaube, dann geht es auch ganz schnell Richtung einfach nur ›Wissen erarbeiten‹.« (L1, GYM, 3J, I, 645–648)*

831 Die Interviewerin formulierte die Frage schließlich überwiegend folgendermaßen: »Was musst du/ müssen Sie entschieden haben, um in eine Unterrichtsstunde zu gehen? Wann bist du/ sind Sie mit der Vorbereitung fertig?«

*»Das Wichtigste, wenn ich eine Geschichtsstunde plane: Der rote Faden. […] dass die Schüler am Ende auch das Gefühl haben: Wir haben jetzt einen Mehrwert. Wir haben nicht nur uns chronologische Ereignisse erarbeitet […], sondern […] dass wir das auch […] bewerten und hinterfragen.« (L2, GYM, 3J, I, 303–308)*

In den Zitaten wird deutlich, dass die Gymnasiallehrkräfte die Orientierung an einem roten Faden im Sinne eines problemorientierten Geschichtsunterrichts als Gegenentwurf zu einem Geschichtsunterricht begriffen, der sich schlicht an der chronologischen Abarbeitung von Wissenselementen orientiert. Der rote Faden stand hier also für ein Verständnis von ›Geschichte lehren‹ als ›historisches Denken lehren‹.

Die zentrale Rolle des roten Fadens wurde in den Laut-Denk-Protokollen der Gymnasialprobanden und -probandinnen – mit einer Ausnahme – bestätigt: Sie folgten in ihren Planungen einer klaren Struktur, der zufolge am Beginn der geplanten Stunden von Lehrkraft und Schülern und Schülerinnen gemeinsam eine Leitfrage formuliert und von der Lerngruppe Hypothesen gebildet werden sollten, um diese schließlich in der Vertiefungsphase noch einmal zu beleuchten und zu beurteilen. Teilweise wurde der rote Faden hierbei auch in den Laut-Denk-Beobachtungen explizit erwähnt:

*»Damit haben wir ja dann die Eingangsfrage beantwortet, also sie können gucken, ob ihre Hypothesen stimmig waren. So soll es sein: alles rund, alles klar, roter Faden für die Schüler.« (L4, GYM, 3J, LD, 277–279)*

Auch fünf von zwölf Hauptschulprobanden und -probandinnen orientierten sich in ihren Laut-Denk-Aufzeichnungen am Prinzip des problemorientierten Unterrichts, wodurch sich mal explizit, mal weniger deutlich ein roter Faden in der Unterrichtsplanung ergab. Keiner bzw. keine der Hauptschulprobanden und -probandinnen erwähnte einen solchen roten Faden aber im Rahmen der Interviews.

### *Die Materialsuche*

Die Hauptschulprobanden und -probandinnen der Mittel- und Expertengruppe betonten in den Interviews die zentrale Bedeutung der Materialsuche im Rahmen ihrer Unterrichtsvorbereitung. Sowohl die Laut-Denk- als auch die Vignettenbeobachtungen bestätigten dies: Suche, Prüfung und Aufbereitung von Materialien nahm in den Vorbereitungen der Hauptschullehrkräfte die meiste Zeit ein und fand überwiegend am Beginn der Planung statt. Die Vorgehensweise der Lehrkräfte war hierbei deutlich routiniert: So wurden methodische Absichten bezüglich des Einsatzes der Materialien ebenso selten ausführlich verbalisiert wie inhaltliche Herausforderungen derselben. Die Nachgespräche ergaben, dass die im Vorfeld eigens oder kooperativ konstruierten Materialien häufig derart deutlich didaktisiert waren, dass die Lehrpersonen sie ohne jede Änderung im Unterricht anzuwenden beabsichtigten.

Auch die Gymnasialprobanden und -probandinnen der Mittel- und Expertengruppe benannten die Materialorganisation als wichtiges Element ihrer Unterrichtsplanung. Die Laut-Denk-Beobachtungen dieser Probandengruppen ergaben allerdings, dass die Materialwahl in ihren Planungen weder qualitativ noch quantitativ eine große Rolle spielte. So erstellten zwar alle acht erfahreneren Gymnasiallehrpersonen neues Material für ihre Stunden, dies geschah aber ohne größere Überlegungen und war anderen Entscheidungen untergeordnet. Eine Erklärung für den hohen Stellenwert, den die Lehrpersonen dem Vorgang in den Interviews beimaßen, mag darin liegen, dass er in den meisten Fällen das Ende der Vorbereitung bildete, weshalb er möglicherweise als besonders wichtig in Erinnerung blieb. Als zentrales Element der Unterrichtsplanung der Gymnasialexperten und -expertinnen entpuppte sich den Laut-Denk-Beobachtungen zufolge und im Unterschied zu den Selbstaussagen aber vielmehr die Formulierung einer Leitfrage. Es handelte sich hierbei nicht nur um einen aufwändigen Vorgang, sondern auch um eine Entscheidung, die die restliche Planung maßgeblich in inhaltlicher und methodischer Hinsicht beeinflusste.

*Die Referendare und Referendarinnen: Fehlender Überblick*

Die Angaben der Referendare und Referendarinnen zu zentralen Planungselementen waren grundsätzlich expliziter als die der erfahreneren Lehrpersonen. So benannten Gymnasialreferendare bzw. -referendarinnen Ziel- und Kompetenzformulierung, Materialerstellung, Tafelbildskizzierung und andere Formen der Sicherungen als zentral. Hauptschulreferendare bzw. -referendarinnen gaben an, klare Zeitvorstellungen und klare Pläne bezüglich der einzelnen Phasen entwickeln zu müssen. Auch Lehrkräfte der Mittelgruppe beider Schulformen benannten Phasierung und Zeitangaben als zentrales Element ihrer Vorbereitung:

> *»Wenn ich einen Einstieg habe, eine Erarbeitungsphase habe und das einigermaßen logisch ist und ich einfach müde bin und denke, damit überlebe ich den Tag und die Stunde.« (L1, GYM, 3J, I, 95–96)*

Generell zeigte sich, dass es den Referendaren und Referendarinnen schwer fiel, sich auf die Nennung eines zentralen Elements ihrer Vorbereitung zu beschränken. Mit Verweis auf die besonderen normativen Vorgaben gaben alle vier Gymnasialreferendare bzw. -referendarinnen an, dass – sofern sie sich entscheiden müssten – eine Zielformulierung für sie die Basis einer Stundenvorbereitung darstelle und auch im Alltag stets den Beginn ihrer Unterrichtsplanung bilde. Die Laut-Denk-Beobachtungen konnten ein solches Vorgehen allerdings nicht belegen. Hierbei ist möglich, dass die Referendare und Referendarinnen eine implizite Zielvorstellung, ein ›Zielgefühl‹, am Anfang ihrer Planung entwickelten, ohne dies explizit zu verbalisieren. Ein Ziel im didaktischen Sinne wurde aber an keiner Stelle definiert. Als zentrales Element der Unterrichtsplanung der Gymnasialreferendare bzw. -referendarinnen erwies sich vielmehr die Leitfrage, die sie zu Beginn ihrer Stundenvorbereitung formulierten und deren Beantwortung durch die Schüler und Schülerinnen den Abschluss ihrer Planungsvorstellung bildete. Es ist gezeigt worden, dass auch sie als implizite Zielformulierung verstanden werden kann.

Die Angaben der Hauptschulreferendare und -referendarinnen zum zentralen Element ihrer Planung waren divers. Zwei von ihnen benannten immerhin die Materialfindung als Schwerpunkt der Vorbereitung. Grundsätzlich fanden sich aber ebenso wie bei den Gymnasialreferendaren und -referendarinnen ganz gegensätzliche Angaben. Die Laut-Denk-Beobachtungen zeigten demgegenüber ein recht einheitliches Bild. So entpuppte sich eine deutliche Schülerorientierung in Form einer klaren Reflexion aller Umstände in Bezug auf die Lerngruppe als zentrales Element der jeweiligen Orientierungsphase zu Beginn der Planung. Diese Schülerorientierung führte in allen Fällen zu einer sehr genauen Methodenplanung, die sich weniger am Inhalt als an der Lerngruppe orientierte.

*Der Kern der Vorbereitung – ein Mysterium?*

Allen Lehrkräften fiel es sehr schwer zu beschreiben, wie für sie ein befriedigendes Ergebnis einer Unterrichtsplanung aussehen müsse. Die Analyse der diesbezüglichen Aussagen zeigt, dass hier ein Bereich der Expertise betroffen ist, der den Probanden und Probandinnen offenbar überwiegend nur implizit bewusst ist, wie die folgenden Zitate von Lehrkräften unterschiedlicher Schulformen und unterschiedlicher Erfahrungsgrade belegen:

> *»[I]rgendwann gibt es […] diesen Punkt, wo man, glaube ich, als Lehrer […] so eine Art Gefühl dann entwickelt, […] das ist jetzt stimmig, das haut von der Zeit her hin. […] Und wenn ich da das Gefühl habe, das passt einfach.« (L3, HS, Ref, 280–285)*

> *»Wenn ich die Stunde so vor Augen habe. […] Und wenn ich dann das Gefühl habe, ja, das wird eine gute Stunde, dann sage ich: Die Stunde ist fertig.« (L3, HS, 8J, I, 26–30)*

> *»[I]ch glaube, eine Planung ist dann fertig, wenn ich eine Vorstellung von der Stunde vor mir sehe.« (L1, GYM, 8J, I, 53–54)*

## 2.3. Kompetenzformulierung

Die Ergebnisse der vorliegenden Untersuchung für die vorliegende Stichprobe unterstützen die Annahme, dass die Kompetenzorientierung in das alltägliche

Planungshandeln der erfahrenen Lehrkräfte noch nicht wirklich integriert ist. So ist zwar bei den Gymnasialreferendaren und -referendarinnen – vermutlich den Anforderungen ihrer Ausbildungssituation entsprechend – eigenen Angaben zufolge eine Orientierung an zu fördernden Kompetenzen wichtiger Bestandteil ihrer Planung. Bei den erfahreneren Lehrkräften aber zeigte sich überwiegend eine ablehnende Haltung gegenüber einer solchen Kompetenzorientierung im Rahmen der Unterrichtsvorbereitung:

> *»Dann überlege ich mir nicht Kompetenzen […] das habe ich schon eher für die Ausbilder gemacht […] oder jetzt für die Inspektion.« (L4, GYM, 3J, I, 165–166)*

> *»[D]ie Königskompetenz ist eigentlich sowieso utopisch, ja? Also Deutungs-, Reflexionskompetenz kannst du vielleicht irgendwann von Studenten erwarten.« (L1, GYM, 3J, I, 323–325)*

> *»Ich halte dieses Kompetenzgeseier für völligen Blödsinn mittlerweile. […] Also ich glaube, das Problem der Kompetenz ist ein PISA-Problem, […] die Messbarkeit des Ganzen wurde nach oben gestellt und es wurde aus […] sehr, sehr wenig Wichtigem sehr, sehr viel Blabla-Kompetenz gemacht, ja?« (L3, GYM, 3J, I, 328–332)*

> *»Die [Kompetenzen spielen] eine Rolle […]. Aber nicht für die konkrete Planung […]. Dass man sagen kann, damit hat Herr […] jetzt wieder Traditionskritik gefördert, und damit […] die Konfrontation mit dem Andersartigen verfolgt: Nein.« (L2, GYM, 8J, I, 706–709)*

Die Aussagen der Probanden und Probandinnen stützen zudem eine weitere Schlussfolgerung, die in der Literatur häufig zu finden ist: So ist zu vermuten, dass erfahrene Geschichtslehrkräfte auch vor PISA Kompetenzen gefördert haben und sich diese Praxis nur im Grad der Bewusstheit von den gegenwärtigen Forderungen bezüglich der Kompetenzorientierung unterschieden hat.[832]

> *»Ich finde das total super, was da gemacht wird. […] Nur dieses explizite Gerede von Kompetenzen, das finde ich so überbewertet. Wurde das nicht schon immer gemacht? Oder wenigstens schon 30 Jahre? Denken lernen? Perspektiven einnehmen? […] Mache ich auch immer. Aber immer dieses ›Kompetenz‹-Gefeiere und -Gefordere.« (L3, GYM, 3J, I, 346–351)*

> *»Ich glaube […] nicht daran, dass das so ein segensreicher Paradigmenwechsel ist. […] was mich daran stört, ist eben dieser Kompetenzoptimismus, ich halte das eher für trivial.« (L2, GYM, 8J, I, 485–491)*

Derartige Hinweise auf eine implizite Kompetenzförderung fanden sich besonders in den Laut-Denk-Protokollen der Gymnasialprobanden und -probandinnen:

---

832 Franziska Conrad weist darauf hin, dass die Kompetenzdebatte in vielerlei Hinsicht der Lernziel- und Qualifikationsdebatte der 1970er Jahre ähnelt, siehe Dies.: »Alter Wein«, 2012, S. 303ff.

*»Auf jeden Fall muss ich darauf achten, dass da genügend Zeit noch ist am Ende für [...] eine längere quasi Perspektivübernahme in so Akteure von diesen Demos.« (L1, GYM, Ref, LD, 118–120)*

*»Also diese unterschiedlichen Sichtweisen auf Menschen, Sklaven im Alten Rom hat man damit herausgearbeitet. Und damit halt auch wieder diese Perspektivität bedient.« (L2, GYM, Ref, LD, 188–190)*

*»Fremdverstehen. [...] Ich will ja, dass sie zum Schluss [...] denken aus Sicht der historisch Betroffenen: Die Heimatfront ist schrecklich, der Krieg ist schrecklich, wir brauchen eine Veränderung, wir wollen den Kaiser loswerden.« (L4, GYM, 3J, LD, 27–39)*

Die Interviewerin war in Anlehnung an Erfahrungen in älteren Studien[833] besonders sensibel für möglicherweise unterschiedliche Definitionen des Kompetenzbegriffs seitens der Probanden und Probandinnen. Tatsächlich stellte sich besonders für die Gymnasialexperten und -expertinnen heraus, dass sie durchaus unterschiedliche Vorstellungen vom Wesen der Kompetenzorientierung hatten. So bedeutete diese für L2, GYM, 8J in erster Linie die Vermittlung von geschichtswissenschaftlichen Theorien auf der einen und methodischen Fertigkeiten auf der anderen Seite. Beides lehnte er deutlich ab:

*»Wenn ich einen 16-Jährigen vor mir habe, der Geschichte Leistungskurs gewählt hat, dann gehe ich nicht zu dem hin und sage, herzlichen Glückwunsch, [...] du lernst etwas über Revolutionstheorien. [...] Ich gehe auch nicht [hin] und sage, [...] du wirst jetzt in zwei Jahren sehr kompetent Karikaturen analysieren können. Ich glaube einfach nicht, dass das das ist, was die Leute für das Fach einnehmen kann.« (L2, GYM, 8J, I, 681–687)*

Auch L3, GYM, 8J verstand die Kompetenzorientierung in erster Linie als eine Entfernung von inhaltlichen Zielen. Auch sie war demgegenüber kritisch. Ihre Ausführungen zeigen jedoch, dass sie keine klare Vorstellung davon hatte, was kompetenzorientierter Unterricht bedeuten solle:

*»[I]ch weiß, dass eigentlich diese Kompetenzen weg vom Inhaltlichen kommen sollen. Aber letztendlich... ich habe ein bisschen Mühe, jetzt zum Beispiel Reflexion im Geschichtsunterricht jetzt als methodische Kompetenz zu betrachten. Das ist wirklich irgendwie auch eine inhaltliche. Obwohl streng genommen ist es ja etwas anderes, denn Reflexionskompetenz ist ja noch mal eine andere Kompetenz, aber das gehört für mich so zusammen.« (L4, GYM, 8J, I, 766–770)*

Auch L1, GYM, 8J offenbarte bei der Frage nach einer Kompetenzorientierung Unsicherheit:

*»Mache ich mir nicht so groß [Gedanken drüber], aber es stimmt schon [...] ich beginne mit etwas, wo starke Identifikationsmomente da sind, und dann gehe ich immer weiter*

833 Siehe z. B. Hofmann: Religionspädagogische Kompetenz, 2008, S. 249.

*davon raus und lasse sie sozusagen kritisch zu diesem Gegenstand werden, ne? Also wenn du das meinst mit Kompetenzen?!« (L1, GYM, 8J, I, 188–191)*

L4, GYM, 8J, die auch als Ausbilderin arbeitet, zeigte sich in Hinblick auf die Kompetenzorientierung gut informiert. Auch sie konnte allerdings weder klare Aussagen über die zentralen Ziele der Kompetenzorientierung allgemein noch in Bezug auf ihren eigenen Unterricht treffen:

*»Ja, in Geschichte gibt es halt irgendwie kein so allgemeines Kompetenzmodell, was alle akzeptieren würden, […] da gibt es auch keine Kompetenzraster […]. Also man hat deutlich weniger […] Hilfestellungen da im Moment. Klar ist, glaube ich, allen, dass man natürlich solche Analysekompetenzen und Deutungskompetenzen fördern will. Dass man Orientierungskompetenz und Urteilskompetenz fördern will. Und naja die narrative Kompetenz.« (L3, GYM, 8J, I, 216–221)*

Auch die Gymnasiallehrkräfte der Mittelgruppe äußerten sich bezüglich der Kompetenzorientierung bemerkenswert vage:

*»Ich glaube, man will, dass das auch auf eine andere Ebene kommt […] auf diese Ebene der Beurteilung oder der Bewertung.« (L1, GYM, 3J, I, 261–263)*

*»Kompetenzen betreffen im Geschichtsunterricht immer noch eine weitere Ebene als nur das Inhaltliche.« (L4, GYM, 3J, I, 170–171)*

*Hauptschullehrkräfte und Kompetenzorientierung*

Die Daten der Hauptschulreferendare und -referendarinnen bezüglich der Kompetenzorientierung waren widersprüchlich. So war in ihren Laut-Denk-Protokollen keine Orientierung an Kompetenzen ersichtlich. Auch die theoretischen Berichte über die Planungspraxis vermittelten nicht den Eindruck einer Kompetenzorientierung. Konkret nach einer solchen befragt, gaben die Referendare und Referendarinnen allerdings klar an, mit ihrem Unterricht eine Kompetenzschulung anzustreben:

*»Urteilskompetenz versucht man natürlich immer zu schulen. […] das ist ja etwas, was immer so ein bisschen mitschwingt, aber was eben häufig dadurch, dass es bei mir eben echt so ein Chaos ist manchmal […], einfach zu kurz kommt.« (L1, HS, Ref, I, 345–347)*

*»Kompetenzen sind […] ein extrem wichtiger Teil […]. Ich denke nicht immer explizit daran, aber an irgendeinem Punkt achte ich schon darauf, dass wenigstens eine drin vorkommt.« (L3, HS, Ref, I, 384–389)*

*»Man hat ja eine langfristige Kompetenzentwicklung auch, die man anstrebt mit den Schülern. Und man hat aber eben auch diese Standardkonkretisierung, dieser eine schöne Satz, der ganz kurz und knapp sein soll, und wo trotzdem alles drin sein soll, aber auch nicht zu viel, denn sonst überfordert man ja die Schüler. Und am Ende dreht sich sehr viel um diesen einen Satz.« (L4, HS, Ref, I, 85–88)*

Auch die Mittelgruppe der Hauptschullehrkräfte schien mit den Anforderungen der Kompetenzorientierung vertraut:

> *»Das ist ja ziemlich unrealistisch mit einer vollen Stelle, sich da die Kompetenzen so zu formulieren wie ich das eigentlich gut finde natürlich, aber es hat mit der Realität nichts zu tun.« (L2, HS, 3J, I, 271–273)*

Keine der Hauptschulexpertinnen brachte das Thema der Kompetenzen zur Sprache. Dennoch wurde auch für diese Probandengruppe in anderem Zusammenhang klar, dass sie durchaus Kompetenzziele mit ihrem Geschichtsunterricht verfolgten:

> *»Sie sollen sich ja in der Welt zurecht finden. Und dafür müssen sie auch lernen, die Vergangenheit einzuordnen und vor allem zu beurteilen. Eigentlich sollen sie in jeder Stunde etwas beurteilen.« (L4, HS, 3J, I, 522–524)*

> *»Das Auf-Sich-Persönlich-Beziehen können. Also eher: Nicht darüber stehen und aburteilen oder beurteilen, sondern es für sich anzunehmen.« (L1, HS, 8J, I, 527–528)*

*Referendare und Referendarinnen als Kompetenzexperten?*
Die Interviewerin ging davon aus, dass die Referendare und Referendarinnen aufgrund ihrer Ausbildungssituation besonders firm in Hinblick auf die Kompetenzorientierung auftreten würden. Tatsächlich kannten sich die Gymnasialreferendare und -referendarinnen auf den ersten Blick offensichtlich gut mit den zu fördernden Kompetenzen aus. Im Rahmen ihrer Laut-Denk-Planungen traten diese bei dieser Probandengruppe aber ebenso wenig als klar institutionalisiertes Planungselement auf wie bei allen anderen Probandengruppen. Dies erstaunt insofern, als die Referendare und Referendarinnen in den Nachgesprächen angaben, bei durch die Ausbilder und Ausbilderinnen beobachteten Stundenplanungen die Kompetenzformulierung direkt nach der Themenformulierung durchführen müssen. Eine solche Kompetenzformulierung hatte zum gegenwärtigen Zeitpunkt aber augenscheinlich nicht Einzug in ihre alltägliche Unterrichtsplanung gehalten. Diese Zurückhaltung korrespondierte mit einer grundsätzlichen Unsicherheit der Referendare und Referendarinnen in Bezug auf die Kompetenzorientierung. Alle vier Probanden bzw. Probandinnen, die direkt vor Abschluss ihres Referendariats standen, zeigten sich diesbezüglich recht ahnungslos:

> *»Ich sehe mich noch nicht in der Lage dazu, Kompetenzen zu vermitteln bei großen Schülerklassen als einzelne Lehrerin. Weil dann muss ich […] auf jeden individuell eingehen und […] davon ausgehen, dass alle Schüler gleichermaßen motiviert sind, sich selbst vorwärts zu bringen und da weiß ich noch nicht, wie das gehen soll.« (L3, GYM, Ref, I, 564–568)*

*»Da müsste ich mir die Kompetenzbegriffe […] noch mal angucken. Ich habe die gar nicht alle so im Kopf. Also Urteilskompetenz ist auf jeden Fall dabei und das ist ja total super, wenn […] der Unterricht so ausgerichtet wird, dass die Kompetenz gefördert wird, dann ist es ja super.« (L1, GYM, Ref, I, 267–272)*

Ein besonderes Problem betraf hierbei für die Referendare und Referendarinnen die Messung von Kompetenzen. Das folgende Zitat zeigt, dass die Referendarin, von der eine Kompetenzorientierung im Rahmen der Ausbildung verlangt wird, in ihrem alltäglichen Unterricht die Kompetenzen beiseitelässt, um Unterricht planen zu können, dessen Ergebnisse abgeprüft werden können:

*»Ich habe immer noch nicht raus gefunden, wie man Kompetenzen misst. […] Und ich brauche letztendlich etwas Messbares, um die Noten zu geben. […] Ich meine, ich kann die Inhalte vermitteln und ich kann die einfach überprüfen, im schlimmsten Fall durch eine Zeitleiste, die ich erstelle und wo die Schüler das auswendig lernen. Aber das heißt halt nicht […] historisches Denken, und genau das ist halt das Problem, was ich auch selbst habe.« (L3, GYM, Ref, I, 544–577)*

## 2.4. Methodische Entscheidungen

Die unterschiedliche Bedeutung, die die Probanden und Probandinnen methodischen Entscheidungen im Rahmen der Unterrichtsplanung beimaßen, bzw. die Bedeutung, die diesen methodischen Entscheidungen im Rahmen der Laut-Denk-Beobachtungen zukam, erwies sich als deutlich schulformspezifisch. Die Lehrkräfte selbst führten dies immer wieder auf die unterschiedliche Schülerschaft zurück.

*Gymnasiallehrkräfte: Methodenwahl als nachrangiges Entscheidungsfeld*
In keiner der beobachteten Laut-Denk-Planungen der Gymnasiallehrkräfte bildeten Methodenreflexionen zentrale Entscheidungen im Rahmen der Unterrichtskonzeption. Methodische Überlegungen wurden nur dort angestellt, wo die Lerngruppen als besonders schwierig empfunden wurden. Speziell die Gruppe der Referendare und Referendarinnen verfügte über ein methodisch sehr umfangreiches Repertoire, das sie viele diesbezügliche Entscheidungen schnell und effizient treffen ließ, weshalb die hierfür aufgewendete Zeit übersichtlich blieb. Dies zeigte sich beispielsweise bei L2, GYM, Ref, die für ihre Unterrichtsstunde mit dem Gruppenpuzzle eine vergleichsweise aufwändige Methode wählte. Sie fürchtete sich augenscheinlich nicht vor dem Aufwand: Die Entscheidung für die Methode fiel schnell und ohne Zaudern, zumal sich deutlich zeigte, dass sich die Wahl für die Referendarin quasi aus dem Unterrichtsgegenstand ergab. Alle Gymnasialreferendare und -referendarinnen betonten, dass die Methode sowohl zum Gegenstand als auch zur Lerngruppe

passen müsse und diese Passung durch konsequentes Methodenüben optimiert werden könne:

> *»Wenn ich ein Gruppenpuzzle und Sitzplatzwechsel und so weiter mit Schülern nicht geübt habe, dann kann ich kein Gruppenpuzzle mit denen machen, dann überfordere ich die total. In der fünften Klasse explodiert das dann wie eine Bombe, das geht nicht.« (L2, GYM, Ref, I, 483–485)*

Auch für die Mittelgruppe der Gymnasiallehrkräfte spielte die Methodenwahl eine nachgeordnete Rolle. Die Lehrkräfte entschieden sich rasch für die jeweilige Methode, wobei mit diesen Entscheidungen keine intensiven Vorbereitungen oder Antizipationen verbunden waren. In den Köpfen der Lehrkräfte vollzogen sich diesbezügliche Abwägungen augenscheinlich implizit. Es wurde deutlich, dass sie mit der jeweiligen Methode ein klares Schema verbanden, das Ablauf und antizipiertes Verhalten der Schüler und Schülerinnen enthielt, wie das folgende Zitat illustriert:

> *»Da habe ich noch die Karikatur von letzter Stunde, die lege ich einfach auf den OHP, und anhand dessen sollen die nochmal kurz wiederholen, warum es in Frankreich im Juli 1830 zur Revolution kam. Redekette, zack zack. Wahrscheinlich M., dann R., dann haben wir es.« (L2, GYM, 3J, LD, 21–24)*

In den Laut-Denk-Stunden der Gymnasialexperten und -expertinnen traten methodische Entscheidungen völlig in den Hintergrund. Es war allerdings festzustellen, dass solche Entscheidungen durchaus getroffen wurden, dies aber meist implizit geschah bzw. sich für die Lehrkräfte aus anderen Entscheidungen nachgerade ergab. Die Abhängigkeit der methodischen Entscheidungen vom Thema bzw. der Leitfrage kennzeichneten hierbei zwei Gymnasiallehrkräfte im Interview als besonderes Spezifikum des Geschichtsunterrichts:

> *»Wenn ich die Fragestellung habe, dann ergibt sich ja eine Struktur. Ganz am Anfang steht schon der Inhalt. […] Weil, das ist eben das Besondere an Geschichte […]: da ergibt sich aus dem Stoff eigentlich die Methode.« (L3, GYM, 8J, I, 249–256)*

> *»Erst mal läuft das im problemorientierten Geschichtsunterricht ja immer gleich ab: Am Anfang und am Schluss muss man in der Gruppe diskutieren. Und der Rest richtet sich halt nach dem Material, das es zur Beantwortung des Problems gibt. Fertig.« (L4, GYM, 3J, I, 186–188)*

Besonders prägnant war der Unterschied bezüglich der Erfahrungsstadien in der Vignettenstudie zu beobachten: Während die Referendare und Referendarinnen genaue methodische Überlegungen für alle Phasen formulierten, verbalisierten die Experten und Expertinnen überhaupt keine solchen Methodengedanken. Sie diskutierten einzig das einzusetzende Material. Ihre Überlegungen konzentrierten sich ganz auf den inhaltlichen Verlauf der Stunde und speziell der Vertiefungsphase.

*Hauptschullehrkräfte: Methodenwahl als wichtiges Entscheidungsfeld*
Die Hauptschullehrkräfte zeigten sowohl in ihren Laut-Denk-Planungen als auch in den Interviews eine umfangreichere Methodenreflexion als die Gymnasiallehrpersonen. Die Methodenwahl orientierte sich hierbei weniger an inhaltlichen Punkten als vielmehr überwiegend an der Lerngruppe bzw. an pädagogischen Fragen. Die Meinung, dass die Methodik für ihre Schülerklientel ein entscheidendes Feld der Unterrichtsplanung bilde, wurde hierbei von allen geteilt. Alle Hauptschulprobanden und -probandinnen hielten es darüber hinaus grundsätzlich für nötig, häufige Methodenwechsel in ihre Unterrichtskonzeptionen einzubauen. Zudem teilten sie die Ansicht, dass Differenzierung für ihre Schülerklientel eine Notwendigkeit darstelle, was auch in ihren Laut-Denk-Planungen zur Vorbereitung mitunter aufwändiger Arrangements führte, die stets einer ausführlichen und exakten Planung bedurften.

Die Hauptschulexpertinnen bescheinigten sich dabei sowohl in den Interviews als auch in den Nachgesprächen eine große Flexibilität, indem sie erklärten, Methodenwechsel während des Unterrichts häufig spontan durchzuführen. Konkrete Beispiele nannten sie jedoch auch auf Nachfrage nicht. Die Nachgespräche mit dieser Probandengruppe offenbarten, dass die methodischen Entscheidungen von den Expertinnen während der Unterrichtsdurchführung und auf Basis eines verdichteten, impliziten Wissens über ihre Lerngruppen, die methodischen Arrangements und pädagogische Notwendigkeiten getroffen wurden. Ein spezielles Bewusstsein für fachspezifische Methoden oder Anforderungen war den Gesprächen allerdings nicht zu entnehmen.

*Domänenspezifische Methoden – ein Thema nur für das Gymnasium?*
Ein deutlicher schulformspezifischer Unterschied betraf die Reflexion über domänenspezifischen Methoden. Während Gymnasiallehrpersonen an unterschiedlichen Stellen einen Mangel an domänenspezifischen Methoden beklagten, erwähnte keine der Hauptschullehrkräfte das Problem. Einzig eine Lehrkraft der Mittelgruppe erklärte, dass sie mitunter versuche, fachspezifische Vorgehensweisen wie Quellenarbeit gezielt zu üben. Bei allen anderen Hauptschullehrkräften richtete sich die Methodenwahl eigenen Angaben zufolge nach der Lerngruppe, nach dem Material oder nach dem Prinzip der Abwechslung. Erfordernisse des Lerninhalts wurden nicht reflektiert.

Die Gymnasiallehrpersonen wiesen wiederholt darauf hin, dass sich für den Geschichtsunterricht nur wenige Methoden eigneten:

> *»In Geschichte variiere ich da gar nicht so stark [...] Da gibt es ja so ein paar Klassiker. [...] die Debatte, die Diskussion [...] und [...] das Gruppenpuzzle, die Gruppenpräsentation und das Referat. [...] Viel mehr mache ich da eigentlich nicht.« (L1, GYM, 8J, I, 326–331)*

*»In Vorführstunden mussten wir [...] immer eine Debatte am Schluss machen. Eine Talkrunde, ein Rollenspiel... irgendwas, wo die Schüler diskutieren. [...] Eine andere Methoden war eigentlich immer: höchstens befriedigend.« (L4, GYM, 3J, I, 182–185)*

*»In Geschichte ist es schon immer so dasselbe. Im Bestfall Diskussion, im Allerbestfall in Form eines Rollenspiels. Sonst halt die üblichen [Methoden]: Gruppenarbeit, Partnerarbeit.« (L2, GYM, 3J, I, 251–252)*

In diesem Zusammenhang reflektierten die Gymnasialprobanden und -probandinnen wiederholt, dass Geschichte eigentlich seiner Unbeliebtheit wegen eines besonderen Sets an Methoden bedürfe:

*»Dann gibt es natürlich sehr viele trockene Schriftstücke auch. [...] da musst du dir ein bisschen etwas überlegen, wie kriege ich das an die Schüler ran? Das geht dann nur [...] methodisch.« (L1, GYM, 8J, I, 146–150)*

*»Eigentlich ist das ein Skandal meines Unterrichts, dass ich die nicht mehr methodisch vom Hocker reiße. Ich versuche das wirklich immer nur über Inhalt und mein Auftreten. Aber immer wenn ich eine tolle Methode mache, machen eigentlich plötzlich alle mit.« (L2, GYM, 3J, I, 291–293)*

Eine Gymnasiallehrkraft der Mittelgruppe berichtete von ihrem Versuch, über ein einer Zeitschrift entnommenes ›Geschichts-Mystery‹ methodische Abwechslung in ihren Unterricht zu bringen. Das Zitat ist ein treffendes Beispiel für den häufig beobachteten Umstand, dass Lehrkräfte sich erst im Verlauf des Interviews gewisser Zusammenhänge bewusst wurden: So war die Probandin ursprünglich davon überzeugt, dass das Ausprobieren von Methoden in ihrem Unterrichtsalltag zu aufwändig sei und das Ergebnis in keinem Verhältnis zu diesem Aufwand stehe. Im Verlauf des Gesprächs räumte sie allerdings ein, dass ihr jüngster Versuch dieser Art für sie nicht nur erfolgreich, sondern auch wenig aufwändig gewesen war:

*»Das war eigentlich ein Beweis dafür, dass man es schon so vorbereiten kann, dass alle mitmachen. Auch wenn sie sich grundsätzlich jetzt für das Fach eigentlich nicht interessieren. Aber das war jetzt im Prinzip auch so ein Highlight, was ich ja so nicht jede Stunde herstellen kann. Bzw. ich könnte das herstellen, aber mit einem Aufwand, der mir nicht gerechtfertigt scheint. Aber hier in diesem Fall war der Aufwand gar nicht groß, da war ja alles fertig.« (L4, GYM, 8J, I, 187–191).*

### 2.4.1. Spezifikum Hauptschule: Außerschulischer Lernort

Ein schulformbezogenes Spezifikum stellte die methodische Einbeziehung eines außerschulischen Lernorts dar, die von allen interviewten Hauptschullehrpersonen erwähnt wurde und sowohl in vieren ihrer Laut-Denk-Planungen als auch in fünfen ihrer Vignettenlösungen ein zentrales Moment bildete. Es ergab sich der Eindruck, dass der Besuch eines außerschulischen Lernorts von den erfahreneren Hauptschullehrkräften überwiegend als Methode der Wahl angesehen wurde, die nur deshalb nicht häufiger genutzt werde, weil sie einen großen Vorbereitungsaufwand bedeute:

> *»Ich gucke natürlich zuerst […] nach außerschulischen Lernorten […] und dann gucke ich halt, dass ich da Zusatzmaterial bekomme.« (L1, HS, 3J, I, 118–122)*

> *»Jeder gute Lehrer, den ich kenne, fragt sich in Geschichte zuerst: Was kann ich mit ihnen [den Schülern] unternehmen?« (L4, HS, 3J, I, 281–282)*

> *»Mein erster Blick ist […] immer: Wo kann ich mit ihnen hin? Wie kommen wir raus aus der Schule und ran an den historischen Ort. Oder […] meist ja einen fiktiven historischen Ort.« (L3, HS, 3J, I, 707–710)*

> *»Ich gehe natürlich gerne und so oft es geht mit meiner Klasse ins Museum, oder wir haben […] diese Klassenfahrt gemacht in ein Steinzeitdorf […].« (L3, HS, 8J, I, 52–54)*

Ein entsprechendes didaktisches Konzept erwähnten die Lehrpersonen in den Interviews allerdings nicht. Es ist dabei durchaus möglich, dass sie über ein solches implizit verfügten. Viele betonten die Praxisnähe, die Anschaulichkeit und das Wecken von Interesse, das ein außerschulischer Lernort gewährleiste:

> *»Ich habe mit meinen Kleinen einen Steinzeittag vorbereitet, um das möglichst praxisnah […] zu machen.« (L2, HS, 3J, I, 16–17)*

> *»Dann haben wir uns auch mal ein Schiff von Christoph Columbus angeguckt, wie die da drauf gelebt haben und was sie mitgenommen haben. […] Das ist ein praktischerer Zugang.« (L2, HS, 8J, I, 421–423)*

> *»Ich glaube, dass der Anker dann ist, […] dass sie sich erinnern: Was haben wir da gemacht? Beim Mittelalter bin ich mir sicher, da wissen sie, da waren wir in der Altstadt-Rallye, und hinterher haben wir ein Würstchen gegessen.« (L4, HS, 8J, I, 270–272)*

> *»Diese Klasse […] mit der ich eine Woche wie im Mittelalter gelebt habe, die werden das auch noch wissen, wenn sie Rentner sind.« (L3, HS, 3J, I, 633–635)*

Auch in den Interviews der Gymnasiallehrpersonen wurde der Besuch von außerschulischen Lernorten erwähnt. Die Aussagen bezogen sich auf Museumsbesuche oder die Durchführung von Stadtrallyes im Zusammenhang mit dem Thema Mittelalter. Eine systematische Einbeziehung solcher Lernorte war allerdings an keiner Stelle zu erkennen.

### 2.4.2. Phasierung

In den Interviews wurde die Phasierung im Rahmen der Stundenplanung bemerkenswert selten erwähnt. Besonders erstaunlich war dies im Fall der Referendare und Referendarinnen, für die angenommen werden kann, dass ihr Ausbildungsalltag vom Denken in Phasen geprägt ist. In den Interviews und

Nachgesprächen wurde deutlich, dass die Referendare und Referendarinnen die Phasen zwar als inneres Orientierungsschema kannten und auch für wichtig hielten, grundsätzlich aber nicht dazu in der Lage waren, die Funktionen der einzelnen Phasen klar für sich zu definieren:

> *»Mir ist klar, dass es einen Einstieg geben sollte und irgendwie eine Erarbeitung und irgendwie eine Auswertung, […] aber wie ich das dann […] inhaltlich füllen kann, das […] habe ich in Geschichte […] eher abgekupfert von Reli[gion].« (L4, GYM, Ref, I, 273–276)*

Besonders unsicher zeigten sich die Referendare und Referendarinnen in Bezug auf die Vertiefungsphase, die sie gleichzeitig übereinstimmend für die wichtigste Phase hielten:

> *»Letztlich weiß ich manchmal gar nicht genau – bis heute nicht, obwohl ich es ja offensichtlich ganz gut konnte – was genau eine Vertiefung ausmacht. […] so richtig weiß ich dann manchmal nicht, ob das wirklich eine Vertiefung war oder einfach nur eine erweiterte Sicherung.« (L2, GYM, Ref, I, 286–291)*

> *»Ja, aber was heißt Vertiefung eigentlich? Das ist bei mir immer so bisschen trial and error. Ich glaube, da muss man ein Gefühl für entwickeln.« (L4, GYM, Ref, I, 257–258)*

*Phasenorientierung der Gymnasiallehrkräfte*

Die Unterrichtsplanungen der Gymnasiallehrkräfte folgten mit einer Ausnahme dem Prinzip des problemorientierten Unterrichts. Dementsprechend war zu beobachten, dass sie grundsätzlich im Verlauf ihrer Laut-Denk-Vorbereitungen ihren Einstiegsimpuls reflektierten, wenn es darum ging, einen Vertiefungsimpuls zu formulieren. Sie zeigten somit ein klares Bewusstsein für eine notwendige Verknüpfung der Phasen. Es entsprach dies dem Wert, den sie auch im Rahmen der Interviews auf die Erzeugung eines roten Fadens in einer Unterrichtsstunde legten. Hierbei ergab sich deutlich, dass die Laut-Denk-Planungen der Experten und Expertinnen sich anders als die Planungen der übrigen Probanden und Probandinnen überwiegend auf die Vorbereitung der Einstiegs- und der Schlussphase und deren inhaltliche Verknüpfung beschränkten. Die Gymnasialexperten und -expertinnen reflektierten dieses Vorgehen auch in den Interviews:

> *»Ich würde immer als Erstes einen Einstieg machen, […] der darauf hinaus läuft, das Stundenthema zu formulieren. Und dann machen wir eine Erarbeitung […]. Und am Ende muss eigentlich die Problematisierung oder Reflexion kommen. […] ich mache eben immer diesen problemorientierten Geschichtsunterricht.« (L4, GYM, 8J, I, 256–285)*

Hierbei zeigte sich, dass die Gymnasialexperten und -expertinnen die methodische Organisation der Schlussphase und die integrierte Kompetenzförderung als zwangsläufige Folge ihrer Leitfragenformulierung begriffen. Ebenso wie bei allen anderen Gymnasiallehrpersonen diente diese bei ihnen der Beurteilung der ursprünglich durch die Schüler und Schülerinnen aufgestellten Hypothesen in Form eines Klassengesprächs. Grundsätzlich folgten die Unterrichtsvorbereitungen aller Gymnasiallehrpersonen daher demselben Muster: Nach der Leitfragenformulierung verbalisierten alle Probanden und Probandinnen einen Einstiegsimpuls, mitunter in Form einer Materialpräsentation in Kombination mit einer Ankündigung des Stundenthemas im Klassengespräch. Sie planten eine Übergangsphase der Hypothesenformulierung, antizipierten eine Erarbeitungsphase und konstruierten unter Reflexion des Einstiegsimpulses sowie der antizipierten Ergebnisse der Erarbeitungsphase eine Schlussphase, die in jedem untersuchten Fall vertiefenden Charakter hatte.

Die Ergebnissicherung spielte in den Laut-Denk-Planungen der Gymnasiallehrkräfte insofern eine wichtige Rolle, als sie klar als Voraussetzung für die Vertiefungsphase verstanden wurde. Hierbei war festzustellen, dass keine Gymnasiallehrperson der Mittel- oder Expertengruppe in ihrer Laut-Denk-Planung die Vorbereitung einer Ergebnissicherung verbalisierte. Es zeigte sich jedoch, dass diese Probanden bzw. Probandinnen eine solche Sicherung immer als Möglichkeit mitdachten. Sie bereiteten sie aber nicht gesondert vor, sondern kalkulierten sie offenbar als spontanes Tafelbild ein.[834] In einem Fall wurde konkret deutlich, dass die Lehrkraft in Bezug auf die Ergebnissicherung implizite Annahmen machte, die sie nicht klar verbalisierte. So verlangte die komplizierte Sicherungsmethode, die L4, GYM, 8J antizipierte, im Grunde eine konkrete und aufwändige Anleitung durch die Lehrkraft. Die Probandin zeigte im Nachgespräch, dass ihr dies durchaus bewusst war, dass sie aber damit hatte rechnen können, die diesbezügliche Organisation quasi automatisch bei der Durchführung zu leisten, weshalb sie hierzu im Rahmen der Planung keine Angaben gemacht hatte.

*Hauptschullehrpersonen: Unterschiedliche Herangehensweisen*

Unter den Hauptschulprobanden und -probandinnen ließen sich den Codierungen zufolge deutlich zwei Gruppen unterscheiden. So reflektierten zwei der Referendare bzw. Referendarinnen und eine Lehrkraft der Mittel- sowie eine Lehrkraft der Expertengruppe eine zielführende Diskussion im Sinne einer Vertiefung am Ende der Unterrichtsstunde wiederholt als Norm und planten eine solche im Rahmen ihrer Laut-Denk-Beobachtungen, ohne sie allerdings mit einer früher formulierten Leitfrage zu verknüpfen. Die Umsetzung einer solchen Vertiefung beschrieben sie im Rahmen der Interviews aber als problematisch, indem sie erklärten, dass bereits der Austausch der Schüler und Schülerinnen im

834 Nur eine Gymnasiallehrkraft der Mittelgruppe plante ein Tafelbild im Voraus und machte sich hierzu ausführliche Notizen.

Rahmen einer Gruppenarbeit, der in ihren Lerngruppen als Voraussetzung einer abschließenden Urteilsbildung im Klassengespräch unbedingt erforderlich wäre, in ihrem Unterrichtsalltag selten möglich und methodisch kaum umsetzbar sei:

> *»[D]as schaffen die […] nicht. Da bräuchte man […] einen größeren Raum, […] und dann schaffen die es auch nicht so leise zu reden, dass die anderen folgen, also das ist sehr unangenehm.« (L4, HS, Ref, I, 584–586)*

> *»Ansonsten fallen viele Methoden einfach raus, weil ich keine Gruppenarbeiten machen kann. […] Dann gibt es unglaublich viel Streit […]. Ich könnte zum Beispiel [auch] kein Gruppenpuzzle machen, weil ich dafür einfach zu unterschiedliche Lernstufen habe. […] Und dann habe ich wieder wen, der eigentlich leistungsstärker ist, aber eben emotional-sozial Probleme hat und total aggressiv ist, weil er genervt ist, dass der Andere das jetzt nicht so formulieren kann oder […] er mal raus muss vor die Tür und ein bisschen rennen, und das kann ich irgendwie nicht handlen.« (L1, HS, Ref, I, 459–467)*

> *»[Diskussion] ist leider fast nie möglich. Du redest dann natürlich mit ihnen. Aber ich kann die nie alle aktivieren am Schluss. Dazu müssten sie vorher alle in Kleingruppen aktiviert werden. Ist allein räumlich bei mir ein Problem. Darum sage ich ja: Raus zum außerschulischen Lernort. Immer! (lacht)« (L4, HS, 3J, I, 528–531)*

In den Laut-Denk-Planungen der übrigen Hauptschullehrkräfte war keine Vorbereitung einer Vertiefungsphase zu beobachten. Ihre Stundenvorbereitungen waren über die Codierung der Laut-Denk-Protokolle deutlich schwieriger in Phasen einzuteilen. Zwar war in jeder der Stundenplanungen eine klare Einstiegs- und Erarbeitungsphase festzustellen. Mitunter wurden Ergebnissicherungen vorbereitet. Die Schlussphasen fehlten jedoch meist, in keinem Fall hatte sie einen die Stunde abrundenden oder gar vertiefenden Charakter. Im Gegenteil enthielten die Schlussphasen überwiegend eine zweite Erarbeitung, die einer erneuten Stoffvermittlung diente und die nicht mit der vorherigen Erarbeitungsphase verknüpft war. Grundsätzlich konzentrierten sich diese Hauptschullehrpersonen in den Laut-Denk-Planungen vornehmlich auf die Erarbeitungsphasen und hier insbesondere auf die Wahl geeigneter Materialien. Das Vorgehen entsprach den Angaben der Lehrkräfte in den Interviews insofern, als sie auch dort keine Orientierung an Phasen reflektierten. In den Nachgesprächen gaben diese Hauptschullehrpersonen mitunter an, ihre geplanten Stunden mit einer Diskussion des Stundeninhalts beenden zu wollen. Eine solche Diskussion hatte für sie aber offenbar keiner gesonderten Vorbereitung bedurft.

Auch die geplante Ergebnissicherung gestaltete sich bei diesen Hauptschullehrpersonen deutlich anders und hatte eine andere Funktion als bei den übrigen Hauptschullehrkräften und bei allen Gymnasiallehrpersonen. So war sie in keinem Fall von hinführendem Charakter im Sinne einer Vorbereitung einer Schlussphase, sondern diente dem schieren Festhalten eines (inhaltlichen) Lernergebnisses, von dem die Hauptschullehrkräfte hofften, dass die Schüler und Schülerinnen es in ihr Heft übertragen würden, um es als Vorbereitung auf eine spätere Lernzielkontrolle nutzen zu können:

> *»Damit sie das Ergebnis der Stunde dann im Heft haben. Dann können sie mit ihrem Heft lernen und mir später nichts vorwerfen.« (L4, HS, 3J, I, 122–123)*

> *»Wenn die etwas erarbeiten müssen, müssen die das nachher zusammentragen und gucken, ob es richtig ist. […] Dass alle nochmal sehen, wie es richtig sein muss.« (L1, HS, 8J, I, 460–464)*

Auch wenn davon ausgegangen werden muss, dass auch Gymnasiallehrkräfte von ihren Schülern und Schülerinnen Aufzeichnungen anfertigen lassen, die ein späteres Nachlesen oder Lernen ermöglichen, wurde dies von keiner Gymnasiallehrkraft in Interviews oder Nachgesprächen erwähnt.

*Schulformspezifische Funktionen der Hausaufgabenerteilung*

Für alle Gymnasiallehrkräfte war die Formulierung einer Hausaufgabe deutlicher Abschluss der Stundenplanung und im Grunde ein letzter Punkt ihrer Phasierung. Drei der vier Gymnasialreferendare bzw. -referendarinnen betonten, dass die Hausaufgabe eine weitere Episode der Vertiefungsphase darstelle. Für die Gymnasialmittelgruppe spielte die Hausaufgabenformulierung eine noch größere Rolle: Sie erfüllte hier eine wichtige vorbereitende Funktion für die folgende Stunde, welche häufig auf den Hausaufgaben aufbaute. Dies entsprach dem insgesamt stärker sequenziellen Denken der Gymnasialmittelgruppe im Vergleich zur Gruppe der Gymnasialreferendare bzw. -referendarinnen. Letztere reflektierten zwar wiederholt die Wichtigkeit der Hausaufgabe, in ihren Stundenkonzeptionen wurde eine solche Wichtigkeit aber nicht ersichtlich. Die Mittelgruppe vergegenwärtigte sich in ihren Planungen zu Beginn hingegen häufig die Hausaufgaben der vorangegangenen Stunde und plante am Ende die vertiefenden und hinführenden Hausaufgaben zur nächsten Stunde. Die Hausaufgabenplanung hatte damit insofern einen wichtigen Stellenwert im Rahmen der sequenziellen Planung, als sie entweder von der Stunde weg- oder zur kommenden Stunde hinführte. Bei den Gymnasialexperten und -expertinnen schließlich war die Funktion der Hausaufgabe besonders deutlich erkennbar: Jeder Gymnasialexperte bzw. jede Gymnasialexpertin nutzte die Hausaufgabe im Grunde als Teil seines bzw. ihres Unterrichtskonzepts, indem er oder sie entweder Vertiefungs- oder Informationsphasen in die Hausaufgaben legte. Dies zeigte sich deutlich im planerischen Vorgehen. Die Gymnasialexperten und -expertinnen mussten zwangsläufig Verlauf und Hausaufgaben der vorhergehenden Stunde am Beginn ihrer Unterrichtsvorbereitung reflektieren und beriefen sich während der Stundenplanung auf die diesbezüglichen Erkenntnisse.

Alle Hauptschullehrpersonen gaben an, dass das Diktieren von Hausaufgaben an ihrer Schule weder obligatorisch noch verboten sei, sondern vielmehr ganz in der Entscheidung der Lehrkraft stehe. Diejenigen Hauptschullehrkräfte, die Hausaufgaben ausgaben, taten dies stets optional. Die Hausaufgaben hatten also in keinem Fall eine maßgebliche Funktion für die darauffolgende Stunde.

### 2.4.3. Differenzierung

Das Problem der Differenzierung im Geschichtsunterricht spielte in den Interviews eine untergeordnete Rolle. Es wurde insgesamt nur von fünf Lehrpersonen angesprochen. Die Laut-Denk-Protokolle vermittelten hingegen ein anderes Bild: So tauchten differenzierende Maßnahmen hier an unterschiedlichen Stellen und in unterschiedlicher Ausprägung durchaus häufig auf. Allerdings war ein klarer Schulformunterschied zu verzeichnen: Während in jeder einzelnen Unterrichtsplanung der Hauptschullehrpersonen differenzierende Maßnahmen zu beobachten waren, handelte es sich bei den Gymnasiallehrpersonen an keiner Stelle um ein zentrales Element ihrer methodischen Vorbereitung.

*Differenzierung bei den Hauptschullehrkräften: Basis unterrichtlichen Arbeitens*
Im Gegensatz dazu war für die Hauptschulreferendare und -referendarinnen und die Hauptschullehrkräfte der Mittelgruppe Differenzierung zentraler Bestandteil ihrer Unterrichtsplanung. Die Stunden waren grundsätzlich und grundlegend differenzierend angelegt. Diese Differenzierung war allerdings generell methodischer Natur. Sowohl Referendare als auch Probandinnen der Mittelgruppe betonten, dass sie versuchten, möglichst häufig differenzierende Arbeitsweisen wie Stationenlernen und Projektarbeit umzusetzen. Differenzierende Gruppenarbeit wurde hierbei überwiegend als schwierig empfunden. Insgesamt waren die Interview-Äußerungen der Hauptschullehrkräfte im Verhältnis zu ihren differenzierenden Planungen im Rahmen der Laut-Denk-Beobachtungen aber sehr rar. Besonders die Untersuchung der Hauptschullehrexpertinnen zeigte deutlich, dass Differenzierung ein derart essenzielles Merkmal ihrer Vorbereitung war, dass sie nicht glaubten, es explizit erwähnen zu müssen:

> *»Dann habe ich ja immer noch welche, die meist kein Deutsch sprechen können oder so etwas. Für die mache ich natürlich noch eine unterschiedliche Vorbereitung, dass die dann noch ein etwas einfacheres Arbeitsblatt kriegen.« (L2, HS, 8J, I, 284–286)*

Die Interviews ergaben klar, dass die Differenzierung für die Hauptschulprobanden und -probandinnen einen Faktor der Unterrichtsplanung darstellte, der

– ebenso wie die Berücksichtigung von Schülerinteressen – eine Unterrichtsdurchführung in ihren Augen erst ermöglichte. So stellt sich die Frage, wie L2, HS, 8J ihre nicht-deutschsprachigen Schüler und Schülerinnen überhaupt unterrichten könnte, wenn sie nicht für eine Differenzierung sorgen würde. Auch andere Hauptschullehrkräfte wiesen auf diesen Umstand hin, wenn sie die starke Diversität ihrer Schülerklientel betonten:

> *»Es gibt Leute, die eigentlich nur wegen ihres Verhaltens bei uns sind, die aber von ihrer Lernfähigkeit her auch an höheren Schulstufen Erfolg haben würden. Und es gibt Leute, die […] erwiesenermaßen einen IQ von 60 haben und die ja auch irgendwie beschult werden sollen.« (L3, HS, 8J, I, 402–405)*

> *»Was gar nicht mehr geht, ist, dass man ein Arbeitsblatt für alle nimmt. […] ich habe bestimmt 70 Prozent Kinder mit Migrationshintergrund, […] Ich kann einfach nicht mit einem Schüler, der aus dem Irak kommt, sehr anspruchsvoll sein. […] bei dem kann ich auch nicht erwarten, dass der irgendeine Transferleistung erbringt. Dem kann ich nur sagen: […] das musst du jetzt wissen.« (L4, HS, 8J, I, 304–311)*

Die Qualität der Differenzierung wurde hierbei einzig von den Hauptschulreferendaren bzw. -referendarinnen reflektiert. In den Interviews wurde deutlich, dass sie eine inhaltliche Differenzierung zwar als wichtiges Prinzip begriffen, es ihnen aber an Orientierung bzw. an Vorbildern mangelt:

> *»So richtig sicher sind sich da alle Seminarleiter auch nicht, wie sie es machen sollen. […] Ich glaube, was die meisten bereits machen, ist die quantitative Differenzierung, also […] einfach anhand des Umfangs vom Material. […] Wo sich aber viele drauf einstellen müssen […] ist ja, dass es ja um eine qualitative Differenzierung geht. […] Aber da ist immer noch ein großes Fragezeichen darüber für alle.« (L3, HS, Ref, I, 37–61)*

In diesem Zusammenhang ist daran zu erinnern, dass die Hauptschullehrpersonen in ihren Laut-Denk-Planungen niemals Stundenziele in Bezug auf historisches Denken seitens der Schüler und Schülerinnen reflektierten.[835] Inwieweit die Differenzierung also historisches Lernen betraf und tatsächlich förderte, muss offen bleiben. Die Auswertung der Protokolle zeigt, dass sich die Differenzierung überwiegend auf methodische Fertigkeiten und das Erlernen von historischen Fakten bezog.

*Distanz gegenüber Differenzierung unter den Gymnasiallehrkräften*

Die befragten Hauptschullehrkräfte zeigten ein deutlich größeres Bewusstsein für die Notwendigkeit eines differenzierenden Planens als die Gymnasiallehrkräfte. Dennoch gingen auch diese im Rahmen der Laut-Denk-Beobachtung differenzierend vor. Sie taten dies aber seltener als die Hauptschullehrkräfte.

835 Einzig die Leitfragenformulierung einer Hauptschulreferendarin kann als eine solche Zielformulierung verstanden werden, s. o.

Klar differenzierende Maßnahmen waren nur in den Laut-Denk-Planungen der Referendare und Referendarinnen zu erkennen, die unterschiedliche Arbeitsblätter für unterschiedliche Arbeitsgruppen entwickelten, wobei nicht nur inhaltlich sondern auch sprachlich differenziert wurde. Darüber hinaus wurden auch Differenzierungsmaßnahmen in methodischer Hinsicht ergriffen: Leistungsstarke Schüler und Schülerinnen wurden für Präsentationen oder Mitschriften gesondert eingeplant. Allerdings dominierten in den diesbezüglichen Äußerungen der Gymnasialreferendare und -referendarinnen Aussagen über die Schwierigkeiten, die sie mit der Differenzierung haben:

*»[M]ir ist auch total bewusst, dass es wichtig ist, im Unterricht zu differenzieren. […] nur bin ich damit gerade total überfordert. […] ich hab echt genug zu tun, um den Unterricht erst mal allgemein zu planen. Und dann fehlt mir einfach die Zeit […].« (L4, GYM, Ref, I, 363–369)*

Lehrkräfte der Mittelgruppe wählten zwar unterschiedliche Quellen aus und sahen unterschiedliche Arbeitsaufträge für unterschiedliche Schüler und Schülerinnen vor. Diese Unterschiede waren aber inhaltlichen Zielen geschuldet und wurden nicht etwa im Sinne einer individualisierenden Förderung reflektiert.

Auch die Gymnasialexperten und -expertinnen differenzierten an keiner Stelle konkret. Die für die Vertiefungsphase formulierten unterschiedlichen Impulse hatten keinen differenzierenden Charakter, sondern dienten offensichtlich dem flexiblen Handeln der Lehrkraft bei der Unterrichtsdurchführung. Überlegungen zu Angemessenheit von Fragestellungen und Aufgaben betrafen durchgängig ›die Lerngruppe‹ und nicht einzelne Schüler und Schülerinnen. Dennoch wurde aus den Äußerungen der Gymnasialexperten und -expertinnen deutlich, dass sie offenbar während der Unterrichtsdurchführung durchaus zu differenzierenden Maßnahmen greifen. Um einem grundsätzlich differenzierenden inhaltlichen und methodischen Aufbau ihrer Stunden kann es sich aber angesichts der fehlenden Vorbereitung nicht handeln.

Entsprechend ihren Interview-Äußerungen gingen die erfahreneren Gymnasiallehrpersonen im Rahmen ihrer Laut-Denk-Planungen nicht stark differenzierend vor. Im Gegenteil fanden sich Stimmen, die ein differenzierendes Vorgehen in inhaltlicher Weise explizit ablehnten:

*»[I]ch setze mich sicher nicht hin und überlege mir was für eine Extraaufgabe kann ich denn für L. hier schaffen, weil sie ein russisches Immigrantenkind ist. Nee, überhaupt nicht. […] Es geht um die Grundfragen, ist völlig egal.« (L3, GYM, 3J, I, 430–439)*

*»Ich habe auch keine unterschiedlichen Arbeitsaufträge für unterschiedlich leistungsstarke Schüler, das gibt es bei mir nicht […] mehr. […] Das macht man aber eher in der Stunde direkt. Das versucht man nicht mehr, durch komplette Binnendifferenzierung in der Planung auszugleichen.« (L2, GYM, 8J, I, 637–640)*

*»Ob du doof bist oder nicht, ob du was weißt oder nicht, ob du lernen willst oder nicht… du kannst in meinem Unterricht immer mitdenken. Punkt. Denken kann jeder.« (L4, GYM, 3J, I, 595–596)*

Die Äußerungen der Gymnasiallehrkräfte der Mittelgruppe verwiesen hierbei auf eine ganz grundsätzliche Überzeugung dieser Probanden und Probandinnen: Eine inhaltliche Differenzierung lehnten sie für den Geschichtsunterricht deutlich ab. Jeder Schüler bzw. jede Schülerin sei in gleicher Weise dazu befähigt, die Ziele ihres Unterrichts (›historisch Denken lernen‹) zu erreichen. Womöglich lag es an dieser starken Überzeugung, dass die Lehrkräfte Überlegungen zu differenzierenden methodischen Maßnahmen hier nicht zuließen. Andere Probanden und Probandinnen folgten in ihren Angaben zwar demselben Prinzip, glaubten aber, dass diese Ausklammerung einer Differenzierung nicht der Norm entspreche, und waren deutlich weniger selbstbewusst in Bezug auf das eigene Vorgehen.

## 2.5. Medien- bzw. Materialwahl

Die Wahl der für den Unterricht nötigen Medien bezieht sich in der vorliegenden Darstellung auf all jene Materialien, in denen sich der unterrichtliche Gegenstand den Schülern und Schülerinnen präsentieren kann. Die Fragen, die die Lehrpersonen an die Materialien im Rahmen des Auswahlprozesses stellten, ähnelten sich unabhängig von Schulform und Erfahrungshorizont. So prüften sie die Passung zwischen Materialien und Thema oder Methode, machten sich Gedanken darüber, inwiefern Quellen adressatengerecht aufbereitet werden könnten, erwogen, ob Quellen das Interesse der Schüler und Schülerinnen wecken würden und ob diese den Umgang mit Material dieser Art gewohnt seien. Dennoch ergaben sich grundsätzliche Unterschiede bezüglich der Schulformen und hinsichtlich des Expertisegrades.

*Gymnasiallehrkräfte: Aufwändige Recherchen und Arbeitsblatterstellung*
Neun der Gymnasiallehrpersonen erklärten, das Material für die Unterrichtsstunde passend zur vorher formulierten Leitfrage zu wählen. Eine Referendarin erklärte darüber hinaus, das Material in Bezug auf die zu fördernde Kompetenz auszusuchen. Die Gymnasialreferendare und -referendarinnen berichteten durchweg davon, die in Schulbüchern gefundenen Quellen oft sehr grundlegend zu überarbeiten, zu annotieren, mit neuen Aufgaben zu versehen, die Originale zu suchen und die vorgefundenen Quellen zu verlängern oder zu kürzen. Die Angaben korrespondierten mit den Beobachtungen der Laut-Denk-Untersuchung: Die Referendare und Referendarinnen verwendeten hier viel Zeit auf die

Suche nach Materialien. Alle vier erstellten eigene Arbeitsblätter. Besonders zügig gestaltete sich die Planung nur bei einem Referendar, der bereits über didaktisierte Materialien aus dem Studium verfügte und aus diesem Fundus schlicht auszuwählen hatte. Unter den Gymnasiallehrkräften der Mittelgruppe erstellten nur zwei Probanden bzw. Probandinnen eigene Arbeitsblätter. Eine dritte Lehrkraft bemerkte hierbei während der Planung interessanterweise, dass sie dies deshalb nicht tue, weil sie keine Möglichkeit sehe. Die Erstellung eines Arbeitsblatts war für diese Lehrkraft also offenbar eine Norm, an der sie sich grundsätzlich orientierte.

*Hauptschullehrkräfte: Materialerstellung als zentrale Komponente*

Für die Hauptschulreferendare und -referendarinnen gestaltete sich die Suche nach Unterrichtsmaterial vergleichsweise unkompliziert. Jedenfalls entnahmen diese Probanden und Probandinnen beinahe alle Materialien Schulbüchern, die in ihren häuslichen Regalen standen. Dies bedeutete aber nicht, dass ihre Materialwahl insgesamt weniger aufwändig war als die ihrer Gymnasialkollegen und -kolleginnen. Im Gegenteil: Die Hauptschulreferendare und -referendarinnen erstellten Arbeitsblätter unter differenzierenden Gesichtspunkten und verwendeten hierfür die gefundenen Quellen in gekürzter Form und mit eigens formulierten Arbeitsaufträgen, deren Erstellung sie viel Zeit kostete. Sie reflektierten hierbei oft nicht nur den Inhalt der selbst erstellten Materialien, sondern auch das Layout:

> *»Ich verändere oft den Schrifttyp und auch die Schriftgröße, damit die Schüler einfach nicht so sehr davon erschlagen werden [...], das ist mir wichtig, die Optik. So dass sie denken: Okay, das ist jetzt gar nicht schlimm, dass ich mich damit beschäftigen muss.« (L4, HS, Ref, I, 444–447)*

Auch die Mittelgruppe der Hauptschullehrkräfte erstellte umfangreiches Material, was stets ihren differenzierenden Unterrichtskonzepten geschuldet war. Insgesamt zeigte sich, dass die Materialsuche und -wahl in den Unterrichtsvorbereitungen der Hauptschullehrpersonen eine zentrale Rolle spielte und sich in ihrer richtungsweisenden Funktion deutlich von der Rolle in den Planungen der Gymnasiallehrpersonen unterschied. So informierten sich fünf der erfahreneren Hauptschullehrkräfte noch während der Orientierungsphase ihrer Stundenplanung über das zur Verfügung stehende Material. Ihre Stundenkonzeptionen orientierten sich in der Folge deutlich an dem Gefundenen.

*Materialfundus als Vorteil der Berufserfahrung*

Experten und Expertinnen beider Schulformen sahen ihren eigenen Erfahrungsvorteil im großen Materialfundus, den jeder bzw. jede von ihnen über die Jahre zusammengestellt hatte. Alle berichteten, dass dieser Fundus die Materialsuche sehr erleichtere und die Vorbereitungszeit deutlich verkürze. Es zeigte sich, dass die Hauptschullehrpersonen hierbei ihre Vorbereitungen deutlich systematischer abheften und für neue Planungen häufiger nutzen als die Gymnasiallehrkräfte:

*»Wenn ich mich hinsetze und eine Planung mache [...] dann gucke ich mir an, was habe ich denn alles an Materialien da? [...] Was hat funktioniert und was nicht?« (L1, HS, 8J, I, 435–440)*

*»Wenn man jetzt zum dritten Mal das Thema ›Mittelalter‹ hat, ist es nicht mehr so aufwändig wie beim ersten Mal. [...] ich sammele natürlich diese Arbeitsblätter, die ich selber mache, und notiere mir darauf, was schlecht war und [...] dann gucke ich mir das an [...] und nehme die Sachen, die in meiner Erinnerung gut gelaufen sind [...] und ergänze das durch zum Beispiel aktuelle Sachen. [...] Diese alte Planung vom letzten Mal ›Mittelalter‹, das ist die Basis für die neue Planung.« (L3, HS, 8J, I, 426–435)*

### 2.5.1. Quellenarbeit

Auch bezüglich der Vorbereitung von Quellenarbeit ergaben sich klare schulformspezifische Unterschiede.

*Hauptschullehrpersonen: Textquelleneinsatz als Ausnahmeerscheinung*
Die Laut-Denk-Stundenplanungen der Hauptschullehrpersonen sahen grundsätzlich keine Auseinandersetzung mit Textquellen als zentralem Stundenmaterial vor: Zwar planten zwei der Hauptschulreferendare bzw. -referendarinnen einen Einsatz solcher Textquellen, ihre Stundenkonzeptionen konzentrierten sich aber nicht auf die Bearbeitung der Quelle, sondern berücksichtigten vielmehr eine Sammlung von ›Quellenschnipseln‹, die im Rahmen einer differenzierenden Methodenkonzeption den Schülern und Schülerinnen Informationen über bestimmte Gegenstände liefern sollten. Eine Referendarin nutzte für ihre Stunde eine Bildquelle, die ebenso wenig einer Analyse unterzogen wurde. In allen vier Stundenkonzeptionen bildeten Darstellungstexte die entscheidenden Stundenmaterialien. Auch für die Mittelgruppe der Hauptschullehrkräfte war die Arbeit mit Textquellen von untergeordneter Bedeutung. Nur eine einzige Stundenvorbereitung sah hier die Auseinandersetzung mit einer solchen vor. In allen Stundenkonzeptionen bildeten selbst erstellte Arbeitsblätter das zentrale Unterrichtsmaterial, die in erster Linie durch die Lehrkraft verfasste Darstellungstexte und darüber hinaus jeweils unterschiedliche Quellengattungen (Bildquelle, Filmausschnitt, Stadtplan) enthielten. Auch die Stundenplanungen der Hauptschulexpertinnen wurden klar von der Arbeit mit selbst verfassten Darstellungstexten dominiert, die in Form von Arbeitsblättern an die Schüler und Schülerinnen verteilt werden sollten. Entscheidender war in ihren Stundenkonzeptionen allerdings das Medium der Lehrererzählung. Auch in den

Vignettenplanungen dachte keine Hauptschullehrkraft an den Einsatz einer mittelalterlichen Textquelle. Sofern textliches Material eingeplant wurde, handelte es sich um Gedichte oder Erzählungen der Gegenwart, die ein anschauliches Bild vom Leben im Mittelalter vermitteln sollten. Häufig allerdings planten die Hauptschullehrkräfte den Einsatz von gegenständlichen (nachgefertigten) Quellen (Helm, Kleider, Hufeisen), deren Fremdartigkeit die Schüler und Schülerinnen überraschen und zum Nachdenken über ihre Gegenwart anregen sollte. Eine Expertenlehrkraft erwog, die Hälfte der Klasse ihre Lieblingssnacks mitbringen zu lassen und die anderen Schüler und Schülerinnen Köstlichkeiten des Mittelalters besorgen zu lassen. Eine andere Expertenlehrkraft folgte demselben Konzept in Bezug auf Kleidung.

Die Laut-Denk- und Vignetten-Beobachtungen der Hauptschullehrpersonen stimmten mit den Interviewergebnissen überein. Auch hier wurde eine klare Ablehnung der Quellenarbeit deutlich:

> *»Ich habe noch nie mit einer richtigen Quelle gearbeitet, weil ich die immer sehr schwer verständlich finde.« (L1, HS, 3J, I, 338–339)*

> *»Ich benutze nur Bildquellen […] bisher. Keine Textquellen. […] Wie gesagt, mit dem Lesen ist es so eine Sache.« (L1, HS, Ref, I, 474–476)*

Wieder bildeten die fachfremden Lehrkräfte eine Sondergruppe, indem speziell ihre Angaben belegten, dass sie eine analytische Quellenarbeit für derart undurchführbar hielten, dass sie die Frage danach gar nicht direkt beantworten wollten oder konnten. Quellenarbeit beschrieb in ihren Aussagen eine vage Form der Auseinandersetzung mit historischen Textdokumenten, nicht aber eine intensive Analyse unter geschichtsdidaktischen Gesichtspunkten:

> *»[Quelleneinsatz,] ja, aber in ganz, ganz niedlicher Form wahrscheinlich. Ja, wenn sich da eben die Sprache verändert, ist das natürlich für die Schüler schon spannend irgendwo. Und dann können wir uns auch mit […] Übersetzungen, so etwas Altdeutsches […], auch ziemlich lang schon beschäftigen.« (L2, HS, 3J, I, 481–484)*

> *»Das mit den mittelalterlichen Gedichten, das dehnt man ja nun nicht wochenlang aus. Das macht man mal ein, zwei Stunden. Einmal um vielleicht mal so rein zuhören in die Sprache und einmal um das zu übersetzen in unser Deutsch, und dann war es das auch. Einfach nur mal, dass sie so einen Eindruck haben.« (L3, HS, 8J, I, 354–357)*

Besonders die Arbeit mit gegenständlichen Quellen wurde von den Hauptschullehrpersonen immer wieder gelobt. Dies passte zur großen Bedeutung, die die Mehrheit der Hauptschullehrpersonen den außerschulischen Lernorten beimaß:

> *»Akustische Sachen […], dass man irgendwie mal eine Musik aus der Zeit…, […] ganz viel Bilder, […] dass man darüber ganz viel geht.« (L2, HS, Ref, I, 506–509)*

> *»Wenn du die Moorleiche als Quelle bezeichnest, arbeiten wir auch mit Quellen.« (L4, HS, 8J, I, 379)*

*Gymnasiallehrpersonen: Textquellen als zentrales Medium*

Unter den gewählten Materialien in den Laut-Denk-Stunden der Gymnasiallehrpersonen dominierte klar der Typ der Textquelle. Drei der Gymnasialreferendare bzw. -referendarinnen arbeiteten zentral mit Textquellen. Eine Referendarin arbeitete mit einem Lied, das in seiner methodischen Einbettung vornehmlich als Textquelle zum Einsatz kam. Drei der Gymnasialreferendare bzw. -referendarinnen setzten neben den Textquellen zusätzlich Bildmaterial ein, wobei dieses nur in einem Fall unter quellenkritischen Gesichtspunkten erörtert wurde. Ähnlich verhielt es sich bei der Mittelgruppe: Alle vier Probanden bzw. Probandinnen nutzten für ihre Stunden Textquellen, in drei Fällen wurden diese durch Bildquellen ergänzt, welche allerdings nur in einem Fall auch tatsächlich in ihrer Funktion als Quelle Teil der Unterrichtsplanung war. In den anderen Planungen hatten sie illustrativen oder impulsgebenden Charakter. Die Experten und Expertinnen verwendeten ausschließlich Textquellen. Bei allen Gymnasiallehrpersonen wurden Darstellungstexte vornehmlich in den Hausaufgaben eingesetzt.

Entsprechend fanden sich unter den Gymnasiallehrkräften einige, die die Arbeit mit Quellen im Geschichtsunterricht explizit verteidigten:

> *»Es gibt so eine Tendenz bei mir zur Quellenarbeit, schon weil ich denke, die Leute lesen zu wenig und nehmen Texte zu wenig wahr.« (L2, GYM, 3J, I, 502–503)*

Häufiger hingegen äußerten sich die Gymnasiallehrkräfte in den Interviews distanziert gegenüber der Quellenarbeit:

> *»Ich bin jetzt aber […] nicht so ein Quellentyp, also ich finde, wenn es keine passende Quelle gibt, dann lieber keine. Dann macht man eben lieber Überblickswissen, das ist auch genauso wichtig, wenn nicht wichtiger.« (L4, GYM, 3J, I, 350–352)*

> *»Ich arbeite inzwischen nicht mehr so oft mit Quellen. […] Weil Quellenarbeit auch sehr viel Zeit kostet.« (L1, GYM, 3J, I, 174–180)*

> *»[I]ch [habe] den Eindruck […], dass die Quellenarbeit nicht gut funktioniert in der Mittelstufe. [Um] so richtig Quellen zu bearbeiten, da muss man sich auch intellektuell darauf einlassen wollen. […] eigentlich mache ich das nicht so viel mit ihnen.« (L3, GYM, 8J, I, 204–209)*

Besonders vehement kritisiert wurde die Quellenarbeit konsensual von den bilingual unterrichtenden Lehrkräften. Diese Probanden und Probandinnen verwiesen auf ihre positiven Erfahrungen mit englischen Schulbüchern, in denen ihrer Wahrnehmung zufolge Textquellen nur am Rande und in stark vereinfachter Form eingesetzt werden.

*Quellenbearbeitung: Schulformspezifische Einstellungen*
Ein für die erfahreneren Gymnasiallehrkräfte spezifisch wichtiges Thema war jenes der Quellenüberarbeitung im Rahmen der Vorbereitung. So räumten die Lehrpersonen ungefragt ein, Quellen nicht nur zu kürzen, sondern auch teilweise sprachlich zu glätten und manchmal sogar inhaltlich zu ändern:

*»Wenn ich sage […] ich möchte irgendetwas über die Stasi machen […] und ich weiß, es gibt da eine Quelle darüber, die mir aussagt […] wann ist jemand verdächtig für [die] Stasi […] und ich weiß […], dass es stimmt, ich hab die Dinge gelesen, aber ich weiß jetzt gerade nicht wo. Ich habe keinerlei Schwierigkeiten, dann theoretisch zwei, drei Sätze aufzuschreiben in dem Stil, […] also zu faken und darunter zu schreiben: ›Erich Mielke‹ oder so, und ich weiß selber, das war er jetzt gar nicht, ne?« (L3, GYM, 3J, I, 54–61)*

*»[Es] ist die Frage, warum nicht mal ein bisschen mehr lösen von diesem ganzen pedantischen Historikerdasein? Dann ändere ich die Quellen halt.« (L1, GYM, 3J, I, 756–757)*

*»Wenn mal im Einzelnen irgendetwas nicht passt, dann versuche ich eben, da anzupassen.« (L4, GYM, 8J, I, 320)*

Ein Gymnasiallehrer der Mittelgruppe demonstrierte dieses Vorgehen auch in seiner Stundenplanung, die via Lautes Denken aufgezeichnet wurde:

*»[D]ann ändere ich das [Zitat] mal einfach ein bisschen ab und sage nicht: Das Volk kann aufatmen, sondern nenne das anders und zwar: Das Volk ist glücklich, der Feind ist fern. So. […] Perfekt.« (L4, GYM, 3J, LD, 249–252)*

Besonders jene Lehrkräfte, die Geschichte auch bilingual unterrichten, verwiesen wiederholt auf die Praxis der Quellenänderung, die sie in ihrem bilingualen Unterricht offenbar für zentral hielten:

*»Manchmal schreibe ich die Quellen auch komplett um. Macht mir gar nichts. In Bili[ngual] muss ich das auch machen. Da stellt sich die Frage gar nicht.« (L4, GYM, 3J, I, 353–355)*

*»Wenn die zu schwer sind, dann vereinfache ich die auch. Also das kenne ich aus bilingual, das finde ich auch völlig legitim. […] Oft sind die einfach zu schwierig. Also die verstehen sie dann nicht. Sprachlich.« (L3, GYM, 8J, I, 211–213)*

Auch unter den Hauptschullehrpersonen waren solche, die erklärten, die Quellen teilweise sehr zu verändern. Anders als die Gymnasiallehrkräfte zeigten sie hierbei allerdings ein geringeres Selbstbewusstsein und hinterfragten ihr Vorgehen wiederholt:

*»Wenn es ihnen schwer fällt, sich überhaupt auf Texte einzulassen, dann ist die Sprache so holprig, das muss man erst mal übersetzen [bzw.] umwandel[n]. Das darf man nicht so laut sagen, aber vielleicht das jemanden sagen lassen, der im Alter der Schüler ist, mit einer Sprechblase oder so, das ist dann einfach eingängiger.« (L1, HS, Ref, I, 476–480)*

*»Manchmal schreibe ich es in leichter um. Aber Psst!« (L4, HS, 3J, I, 148)*

Eine spezielle Untergruppe bildeten wiederum die fachfremd unterrichtenden Lehrkräfte unter den Hauptschullehrkräften. Jede einzelne dieser Lehrpersonen setzte als gegeben voraus, dass man Quellen nicht verändern dürfe:

*»Da kann man ja nichts vereinfachen logischerweise.« (L2, HS, 3J, I, 490)*

*»Ich kann ja nicht die Quellen ändern. Das geht ja nun mal nicht.« (L3, HS, 3J, I, 615–616)*

### 2.5.2. Das Schulbuch als Hilfsmittel der Materialwahl

Jede beobachtete Lehrkraft warf auf der Suche nach Materialien einen Blick in das von ihrer Lerngruppe benutzte Schulbuch. Es ergaben sich aber grundsätzliche schulformspezifische Unterschiede in Hinblick auf tatsächliche Nutzung und Einstellungen zum Schulbuch als zentralem Materialpool.

*Gymnasiallehrpersonen: Unschicklicher Buchunterricht?*

Alle Gymnasiallehrpersonen konsultierten auf der Suche nach Materialien im Rahmen der Laut-Denk-Untersuchung mindestens zwei Schulbücher, niemals wählten sie nur aus dem Buch, das in der Lerngruppe verwendet wurde. Dieses Vorgehen korrespondierte mit einer grundsätzlich kritischen Haltung den Schulbüchern gegenüber, die sich in den Interviews offen zeigte. Die Kritik richtete sich gegen die in den Büchern präsentierten Quellen und Darstellungstexte, in erster Linie aber gegen die Arbeitsaufträge, die entweder als zu kompliziert oder aber als zu wenig kompetenzorientiert empfunden wurden. Letzteres störte besonders die Gymnasialreferendare bzw. -referendarinnen, die eigenen Angaben zufolge anders als die erfahrenen Lehrkräfte aufgrund ihrer Ausbildungssituation zwangsläufig einen kompetenzorientierten Unterricht durchführen müssen:

*»[D]ie wenigsten Schulbücher haben operationalisierte Arbeitsaufträge, es wird aber immer erwartet, das zu machen.« (L1, GYM, Ref, I, 225–226)*

*»Das sind anspruchsvolle Texte, und dann steht hinten dran: Fassen Sie zusammen […], nehmen Sie Stellung dazu […]. So kann ich keinen Geschichtsunterricht machen. Das ist zu vage, […] es ist methodisch nichts vorhanden.« (L3, GYM, 3J, I, 251–256)*

Die Kommentare der Gymnasiallehrpersonen zeigten, dass sie eine direkte Übernahme der Materialien aus den Schulbüchern in ihrer Planungspraxis nicht nur angesichts des unzureichenden Angebots für unmöglich, sondern auch ganz generell für unangemessen hielten:

*»Nur im unvorbereiteten Falle [nehme ich] das, was im Schulbuch ist.« (L3, GYM, Ref, I, 134–135)*

*»Du arbeitest ja nicht stumpf das Schulbuch [durch], auf jeden Fall sollte man das nicht machen.« (L2, GYM, 3J, I, 111–112)*

*»Ich würde [...] nie sagen: Lest jetzt mal diesen Text Seite sowieso. Nur wenn ich wirklich keine Zeit habe.« (L4, GYM, 3J, I, 55–56)*

Eine besondere Untergruppe bildeten hierbei die Gymnasialexperten und -expertinnen, die eine solche Ablehnung des Schulbuchs als Hilfsmittel bei der Planung durch die Interviewerin bzw. die Öffentlichkeit besonders deutlich antizipierten. Anders als die übrigen Gymnasialprobandengruppen verteidigten die Experten und Expertinnen den Gebrauch des Schulbuchs als Materialgrundlage für ihren Unterricht allerdings vehement:

*»Das ist immer so ein Dünkel [...], was du nicht selber machst, ist nicht gut [...]. Diese Krankheit, dass du ja quasi nicht mit dem Buch arbeiten darfst [...]. Ich weiß nicht, woher das kommt. [...] Wenn man ganz ehrlich ist und nimmt sich seine Starstunden, die man so gemacht, wo man lange recherchiert hat nach Quellen [...] und dann vergleicht man das mal mit dem, was in modernen Schulbüchern an Quellen drin ist. Dann wirst du oft sehen, ja, die sind da auch schon drin.« (L1, GYM, 8J, I, 565–574)*

*»In der Sek I bin ich doch immer mehr dazu gekommen, das Schulbuch möglichst viel einzubinden aus ganz profanen Gründen. [...] die Eltern haben es gekauft, die werden zickig wenn man es nicht benutzt. Wenn man auf Klassenarbeiten zugeht, dann müssen sie auch im Buch gucken können [...]. Das sind dann halt doch unterrichts-, schulrelevante Gründe, die dann wenig zu tun haben mit der Didaktik oft.« (L2, GYM, 3J, I, 31–38)*

*»Dazu kommt auch, dass die Schüler schon genug Material haben und dann eben nicht noch immer diese Kopierkosten haben sollen.« (L3, GYM, 8J, I, 53–54)*

Gleichzeitig lieferten Gymnasialexperten und -expertinnen ebenso wie die Lehrkräfte der Gymnasialmittelgruppe an vielen Stellen konkrete Beispiele der intensiven Auseinandersetzung mit den in den Schulbüchern vorgefundenen Themen- und Materialvorschlägen bzw. deren inhaltlicher Bearbeitung. Es deutet sich hier ein spezieller Aspekt professioneller Kompetenz an, wenn beispielsweise eine Gymnasiallehrperson mit Berufserfahrung unter Reflexion ihres Fachwissens bei gleichzeitiger Reflexion ihres fachdidaktischen Wissens die Schulbuchdarstellung hinterfragte und sich inhaltlich davon löste:

*»Und dann werde ich die 14 Punkte machen. Und die werde ich nicht machen wie üblicherweise, sondern, das habe ich mir neulich mal irgendwie zurecht gelesen, sondern unter der Maßgabe, dass Wilson diese Punkte vorschlägt. Das sind [...] akzeptable Sachen für Deutschland [...], aber er schlägt das nur vor, wenn der Kaiser auch abdankt. Das ist etwas, was hier im Schulbuch eigentlich überhaupt nicht fokussiert wird, aber meiner Ansicht nach ist das eigentlich ziemlich essenziell, wenn man hier eine gute*

*Sequenz daraus machen will. Also die Deutschen brauchen ja jetzt auch immer mehr Anreize, um diesen Kaiser loswerden zu wollen. Man muss sich das natürlich mal vorstellen. Ein Kaiserreich. Die Deutschen haben so lange darauf gewartet, dass sie ein Land sind, quasi. Dass sie jetzt einen Kaiser haben, […] den sie alle lieben. Und warum auf einmal wollen sie diesen Kaiser loswerden? Das ist ja etwas, was die Schüler auch mal verstehen müssen, […] so einen Systemwandel. […] Deshalb, meine ich, ist es wichtig zu sagen, dass Wilson die Abdankung des Kaisers wollte. Überhaupt ist das auch nochmal eine wichtige Gegenüberstellung, ja? Also das demokratische System Amerika. Das natürlich nichts anfangen konnte […] mit diesem europäischen monarchischen System. So: Also Wilson sagt […], konstitutionelle Monarchie muss in parlamentarische Demokratie umgewandelt werden. Steht hier nirgends im Buch, ist aber entscheidend.« (L4, GYM, 3J, LD, 54–73)*

*Hauptschullehrkräfte: Vorsichtige Kritik*

Die Hauptschullehrkräfte beurteilten das Schulbuch als Materialpool deutlich positiver als die Gymnasiallehrpersonen. Dennoch fühlten auch sie sich in den Interviews offensichtlich genötigt, eine Orientierung am Schulbuch zu verteidigen:

*»Ich arbeite […] auch aus Zeitgründen eigentlich so ein bisschen nach dem Buch. […] Aber ich gehe jetzt nicht nach dem Buch so vor, das haben Sie vielleicht falsch verstanden, […] und sage, Ihr müsst jetzt die Seite lesen und mache das jetzt genau nach dem Buch.« (L2, HS, 8J, I, 206–372)*

*»Ich habe mich jetzt erst mal so schwerpunktmäßig am Buch orientiert, weil das natürlich sich auch immer auf das Kerncurriculum bezieht und ich einfach auch finde, das haben die Kinder ja auch als Arbeitsmaterial. Das heißt, wenn ein Kind mal krank ist, kann es […] aufholen, weil es dieses Buch hat.« (L1, HS, 3J, I, 115–118)*

Während sich ganz anders als bei den Gymnasiallehrpersonen der klare Eindruck ergab, dass die Hauptschullehrkräfte die Schulbücher nicht kritisieren wollten, wurde an unterschiedlichen Stellen deutlich, dass die Schulbuchmaterialien auch in ihrem Unterricht selten ohne Abstriche genutzt werden können:

*»Dann breche ich das runter und tippe den ganzen Text sozusagen noch mal auf Niveau der Schüler runter.« (L2, HS, 3J, I, 60–61)*

*»Dann ist es meistens so, dass wenn man das so machen würde, wie es da im Buch steht, dann würden die Schüler nach zehn Minuten die Klappe fallen lassen und sagen: Geschichte ist doof.« (L1, HS, 8J, I, 132–134)*

Die Zurückhaltung in Bezug auf die Buchkritik ging bei den Hauptschullehrkräften so weit, dass sie grundsätzlich eher ihre Schüler und Schülerinnen und deren fehlende Motivation oder Fähigkeiten für die fehlende Passung verantwortlich machten als die Bücher. In diesem Zusammenhang ist möglich, dass die geringere Distanz zwischen der Interviewerin und den Gymnasiallehrpersonen wegen des übereinstimmenden Ausbildungshintergrunds zu einer größeren Offenheit führte, als dies zwischen Interviewerin und Hauptschullehrkräften, besonders den fachfremd Unterrichtenden, der Fall war. Möglicherweise hatten sie schlicht Hemmungen die Bücher zu kritisieren. Es ist aber genauso denkbar, dass die Hauptschullehrkräfte grundsätzlich weniger an den Schulbüchern auszusetzen hatten.

Als spezifische Herausforderung für die Hauptschullehrkräfte im Zusammenhang mit dem Schulbuchmaterial erwies sich die von ihnen als mangelhaft empfundene Lesekompetenz ihrer Schüler und Schülerinnen. Die Aussagen der Lehrpersonen zeigten, dass sie im Buch angebotene Materialien mitunter offenbar überhaupt nicht verwenden können:

> *»Das ist etwas, das zum Beispiel an Hauptschulen ganz selten funktioniert […]: Texte lesen und verstehen […].« (L1, HS, 8J, I, 131–132)*

> *»Das funktioniert überhaupt nicht, dieses Konzept, für eine gewisse Schülerklientel.« (L1, HS, Ref, I, 169–170)*

*Planung nach Schulbuch? – Einschätzungen der Lehrkräfte*

Ohne dass sie dies explizit betonten, wurde auch für die Hauptschullehrkräfte deutlich, dass sie ihre Vorbereitung nie eng am Schulbuch orientierten. So war an keiner Stelle eine Praxis der Vorbereitung zu erkennen, die sich konkret nach einem etwaigen Vorschlag eines Schulbuchs oder eines zugehörigen Lehrerhandbuchs richtete. Einige Gymnasiallehrkräfte verwiesen darauf, dass dies in anderen Fächern, nicht aber in Geschichte möglich sei:

> *»Während man in Englisch ja auch ganz stumpf das Schulbuch durcharbeitet und in jeder Lektion halt eine neue Grammatik einführt, ist es in Geschichte ja nicht so.« (L2, GYM, 3J, I, 110–111)*

> *»Du kannst ja nicht einfach nach dem Buch unterrichten. Das ist ja nur ein Pool für Dich. In anderen Fächern geht das easy, bei uns ist das unmöglich.« (L4, GYM, 3J, I, 389–391)*

Gleichzeitig stimmten Lehrkräfte beider Schulformen und aller Erfahrungsgerade bei allen Unterschieden in der Intensität ihrer Kritik in einem Punkt überein: Der hohe Arbeitsaufwand ihrer Unterrichtsplanung und die unzureichende Unterstützung dieser Planung durch die Schulbücher oder andere etwaige Hilfsmittel wurde konsensual als kausal empfunden. Besonders die Vorbereitung eines differenzierenden Unterrichts beurteilten Lehrpersonen beider Schulformen als durch die Bücher unzureichend unterstützt:

> *»Deswegen benutze ich auch nicht so oft das Buch, […] weil es sich […] nicht anbietet, solche größeren oder schwierigeren kooperativen Lernformen mit Buch zu gestalten.« (L2, GYM, Ref, I, 125–127)*

*»Nur mit dem Buch vorbereiten ist ausgeschlossen. Ich brauche ja unterschiedliche Angebote für unterschiedliche Schüler.« (L4, HS, 3J, 183–185)*

Die Lehrpersonen äußerten sich sehr zögerlich auf die Frage nach möglichen ›besseren‹ Schulbüchern. Sie reagierten hier besonders misstrauisch und bekundeten durchgängig Angst, die Interviewerin wolle ihnen einen Wunsch nach Bucharbeit unterstellen, den sie augenscheinlich als Beleidigung empfanden. Wiederholtes Nachfragen erbrachte, dass die Lehrkräfte durchaus konstruktive Vorschläge für Schulbücher als Hilfsmittel der Planung zu machen wussten und dass sie sich solche optimierten Bücher deutlich wünschten. Hierbei ergaben sich allerdings sehr unterschiedliche Ansprüche an Schulbücher. Die folgenden Zitate enthalten so verschiedene Vorstellungen wie konkrete Leitfragenformulierungen, didaktische Abhandlungen des Themas oder aber den Wunsch einer fachfremden Lehrkraft, mögliche Denkfehler der Schüler und Schülerinnen zu antizipieren:

*»Ich würde so ein Buch auch gerne finden, […] in dem Probleme stecken, die die Schüler nachvollziehen können, die sie lösen können, […] irgendwie ein klares Problem, das gelöst werden soll, […] dann könnte ich total gut damit arbeiten. So dass es einen Aha-Effekt gibt.« (L1, HS, Ref, I, 484–489)*

*»Da sind zum Beispiel Mathe-Lehrerhandbücher oft noch besser, weil die einem ganz klar sagen, hier, den Fehler darfst du nicht begehen. […] Da habe ich bei Geschichte […] nie irgendwie den Hinweis bekommen, Achtung, du musst ganz dringend darauf oder darauf aufpassen, damit halt eben nichts verwechselt wird oder sich falsch gemerkt wird.« (L1, HS, 3J, I, 138–143)*

Vergleicht man die Äußerungen aller Lehrkräfte, wird jedoch deutlich, dass jede einzelne von ihnen sich besonders eines von einem Schulbuch oder Lehrerhandbuch wünschte: Konkretere Hinweise zur Vorbereitung im Sinne eines klaren konzeptionellen Vorschlags.

*»Die Sachen […] sind mir manchmal einfach noch zu unkonkret. Das ist dann immer so ganz egal, das Thema und die Quellen kann man nehmen… ja. Das hätte ich jetzt auch selbst rausgefunden.« (L4, HS, Ref, I, 722–724)*

*»Ja, dass man dann vielleicht ein Schulbuch hat, was dann an dem und dem Punkt sagt, hier wird jetzt […] Problemorientierung geschult, indem wir das Streitgespräch […] machen.« (L2, GYM, 3J, I, 137–139)*

*»[E]infach konkrete Ideen, […] wie kann ich das machen.« (L3, GYM, Ref, I, 792–793)*

Die Interviews mit den Gymnasiallehrpersonen vermittelten den Eindruck, dass eine neue Generation der Geschichtsschulbücher den Markt erreicht hat, die im Sinne der Kompetenzorientierung konzipiert sind und den Lehrkräften gleichzeitig klare Anhaltspunkte zur Stundenplanung liefern. Eine Expertin schilderte die Arbeitserleichterung, die ein solches Buch bedeutet:

*»Das war für mich auch ein Aha-Erlebnis bei diesem [neuen] Schulbuch, [...] dass da Fragestellungen drin sind, die funktionieren [...] für die Gestaltung eines Unterrichtes. [...] weil ich das ja aus dem Französischunterricht kenne [...]. Und aus dem Geschichtsunterricht gar nicht. [...] Französisch ist immer schneller vorzubereiten, man kann eben auch zur allergrößten Not unvorbereitet in eine Stunde gehen und hat seine Bücher und sagt, schlagt auf Seite... Und während die Schüler noch den Text laut vorlesen, guckt man mal, machen sie diese Übung, machen sie jene Übung? Und zack hast du deine Stunde fertig. Und [...] in Geschichte ging das nie, aber mit diesem neuen Buch geht es so annähernd.« (L4, GYM, 8J, I, 470–486)*

Drei weitere Lehrkräfte äußerten sich unabhängig voneinander lobend über ein neu erschienenes Schulbuch, dessen Konzept sie für generalisierbar hielten:

*»Dann wird ein Angebot gemacht, wie man es methodisch lösen kann [...]. Alle Bücher sollten so sein. Damit sie einem so eine schnelle Vorbereitung [ermöglichen], wenn man will. [...] Schulbücher sind auch dafür da, dass du als Lehrkraft vorbereitete Planungen angeboten bekommst.« (L3, GYM, 3J, I, 269–283)*

*»Die haben ja immer diese Themen und die haben sie dann mit Leitfragen. Und dann wird auch eine bestimmte Methode anhand der Materialien [vorgeschlagen und dann werden] die Leitfragen angegangen. Und das finde ich eigentlich..., genau so müsste Unterricht auch sein. (L1, GYM, 8J, I, 622–625)*

*»In dem Buch sieht das dann so aus, dass man [...] sagt, so, hier bietet es sich an zum Beispiel eine Diskussion zu machen oder eine Pro-Contra-Debatte oder so und dann auch wirklich Pro-Quellen zu haben und Contra-Quellen zu haben, ne? Oder wenigstens Vorschläge diesbezüglich.« (L4, GYM, 3J, I, 384–387)*

### 2.5.3. Andere Hilfsmittel der Materialwahl

Entsprechend den schulformspezifischen Ergebnissen zur Textquellennutzung erwiesen die Untersuchungsdaten eine schulformspezifische Nutzung von Quellensammlungen als Hilfsmitteln der Materialwahl. Während die Hauptschulprobanden und -probandinnen grundsätzlich die Orientierung an einer Kombination unterschiedlicher Schulbücher zur Materialwahl konstatierten, zeigte sich ein vergleichbares Vorgehen unter den Gymnasialprobanden und -probandinnen nur für die Referendare und Referendarinnen. Erfahrenere Gymnasiallehrpersonen erklärten durchgängig, bei der Quellensuche eigene Zusammenstellungen aus der Vergangenheit oder aber publizierte Quellensammlungen zu nutzen. Mitglieder beider erfahreneren Gymnasialprobandengruppen betonten mehrfach, dass die Auswahl geeigneter Quellen für sie zentraler Teil der Vorbereitung sei und sie somit besonders hier auf Hilfe seitens didaktischer Publikationen angewiesen seien.

*Internet*

Ein weiteres wichtiges Mittel zur Materialwahl stellte das Internet dar. Ein Gymnasialreferendar, drei Probanden bzw. Probandinnen der Mittelgruppe und alle Expertenlehrkräfte des Gymnasiums gaben an, ihren Geschichtsunterricht regelmäßig mit Hilfe des Internets vorzubereiten. Für die Hauptschulgruppe ergab sich eine diesbezügliche Tendenz hinsichtlich der Erfahrungsstadien: Während alle Probanden und Probandinnen der Referendars- und Mittelgruppe berichteten, mit dem Internet zu arbeiten, bestätigte nur eine der Expertinnen eine solche Praxis. Die Funktionen der Internetnutzung waren hierbei unterschiedlich. So gebrauchten es besonders Novizen und Novizinnen beider Schulformen, aber auch die erfahreneren fachfremden Hauptschullehrkräfte eigenen Angaben zufolge als Informationsquelle in Bezug auf Fachwissen:

> *»Wikipedia ganz doll. Um mich da einfach rein zu lesen, immer wieder was nachzuschauen, was ich nicht weiß.« (L1, GYM, 3J, I, 453–454)*

> *»Da […] nutze ich das Internet, […] einfach um das wieder ein bisschen hoch zu holen, das Thema auch. […] Weil ich gerade so Jahreszahlen und so weiter […] nicht präsent habe sofort.« (L2, HS, 3J, I, 360–364)*

Häufiger wurde das Internet als geeigneter Anbieter für Quellen, vor allem Bildquellen, angegeben. Mitunter berichteten Probanden und Probandinnen auch davon, Tauschbörsen im Internet zu besuchen, auf denen Lehrkräfte oder Referendare und Referendarinnen fertige Stunden zum Download anbieten. Die meisten Gymnasialprobanden und -probandinnen zeigten hierbei eine gewisse Verteidigungshaltung. Es war offensichtlich, dass ihnen die Nutzung solcherlei Foren nicht eben adäquat erschien:

> *»Nicht falsch verstehen: Ich übernehme da ja nicht etwas von wem anderes. Ich hole mir nur Anregungen, also vor allem Materialien.« (L1, GYM, 3J, I, 160–161)*

Die Haltung der Hauptschullehrkräfte in Bezug auf die Foren war deutlich entspannter. Besonders die Referendare und Referendarinnen verglichen die Internetbörsen mit der gängigen Praxis in ihren Seminaren, in denen fertige Entwürfe ebenfalls herumgereicht würden:

> *»Im Referendariat ist es halt immer unheimlich fruchtbar, wenn man sich untereinander austauscht. Also das machen wir auch viel, dass wir sagen: Ich habe hier etwas Tolles gemacht oder […] sich etwas schickt.« (L4, HS, Ref, I, 352–355)*

*Populäre Literatur und Filme*

Die Nutzung populärer Literatur als Hilfsmittel der Vorbereitung wurde ausschließlich von Gymnasiallehrkräften und auch hier nur in drei Fällen genannt. Eine der Hauptschullehrerinnen nannte immerhin Kinderbücher als Hilfsmittel, was demselben Bereich zugeordnet werden kann. Eine Gymnasiallehrkraft und drei Hauptschullehrkräfte bezeichneten zudem Filme als häufige Hilfsmittel der Unterrichtsplanung.

*Fachdidaktische Zeitschriften: Schulformspezifische Kritik*

Auch die didaktischen Zeitschriften wurden von den Gymnasiallehrpersonen mehrfach als Hilfen erwähnt. Es wurde aber deutlich, dass sie im Planungsalltag nur eine untergeordnete Rolle spielen. Zudem betonten die Lehrpersonen, dass sie niemals Unterrichtsvorschläge konkret übernehmen könnten, sondern in den Zeitschriften nur Ideen sammelten. Als besonderes Problem der Zeitschriftennutzung betonten die Gymnasiallehrpersonen überwiegend, dass die Themen nicht mit den Richtlinienthemen kongruent seien:

> *»[Es ist] halt oft so […], dass ich die Themen, die ich behandele, in den Zeitschriften nicht [finde]. […] Dann hast du ein ganzes Heft mit Sklaverei, […] ist die Frage ob man dann von dort tatsächlich etwas benutzen kann für den Unterricht.« (L4, GYM, Ref, I, 455–460)*

> *»Diese […] Zeitschriften finde ich teilweise […] für den Alltag kaum hilfreich, weil die sich auf einzelne thematische Aspekte beschränken und dann aber für diese Aspekte zehn Stunden einplanen oder so. […] die sind nicht so richtig ausgerichtet auf die schulische Realität.« (L1, GYM, 3J, I, 185–188)*

> *»Für mich nicht nutzbar. Also da machst du dann Hitler als Popstar in sechs Unterrichtsstunden oder so. Aber ich habe gerade mal eine halbe für das Thema.« (L4, GYM, 3J, I, 277–279)*

Unter den Hauptschullehrkräften wurden die didaktischen Zeitschriften ausschließlich von den Referendaren und Referendarinnen angesprochen. Allerdings gaben nur zwei dieser Referendare bzw. Referendarinnen an, eben solche Zeitschriften mitunter tatsächlich zu konsultieren. Die anderen erklärten, dass die Publikationen für ihre Schülerklientel grundsätzlich nicht brauchbar seien:

> *»[Die Zeitschriften] finde ich einfach ein bisschen zu schwer. […] Ich kenne [aber] keine direkt für Sekundarstufen.« (L4, HS, Ref, I, 345–348)*

Die Hauptschullehrpersonen berichteten, statt der Zeitschriften lieber Sammlungen vorgefertigter Arbeitsblätter bzw. Handreichungen zu nutzen. Sie erwähnten solche Sammlungen deutlich häufiger als die Gymnasiallehrkräfte dies taten. Dies war insofern überraschend, als es sich auch bei den Handreichungen überwiegend um solche handelte, die für das Gymnasium konzipiert waren. Auch sie bieten den Interviews zufolge allerdings kein wichtiges, sondern bloß ein randständiges Hilfsmittel im Rahmen der Unterrichtsvorbereitung:

> *»Wenn du kompetenzorientiert, also im Sinne der Deutung und Reflexion unterrichten willst, […] da sind einfach die Materialien auch nicht aussagekräftig genug. […] die*

*wenigsten Arbeitsmaterialien bieten Anlass, eine Deutungs- und Reflexionskompetenz zu schulen.« (L4, HS, 3J, I, 165–169)*

*»Dann gibt es ja die […] Arbeitshefte, die ich einfach nutze, da sie sich gerade eben durch […] eine gute Visualisierung auszeichnen. […] Andererseits … […] ich blättere da mal durch und sehe, okay, das passt, aber die restlichen zwei Drittel der Seite gar nicht.« (L3, HS, Ref, I, 557–562)*

*Lehrerhandbücher*

Schulformübergreifend kritisiert wurden die schulbuchbegleitenden Lehrerhandbücher in Hinblick auf ihre Funktion als Planungshilfen:

*»[I]ch finde, dass [du] die Lehrermaterialien […] in Geschichte in die Tonne kloppen kannst. […] Das einzige […] ist, dass da […] in zwei Zeilen zusammengefasst wird, um was es geht und […] dann werden die Bilder [und] die Fragen erklärt […]. Da kommen überhaupt keine Ideen, wie man das einsetzen kann oder so etwas. […] in Geschichte fühle ich mich da […] oft allein gelassen.« (L4, GYM, Ref, I, 132–146)*

*»Da war ich […] ziemlich enttäuscht. […] da steht dann nur oft so eine kleine Zusatzinformation und das war es dann auch.« (L3, HS, 3J, I, 517–520)*

In den Interviews wurde deutlich, dass die Lehrkräfte sich sehr viel konkretere Vorschläge der unterrichtlichen Umsetzung von den Lehrerhandbüchern wünschten. Wo diese konkrete Anleitungen zur Durchführung oder didaktisierte Materialien lieferten, wurden sie von den Probanden und Probandinnen gelobt:

*»Die Unterrichtshilfen [von …] sind ziemlich klasse, weil da sind einfach mal Arbeitsblätter drin. Das ist schon mal eine tolle Unterstützung. […] das nehme ich auch.« (L4, GYM, 3J, I, 280–282)*

*»Wirklich ganz konkretes Material. Damit meine ich […] Projektmaterial, Arbeit für Stationenlernen, dass man eben sagt, es sind jetzt nicht nur die Blätter, es sind dann vielleicht Hörproben dazu oder ein kurzer Filmausschnitt, irgendetwas, was schon ein Ganzes ergibt.« (L1, HS, Ref, I, 624–627)*

*»Da steht nur drin, was man müsste [aber]: Wie plane ich jetzt eine Sequenz, und wie mache ich ein Tafelbild am Ende, und welche Aufgabenstellung habe ich, und da kommt das Tafelbild bei raus, und den Vertiefungsimpuls gebe ich: ist nicht.« (L4, HS, 3J, I, 397–400)*

Die Probanden und Probandinnen forderten hierbei immer wieder, diese konkreten Vorschläge müssten von praktizierenden Lehrkräften und nicht von Didaktikern bzw. Didaktikerinnen geschrieben werden, wobei sie Letztere grundsätzlich negativ beurteilten:

*»In Deutsch ist es oft so, [da] schreiben [das] Lehrer. Und das merkt man halt. Und das ist dann halt richtig gut […]. Und vielleicht wäre das auch gut [in Geschichte]. […] wenn*

*man jemanden hat, der die ganze Zeit in der Praxis ist und das dann einfach mal so reinschreibt, wie er das macht.« (L4, HS, 3J, I, 710–715)*

*»Das Problem der meisten Didaktiker ist, dass sie am grünen Tisch sitzen und planen und tun. Und dass 90 Prozent der Didaktiker selber noch nie einen Fuß in der Schule hatten.« (L4, GYM, 3J, I, 96–97)*

Eine besondere Untergruppe bildeten hingegen die fachfremd unterrichtenden Lehrpersonen. Sie übten keine deutliche Kritik an den Lehrerhandbüchern. Ihre Äußerungen zeigten vielmehr, dass sie sich sehr auf die Handbücher angewiesen fühlten und diese im Alltag häufig konsultieren. Auch sie betonten allerdings mitunter, dass sie den Vorschlägen der Lehrerhandbücher nicht etwa sklavisch folgen:

*»Ich lese immer noch mal vorher diese Lehrerhandbücher dazu. […] dann gucke ich mal, wie die das gemacht haben, und entscheide, wie ich das mache.« (L2, HS, 8J, I, 246–249)*

## 2.6. Flexibilität im Rahmen der Unterrichtsplanung

Die Diskussion um die Unplanbarkeit von Unterricht hat gezeigt, dass es durchaus Möglichkeiten für die Lehrkraft gibt, den Grad der Flexibilität des eigenen unterrichtlichen Handelns zu determinieren. In der vorliegenden Untersuchung ergaben sich sowohl schulformspezifische als auch erfahrungsspezifische Unterschiede.

*Gymnasiallehrkräfte: Vorausplanung flexiblen Handelns*
Die Gymnasiallehrpersonen planten ein flexibles unterrichtliches Handeln im Rahmen ihrer Vorbereitung überwiegend konkret voraus. So war in drei der via Lautes Denken aufgezeichneten Gymnasialreferendarsplanungen und in einer Planung einer Lehrkraft der Mittelgruppe eine didaktische Reserve Teil der Unterrichtsvorbereitung. Da dies auch dort der Fall war, wo die Stunden für das Auge des Betrachters offensichtlich so umfangreich geplant waren, dass von einer zeitlichen Notwendigkeit nicht die Rede sein konnte, drängte sich der Eindruck auf, dass die Probanden und Probandinnen eine solche Reserve gewohnheitsmäßig einplanten, auch wenn sie nicht damit rechnen konnten, sie umzusetzen. Gleichzeitig bot die Reserve ihnen zudem die Möglichkeit, während der Durchführung einen völlig von der Ursprungsplanung abweichenden Verlauf der Stunde einzuschlagen. Auch bei allen übrigen Gymnasiallehrpersonen wurde eine Planung von Flexibilität deutlich. Diese zeigte sich hier allerdings nicht in der Vorbereitung von didaktischen Reserven, sondern in der Formulierung unterschiedlicher Vertiefungsimpulse, die teilweise sehr unterschiedliche Gesprächsverläufe vorbereiteten. Diese unterschiedlichen Varianten der

Vertiefungsphase nahmen sich bei den Gymnasialexperten und -expertinnen noch weitaus vielfältiger aus als bei den Probanden und Probandinnen der Referendars- und Mittelgruppen. Die Experten und Expertinnen dachten in ihren Planungen fachwissenschaftlich weiter und verzweigter und planten eine größere Zahl an Alternativen ein. Zudem boten die von den Experten und Expertinnen vorbereiteten Hausaufgaben insofern eine Art didaktischer Reserve, als diese ganz eigene unterrichtsrelevante Aufgaben enthielten. Die Experten und Expertinnen gaben folgerichtig an, die Hausaufgaben notfalls auch spontan in der Unterrichtsstunde als Arbeitsaufträge einsetzen zu können.

*Hauptschullehrkräfte: Offen angelegte Stundenplanungen*

In den Laut-Denk-Planungen der Hauptschullehrkräfte fanden sich keinerlei Vorbereitungen von didaktischen Reserven oder Alternativen. Eine Auswertung ihrer Stundenvorbereitungen ergab jedoch, dass diese ganz grundsätzlich flexibler angelegt waren als jene der Gymnasialprobanden und -probandinnen. Besonders Planungen derjenigen Hauptschullehrpersonen, die weder einem klar verbalisierten Stundenziel noch dem Prinzip des problemorientierten Unterrichts folgten, zeigten vergleichsweise offene Planungskonzepte. Das unter diesen Probanden und Probandinnen häufig verbalisierte Ziel, konkrete Unterrichtsinhalte zu vermitteln, ließ in ihren Augen unterschiedliche Vorgehensweisen zu:

> *»Hauptsache ist, dass sie [am Ende] wissen, dass es unterschiedliche Gruppen von Menschen und Sehenswürdigkeiten in der Stadt gab.« (L3, HS, 3J, LD, 84–85)*

> *»Dann wissen sie, dass die Juden diskriminiert wurden. Völlig ungerechterweise. Das reicht mir eigentlich.« (L2, HS, 8J, LD, 48–49)*

Darüber hinaus gewährleistete die Orientierung am Prinzip der Differenzierung allen Hauptschullehrpersonen eine deutlich offenere Unterrichtsplanung. Anders als die Gymnasiallehrkräfte ordneten die Hauptschullehrkräfte ihr differenzierendes Material niemals im Vorfeld einzelnen Schülern und Schülerinnen zu. Differenzierung bedeutete hier stets ein vielfältiges Angebot an Unterrichtsmaterialien zu liefern, nicht aber unterschiedliches Material für unterschiedliche Schüler und Schülerinnen auszuwählen. Die differenzierende Unterrichtsplanung determinierte somit also nicht etwa einen klaren Ablauf der Stunde, die Vielfalt der Materialien bot den Lehrkräften im Gegenteil augenscheinlich die Grundlage für ein flexibles Agieren bei der Unterrichtsdurchführung.

*Berufsbezogene Überzeugungen zur Bedeutung von Flexibilität*

Die Mehrheit der Hauptschulprobanden und -probandinnen gab an, selten damit zu rechnen, eine vorher geplante Stunde eins zu eins durchführen zu können. Ihre Schülerschaft schien ihnen hier ein grundsätzlich unberechenbarer Faktor. Ihr klares Bekenntnis zur Schülerorientierung ging einher mit der Haltung, man müsse sich auch in der Unterrichtsdurchführung soweit wie möglich auf die akuten Bedürfnisse der Schüler und Schülerinnen einlassen können. Grundsätzlich ergaben sowohl die Interview- als auch die Laut-Denk-Daten den Eindruck, dass die erfahreneren Lehrkräfte der Hauptschule sich in ihrer Unterrichtsplanung häufiger auf ihre Lehrerpersönlichkeit und ihre Fähigkeit der Lehrererzählung verlassen als die untersuchten Gymnasiallehrkräfte. Mitunter reflektierten sie dies in den Interviews:

*»Ich kann noch so viel vorbereiten, letztlich kriege ich sie nur über mich, meine Person, wie ich vorne stehe.« (L4, HS, 3J, I, 593–594)*

*»Zur Not kann ich ihnen auch immer etwas erzählen, muss ich auch oft, nämlich wenn sie so gar nichts wissen.« (L4, HS, 8J, I, 80–81)*

Auch die Gymnasiallehrpersonen reflektierten mitunter im Zusammenhang mit der Frage nach einer flexiblen Planung die Bedeutung der Lehrerpersönlichkeit. Hierbei deutete sich eine Geschlechtsspezifik an. Besonders die männlichen Befragten betonten die eigene Lehrerpersönlichkeit als deutlich wichtiger für eine gelungene Unterrichtsdurchführung als eine ideale Vorausplanung:

*»Da handele ich auch viel spontan. Da glaube ich, Motivation läuft viel über Person. Über dich. Wie du da vorne stehst. Das heißt, das kannst du dir gar nicht gut überlegen.« (L3, GYM, 3J, I, 377–379)*

*»Ich denke, man muss schon gucken, dass man nicht überplant, ne? Also dass man auch sich selbst noch vertraut.« (L4, GYM, 3J, I, 437–438)*

Dieses Selbstbewusstsein in Bezug auf das eigene Vermögen, das einer guten Vorbereitung nicht ›bedürfe‹, speisten die männlichen Gymnasialprobanden offensichtlich aus einem als umfangreich empfundenen Fachwissen:

*»Das hat auch etwas mit Souveränität zu tun, man muss ja auch an sich glauben. […] Also, man kann ja auch aus vielem schöpfen, ne? Ist ja nicht so, dass man da mit leeren Händen da steht.« (L1, GYM, 8J, I, 288–290)*

*»Es gibt Momente, wo ich völlig ausschere. […] wenn man merkt da klafft eine Riesenlücke Basiswissen, wie neulich den Begriff ›Kaiser‹, […] keine Ahnung, also nicht mal woher das Wort kommt, ist ein bisschen schlecht, wenn man Frühe Neuzeit behandelt, und das mache ich dann auch, […] 20 Minuten Lehrervortrag und fertig.« (L2, GYM, 8J, I, 121–126)*

*»[W]as mir sehr viel passiert, ich merke einfach, und ich leiste mir die Freiheit im Unterricht, da gärt irgendetwas, irgendetwas interessiert die gerade, womit ich nicht gerechnet habe, dann gehe ich darauf ein. […] Dann diskutieren wir eben in eine völlig andere Richtung.« (L3, GYM, 3J, I, 180–185)*

Die selbstbewusste Haltung der erfahreneren männlichen Gymnasialprobanden korrespondierte mit einer diesbezüglich unsicheren Selbstwahrnehmung der fachfremden Hauptschullehrkräfte. Ein Vergleich der Äußerungen aller fachfremden Hauptschullehrpersonen zum Thema Flexibilität ergibt, dass sie die Nicht-Einhaltung eines eigenen Plans eher als Versagen einstuften als die eigene Flexibilität positiv zu bewerten. Auch die Laut-Denk-Protokolle der Fachfremden zeugten von einer deutlich konkreteren und auf ein inhaltliches Ergebnis ausgerichteten Planung als diejenigen der Hauptschulfachkräfte.

*Überzeugungen zur Flexibilität – eine Frage des Geschlechts*

Auf den ersten Blick schienen die berufsbezogenen Überzeugungen der Lehrkräfte in Bezug auf die nötige Flexibilität bei der Planung mit den konkreten Vorgehensweisen der Probanden und Probandinnen hinsichtlich eines flexiblen Planens übereinzustimmen. Während die Gymnasialreferendare bzw. -referendarinnen und die Lehrkräfte der Mittelgruppe eine Balance zwischen Flexibilität und Planung propagierten, äußerten sich die Gymnasialexperten und -expertinnen deutlich negativ über eine detaillierte Unterrichtsvorbereitung. Eine genauere Analyse zeigte jedoch, dass die Einteilung in erfahrungsspezifische Gruppen nicht den Schlüssel zum Erkennen von Mustern lieferte: Vielmehr war es wieder das Geschlecht, das ausschlaggebender Faktor unterschiedlicher Einschätzungen war. So sprachen sich die männlichen Befragten unter den Gymnasiallehrkräften für eine möglichst flexible Anlage und Handhabe von Unterrichtsplänen aus. Sie hielten eine durchchoreografierte Planung speziell im Geschichtsunterricht für unmöglich, da dieser ihrem Empfinden nach ein wirkliches Verstehen und Durchdenken nur bei größtmöglicher Flexibilität in der Unterrichtsdurchführung gewährleisten könne:

> *»[W]enn man gewissermaßen seinen Unterricht wie ein Flussdiagramm plant, […] eine Station nach der nächsten und die wird dann routinemäßig angefahren, da wird dann kurz etwas verstanden und dann geht es weiter […], das geht nicht.« (L2, GYM, 8J, I, 144–149)*

> *»Es geht darum, dass die Schüler sich ein Thema wirklich erschließen. Dann alles minutiös planen, finde ich, ist falsch.« (L4, GYM, 3J, I, 439–443)*

Weibliche Lehrkräfte unterschiedlicher Erfahrungsgrade plädierten zwar für eine flexible Unterrichtsvorbereitung, vertraten aber grundsätzlich die Meinung, dass diese Flexibilität genau vorbereitet sein müsse:

> *»Ich finde, man kann eigentlich nicht genug vorbereiten an Planung. […] Je mehr ich etwas vorbereitet habe, desto besser wurden die Stunden.« (L1, GYM, 3J, I, 785–787)*

*»Es ist eigentlich natürlich am besten, wenn man schon von Vorneherein flexibel plant. Also wenn man so plant, dass man jetzt nicht zu extrem daran gebunden ist.« (L2, GYM, 3J, I, 514–516)*

*»Von meinen Fachleitern ist mir von beiden Überplanung vorgeworfen worden. [...] Auf der anderen Seite denke ich immer, dass der Unterricht nur deswegen für viele Schüler so interessant ist oder auch so einleuchtend, [...] weil er eben so überplant ist.« (L2, GYM, Ref, I, 58–61)*

*»Im Schulleben habe ich eben doch die Erfahrung gemacht, dass, wenn ich eine Stunde wirklich gut vorbereitet habe, in alle Richtungen auch gedacht habe, wenn das kommt, mache ich das und wenn das kommt, mache ich das..., dass die natürlich besser laufen.« (L2, HS, 8J, I, 344–347)*

*Ausbildung zur Inflexibilität?*

Die Gymnasialreferendare bzw. -referendarinnen zeigten in den Interviews ein großes Bedürfnis, über das Thema der flexiblen Planung zu diskutieren. So ergab sich, dass alle die in ihrer Ausbildung gelehrte detaillierte Art der Planung als zu starr empfanden:

*»Teilweise ist es besser, von der Planung abzuweichen, und dann [...] ist es schlimm, wenn es einem vorgehalten wird, dass dann offensichtlich die Planung schlecht war.« (L3, GYM, Ref, I, 750–752)*

*»Ich habe das Gefühl, von mir wurde immer verlangt: [...] wenn Sie das hier so in dem Entwurf stehen haben, dann machen Sie das auch so und weichen Sie nicht vom Entwurf ab. Und deswegen habe ich das versucht so zu machen. Ich habe aber gemerkt, dass das oft nicht so gut ist.« (L1, GYM, Ref, I, 154–158)*

Auch die erfahreneren Lehrkräfte beurteilten das in der Ausbildung erlernte Vorbereiten als zu rigide und empfanden die eigene Entwicklung hin zu einer flexibleren Planung bzw. Durchführung als positiv. Die Haltung widersprach hierbei nicht unbedingt der Ansicht, die Planung in der Ausbildung dürfe durchaus einem Ideal entsprechen. Ein flexibler Umgang mit der Planung solle den Gymnasiallehrpersonen zufolge dennoch bereits während der Ausbildung erlernt werden.

*Unterricht ohne Planung?*

Die Frage danach, was sie bei einer fehlenden Vorbereitung im Unterricht tun bzw. tun würden, beantworteten die Probanden und Probandinnen sehr unterschiedlich. Während manche den Verzicht auf eine Vorbereitung grundsätzlich ablehnten und schlicht betonten, dass eine Unterrichtsdurchführung in einem solchen Fall nicht möglich sei, waren andere bereit, Strategien bei fehlender Planung zu demonstrieren. Hierbei fiel auf, dass die Hauptschullehrkräfte häufig klassische, stereotype Beispiele von unvorbereiteten Lehrkräften bedienten:

*»Dann habe ich schon mal gesagt: So, bis zu der Seite bist du gekommen, dann schlägst du mal die nächste Seite auf, und dann liest du das mit den Kindern.« (L2, HS, 8J, I, 329–331)*

*»Dann lege ich eben einen Film ein, wenn es nicht anders geht. Fertig.« (L4, HS, 3J, I, 606)*

Gymnasiallehrpersonen hingegen berichteten vom Einschub von Methodenstunden:

*»Dann versuche ich, irgendetwas Einfaches zu machen, ne? […] etwas, was immer geht. Zum Beispiel ›Bildbeschreibung‹, weiß man, dauert immer zehn Minuten, und dann würde ich eben einfach noch mal so ein bisschen Methoden […] üben. Das muss ich halt nicht groß planen.« (L4, GYM, 3J, 324–327)*

*»Dann sehe ich zu, dass ich auf Terrain komme, wo […] nicht viel passieren kann. Dann machst du eine Methodenstunde zum Beispiel. […] Statistiken auswerten oder so.« (L3, GYM, 3J, I, 559–563)*

### 2.6.1. Notizen

Die Notizen der Lehrkräfte nahmen sich je nach Probandengruppe sehr unterschiedlich aus. Die Planungsprotokolle der Gymnasialreferendare und -referendarinnen folgten in ihrem Aufbau deutlich den jeweiligen Vorgaben ihrer Studienseminare, in zwei Fällen orientierten sich die Referendarinnen in vollem Bewusstsein auch in sprachlicher Hinsicht an diesen Vorgaben. Alle vier Referendare bzw. Referendarinnen gaben an, eine Maske zu verwenden, die sie im Studienseminar erhalten hatten. Ein Referendar erläuterte die Funktion dieser Maske auch für seine tägliche Unterrichtsplanung:

*»[Wenn ich einen Unterrichtsbesuch habe,] mache ich das sehr konsequent, und wenn ich keinen Unterrichtsbesuch habe, dann mache ich das sehr stichwortartig, aber ich trage die Felder schon… fülle die schon aus. […] Ja, ich habe das immer dabei. Und orientiere mich dann in der Stunde daran.« (L1, GYM, Ref, I, 101–106)*

Auch bei einer anderen Referendarin bestand der Unterschied zwischen Unterrichtsbesuch und normaler Praxis lediglich in der genauen Ausformulierung der Notizen:

*»Wenn ich keinen Kurzentwurf fürs Seminar geschrieben habe, habe ich einfach auf ein DinA4-Blatt, und dann nicht so in verschiedene Sparten aufgeteilt, aber auch… da steht dann auch ein E für Einstieg und dann die Fragestellung.« (L2, GYM, Ref, I, 522–524)*

Auch die beiden anderen Gymnasialreferendare bzw. -referendarinnen beurteilten die eigenen Aufzeichnungen zur Unterrichtsplanung als sehr ausführlich.

Ihre Angaben stimmten mit den Laut-Denk-Beobachtungen überein: Die Notizen enthielten antizipierte Schülerantworten, konkrete Stundenabläufe sowie Impulse und in der Stunde zu stellende Fragen.

Unter den Gymnasiallehrkräften der Mittelgruppe gaben drei der Probanden bzw. Probandinnen an, sich Notizen zum Tafelbild zu machen – in der Laut-Denk-Aufzeichnung konnte dies nur bei einer dieser Lehrkräfte beobachtet werden. Dies war insofern interessant, als offensichtlich alle vier Lehrpersonen der Mittelgruppe ein potenzielles Tafelbild im Kopf hatten. Möglicherweise waren diesen Probanden und Probandinnen die Tafelbilder so präsent, dass sie fälschlicherweise glaubten, sie aufgezeichnet zu haben. Alle vier machten sich knappe Notizen zu den Phasen, wobei diese teilweise nur ein oder zwei Begriffe – meist inhaltlicher Natur – umfassten und sich überwiegend auf die Gelenkstellen bezogen. Nur eine Lehrkraft der Mittelgruppe bekundete im Interview, sich in Geschichte häufig Daten und Fakten notieren zu müssen. In den Laut-Denk-Protokollen schrieben hingegen drei der Lehrkräfte historische Daten nieder. Darüber hinaus notierten alle vier Probanden und Probandinnen ausführlich Impulse und Arbeitsaufträge, überwiegend wörtlich. Auch dies widersprach ihren Äußerungen im Rahmen der Interviews, wo sie deutlich betonten, eigene Gesprächsbeiträge niemals wörtlich vorzuformulieren, um ein flexibles Handeln im Unterricht zu gewährleisten:

> *»Ich schreibe es aber nicht auf, und das ist eigentlich das Beste. […] Und dadurch dass man sich da vorher Gedanken drüber gemacht hat, bist du in dem Moment flexibel.« (L2, GYM, 3J, I, 476–478)*

Die Gymnasialexperten und -expertinnen machten während der Laut-Denk-Beobachtungen nur sehr knappe Notizen. Alle schrieben die gewählte Leitfrage für die Stunde auf. Drei von ihnen zeichneten einen knappen Verlaufsplan, der hauptsächlich die Arbeitsaufträge enthielt. Auch die Impulsformulierung fiel stichwortartig aus. Dies korrespondierte mit einer in den Interviews dieser Probandengruppe häufig auftauchenden Haltung, dass detaillierte Notizen ein flexibles Vorgehen bei der Unterrichtsdurchführung unterminierten:

> *»Mich wirst du nie sehen, so wie ich es im Referendariat natürlich schon noch gemacht hab, dass du da sitzt und schreibst dir sogar jede Frage auf, ja? Und schreibst du vielleicht noch mögliche Antworten auf und machst Deinen Tafelanschrieb total korrekt und so, das mache ich überhaupt nicht mehr.« (L1, GYM, 8J, I, 71–74)*

Zwei der Gymnasialexperten bzw. -expertinnen berichteten im Nachgespräch zur Laut-Denk-Aufzeichnung, dass sie häufig Notizen zu den Phasen machten, diese aber im Unterricht nie verwendeten:

> *»Im Unterrichtsprozess selber gucke ich da fast nie drauf, […]. Es ist im Grunde nur noch so ein… dass man es einmal sich selber deutlich macht.« (L2, GYM, 8J, LD, 93–95)*

*»Ich mache immer letztendlich noch so diesen Aufbau aus dem Referendariat mit Einstieg und Hauptteil und schreibe mir auch die Unterrichtsformen noch mal auf. Ich gucke da selten drauf während des Unterrichts, aber so zur Vorstrukturierung in Gedanken finde ich so etwas sehr hilfreich.« (L4, GYM, 8J, LD, 108–111)*

Die Hauptschulreferendare und -referendarinnen erstellten umfangreiche Materialien und notierten sich hierzu Arbeitsaufträge. Ansonsten vermerkten sie auffallend wenig. So schrieben sie auch nur selten Stichpunkte zu methodischen Arrangements (z. B. Sitzordnung) nieder, obwohl sie überwiegend komplexe Methoden nutzten. In allen Aufzeichnungen fand sich eine kurze Notiz zu jeder Phase, Impulse wurden nur sehr selten festgehalten. Es fiel auf, dass die Notizen aus der Reihenplanung, die die Hauptschulreferendare und -referendarinnen nutzten, überwiegend in Form von Mindmaps organisiert waren. Die Probanden und Probandinnen bestätigten dies in den Interviews.

Die Hauptschullehrkräfte der Mittelgruppe erstellten Sitzpläne oder studierten bzw. bearbeiteten solche, die sie früher konzipiert hatten. Es ist anzunehmen, dass sie sich darüber hinaus einzelne Impulse oder Arbeitsaufträge bereits im Rahmen der Reihenplanung notiert hatten. Sie nutzten solche älteren Aufzeichnungen aber nicht in den Laut-Denk-Beobachtungen. Alle vier entwarfen eine Ergebnissicherung, überwiegend in Form eines Tafelbilds und erstellten differenzierende Arbeitsblätter. Das praktische Handeln stimmte mit den theoretischen Angaben in den Interviews überwiegend überein.

Die Aufzeichnungen der Hauptschulexpertinnen beschränkten sich auf zwei Dinge: Alle notierten sich Daten bzw. Fakten, die sie für die kommende Stunde als wichtig erachteten. Eine Lehrkraft notierte darüber hinaus ein Tafelbild. Die Niederschrift von Fakten wurde auch in den Interviews der Hauptschulprobanden und -probandinnen häufig erwähnt, allerdings ausschließlich von fachfremd unterrichtenden Lehrkräften. Unter ihnen gaben alle an, diese Faktennotizen auch während der Unterrichtsdurchführung zu nutzen:

*»Ich mache mir schon Notizen, vor allem über die Informationen, die meiner Meinung nach unbedingt rüberkommen müssen. Dass ich da nichts vergesse irgendwie. Also Beispiel ›Kreuzzüge‹. Dass ich mir da noch mal aufschreibe, wie viele Kreuzzüge es gab, wann die ersten waren […]. Die habe ich dann in meiner Mappe und gucke dann immer mal so schielenderweise, ob ich das auch alles rüber gebracht habe.« (L3, HS, 8J, I, 34–39)*

*»Die Fakten brauche ich für die Stunden. Falls ich mal etwas nicht weiß.« (L3, HS, 3J, I, 592)*

### 2.6.2. Planungshorizont

Der Planungshorizont verteilte sich sehr übersichtlich auf die unterschiedlichen Probandengruppen. Alle vier Gymnasialreferendare bzw. -referendarinnen gaben an, eine Sequenzplanung (oder ›Einheitsplanung‹) zu machen und später jede Stunde einzeln zu planen. Bei der Mittelgruppe erweiterte sich dieses Schema auf: Jahresplanung – Sequenzplanung – Einzelstundenplanung. Der Unterschied zwischen den Gruppen lässt sich hierbei leicht auf die spezielle Situation der Referendare und Referendarinnen zurückführen: Diese befinden sich selten ein ganzes Halbjahr lang in ein und derselben Lerngruppe, weshalb sie folgerichtig auch keine Halbjahrespläne erstellen. In der Expertengruppe gaben hingegen alle vier Lehrkräfte an, nur eine ungefähre Sequenzplanung zu erstellen. Lediglich ein Lehrer erklärte, dass er eine Halbjahresplanung konzipiere, wenn es um die Verteilung von Referaten gehe. Die Referendare und Referendarinnen boten hierbei einen guten Einblick in ihren Planungsalltag. So räumten drei von ihnen auf Nachfrage ein, die Sequenzpläne lediglich ›für das Seminar‹ zu erstellen. Es sei ihnen letztlich bis zum gegenwärtigen Zeitpunkt unklar, wie eine wirklich sinnvolle Sequenzplanung auszusehen habe. Eine Referendarin sah sich hierbei offenbar genötigt, ihr kleinschrittiges Vorgehen, also den Fokus auf die Einzelstundenplanung, zu rechtfertigen:

> *»[A]uch deswegen, weil ich nicht weiß, wie die Stunde verläuft und ich so denke, ich muss jetzt nicht hier Stunde für Stunde für die nächsten drei Wochen planen, wenn ich das alles noch mal umschreiben muss […].« (L4, GYM, Ref, I, 531–533)*

Die fehlende Erfahrung in der Durchführung von Stunden wirkte sich ihrer Ansicht nach klar auf die Praxis der Unterrichtsplanung aus.

Während also unter den Referendaren und Referendarinnen die unterschiedlichen Planungshorizonte, wie sie in der normativen Literatur gefordert werden, wenigstens nominell eine wichtige Rolle spielten, schienen die Expertenlehrkräfte langfristige Planungen abzulehnen. Eine genauere Untersuchung ihrer Aussagen zum Thema zeigte allerdings, dass auch die Expertenlehrkräfte durchaus eine Langzeitplanung ›im Hinterkopf‹ hatten, die sie auf Nachfrage verbalisieren konnten. Sie hielten diese aber nicht schriftlich fest. Eine Gymnasialexpertin erklärte auf wiederholtes Nachfragen nach einer Sequenzplanung:

> *»Ja, aber ohne, dass es besonders geplant ist, sondern das ergibt sich letztendlich so.« (L3, GYM, 8J, I, 123)*

Hierbei ist bemerkenswert, dass die Expertenlehrkräfte dieses Vorgehen übereinstimmend nicht als Expertise werteten, sondern sich dafür entschuldigten. Das folgende Zitat illustriert diese Haltung:

*»Ich bin nicht der Held der Sequenzplanung. […] Das wäre besser, wenn ich häufiger Sequenzpläne machen würde.« (L2, GYM, 8J, I, 159–162)*

| Stichprobengruppe | Horizont der Planung |
|---|---|
| GYM Ref | Sequenzplanung – Stundenplanung |
| GYM 3J | Jahresplanung – Sequenzplanung – Stundenplanung |
| GYM 8J | Sequenzplanung – Stundenplanung |
| HS Ref | (Halbjahresplanung) – Sequenzplanung |
| HS 3J | Halbjahresplanung – Sequenzplanung – (Stundenplanung) |
| HS 8J | Halbjahresplanung – Sequenzplanung – (Stundenplanung) |

Abbildung 37: Ergebnisse Planungshorizont

Der Planungshorizont der Hauptschulreferendare und -referendarinnen gestaltete sich deutlich anders als bei ihren Counterparts am Gymnasium. Keiner der befragten Referendare und Referendarinnen der Hauptschule gab an, Einzelstunden detailliert zu planen. Alle hingegen planten Sequenzen. Zwei konstatierten zudem, eine Halbjahresplanung durchzuführen. Die Sequenzplanung resultiere in der Regel in einer konkreteren Planung der Einzelstunden kurz vor deren Durchführung, die wichtigen Entscheidungen seien aber bereits vorher getroffen worden. Diese Vorgehensweise ließ sich auch für die Mittelgruppe der Hauptschullehrkräfte nachweisen, die allesamt nach dem Muster Halbjahresplanung – Sequenzplanung – Einzelstunde verfuhren, wobei drei der vier Befragten angaben, dass sie nicht jede der Einzelstunden noch einmal vorher durchdächten. Oftmals reiche die Sequenzplanung, um in den jeweiligen Unterricht zu gehen. Die gleichen Angaben fanden sich für die Expertengruppe: Alle machten nach einer Halbjahresplanung eine konkrete Sequenzplanung. Selten planten sie in der Folge die Einzelstunde noch einmal konkret. Die Vorbereitung beschränkte sich dann häufig auf die Materialbeschaffung. Hierbei spielten bei den Expertenlehrkräften der Hauptschulgruppe zudem Lernzielkontrollen als Ziel der Halbjahres- oder Sequenzplanung eine entscheidende Rolle: Drei der vier Befragten äußerten klar, dass sie ihre Sequenzen auf die ›Arbeit hin planen‹. Vergleichbares wurde von keiner der Gymnasiallehrkräfte geäußert.

## 2.7. Reflexion und Revision im Verlauf der Unterrichtsplanung

Die kontinuierliche Reflexion des eigenen Vorgehens war ein ausgeprägtes Merkmal in den Planungshandlungen der Gymnasialreferendare und -referendarinnen im Rahmen der Laut-Denk-Beobachtung. Die anfänglich getroffenen Entscheidungen wurden während der Unterrichtsvorbereitung ständig überdacht und teilweise verworfen. Bei den Gymnasiallehrkräften der Mittelgruppe zeigte sich das Reflexionsverhalten sogar noch ausgeprägter. In zwei Fällen führte die Reflexion während der Planung zu einer grundsätzlichen Revision des Unterrichtsplans und einer Überarbeitung der Einstiegsphase nach etwa der Hälfte der insgesamt verbrauchten Planungszeit. Bei den Gymnasialexperten und -expertinnen waren selten Momente der Reflexion zu beobachten. Sie blieben in ihrer Konzeption der Unterrichtsstunde grundsätzlich bei ihren anfänglichen Entscheidungen. Die Ergebnisse legen die Vermutung nahe, dass die komprimierte und reduzierte Reflexionstätigkeit der Experten und Expertinnen ein Zeichen ihrer Expertise ist: Anfängliche Entscheidungen, besonders bezüglich der Leitfrage, wurden überdachter und zielsicherer getroffen, als dies bei Referendaren und Referendarinnen der Fall war.

Auch die Unterrichtsvorbereitungen der Hauptschullehrpersonen gingen allesamt sehr stringent vonstatten und beinhalteten nur selten Phasen der Reflexion. Dies war offensichtlich dem Umstand geschuldet, dass die Stundenvorbereitungen nur in Ausnahmefällen mit einer Zielformulierung begannen bzw. einer ganz klaren Absicht im Sinne einer Ergebnisgewinnung folgten. Speziell die fachfremd Unterrichtenden verfolgten überwiegend Ziele der Wissensvermittlung. Ihre Unterrichtskonzeptionen gestalteten sich selten so, dass sie eine komplette Hinterfragung im Verlauf der Planung nötig machten.

### 2.8. Auswertung der Unterrichtsstunde

Auch die Nachbereitung des durchgeführten Unterrichts wird in der Literatur immer wieder insofern als Teil der Unterrichtsplanung gewertet, als sie im Sinne einer Reflexion und Bewertung Grundlage jeder künftigen Vorbereitung ist. Unter den befragten Lehrkräften zeigten sich diesbezüglich klare Tendenzen hinsichtlich der Schulform und hinsichtlich der unterschiedlichen Erfahrungsgerade. So erklärten alle Hauptschullehrpersonen, ihren Unterricht nach dessen Durchführung zu reflektieren und hieraus Schlüsse für die künftige Vorbereitung zu ziehen. Besonders die erfahreneren Lehrpersonen räumten ein, dies allerdings oft nur gedanklich und nicht schriftlich zu tun. Unter den Gymnasiallehrkräften fanden sich nur zwei Referendare bzw. Referendarinnen, die von einer institutionalisierten Auswertung nach Stundenende sprachen. Unter den erfahreneren Lehrkräften fanden sich weitere drei, die angaben, immerhin selten, dann aber nur gedanklich, den Stundenverlauf zu resümieren.

Es liegt auf der Hand, dass auch diejenigen Probanden und Probandinnen, die behaupteten, die Stunden nicht nachzubereiten, sich vermutlich in irgendeiner Form mit dem durchgeführten Unterricht auseinandersetzen. Allein zur Erstellung mündlicher Noten ist vermutlich eine kontinuierliche Reflexion des Unterrichts unabdingbar. Es handelt sich dennoch um ein deutliches Ergebnis, wenn die Hauptschullehrpersonen von einer klar strukturierten und als Stütze des eigenen Planungshandelns empfundenen Stundenreflexion berichteten und die Gymnasiallehrpersonen die Auswertung als Randhandlung beurteilten.

## V.3. Bedingungen des Unterrichtsplanens

Die Bedingungen der Unterrichtsvorbereitung wurden in erster Linie über die Interviews erfasst. Sie betrafen sowohl die äußeren Umstände des Planungshandelns als auch die individuellen, inneren Einflüsse.

*Ort der Unterrichtsplanung*

Der Ort der Vorbereitung war bei 22 von 24 Probanden und Probandinnen deren Aussagen zufolge der häusliche Schreibtisch. Zwei dieser 24 Lehrkräfte berichteten davon, ab und zu in Freistunden auch im Lehrerzimmer vorzubereiten. Acht der befragten Lehrkräfte bemerkten ungefragt, dass sie lieber in der Schule planen würden, was aber wegen der dort herrschenden Unruhe unmöglich sei. Das folgende Zitat belegt die mitunter prekäre Situation in den Schulen:

> *»Mein Traum [wäre] ein Büro in der Schule, so dass ich da auch tatsächlich meine Materialien hätte und da richtig arbeiten könnte. [Aber] da ist kein Platz natürlich, jetzt haben wir nicht mal jeder einen Stuhl.« (L2, HS, 3J, I, 37–40)*

Alle Lehrkräfte gaben an, im Verlauf des Tages immer wieder an unterschiedlichen Orten und zu unterschiedlichen Zeitpunkten Gedanken und Ideen für die Unterrichtsplanung zu sammeln. Die einzigen beiden befragten Lehrkräfte, die versicherten, überwiegend in der Schule vorzubereiten, stammten aus der Probandengruppe der Hauptschulexpertinnen. Beide begründeten ihre Wahl des Arbeitsorts mit den in der Schule greifbaren Materialien, die für die Planung des Geschichtsunterrichts unabdingbar seien. Diese Schulmaterialien wurden auch von anderen Lehrkräften thematisiert. Es ergab sich, dass viele Lehrkräfte bedauerten, die in Geschichtsräumen befindlichen Karten, Literatur, Bilder und Filme in der Vorbereitung nicht zu nutzen.

*Dauer der Vorbereitung*

Die durchschnittliche in den Interviews berichtete Planungszeit zeigte Tendenzen sowohl hinsichtlich der Erfahrungsstadien als auch der Schulformen. Die Gymnasialreferendare und -referendarinnen benötigen eigenen Angaben zufolge durchschnittlich 176 Minuten für die Planung einer 90-Minuten-Stunde. Hierbei variierten die Angaben von 45 Minuten bis zu fünf Zeitstunden. Die Mittelgruppe des Gymnasiums kam auf einen Wert von 92 $\frac{1}{2}$ Minuten pro zu planender 90-Minuten-Stunde. Hier gaben alle Befragten an, grundsätzlich etwa so viel Zeit für die Planung einer Stunde aufzuwenden, wie sie anschließend in der Durchführung dauere. Die durchschnittliche Planungsdauer in der Expertengruppe belief sich auf 65 Minuten. Hierbei betonten die Lehrkräfte, dass es einen großen Unterschied bedeute, ob die Stunde schon einmal gehalten worden sei (hierbei dauere die Vorbereitung im Schnitt etwa 20 Minuten) oder ob es sich um eine neu zu planende Stunde handele.

Drei der Gymnasialexperten bzw. -expertinnen betonten, dass es einen Unterschied mache, ob man für eine Sek I- oder für eine Sek II-Stunde vorbereite, wobei letztere einen deutlich höheren Zeitaufwand erfordere. Wie also war es um die Vorbereitungsdauer der Hauptschullehrkräfte bestellt, die bekanntlich ausschließlich Sek I-Stunden umfasst?

Die Angaben der Hauptschulgruppe unterschieden sich deutlich von denjenigen der Gymnasialgruppe. So zögerte jeder einzelne Hauptschulproband bzw. jede Hauptschulprobandin mit einer Antwort auf die Frage nach der Planungsdauer. Alle erklärten, dass die Reihenplanung einen derart wichtigen Raum in ihrer Vorbereitungstätigkeit einnehme, dass von der Planung einzelner Stunden nur schwer zu sprechen sei. Dennoch machten die Referendare und Referendarinnen Angaben, die im Mittel bei etwa 76 Minuten für die Planung lagen. Die Planungszeit der Mittelgruppe belief sich auf etwa 35 Minuten, wobei die Probanden und Probandinnen sich in Bezug auf die eigenen Angaben sehr unsicher zeigten. Aus der Expertengruppe war schließlich keine Probandin bereit, die eigene Vorbereitungsdauer einzuschätzen. Dies ist nicht ausschließlich auf die Praxis der Reihenplanung zurück zu führen. Die Hauptschulexpertinnen erklärten vielmehr zudem, dass außerschulische Lernorte in ihren Vorbereitungen eine solch übergeordnete Rolle spielen, dass die diesbezügliche Planung und Organisation schwerlich auf einen bestimmten Zeitraum eingrenzbar sei. Gleichzeitig finde die Vorbereitung häufig kooperativ statt, was die Werte zusätzlich schwer bestimmbar mache.

| Stichprobengruppe | Durchschnittlicher Wert, Selbsteinschätzung | Durchschnittlicher Wert, LD-Beobachtung |
|---|---|---|
| GYM Ref | 176 Minuten | 114 Minuten |
| GYM 3J | 92 ½ Minuten | 73 ½ Minuten |
| GYM 8J | 65 Minuten | 49 Minuten |
| HS Ref | 76 Minuten | 86 ½ Minuten |
| HS 3J | 35 Minuten bzw. keine Angabe möglich | 48 Minuten |
| HS 8J | Keine Angabe möglich | 39 Minuten |

Abbildung 38: Durchschnittliche Werte zur Planung einer 90-Minuten-Stunde

Die zeitliche Dauer der im Rahmen der Laut-Denk-Untersuchung beobachteten Unterrichtsplanungen unterschied sich von den Angaben in den Interviews.

Dies war aufgrund der Erhebungssituation erwartbar gewesen.[836] Zudem liegt auf der Hand, dass nicht jede Stundenplanung das gleiche Zeitvolumen umfasst und daher aus einer einzelnen Planung keine Rückschlüsse auf alle anderen Vorbereitungen getroffen werden können. Trotzdem lassen sich aus den in der Laut-Denk-Untersuchung gemessenen Planungsdauern Tendenzen ablesen. So planten die Gymnasiallehrkräfte der Mittel- und Expertengruppe hier geringfügig kürzer als in den Interviews angegeben (Mittelgruppe: 73 $\frac{1}{2}$ Minuten, Expertengruppe: 49 Minuten). Die Vorbereitung der Referendare und Referendarinnen war deutlich kürzer (114 Minuten). Besonders interessant gestalteten sich die Ergebnisse für die Hauptschulprobanden und -probandinnen: Sowohl bei der Referendar- als auch bei der Mittelgruppe waren die Laut-Denk-Werte höher als in den Interviewangaben (bei den Referendaren und Referendarinnen: 86 $\frac{1}{2}$ Minuten, für die Mittelgruppe: 48 Minuten). Die Expertengruppe brauchte im Durchschnitt immerhin 39 Minuten für die Vorbereitung der Einzelstunde. Die hohen Werte überraschen angesichts des Umstands, dass die Hauptschullehrkräfte ihre Stunden im Rahmen eines kooperativen Vorbereitens bereits einmal durchgeplant hatten. Die Probanden und Probandinnen zeigten sich in den Nachgesprächen selbst erstaunt und erklärten, dass die konkrete Materialanfertigung und Stundenorganisation offenbar sehr viel mehr Zeit einnehme, als sie geschätzt hätten.

Die Ergebnisse zeigen, dass die Berufserfahrung der vorliegenden Studie zufolge neben der Schulform einen deutlichen Einfluss auf die Länge der Vorbereitungszeit hat, wobei besonders im Vorfeld geplante Stunden die gegenwärtige Planung verkürzen. Von einer ›kurzen‹ Planung konnte schließlich aber auch bei den Expertenlehrkräften keine Rede sein. Zwei der befragten Gymnasialexperten bzw. -expertinnen erklärten, dass die Vorbereitung nach wie vor etwa ebenso lang dauere, wie die Unterrichtsstunde lang sei.

*Zufriedenheit*

Ein Vergleich der Zahlen ergibt eine deutlich kürzere Unterrichtsplanung der erfahreneren Lehrpersonen. Dies entspricht auch der subjektiven Einschätzung der Expertenlehrkräfte, die ebenso wie die Lehrkräfte der Mittelgruppe die eigene Berufserfahrung in Bezug auf die Planungsdauer für einen Vorteil hielten. Die Aussagen der Gymnasialexperten und -expertinnen hatten hierbei aber einen deutlich ambivalenten Charakter. So empfand ein Gymnasialexperte neben aller Befriedigung über die Zeiteffizienz seiner Vorbereitung auch ein

836 Bereits Bromme, Das Denken, 1981, S. 129 hat darauf hingewiesen, dass bei der Laut-Denk-Untersuchung immer die individuelle Sprechgeschwindigkeit des Probanden einzuberechnen sei. Von einer völlig realistischen Planungszeit sei hier also nicht auszugehen.

schlechtes Gewissen wegen der *»schleichende[n] Konventionalisierung«* (L2, GYM, 8J, 47–48) in Bezug auf die eigene Vorbereitung:

> *»Das führt dann dazu, dass also gewisse Aspekte der Unterrichtsplanung, die ich früher intensiver betreiben konnte und auch besser durch reflektieren konnte, nicht mehr in dem Maße reflektiert eingesetzt werden. Vor allem Methoden, Sozialformen.« (L2, GYM, 8J, 44–47)*

Zwei andere Gymnasialexperten betonten, dass sie eine Stundenplanung von etwa 60 Minuten für eine Doppelstunde als pragmatische Lösung betrachteten. Sie empfanden die eigene Vorbereitung also offenbar als nicht ausführlich genug, waren aber mit der eigenen Herangehensweise dennoch zufrieden. Dies unterschied sie von den meisten anderen Befragten, die einen klaren Zeitmangel bezüglich der eigenen Unterrichtsvorbereitung konstatierten. 16 der 24 Lehrkräfte äußerten, dass ihnen zu wenig Zeit für die Unterrichtsvorbereitung zur Verfügung stehe. Hierbei ergab sich ein klarer Schulformunterschied: So waren nur fünf der befragten Hauptschullehrkräfte unzufrieden. Alle vier Hauptschulexpertinnen fanden, sie verfügten über genügend Planungszeit. Unter den Gymnasiallehrkräften waren hingegen insgesamt nur zwei Lehrkräfte mit der zur Verfügung stehenden Zeit einverstanden. Eine von diesen beiden Zufriedenen betonte hierbei wiederum, dass sie nur eine halbe Stelle habe und sich eine gelungene Zeiteinteilung mit einer vollen Stelle nicht vorstellen könne. Ebenso wie die beiden anderen Lehrkräfte mit einer halben Stelle äußerte diese Lehrkraft deutlich, dass sie nur dieser halben Stelle wegen in der Lage sei, ›guten Unterricht‹ zu planen, indem sie mit ihrer Planung das Deputat mindestens einer Dreiviertel- wenn nicht sogar einer ganzen Stelle ausfülle:

> *»[D]ie meisten Lehrer, die wirklich ehrgeizig sind und guten Unterricht machen wollen, die arbeiten Teilzeit. Das Problem ist vor allem die Vorbereitungszeit.« (L3, GYM, 8J, 113–115)*

Jene Lehrkräfte, die die zur Verfügung stehende Zeit nicht als zu knapp empfanden, führten hierfür häufig außerschulische Gründe an:

> *»Ich habe schon genug Zeit. Aber ich habe natürlich auch einen Mann, der total mitzieht.« (L3, HS, 3J, I, 164–165)*

> *»Im Augenblick sind meine Kinder groß, da schon. Aber früher war das natürlich schon sehr eng, ja. Also mit dem normalen Leben war es schon sehr eng.« (L1, HS, 8J, 80–81)*

*Kooperatives Planen*

Eine gewisse Abhilfe in Bezug auf Unzufriedenheit und Selbstzweifel schien in den Augen der Probanden und Probandinnen eine kooperative Unterrichtsvorbereitung zu bieten. Die diesbezüglichen Berichte der Lehrkräfte entsprechen älteren Studien, denen zufolge eine solche Kooperation an den Hauptschulen gängig ist und an den Gymnasien nicht stattfindet. Gleichzeitig war die Forderung nach einer stärkeren Zusammenarbeit bei der Planung unter den häufigsten Antworten, die die Gymnasialprobanden und -probandinnen auf die Frage nach potenziellen Planungshilfen gaben. Hierbei tauchte der Wunsch sowohl bei allen Gymnasialreferendaren und -referendarinnen als auch bei drei Gymnasiallehrkräften der Mittelgruppe auf. Er bezog sich sowohl auf Material- als auch auf Erfahrungsaustausch:

> *»Es unterrichten ja immer so viele gleichzeitig das Gleiche, und alle machen es irgendwie selber, […] da sehe ich noch ein sehr hohes Potenzial: Einen [kommentierten] Materialienpool […] zu haben, […]. Vielleicht einfach so ein Satz: [Ist] für die sechste Klasse zu kompliziert. […] hat denen total viel Spaß gemacht, hat aber lange gedauert.« (L1, GYM, Ref, I, 718–724)*

> *»Wenn man das so im Team macht, weil es ja so eine Art Brainstorming-Effekt hat, habe ich das Gefühl, ist man sehr viel kreativer, effektiver und hat vielleicht manchmal auch mehr Sicherheit, dass man denkt, ja, das ist gar nicht Quatsch […].« (L2, GYM, Ref, I, 273–275)*

Unter den Hauptschullehrkräften hingegen schien die Kooperation derart selbstverständlich zu sein, dass sie nicht weiter erwähnt werden musste und erst auf Nachfrage genauer beschrieben wurde. Die berichtete Kooperation der Hauptschullehrkräfte bezog sich auf den Austausch von Ideen, Material und Lernzielkontrollen. Häufig aber erklärten die Lehrkräfte, darüber hinaus tatsächlich an einem Tisch zu sitzen und die Sequenzen zusammen zu planen. Besonders prägnant wird die Situation in folgendem Zitat beschrieben:

> *»[D]ass wir uns in dem Jahrgangsstufenteam […] zusammengesetzt haben und dann gemeinsam grob geplant haben, so und so soll es aussehen. Dann haben wir Arbeitsteilung gemacht. […] dann war es halt so, dass der eine gesagt hat, […] ich hab ein Computerprogramm, da kann man Kreuzworträtsel machen, das machen wir dann als Wiederholungsstunde kurz vor der Arbeit. Da haben wir dann die Arbeiten aufgeteilt. Und da war es ja dann so, dass es eben im Prinzip nicht fremdes Material war, sondern ich hatte es nur nicht selbst erstellt. Aber konzipiert habe ich es halt schon eigentlich. Und ich wusste, was damit gemacht werden soll.« (L1, HS, 8J, I, 338–345)*

Dass dennoch auch die Hauptschulreferendare bzw. Hauptschulreferendarinnen und -lehrkräfte der Mittelgruppe die Kooperation in Bezug auf die Unterrichtsplanung noch für ausbaufähig hielten, illustrieren die folgenden Zitate. Sie weisen auch auf den Umstand hin, dass die Kooperation nicht nur von der jeweiligen schulinternen Organisation, sondern auch von den jeweiligen Kollegen und Kolleginnen abhängt:

> *»Ich habe in den Seminaren sehr davon profitiert, dass wir zusammen geplant haben. Und das waren eben auch Gleichgesinnte […], die auch ähnliche Ziele hatten […] wie*

*ich. Die Lehrer in der Schule, das war eben anders. Die waren ganz anders noch drauf [...] und wollten auch gar nicht zusammenarbeiten.«* (L2, HS, Ref, I, 548–552)

*»Was natürlich immer schön wäre, wenn man parallel Kollegen hat, damit man wirklich das im Team vorbereiten und nachbesprechen kann. [...]. Wir haben, glaube ich, eine studierte Geschichtslehrerin. Aber an die wendet man sich nicht. Das liegt aber [...] an der Person. Es muss ja auch menschlich miteinander passen.«* (L1, HS, 3J, I, 410–417)

*Planungsimmanente Gründe für eine lange Vorbereitungsdauer*

Planungsimmanente Probleme, die sich auf die Dauer der Vorbereitung auswirken, wurden von den Lehrkräften an unterschiedlichen Stellen gesehen. So nannte ein Gymnasialreferendar besonders die Reduktion als zeitraubende Tätigkeit, die er mit wachsender Erfahrung besser zu beherrschen hoffe. Die Expertenlehrkräfte empfanden hingegen schulformübergreifend überwiegend die Materialbeschaffung als zeitaufwändigste Tätigkeit. Wiederholt fand sich zudem die Ansicht, dass das Fachwissen ein entscheidender Faktor für die Dauer der jeweiligen Unterrichtsvorbereitung sei. Besonders deutlich vertreten wurde diese Auffassung von Hauptschullehrkräften und hier wiederum in erster Linie von fachfremd Unterrichtenden: Je höher das Fachwissen, desto geringer sei vermutlich die Vorbereitungszeit.

*»Ist ja klar. Wenn ich das immer alles nochmal nachlesen muss. Ich kenne ja noch nicht mal die Daten und so. Geschweige denn die Zusammenhänge. Das weiß ich ja alles nur so... na, intuitiv.«* (L2, HS, 3J, I, 661–663)

Mangelndes Fachwissen als zeitraubender Faktor in der Vorbereitung wurde hingegen von keiner Gymnasiallehrkraft explizit erwähnt. Dies ist insofern bemerkenswert, als die Auswertung der Laut-Denk-Protokolle erbrachte, dass für alle Gymnasiallehrpersonen – anders als für die Hauptschullehrkräfte – eine fachwissenschaftliche Rekapitulation bzw. Recherche einen großen Teil der Orientierungsphase ihrer jeweiligen Stundenplanung ausmachte. Selbsteinschätzung und tatsächliches Vorgehen stimmten bei den Gymnasialprobanden und -probandinnen nicht überein. Möglicherweise verschwiegen sie das aufwändige Studium von Inhalten aber auch bewusst (vgl. Abschnitt V.2.1.).

An unterschiedlichen Stellen wiesen Lehrkräfte darauf hin, dass geeignete Hilfsmittel die Dauer der Unterrichtsplanung wesentlich verkürzen könnten, dass solche Hilfsmittel aber ihrer Einschätzung nach nicht existierten (vgl. hierzu ausführlich Abschnitt V.2.5.2.).

*Innovativer Unterricht*

In der didaktischen Literatur ist darauf hingewiesen worden, dass innovativer, kompetenz- und handlungsorientierter Unterricht einen größeren Zeitaufwand in der Planung bedeute als konventioneller Unterricht. Die Probanden und Probandinnen reflektierten dies in ihren Interviews häufig:

*»So eine Stunde, dass ich die immer schön lesen lasse, da muss ich vielleicht gar nicht so viel planen. […] hingegen einen Unterricht, […] wo ich sie das nachspielen lasse […], also immer wenn ich irgendwie von diesem Konzept abweiche, […] dann ist das zeitintensiv.« (L1, GYM, Ref, I, 229–235)*

*»Gerade diese Sachen erfordern so viel mehr Planung und so viel mehr Vorbereitung. […] die muss so viel besser sein.« (L3, GYM, 8J, I, 530–533)*

In den meisten Fällen führt dieser Umstand nach Angaben der Lehrkräfte dazu, dass sie solch einen innovativen Unterricht so selten wie möglich vorbereiten. Diesbezügliche Aussagen fanden sich bei Gymnasiallehrkräften aller Erfahrungsstufen:

*»Was ich zum Beispiel […] ganz selten gemacht habe, was ich sehr schade fand, war, freies Lernen vorzubereiten. Weil ich einfach da für die Planung die Zeit wirklich nicht hatte.« (L3, GYM, Ref, I, 379–381)*

*»Ich bin darüber sehr unzufrieden, ja. Ich habe keine Zeit, um mir jedes Mal etwas Tolles zu überlegen. Weil je toller, desto aufwändiger in der Vorbereitung. Der Satz stimmt so zu hundert Prozent.« (L1, GYM, 3J, I, 821–823)*

*»Ja und ansonsten denke ich, merkt man relativ schnell, dass reine Quellenarbeit die Schüler langweilt und dass man denen […] die Möglichkeit geben muss, selber etwas zu machen. Und das habe ich […] vernachlässigt […]. Dauert zu lange in der Vorbereitung.« (L2, GYM, 3J, I, 574–579)*

Die Hauptschulprobanden und -probandinnen diskutierten den Zusammenhang zwischen aufwändigen Unterrichtsarrangements und Planungsdauer nicht ohne Aufforderung. Für alle Hauptschullehrkräfte war klar und zeigte sich an vielen Stellen, dass methodenvarianter und schülerorientierter Unterricht in dem Sinne, den die Gymnasiallehrkräfte als ›innovativ‹ bezeichneten, zum täglichen Geschäft gehört und gehören muss, um ihre Schüler und Schülerinnen zu erreichen:

*»Man kann nicht zu lange frontal machen, irgendwann ist das dann vorbei. Da muss immer etwas Neues her.« (L4, HS, Ref, I, 594–595)*

*»[Ich] muss […] zusehen, dass ich so ungefähr alle zehn Minuten Methodenwechsel drin habe, weil die Schüler eigentlich Geschichte in dem Alter nicht so sehr interessiert.« (L2, HS, 8J, I, 22–24)*

*»Der Unterricht KANN immer nur vom Schüler gedacht sein. Sonst kriege ich die gar nicht. Schon gar nicht in Geschichte.« (L4, HS, 3J, I, 277–278)*

## 3.1. Wahrnehmung von Schülern und Schülerinnen

In den Interviews gaben ausnahmslos alle Probanden und Probandinnen an, im Rahmen ihrer Unterrichtsplanung Schülerverhalten bzw. -antworten ausführlich zu antizipieren und diese Antizipationen als wichtigen Baustein der eigenen Vorbereitung zu empfinden. Tatsächlich waren solche Antizipationen im Rahmen der Laut-Denk-Untersuchung vielfach zu beobachten. Hierbei zeigten sich keine Auffälligkeiten hinsichtlich der Schulformen oder der Erfahrungsstadien. Auch die Expertenlehrkräfte antizipierten nicht etwa weniger oder aber detaillierter als die Novizen und Novizinnen. Für alle Lehrkräfte boten besonders die Phasen der Materialwahl und der Impulsformulierung im Rahmen der Vorbereitung Anlass, sich mögliche Antworten bzw. Probleme der Schüler und Schülerinnen zu vergegenwärtigen. Insgesamt bezogen sich die Antizipationen allerdings eher auf inhaltliche Herausforderungen als auf pädagogische Schwierigkeiten.

*Die Hauptschullehrkräfte: Schülerklientel als Herausforderung*

Für die Hauptschulprobanden und -probandinnen erwies sich die eigene Schülerklientel als deutlich wichtigerer Einflussfaktor, als dies für die Gymnasiallehrkräfte zu beobachten war. Jede befragte Hauptschullehrkraft sprach ausführlich über die eigene Schülerschaft und die mit dieser verbundenen Herausforderungen. Hierbei waren sowohl die Faktoren Geschlecht und Migrationshintergrund als auch unterschiedliche Förderschwerpunkte ein wiederkehrendes Motiv. Die folgenden Zitate verdeutlichen, dass besonders die Referendare und Referendarinnen, aber auch die Berufsanfänger und -anfängerinnen hier mit derart schwerwiegenden pädagogischen Problemen fertig werden müssen, dass der fachliche Unterricht für sie häufig in den Hintergrund rückt:

> *»[Ich habe] sehr viele Schüler mit einem Förderschwerpunkt im Bereich emotional-sozialer Entwicklung, […] sieben in der Klasse. […] Einer […] ist auch wirklich nicht beschulbar. Dann habe ich zwei Schüler mit einem Förderschwerpunkt im Bereich ›Lernen‹, […]. Es ist ganz oft [so], dass ich dann schon dankbar bin, wenn gewisse Informationen hängen bleiben. Und dass wir gar nicht dazu kommen, jetzt wirklich zu beurteilen, zu reflektieren, eigentlich das, was man so anstrebt.« (L1, HS, Ref, I, 88–96)*

> *»Ich habe oft Gewaltprobleme. Auch in der letzten Stunde haben dann direkt zu Beginn sich wieder zwei total geprügelt, da musste ich erst mal zur Schulleitung gehen, habe wieder überhaupt nichts geschafft.« (L4, HS, Ref, I, 219–221)*

> *»Deswegen sind für mich 20 Minuten netto Unterricht […] gerade in Geschichte […] eigentlich schon ein Wunder.« (L2, HS, 3J, I, 297–298)*

*»Ich fühle mich wie so ein Dompteur manchmal dann. Und dann bin ich die Hälfte der Zeit mit Disziplinieren beschäftigt, so dass natürlich auch ein Unterrichtsgespräch gar nicht eine bestimmte Spannung erreichen kann, weil du es immer wieder unterbrechen musst.« (L4, HS, 3J, I, 743–746)*

*»[D]ie brauchen zum Teil bis die einen Stift in der Hand haben und arbeiten [...] 30 Minuten.« (L3, HS, 3J, I, 107–109)*

Als besonders schwerwiegendes Problem für den Geschichtsunterricht wurde immer wieder die fehlende Lesekompetenz der Schüler und Schülerinnen genannt. Die diesbezüglichen Klagen zogen sich durch alle Erfahrungsstadien der Hauptschullehrkräfte:

*»Da kann es auch mal sein, dass ich in der siebten Klasse einen Schüler habe, der gar nicht lesen kann.« (L2, HS, 3J, I, 284–285)*

Auch den Migrationshintergrund der Mehrzahl ihrer Schüler und Schülerinnen warfen die Hauptschullehrkräfte wiederholt als problematischen Faktor für die Unterrichtsgestaltung auf. Eine besondere Herausforderung sahen sie in Hinblick auf die Themenwahl. So provoziere das Thema Nationalsozialismus grundsätzlich Konflikte unter den Schülern und Schülerinnen deutscher und anderer Herkunft:

*»(seufzt) Ja klar, was interessiert die Hitler und so. Da kann ich mich echt dumm und dämlich planen. Die grätschen mir rein mit so etwas wie: WIR waren ja keine Nazis, du vielleicht. Und oft auch: Die Juden sind Nazis. Wir haben viele Palästinenser bei uns. Da weißt Du manchmal auch nicht, wo du da anfangen sollst, mit denen zu reden.« (L4, HS, 3J, I, 543–546)*

Andere Hauptschullehrkräfte bedauerten, dass für ihre überwiegend ausländische Klientel keine Themen im Geschichtsunterricht vorgesehen seien:

*»Für uns [...] ist es so, dass wir zu 75, 80 Prozent ausländische Schüler haben. [...] da kommen die Türken an und sagen: Warum müssen wir hier deutsche Geschichte machen? [...] Wir wollen lieber türkische Geschichte machen. Die sagen immer, sie sind an der deutschen Geschichte überhaupt nicht interessiert.« (L2, HS, 8J, I, 38–43)*

*»Die Geschichte der Länder, wo unsere Schüler herstammen, die kommt natürlich überhaupt ganz zu kurz. Aber das sind auch so viele Länder. Und da bin ich auch total uninformiert. [...] Ich kann ihnen nichts über die Geschichte des Iran vermitteln oder Bulgariens Geschichte [...], da weiß ich auch nicht, was darin vorkommt.« (L3, HS, 8J, I, 440–445)*

*Der Schulformvergleich*

Der Grad der Bewusstheit in Bezug auf die Schüler und Schülerinnen als Bedingungsfeld war unter den Lehrerkräften der beiden Schulformen deutlich different. Die Hauptschullehrkräfte betonten an vielen Stellen, wie unterschiedlich sie die einzelnen Lerngruppen wahrnähmen:

> *»Das war ganz extrem, als ich jetzt zwei Kurse parallel unterrichtet habe und gemerkt habe, in dem einen Kurs bin ich schneller durchgekommen, da konnte ich aber bestimmte Unterrichtsteile nicht so ausbauen wie in dem anderen Kurs. Da habe ich für den Einstieg 30 Minuten gebraucht, weil die einfach so viel geredet haben« (L4, HS, 3J, I, 80–83)*

> *»Ich kann ein und dieselbe Thematik genauso in zwei verschiedenen siebten Klassen durchführen. Und ich werde hundertprozentig einen anderen Stundenverlauf haben und mit einer hohen Wahrscheinlichkeit auch zu abweichenden Ergebnissen kommen. Denn kein Schüler gleicht dem anderen, keine Klasse gleicht der anderen.« (L3, HS, Ref, I, 426–429)*

Ganz anders nahmen sich die Aussagen der Gymnasialprobanden und -probandinnen aus. Sie äußerten sich grundsätzlich sehr zurückhaltend über ihre Schüler und Schülerinnen als Einflussgröße. Insgesamt fanden sich in den Transkripten nur zwei Äußerungen von Gymnasialprobanden bzw. -probandinnen zu diesem Thema. Das folgende Zitat einer Gymnasiallehrkraft der Mittelgruppe illustriert, dass sie den Unterricht in unterschiedlichen Lerngruppen nicht als grundsätzlich unterschiedlich wahrnahm. Etwaige Differenzen schienen ihr jedenfalls nicht derart bemerkenswert, dass sie zu einer adaptiven Unterrichtsplanung führten:

> *»Aber dass ich mir irgendwie Gedanken darüber machen müsste, diese Lerngruppe kann das und die nicht, das mache ich ehrlich gesagt nicht, und da habe ich aber auch die Erfahrung […] gemacht, dass diese Stunden immer funktionieren. […] im Sinne von, dass sie nicht komplett vor die Wand laufen, egal in welcher Klasse ich sie mache. Die eine Klasse ist dann mal ein bisschen schneller und kommt zu intellektuelleren Ergebnissen und diskutiert freudiger. Während die andere Klasse eher […] an der Oberfläche bleibt.« (L2, GYM, 3J, I, 454–460)*

Generell vermittelten die Aussagen der Probanden und Probandinnen den Eindruck, dass den Hauptschullehrkräften nicht nur die Varianz innerhalb der eigenen Lerngruppen, sondern auch das Prinzip der Schülerorientierung weitaus bewusster oder jedenfalls für sie in der Vorbereitung deutlich richtungsweisender war als für die Gymnasiallehrpersonen. Letztere distanzierten sich auffallend häufig von diesem Dogma:

> *»Naja klar OFFIZIELL müsstest du das ja immer sagen, klar: ›Schüler sind das wichtigste‹, klar.« (L3, GYM, 3J, I, 312–313)*

Folgerichtig ergab sich für die Lehrkräfte der unterschiedlichen Schulformen eine deutliche Differenz bezüglich der Berücksichtigung von als schwierig wahrgenommenen Lerngruppen im Rahmen der Methodenentscheidungen.

Selbstverständlich haben Lehrkräfte beider Schulformen Erfahrungen mit disziplin-schwierigen Lerngruppen. Die Aussage einer Gymnasiallehrkraft steht hierbei stellvertretend für den grundsätzlichen Umgang der Gymnasiallehrkräfte mit solchen Klassen in Bezug auf die Unterrichtsvorbereitung:

> *»Ich finde, je erzieherisch schwieriger Klassen sind, desto weniger Freiheiten kriegen sie. Indem ich viel mehr auf Präsenz setze, indem ich viel mehr frontal stehe. Indem ich viel mehr Einzelarbeit habe.«* (L3, GYM, 3J, I, 502–504)

Geradezu gegensätzlich sah die Herangehensweise der Hauptschullehrkräfte aus:

> *»Das sagen auch Kollegen, die lange dabei sind, dass: je schwieriger die Klasse, desto weniger frontal.«* (L3, HS, 3J, 406–407)

> *»Klar, je schlimmer die Klasse, desto weniger frontal, desto mehr differenzieren, anpassen, immer ein Wahnsinnsaufwand. Am besten gleich: Sachen packen und losfahren, irgendwas draußen machen, angucken.«* (L4, HS, 3J, I, 282–284)

> *»[W]enn ich denen wenig zutraue, dann machen die auch wenig, und wenn ich denen zum Beispiel ein bisschen mehr selbstständiges Arbeiten zutraue, dann funktioniert das […] häufiger. […] manchmal denkt man trotzdem, man müsste die immer so stark führen, und die Gefahr besteht dann so doll, das so kleinschrittig kleinzuraspeln, und da versuche ich gegen anzugehen.«* (L3, HS, 3J, I, 345–349)

*Rollenverständnis*

Die Hauptschullehrkräfte sahen ihre zentrale Wirkungskraft in erster Linie im Rahmen der Stundendurchführung, die Bedeutung des Planungshandelns erwähnten sie hingegen selten:

> *»Natürlich bin ich wichtig, wie ich den Unterricht beginne. Es geht ja schon mit dem Beginn des Unterrichts los, wie ich da stehe […] Sonst könnte ich auch einen Fernseher da hinstellen.«* (L2, HS, 8J, I, 261–264)

> *»Habe ich gute Laune, haben sie gute Laune. Habe ich gute Ideen, finden sie die Stunde super.«* (L4, HS, 8J, I, 347)

> *»Ich bin sozusagen der Quell des Wissens. (lacht) Und wenn keiner aus mir trinken will, dann bleiben sie alle dumm.«* (L1, HS, 8J, I, 416–418)

Im Gegensatz dazu sahen die Gymnasiallehrkräfte ihren zentralen Einfluss überwiegend in der Vorbereitung des Unterrichts. Acht von zwölf Gymnasialprobanden und -probandinnen betonten wiederholt, dass ihre eigene Verantwortung sich vor allem in der Unterrichtsplanung entfalte. Während der Unterrichtsdurchführung sahen sie sich mit graduellen Unterschieden komplett zurückgenommen:

*»Im Grunde meint das Moderieren ja eigentlich wirklich [nur] eingreifen, wenn es in die falsche Richtung geht. Und Impulse setzen natürlich, […]. Das ist dann, glaube ich, schon das, was ein moderner Lehrer eigentlich sein sollte.« (L1, GYM, Ref, I, 662–666)*

*»Als ersten Impuls würde ich sagen, [ich habe] eine geringe [Rolle], aber das stimmt ja so gar nicht. Weil die geringe Rolle [kann ich nur] spiele[n], wenn ich es sehr gut vorbereitet habe.« (L3, GYM, Ref, I, 727–728)*

*Ein besonderes Potenzial? Hauptschüler und -schülerinnen und Geschichtsunterricht*

Ein erster Blick auf die Äußerungen der Lehrkräfte scheint die alten empirischen Ergebnisse zu untermauern: Gymnasiallehrkräfte konzentrieren sich auch in ihrer Vorbereitung eher auf die fachlichen Aspekte des Unterrichts, während Hauptschullehrkräfte mit derart vielen pädagogischen Herausforderungen konfrontiert sind, dass sie der Schülerschaft in der Vorbereitung viel Aufmerksamkeit widmen und hier vornehmlich pädagogische Fragen klären. Ein genaueres Studium der Interviewaussagen ergibt aber ein durchaus differenziertes Bild: So zeigte sich, dass die Hauptschulprobanden und -probandinnen die eigene Schülerklientel zwar für pädagogisch anstrengend hielten, ihr aber durchaus ein besonderes Potenzial zusprachen, das spezielle Auswirkungen auf den Geschichtsunterricht habe. So äußerten Hauptschullehrkräfte sich an vielen Stellen positiv über die besondere Offenheit und Emotionalität ihrer Schüler und Schülerinnen, die sie nach eigenen Angaben für den Geschichtsunterricht zu nutzen versuchen:

*»Die sagen unheimlich gerne ihre Meinung. Die sind da ja auch viel unverkrampfter als irgendwelche anderen, die immer denken, die müssen direkt etwas Richtiges sagen. […] Meine Schüler regen sich auf.« (L3, HS, 3J, I, 294–303)*

*»In der Hauptschule sind einem die Schüler näher, die sind näher dran. Dass man wirklich sagt, die sind […] zwar schwieriger und frecher […], aber sie sind, wenn es so um emotionale Dinge geht, ist man wirklich näher dran.« (L2, HS, 8J, I, 510–513)*

Die Lehrkräfte betonten immer wieder, dass die Hauptschüler und -schülerinnen deutlich authentischer mit den Themen des Geschichtsunterrichts umgingen als Schüler und Schülerinnen anderer Schulformen. Die Zitate weisen darauf hin, dass der Austausch zwischen Schülern und Schülerinnen und Lehrkräften als völlig unverstellt empfunden wird:

*»Die sind [nicht so] sehr darauf fokussiert, was habe ich am Ende da für eine Note stehen, schon eher: Was lerne ich da jetzt bei für mich?« (L3, HS, 3J, I, 217–218)*

*»Die zeigen dir, was sie meinen. Da gibt es kein Gelaber. Die wissen auch gar nicht, was ich hören will. (lacht)« (L4, HS, 3J, I, 732–733)*

Die Nähe und emotionale Offenheit ihrer Schüler und Schülerinnen, von der die Hauptschulprobanden und -probandinnen in den Interviews häufig berichteten, wurde von den Gymnasiallehrkräften nur als Desiderat formuliert. So erzählten diese von Klassen, die sich gerade aufgrund der Emotionalität eines Themas dem Geschichtsunterricht verweigerten:

*»Nehmen wir mal, man macht den Ersten Weltkrieg und man liest […] Erlebnisberichte […]. Da denkt man, das muss die doch irgendwie anrühren. Und gerade dass sie das emotional anrührt, ist dann häufig in der neunten und zehnten Klasse der Grund, warum sie sich damit nicht befassen möchten. […] weil es ihnen peinlich ist zu formulieren, dass sie etwas bewegt.« (L2, GYM, 8J, I, 345–350)*

*»Ich kann auch verstehen, dass dann vielleicht Schüler, die mit [dem Dritten Reich] nicht fertig werden, das umwandeln in Gekicher. Trotzdem gibt es ja aber welche, […] für die das möglicherweise genauso störend ist wie für mich und ich finde, es geht auch nicht, also ich kann das nicht akzeptieren, dass dann ein solches Thema durch Unterrichtssituationen verkichert wird.« (L4, GYM, 8J, I, 595–599)*

Die Überlegungen zu ihren Lerngruppen führten die Hauptschulprobanden und -probandinnen immer wieder dazu, über ganz andersartige, innovative Unterrichtskonzepte des Geschichtsunterrichts nachzudenken, die den speziellen Lebenshorizont ihrer Schülerklientel stärker berücksichtigen müssten:

*»So ein Thema wie Revolution oder so, wenn man das irgendwie anknüpft, das kannst du auch mit denen verbinden… wie man sich fühlt, wenn man immer gegen die gleiche Wand rennt so. […] diese Kinder wissen ja total gut, wie es sich anfühlt, benachteiligt zu sein. […] gerade die schwierigen Klassen haben wenig Hemmungen, so etwas auch nachzuspielen. Ich glaube schon, dass man da einen coolen Geschichtsunterricht machen könnte mit denen. […] Gar nicht chronologisch, sondern eher so themenbezogen.« (L3, HS, 3J, I, 267–288)*

*»Wie die dich angucken, wenn Du sagst: Habe den Mut, Dich Deines eigenen Verstandes zu bedienen. Und Du sagst: Was heißt das? Und auf den Tisch haust und sagst: Wie wäre das, wenn Ihr kapiert, dass Ihr hier nichts für Euch lernt. Dass ihr lieber selber DENKEN wollt. Dass Ihr Euch aber nicht traut. Packt Eure Sachen, und erkundet die Welt, habt Mut! Dann sind die völlig baff. Und fragen plötzlich: Und WER hat das gesagt? (lacht)« (L4, HS, 3J, I, 738–742)*

*Schüler und Schülerinnen der Oberstufe*

Fragen nach der Vorbereitung für zwei altersmäßig unterschiedliche Lerngruppen in der Vignettenstudie konnten naturgemäß nur von den Gymnasiallehrkräften beantwortet werden, da die Hauptschullehrkräfte in der Sek II nicht unterrichten. Die Probanden und Probandinnen reagierten alle mit der Feststellung, dass sie für beide Lerngruppen grundsätzlich ähnlich vorgehen würden, dass der Zugang für die Sek II aber analytischer bzw. komplexer sein müsse und dass es für die Sek I stärker darum gehe, zu elementarisieren und spielerisch zu agieren. Hierbei zeigte sich, dass die Lehrkräfte für die Sek II häufiger einen Gegenwartsbezug erwogen, der hauptsächlich internationale Konflikte bzw.

vergleichbar komplizierte Themen betraf. Für die Sek I wurde grundsätzlich selten ein Gegenwartsbezug reflektiert.

In den Interviews reflektierten diese Gymnasiallehrkräfte den Unterschied zwischen Sek I und Sek II-Unterricht bemerkenswert selten. Dies stand im Gegensatz zur Ausführlichkeit und Bereitwilligkeit, mit der sie sich der Oberstufenplanung in der Vignettenstudie widmeten. Besonders die erfahreneren Probanden und Probandinnen gingen ihre Stundenvorbereitungen für die Oberstufe enthusiastischer und intensiver an. Sie lieferten hier mehr (inhaltliche) Ideen und wogen mehrere Alternativen ab.

Immerhin bemerkte eine Expertenlehrerin folgerichtig im Interview, dass sie sich im Oberstufenunterricht fachlich stärker herausgefordert fühle:

*»Je älter sie werden, desto mehr steht das Fachliche im Vordergrund, […] zumindest bei Schülern, die nicht so Probleme mit sich selber haben, die […] dann eben nicht so davon abhängig sind, dass sie den Eindruck haben, dass der Lehrer sie mag. Und bei den Kleinen ist das eben wichtiger.« (L4, GYM, 8J, I, 735–739)*

Insgesamt gaben die Lehrkräfte in den Interviews an, dass die Vorbereitung des Sek II-Unterrichts deutlich mehr Zeit beanspruche:

*»[I]ch muss mich nicht einlesen auf dem Niveau von Sek I-Leuten ›Wer war Karl, der Große?‹, ja? […] Sondern ich muss halt eher gucken, wie kriege ich das hin, dass sie das verstehen, und dann sind es meist nur methodische, didaktische [Fragen].« (L4, GYM, 8J, I, 41–44)*

*»In der Sek I hast du ja erst mal diese Wissensebene, […] die dann doch auch […] mehr Raum einnimmt, würde ich sagen. Und die ist leichter vorzubereiten. […] Wenn es dann wirklich zu der Urteilsebene kommt, muss man die Wissensebene ja als Voraussetzung erst mal haben.« (L1, GYM, 3J, I, 28–31)*

In den Vignettenstudien zeigte sich klar, dass die Gymnasiallehrkräfte spielerische Herangehensweisen an den Unterrichtsgegenstand grundsätzlich in der Sek I verorteten. Diese Haltung war mit einer geringeren Wertschätzung für den Sek I-Unterricht verbunden. Als spielerisch deklarierte Stundenkonzeptionen wurden von den Lehrkräften überwiegend ironisch kommentiert:

*»Für [die Oberstufe] auf alle Fälle sehr viel kognitiver und textlastiger. Da würde ich nicht mit […] irgendwelchen bunten Bilderchen arbeiten. (lacht)« (L2, GYM, 3J, VIG, 72–73)*

*»In der Sek II mache ich natürlich einen sehr viel kognitiveren Zugang. Das ist dann nicht mehr so ein Kindergarten. (lacht)« (L4, GYM, 3J, VIG, 62–63)*

### 3.2. Rahmenbedingungen als Elemente der Unterrichtsplanung

Im Rahmen der Laut-Denk-Untersuchung konnte die Berücksichtigung von Rahmenbedingungen durch die Probanden und Probandinnen im praktischen Planungshandeln beobachtet werden. Besonders häufig traten hier die Rahmenbedingungen ›Unterrichtszeit‹ und ›Sitzordnung‹ bzw. ›Raumregie‹ als Elemente auf. Eine klare quantitative Auffälligkeit ergibt sich bei einem Vergleich der Schulformen: So sprachen Hauptschullehrkräfte die Rahmenbedingungen grundsätzlich sowohl in den Interviews als auch in den Laut-Denk-Untersuchungen deutlich häufiger an als Gymnasialprobanden und -probandinnen. Die Hauptschulreferendare und -referendarinnen verbalisierten nicht nur überdurchschnittlich häufig Gedanken über die Lerngruppe generell, sondern berücksichtigten auch deren vermutete gegenwärtige Verfassung, die Lage der Stunde sowie die Räumlichkeiten. Für die erfahreneren Hauptschullehrkräfte ergab sich der Eindruck, dass sie die Stundenpläne ihrer Lerngruppe ebenso im Kopf hatten wie persönliche Lebensumstände einzelner Schüler und Schülerinnen, bis hin zu deren außerschulischen Terminen. Der überaus enge Kontakt zu den Lerngruppen hatte hier eine eindeutige Wirkung auf den jeweiligen Planungsverlauf.

Die Gymnasialreferendare und -referendarinnen sprachen im Verlauf ihrer Planungsüberlegungen Rahmenbedingungen nur selten an. Sie reflektierten die Unterrichtszeit, taten dies aber selten konsequent, weshalb es sich hierbei offensichtlich nicht um einen stark organisierenden Faktor ihrer Unterrichtsvorbereitung handelte. Auch bei der Gymnasialmittelgruppe spielte die Planung des zeitlichen Ablaufs keine große Rolle. Einzig in der Vorbereitung einer Lehrkraft tauchte der Horizont der Durchführung wiederholt in den Verbalisierungen auf. In den Nachgesprächen räumten allerdings auch die anderen drei Probanden bzw. Probandinnen ein, den zeitlichen Horizont beim Planen und besonders bei der Auswahl der Quellen im Kopf gehabt zu haben. Dies ist ein Hinweis darauf, dass sich derartige Überlegungen implizit abspielten. Insgesamt widmeten die Lehrkräfte der Gymnasialmittelgruppe der Logistik deutlich größere Aufmerksamkeit als die Gymnasialreferendare und -referendarinnen. Die Abläufe wurden konkreter und mit größerer Ernsthaftigkeit geplant. In den Nachgesprächen offenbarten die Lehrkräfte überwiegend, dass sie speziell die Gelenkstellen konkret zu planen trachteten, um mögliche Probleme der Unruhe von Vorneherein zu vermeiden.

Eine Gymnasiallehrkraft der Mittelgruppe zeigte ein deutliches Bewusstsein für Rahmenbedingungen insofern, als sie ihre Stundenplanung aufgrund von Stundenausfall inhaltlich umstrukturieren musste. Zwar ist das Auftreten eines solchen Falles bei einer Einzelfalluntersuchung natürlich dem Zufall geschuldet. Es scheint sich aber zugleich um einen grundsätzlichen Trend unter den Gymnasiallehrkräften der Mittelgruppe im Vergleich zu den Referendaren und Referendarinnen zu handeln, wenn Erstere auch in den Interviews öfter darauf hinwiesen, dass sie die Verfassung der Lerngruppe zum Zeitpunkt der Stundendurchführung (aufgrund der Lage der Stunde am Schultag oder im Schuljahr) bei der Vorbereitung bedächten und berücksichtigten.

Für die Gymnasialexperten und -expertinnen ergab sich der Eindruck einer überwiegend impliziten Beachtung der Rahmenbedingungen. So verbalisierten sie diesbezügliche Überlegungen deutlich seltener als die Lehrkräfte der Mittelgruppe. Im Nachgespräch waren die Experten und Expertinnen ausnahmslos in der Lage, getroffene Entscheidungen mit Erklärungen zur Raumregie oder dem zeitlichem Ablauf der Stunde zu rechtfertigen. In den Interviews wiederum verneinten diese Probanden und Probandinnen eine Berücksichtigung durchgängig oder lehnten sie mitunter offen ab:

> *»Es gibt ja dann auch äußere Faktoren wie eine Klausur, die vorher geschrieben wurde. Wobei […] ich würde mich da nie hin stellen und sagen: Ach Ihr armen Hascherl, ihr schreibt heute Klausur, deswegen könnt ihr heute wohl nicht so. Da wird immer ganz normal durchgezogen.« (L2, GYM, 8J, I, 544–547).*

## 3.3. Unterrichtsplanen erlernen

Die Interviews gaben an vielen Stellen Aufschluss darüber, wie die Lehrkräfte die Heranführung an die Planung von Geschichtsunterricht im Rahmen der eigenen Ausbildung erlebt haben.

### 3.3.1. Ausbildung zur Unterrichtsplanung an der Universität

Die Urteile über die planungsrelevante Ausbildung im Hochschulstudium fielen überwiegend negativ aus. So gaben alle Gymnasiallehrkräfte an, im Studium nichts Verwertbares gelernt zu haben. Auf Nachfrage der Interviewerin nahmen einige dieses harsche Urteil zurück und formulierten vorsichtiger, sich an keine explizite Ausbildung in Bezug auf das Planen zu erinnern zu können:

> *»Ich erinnere mich nicht. Also ich möchte nicht ausschließen, dass es die gegeben hat, aber ich erinnere mich an nichts Konkretes mehr.« (L1, GYM, Ref, I, 365–366)*

Die Elemente der universitären Ausbildung, die sich implizit auf die Unterrichtsplanung bezogen, wurden von den Gymnasialprobanden und -probandinnen in ihrer Relevanz für das Berufsleben überwiegend sehr negativ beurteilt. Vor allem die Praxisbezüge wurden überwiegend als unrealistisch und somit speziell in Bezug auf die Unterrichtsplanung als unbrauchbar bewertet:

*»[Ineffektiv war,] dass ich in Geschichte beispielsweise nur über Multiperspektivität ein Referat gehalten habe. Also es war wenig Unterrichtsbezug.« (L2, GYM, Ref, I, 200–201)*

*»Das lief dann immer darauf hinaus, was man alles müsste und was Geschichtsunterricht soll, aber nicht: Wie plane ich eine Stunde?« (L4, GYM, 3J, I, 82–83)*

In den Ausnahmefällen, in denen Lehrkräfte ihre universitären Ausbilder und Ausbilderinnen lobten, handelte es sich folgerichtig um solche Hochschullehrpersonen, die Wert auf die unterrichtspraktische Relevanz ihrer Ausbildungsinhalte gelegt hatten:

*»Das war eine glückhafte Fügung […]. Das war sehr, sehr wenig Theorie, das war sehr, sehr stark auch schon in Richtung Praxis. […] Der hat das nicht aus der fachdidaktischen Literatur […] entwickelt.« (L2, GYM, 8J, I, 306–310)*

*»Ich hatte eine gute Geschichtsdidaktikdozentin, weil die aus der Schule kam, also die eigentlich Gesamtschullehrerin war […].« (L3, HS, 3J, I, 176–178)*

Selbst im Rahmen des Fachpraktikums konnten sich die Gymnasiallehrkräfte an keine hilfreichen Lernerfahrungen in Bezug auf die Unterrichtsplanung erinnern. Angesichts der diesbezüglich eher mageren Ergebnisse erstaunt, dass viele der Gymnasiallehrkräfte die selbst erlebte universitäre Ausbildung dennoch deutlich verteidigten. Sie betonten hierbei überwiegend, dass ein Praxisbezug in der universitären Ausbildung ihnen gefühlsmäßig zwar sehr gefehlt habe, dass sie vom Prinzip der theoretischen Ausbildung in der ersten Phase aber dennoch überzeugt seien. Es überwog klar die Ansicht, dass man Unterrichtsvorbereitung eben nicht theoretisch erlernen könne und diese daher nicht in die erste Phase der Ausbildung gehöre:

*»Das [Planen] kann man abstrakt nicht lernen. Das geht einfach nicht. Das muss man ausprobieren.« (L4, GYM, 3J, I, 84–85)*

*»Ich kann nicht behaupten, dass mich die Uni Handwerkszeug gelehrt hat. Die hat mir Wissen mitgegeben. Und in der zweiten Ausbildungsphase habe ich gelernt, mein Wissen anzuwenden.« (L1, HS, 3J, I, 76–78)*

Unter den befragten Hauptschullehrkräften fand sich eine einzige Lehrkraft, die jene Elemente des Didaktikstudiums lobte, in denen im Rahmen von ›schulpraktischen Studien‹ auch die Unterrichtsplanung trainiert worden sei. Die Bewertungen der übrigen Hauptschullehrkräfte, die Geschichte studiert hatten, fielen ebenso negativ aus wie jene der Gymnasiallehrpersonen:

*»So konkret war es nie. Es ging eher so um allgemeine Dinge. […] was muss ich beachten, wenn ich […] mit Bildern arbeite?« (L4, HS, Ref, I, 106–107)*

Die Hauptschullehrkräfte bemängelten darüber hinaus speziell das geringe Überblickswissen in der universitären Vermittlung, das ihnen in der Unterrichtsplanung besonders fehle. Sie reflektierten darüber hinaus wiederholt einen

*»elitäre[n] Anspruch«* (L1, HS, Ref, I, 210) der universitären Bildung, der besonders für die Hauptschulklientel unpassend sei:

> *»Dieses hochfachliche Niveau, was man auch in der Unterrichtsplanung innerhalb der Didaktik an den Universitäten durch exerziert, das hat mit der Realität nicht viel zu tun.« (L3, HS, Ref, I, 775–777)*

> *»Das war bei uns eine Ausbildung, von der denke ich jetzt, die war eher für Gymnasialschüler gedacht. Klar, rauskommen soll meiner Meinung nach im Prinzip dasselbe. Die sollen alle denken und beurteilen zum Schluss. Aber die Wege müssen doch unterschiedlich sein. Sonst hast du nur Versager versus Achievers.« (L4, HS, 3J, I, 206–210)*

Grundsätzlich äußerten sich alle Lehrkräfte eher kritisch zur Relevanz der im Studium vermittelten Inhalte für die eigene Berufspraxis. Jene Probanden und Probandinnen, die der Ausbildung auch positive Aspekte abgewinnen konnten, stimmten mit den Kritiker stets darin überein, dass zur konkreten Unterrichtsvorbereitung im Geschichtsunterricht nichts vermittelt worden sei, das ihnen jetzt noch in Erinnerung komme. Als zusätzliches Problem erwies sich hierbei der von Lehrkräften beider Schulformen beschriebene Umstand, dass die Ausbilder und Ausbilderinnen der zweiten Phase die Ausbildungsinhalte der ersten Phase überwiegend explizit abgelehnt hätten:

> *»Ich weiß auf jeden Fall noch, dass wirklich von allen Seiten im Referendariat als Erstes kam: […] so haben Sie es in der Uni gelernt, aber das spielt jetzt keine Rolle mehr, wir wollen das jetzt anders.« (L3, HS, Ref, I, 323–325)*

> *»Die wichtigste erste Lektion im Referendariat war: Vergesst alles, was Ihr in der Uni gelernt habt.« (L4, GYM, 3J, I, 99)*

### 3.3.2. Ausbildung zur Unterrichtsplanung im Referendariat

Die Ergebnisse zum Planen im Referendariat fielen ähnlich negativ aus wie die zum Studium. Alle Gymnasiallehrkräfte gaben an, in ihrem Geschichtsfachseminar nicht angemessen für die Planung einer Geschichtsunterrichtsstunde ausgebildet worden zu sein. Einzelne Hinweise aus den geschichtsdidaktischen Seminaren seien hilfreich gewesen, hätten sich aber niemals zu einem geschlossenen Bild einer Unterrichtsvorbereitung zusammengesetzt. Es fand sich überwiegend die Schilderung, man habe das Planen eben praktisch, im Sinne von Learning by doing und auf sich allein gestellt gelernt. Eine Unterstützung durch den Ausbilder bzw. die Ausbilderin habe hierbei nur selten stattgefunden. Einzig in den Nachgesprächen nach Unterrichtsbesuchen habe man rückblickend auch die eigene Planung reflektiert:

*»Für Geschichte habe ich nicht das Gefühl, dass ich das irgendwie vernünftig gelernt hätte. Also das ist eher so ein Selbstlernprozess vielleicht, wo ich auch nicht weiß, ob der erfolgreich ist.« (L4, GYM, Ref, I, 254–256)*

*»Ich glaube eher, dass das bei mir so ein unbewusster Prozess war und ich das nicht bewusst irgendwann mal gehört habe, nach dem Motto, es war Geschichtsfachseminar, und wir saßen da alle, und es wurde gesagt, so und so hat das zu laufen.« (L2, GYM, 3J, I, 298–200)*

*»In meiner Ausbildung war es so, dass etwas geprüft wurde, das ich so nicht gelernt habe. Sondern das ich dann mehr oder weniger induktiv mir erschlossen habe. [...] Wie mache ich aus einem historischen Stoff ein Thema? Das musste dann [...] immer stehen als Produkt, aber wie man das macht, haben wir nie besprochen.« (L4, GYM, 3J, I, 73–77)*

*»Ich hatte da ja auch gleich einen Kurs im Referendariat. Und da hatte ich eben überhaupt keine Vorstellungen. Also das war ein echtes Problem. [...] Wie bereite ich die einzelnen Stunden vor? Und wie gehe ich überhaupt da ran? [...] Und in Geschichte habe ich [...] mir [das] alleine ausdenken müssen und war völlig hilflos.« (L4, GYM, 8J, I, 215–225)*

Wie bereits in den vorherigen Abschnitten dieses Kapitels ersichtlich wurde, zeigten die Gymnasialreferendare bzw. -referendarinnen kurz vor ihrem Staatsexamen folgerichtig eine mitunter bemerkenswerte Unsicherheit in Bezug auf grundlegende Planungselemente:

*»Ich glaube, ich habe das bis jetzt mit dieser Leitfrage noch nicht richtig kapiert. Also ich habe oft nachgefragt und habe aber da keine Antwort gekriegt von meinem Ausbilder [...]. Was es da so für Punkte gibt, an denen ich mich langhangeln kann, dass ich eine vernünftige Leitfrage hinkriege.« (L4, GYM, Ref, I, 270–273)*

*»Man weiß irgendwie, man muss ein Stundenziel machen, und man weiß irgendwie, dass man Geschichtsthemen didaktisieren muss, aber man weiß nicht genau, was damit gemeint ist.« (L2, GYM, Ref, I, 782–730)*

Die Beurteilungen der Hauptschullehrkräfte in Bezug auf die zweite Phase der Ausbildung fielen deutlich positiver aus als diejenigen der Gymnasiallehrpersonen. Immerhin vier der Befragten gaben an, im Ausbildungsseminar entscheidende Impulse für die Unterrichtsplanung erhalten zu haben. Drei Hauptschulreferendare bzw. -referendarinnen berichteten, man habe hier kooperativ geplant, was alle drei als sehr effektives Training bewerteten.

*»Wir gehen [...] so vor, dass wir sagen: [...] was ist unser Thema? Wir versuchen eine Mindmap zu entwickeln, zu sagen, was muss da unbedingt rein, was müssen die Schüler am Ende wissen? Dann werden erst mal Fakten gesammelt. [...] Und dann schaut man, welche Auswahl können wir treffen? [...] Und das üben wir. Und das ist auch wirklich hilfreich.« (L1, HS, Ref, I, 235–241)*

*»Wir haben im Seminar immer wieder Stunden geplant, Einheiten geplant, zumindest auch angeplant, und dann habe ich die alleine zuhause weitergeplant.« (L2, HS, Ref, I, 37–39)*

*»Wir haben geplant, und die Ausbilderin war dabei und hat dann das mit uns besprochen und reflektiert und so weiter.« (L3, HS, Ref, I, 857–858)*

*Konkrete Ausbildungsinhalte*
Befragt nach konkreten Ausbildungsinhalten der zweiten Phase in Bezug auf das Unterrichtsplanen, antworteten die Gymnasiallehrkräfte überwiegend ausweichend. Nur zwei von ihnen nannten konkrete Elemente ihrer Referendarsausbildung als zentral hilfreich für die eigene Unterrichtsvorbereitung:

*»Das eine war ›Erstellen Sie einen Spannungsbogen […]‹ und das andere war ›bipolare Themenformulierung für die Stunde‹, und natürlich die ›Herausarbeitung des Kernanliegens‹, das sind die drei Sachen.« (L3, GYM, Ref, I, 82–84)*

*»Das Kernanliegen. […] Was ist der Kern der Sache? Wenn du alles entfledderst an Napoleon, […] was muss rum kommen, worüber muss gesprochen werden?« (L3, GYM, 3J, I, 635–638)*

Die Hauptschullehrkräfte erwähnten häufiger konkrete Hinweise ihrer Ausbilder und Ausbilderinnen in Bezug auf die Unterrichtsplanung. Jedoch handelte es sich nur in einem Fall um konkret auf den Geschichtsunterricht bezogene Vorschläge:

*»Dass man verschiedene Sachen hat, wie den Rahmenlehrplan, dem man das Thema erst mal […] entnehmen muss […]. Dass man sich dann anschaut, wo stehen die Schüler, und wo sollen sie hin? […] Und das nicht nur inhaltlicher Natur […], sondern […] auch […] die verschiedenen Kompetenzbereiche der Geschichte anspricht. […] welche Mittel kann ich einsetzen, um das zu erreichen? […] alles arbeitet so ein bisschen hin auf die sogenannte Standardkonkretisierung.« (L3, HS, Ref, I, 337–354)*

*Die Rolle der Ausbilder und Ausbilderinnen*
Die Rolle der Ausbilder und Ausbilderinnen wurde von den Probanden und Probandinnen individuell sehr unterschiedlich beurteilt. Während drei der Gymnasialreferendare bzw. -referendarinnen sich hier unzureichend unterstützt fühlten, lobte eine Referendarin die Hinweise ihres Ausbilders zur Unterrichtplanung als überaus wichtig für die Entwicklung der eigenen Planungskompetenz. Für die Gymnasiallehrkräfte der Mittelgruppe sah das Bild ähnlich aus: Während drei von ihnen die Rolle ihres Ausbilders bzw. ihrer Ausbilderin als unwichtig beurteilten und angaben, von ihm die Planung nicht erlernt zu haben, lobte eine Lehrkraft ihre Ausbilderin und deren Einfluss deutlich. Auch die Gymnasialexperten und -expertinnen unterschieden sich in ihren Aussagen:

Zwei Lehrkräfte glaubten, von ihren Ausbildern einige Aspekte der Planung erlernt zu haben, die beiden anderen sprachen ihnen jeden Einfluss ab.

Für die Hauptschullehrkräfte ergab sich ein ähnliches Bild. Die Aussagen über die Ausbilder und Ausbilderinnen waren hier allerdings insgesamt emotionaler und drastischer als bei den Gymnasiallehrpersonen. So lobte eine Hauptschulreferendarin ihren Ausbilder als ›überragend‹ und berichtete, dass er mit den Referendaren und Referendarinnen gemeinsam Planungen durchgeführt habe. Auch eine weitere Referendarin betonte die wichtige Rolle ihres Ausbilders beim Erlernen der Unterrichtsvorbereitung. Die beiden anderen Referendare bzw. Referendarinnen beurteilten ihre Ausbilder als ›problematisch‹ bzw. ›katastrophal‹. Auch unter den Fachlehrkräften der beiden anderen Erfahrungsstufen fanden sich überwiegend sehr stürmische Bewertungen der Ausbildungspersonen, die hier entweder als ›zentral wichtig‹ oder als ›schlimm‹ bezeichnet wurden.

Einige Gymnasiallehrkräfte kritisierten das Ausbildungssystem, das eine enge Kooperation zwischen Ausbildern und planenden Referendarinnen schlicht unmöglich mache, weil man nicht jedes Mal »*vor der Planung anrufen*« (L3, GYM, Ref, I, 788) könne. Berichte der Hauptschulreferendare und -referendarinnen belegten allerdings, dass diese Praxis bei ihnen im Referendariat durchaus üblich gewesen war.

Als größere praktische Hilfe in Bezug auf die Stundenplanung empfanden die Gymnasialreferendare und -referendarinnen überwiegend ihre jeweiligen betreuenden Lehrpersonen an den Ausbildungsschulen. Auch die erfahreneren Lehrkräfte des Gymnasiums beurteilten die Rolle dieser Mentoren und Mentorinnen während des Referendariats als deutlich wichtiger zum Erlernen des Unterrichtsplanens als die ihrer Ausbilder und Ausbilderinnen. Die Ergebnisse sind für die Gymnasiallehrgruppe allerdings weniger deutlich als für die Gruppe der Hauptschullehrpersonen: Unter letzteren gaben acht der Befragten klar an, das Planen von und in Kooperation mit ihren Mentoren bzw. Mentorinnen erlernt zu haben:

> *»Ohne meine Mentorin hätte ich das gar nicht gelernt bzw. ganz allein.« (L4, HS, 3J, I, 235–236)*

An vielen Stellen zeigten die Ausführungen der Probanden und Probandinnen, dass die Ausbilderin bzw. der Ausbilder nicht unbedingt diejenigen Personen waren, von denen sie ein Erlernen der Unterrichtsplanung zuallererst erwarteten. Die Vielfalt an Unterstützern wird in den folgenden Zitaten deutlich:

> *»Viel habe ich von meiner Schwester […], die hat das in Bayern so gelernt, und wenn wir Stunden besprochen habe, hat sie immer so geredet, und das schien mir logisch, und dann habe ich das immer so übernommen.« (L2, GYM, 3J, I, 169–172)*

*»Dann waren wir in den Ferien bei Eltern einer Freundin zu Besuch, und ihr Vater war auch Geschichtslehrer, und dann habe ich dem auch gesagt, na, also ich habe jetzt hier übrigens einen Kurs, und wie mache ich denn das jetzt?« (L4, GYM, 8J, I, 225–227)*

*»Ich habe immer meine Frau gefragt: Wie würdest du das machen? Die hat auch Geschichte studiert. Und war auch mal Schülerin. (lacht)« (L4, GYM, 3J, I, 77–78)*

Die Ausführungen der Gymnasiallehrpersonen zeigten ein deutliches Reflexionsbewusstsein für den Umstand, dass die Ausbilder und Ausbilderinnen selbst unterschiedlichen berufsbiografischen Voraussetzungen unterliegen und nicht alle nach einem objektiven Gütemuster ausgebildet worden sind:

*»[Da] diese Referendarsausbilderin mit mir erst angefangen hatte und selber wenig Vorbereitung hatte für diese Aufgabe, hat sie mir das nicht besonders systematisch beigebracht. […] ein Ausbildungskonzept […] gab es eigentlich nicht, wenn wir mal ganz ehrlich sind.« (L4, GYM, 8J, I, 204–252)*

*»Naja, das sind ja jetzt auch nicht unbedingt die Speerspitzen der Didaktik, die Ausbilder. Weiß man ja, wie man Ausbilder wird. Ist ein subjektives Auswählen.« (L4, GYM, 3J, I, 80–82)*

*»Man weiß ja auch mittlerweile, wie solche Leute in diese Berufe kommen. Also die kriegen ja auch 0,0 Ausbildung dafür, sondern müssen das dann irgendwie hinbekommen.« (L2, GYM, 8J, I, 85–87)*

*»Es war sehr viel auf fachlicher Ebene und nicht so auf didaktischer Ebene, was vom Ausbilder als Feedback kam. Das war nicht so sein Ding. Zu alt.« (L2, GYM, 3J, I, 164–166)*

Unter den befragten Gymnasialexperten und -expertinnen befand sich auch eine solche, die selbst als Ausbilderin im Fach Geschichte arbeitete. Ihre Ausführungen belegten noch einmal aus Ausbilderperspektive die Willkür der ausbildnerischen Vermittlung:

*»Ich habe jetzt mit denen angefangen […], dass man die Urteilskompetenz sozusagen als Ziel der Stunde nimmt und dann […] von der Frage aus plant mit der Urteilskompetenz im Blick. Und das halte ich für eine gute Sache. […] Die [Theorie] habe ich selber gewählt. Es gibt keine Vorgaben. Aber ich habe mich orientiert an dem, was andere Fachseminarleiter machen. Und dann natürlich, was ich hilfreich finde. Da schöpft man ja auch aus der Erfahrung.« (L3, GYM, 8J, I, 152–186)*

*Die Rolle der Zweitfächer*

Befragt danach, wo sie die Unterrichtsplanung erlernt hätten, erklärten die Gymnasialreferendare und -referendarinnen einstimmig, sie hätten für die Vorbereitung ihres Geschichtsunterrichts die Hinweise aus ihrem jeweiligen Zweitfach (namentlich Latein und Religion) übernommen. Die Lehrkräfte der Mittelgruppe machten vergleichbare Angaben für ihre Zweitfächer (hier besonders für Englisch). Sie betonten aber vor allem den großen Einfluss, den ihre pädagogische Ausbildung auf ihre Unterrichtsplanung gehabt habe. So sei insbesondere das Wissen über einzelne Unterrichtsphasen nur von dieser Seite der Ausbildung zu ihnen gedrungen. Auch unter den Experten und Expertinnen fanden sich zwei Probanden bzw. Probandinnen, die berichteten, ein Konzept der Unterrichtsvorbereitung aus ihrem jeweils anderen Fach (hier Französisch) übernommen zu haben.

Bei den Hauptschullehrkräften fanden sich nur in einem Fall Hinweise auf die Übernahme von Planungswissen aus anderen Fächern. Angesichts der hohen Zahl von fachfremd Unterrichtenden muss aber auch für diese Probandengruppen von einer Anwendung eines diesbezüglichen fachfremden Wissens ausgegangen werden.

*Generelles Urteil: Ambivalenz bei allen Probandengruppen*

Obwohl die befragten Lehrpersonen klar aussagten, im Referendariat keine Unterrichtsvorbereitung für den Geschichtsunterricht erlernt zu haben, waren ihre Gesamturteile hinsichtlich der zweiten Phase der Ausbildung in Bezug auf die Planung durchaus ambivalent. Die einen kritisierten sehr deutlich das Fehlen von Hilfestellungen und eine Ausbildung zum Planen, die den Alltagserfordernissen nicht entsprochen habe:

> *»[Da] habe ich es verflucht, dass wir es nicht gelernt haben, einfach mal in einem Fingerschnips eine Stunde zu planen oder in 20 Minuten. […] Das wäre natürlich fürs spätere Berufsleben wahrscheinlich wesentlich effektiver.« (L3, GYM, Ref, I, 756–762)*

> *»Wenn ich jetzt so an diese irrealen Prüfungssituationen denke, da stand der Inhalt deutlich stärker im Vordergrund, als das jetzt an die Lerngruppe anzupassen.« (L4, GYM, 3J, I, 117–119)*

> *»So wie ich das gelernt habe, […] mache ich das überhaupt nicht mehr.« (L2, HS, 8J, I, 101–102)*

> *»Das kannst du ja später alles auch gar nicht mehr verwenden.« (L4, GYM, 8J, I, 287–288)*

Andere betonten, dass sie den Anspruch der Ausbilder und Prüferinnen, von den Referendaren und Referendarinnen eine ›perfekte Planung‹ präsentiert zu bekommen, durchaus einsichtig fänden. Zum einen bekomme man dadurch eine Vorstellung von einem Ideal, dem man sich in seiner späteren Unterrichtspraxis anzunähern versuche. Zum anderen verfüge man so bereits über sehr ordentliches Material, das man später verwenden könne.

> *»Die Ausbildung darf schon praxisfern sein, damit man eine Oberspitze kennt, an der man sich dann immer wieder orientiert.« (L4, GYM, 3J, I, 122–124)*

*»Natürlich könnte man sagen, alles Quatsch, diese ganze überbordende Planung in der Ausbildung [...] Das brauchst du ja nie wieder im Leben [...], aber es ist nicht so, dass man dann [...] alles aus dem Fenster schmeißt und nur noch 0815 macht, sondern man passt es an die Realitäten an, profitiert aber letztlich.« (L2, GYM, 8J, I, 285–291)*

*»Was daran gut ist, ist dass es natürlich irgendwann auch so in Fleisch und Blut übergeht [...] und [man] dann einfach automatisch [plant].« (L3, HS, Ref, I, 366–369)*

*»Ich glaube [...], dass es in Ordnung ist, dass die Ausbildung nicht an der Schulrealität dran ist bis zu einem gewissen Grad. [...] dann hast du einfach für später [...] einen Materialpool.« (L3, GYM, Ref, I, 831–834)*

### 3.3.3. Berufseinstiegsphase

So negativ die Lehrpersonen sich überwiegend über die Ausbildung zur Unterrichtsplanung für den Geschichtsunterricht in Studium und Referendariat äußerten, so klar formulierten sie immer wieder, sie hätten die Unterrichtsvorbereitung eben ›im Beruf‹ erlernt. Genauere Nachfragen ergaben, dass die Lehrkräfte damit aber nicht unbedingt die sogenannte dritte Phase, also die ersten Berufsjahre, meinten, sondern vielmehr auf sehr viel langfristigere Entwicklungen rekurrierten. Besonders die Expertenlehrkräfte betonten immer wieder, dass sich ihre Unterrichtsplanung über die Jahre noch einmal entscheidend verändert habe, was überwiegend an den sich wandelnden Forderungen der Didaktik liege, die sie über auszubildende Studierende oder Referendare und Referendarinnen kennengelernt zu haben angaben. Es schien sich um ein klares Muster unter den Expertenlehrkräften zu handeln, dass sie die Arbeit mit heranwachsenden Geschichtslehrpersonen ausdrücklich als Bereicherung der eigenen Unterrichts- und Planungspraxis werteten. Hierbei gingen die Experten und Expertinnen davon aus, dass die Referendare und Referendarinnen sie stets über die neuesten geschichtsdidaktischen Trends informierten. Andere Formen der Unterstützung, wie beispielsweise Fortbildungen, wurden von keinem bzw. keiner der Probanden und Probandinnen – mit Ausnahme einer fachfremden Lehrkraft – angesprochen.

Auch die Lehrkräfte der Mittelgruppen glaubten nicht unbedingt daran, Unterrichtsplanung abschließend in der dritten Phase erlernen zu können. Sie gingen vielmehr überwiegend davon aus, erst dann die Vorbereitung wirklich durchdrungen zu haben, wenn sie jede Klassenstufe und somit jeden Inhalt einmal vorbereitet haben würden. Gleichzeitig zeigte sich in den Interviews sehr deutlich der Respekt, den die Referendare und Referendarinnen beider Schulformen vor der dritten Phase hatten. Es überwog die Annahme, für die Unterrichtspraxis nicht angemessen ausgebildet worden zu sein.

### 3.3.4. Fachfremde Lehrkräfte als Sondergruppe

Bei der Ausbildung der fachfremden Lehrkräfte zur Vorbereitung von Geschichtsunterricht handelte es sich um ein besonders interessantes Untersuchungsfeld für die vorliegende Studie, da sich die Frage stellte, inwiefern hier überhaupt von einem domänenspezifischem, geschichtsdidaktischen Input auszugehen war. Die befragten fachfremden Lehrkräfte gaben überwiegend unumwunden an, sich das für die Planung nötige Wissen selbst angeeignet zu haben:

*»Das habe ich mir selbst beigebracht. Dann […] habe ich mir die Inhalte der Bücher durchgelesen, habe mir Arbeitsblätter dazu angeguckt, […] und dann immer geguckt, rechts und links, was die anderen dann so machen. Aber jetzt nicht extra an studierten Geschichtslehrern.« (L2, HS, 8J, I, 116–121)*

*»Ich hatte gleich in meiner ersten Stelle Klassenlehrerprinzip […], dann unterrichtest du einfach fast alles, dann kommt das einfach so.« (L2, HS, 3J, I, 319–320)*

*»[E]ine Fortbildung [hätte mir] unheimlich Not getan […] und das hätte ich schon gebraucht. Ich habe dann mal einen Referendar betreut […]. Das hat noch mal so ein bisschen Impulse gesetzt und noch mal so ein paar neue Methoden und Vorgehensweisen gebracht, das hat mir sehr viel geholfen eigentlich.« (L3, HS, 8J, I, 73–76)*

### 3.3.5. Die Rolle von didaktischen Modellen

Auf die Frage nach didaktischen Modellen oder Didaktikern bzw. Didaktikerinnen, die ihnen beim Erlernen der Unterrichtsplanung für das Fach Geschichte besonders geholfen haben, reagierten die Probanden und Probandinnen verhalten. Die meisten Lehrkräfte antworteten geradeheraus, sie könnten sich an keine wirkliche Hilfe in Bezug auf das Unterrichtsplanen von Seiten der Didaktik erinnern. Hierbei fiel auf, dass die Probanden und Probandinnen sich überwiegend offenkundig dafür schämten, keine Namen zu abrufen zu können:

*»Muss ich ganz ehrlich sagen: Nee. (lacht) Peinlich, ne? Kommt mir aber nicht in den Sinn. Klar, ich könnte jetzt so ganz allgemeine Sachen nennen […]. Meinst du so etwas?« (L2, GYM, 3J, I, 202–205)*

*»Wir hatten schon auch immer wieder mit so Literatur zu tun. […] Oh Gott. (lacht) Wer war denn das noch? […] Oder wir hatten auch immer mal wieder Bücher oder Didaktiker, die allgemein irgendwie… also Einstieg und so weiter, aber jetzt nicht in Bezug auf Geschichte, und wir haben das dann so raus gepickt und für Geschichte aufbereitet.« (L2, HS, Ref, I, 142–147)*

Zwei Gymnasiallehrkräfte der Mittelgruppe nannten eine geschichtsdidaktische Veröffentlichung als hilfreich und lobten besonders deren ›praxisnahe Formulierungen‹:

*»Das hat auch einen guten Grund, [dass das gut ist], das sind Praktiker. Alterfahrene […] Praktiker, [die das geschrieben haben].« (L3, GYM, 3J, I, 276)*

Insgesamt drei Lehrkräfte der Gymnasialmittelgruppe erwähnten weitere geschichtsdidaktische Veröffentlichungen, erklärten aber im Anschluss, dass diese für die konkrete Vorbereitung nicht hilfreich gewesen seien:

*»Man hat schon viel erfahren über die Prinzipien […], aber für die Planung hat es nichts gebracht. Konkret, meine ich.« (L4, GYM, 3J, I, 101–103)*

*»Diese Grundprinzipien. Gut, Böse, ne? Herrschaft. Untertan, Unterdrückung, keine Ahnung. Grundkategorien. […] Anhand von welchen Inhalten möchtest du diese Grundkategorien vermitteln? […] Aber das war immer alles sehr allgemein.« (L1, GYM, 3J, I, 245–248)*

Pädagogische Literatur wurde von den Gymnasiallehrpersonen nicht genannt.

Auch die Hauptschullehrkräfte hatten Mühe, hilfreiche Literatur zu anzuführen. Bemerkenswerterweise handelte es sich bei den geschichtsdidaktischen Veröffentlichungen, die sie schließlich vereinzelt erwähnten, um keine auf ihre Schulform bezogenen, sondern um deutlich auf den Gymnasialunterricht ausgerichtete Veröffentlichungen. Befragt nach hauptschulspezifischen Publikationen konnte niemand unter den Probanden und Probandinnen mit einer Antwort dienen. Als deutlich hilfreicher für das Erlernen der eigenen Unterrichtsvorbereitung beurteilten die Hauptschullehrpersonen pädagogische bzw. allgemeindidaktische Literatur zur Unterrichtsplanung.

### 3.3.6. Ist Planen erlernbar?

Zum Abschluss des Gesprächs über die jeweilige Ausbildung zur Unterrichtsplanung fragte die Interviewerin die Probanden und Probandinnen danach, was sie Berufsanfängern und Referendarinnen bezüglich der Unterrichtsvorbereitung für das Fach Geschichte raten würden. Die Probanden und Probandinnen reagierten grundsätzlich mit der Antwort, man könne hierbei nichts raten, der jeweilige Anfänger bzw. die jeweilige Anfängerin müsse die Vorbereitung durch praktisches Handeln selbst bzw. in Kooperation mit anderen, erfahreneren Lehrpersonen erlernen. Wiederholte Nachfragen brachten die Probanden und Probandinnen jedoch durchweg dazu, letztlich doch diesbezügliche Hinweise zu formulieren. Es zeigte sich, dass die Gymnasialreferendare und -referendarinnen besonders deutlich in einem Monolog zusammenzufassen wussten, wie Unterrichtsvorbereitung vor sich gehe:

*»Ich gucke auf meinen Stoffverteilungsplan, welches grobe Thema dran ist. Dann suche ich Materialien, zum Beispiel im Buch, wenn ich da etwas zu finde, dann überlege ich mir welche Kompetenz ich damit fördern könnte, und wenn ich da auch etwas zu finde,*

*dann entscheide ich mich, dass ich das anhand von diesem Material mache, […] überlege mir ein Lernziel, […] dann formuliere ich das Stundenthema noch einmal scharf, und dann überlege ich mir einen Einstieg […] und dann überlege ich mir als nächstes die Sozialformen, […] in der jeweils die einzelnen Phasen vonstattengehen sollen, und dann […] erstelle ich das Material«* (L1, GYM, Ref, I, 384–392)

*»Thema wählen, Ziel überlegen: Was will ich erreichen? Das Kernding ist letztlich tatsächlich die Kompetenz. […] Ich muss mir überlegen, was ich schulen will, also wo ich die Schüler fördern möchte. […] Methode, Material und die Phasen: Einstieg, Erarbeitung, Sicherung, Vertiefung, und dann schreibst du dir noch einen Ablaufplan. Und erstellst dein Arbeitsblatt.«* (L2, GYM, Ref, I, 805–812)

Die Angaben der Mittelgruppe waren ungenauer als diejenigen der Referendare und Referendarinnen. Die Gymnasiallehrkräfte betonten hier den schwierigen Prozess des Erlernen von Unterrichtsplanung, dessen Kern es sei, die Unterrichtsvorbereitung erst einmal grundsätzlich zu *»begreifen«* (L4, GYM, 3J, I, 129) bzw. zu *»durchdringen«* (L1, GYM, 3J, I, 718). Was sie damit konkret meinten, konnten die Lehrkräfte allerdings nicht erklären. Nur eine einzige Lehrkraft war hier bereit, eine klare Anleitung zu formulieren:

*»Zuerst gucken, was ist […] im Curriculum dran, […] was ist mein Thema? […] Dieses Thema kann man sich natürlich nur überlegen in Kombination mit den Schülern. […] Das heißt erstens Reduktion. Was lasse ich weg? Und was nehme ich? […] Zum Beispiel […] erste Hälfte des 19. Jahrhunderts, Revolution, […] 1848. Muss ich dann jeden kleinen Märzaufstand machen? Nein. […] Dann: Methode. […] Reduktion des Materials. Auswahl des richtigen Materials. Meistens nicht im Schulbuch vorhanden leider. Und dann Anpassung dieses Materials an eine Methode. […] Bei der Methode muss man dann natürlich noch mal gucken, was passt zu welcher Klasse, […] Können die Gruppenarbeit, können sie es nicht? […] Ganz entscheidend finde ich: […] habe ich ein Ende, zu dem ich will? Das heißt: […] Was müssen die Schüler am Ende von diesem Ganzen verstanden haben? […] dann sind wir am Schluss. Im besten Fall, […] endet so eine Stunde immer mit einer Beurteilung. […] Transferieren in einen anderen Zusammenhang.«* (L4, GYM, 3J, I, 525–552)

Ein durchgängig zentraler Hinweis, den alle Lehrkräfte der Mittelgruppe formulierten, war, dass Anfänger und Anfängerinnen darauf achten sollten, die Stunde ›vom Ende her zu planen‹. Dieser komprimierte Tipp enthielt eine Reihe von nicht exemplifizierten Vorschlägen: Wer ›vom Ende her plant‹, muss die Vorbereitung mit einer Zielformulierung beginnen und versuchen, diese Zielerreichung sukzessive anhand der Planung von Phasen zu gewährleisten. Die Aussage eines Gymnasialreferendars belegte jedoch, dass ein solcher Ratschlag für Anfänger und Anfängerinnen mitunter zu vage ist, als dass sie ihn ohne weitere Erklärung verstehen oder gar umsetzen können:

*»Ich meine, […] dass mir gesagt wurde: Sie müssen die Stunde von hinten planen. […] ich habe das […], glaube ich, nicht ganz verstanden. Ich denke, wenn ich mir das jetzt*

*noch mal überlege, dass das einfach heißen soll, die Stunde muss vom Ziel her geplant werden. […] Ich weiß auch nicht genau, ob das gemeint war.« (L1, GYM, Ref, I, 346–352)*

Auch die Tipps der Gymnasialexperten und -expertinnen waren vergleichsweise unspezifisch. Eine klare Anleitung zum Planen wollte hier nicht einmal die als Ausbilderin wirkende Lehrkraft geben:

*»[W]enn ihr jetzt ein Thema habt, nehmen wir Drittes Reich oder so etwas, was sind für euch die entscheidenden Daten, oder was interessiert euch. Ja? Da sind ja dann keine Operatoren wichtig, sondern wirklich die Frage, warum sind Jugendliche begeistert in die HJ gegangen? Welche Folgen hatte die HJ für einen Jugendlichen, der später dann in einer Demokratie leben sollte, ne? Also Leitfragen, die mich interessieren. Von denen ich weiß, die werfen einen Funken rein […] und […] geben […] dann vielleicht Anlass, nachzudenken und zu diskutieren.« (L1, GYM, 8J, I, 641–647)*

Insgesamt zeigten sich die erfahreneren Gymnasialprobanden und -probandinnen zögerlich und unsicher:

*»Kann man das […] verallgemeinern? Weiß ich ehrlich gesagt nicht. Vielleicht weiß ich das in ein paar Jahren. […] Vielleicht gibt es ja wirklich so ein paar Prinzipien, […] die jeder beachten kann und […] die das Risiko, dass eine Stunde scheitern kann, verringern. Und ich denke, das sind die, die ich gerade genannt habe. Also basierend auf meiner Erfahrung. In einer anderen Lerngruppe ist das vielleicht schon wieder ganz anders.« (L2, GYM, 3J, I, 740–746)*

*»Ich habe das Gefühl, dass man zwar so eine Art praktische, goldene Regeln für die Unterrichtsvorbereitung… könnte man zusammenfassen, aber vielleicht muss das auch jeder für sich rausfinden, weil das ja so individuell ist, jeder hat ja vielleicht auch eine andere Baustelle.« (L1, GYM, 3J, I, 673–675)*

Geradezu spiegelbildlich gestalteten sich die Einschätzungen der Hauptschullehrkräfte. Auch hier waren es die Referendare und Referendarinnen, die sehr klare Aussagen bezüglich der Reihenfolge des Vorgehens machten. Ebenso wie bei den Gymnasialreferendaren und -referendarinnen handelte es sich hierbei nachweislich nicht um ein von irgendwoher übernommenes deklaratives Wissen, sondern vielmehr um die eigene Vorgehensweise, die sie in Worte fassten:

*»Sich ganz klar ein Stundenziel im Vorfeld zu formulieren. Nachdem man alles durchgeguckt hat und nachdem man gelesen hat und die Materialien angeguckt hat und sich dann ein Stundenziel zu formulieren und dann entsprechend die Stunde zu ordnen. […] Und dann halt noch überlegen, wieder in den Rahmenlehrplan zurück, welche Kompetenz will ich vermitteln? Und dann würde ich erst überlegen, wie komme ich dahin? Also welche Methode passt jetzt dazu? […] Transparenz: Ist es für die Schüler klar, wissen die, was sie jetzt machen sollen? […] Relevanz. […] Und dass man klare Phasen hat.« (L4, HS, Ref, I, 616–633)*

Hauptschulprobanden und -probandinnen der Mittel- und Expertengruppe waren entweder zu gar keinen oder nur zu sehr vagen Angaben bereit:

*»Guck dir erst mal drei verschiedene Geschichtsbücher an oder so, also einfach mal wirklich Material sichten, was gibt es? Wo kriegt man Anregungen? Und guck, was du machen möchtest, beschränke dich auf einzelne Sachen, mach die lieber richtig gut als zu viel.« (L1, HS, 3J, I, 411–414)*

*»Guck vorher, wo willst du mit denen hin, mach dir eine Reihenplanung, und dann guckst du nach Material, du musst das Rad nicht neu erfinden.« (L3, HS, 3J, I, 640–641)*

*Rezepte in der Ausbildung*

Während die erfahreneren Hauptschullehrkräfte sich grundsätzlich weigerten, konkrete Tipps für die Unterrichtsplanung zu formulieren, wurde deutlich, dass sie in ihrer Rolle als Mentoren und Mentorinnen Auszubildenden klar zur Orientierung an Unterrichtsrezepten raten:

*»Dass man halt ja eben so aus dem Fundus, den man hat einfach, etwas nimmt und sagt: Hier mach mal das, das funktioniert eigentlich immer gut. Damit sie sich dann sicherer fühlen.« (L1, HS, 8J, I, 470–471)*

*»Mit meinen Referendaren bin ich immer als Erstes in das […] Lehrerzentrum gegangen, wo es diese alternativen Materialien gibt, dann habe ich […] die Unterrichtseinheiten mit den fertigen Arbeitsblättern [gezeigt]. Sie hatten irgendwie immer so eine Anleitung wie: Wie könnte es denn so aussehen? Weil das war ja erprobtes Material.« (L4, HS, 8J, I, 439–446)*

Die Gymnasiallehrkräfte hingegen beurteilten einen Einsatz von Rezepten in der Ausbildung äußerst kritisch:

*»Das erlebe ich auch oft im Fachseminar, […] zu irgendwelchen Sachen müssen wir dann oft Unterrichtsstunden gestalten. […] Dass dann viele Dinge oftmals im Seminar gesagt wurden, […] wo ich immer meine Schüler vor Augen hatte in der konkreten Altersstufe und denken würde: So ein Schwachsinn. Dann würden die überhaupt nichts dahin schreiben oder überhaupt nichts sagen. Also in der Theorie kann man viel behaupten, […] aber in der Praxis fehlen dann die konkreten Vorschläge bzw. es ist undurchführbar.« (L2, GYM, Ref, I, 826–834)*

*»Das kannst du nur lernen, indem du unterrichtest. Ich glaube, dieses ganze Theoretische ist ein Problem, weil man immer nur merkt, ob es funktioniert oder nicht, wenn man es tut. Man sitzt so oft am Schreibtisch und überlegt sich irgendetwas, und dann stellt man fest, ach, das kann ja nicht klappen, weil der Impuls ungeeignet ist.« (L2, GYM, 3J, I, 725–729)*

Mitunter wurde den Gymnasiallehrkräften im Verlauf des Gesprächs bewusst, dass sie für die Vorbereitung künftiger Referendare und Referendarinnen eine Ausbildungspraxis in Bezug auf die Unterrichtsplanung forderten, die sie eben für sich selbst noch als klar defizitär beurteilt hatten:

*»Ich glaube, ich würde das genau so vermitteln, wie es vermittelt wurde: Einfach tun. […] Praxis. Das ist komisch, Also weil das war die ganze Zeit eigentlich das, was ich kritisiert habe.« (L3, GYM, Ref, I, 796–797)*

*»Ich glaube, dass dieses Da-Rein-Geschmissen-Werden, dass das dazugehört. Ich weiß nicht, ob das möglich ist, diese Unterrichtsbesuche abzuschaffen und trotzdem genauso viel dabei zu lernen. Dabei habe ich echt gelitten, wie gesagt.« (L3, HS, 3J, I, 651–653)*

Eine Gymnasialexpertin, die in ihrem Interview den Einsatz konkreter Vorbereitungshilfen in Form von Rezepten in der Ausbildung eher kritisch beurteilte, erinnerte sich an anderer Stelle an ihr Erstaunen, als sie zu Beginn ihres Referendariats von einem Kollegen keine Ratschläge erhalten hatte:

*»[D]ann habe ich dem auch gesagt, […] ich habe jetzt hier übrigens einen Kurs, und wie mache ich denn das jetzt? Er konnte mir nichts dazu sagen. Also er redete da irgendwie rum und konnte NICHTS dazu sagen. Das fand ich irre. Naja, dann nimmst du das Buch, und dann guckst du mal. Und ich sagte: Wie soll ich denn da gucken?« (L4, GYM, 8J, I, 226–230)*

*Bewertung einer Rezeptekultur auf theoretischer Ebene*

Die Frage nach Ratschlägen für eine gelungene Unterrichtsplanung veranlasste die Probanden und Probandinnen überwiegend zu einer generellen Diskussion über verbindliche Planungsvorschläge für den Geschichtsunterricht. Obwohl sie eine Rezeptekultur in der Ausbildung deutlich ablehnten (s. o.), bejahten alle Gymnasiallehrkräfte die Möglichkeit klarer und konkreter Vorschläge auf theoretischer Ebene. Konsensual wurde dabei befunden, dass solche Vorschläge gegenwärtig nicht existierten:

*»Ich finde es so schade […], dass da jeder von null anfängt. Und am Anfang […] ist der Unterricht auch meistens nicht so richtig prickelnd. […] es hätte mir auf jeden Fall sehr geholfen, wenn ich da wesentlich mehr Unterstützung gekriegt hätte.« (L4, GYM, Ref, I, 716–724)*

*»Das wäre ein Traum. […] Ich finde das immer wieder komisch: Wenn ich mit Kollegen rede, gibt es da immer eine ganz große Übereinstimmung, welchen Zugang wir richtig finden, wie wir das machen wollen. […] das müsste es doch als Material geben? […] wenn es so ein Buch gäbe: Da steht dann ein konkreter Vorschlag, mit Einstieg, Leitfrage, etc. Warum soll das denn nur in Englisch gehen? Weil wir hier in Geschichte eine Geheimwissenschaft betreiben? Das ist für mich so ein ›Druiden-Denken‹.« (L4, GYM, 3J, I, 395–403)*

*»Ich bin auch ein großer Freund von solchen… habe ich mich groß gestritten schon mit ein, zwei Leuten, […] gut gemachten Unterrichtskonzepten, die ich mir kaufen kann. […] Ich gebe denen mein Geld dafür, dass die mir meine Zeit ersetzen.« (L3, GYM, 3J, I, 283–291)*

*»Ja, das ist eigentlich ein Witz, weil so viele Leute genau das Gleiche unterrichten, in genau den gleichen Klassenstufen und trotzdem macht es jeder irgendwie für sich selbst.« (L1, GYM, Ref, I, 725–727)*

Hingewiesen auf die durchaus vorhandenen praktischen Hilfsmittel wie Zeitschriften, Stundenbörsen im Internet und Handbücher, bekräftigten Probanden und Probandinnen beider Schulformen, dass sich deren Nutzung nicht als praktikabel erweise:

*»[Zeitschriften] nutze ich nicht. Dazu müsste ich sie ja lesen. Habe ich keine Zeit für.« (L4, HS, 8J, I, 122)*

*»Das sind natürlich alles sehr gute Hilfsmittel, nur man kann sie nicht alle zuhause haben. […] da muss man [in die Bibliothek] fahren, sich die Dinger ausleihen oder kopieren. [Da] ist natürlich der Aufwand doch erheblich.« (L2, GYM, Ref, I, 561–564)*

*»[Man muss] erstens wissen, dass es das gibt, zweitens muss man es dann auch da haben, was auch ein Kostenfaktor ist. Drittens muss man sich dann im Moment auch daran erinnern, in dem und dem Buch war doch etwas […] und es dann auch noch tatsächlich finden.« (L3, HS, Ref, I, 549–553)*

Neben aller Befürwortung einer Rezeptnutzung zeigten sich die Gymnasiallehrkräfte dennoch im Einzelnen ambivalent. Manche betonten, dass Rezepte zwar hilfreich seien, es aber nicht dem eigenen Selbstverständnis entspreche, fremde Ideen zu übernehmen:

*»Ich bin jetzt nicht darauf angewiesen, klingt jetzt vielleicht arrogant, […] dass da jetzt einer sagt, guck mal, […] das ist eine schöne Quelle, damit können Sie sehr schön die Problematik des Winters 1946/47 verdeutlichen. Nö. Suche ich mir selbst.« (L2, GYM, 8J, I, 598–601)*

Die Hauptschullehrkräfte, die allesamt für eine Nutzung von Rezepten in der Ausbildung plädierten (s.o.), zweifelten die Sinnhaftigkeit von Unterrichtsrezepten auf theoretischer Ebene durchweg an:

*»[E]in Buch, das muss für die Leute auf dem Land und für die Schüler in der Stadt und… ob man das wirklich hinkriegen kann, […] ich glaube, […] das wird man nicht realisieren können.« (L3, HS, 8J, I, 254–257)*

*»Das ist so ein bisschen wie wenn man in der Uni eine Unterrichtseinheit plant für eine Klasse, die man gar nicht hat. Also […] das sieht toll aus, aber […] wenn man dann als Lehrer vor seinen Schülern steht und man hat da 25, davon sind zwei total begeisterte Geschichtsfans und 13 sitzen aber da und gucken aus dem Fenster, dann ist es einfach schwierig.« (L1, HS, 3J, I, 161–165)*

*»Es geht einfach um die Schüler, um die Interessen und um die Voraussetzungen, und die kann man einfach nicht generalisieren.« (L2, HS, Ref, I, 322–323)*

*Rezepte im Geschichtsunterricht – eine fachspezifische Unmöglichkeit?*
Die Ausführungen gaben wiederholt Hinweise darauf, dass die Lehrkräfte selbst die Schwierigkeit der Rezeptanwendung als fachspezifisches Problem begriffen. So wiesen unterschiedliche Lehrpersonen darauf hin, fremde Vorschläge kontinuierlich in anderen Fächern zu nutzen. Für den Geschichtsunterricht fanden sie solche aber unbrauchbar:

> *»In Deutsch finde ich das sinniger. […] In anderen Fächern ist das leichter. In Deutsch… nimmst du das, und dann hast du deine Sequenz geplant.« (L4, HS, 3J, I, 407–409)*

> *»In Englisch wiederum, […] das finde ich gut. […] In Geschichte finde ich das völlig unbrauchbar. Weil das so individuell unterschiedlich ist. […] Bis man sich dann da rein gearbeitet hat in diese Gedankengänge, die derjenige ja dann in die Stunde verwandt hat, könnte man in der Zeit eigentlich auch selber eine Stunde planen.« (L4, GYM, 8J, I, 499–504)*

> *»In Reli[gion] haben wir ganz tolle, klare Vorschläge, mit denen ich arbeite. Verstehe nicht, warum das in Geschichte nicht gehen soll.« (L3, GYM, Ref, I, 791–792)*

Auf deutliche Nachfrage räumte schließlich aber eine Mehrheit der Probanden und Probandinnen ein, dass für sie derart konkrete Unterrichtsvorschläge auch für das Fach Geschichte vorstellbar seien. Sie müssten nur ganz anders und sehr viel praxisnäher konzipiert sein, als dies bislang der Fall sei:

> *»Wenn ich da an diese Art Methodenbücher [für den Englischunterricht] denke, […] dann stelle ich mir vor, dass es das auch für Geschichte geben könnte. […] handlungsanweisend […], so dass man das […] aufschlagen kann […] so etwas könnte es geben, ich denke schon.« (L4, GYM, 8J, I, 490–499)*

> *»[K]onkrete Vorschläge der Umsetzung. Wie benutze ich diese Quelle, welche Differenzierungsmöglichkeiten gibt es? Was ist die Frage der Stunde?« (L4, GYM, 3J, I, 356–357)*

Grundsätzlich waren sich die Lehrkräfte beider Schulformen darin einig, dass ein für den Geschichtsunterricht nutzbares Rezept niemals einfach direkt übernommen werden könne. Die Nutzung dieser Vorschläge gestaltete sich in ihren Augen immer aufwändig:

> *»Das ist ja immer so ein bisschen schwierig, wenn irgendwer anderes irgendeinen Unterricht aufschreibt, weil man so versuchen muss, dass so in die eigenen Kategorien umzusetzen.« (L4, GYM, 8J, I, 192–194)*

*Vorschläge für die Ausbildung*
Manche der Probanden und Probandinnen formulierten Verbesserungsvorschläge in Hinblick auf das Trainieren von Unterrichtsvorbereitung. In Bezug auf die universitäre Ausbildung erklärten sieben der befragten Gymnasiallehrkräfte und fünf der Hauptschullehrpersonen, dass sie hier von der Vermittlung eines

Überblickswissens profitiert hätten, das konkret an die offiziellen Richtlinien angedockt hätte sein müssen. Darüber hinaus erwähnten alle mögliche Vorteile von Praxiseinsätzen während des Studiums:

*»[Es] müsste ja eigentlich so strukturiert sein, dass man immer zwei Semester Schwerpunkt zum Beispiel Antike hat und dann aber auch ein Praxissemester halt und in die Schule geht und wirklich in der fünften und sechsten Klasse unterrichtet und da im besten Fall wirklich ein Halbjahr bleibt […]. Und […] dann zumindest diese fachliche Herausforderung in dem Sinne gar nicht mehr so hat. Weil man halt alle Aspekte, die dann drankommen, theoretisch an der Uni schon mehr oder weniger gemacht hat.« (L2, GYM, 3J, I, 686–693)*

*»[A]lles viel mehr […] direkt am Rahmenlehrplan dran, [so dass] man dann vielleicht immer im nächsten Schritt direkt an der Schule schon lernt, wie kann ich das umsetzen? Also das wäre ja das Perfekte, dann braucht man nicht drei Praktika, sondern dann ist man generell einen Tag in der Woche an der Schule.« (L4, HS, Ref, I, 738–742)*

Auch für das Referendariat formulierten die Probanden und Probandinnen den Wunsch nach einem intensiveren Theorie-Praxis-Bezug. Grundsätzlich glaubten die Lehrkräfte, dass die einzelnen Phasen der Planung unbedingt kooperativ mit dem Ausbilder bzw. der Ausbilderin geübt werden müssten:

*»Mir […] würde es mehr gefallen, wenn man sich systematisch im Referendariat in den Fachseminaren die einzelnen Themen vornimmt und tatsächlich anhand der verschiedenen Themen verschiedene Leitfragenzugänge erarbeitet, um auch inhaltlich vorgearbeitet zu haben. [Dann auch] Material sichten und so etwas wie Sequenzpläne für alle Themen einmal erstellt haben, das […] fände ich […] gut.« (L2, GYM, Ref, I, 844–850)*

*»Perfekt wäre, wenn man da am Anfang […] mit den Ausbilderinnen seinen Unterricht geplant hätte zusammen, die einem auch Ideen gegeben hätten, die man eigentlich nur umsetzen musste, und vor der Klasse erst mal diese Ideen von anderen umgesetzt hat und immer mehr die eigenen Ideenanteile größer wurden und die Ausbilder ihre Ideenanteile verringert hätten […] und man sicherer geworden wäre.« (L4, GYM, Ref, I, 778–783)*

*»Wir haben [im] Personalrat darüber gesprochen, wie kann das eigentlich besser laufen […] mit der Planung, weil wir haben ganz viel immer mit Leuten zu tun gehabt, die einfach erschöpft sind, weil sie halt einfach auch gesagt haben, sie wissen nicht, wie sie planen sollen. […] Da hat man sich dann umgehört in anderen Studienseminaren, und da kam dann, dass bei manchen wirklich gelernt wird, in 20 Minuten eine Stunde zu planen. Dass dann sozusagen der Fachleiter sich vor der offiziellen Besuchsstunde trifft mit demjenigen, sagt, welches Thema, welche Quelle, und dann wird […] gemeinsam überlegt.« (L3, GYM, Ref, I, 765–777)*

Eine Lehrkraft schilderte anschaulich, dass sich auch aus theoretischen Diskussionen durchaus richtungsweisende Erkenntnisse für die eigene professionelle Haltung ergeben können:

*»Eine Referendarin hatte dann gesagt, ›Schreiben im Alten Ägypten‹ und […] sie habe Stille Post gespielt und dann den Auftrag geflüstert: 15 Schafe, 14 Ziegen und so weiter, und als es dann am Ende durchkam, war dann natürlich ein anderer Auftrag angekommen. […] dass es eben dadurch klar wurde, […] die Vorteile von Schrift. […] das war für mich damals irgendwie schon eine einschneidende Erkenntnis, dass es eben darum geht, wirklich den Kern des Ganzen rauszufinden und nicht nur das Thema zu vermitteln. […] Und ich finde […], das könnte man mehr üben. Dass man einfach aus verschiedenen Themen versucht, Unterrichtsthemen zu machen. Und dazu muss man ja gar nicht die Stunde unterrichten, sondern sich das einfach mal vergegenwärtigen. Ich finde, das könnte man auch schon in der Uni üben, aber vor allem dann natürlich im Referendariat.« (L4, GYM, 3J, I, 419–434)*

## 3.4. Berufsbezogene Überzeugungen

Auch für die berufsbezogenen Überzeugungen der Probanden und Probandinnen galt, dass sich neben individuellen Denkstrukturen interindividuelle Strukturen feststellen und zuordnen ließen.

### 3.4.1. Philosophie des Fachs

Ein zentrales Untersuchungsfeld betraf die Ermittlung der berufsbezogenen Überzeugungen in Bezug auf das Unterrichtsfach Geschichte bzw. die ›Philosophie des Fachs‹. Die diesbezüglichen Fragen waren jene nach einer ›gelungenen Unterrichtsstunde‹ bzw. einem ›guten Geschichtsunterricht‹ oder ›dem Sinn von Geschichtsunterricht‹ im Generellen. Bereits im Pretest und besonders im Verlauf der Interviews mit den Hauptschullehrpersonen stellte sich heraus, dass die Frage nach dem Sinn für diese Berufsgruppe präzisiert bzw. umformuliert werden musste. Angesichts der oftmals desillusionierten Schilderungen der Durchführung von Unterricht und der schwierigen pädagogischen Situation in ihren Klassen erwies es sich als sinnvoller zu fragen, ob Hauptschüler und -schülerinnen überhaupt eines Geschichtsunterrichts bedürfen.[837] Dies führte in den meisten Fällen dazu, dass die Hauptschulprobanden und -probandinnen konkrete Themengebiete nannten, die sie als zentral in der Vermittlung ansahen. Auch die Gymnasiallehrkräfte äußerten sich – auch ohne explizite Frage danach – zu basalen Inhalten des Geschichtsunterrichts. So nannten sowohl vier Gymnasial- als auch vier Hauptschulprobanden und -probandinnen ›Nationalsozialismus‹ als entscheidendes Thema der Vermittlung. Darüber hinaus

837 Konkret formuliert: »Sollte man Geschichtsunterricht in der Hauptschule abschaffen?«. Oder: »Was müssten Hauptschüler und Hauptschülerinnen am Ende ihrer Schullaufbahn im Fach Geschichte gelernt haben?«

nannten drei Gymnasial- und zwei Hauptschullehrkräfte das Thema ›Demokratie‹ als zentrales Inhaltsfeld.

Aus den Aussagen aller Probanden und Probandinnen ließ sich klar eine zentrale Funktion des Geschichtsunterrichts herauskristallisieren: Am häufigsten äußerten sie in diesem Zusammenhang, dass der Geschichtsunterricht den Schülern und Schülerinnen Orientierung für ihre Gegenwart liefern solle. Neun von zwölf Gymnasiallehrkräften nannten diesen Punkt explizit. Zwei weitere formulierten, es gehe ihnen darum, ihre Schüler und Schülerinnen zu ›mündigen Bürgern‹ zu erziehen. Auch unter den Hauptschullehrkräften nannten fünf Probanden bzw. Probandinnen die orientierungsgebende Funktion ihres Unterrichts als zentrales Ziel.

> *»Ich habe einen gewissen Auftrag […]. Es hat […] immer mit der Existenz zu tun von Schülern. […] Wie richte ich mich ein? Wie komme ich zurecht in bestimmten Situationen? […] ein Großteil meines Unterrichts läuft genau auf dieser Schiene.« (L1, GYM, 8J, I, 369–374)*

> *»Wir versuchen, sie ja auf den Weg zu bringen, ein menschliches Leben zu führen.« (L1, HS, 8J, I, 510)*

Den zweiten Rang unter den am häufigsten genannten Zielen des Geschichtsunterrichts besetzte die ›Schulung von Urteilsfähigkeit‹ bzw. das ›historisch Denken lernen‹. Die richtungsweisende Funktion, die dieses Ziel im Rahmen der Unterrichtsplanung der Gymnasiallehrpersonen erfüllte, ist bereits ausführlich dargestellt worden. Acht von zwölf Gymnasiallehrkräften nannten es folgerichtig als wichtigen Zweck ihres Unterrichts. Drei weitere Gymnasiallehrkräfte betonten, es sei ihnen ein Anliegen, ihren Schülern und Schülerinnen den Konstruktcharakter von Geschichte zu vermitteln. Auch dies kann im weiteren Sinne als Schulung von Urteilskraft verstanden werden.

> *»Ganz grundsätzlich geht es mir […] darum, ein kritisches Bewusstsein zu wecken. […] Dinge wirklich zu hinterfragen, eine Fragehaltung überhaupt zu entwickeln.« (L2, GYM, Ref, I, 719–721)*

> *»Wenn sie jetzt hören, Frankreich schickt die Luftwaffe nach Libyen, dass sie dann für einen Moment auch mal überlegen können, ob das vielleicht auch falsch ist […] Das wäre das große Ziel des Geschichtsunterrichts. […] Alles was passiert, auch […] wenn man es richtig findet aus dem Bauch heraus, trotzdem immer wieder von der anderen Seite auch zu sehen […].« (L1, GYM, 8J, I, 217–222)*

Auch unter den Hauptschullehrkräften fanden sich fünf Probanden bzw. Probandinnen, die eine Schulung von Urteilsfähigkeit als Ziel ihres Unterrichts angaben.

> *»Das finde ich […] ganz wichtig, dass man sagen kann: Ja, ich habe eine Meinung. Und nicht: Mir ist es egal. Oder: Weiß ich nicht.« (L4, HS, Ref, I, 434–436)*

Unter Probanden und Probandinnen beider Untersuchungsgruppen fanden sich zudem Lehrkräfte, denen eine Wertevermittlung im Rahmen ihres Geschichtsunterrichts ein zentrales Anliegen war. Hierbei gaben jeweils zwei Probanden bzw. Probandinnen der Gymnasial- und vier der Hauptschulgruppe an, es sei ihnen wichtig, die Schüler und Schülerinnen zu Perspektivwechseln zu bewegen und Empathie in ihnen hervorzurufen. Jeweils zwei Probanden bzw. Probandinnen beider Gruppen formulierten, ihre Schüler und Schülerinnen sollten ›aus der Geschichte lernen‹:

> *»[A]us der Vergangenheit zu lernen, was auch alles schief gehen kann.« (L1, HS, Ref, I, 414–415)*

> *»Letztendlich muss man sich […] fragen […], was können wir denn aus der Geschichte lernen für die Gegenwart? Was war gut am Mittelalter, was könnte man übernehmen?« (L2, GYM, 3J, I, 612–614)*

Ein Sinn des Geschichtsunterrichts, den Lehrkräfte beider Schulformen häufig nannten, lässt sich unter dem Stichwort ›Demut gegenüber dem Gewordensein der Gegenwart‹ zusammenfassen. Gymnasialprobanden und -probandinnen strebten hierbei besonders an, ihren Schülern und Schülerinnen die Vorteile unseres demokratischen Systems bewusst zu machen:

> *»[D]ass man Schülerinnen […] mithilfe des Faches Geschichte sensibilisieren kann für […] den hohen Wert des Umstandes […], dass wir in einem demokratisch organisierten Gemeinwesen leben dürfen. […]. Um Schüler […] auch zu einer kritischen Solidarität […] mit unserem Land zu erziehen.« (L2, GYM, 8J, I, 659–664)*

Die Aussagen der Hauptschullehrkräfte bezogen sich weniger auf die Achtung der Demokratie als häufiger auf eine ganz grundsätzliche Demut in Bezug auf die Tatsache, dass unsere Gegenwart sich aus der Vergangenheit entwickelt hat:

> *»Ich möchte einfach den Kindern klar machen, dass es nicht nur ein Hier und Jetzt gibt. Sondern dass es einen Weg gibt, auf dem man geht, aber es gibt auch immer schon ein Stück Weg davor, und dass es auch andere Menschen gibt, die den schon gegangen sind.« (L1, HS, 3J, I, 248–250)*

> *»Sie denken immer: Das ist alles selbstverständlich. Aber nein! Dass sie merken, wir sind nicht vom Himmel gefallen. Alles, was wir haben, hat jemand vor uns gemacht, hergestellt oder vorbereitet.« (L4, HS, 3J, I, 558–560)*

Befragt nach einem als gut empfundenen Geschichtsunterricht, nannte die Mehrzahl der Probanden und Probandinnen neben fachspezifischen auch fachunspezifische Kriterien (15/24). Einen besonderen Schwerpunkt unter den fachunspezifischen Kriterien bildete die Schüleraktivierung. Sieben von zwölf Gymnasiallehrerpersonen bezeichneten eine ›breite Aktivierung‹ als zentrales Kriterium für eine gelungene Geschichtsstunde. Auch die befragten Hauptschullehrkräfte nannten die Aktivierung der Schüler und Schülerinnen als

Qualitätsmerkmal von Unterricht, wobei keine von ihnen das Wort ›Aktivierung‹ selbst benutzte. Vielmehr nannten die Befragten ›Interesse wecken‹ (4/12), ›mitreißen‹ (1/12) sowie ›etwas aus der Stunde mitnehmen‹ (2/12) als klare Qualitätskriterien. Für die Hauptschulprobanden und -probandinnen nahmen sich die fachunspezifischen Ziele insgesamt vielfältiger aus. Zwei betonten, ihnen sei wichtig, dass die Schüler und Schülerinnen lernten, sich Informationen selbst zu beschaffen. Zwei weitere erklärten, ihre Schüler und Schülerinnen sollten lernen zu diskutieren.

> *»Ich glaube, für die ist es nochmal wichtiger, dass die lernen zu argumentieren. Weil das können Gymnasialschüler […] besser. Also die haben das einfach vom Elternhaus.« (L3, HS, 3J, I, 451–453)*

Anders als die Gymnasiallehrkräfte definierten Hauptschullehrkräfte es als ein Qualitätsmerkmal von Unterricht, wenn dieser ›überhaupt stattfinde‹. (4/12)

> *»Grundsätzliche Dinge, die vielleicht normal sind: Die sitzen auf ihrem Platz, wenn man reinkommt, die haben ihre Arbeitsmaterialien auf dem Tisch. Der Unterricht kann beginnen und nicht erst nach zehn Minuten. Sie sind da geistig. […] Sie arbeiten. […] Das ist jetzt natürlich ein bisschen utopisch.« (L4, HS, Ref, I, 501–505)*

*Hauptschulspezifische Ziele: Interesse wecken und Selbstwirksamkeit stärken*
Acht der zwölf Hauptschulprobanden und -probandinnen nannten es als wichtiges Ziel ihres Unterrichts, das Interesse ihrer Schüler und Schülerinnen für die Geschichte zu wecken. Unter den Gymnasialprobanden und -probandinnen fanden sich keine derartigen Aussagen. Immerhin drei gaben an, es sei ein Ziel ihres Unterrichts, dass das Thema die Schüler und Schülerinnen der jeweiligen Unterrichtsstunde auch nach Stundenende begleite. Für die Hauptschullehrkräfte hingegen verband sich mit der Absicht, geschichtliches Interesse zu wecken, offenbar die Hoffnung, die Schüler und Schülerinnen auch stärker für die Gegenwart zu interessieren:

> *»Man sollte ein Interesse an der Geschichte wecken, dass sie wirklich interessiert sind, auch zu gucken, was ist überall anders los? Was ist zum Beispiel los nicht nur in Deutschland, sondern in meinem Heimatland vielleicht, oder was ist in der Politik los?« (L2, HS, 8J, I, 180–182)*

> *»Das Beste, was man erreichen kann ist, dass sie sich fürs Leben interessieren. Dass sie überhaupt Lust haben, Teil dieser Gesellschaft zu sein.« (L4, HS, 8J, I, 283–284)*

Ein hauptschulspezifisches Phänomen stellte zudem die ›Stärkung der Selbstwirksamkeit‹ als spezielles Ziel des Geschichtsunterrichts dar. Die Hauptschulprobanden und -probandinnen, die dieses Ziel nannten, verwiesen jeweils auf die besonderen Bedürfnisse ihrer Schülerklientel, der sie ein ausnehmend schwach ausgeprägtes Selbstwirksamkeitsgefühl bescheinigten:

*»Gerade diese Kinder haben wenig Vertrauen in ihre Selbstwirksamkeit […]. die denken irgendwie immer, dass ihr Verhalten […] gar nichts ändert [und] sehen oft die Schuld bei anderen. […] Und ich glaube schon, dass Geschichte da zumindest exemplarisch zeigen kann, dass [man] manchmal, [zum Beispiel] beim Thema ›Revolution‹, [etwas verändern kann].« (L3, HS, 3J, I, 458–474)*

*»Ich will mit meinem Unterricht […], dass sie erkennen […], dass sich Dinge im Prozess befinden und dass nicht immer alles nur so von oben auf einen raufgedrückt wird und dass man etwas verändern kann.« (L1, HS, Ref, I, 373–377)*

### 3.4.2. Herausforderungen des Fachs

Die Interviews brachten Aufschluss darüber, was die Lehrkräfte selbst als spezifische Einflüsse des Fachs auf die Planung empfanden. Die Gymnasialprobanden und -probandinnen konnten sich hierbei hauptsächlich auf ihre Erfahrungen in ihrem Zweitfach beziehen, die Hauptschullehrkräfte auf solche in vielen anderen Fächern, die sie (fachfremd) unterrichteten.

*Unbeliebtheit des Fachs*

Es bestand schulformübergreifend große Einigkeit in Bezug auf die Tatsache, dass Geschichte zu den unbeliebten Fächern unter den Schülern und Schülerinnen zähle und dass dies die Vorbereitung des Unterrichts maßgeblich beeinflusse bzw. erschwere:

*»In Geschichte hat man immer ganz erheblich mit dem Motivationsproblem zu kämpfen. Geschichte ist […] für wenigstens 50 Prozent der Leute einfach […] etwas, […] was sie nicht anspricht.« (L3, GYM, 3J, I, 91–93)*

*»Der problemorientierte Geschichtsunterricht funktioniert ja nur, wenn man die Leute dazu kriegt, da bei dem Ganzen mitzudenken […] und sie […] für die Sachen wirklich zu interessieren. Im Französischunterricht müssen die sich eben auch der Notwendigkeit dann einfach stellen. Denn wenn dann eben dieser Paukunterricht nun mal gerade stattfindet und man nicht mit einer Fünf rausgehen will, dann macht man halt zwischendurch mal irgendwo mit, wenigstens ein bisschen. […] Geht in Geschichte nicht so leicht.« (L4, GYM, 8J, 112–120)*

Ein Gymnasialexperte fasste sehr anschaulich zusammen, dass der Gegenstand des Fachs für Historiker und Historikerinnen hoch spannend sein könne, während Schüler und Schülerinnen gleichzeitig Schwierigkeiten hätten, ähnliches Interesse zu entwickeln:

*»Nimm doch mal so eine Gracchus-Rede in Rom. Dann finden wir das vielleicht wahnsinnig aufregend […]. Weil wir heute den Kontext kennen und weil wir aus dem Abstand der Zeiten erkennen, wie wagemutig ein Redner in dieser Situation war. […] Und für einen Schüler kann das niemals so eine Bedeutung gewinnen, […] also es bedürfte vieler, vieler Informationen, um diesen Gracchus lebendig werden zu lassen.*

*[…] Das ist in Deutsch […] ganz anders. Da hast du einen Romanausschnitt, und da kannst du mit arbeiten.« (L1, GYM, 8J, I, 139–154)*

*Lebensweltbezug*

Ein weiteres Problem sahen Lehrkräfte beider Schulformen in der fehlenden Anschaulichkeit des Gegenstands sowie dem fehlenden Lebensweltbezug des Fachs:

*»Man muss eben wirklich rausfinden, warum mache ich dieses Thema? […] Wenn man da über die Arbeiterbewegung spricht, in der achten Klasse, dann ist das weit entfernt für die. Die müssen verstehen, was das mit ihnen zu tun, hat, ne? […] man kann nicht verlangen, dass Schüler […] selber […] diese Verknüpfung herstellen.« (L4, GYM, 3J, I, 137–148)*

*»[In] Chemie, da kann man eben mehr handlungsorientiert machen, insofern dass man gar nicht immer so künstlich Probleme herstellt. Die haben ja einfach einen Unterrichtsgegenstand sozusagen. In Geschichte musst du ja alles immer erst mal […] konstruieren. […] In Deutsch ist klar: Wir wollen lernen, richtig zu sprechen, richtig zu schreiben […]. Und in Geschichte ist das Ziel… ja. Ein sehr abstraktes.« (L1, HS, Ref. I, 510–520)*

*»[I]n Englisch ist es vollkommen klar: Du musst ja reden können, ja? Und du willst mal vielleicht nach England fahren. […] Aber in Geschichte […] nicht so unbedingt. Da gibt es nicht eine eindeutige Brücke zwischen den Schülern und dem historischen Sachverhalt. […] die muss man erst mal bauen, und das ist schwierig.« (L3, GYM, 8J, I, 72–76)*

Besonders die Hauptschullehrkräfte betonten, dass ein großes Problem für ihre Unterrichtsplanung die fehlende Erfahrbarkeit des historischen Gegenstands sei:

*»Geschichte ist halt eben auch nicht wirklich so erfahrbar im Unterricht. […] wie in Englisch beispielsweise, wo ich dann das Telefon in die Hand nehme und sage: Hier, Freund in England will dich mal sprechen, ruf den mal an. […] Man hat halt niemanden, den man anrufen kann. Julius Cäsar ist tot.« (L1, HS, 8J, I, 136–141)*

*»Ich habe neulich am Tag der offenen Tür fantastische Experimente von unserem Chemie-Bereich gesehen, ich war sehr neidisch darauf, dass die solche tollen Sachen machen können. […] Das habe ich [in Geschichte] weniger, solche Effekte.« (L3, HS, Ref, I, 656–659)*

*»Das ist nicht so wie in Bio oder so… wo man vielleicht mal einen Versuch macht, und man sieht es dann wirklich. Geschichte ist ja irgendwie so vergangen und nicht richtig sichtbar. Und man muss es irgendwie sichtbar machen.« (L2, HS, Ref, I, 157–159)*

Es zeigte sich, dass besonders die Referendare und Referendarinnen beider Schulformen die Herausforderung der Konstruktion eines Lebensweltbezugs und die konsequente Suche danach häufig hinterfragten:

*»Ich weiß auch nicht, ob man wirklich immer einen Bezug finden kann. Das ist eine der großen Fragen für mich. Gibt es quasi immer einen, und ich muss ihn nur finden?« (L4, GYM, Ref, I, 394–396)*

*»[Eigentlich] soll ja der Lebensweltbezug immer da sein. Nur habe ich manchmal das Gefühl, der wird auch ein bisschen ran [...] gezerrt, [...] zum Beispiel: Die Griechen in Thrakien. [...] manchmal [...] ist es ein bisschen an den Haaren herbeigezogen.« (L3, GYM, Ref, I, 376–393)*

Auch die übrigen Hauptschulprobanden und -probandinnen haderten deutlich mit dem Ausmachen eines Lebensweltbezugs:

*»Das Mittelalter [...] da kann ich ihnen den Nutzen ihres Wissenserwerbs nicht so richtig deutlich machen. Da kann ich einfach nur sagen: [...] Die haben mal ganz anders gelebt als wir. Aber ich kann euch nicht sagen, wozu das wichtig ist im Leben, dass ihr das wisst.« (L4, HS, 8J, I, 141–144)*

Häufig entwickelten die Hauptschullehrkräfte erst auf konkretes Nachfragen Ideen hinsichtlich eines Lebensweltbezugs in ihrem Unterricht. Es handelte sich hierbei um einen Hinweis darauf, dass sie solche Bezüge offenbar routiniert in ihre Unterrichtskonzeption einbauen, dies im Alltag aber nicht tiefer reflektieren:

*»Das Fach Geschichte [leistet] ja [...] so gesellschaftsdienliche Hinweise – will ich es mal nennen. Also ich meine, der Pharao ist Pharao, weil er der Sohn des Pharaos war. Also das fand die sechste Klasse unmöglich, weil man weiß ja gar nicht, ob der geeignet ist. Das haben die schon klar so gesagt. Also... kann ja hier nicht jeder Angela Merkel werden [...]. Und dann guckt man natürlich, wie ist das eigentlich so bei uns in der Schule. Ihr habt ja auch einen Klassensprecher, wie wird der das eigentlich? Dann stellen wir schon auch so fest, naja, manchmal wird jemand ja auch nur gewählt, weil er beliebt ist. [...] Ist das sinnvoll, ist das nicht sinnvoll?« (L1, HS, 3J, I, 366–373)*

*»Bei uns ist das oft so, [...] sie beschimpfen sich als ›Knecht‹. Die Strukturen gibt es auch an der Schule. Dass da welche diejenigen sind, die das Sagen haben, und die anderen sind die Knechte. Es gibt auch die Situation, dass welche Taschengeld abgeben müssen [...] und sobald ich so etwas mitkriege und ich habe so ein Thema, kann ich das natürlich auch wunderbar da einfließen lassen. Und ob der König das gleiche ist wie das Arbeitsamt oder der Jobcenter, wo die Eltern das Geld herkriegen... kann man ja zumindest mal überlegen.« (L4, HS, 8J, I, 368–373)*

*»Dieses Ritterklischee finde ich ganz interessant, weil das viel so mit Ruhm und Ehre zu tun hat, [...] das ist ja für [meine Schüler] auch ein Thema [...]. Und auch dieses Rollending [...] Frauen – Männer. Die Männer gehen irgendwie raus und kämpfen und sind irgendwie stark und cool. [...] Und [...] gerade bei [...] Migrantenkindern diese Erwartungen der Eltern, [...] die Rolle in der Gesellschaft, [...] wie sind eigentlich die Zwänge heute? Wer steht drinnen, und wer steht draußen?« (L3, HS, 3J, VIG, 24–56)*

*Gymnasialspezifische Herausforderungen: Leitfrage und Konstruktcharakter*

In allen drei Erhebungsformen, besonders deutlich aber in der Vignettenstudie, zeigte sich, dass die Gymnasialreferendare und -referendarinnen den Gegenwartsbezug häufig über sehr konkrete Bezüge herzustellen versuchten, indem sie etwa alte Straßennamen zu entschlüsseln oder Gebäude in der jeweiligen Stadt historisch einzuordnen planten. Für die erfahreneren Gymnasiallehrkräfte ergab sich der Lebensweltbezug hingegen stets aus der Leitfrage. Sie stellten hierbei nicht unbedingt eine konkrete und offenbare Verknüpfung zwischen historischem Gegenstand und Gegenwart her, sondern versuchten ein zeitloses Problem zu fokussieren, das die Schüler und Schülerinnen zu einer persönlichen Beurteilung anregen sollte:

> *»[I]ch hatte letztens eine Stunde ›Machiavelli‹ gemacht, ja? Ein ganz heißes Thema. Habe ich die Schüler ganz banal gefragt, was muss einen guten Politiker auszeichnen? […] Wer kann Kanzler? […] das war schon sehr motivierend. […] das hieß immer ›an der Lebensrealität der Schüler andocken‹ oder so, ne? Einbinden. Das halte ich schon für ganz relevant auf jeden Fall.« (L3, GYM, 3J, I, 401–410)*

> *»Es geht auch beim Gegenwartsbezug, finde ich, nicht darum, jetzt irgendwie das auf Teufel komm raus auf die Gegenwart runterzubrechen, sondern es geht darum, einen Zugang zu finden, den die Schüler plausibel finden. […] Es muss ihnen natürlich irgendwie etwas bedeuten.« (L4, GYM, 3J, I, 571–574)*

Die Gymnasialprobanden und -probandinnen identifizierten die Leitfragenformulierung als spezielle Herausforderung der Planung für den Geschichtsunterricht:

> *»Du setzt dich nicht hin, und es geht los. Du musst dich erst mal sehr konzentrieren, um überhaupt eine Leitfrage für die Stunde zu entwickeln. Das ist anstrengend.« (L4, GYM, 3J, I, 42–43)*

> *»Man kann ja nicht so einfach mal eben so losmachen. Also in Französisch kann man dann immer… dann macht man mal Vokabeln, dann macht man mal hier eine Übung, […] das ist so ein bisschen handwerklich. Und in Geschichte muss man sich auf das Thema einlassen.« (L4, GYM, 8J, 109–112)*

Ein weiteres Planungsproblem, das ausschließlich von den Gymnasiallehrpersonen genannt wurde, betraf den Konstruktcharakter des unterrichtlichen Gegenstands, also der Geschichte. Immerhin fünf Lehrkräfte unterschiedlicher Erfahrungsgrade empfanden dessen Vermittlung insbesondere für die jüngeren Schüler und Schülerinnen als problematisch:

> *»[E]s gibt einen relativ weitgehenden methodischen und theoretischen Anspruch in der Geschichtsdidaktik, […] dass wirklich der Konstruktcharakter des Fachinhalts immer mitgedacht werden soll. Das ist […] in den wenigsten Fächern so, dass man so ein hohes Bewusstsein hat dafür, was eigentlich der Wirklichkeitsgrad seines Objekts, also der Geschichte, ist.« (L1, GYM, Ref, I, 215–219)*

> *»Du musst ihnen einerseits vermitteln: Da war mal etwas, das ist wichtig für dich. Und dann musst du vermitteln: Aber vielleicht war es auch ganz anders. Wir wissen es nicht. Das ist nicht nur komplex, sondern auch frustrierend.« (L4, GYM, 3J, I, 46–48)*

*Materialsuche*

Als große Herausforderung empfanden Lehrpersonen beider Schulformen die Materialsuche im Rahmen der Unterrichtsplanung für den Geschichtsunterricht. Die Zitate fokussieren hierbei einerseits das Problem der großen Auswahl an möglichen Materialien. Auf der anderen Seite geben sie auch Hinweise auf das Fehlen diesbezüglicher Hilfen seitens der Didaktik:

> *»Ich muss ganz viel Material durchgucken, Material sichten, und das muss ich sicher in anderen Fächern auch, aber ich habe das Gefühl irgendwie, dass mit diesen ganzen Quellen…, dass das mehr Aufwand ist.« (L4, HS, Ref, I, 72–74)*

> *»Ich glaube, dass ich manchmal einfach sehr viel Zeit brauche, Quellen auszuwählen, weil ich sozusagen das Optimum für die Schüler möchte, und in dem Moment, wo ich erst mal hundert Quellen selber lese und überlege, unter welcher Fragestellung sie zielführend auszuwerten sind, dauert das natürlich erheblich länger, als wenn ich mich als Mathematiker für eine bestimmte Formel [entscheide], die einfach geübt werden muss.« (L2, GYM, Ref, I, 242–247)*

*Das Problem der Sprache*

Die bilingual unterrichtenden Lehrkräfte diskutierten naturgemäß ausführlich die Herausforderungen, die der Geschichtsunterricht in der Fremdsprache für sie als Lehrende bedeute. Hierbei zeigte sich allerdings, dass sie diese ebenso auf den monolingualen Unterricht übertragen wissen wollten. So waren sie – möglicherweise durch ihre Sonderrolle für das Problem speziell sensibilisiert – der Überzeugung, dass auch im gängigen Geschichtsunterricht Begriffe von Schülern und Schülerinnen selten wirklich verstanden und richtig wiedergegeben würden und dass hierauf ein besonderes Augenmerk zu legen sei, um die Lerngruppen wirklich zu erreichen:

> *»[Ich finde] dass wir viel, viel stärker sprachorientiert unterrichten müssen. Und auch die muttersprachlichen Geschichtsschüler durchaus mit so etwas wie […] sprachlichen Lerngerüsten arbeiten sollten.« (L3, GYM, 8J, I, 238–240)*

> *»Es heißt immer, man soll narrative Kompetenz fördern. Du kannst auch sagen: Die müssen erst mal Sprache verstehen üben und dann sprechen üben.« (L4, GYM, 3J, I, 168–169)*

Vergleichbare Äußerungen der Hauptschullehrpersonen bezogen sich durchgängig auf die Problematik des Leseverstehens. Ein Problembewusstsein für den Umgang mit historischen Begriffen wurde hierbei nicht deutlich.

*Kompetenzorientierung und Vorwissen*

Die Verständnisschwierigkeiten der Lehrkräfte in Bezug auf die Kompetenzorientierung sind bereits dargestellt worden. Auch auf die Frage nach den Herausforderungen des Geschichtsunterrichts kamen die Probanden und Probandinnen auffällig häufig auf die Schwierigkeiten der Kompetenzförderung zu sprechen. Die Aussagen zeugten noch einmal von der Verwirrung, die viele bei diesem Thema selbst empfanden. Darüber hinaus postulierten die Probanden und Probandinnen als Fachspezifik, dass die Anzahl der zu fördernden Kompetenzen für den Geschichtsunterricht besonders groß und unübersichtlich sei. Schließlich betonten besonders die Gymnasiallehrpersonen immer wieder, dass die Schulung von Kompetenzen im Geschichtsunterricht Bereiche des Schülerwissens und -fühlens betreffe, die ihrer Einschätzung nach nur sehr schwer und unter hohem kognitiven Einsatz der Schüler und Schülerinnen beeinflusst werden könnten:

*»Wenn du hier sitzt und du sollst über die Motive eines Sklavenhändlers mal wirklich nicht nur mit dem erhobenen Zeigefinger des heutigen Jahrhunderts [...] sprechen, sondern musst halt doch die damalige Zeit und die damalige Gesellschaft und das damalige Moralverständnis mit ins Spiel bringen. Das ist unglaublich schwierig. Das ist schwieriger als die Nibelungen zu lesen in Deutsch, behaupte ich.« (L3, GYM, 3J, I, 121–125)*

*»Geschichte arbeitet halt mit ganz vielen [...] verschiedene[n] Arten von Kompetenzen, die aber für mich nicht so eindeutig sind wie in Deutsch zum Beispiel. Da kann ich halt ganz klar sagen, der Schüler hat das und das Sprachwissen nicht. Und in Geschichte... also ich erlebe das zum Beispiel oft bei Schülern, die zum Beispiel schwach sind, indem sie mit Quellen nicht so gut umgehen können [...] aber trotzdem total interessiert sind und auch inhaltlich das eigentlich verstehen und auch die Zusammenhänge [...] erklären können.« (L4, HS, Ref, I, 233–240)*

*»In Geschichte kommt es ja immer darauf an, dass du auch immer die Distanz dazu bekommst, das Ganze bewertest und einordnest und drüber reflektierst [...] es gibt immer die Entfremdung in der Geschichte zum Material. Das ist kompliziert.« (L1, GYM, 8J, I, 167–175)*

Die besondere Problematik des Vorwissens wurde hierbei von vielen Lehrkräften unterschiedlicher Erfahrungsstufen und beider Schulformen angesprochen. So überwog die Ansicht, dass das für den Geschichtsunterricht relevante Wissen nicht nur kompliziert zu erheben, sondern auch grundsätzlich besonders divers im Vergleich zum Vorwissen in anderen Fächern sei:

*»[Es gibt] natürlich immer die Problematik: Vorkenntnisse, was kann ich voraussetzen [...]? Das ist nicht so leicht greifbar. Im Englischunterricht kann ich mich eher ein bisschen mehr drauf verlassen, das ist [im Geschichtsunterricht] schon ein Problem.« (L2, GYM, 8J, I, 331–334)*

*»Die einen kennen jeden römischen Dienstgrad, die anderen glauben, damals hat Harry Potter gelebt.« (L4, HS, Ref, I, 84)*

*»Ganz schwierig sind die unterschiedlichen Fähigkeiten, die die Kinder mitbringen, gerade […] in kompetenzieller Hinsicht […]. Da liegen teilweise Welten zwischen den Schülern.« (L4, GYM, 3J, I, 28–30)*

*Strukturelle Probleme*

Schließlich betonten Lehrkräfte beider Schulformen in den Interviews, dass die Randstellung des Fachs Geschichte und die Zuteilung weniger Unterrichtsstunden eine besondere Herausforderung für die Vorbereitung darstelle. So seien zwischen den einzelnen Stunden oft zu große Abstände. Die Schüler und Schülerinnen nähmen das Fach oft als unbedeutend wahr:

*»Da muss man ja natürlich da immer wieder sehr viel stärker den Zusammenhang dann zur letzten Stunde, zum Thema herstellen. Weil die Schüler dann eine Woche lang raus sind.« (L4, GYM, 8J, I, 96–98)*

*»Wenn die da ein oder zwei Stunden in der Woche haben und als Nebenfach, finden sie es auch irgendwie nicht so wichtig. Deswegen denke ich immer: Es muss irgendwie ganz besonders aufgemacht sein.« (L2, HS, 8J, I, 565–567)*

*Vergleich mit anderen Fächern*

Der Vergleich der Vorbereitung von Geschichtsunterricht mit der Planung für andere Fächer beinhaltete nicht nur Erfahrungswerte der Lehrkräfte, sondern auch Vermutungen, die sie über die Planungsumstände in anderen Fächern anstellten. Solche Vermutungen betrafen besonders häufig das Fach Mathematik bzw. Physik, das keine der Gymnasiallehrpersonen selbst unterrichtete, von dem sie aber konsensual annahmen, dass es besonders schnell und leicht vorzubereiten sei:

*»[Vorbereitung im Geschichtsunterricht] dauert […] natürlich erheblich länger als wenn ich mir als Mathematiker für eine bestimmte Formel, die einfach geübt werden muss in der Anwendung […], einfach verschiedene Zahlenwerte ausdenke oder im Höchstfall […] eine hübsche Aufgabe.« (L2, GYM, Ref, I, 244–250)*

*»Es gibt ja so Fächer, die pragmatischer ausgelegt sind, weil eben mehr bestimmte Fertigkeiten gelernt werden müssen, wie zum Beispiel […] in Mathematik, ganz bestimmte Arten der Rechnung, die eben einfach gelehrt und […] geübt werden müssen. In Geschichte mache ich keinen Übungsunterricht.« (L4, GYM, 8J, I, 409–413)*

Die Angaben der mathematikunterrichtenden Hauptschullehrkräfte entsprachen den Annahmen der anderen Lehrkräfte überwiegend:

*»[In] Mathe […] sind die Einheiten leichter aufzubauen, weil […] die Lernspirale dreht sich ja immer weiter. Und man weiß einfach, ich muss erst das machen, damit ich*

*den nächsten Schritt gehen kann. Das ist in […] Geschichte […] ja anders.« (L1, HS, 3J, I, 82–85)*

*»Mathe ist ja so, das baut unheimlich aufeinander auf. Wenn man da eine Stunde geplant hat, dann ergeben sich zwangsläufig die nächsten Stunden. […] bei Geschichte ist es ein bisschen… baut sich das natürlich vom zeitlichen Aspekt auch aufeinander auf, aber es gibt ja auch so Parallelen, zum Beispiel: Wie war es in Amerika während der Französischen Revolution?« (L3, HS, 8J, I, 207–211)*

Tatsächliche eigene Erfahrungen hatten die Lehrkräfte überwiegend aus dem Fremdsprachenunterricht (Spanisch, Englisch, Französisch und Latein), dessen Vorbereitung sie geschlossen als einfacher empfanden als die des Geschichtsunterrichts. Als wichtiger Faktor galt hier – ähnlich wie für das Fach Mathematik vermutet – der Übungscharakter des Unterrichts:

*»In Französisch gibt es mehr Materialien. Und da kann man sich immer dann auf irgendwelche praktischen Übungen beschränken, also da muss ich nicht so einen großen Gedanken entwickeln, wie ich so eine Stunde fülle. Und bei Geschichte ist das anders.« (L4, GYM, 8J, I, 7–10)*

*»Es ist ein unerschöpfliches Fach, wo es so viel […] Wissen […] gibt. Unendlich viel, auf verschiedensten Ebenen. Und da muss man irgendwie durch diesen Dschungel von Wissen […] seinen Weg bahnen und […] aussortieren und sich entscheiden, ständig Entscheidungen treffen. Ständig. Und das ist in Sprachen nicht so. Sprachen sind Übungsfächer, ganz stark auch. […] Und die Inhalte sind eigentlich sekundär. Da hat man nicht diese Verantwortung.« (L1, GYM, 3J, I, 117–124)*

*»In Englisch […] macht man entweder Grammatik oder […] Leseverständnis oder Hörverständnis […]. Es gibt halt immer so […] ein Muster, das sich immer wieder wiederholt. Und das gibt es in Geschichte eher weniger. Klar, man kann sagen, man macht Quellenarbeit oder man macht Arbeit mit Karikaturen, insofern gibt es durchaus schon Methoden, die sich wiederholen. Aber der Stoff selber ist halt immer anders. Und erfordert immer ein besonderes Nachdenken.« (L3, GYM, 8J, I, 198–203)*

Den Hauptunterschied sahen die Lehrkräfte darin, dass in den Fremdsprachen ein Unterricht durchgeführt werde, der sich sehr viel stärker am Buch orientiere:

*»[Z]um Beispiel Englisch, da habe ich einfach […] ein Buch, und das habe ich in Geschichte auch, aber irgendwie habe ich das Gefühl, in so einer Fremdsprache kann ich mich besser an das Buch halten … oder ist der Ablauf irgendwie stärker an das Buch gekoppelt. […] da fällt es nicht so schwer, auch mal eine Stunde zu machen, die ich jetzt nicht bis ins Detail geplant habe.« (L4, GYM, Ref, I, 114–119)*

*»Englisch ist eigentlich ziemlich gut vorbereitet durch die Bücher. Man kann, wenn man will, da eigentlich raus unterrichten. Das geht in Geschichte nie […] jedenfalls mit den Büchern nicht, die wir haben.« (L4, GYM, 3J, I, 659–661)*

Mitunter wurde darüber hinaus behauptet, dass die Didaktik im jeweils anderen Fremdsprachenfach ausgereifter sei:

*»Ich habe in der Planung für Geschichte meistens mehr Zeit aufgewendet als in der Planung für Latein. [...] in Latein haben wir bestimmte Operatoren, [...] eine bestimmte Didaktik, die sich gut anwenden lässt, [...] in Geschichte ist das komplizierter.« (L1, GYM, Ref, I, 203–206)*

*»Da ist Reli[gion] echt... die sind da einfach [...] viel weiter vorn in der ganzen Forschung. [...] Und das fehlt mir in Geschichte, die hängen da total hinterher.« (L4, GYM, Ref, I, 166–169)*

Die Interviews zeigten klar, dass die Probanden und Probandinnen die Vorbereitung im Fach Geschichte für grundsätzlich schwieriger hielten als jene in anderen Fächern. Es fanden sich aber auch Aussagen von Probanden bzw. Probandinnen, die die Vorbereitung in ihren jeweils anderen Fächern als vergleichbar anspruchsvoll beurteilten (dies betraf in beiden Fällen Gymnasialreferendare bzw. -referendarinnen mit dem Zweitfach Religion) sowie Probanden bzw. Probandinnen, die die Vorbereitung in ihrem Zweitfach schwieriger fanden (dies betraf in beiden Fällen Hauptschulreferendare bzw. -referendarinnen mit dem Zweitfach Deutsch). Die Hauptschulreferendare bzw. -referendarinnen, die die Vorbereitung in Deutsch als schwieriger bewerteten, lobten die klare inhaltliche Struktur der Vorgaben für den Geschichtsunterricht, namentlich den chronologischen Durchgang. Es handelte sich um Probanden und Probandinnen, die diesen chronologischen Durchgang aus didaktischen Gründen theoretisch ablehnten. Für die eigene Vorbereitung sei er aber hilfreich und eine Erleichterung.

### 3.4.3. Wissensbegriff

Die untersuchten Lehrkräfte sprachen ausführlich über den ihrem Geschichtsunterricht zugrunde liegenden Wissensbegriff.

*Schulformübergreifender Wissensbegriff: Denken lernen*

Die Gymnasiallehrpersonen lehnten eine pure Wissensvermittlung in ihrem Geschichtsunterricht durchweg geradeheraus ab. Es gehe ihnen eben nicht darum, ›die Geschichte selbst‹ zu vermitteln, sondern historisches Denken zu trainieren. Die Vermittlung chronologischer Abläufe, Daten und Begriffe sei hierbei eine nötige, aber keine hinreichende Grundlage:

*»Geschichtsunterricht ist eigentlich Denken lernen. [...] Überhaupt den eigenen Standpunkt zu erfahren, den man hat.« (L2, GYM, 3J, I, 615–617)*

*»An Wissen glaube ich sowieso nicht. [...] Man kann wunderbare Bücher lesen, [und] es vergeht nicht viel Zeit, und man hat das alles wieder vergessen.« (L1, GYM, 8J, I, 441–443)*

Auch die Hauptschullehrpersonen nahmen Abstand von einer puren Wissensvermittlung als Unterrichtsziel:

> *»Das ist natürlich Schwachsinn […] in der sechsten Klasse […] ein Staatsaufbauschema aus Athen aufzulegen. […] Es geht doch darum, den Schülern zu vermitteln, wie es vorher war und wie es dann wurde und was das für eine unglaubliche Entwicklung gewesen ist. [Nicht…] dass da irgendetwas auswendig gelernt wird, was den Schülern nichts […] sagt.« (L4, HS, 8J, I, 197–204)*

> *»Mir geht es nicht darum, historische Fakten auswendig zu lernen. Ich glaube, das geht keinem darum mittlerweile.« (L4, HS, 3J, I, 557–558)*

Wiederum erwiesen sich die fachfremd Unterrichtenden als Sondergruppe unter den Hauptschullehrpersonen. Ihre Interviewaussagen zeigten deutlich, dass Wissensvermittlung ein Ziel ihres Unterrichts darstellte. Die Probanden und Probandinnen äußerten diese Haltung allerdings unterschiedlich explizit. So betonte eine Lehrkraft, es müsse im Geschichtsunterricht darum gehen *»sich etwas zu merken«* (L1, HS, 3J, I, 207). Andere fachfremde Probanden und Probandinnen zeigten sich in Bezug auf das Ziel der Wissensvermittlung deutlich selbstbewusster:

> *»Es ist ja bei meinem Geschichtsunterricht auch mehr so, dass ich will, dass sie eine Allgemeinbildung im Hinblick auf Geschichte haben. […] ich […] überlege, was sollen sie am Ende wissen und möglichst für immer.« (L3, HS, 8J, I, 95–99)*

> *»[Meine Kollegin] hat bei der Arbeit dann […] geschrieben: Was gab es im Mittelalter alles nicht? Handy? Internet? […] Sie brauchten nur ankreuzen. Die haben so brillant abgeschnitten im Test. Da habe ich gedacht, okay, sie macht das richtig, ich [mache] das jetzt [auch] immer so.« (L2, HS, 8J, I, 569–572)*

Die Vermittlung des Wissens finde hierbei den Angaben der Lehrkräfte zufolge keineswegs traditionell, sondern handlungsorientiert und innovativ statt:

> *»Beispielsweise hatten wir letztes Mal […] das Thema ›Allmende‹ gehabt, Gemeinland. Dann habe ich mit ihnen Gemeinland gefunden […], da standen auch Apfelbäume. Da haben wir im Rathaus angerufen und gefragt, ob wir die ernten dürfen. Dann hat ein Freund von mir die sogar zur Mosterei gebracht. In dem Test wussten sie nicht mehr, was das Wort hieß. Also ich hatte das Gefühl, ich habe jetzt alles gegeben.« (L4, HS, 8J, I, 89–94)*

> *»Ich habe jetzt hier gerade mein Buch vor mir liegen, zum Beispiel zu Ägypten […] – wo liegt das eigentlich, auf welchem Kontinent? […] was kann man dazu noch schön zu nehmen? Den Atlas. Dann sucht man erst mal auf einer Weltkarte Ägypten, dann guckt man sich die Karte an im Atlas. Also so, dass möglichst viel Aktion bei den Schülern ist.« (L3, HS, 8J, I, 108–112)*

Den Aussagen der Hauptschullehrpersonen war hierbei vielfach zu entnehmen, dass die Wissensvermittlung allein deshalb für sie von Bedeutung war, weil ein solches Wissen sich zur späteren Überprüfung eignete bzw. eine solche erleichtere. Mitunter reflektierten die Hauptschullehrkräfte diese Haltung selbst als deutlich negativ:

> *»Das ist irgendwie schon schade. Jetzt wo ich darüber rede... mir geht es da tatsächlich um abprüfbares Wissen, ich weiß auch gar nicht, wie ich es sonst machen sollte. Obwohl wenn ich unterrichte, will ich viel mehr, dass sie denken, mitgehen, sich positionieren. Aber am Ende des Tages muss ich irgendetwas abfragen können.« (L4, HS, 8J, I, 481–484)*

### 3.4.4. Lehrerrolle

Während die Hauptschullehrkräfte die eigene Bedeutung bei der Unterrichtsdurchführung betonten, ordneten die Gymnasiallehrkräfte ihre zentrale Wirkungskraft der Phase der Unterrichtsplanung zu. Entsprechend gaben sechs der befragten Hauptschullehrkräfte an, dass das pädagogische Wissen auch in ihrer Vorbereitung die zentrale Rolle spiele. Unter den Gymnasiallehrkräften fand sich kein Proband bzw. keine Probandin, der oder die dem pädagogischen Wissen eine vergleichbar wichtige Rolle zuschrieb. Viele der befragten Gymnasiallehrkräfte benannten in den Interviews vielmehr das fachdidaktische Wissen als entscheidende Grundlage ihrer unterrichtlichen Vorbereitung.

*Selbstkonzept: Fachdidaktiker versus Historikerinnen*
Die Interviews gaben Hinweise darauf, dass die Lehrkräfte selbst sich offenbar häufig einem bestimmten Lehrertypus zuordneten, abhängig davon, ob sie sich eher als fachlich interessiert oder als fachdidaktisch interessiert empfanden. Die Selbsteinschätzung als Pädagoge bzw. Pädagogin tauchte dagegen nicht auf. Fachlich orientierte Lehrpersonen fanden sich ausschließlich unter den Gymnasiallehrpersonen. Selbsterklärte Fachdidaktiker und Fachdidaktikerinnen fanden sich hingegen für beide Schulformen. Ein entscheidender Unterschied ergab sich allerdings in Bezug auf das damit verbundene Selbstbewusstsein. Die Hauptschulprobanden und -probandinnen empfanden eine eingeschränkte Begeisterung für die Bezugswissenschaft offenbar als unproblematisch:

> *»Ich bin eigentlich gar nicht so eine totale Vollbluthistorikerin. [...] Es gibt Sachen in Geschichte, wie zum Beispiel die Kaiserzeit (lacht), für die interessiere ich mich einfach nicht so.« (L3, HS, 3J, I, 332–338)*

> *»Ich bin nicht so der Fachidiot. Also ich habe Geschichte studiert, aber mich interessiert nicht so die Heilige Lanze von annodazumal. Es geht um die Geschichte für die Schüler.« (L4, HS, 3J, I, 474–476)*

Die Aussagen der Gymnasiallehrpersonen nahmen sich diesbezüglich deutlich kritischer bzw. grundsätzlich entschuldigend aus:

*»Andererseits gibt es auch Kollegen, zu denen würde ich mich wahrscheinlich auch eher zählen, die fachlich jetzt keine Genies sind, aber die durch die Fachdidaktik das so ein bisschen ausgleichen können.« (L2, GYM, 3J, I, 279–281)*

*»Ich bin fachlich noch nicht da, wo ich sein will und auch sein muss. Geschichte ist jetzt auch nicht so absolut mein Steckenpferd. Schon im Studium nicht. Leider.« (L4, GYM, 3J, I, 367–369)*

Die Interviews mit jenen Gymnasiallehrpersonen, die sich selbst als Historiker bzw. Historikerin bezeichneten, erbrachten an vielen Stellen Informationen über individuell unterschiedliche Zugänge bzw. Vorlieben in Hinblick auf die Bezugswissenschaft. Es wurde deutlich, dass die unterschiedlichen Herangehensweisen an den unterrichtlichen Gegenstand mitunter zu gänzlich verschiedenem Unterricht führen:

*»Ich bin […] jemand, […] der politische Geschichte first und foremost betreibt, und nicht Frauen, Umwelt und Alltag.« (L2, GYM, 8J, I, 366–368)*

*»Ich würde immer zuerst von einem sozialgeschichtlichen Aspekt gucken, das ist das, was mich interessiert, […] nicht […] Politikgeschichte oder Herrschaftsgeschichte, […] da versuche ich auch möglichst einen Bogen drum zu machen.« (L3, GYM, Ref, I, 522–526)*

*»Wo ich kann, lasse ich Sozialgeschichtliches weg. Fand ich schon immer langweilig. Und halte ich für ein Gerücht, dass Schüler das so mögen. Ich mag jedenfalls politische Geschichte. Das interessiert mich mehr, und das unterrichte ich auch mehr.« (L4, GYM, 3J, I, 225–227)*

*Schulformspezifische Überzeugungen zum Fachwissen*

Konkret befragt nach der Wichtigkeit der einzelnen Wissenskomponenten, nannte kein Proband bzw. keine Probandin das Fachwissen als wichtigstes Wissensgebiet. Sowohl die Laut-Denk- und die Vignettenuntersuchung als auch die Analyse weiterer Interviewaussagen ergaben aber, dass Lehrkräfte beider Schulformen das Fachwissen für einen entscheidenden Faktor einer erfolgreichen Unterrichtsplanung hielten. Auf den Nutzen eines hohen Fachwissens in Hinblick auf eine erfolgreiche Themenwahl ist bereits hingewiesen worden (siehe Abschnitt V.2.1.). Auch auf theoretischer Ebene sprachen die Gymnasiallehrpersonen hierüber ausführlich. Das Fachwissen helfe bei der Reduktion der Inhalte und in der Folge bei der Formulierung einer Leitfrage:

*»[Ich glaube], dass im Fach Geschichte das Fachwissen besonders wichtig ist. Auch wichtiger als in anderen [Fächern], um sagen zu können, das ist wichtig, das ist nicht wichtig.« (L4, GYM, 3J, I, 362–365)*

*»Das größte Problem haben die Referendare, wenn sie einen Stoff machen, den sie inhaltlich nicht beherrschen. […], den kann man nicht strukturieren. […] eine Frau, die saß da: Ich weiß nichts über Napoleon. Ich weiß nicht, was ich für eine Frage an*

*Napoleon habe. Und das ist dann total schwierig. […] Ohne Wissen geht nicht.« (L3, GYM, 8J, I, 407–424)*

*»[Es ist] schon problematisch, wenn man den Gegenstand fachlich nicht beherrscht, den man da unterrichten will. […] Dann […] kann man keinen gescheiten Geschichtsunterricht machen: Weil ich einfach nicht glaube, dass man dann die zentralen Fragen an den Gegenstand formulieren kann.« (L2, GYM, 8J, I, 206–217)*

Sowohl in den Laut-Denk- und Vignettenprotokollen als auch in praktischen Beispielen im Rahmen der Interviews fand sich eine Vielzahl von eindrücklichen Belegen eines ausgeprägten Fachwissens der Gymnasialprobanden und -probandinnen, das in sehr flexible Leitfragenerwägungen mündete, die sich deutlich von den Vorgaben in den Richtlinien entfernten. Auch die Vorbereitung der Diskussion des Stundenendes durch die Gymnasiallehrkräfte zeugte vielfach von einem hohen Fachwissen:

*»Es ist dann die Frage, was bei der Diskussion noch so passieren kann. Das mit der Heimatfront geht ja alles schon so in die Totalitarismusrichtung, also ›OHL gleich Diktatoren‹ ist die Frage.« (L4, GYM, 3J, LD, 273–275)*

*»Zum Beispiel ›Revolution‹, da haben wir ganz viel auch über Ägypten dann gesprochen […], aktuelle Themen […]. Was ist eigentlich eine Revolution? Was macht die aus? […] Was haben wir aus der Geschichte erfahren, was wahrscheinlich passieren wird? […] Wir haben jetzt wieder so ein Militärregime da in Ägypten, und das war auch irgendwie absehbar, und wo sind die ganzen Hoffnungen hin? […] Und die Frustration, die nach den ganzen Euphorien immer folgt […]. Das ist ja auch so durchgängig durch die ganze Geschichte, ne? Und dass sie daran auch so Muster erkennen, ne?« (L1, GYM, 8J, I, 226–233)*

*»Ich habe nur die Begriffe ›Mittelalter – Antike – Neuzeit‹ an die Tafel geschrieben, und sie mussten mal zuordnen. Und darüber haben wir uns ausgetauscht, was wir für ein Geschichtsbild vom Mittelalter haben. […] [Ich] habe dann ein bisschen etwas gerade gerückt, und da waren sie ganz baff. […] Dann haben wir ein paar Begriffe geklärt. Und […] sind darüber ins Gespräch gekommen, woher unser Bild von Mittelalter kommt. Und dann habe ich einfach so ein paar Sachen erzählt, […] um mal so ein paar Sachen richtig zu stellen.« (L4, GYM, 3J, I, 622–631)*

*»Meinetwegen so etwas wie, jetzt im Absolutismus, Ludwig IV… inwiefern… ob das eine Diktatur war. Kam so eine Frage auf von den Schülern. Und auf einmal waren wir mitten in der Diskussion, was ist eigentlich eine Diktatur? Kann man das überhaupt gleichsetzen?« (L1, GYM, 3J, I, 512–514)*

Auch die Fachlehrkräfte unter den Hauptschulprobanden und -probandinnen betonten die Notwendigkeit eines hohen Fachwissens. Die angegebenen Begründungen betrafen auch hier vor allem die Reduktion des Stoffs. Die Formulierung einer Leitfrage spielte in ihren Antworten dagegen keine große Rolle.

*»Wenn ich mich da besonders sicher fühle, kann ich natürlich […] viel mehr Akzente setzen.« (L2, HS, 8J, I, 162)*

*»Natürlich muss ein Lehrer dafür das Handwerkszeug erst mal haben, um entscheiden zu können, was wichtig ist und was nicht.« (L3, HS, Ref, I, 454–456)*

Die fachfremd unterrichtenden Hauptschullehrpersonen benötigten hingegen der eigenen Einschätzung nach ein hohes Fachwissen weniger für die Unterrichtsvorbereitung als vielmehr bei der Unterrichtsdurchführung. Hierbei rekurrierten sie vor allem auf mögliche Probleme, die auftreten könnten, falls sie selbst nicht auf alle Fragen ihrer Schüler und Schülerinnen eine Antwort hätten. Die Interviews zeigten deutlich, dass die Lehrkräfte vor einer solchen Situation Angst hatten. Das fehlende Fachwissen war unter den fachfremden Lehrpersonen einstimmig die einzige Herausforderung, die sie für die Planung von Geschichtsunterricht im Vergleich zur Planung in anderen Fächern sahen. Die Zitate zeigen, dass ein solches Fachwissen für die fachfremden Hauptschullehrkräfte in erster Linie in historische Fakten bestand:

*»Ich finde die Vorbereitung deutlich intensiver. […] weil ich halt immer noch mal genau gucken muss, […] wie war das überhaupt mit den Gegebenheiten? […] ich [denke] auch immer, oh, hoffentlich mache ich das auch alles richtig und gucke lieber nochmal nach: War das denn auch so?« (L1, HS, 3J, I, 23–48)*

*»Was ich mir immer einprägen muss, sind wirklich diese Geschichtszahlen, ich weiß nicht warum, aber ich kann mir die immer alle ganz schlecht merken, […] ich habe halt eben auch immer so ein bisschen das Problem, wenn zum Beispiel eine Schülernachfrage kommt, wo ich dann überlegen muss, ist das jetzt zum Beispiel im gleichen Zeitraum oder so?« (L2, HS, 3J, I, 198–202)*

Auch die Fachkräfte der Hauptschule empfanden das für die Planung von Geschichtsunterricht nötige Fachwissen als fachspezifische Herausforderung. Ähnlich wie bei den fachfremd Unterrichtenden ergab sich auch für die Fachlehrpersonen der Eindruck, dass sie es als große Anstrengung empfanden, den fachlichen Gegenstand ›richtig‹ bzw. ›korrekt‹ darzustellen.

*»Wobei ich am ehesten Bauchschmerzen bekomme, […] in der Uni habe ich das und das dazu gelesen […] und jetzt stelle ich das so dar, darf man das überhaupt? Das ist, glaube ich, so die Frage, die sich so am häufigsten stellt. Und das ist auf jeden Fall anders als in den anderen Fächern.« (L1, HS, Ref, I, 504–509)*

Auch die Gymnasiallehrkräfte berichteten mitunter, dass sie ein umfangreiches Fachwissen benötigten, um den Unterricht sicher durchführen zu können. Es ging ihnen hierbei im Unterschied zu den Hauptschullehrkräften allerdings nicht um das Beherrschen von Daten und Zusammenhängen. Sie reflektierten vielmehr, dass es für die Durchführung ihres Unterrichts nötig sei, einen eigenen fachwissenschaftlich fundierten Standpunkt zu haben, um die Schülerdiskussionen, mit denen ihre Unterrichtsstunden normalerweise endeten, angemessen leiten zu können:

> *»Es braucht […] immer […] eine intensivere Vorbereitung als Deutsch. […] Weil in Deutsch kannst du halt viel kompensieren über Kreativsein, […] Aber Geschichte ist ja so, dass ich mich ja auch selber in die Themen einlesen muss. […] Weil nur daraus ergeben sich ja entsprechende Vertiefungsimpulse.« (L4, GYM, 3J, I, 31–40)*

> *»[Man braucht es] auch, [um] auf Beurteilungen von Schülerinnen und Schülern wirklich reagieren zu können. Denn sonst ist ja alles vage. Und das finde ich ja eigentlich das Schlimmste, das ist ja auch immer dieser Vorwurf des Laberfachs, wenn man natürlich selber nicht genau weiß und auch selber keinen Standpunkt hat, dann ist natürlich auch das, was die Schüler sagen, immer alles ein bisschen vage und man kann auch nicht angemessen darauf reagieren.« (L2, GYM, 3J, I, 283–289)*

*Lehrerpersönlichkeit*

Eine vergleichsweise große Rolle nahmen in den Äußerungen der Lehrkräfte Aussagen zur Lehrerpersönlichkeit ein. Befragt nach den für eine gelungene Unterrichtsvorbereitung nötigen Kompetenzen bzw. dem nötigen professionellen Wissen, reagierten besonders die Hauptschulprobanden und -probandinnen häufig mit Angaben, die auf nicht-erlernbare Fähigkeiten hinwiesen. Auch unter den Gymnasiallehrpersonen fanden sich aber solche, deren Äußerungen deutlich auf das Phänomen des ›geborenen Lehrers‹ hindeuteten:

> *»Ich habe ziemliche Entertainer-Qualitäten und die [Schüler] lieben das, mit mir im Gespräch […] zu sein. […] Das ist ja das, was man nicht lernen kann. Das ist… ich denke, auch schon eine Art von Berufung.« (L4, HS, 8J, I, 43–45)*

> *»Das hat schon viel mit der Lehrerpersönlichkeit zu tun, ob man Sachen rüberbringen kann oder nicht.« (L1, HS, 8J, I, 444–445)*

> *»Manche sind einfach unheimlich erfahren und kreativ, einfach unheimlich gut als Lehrer, das ist, glaube ich, eine Persönlichkeitssache.« (L1, GYM, 3J, I, 82–83)*

> *»Dieses […] Gefühl für die Schüler, ich finde, das muss man wirklich haben. Das kann man nicht lernen.« (L2, HS, 3J, I, 502–503)*

### 3.4.5. Planungskonzept

Deutliche Schulformunterschiede ergaben sich bei den Antworten der Probanden und Probandinnen auf die Frage, ob ihre jeweilige Schülerklientel eine fehlende Vorbereitung bemerken würde. Die Gymnasialprobanden und -probandinnen gingen geschlossen davon aus, dass ihren Schülern und Schülerinnen eine solche fehlende Vorbereitung sicherlich auffallen würde. Die Hauptschulprobanden und -probandinnen glaubten hingegen überwiegend, dass ihre Schüler und Schülerinnen den Unterschied nicht wahrnehmen würden. Einig waren sich alle Probanden und Probandinnen darin, dass eine Unterrichtsplanung allerdings nötig sei, um eine ›gute‹ Unterrichtsstunde zu garantieren. Hierbei zeigte sich, dass sie durchweg eine Fachspezifik postulierten: So sei es speziell für eine Geschichtsstunde nahezu unmöglich, diese unvorbereitet zu bestreiten. Gründe lagen den Befragten zufolge in den fehlenden Hilfsmaterialien sowie der Notwendigkeit eines roten Fadens, der ohne Vorbereitung nicht zu gewährleisten sei.

> *»Wenn man in Geschichte nicht plant, dann hat man echt ein Problem. Weil […] die Schüler es negativ merken, wenn die Stunde nirgendwo hingeht.« (L4, GYM, 3J, I, 316–318)*

> *»Ich bin noch in keine Geschichtsstunde komplett unvorbereitet gegangen. […] in Englisch habe ich das öfter gemacht, aber in Geschichte noch nie. […] Da kannst du nicht irgendwelche anderen Sachen machen. [Sonst] ist man […] schnell in Gefahr, dass man […] auf einmal Sachen macht, die nicht mehr ganz so toll sind.« (L2, GYM, 3J, I, 533–534)*

> *»Meine Erfahrung ist, dass eine ungeplante Geschichtsstunde eigentlich nicht gelingen kann.« (L2, GYM, 8J, I, 645–646)*

> *»Weil ich […] da ja keine Tricks so auf Lager habe. Ich kann ja dann nicht sagen, ach so, für alle Fälle könnt ihr ja einfach mal jetzt diese Quelle zusammenfassen, wenn mir das selber sinnlos erscheint.« (L4, GYM, 8J, I, 159–163)*

Die Zitate machen deutlich, dass die Lehrkräfte davon ausgingen, dass das Fehlen einer Vorbereitung grundsätzlich in eine ›schlechte‹ Geschichtsstunde münden müsse. In den Aussagen der Probanden und Probandinnen fand sich immer wieder die Annahme, dass ein ungeplanter Geschichtsunterricht grundsätzlich lehrerzentriert ablaufe und eine schlichte Wissensvermittlung begünstige:

> *»Der Unterschied ist, dass man zum Beispiel […] keine komplizierten Sozialformen oder Methoden durchführt. Weil dafür braucht man einfach eine gewisse Vorbereitung.« (L2, HS, Ref, I, 457–459)*

> *»Wenn ich nicht plane, dann rutscht man oft in […] dieses, Muster hinein, […] das Frontale und Frage-Antwort-Spiel. (L3, HS, Ref, I, 862–863)*

> *»Wenn ich unvorbereitet in die Stunde gehe, ist der Unterschied die Schüleraktivität. Das […] wird eine Art Vorlesung.« (L3, GYM, Ref, I, 307–308)*

Als besonderes Spezifikum der Geschichtsunterrichtsplanung kennzeichneten die Lehrkräfte hierbei das vorzubereitende Material, das ihnen bei einer ungeplanten Stundendurchführung fehlen würde:

*»Das Hauptproblem ist, dass ich in einem völlig ungeplanten Unterricht dann kein Material habe und letztlich auch [...] keine Möglichkeit habe, so ohne Weiteres etwas zu entwickeln, was ich so aus dem Ärmel ziehe.« (L2, GYM, 8J, I, 246–248)*

*»Ganz unvorbereitet gehe ich nie in den Unterricht. Nie. Kann ich gar nicht. Das Problem wäre, dass ich kein Material habe, mit dem die arbeiten können.« (L3, HS, 3J, I, 542–543)*

*Schulformunterschiede*

Die Gymnasiallehrpersonen betonten allesamt, niemals unvorbereitet in eine Unterrichtsstunde zu gehen. Als spezielles Problem eines unvorbereiteten Geschichtsunterrichts markierten sie hierbei immer wieder die fehlende Zielstellung bzw. die vage Themenformulierung, die eine fehlende Planung mit sich bringe:

*»Wenn ich nicht [plane], dann merke ich manchmal auch während der Stunde, wird es auch ein bisschen vage manchmal. Weil ich selbst nicht ganz genau weiß, was eigentlich dabei rauskommen soll.« (L4, GYM, 3J, I, 319–320)*

*»Wenn die Stunde nicht vorbereitet ist, [...] dann schicke ich sie so ein bisschen auf irgendeine Reise, die mehr mit Beschäftigungstherapie zu tun hat als mit dem Erlernen von irgendetwas.« (L4, GYM, 8J, I, 153–155)*

*»[D]ie Schüler merken, wenn du keinen Plan hast. Und dann denken sie, heute ist mal wieder alles möglich [...] und dann führen sie irgendwohin.« (L1, GYM, 8J, I, 65–67)*

Für die Hauptschulprobanden und -probandinnen schienen unvorbereitete Unterrichtsstunden hingegen eher zum Alltag zu gehören. Bereits die Referendare und Referendarinnen berichteten davon, häufig in Vertretungsstunden unvorbereitet Geschichte unterrichtet zu haben. Gleichzeitig werden derartige Situationen in den Hauptschulen der untersuchten Probanden und Probandinnen deren Angaben zufolge systematisch aufgefangen, indem die zu vertretenden Lehrkräfte Mappen mit Unterrichtsmaterial und -vorschlägen bereitstellen. Es handelt sich hierbei allerdings um schulinterne Institutionalisierungen, die nicht auf alle schulinternen Verhältnisse übertragbar sind. Die grundlegenden Vorteile der Hauptschulprobanden und -probandinnen in Bezug auf den Umgang mit unvorhergesehenen Unterrichtseinsätzen liegen allerdings auf der Hand: Zum einen ermöglicht ihnen ihre langfristig angelegte Planung grundsätzlich eine variable Handhabe der vorbereiteten Stunden: Sie können diese sowohl vorziehen als auch später nutzen. Zum anderen ist für die Hauptschullehrpersonen das Klassenlehrerprinzip von Vorteil: Haben sie eine Geschichtsstunde nicht zu ihrer Zufriedenheit vorbereitet, können sie ggf. Unterricht in einem anderen Fach dazwischen schieben:

*»Ich gehe auch mal unvorbereitet. Natürlich mache ich das auch.« (L1, HS, Ref, I, 30)*

*»Ich habe […] schon Stunden gehabt, […] da hat meine Kollegin gesagt: Eigentlich wollte ich ja Erdkunde machen, aber ich kann jetzt irgendwie nicht: Geh mal rein und mach mal Geschichte. Und dann steht man da und […] guckt in das Buch rein, und [ich] versuche, irgendwie auf dem Weg vom Lehrerzimmer zum Klassenraum irgendetwas mir aus den Fingern zu saugen.« (L3, HS, Ref, I, 867–872)*

Interessanterweise wurde in den Interviews sehr deutlich, dass die Hauptschullehrkräfte trotz dieser unvorbereiteten Einsätze davon ausgingen, dass eine gründliche Vorbereitung speziell für ihre Schülerklientel nötig sei. Sie vermuteten dagegen, dass die Unterrichtsplanung für den Gymnasialunterricht viel lockerer gehandhabt werde:

*»Weil das eben auch gar nicht mehr funktioniert bei uns, dass man sich da eben hinsetzt und Witze erzählt.« (L1, HS, 8J, I, 330–331)*

*»Das kannst du vielleicht bei Euch [am Gymnasium] machen, bei uns: ausgeschlossen.« (L4, HS, 3J, I, 42–43)*

*»Ansonsten mit Hauptschülern ist es auch schwierig, ne? Die flippen sonst weg, wenn die zu lange an einem Text arbeiten sollen oder so. Das können sie nicht.« (L2, HS, 8J, I, 354–355)*

*Planung zur Sicherung der eigenen Souveränität*

Lehrkräfte beider Schulformen und aller Erfahrungsstadien gaben an, dass die Unterrichtsvorbereitung ihnen die nötige Sicherheit in der Stundendurchführung gewährleiste.

*»Wenn du schlecht geplant und ohne Konzept in einer Klasse bist, […] artet [es] aus in Beliebigkeit, dann merken das die Schüler, dann wird das eine furchtbare Stunde für alle Beteiligten, und du gehst völlig fertig raus und […] musst dich ins Bett legen.« (L3, GYM, 3J, I, 160–164)*

*»[Die Folge einer fehlenden Planung ist,] dass man ängstlich ist, keine Souveränität gewinnt mit den Schülern.« (L1, GYM, 8J, I, 658)*

*»Der Unterschied ist, wenn man vorbereitet ist, ist man viel sicherer. […] bei mir sind 34 Schüler in einer Klasse, und die brauchen einfach ganz klare Anweisungen, ganz klare Phasen und eine ganz klare Ansage.« (L4, HS, Ref, I, 474–477)*

*»Nicht vorbereitet in eine Klasse gehen […] das tue ich mir selber nicht an. Dann ist meine Lehrerpersönlichkeit nicht gefestigt, und dann biete ich Angriffsfläche.« (L1, HS, 8J, I, 303–305)*

Die Lehrkräfte betonten in diesem Zusammenhang immer wieder, dass eine fehlende Vorbereitung den Unterricht deutlich anstrengender mache. Zum einen seien die Schüler und Schülerinnen aufgrund der fehlenden Transparenz unruhiger. Zum anderen rede die Lehrkraft mehr. Schließlich empfanden die

Probanden und Probandinnen es als besonders anstrengend, die selbstempfundene mangelhafte Souveränität zu überspielen:

*»Ich kann dann zwar improvisieren, aber das ist natürlich tierisch anstrengend und keinem zu empfehlen… […] dann muss ich versuchen da vor Ort etwas organisch daraus noch zu entwickeln. Und das ist sehr, sehr anstrengend.« (L2, GYM, 8J, I, 242–250)*

*»Je schlechter die Planung desto höher die aktiven Anteile des Lehrers im Unterricht, und […] im Extremfall […] halte ich eine Vorlesung. Das aber kommt äußerst selten vor, weil das brutal ist, das kann man auch nicht durchhalten.« (L3, GYM, 8J, I, 444–447)*

*»Ich fühle mich total unwohl selber, wenn ich nicht vorbereitet bin. […] Muss viel mehr schauspielern dann.« (L1, GYM, 3J, I, 534–542)*

*Die ideale Planung*

In den Interviews zeigte sich unter vielen Probanden und Probandinnen eine Haltung, mit der die Interviewerin so wenig gerechnet hatte, dass sie sie erst bei intensiver Analyse der Daten erkannte: Viele der Lehrkräfte gingen fest davon aus, dass es unmöglich sei, kontinuierlich sehr guten Unterricht vorzubereiten und zu planen. Das heißt, dass sie die Normen und Ideen bezüglich eines guten Geschichtsunterrichts grundsätzlich akzeptierten, die Anforderungen der Ausbildung grundsätzlich bejahten und davon ausgingen, dass ein solcher Unterricht grundsätzlich von ihnen vorbereitet werden könne. Gleichzeitig glaubten sie aber nicht, einen solchen Unterricht flächendeckend und konsequent in ihrem Planungsalltag konzipieren zu können. Sie begründeten dies überwiegend mit einem zu hohen Arbeitsaufwand:

*»Diese Perfektion […] kann man sich […] im Alltag nicht leisten. Im Alltag müssen halt 80 Prozent reichen. […] man muss ja auch ein bisschen schauen, dass man überlebt. […] Für eine Vorführstunde würde man niemals so eine [Alltags-] Stunde vorführen. Aber für den Alltag, wenn man irgendwie 25 andere Stunden noch vorzubereiten hat, ist das gut.« (L3, GYM, 8J, I, 26–341)*

*»Letztlich ist es [die Planung] natürlich zu wenig, weil die Stunden einfach besser sein müssten, damit es auch wirklich gute Stunden sind. Aber das ist nicht machbar im Alltag.« (L1, GYM, 3J, I, 816–817)*

*»Wir haben vor zwei Jahren eine Schulinspektion gehabt, […] da hatte ich Französische Revolution, und dann habe ich einfach alles gegeben. Wie im Referendariat. Den Mädchen eine bestimmte Rolle, und alle haben […] gearbeitet, und nachher sind sie alle in so einer Versammlung wieder zusammen gekommen […]. Da habe ich schon gedacht: Okay, wenn ich jeden Tag so gut wäre! Aber das kann man nicht. Das kriegt man natürlich nicht hin.« (L4, HS, 8J, I, 387–392)*

### 3.4.6. Expertise und Berufserfahrung in der Wahrnehmung der Lehrpersonen

Die Berufserfahrung als bedeutsamer Faktor für die Unterrichtsvorbereitung wurde von allen Probandengruppen häufig und unaufgefordert angesprochen. So glaubten die Referendare und Referendarinnen beider Schulformen durchgängig, dass sie bei wachsender Berufserfahrung weniger Schwierigkeiten bei der Unterrichtsplanung haben und weniger Zeit darauf verwenden würden. Die Erwartung bezog sich hierbei überwiegend darauf, den Stoff künftig besser zu beherrschen:

> *»Sagen wir mal so: Man unterrichtet seit 20 Jahren fünfte und sechste Klasse, dann glaube ich, dass man unvorbereitet da reingehen kann.« (L4, GYM, Ref, I, 333–334)*

> *»[D]er Aufwand wird geringer. Denn wenn man alle Themen mal unterrichtet hat, bleibt zwar die Lerngruppenangemessenheit, so dass man nicht die gleichen Materialien vielleicht wieder verwenden kann, aber dennoch hat man zumindest die inhaltliche Vorarbeit für sich schon mal geleistet, und man kennt sich dann eben in der frühen Neuzeit beispielsweise [...] gut aus und muss nicht noch mal dazu drei Bücher lesen.« (L2, GYM, Ref, I, 565–570)*

Die Erwartungen der Referendare und Referendarinnen wurden mitunter von den erfahreneren Lehrkräften bestätigt. Es fiel auf, dass besonders die erfahreneren Hauptschulprobanden und -probandinnen den Vorteil der Berufserfahrung ganz klar betonten:

> *»Jetzt mache ich das weit pauschaler. [...] Also zeitökonomischer. Aber auch entscheidungsfreudiger, selbstbewusster [...].« (L2, HS, 8J, I, 403–407)*

> *»Wenn man schon mal eine Einheit gemacht hat, dann weiß man schon, was gut geklappt hat und was schief gegangen ist, und man kann dann schon mal sagen: Okay, für diesen Teil brauche ich ganz dringend anderes Material.« (L1, HS, 3J, I, 391–393)*

> *»Man hat [jetzt] auch diese Aufnahmesensoren, [...] dass man überall, wo man geht und steht, Themen, Medien und Ideen sammelt.« (L3, HS, 8J, I, 416–417)*

Mitunter verwiesen die erfahreneren Lehrkräfte auch dezidiert auf eine methodische Sicherheit, die mit wachsender Berufserfahrung zunehme:

> *»Wenn ich etwas das erste Mal unterrichte, hänge ich doch mehr an meiner Planung als vorher. [...] ich weiß, wie aufgeregt ich war, wie sklavisch ich auf meinen Zettel geguckt habe, [...] als ich das erste Mal einen Galeriegang gemacht habe oder das erste Mal ein Gruppenpuzzle. [...] Jetzt läuft es wirklich, [...] dass ich dann doch fünf Minuten vorher beschließe, methodisch mache ich jetzt doch lieber ein Lerntempoduett [...] und ich weiß, ich kann das jetzt aus dem Ärmel schütteln und erklären, so dass sie es verstehen, was läuft.« (L3, GYM, 3J, I, 695–705)*

Überwiegend allerdings gaben die erfahreneren Lehrkräfte an, dass sich ihr Vorbereitungsaufwand nur geringfügig minimiert habe:

*»Ich habe auch festgestellt, dass man ganz selten Stunden wiederholen kann. Wahrscheinlich hängt das damit zusammen, dass die Schulklassen [...] so verschieden sind.« (L1, GYM, 8J, I, 28–30)*

*»Ich habe noch nie irgendeine Unterrichtseinheit [...] in zwei Klassen gleich gehalten. [...] da sind auch die Schwerpunkte so unterschiedlich.« (L1, HS, 8J, I, 47–49)*

*»Wenn ich mir das Thema angucke, [...] dann lese ich dazu erst mal ein bisschen. Ich weiß ja nicht alles, außerdem habe ich wirklich schlimme Amnesie. Ich weiß dann nicht mehr, dass ich das vor zehn Jahren schon mal gemacht habe.« (L4, HS, 8J, I, 256–258)*

*»Es ist sehr lange her, dass ich neunte Klasse unterrichtet habe [...]. Wenn ich mit so etwas Neuem anfange, dann mache ich das wieder relativ genau. Dann gucke ich wieder sehr genau auf die Phasen.« (L4, GYM, 8J, I, 791–794)*

*Vorteil: Souveränität*

Die wichtigste Hoffnung der Referendare und Referendarinnen lag darin, irgendwann souveräner und selbstbewusster zu werden und Entscheidungen schneller treffen zu können. Hierbei berichteten sie bereits von diesbezüglichen Fortschritten im Verlauf des Referendariats:

*»[Am Anfang hatte ich] zu wenig Selbstbewusstsein, um zu sagen, das mache ich jetzt, und das Thema mache ich jetzt einfach nicht. [...] mich hat das immer gejagt der Gedanke irgendwie, ich muss alles, was da im Buch steht, durcharbeiten.« (L4, GYM, Ref, I, 697–702)*

Die Annahme, dass die Souveränität mit wachsender Berufserfahrung steige, wurde von den erfahreneren Lehrkräften durchweg bestätigt. Wie schon in anderen Zusammenhängen wurde auch hier deutlich, dass die männlichen Probanden sich selbst als deutlich selbstbewusster wahrnahmen als die weiblichen. So fanden sich zufriedene Reflexionen bezüglich der eigenen Expertise ausschließlich bei ersteren:

*»Ich merke es jetzt schon im Vergleich. Ich habe jetzt Mittelalter das zweite Mal unterrichtet, in der siebten Klasse, den ganzen Durchgang. Ich agiere ganz anders als in anderen Klassen, wo ich etwas das erste Mal unterrichte. Dass ich freier bin von der Planung zum Beispiel.« (L3, GYM, 3J, I, 692–695)*

*Strategien*

Während die erfahreneren Lehrkräfte grundsätzlich seltener dazu bereit waren, eigene Strategien bzw. Vorgehensweisen bei der Unterrichtsplanung zu verbalisieren, waren die Referendare und Referendarinnen durchgängig in der Lage, klare Vorteile ihrer (begrenzten) Berufserfahrung im Vergleich zu ihrem Vorgehen zu Beginn der Ausbildung zu beschreiben:

*»Zum Beispiel Unterrichtseinstiege: Da mache ich es für den Geschichtsunterricht eigentlich fast immer so, dass ich das Thema der Stunde bei einer Suchmaschine im*

*Internet […] eingebe und dann kriege ich zahllose Bilder und suche mir dann eins aus, wo ich mir denke, dass das gut als Problemaufriss passt, und dann drucke ich mir das auf eine Folie und dann ist der Einstieg mehr oder weniger schon fertig. Oder ein Zitat. […] das geht dann auch schnell inzwischen, wo ich am Anfang sehr lange mir Gedanken machen musste, über, wie man so einen Einstieg in Geschichte gut machen kann und ob da jetzt eine Gegenwartsorientierung drin sein muss oder ob das nicht so wichtig ist. Und mit solchen Fragen habe ich mich schon sehr grundlegend am Anfang beschäftigt.« (L1, GYM, Ref, I, 47–57)*

*»Ich denke […] funktionaler. […] viel strukturierter irgendwie. […] Also immer ein paar Sachen, die ich so im Kopf abhake, habe ich das drin? Wo könnte es Gefahren geben? An welcher Stelle könnten sich zehn Schüler melden und sagen: Ich habe es nicht verstanden […]. Oder: Wie viel Zeit habe ich, um etwas anzuschreiben? Habe ich die Zeit? Oder soll ich es gleich auf Folie packen?« (L4, HS, Ref, I, 686–695)*

Interessanterweise glaubten die Gymnasialexperten und -expertinnen geschlossen, der Hauptvorteil ihrer Berufserfahrung liege in bereits existierenden gedanklichen oder schriftlichen Plänen. Von grundsätzlichen Fähigkeiten und Fertigkeiten, die auch die Planung einer ›neuen‹ Unterrichtsstunde beschleunigen würden, sprach niemand. Tatsächlich ließ sich aber auch für die Planung einer solchen neuen Stunde in den Laut-Denk-Protokollen bei dieser Gruppe ein deutlicher Vorteil gegenüber den weniger erfahrenen Probandengruppen feststellen: Auch für solche Stunden nahm die Vorbereitung deutlich weniger Zeit in Anspruch als bei den anderen Probandengruppen.

*Nachteile der Berufserfahrung*

Auch die Probanden und Probandinnen der Mittelgruppen beider Schulformen berichteten durchaus von positiven Veränderungen im Bezug auf die Unterrichtsplanung seit Ende ihres Referendariats. Speziell innerhalb dieser Gruppe überwog allerdings die Unzufriedenheit mit der eigenen Planungspraxis. Alle vier Probanden und Probandinnen der Gymnasialmittelgruppe reflektierten ein Unbehagen wegen des Umstandes, dass sie seit ihrem Zweiten Staatsexamen nunmehr zwar wüssten, wie guter Unterricht geplant werden könne, dass ihnen angesichts der Verpflichtungen des Berufsalltags aber die Zeit für eine solche Vorbereitung fehle:

*»Ich bin nicht zufrieden. […] ich weiß ja, was eigentlich möglich wäre. Wie eine Superstunde eigentlich aussehen könnte, und das kann ich aber nicht leisten im Alltag. Und das frustriert mich.« (L1, GYM, 3J, I, 793–795)*

*»Ich mache auch kaum noch Gruppenarbeit […]: Keine Zeit.« (L2, GYM, 8J, I, 635–639)*

*»Auch muss ich zugeben: differenzieren […] mache ich nicht mehr so oft. […] ich gebe jetzt nicht mehr verschiedene Arbeitsblätter raus, habe ich gar keine Zeit zu.« (L4, 3J, GYM, I, 469–471)*

*»Im Referendariat habe ich auch zum Beispiel viel so Stationenlernen und so etwas gemacht. Das würde ich jetzt nie machen, weil das einfach zu aufwändig ist. [...] auch so riesige Rollenspiele habe ich da gemacht, [...]. Habe ich einfach keine Zeit zu.« (L4, 3J, GYM, I, 471–475)*

*»Es ist einfach so viel drum zu noch, dass manchmal Unterrichtsplanung das kleinste Problem ist.« (L2, HS, 3J, I, 54–55)*

Auch die Gymnasialexperten und -expertinnen sahen die eigene Berufserfahrung durchaus kritisch. Immer wieder bemerkten sie, dass ihre Unterrichtsvorbereitung an Reflexion eingebüßt habe:

*»Es gibt immer mal wieder Phasen, wo man merkt, man müsste doch dann wieder reflektierter mit dem Instrumentarium umgehen [...]. Oder [...] Dinge, die man bei Auszubildenden [...] gesehen hat, aufnehmen [...]. Da gibt es schon [...] Schwierigkeiten, auf der Höhe zu bleiben.« (L2, GYM, 8J, I, 54–64)*

Als spezielles Manko ihres fortgeschrittenen Alters empfanden viele der erfahreneren Probanden und Probandinnen die Schwierigkeit, die Interessen der Schüler und Schülerinnen einzuschätzen:

*»Ich glaube auch tatsächlich, dass Erfahrung auch nicht alles ist. [...] Ich habe eine Kollegin, das ist eine echt gute Lehrerin, [...] aber (lacht) da hat man manchmal auch so das Gefühl, dass die irgendwie schon so fünf Jahre zurückliegt mit dem, was cool war.« (L3, HS, 3J, I, 603–607)*

*»[Bei Schülerinteressen] kann man auch daneben liegen. Weil sich das natürlich auch über die Generationen ändert.« (L1, GYM, 8J, I, 404–405)*

*Routinen*

Der Begriff der Routinen wurde von den Lehrkräften durchweg grundsätzlich negativ verstanden. Dies führte dazu, dass sie sich durchgängig genötigt sahen, eigenes routiniertes Handeln zu verteidigen:

*»Solange man irgendwie so geistig flexibel bleibt und sich auf die Schüler irgendwie einlassen kann, finde ich das auch total in Ordnung. Finde ich gar nicht verwerflich. Auch [...] Chirurgen kriegen Routine.« (L3, HS, 3J, I, 695–697)*

Überwiegend erklärten die Lehrkräfte, dass eine Routinebildung eben nicht dazu führen dürfe, dass man sich als erfahrene Lehrkraft nicht mehr weiterbilde. Bezugnehmend auf die von ihnen berichteten Nachteile der Berufserfahrung, riefen die Gymnasialprobanden und -probandinnen wiederholt dazu auf, sich bei Referendaren und Referendarinnen oder in der Literatur zu informieren, um die eigenen Planungsweise auf dem neuesten didaktischen Stand zu halten:

*»Wahrscheinlich habe ich noch mal mindestens genauso viel über die Studenten gelernt. [...] Alle neuen Methoden, die ich kenne, weiß ich von den Studenten. [...] das finde ich*

*schon auch schön und wichtig, wenn man immer […] neuen Input in die Schule bekommt.« (L4, HS, 8J, I, 241–247)*

*»Viel Input kriege ich von meinen Referendaren. Die sind für mich eigentlich die wichtigste Innovationsquelle. (lacht)« (L4, GYM, 3J, I, 475–476)*

*»Die jungen Kollegen bringen ja von ihren Seminaren […] etwas mit. Modernere Dinge. Und da denke ich, dass ich von denen etwas lernen kann.« (L2, HS, 8J, I, 429–430)*

*Sondergruppe der fachfremd Unterrichtenden*

Eine besondere Untergruppe in Bezug auf die Wahrnehmung der eigenen Expertise bildeten die fachfremd unterrichtenden Lehrkräfte. Die Interviews ergaben, dass diese Probanden und Probandinnen ein starkes Selbstbewusstsein in Bezug auf das eigene Vermögen zeigten und keinen Unterschied zu den Fachlehrkräften geltend machen wollten:

*»Ich lehre mich das erst mal selber, bevor ich es dann weitergebe. Das ist wichtig. […] ich glaube, auch jemand, der das studiert hat, muss da noch mal sicher gehen, dass da alles stimmt und er nicht die falschen Daten angibt.« (L1, HS, 8J, I, 359–363)*

*»Ich finde, die Stunden sind besser als die Stunden in meinen Fächern. Ich finde, dass neue Themen, wenn ich die erarbeiten muss, dass die Stunden viel interessanter sind, als wenn ich jetzt zum Beispiel zum 87. Mal die Addition von Brüchen mache. Weil ich selber da mit einer ganz anderen Begeisterung bei bin und das […] viel durchdachter ist.« (L3, HS, 8J, I, 45–49)*

Dieses Selbstbewusstsein korrespondierte mitunter deutlich mit der Haltung, dass das Fachwissen an der Hauptschule wenig wichtig sei:

*»Da wäre ich ja nun schlecht beraten, das [Fachwissen wichtig zu finden]. Also das Wichtigste ist eigentlich in der Hauptschule immer die Beziehung zu den Schülern. Wenn man eine gute Beziehung zu den Schülern hat, kann man denen alles beibringen.« (L3, HS, 8J, I, 361–367)*

*»Bei uns musst du nicht so ein Alleswisser sein.« (L2, HS, 3J, I, 507)*

*»Dieses tiefe inhaltliche Einarbeiten, das brauche ich bei meinen Schülern nicht. Das ist so. Die stellen halt eher so Alltagsfragen auch. Wo es auch gar nicht so schlimm ist wenn ich mal sage: Das kann ich dir nicht sagen.« (L3, HS, 3J, I, 530–532)*

# VI. Interpretation und Diskussion der Ergebnisse

Die individuellen Planungshandlungen der untersuchten Lehrkräfte (vgl. Leitfrage 1), der Einfluss ihrer äußeren Situation – insbesondere der Schulform – und ihrer inneren Überzeugungen sowie ihrer Berufserfahrung (vgl. Leitfrage 2) sind in Kapitel V bereits umfassend dargestellt worden.

Im vorliegenden Kapitel werden die Untersuchungsergebnisse einer weiteren Interpretation unterzogen. So wurden die Resultate noch einmal unabhängig von Schulformzugehörigkeit und Erfahrungsgrad der einzelnen Probanden und Probandinnen geordnet, um nach quantitativ bedeutsamen Korrelationen zwischen einzelnen Analysecodes forschen zu können (vgl. Leitfrage 3). Hierbei ergaben sich drei unterschiedliche Arten von Typenbildungen, die nachfolgend unter VI.1. dargestellt werden.

Abschließend wird unter VI.2. zur Beantwortung der Leitfrage 4 abgebildet, welche Ergebnisse zur Expertise im Planungshandeln sich aus den vorliegenden Untersuchungsfunden ableiten lassen. Von praktischer Bedeutung sind hierbei die Resultate der Vignettenuntersuchung und die Frage danach, inwiefern sie Schlüsse auf übergreifende Standards zur Beobachtung bzw. Bewertung des Unterrichtsplanens für den Geschichtsunterricht zulassen.

## VI.1. Typenbildung

Die Analyse der Laut-Denk-Protokolle erbrachte einige deutliche Übereinstimmungen: Für alle 24 Probanden und Probandinnen ließ sich eine Unterrichtsvorbereitung in zwei Phasen feststellen, wobei die erste Phase (hier: ›Orientierung‹) in allen Fällen eine Auseinandersetzung mit dem Unterrichtsinhalt enthielt und sich von der zweiten Phase, die in allen Fällen eine gedankliche Antizipierung einzelner Unterrichtsphasen beinhaltete, klar abhob. Die Themenwahl bedeutete für alle untersuchten Lehrkräfte eine richtungsweisende Entscheidung für den weiteren Verlauf des Planungsvorgangs. Die Antizipierung des Stundenverlaufs in der zweiten Planungsphase war bei allen Probanden und

Probandinnen grundsätzlich begleitet von didaktischen Überlegungen zu Schülern und Schülerinnen und deren Voraussetzungen sowie von methodischen Entscheidungen, häufig unter Berücksichtigung der Rahmenbedingungen (Stundenzeit, räumliche Gegebenheiten, etc.). Parallel vollzog sich zudem bei einer Mehrzahl der Probanden und Probandinnen die Erstellung von Materialien, die für die konzipierte Unterrichtsstunde benötigt wurden. Die Ergebnisse zeigen, dass dennoch nicht von einer klaren linearen Abfolge der Unterrichtsplanung der hier untersuchten Geschichtslehrkräfte gesprochen werden kann. Wenn auch in jedem der untersuchten Fälle der konkreten Planung des Stundenverlaufs die Orientierung klar vorgeschaltet war, so führten Überlegungen der zweiten Planungsphase mitunter zu Revisionen früherer Entscheidungen oder zu neuerlichen Orientierungsmomenten, etwa in Bezug auf das fachliche Wissen.

Wie bereits in älteren Studien zu anderen Fächern festgestellt worden ist, entsprechen die Orte und Zeitpunkte der Unterrichtsplanung von Geschichtslehrkräften den individuellen Bedürfnissen und Lebensumständen und finden demzufolge variabel statt. Von Borries nimmt in einer neueren Publikation an, dass »angesichts der Pflichtstundenzahl und anderer Belastungen« pro zu planender Stunde – deren Länge bei ihm offen bleibt –, »im Mittel eine halbe Stunde Vorbereitung möglich [ist], vermutlich sogar weniger«. Von Borries vermutet weiter, dass dies zu »einem relativ großen Anteil von knapp vorbereitetem Schulbuchunterricht« führe, der wenig innovativ sei.[838] Der selbstberichteten Praxis der hier befragten ›guten‹ Gymnasiallehrkräfte zufolge kann hiervon keine Rede sein. Nach eigenen Angaben benötigten die befragten Probanden und Probandinnen deutlich länger als von von Borries angenommen, wenn sie auch häufig in Bezug auf die eigene Planung Unzufriedenheit angesichts knapper Zeitressourcen bekundeten und einen damit zusammenhängenden Verzicht auf innovativen Unterricht durchaus einräumten. Die Angaben bestätigen ältere empirische Arbeiten insofern, als die Vorbereitungsdauer zum einen zeitintensiv und zum anderen interindividuell stark variabel ist. Den Ergebnissen der vorliegenden Studie zufolge ist die Dauer der Vorbereitung darüber hinaus sowohl schulform- als auch erfahrungsabhängig. Mit steigendem Berufsalter planen Lehrkräfte kürzer. An der Hauptschule nimmt die Planung weniger Zeit in Anspruch als am Gymnasium, wobei die geringere Dauer in direkter Verbindung zu einer im Vorfeld – häufig kooperativ – angefertigten Unterrichtskonzeption zu sehen ist.

Die Analyse der Laut-Denk-Protokolle nach Codes ergab, dass die Planungsprozesse innerhalb der Probandengruppen nur marginal unterschiedlich realisiert waren. Es ließen sich also deutliche probandengruppenspezifische

838 Borries: Unterrichtsplanung, 2012, S. 184.

Tendenzen der Unterrichtsplanung erkennen. Eine Aufschlüsselung der diesbezüglichen Codes in Hinblick auf die Häufigkeit von Korrelationen zeigte jedoch, dass eine Einteilung der Probanden und Probandinnen nach Schulformen oder Erfahrungsstadien sich nicht zur Erklärung aller Tendenzen in Bezug auf die Planungsprozesse eignete. Zur Beantwortung der Leitfragen war es vielmehr nötig, die Probanden und Probandinnen anhand der Codes und deren Korrelationen nach Typen aufzuschlüsseln. Hierbei handelte es sich um den letzten Schritt der Generalisierung im Rahmen der Auswertung. Die Analyse erbrachte drei Arten von Typenbildungen. Die erste bezieht sich auf den Planungsprozess bzw. beobachtete Merkmale des praktischen Planungshandelns, wie es über das Laute Denken erfasst werden konnte. Die zweite Typenbildung betrifft die selbstwahrgenommene Lehrerrolle der Probanden und Probandinnen und damit zusammenhängende weitere innere Bedingungen ihres Unterrichtsplanens, wie sie über die Interviews ermittelt werden konnten. Die dritte Typenbildung wurde aus den Einschätzungen der Probanden und Probandinnen bezüglich ihrer eigenen Wirksamkeit im Rahmen des Planungshandelns entwickelt. Die Typenarten werden im Folgenden vorgestellt und zu weiteren Merkmalen (bzw. Codes) in Beziehung gesetzt.[839]

## 1.1. Typenbildung 1: Planertypen

Ein Vergleich aller Handlungspläne auf Grundlage der Codierung der Laut-Denk-Protokolle erbrachte die Unterscheidung von drei distinkten Planertypen:

Typ 1, der hier als ›**Problemorientierter Planer**‹ (›**PP**‹) bezeichnet wird, entschied sich für einen Unterrichtsinhalt unter intensiver fachwissenschaftlicher Reflexion bei gleichzeitiger Erwägung didaktischer bzw. schülerorientierter Gesichtspunkte, die in allen Fällen in die Formulierung einer Leitfrage für die Stunde mündete (Codes: ›FW Reflexion‹, und ›Leitfragenformulierung‹ aus der Oberkategorie: ›Inhaltswahl‹). Neben den Phasen des Einstiegs und der Erarbeitung plante Typ 1 eine Schlussphase für die Stunde, die vertiefenden Charakter hatte (Code: ›Vertiefung‹, Oberkategorie: ›Schlussphase‹).

Typ 2, der ›**Vermittlungsorientierte Planer**‹ (›**VP**‹), wählte seinen Inhalt ohne tiefe fachwissenschaftliche Reflexion des Sachgegenstands, hingegen häufig materialorientiert. Er verwendete kaum Gedanken auf das Ende der Unterrichtsstunde und plante keine Vertiefung.

Typ 3, der ›**Diskussionsorientierte Planer**‹ (›**DP**‹), formulierte keine Leitfrage im Verlauf seiner Orientierungsphase. Seine Stundenplanung enthielt aber eine

839 Die Darstellung in Schaubildern hat hierbei keinen quantifizierenden, sondern einen illustrativen Charakter.

eindeutige Schlussphase im Sinne einer Vertiefung, die ebenso wie bei den ›PP‹-Probanden und -Probandinnen stets eine Diskussion im Rahmen eines Unterrichtsgesprächs vorsah. Die Rekapitulation des Fachwissens fiel unterschiedlich intensiv aus.

| | **Problemorientierter Planer (12/24)** | **Vermittlungsorientierter Planer (7/24)** | **Diskussionsorientierter Planer (5/24)** |
|---|---|---|---|
| Leitfragenformulierung | + | - | - |
| Vorbereitung Vertiefung | + | - | + |
| Rekapitulation FW | + | - | +/- |

*Abkürzung: FW: Fachwissen*
Abbildung 39: Merkmalskombinationen Planertypen

Es zeigte sich, dass elf der zwölf Gymnasialprobanden und -probandinnen Typ 1 zugerechnet werden konnten. Unter den Hauptschulprobanden und -probandinnen fand sich nur ein Referendar, der Typ 1 entsprach. Bemerkenswerterweise reflektierten nur zwei dieser zwölf ›Problemorientierten Planer‹ bzw. ›Problemorientierten Planerinnen‹ in ihren Interviews, dass sie das Konzept des problemorientierten Unterrichts verfolgten.

›Vermittlungsorientierte Planer‹ bzw. ›Vermittlungsorientierte Planerinnen‹ waren ausschließlich unter Hauptschullehrkräften anzutreffen. Hier waren alle fachfremd Unterrichtenden sowie ein Referendar und ein Fachlehrer der Mittelgruppe betroffen. Die Stundenplanungen von fünf der sieben ›VP‹-Probanden und -Probandinnen waren hierbei auf den späteren Besuch eines außerschulischen Lernorts ausgerichtet, was ihre Herangehensweise an die Planung der Einzelstunden deutlich beeinflusste bzw. strukturierte. Da dies ihren Angaben nach aber ihrer gängigen Vorbereitungspraxis entsprach, handelte es sich hier offensichtlich nicht um Sonderfälle der Planung. Während die ›PP‹-Lehrkräfte ebenso wie die ›DP‹-Lehrkräfte ihre Stundenkonzeptionen klar auf eine Vertiefungsphase am Schluss hin organisierten, beendeten die ›VP‹-Lehrkräfte ihre Unterrichtsentwürfe meist mit einer zweiten Erarbeitung.

Typ 3 des ›Diskussionsorientierten Planers‹ umfasste eine Gymnasiallehrkraft der Mittelgruppe und zwei Hauptschulreferendare bzw. -referendarinnen sowie jeweils eine Hauptschullehrkraft der Mittel- und der Expertengruppe. Die Interviewdaten der Gymnasialprobandin zeigten hierbei, dass jene sich selbst grundsätzlich zum Typ ›PP‹ rechnete und davon ausging, dass ihre Planungen entsprechend dieser Typenzuordnung verliefen. Im Nachgespräch zu ihrer Laut-Denk-Aufzeichnung reflektierte die Probandin, dass die aufgezeichnete Stunde sich aufgrund unüblicher Rahmenbedingungen von ihrer gängigen Vorbereitungsweise unterschieden habe.

| Typen | Verteilung |
|---|---|
| **Problemorientierter Planer** | *GYM:* REF 4, MG 3, EXP 4; ***HS:*** REF 1 |
| **Diskussionsorientierter Planer** | *GYM:* MG 1; ***HS:*** REF 2, MG 1, EXP 1 |
| **Vermittlungsorientierter Planer** | ***HS:*** REF 1, MG 3, EXP 3 |

*Abkürzungen: GYM: Gymnasiallehrkräfte; HS: Hauptschullehrkräfte; REF: Referendar/innen; MG: Proband/innen der Mittelgruppe; Exp: Expert/innen*
Abbildung 40: Verteilung der Planertypen

Die Typenbildung ließ sich bei gleichbleibender Verteilung auf die Vignettenprotokolle übertragen. Hierbei entsprach das beobachtete Planungshandeln der Gymnasiallehrkraft des Typs ›Diskussionsorientierter Planer‹ den Merkmalen des Typs ›Problemorientierter Planer‹.

### 1.1.1. Kompetenzorientierung

Aus dem problemorientierten Ansatz der Planungen der ›PP‹-Lehrkräfte ergab sich, dass jene mit der Formulierung der Leitfrage jedes Mal zu Beginn ihrer Vorbereitung implizit ein Kompetenzziel formulierten, indem sie beabsichtigten, die Schüler und Schülerinnen zu einer Beantwortung dieser Leitfrage bzw. einer Urteilsbildung am Ende der Stunde zu befähigen. Immerhin vier der ›PP‹-Lehrkräfte reflektierten eine entsprechende Kompetenzorientierung in ihrer Planung im Rahmen der Interviews. Auch Lehrkräfte des Typs ›Diskussionsorientierter Planer‹ verstanden auf theoretischer Ebene unter einem guten Geschichtsunterricht das Schulen von Fähigkeiten, die unter dem Begriff ›Urteilskompetenz‹ zusammengefasst werden können. Explizit wurde diese Kompetenz allerdings nur an wenigen Stellen erwähnt. Deutlich häufiger nannten diese Probanden und Probandinnen sowohl in den Interviews als auch in den Laut-Denk-Beobachtungen vielmehr die Schulung der Empathie bzw. des Fremdverstehens als wichtiges Ziel ihres Unterrichts.[840] Niemand unter den übrigen Probanden bzw. Probandinnen, namentlich niemand unter den ›Vermittlungsorientierten Planern‹ und ›Vermittlungsorientierten Planerinnen‹ erwähnte die Kompetenzorientierung als Teil der eigenen Vorbereitung.

Generell zeigten die untersuchten Lehrkräfte wenig konkrete Vorstellungen von einem kompetenzorientierten Unterricht, was besonders im Fall der Referendare und Referendarinnen überrascht. Die Lehrkräfte äußerten darüber hinaus grundsätzliche Zweifel an einer umfassenden Kompetenzförderung in ihrem Unterricht. Gründe für diese Verwirrung scheinen hierbei auf der Hand zu

840 Auch in Borries‹ Untersuchung in den 1990er Jahren hatten Lehrkräfte die Schulung des Fremdverstehens für den wichtigsten Aspekt des zu entwickelnden Geschichtsbewusstseins hielten gehalten. Sie hatten allerdings gleichzeitig bekundet, diese in der Unterrichtspraxis kaum durchzuführen. Vgl. Ders.: Lehrereinstellungen, 1995, S. 300.

liegen: Wie sollen die Lehrkräfte Klarheit über die Kompetenzen erlangen, wenn jene von Seiten der Geschichtsdidaktik an keiner Stelle verbindlich und übersichtlich dargestellt worden sind? Die Probanden und Probandinnen selbst beschrieben diesen Mangel an Hilfen für die Planung eines kompetenzorientierten Unterrichts deutlich. Besonders die Referendare und Referendarinnen betonten auch die unzulängliche Berücksichtigung in den Schulbüchern. Es drängt sich der Eindruck auf, dass die Referendare und Referendarinnen die fehlenden Hilfestellungen deshalb besonders vehement beklagten, weil sie sich aufgrund ihrer Ausbildungssituation zur Durchführung eines kompetenzorientierten Unterrichts gezwungen sahen. Es ist anzunehmen, dass die erfahreneren Lehrkräfte die fehlende Unterstützung beim kompetenzorientierten Unterrichten eben deshalb selten ansprachen, weil sie einen solchen Unterricht schlicht nicht umzusetzen anstrebten.

Gleichzeitig zeigen die vorliegenden Ergebnisse, dass die Lehrkräfte, wie in der Literatur vermutet, vielfach unbewusst kompetenzorientiert vorbereiten. Es handelt sich aber dabei um eine völlig individuelle Herangehensweise an die Kompetenzförderung, die auf individuellen Überzeugungen in Bezug auf den Geschichtsunterricht und dessen Sinn gründet und sich nur wenig an offiziellen Vorgaben orientiert.

### 1.1.2. Berufsbezogene Überzeugungen: Denken lernen vs. Stofforientierung

Die Berücksichtigung der Daten zu den berufsbezogenen Überzeugungen, wie sie aus den Interviews gewonnen werden konnten, erbrachte eine klare Korrelation einzelner Kategorien mit den jeweiligen Typenmerkmalskombinationen der Typenbildung 1. Während die ›Vermittlungsorientierten Planer‹ und ›Vermittlungsorientierten Planerinnen‹ in ihren Zielvorstellungen der Stofforientierung anhingen, bekannten sich ›Problemorientierte Planer‹ und ›Diskussionsorientierte Planerinnen‹ klar zu dem Ziel, historisches Denken zu trainieren (Codes: ›Faktenwissen erwerben‹ bzw. ›Denken lernen‹ aus der Oberkategorie: ›Wissensbegriff‹ sowie ›Wissensvermittlung‹ bzw. ›historisches Denken trainieren‹ aus der Oberkategorie: ›Philosophie des Fachs‹.)

Die Codes der ›PP‹- und ›DP‹-Lehrkräfte in Bezug auf Wissensbegriff und Philosophie des Fachs waren hierbei durchgängig kongruent: Wer in seinem Unterricht historisches Denken zu schulen trachtete, verstand auch historisches Wissen in einem prozeduralen Sinne. Für die ›VP‹-Lehrkräfte waren die Zusammenhänge der Überzeugungssysteme hingegen weniger eindeutig: Allen Interviewaussagen der ›VP‹-Lehrpersonen war ein Bekenntnis zur Wissensvermittlung zu entnehmen. Folgerichtig konzentrierten sie sich auch im Rahmen ihrer Laut-Denk-Planungen auf Unterrichtsinhalte, die die Schüler und Schülerinnen am Ende der Stunde schriftlich würden festhalten können und die sich

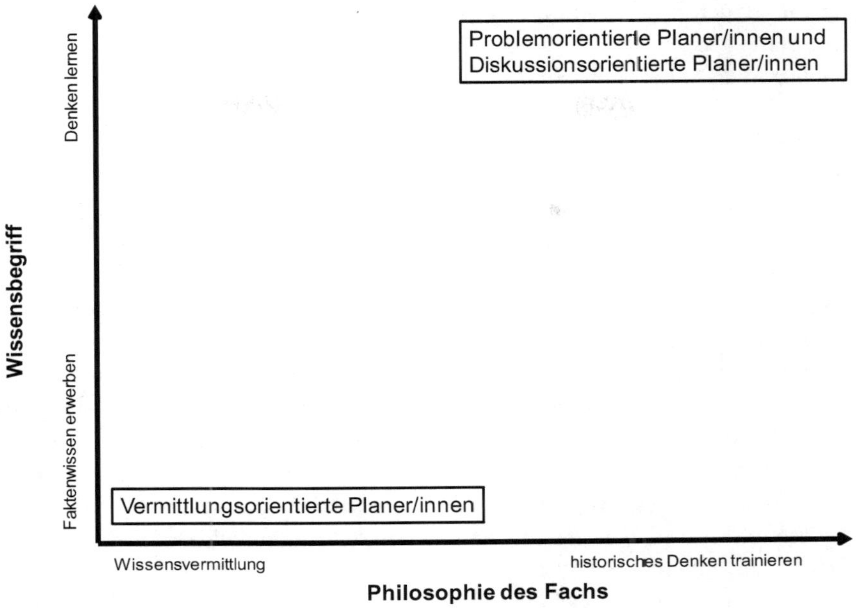


Abbildung 41: Berufsbezogene Überzeugungen nach Planertypen

zu einer späteren Überprüfung im Rahmen einer Lernzielkontrolle eigneten. Keiner der ›VP‹-Probanden und -Probandinnen reflektierte das geschichtsdidaktische Ziel, die Schüler und Schülerinnen zu Urteilen zu bewegen. Allerdings nannten fünf von ihnen als wichtigstes Ziel, ihren Schülern und Schülerinnen Orientierung in der Gegenwart zu vermitteln. Dieses Vorhaben ließ sich für sie offenbar mit einem Fokus auf Wissensvermittlung vereinbaren.

### 1.1.3. Flexibilität

Die Möglichkeit der Einteilung der Probanden und Probandinnen in unterschiedliche Planertypen in Bezug auf den Planungsprozess legte die Annahme nahe, dass sich entlang dieser Typen unterschiedliche Einstellungen und Handlungen bezüglich der Flexibilität im Umgang mit der Planung nachweisen lassen würden. Tatsächlich verlangten die Unterrichtskonzeptionen der ›PP‹- und ›DP‹-Lehrkräfte eine vergleichsweise flexible Durchführung insofern, als die geplante Schlussphase im Sinne einer Problembeurteilung eine jeweilige Anpassung an unterschiedliche Reaktionen und Aussagen der jeweiligen Lerngruppe während der Unterrichtsdurchführung erforderlich machte. ›VP‹-Probanden und -Probandinnen auf der anderen Seite waren mit dieser Herausforderung in der Durchführung nicht konfrontiert, weshalb von ihnen eine grundsätzlich enge Orientierung an ihrer Unterrichtsplanung erwartbar gewesen wäre.

Die Analyse der Codes in Bezug auf die Überzeugungen zu Flexibilität zeigte aber, dass die Merkmale sich nicht entlang der Typen der Typenbildung 1 zuordnen ließen, sondern sich eine Einteilung der Probanden und Probandinnen nach Schulformen als ungleich aussagekräftiger erwies. So bereiteten alle Gymnasialprobanden und -probandinnen eine flexible Plandurchführung konkret vor, indem sie unterschiedliche Optionen planten, aus denen sie während der Durchführung würden wählen können. Vier Gymnasialprobanden bzw. -probandinnen planten eine konkrete didaktische Reserve. Alle Gymnasiallehrkräfte antizipierten unterschiedliche Gesprächsverläufe der Vertiefungsphase, die mitunter die Vorformulierung sehr unterschiedlicher Impulse nötig machten. Die Hauptschulprobanden und -probandinnen hingegen legten ihre Unterrichtskonzeptionen grundsätzlich offener an, planten weniger konkret und bereiteten im Sinne der Differenzierung eine Vielzahl an Materialien vor, die im Unterricht flexibel eingesetzt werden konnten. Beide Arten des Vorgehens spiegelten sich auch in der Art der Notizenanfertigung wider: Die Gymnasiallehrkräfte erstellten detaillierte, aber variantenreiche schriftliche Vorbereitungen, während die Hauptschullehrpersonen seltener detaillierte Niederschriften verfassten, sondern sich vielmehr auf die Materialanfertigung konzentrierten. Es ergab sich, dass die Hauptschullehrkräfte grundsätzlich nicht mit einer Durchführbarkeit von konkreten Plänen rechneten. Sie führten dies auf ihre als kompliziert und unkalkulierbar wahrgenommene Schülerschaft zurück. Eine etwaige Vorbereitung unterschiedlicher Unterrichtsvarianten in Antizipation möglicher Schwierigkeiten tauchte in ihren Äußerungen nicht auf.

Das Ergebnis, dass die Hauptschulprobanden und -probandinnen ihren Unterricht inhaltlich grundsätzlich offener anlegten als die Gymnasialprobanden und -probandinnen, mag widersprüchlich erscheinen, wenn man bedenkt, dass die ›VP‹-Lehrpersonen durchweg dem Ziel folgten, am Ende der Stunde eine schriftlich fixierbare Wissensakkumulierung seitens der Lerngruppe erreicht zu haben und dass es sich bei diesen ›VP‹-Probanden und -Probandinnen ausnahmslos um Hauptschullehrkräfte handelte. Ein Vergleich der unterschiedlichen Vorbereitungsstile zeigt jedoch, dass die ›VP‹-Lehrkräfte genauso wie ihre ›DP‹-Hauptschulkollegen und -kolleginnen den Weg zur Erreichung des jeweiligen Stundenziels bei Planungsende sehr viel offener ließen als die Gymnasiallehrpersonen.

Auch die unterschiedlichen Planungshorizonte gaben Hinweise auf den Grad der vorbereiteten Flexibilität. Der rote Faden, der in den Stundenkonzeptionen der ›VP‹-Probanden und -Probandinnen grundsätzlich fehlte, war in ihren Sequenzplanungen, sofern sie darüber Angaben machten, durchaus häufig erkennbar. Es wurde deutlich, dass die Sequenzen der ›VP‹-Lehrkräfte stets auf ein

Ziel hinausliefen, das entweder grundsätzlich in Form einer Klassenarbeit abgeprüft werden sollte oder den Besuch eines außerschulischen Lernorts ermöglichte. Eine Zielorientierung war also sowohl in den konkreten Stundenplanungen als auch in den Sequenzplänen der ›VP‹-Probanden und -Probandinnen ebenso wie bei den übrigen Hauptschullehrkräften erkennbar. Alle Mitglieder dieser Probandengruppen gestalteten den Weg dorthin aber flexibel.

## 1.2. Typenbildung 2: Rollentypen

Eine zweite Typenbildung ließ sich in Bezug auf die theoretischen Äußerungen der Probanden und Probandinnen in den Interviews und hier besonders in Bezug auf ihre berufsbezogenen Überzeugungen vornehmen. So ergaben sich hier auf Grundlage der Codierung drei divergierende Rollenverständnisse in Hinblick auf die Selbst- und Schülerwahrnehmung der Probanden und Probandinnen:

Lehrkräfte des Typs ›**Zugführer**‹ folgten in ihrem Geschichtsunterricht grundsätzlich dem Ziel, das historische Denken ihrer Schüler und Schülerinnen zu trainieren (Code: ›historisches Denken trainieren‹, Oberkategorie: ›Philosophie des Fachs‹). Gleichzeitig glaubten sie, dass ihre Lehrerrolle darin bestehe, ihre Schüler und Schülerinnen in dieser Hinsicht zu lenken (Code: ›lenken‹, Oberkategorie: ›Lehr-Lernkonzept‹).[841]

Auch der Typ des ›**Moderators**‹ beabsichtigte, in seinem Unterricht historisches Denken zu fördern. Von einer Lenkung durch die Lehrperson nahm er hingegen Abstand (Code: ›moderieren‹, Oberkategorie: ›Lehr-Lernkonzept‹).

›**Vermittler**‹ **und** ›**Vermittlerinnen**‹ zielten in erster Linie darauf ab, ihren Schülern und Schülerinnen Wissen zu vermitteln (Code: ›Wissensvermittlung‹, Oberkategorie: ›Philosophie des Fachs‹). Wie die ›Zugführer‹ und ›Zugführerinnen‹ sahen sie es als ihre Aufgabe, ihre Schüler und Schülerinnen im Sinne dieser Wissensvermittlung zu lenken.

| | **Moderator** | **Zugführer** | **Vermittler** |
|---|---|---|---|
| Philosophie des Fachs | Denken lernen | Denken lernen | Wissensvermittlung |
| Lehrkonzept | moderieren | lenken | lenken |

Abbildung 42: Merkmalskombinationen Rollentypen, tabellarisch

Die Typen dieser Typenbildung ließen sich in einem zweiten Analyseschritt eindeutig den Schulformen zuordnen. So zählten alle untersuchten Gymna-

841 Die Bezeichnung ›Zugführer‹ stammt von einer Lehrkraft selbst: »*Ich muss […] einen Fahrplan haben, aber ich muss auch Zugführer sein, damit die Schüler wissen, wo die Reise hin geht. Mitfahren müssen sie aber selbst.*« *(L1, HS, 3J, I, 285–286)*

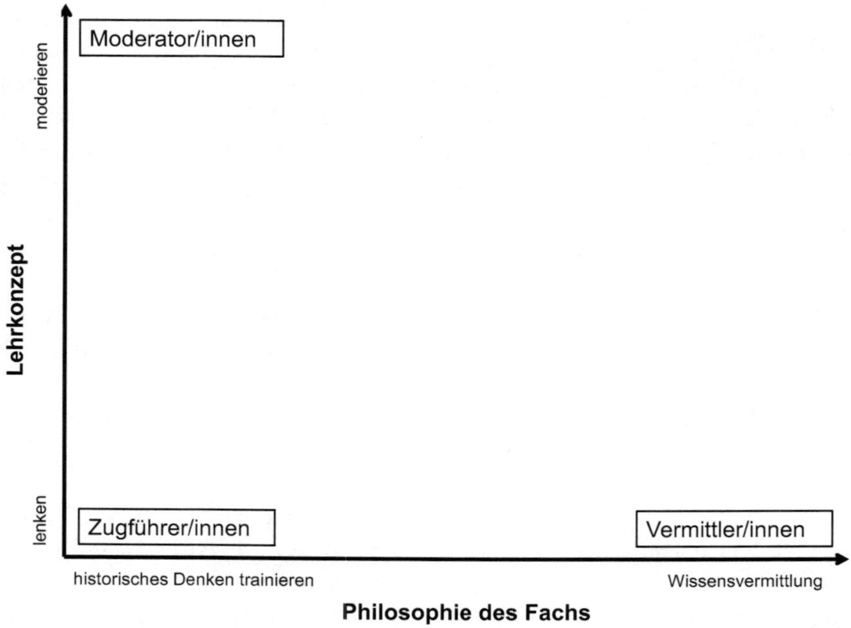


Abbildung 43: Merkmalskombinationen Rollentypen, grafisch

siallehrkräfte zum Typ des ›Moderators‹. Alle fachfremd unterrichtenden Hauptschullehrpersonen zählten zu den ›Vermittlern‹ bzw. ›Vermittlerinnen‹. Die übrigen Hauptschullehrkräfte konnten dem Typ ›Zugführer‹ zugeordnet werden.

| | |
|---|---|
| **Moderator** | *GYM:* REF 4, MG 4, EXP 4 |
| **Zugführer** | *HS:* REF 4, MG 2, EXP 1 |
| **Vermittler** | *HS:* MG 2, EXP 3 (Fachfremd Unterrichtende) |

*Abkürzungen: GYM: Gymnasiallehrkräfte; HS: Hauptschullehrkräfte; REF: Referendar/innen; MG: Proband/innen der Mittelgruppe; Exp: Expert/innen*
Abbildung 44: Verteilung der Rollentypen

### 1.2.1. Wirksamkeit

Eine Zuordnung der Typen zu den Codes der Oberkategorie ›Lehrerrolle‹ erbrachte eine weitere klare Merkmalsverteilung: Während die ›Moderatoren‹ und ›Moderatorinnen‹ die eigene Wirksamkeit vorrangig in der Phase der Unterrichtsplanung verorteten (Code: ›Bedeutung Planung‹, Oberkategorie: ›Lehrerrolle‹), hielten sowohl die ›Zugführer‹ als auch die ›Vermittlerinnen‹ die eigene Wirksamkeit während der Unterrichtsdurchführung für weitaus entscheidender zur Gewährleistung guten Unterrichts (Code: ›Bedeutung Unterrichtsdurchführung‹, Oberkategorie: ›Lehrerrolle‹). Die Ergebnisse korrespondieren mit den erhobenen Daten zur Selbstwirksamkeitsüberzeugung. Während sowohl ›Zugführer‹ als auch ›Vermittlerinnen‹ mitunter konkret formulierten, ein geplantes Stundenkonzept nur selten befriedigend im Unterricht umsetzen zu können, gingen die ›Moderatoren‹ und ›Moderatorinnen‹ geschlossen davon aus, mit einer gelungenen Vorbereitung Probleme des Unterrichts antizipieren und bestenfalls von Vorneherein abwenden zu können.

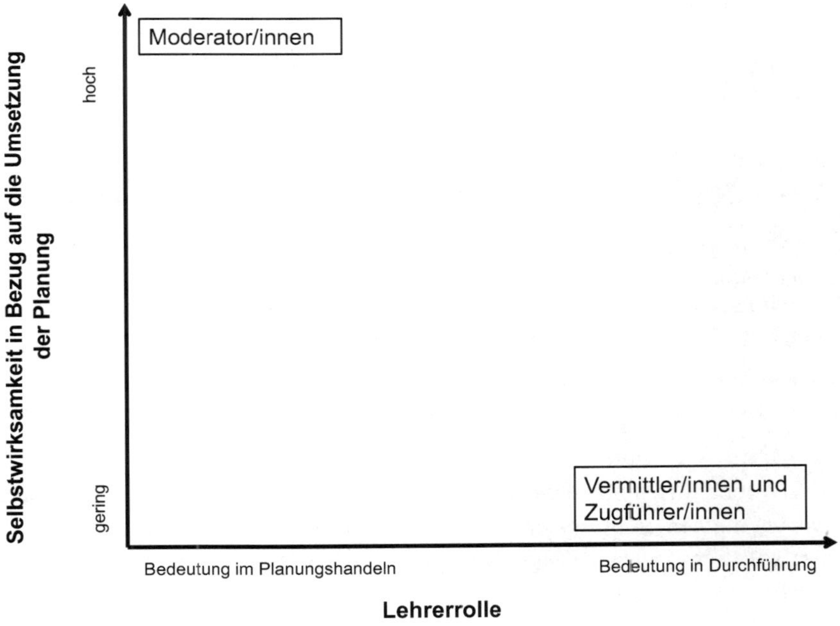


Abbildung 45: Rollentypen – Wirksamkeit

### 1.2.2. Schülerbeziehung und Emotionen im Geschichtsunterricht

Eine weitere klare Merkmalszuordnung ergab sich in Bezug auf die Schülerorientierung. So nannten alle Probanden und Probandinnen der Typen ›Vermittler‹ und ›Zugführer‹ es als Ziel ihres Unterricht, eine enge Beziehung zu ihren Schülern und Schülerinnen aufzubauen (Code: ›Schülerbeziehung herstellen‹, Oberkategorie: ›Philosophie des Fachs‹). Eine genauere Analyse der Interviewaussagen zeigte hierbei, dass sie eine solche Bindung nicht aus domänenspezifischen Gründen wünschten, sondern übereinstimmend glaubten, über eine derartige enge Beziehung vor allem pädagogische Probleme in den Griff bekommen zu können. Die ›Moderatoren‹ und ›Moderatorinnen‹ hingegen erwähnten eine solche Schülerbindung als Ziel an keiner Stelle explizit. Die Ergebnisse schienen auf den ersten Blick klar zu den Funden zur Wahrnehmung der eigenen Wirksamkeit zu passen: Während die ›Moderatoren‹ und ›Moderatorinnen‹ sich im Unterrichtsgeschehen als eher zurückgenommen einordneten, glaubten sowohl die ›Zugführer‹ als auch die ›Vermittlerinnen‹, eben während des Unterrichtsgeschehens – und hier womöglich über ihr Verhältnis zu den Schülern und Schülerinnen – Unterrichtserfolge bewirken zu können.

Die Berücksichtigung einer weiteren Merkmalsvariablen zeigte jedoch, dass die Haltungen der ›Moderatoren‹ und ›Moderatorinnen‹ weiter differenziert werden konnten. Bei dieser Merkmalsvariablen handelte es sich um das Merkmalspaar ›Emotionen hervorrufen‹ bzw. ›Emotionalisierung vermeiden‹ aus der Oberkategorie ›Philosophie des Fachs‹. So trat der Code ›Emotionen hervorrufen‹ bei allen Probanden und Probandinnen der Typen ›Zugführer‹ und ›Vermittler‹ auf. Unter den Probanden und Probandinnen des Typs ›Moderator‹ fand sich bei einer Mehrzahl das Merkmal ›Emotionalisierung vermeiden‹:

> *»[A]uf diese emotionale Ebene möchte ich mich nicht mehr einlassen. [...] Ich möchte das auch den Schülern nicht zumuten. Weil ich denke, das [...] muss eher [...] privat stattfinden. [...] Weil ich denke, dass da eben auch emotionale Schäden angerichtet werden könnten.« (L4, GYM, 8J, I, 624–636)*

> *»Emotion ja, aber nicht zu stark. Wir wollen ja beurteilen lernen. Eben nicht beim Emotionalen stehen bleiben. Da bin ich ganz, ganz vorsichtig in Geschichte.« (L3, GYM, 3J, I, 747–748)*

Drei Probanden bzw. Probandinnen des Typs ›Moderator‹ allerdings befürworteten einen emotionalen Zugang zum Gegenstand in ihrem Geschichtsunterricht ebenso wie die ›Zugführer‹ und die ›Vermittlerinnen‹ und hielten einen solchen sogar für zentral. Es ergab sich, dass eben diese ›Moderatoren‹ und ›Moderatorinnen‹, die ein emotionales Lernen in ihrem Geschichtsunterricht für äußerst wichtig hielten, in den Interviews wiederholt auf die Notwendigkeit eines offenen und vertrauten Kontakts zwischen Lehrkraft und Schülern und Schülerinnen hinwiesen. Sie taten dies aber bemerkenswerterweise nicht in Bezug auf die eigene Person, sondern auf Lehrkräfte im Generellen. Ebenso wie die Hauptschulprobanden und -probandinnen der Typen ›Zugführer‹ und ›Vermittler‹ beschrieben auch diese Gymnasiallehrpersonen die Situation in ihren Geschichtsklassen als Zusammenkunft von Individuen, die möglichst unverfälscht und angstfrei miteinander kommunizieren können sollten. Anders als die ›Zugführer‹ und ›Vermittlerinnen‹ argumentierten sie aber klar domänenspezifisch. So war es für L1, GYM, 8J das Merkmal eines guten Geschichtsunterrichts, dass Schüler und Schülerinnen sich öffnen und ihr Denken uneingeschränkt verbalisieren können. Dies implizierte für ihn, dass eine Atmosphäre herrschen müsse, in der die Schüler und Schülerinnen sich derart wohl fühlen, dass sie frei miteinander interagieren können:

> *»Man könnte wahrscheinlich schon stärker lenken, aber dann haben die Schüler ja immer das Gefühl, ich will sie irgendwohin bringen, und das will ich ja nicht. Ich will ja dass sie kommen […], dass sie gut diskutieren und reden. Das ist für mich […] das Entscheidende.« (L1, GYM, 8J, I, 548–551)*

In den Äußerungen der Probanden und Probandinnen der Typen ›Vermittler‹ und ›Zugführer‹ war die Wahrnehmung eines derartigen Widerspruchs zwischen einer Lenkung der Schüler und Schülerinnen und einem offenen, emotionalen Austausch im Unterricht nicht zu erkennen.

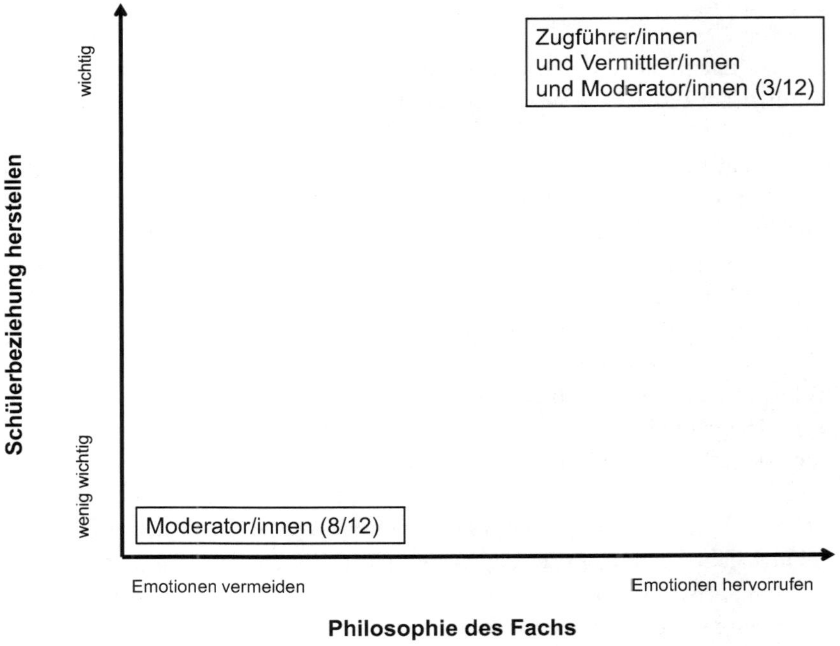


Abbildung 46: Rollentypen – Emotionen und Schülerbeziehung

Die Ergebnisse unter V.2.1. haben gezeigt, dass neben den drei beschriebenen Probanden bzw. Probandinnen weitere ›Moderatoren‹ und ›Moderatorinnen‹ reflektierten, dass ein problemorientierter Unterricht eines offenen und vertrauensvollen Verhältnisses zwischen Lehrkraft und Schülern und Schülerinnen bedürfe. Dies entspricht den Forderungen der geschichtsdidaktischen Literatur. Das gleichzeitig eher distanzierte Verhältnis zu ihren Schülern und Schülerinnen, das diese Lehrkräfte im Vergleich mit den anderen Probanden und Probandinnen erkennen ließen, deutet hier auf eine Ambivalenz hin, die ihnen augenscheinlich selbst nicht bewusst war.

Eine Distanz der ›Moderatoren‹ und ›Moderatorinnen‹ zu ihren Schülern und Schülerinnen wurde darüber hinaus deutlich in Bezug auf die Berücksichtigung von Schülerinteressen bei der Themenwahl. Die ›Moderatoren‹ und ›Moderatorinnen‹ zeigten sich demgegenüber deutlich ablehnender als die ›Zugführer‹ und ›Vermittlerinnen‹. Nichtsdestoweniger präsentierten sich die ›Moderatoren‹ und ›Moderatorinnen‹ selbstbewusst bezüglich ihrer Kenntnisse hinsichtlich dieser Interessen ihrer Schüler und Schülerinnen. Es stellt sich besonders bei den Gymnasiallehrpersonen der Mittel- und Expertengruppe die Frage, ob hier von einer Schülerorientierung im fachdidaktischen Sinne gesprochen werden kann, wenn diese Probanden und Probandinnen zwar Entscheidungen unter Berücksichtigung ihrer Schüler und Schülerinnen zu treffen behaupteten, diesen aber im Grunde Interessen zuschrieben, die sie nicht wirklich ermittelt hatten. Beunruhigend ist dies besonders, wenn man bedenkt, dass in empirischen Studien auf die Schere zwischen Schüler- und Lehrerwahrnehmungen hingewiesen worden ist. Auch die in der vorliegenden Studie untersuchten Gymnasialprobanden und -probandinnen berichteten davon, wie die Schüler und Schülerinnen sie in ihren Interessen und in ihrem Verhalten immer wieder überraschten. Dies führte aber ihren Angaben zufolge nicht etwa zu einer Intensivierung der Interessenerhebung oder der Erkundung der Lebenswelt der eigenen Schülerschaft. Als besonders plakativ erwiesen sich die Voranahmen in Hinblick auf geschlechtsspezifische Interessenzuweisungen. Es ergibt sich der Eindruck, dass der von den Lehrkräften konstruierte Unterricht hier in jedem Fall zugeschriebene geschlechtsspezifische Interessen zementiert und nicht etwa egalisiert. Nur eine einzige Lehrkraft äußerte immerhin ein Bewusstsein für die diesbezüglich existierende geschichtsdidaktische Forschung.

Für alle Probanden und Probandinnen galt, dass sie den von der Didaktik so vehement geforderten Schüler- bzw. Lebensweltbezug als spezielle und teilweise nicht lösbare Herausforderung in der Planung von Geschichtsunterricht begriffen. So ist durchaus nicht zu leugnen, dass die Schülerorientierung in der Planung des Geschichtsunterrichts der hier untersuchten Stichprobe – womöglich im Unterschied zur Planung für andere Fächer, wie die älteren empirischen Ergebnisse vermuten lassen – eine wichtige Rolle einnimmt. Leicht fällt sie den hier untersuchten Probanden und Probandinnen aber offensichtlich nicht.

### 1.2.3. Schulformspezifische Ziele?

Die Funde zu den Rollentypen zeigen, dass die einzelnen Typen grundsätzlich unterschiedlichen Ziel- bzw. Umsetzungsstrategien in ihren Unterrichtskonzeptionen folgen bzw. zu folgen glaubten. Berücksichtigt man die klare schulformspezifische Zuordnung der Typen, stellt sich die Frage, ob der Geschichtsunterricht in den unterschiedlichen Schulformen womöglich generell grundsätzlich unterschiedlichen Zielen folgt. Zugleich werfen die Ergebnisse hinsichtlich der schulformspezifischen Rahmenbedingungen die Frage auf, ob er angesichts der stark differierenden Umfelder unterschiedlichen Zielen folgen sollte. Die Probanden und Probandinnen der vorliegenden Studie lehnten ein solches Ansinnen im Rahmen der Interviews klar ab:

*»Die [Ziele bleiben] ja gleich. Da […] sind die Schwerpunkte identisch. Sicherlich kann ich das breiter treten im Gymnasium. […] Aber das, was am Ende dabei rum kommen sollte, das ist […] identisch.« (L1, HS, 8J, I, 265–268)*

*»[Ich meine], dass auch die Schüler, die gemeinhin als nicht besonders intelligent […] oder […] schulerfolgreich gelten, zum Denken angeregt werden können. […] Man muss ja tatsächlich nicht irgendwie etwas Besonderes können […], jeder Schüler [ist] in der Lage, zu denken oder einen Zugang zu haben zu […] seiner Wirklichkeit, die eben entstanden ist aus der Historie.« (L4, GYM, 3J, I, 588–595)*

Die Schilderungen der Hauptschulprobanden und -probandinnen zeigten durchgängig, dass sie ihre Schülerklientel nicht etwa für weniger geeignet hielten als Gymnasiasten und Gymnasiastinnen, historisch zu denken. Sie betonten im Gegenteil die emotionale Offenheit und (auch institutionell) enge Beziehung zu ihren Schülern und Schülerinnen als Vorteil in einem Geschichtsunterricht, der Schüler und Schülerinnen zu einer emotionalen Auseinandersetzung mit dem Unterrichtsgegenstand befähigen soll. Jene Gymnasiallehrkräfte, die eine solche emotionale Herangehensweise an ihren Geschichtsunterricht ebenfalls bejahten, bedauerten folgerichtig die fehlende Offenheit ihrer Lerngruppen, die ihnen die Förderung historischen Denkens, speziell im Rahmen von Diskussionen, deutlich erschwere. Schulformspezifische Denkstile, wie sie in der geschichtsdidaktischen Empirie nachgewiesen worden sind, wurden von keinem Probanden bzw. keiner Probandin reflektiert. Schulformspezifische Anforderungen räumten die Hauptschullehrkräfte nur ein, sofern es um die hohe Zahl der Schüler und Schülerinnen mit Migrationshintergrund in ihren Lerngruppen ging. Dennoch äußerten die Hauptschulprobanden und -probandinnen Ideen bezüglich eines gänzlich neu angelegten Geschichtsunterrichts, der einen Lebensweltbezug ernster nehmen müsste als dies ihrer Ansicht nach bisher der Fall sei. Hierbei ging es ihnen nicht etwa um das so häufig für die Hauptschule als nötig postulierte praktische Lernen, sondern vielmehr um die direkte Thematisierung lebensweltlicher Probleme und Fragen ihrer speziellen Klientel. Derartige Vorschläge tauchten auch unter den Gymnasiallehrpersonen auf. Diese wollten hierbei allerdings keine (gymnasial)schulformspezifische Unterscheidung geltend machen.

### 1.2.4. Differenzierung

Auch in Hinblick auf die Benennung von fachspezifischen und fachunspezifischen Unterrichtszielen ergab sich kein klarer Schulformeffekt. Es wurde aber deutlich, dass die unterrichtliche Situation an den Hauptschulen sich von jener an den Gymnasien deutlich und grundsätzlich unterscheidet: In ersterer steht die Gewährleistung eines störungsfreien Unterrichts für die Lehrkräfte im Zentrum und beeinflusst auch ihre unterrichtlichen Ziele. Folgerichtig zeigten sowohl ›Zugführer‹ als auch ›Vermittlerinnen‹ einen deutlich größeren Gesprächsbedarf, was die Herausforderungen betraf, die ihre Schülerklientel für die tägliche Unterrichtsarbeit bedeuten. Das heißt, dass die Schüler und Schülerinnen ihnen als Rahmenbedingungen des Planens sehr viel deutlicher im Bewusstsein waren, als dies bei den befragten ›Moderatoren‹ und ›Moderatorinnen‹ der Fall war. Die Äußerungen der letzteren lassen sich mitunter so lesen, als sei ihnen die Varianz unter den Lerngruppen zwar bewusst, für ihre Planung aber wenig relevant. Besonders augenfällig zeigte sich dies in Hinblick auf die Differenzierung. Während die ›Moderatoren‹ und ›Moderatorinnen‹ in ihren Laut-Denk-Planungen vereinzelt schülerorientierte Überlegungen in Bezug auf Themenwahl und antizipierte Schülerreaktionen im Verlauf der Stundenkonzeptionen verbalisierten, war die Schülerorientierung in den Vorbereitungen der Typen ›Zugführer‹ und ›Vermittler‹ grundlegenderer Art: Jede der beobachteten Stundenplanungen beruhte grundsätzlich auf dem Prinzip der Differenzierung. Probanden und Probandinnen beider Typen führten dies auf die jeweiligen schulformspezifische Anforderungen zurück: Eine differenzierende Vorbereitung sei notwendige Voraussetzung für die Unterrichtsdurchführung in ihren heterogenen (Hauptschul-)Lerngruppen. Diese beobachtete differenzierende Vorbereitung war allerdings in erster Linie quantitativer oder methodischer Natur. Eine grundlegend differenzierende Anlage des Unterrichts im geschichtsdidaktischen Sinne war unter allen Probanden und Probandinnen nur bei einer Gymnasialreferendarin des Typs ›Moderator‹ zu beobachten, die im Rahmen eines Gruppenpuzzles unterschiedliche Leistungsniveaus zu beachten und in eine inhaltsergiebige Synthese zu bringen versuchte.

Insgesamt erwies sich, dass die unterschiedlichen Typen unterschiedliche, schulformspezifische Vorstellungen von differenzierenden Zugängen hatten und in ihren Laut-Denk-Planungen zeigten: Während sowohl ›Zugführer‹ als auch ›Vermittlerinnen‹ hierunter überwiegend ein freies Arbeiten der Schüler und Schülerinnen verstanden, die selbst aus Angebotenem auswählen durften, waren die unterschiedlichen Angebote bei den ›Moderatoren‹ und ›Moderatorinnen‹ bereits im Rahmen der Planung einzelnen Schülern und Schülerinnen zugeordnet. Diese ›Moderatoren‹ bzw. ›Moderatorinnen‹ folgten in ihrer Unterrichtsvorbereitung einem klar antizipierten inhaltlichen Stundenziel, das es im

Rahmen der Differenzierung zu erreichen galt. Das Analyseergebnis scheint widersprüchlich, sofern man bedenkt, dass immerhin elf von zwölf ›Moderatoren‹ bzw. ›Moderatorinnen‹ mit den ›Problemorientierten Planern‹ bzw. ›Problemorientierten Planerinnen‹ der Typenbildung 1 identisch sind und somit – entsprechend den Ergebnissen unter V.1. – in ihren Stundenkonzeptionen weniger klar antizipierte inhaltliche Ziele verfolgten als im maximalen Kontrast die ›Vermittlungsorientierten Planer‹ und ›Vermittlungsorientierten Planerinnen‹, die wiederum in fünf von sieben Fällen mit den hiesigen ›Vermittlern‹ und ›Vermittlerinnen‹ identisch sind. Der Widerspruch löst sich bei einer genaueren Analyse jedoch auf: Die klaren Ergebnisse, die die ›Moderatoren‹ und ›Moderatorinnen‹ (bzw. ›PP‹-Lehrpersonen) anstrebten, bezogen sich auf das Ende der Erarbeitungsphase, woran sich in ihrer Vorbereitung eine vergleichsweise ergebnisoffene Phase der Vertiefung anschloss. Die ›Vermittler‹ und ›Vermittlerinnen‹ hingegen antizipierten ein vergleichsweise klares bzw. geschlossenes inhaltliches Gesamtergebnis ihrer Stunde, das in der Schlussphase allen Schülern und Schülerinnen zugänglich sein sollte. Der Weg der einzelnen Schüler und Schülerinnen dorthin war für sie aber offener bzw. flexibler. Ein Vergleich der Planertypen bestätigte nichtsdestoweniger die Schulformspezifik der Ergebnisse: Auch der ›Problemorientierte Planer‹ unter den Hauptschullehrpersonen organisierte seine Unterrichtsvorbereitung grundsätzlich nach dem Prinzip der Differenzierung.

### 1.2.5. Hilfsmittel, Textquellen und Unterrichtsrezepte

Sowohl ›Moderatoren‹ und ›Moderatorinnen‹ als auch ›Zugführer‹ und ›Zugführerinnen‹ kritisierten die auf dem Markt befindlichen Hilfsmittel der Unterrichtsplanung und hier besonders die Schulbücher deutlich. Die ›Vermittler‹ und ›Vermittlerinnen‹ hingegen betonten die eigene Abhängigkeit von solchen Mitteln der Unterstützung. Insgesamt unterschied sich das planerische Vorgehen der ›Vermittler‹ und ›Vermittlerinnen‹ sowohl in den Selbstberichten als auch in den Laut-Denk-Protokollen vom Vorgehen der Probanden und Probandinnen der beiden anderen Rollentypen besonders in ihrer engen Orientierung an den Richtlinien bzw. Schulbüchern. Es liegt nahe, die Erklärung in der Fachfremdheit der ›Vermittler‹ und ›Vermittlerinnen‹ zu suchen. So ist denkbar und auf Grundlage der vorliegenden Ergebnisse für die hier untersuchten Stichprobe zu erkennen, dass es diesen Lehrkräften an Überblickswissen fehlt, aus dem der Mut erwachsen könnte, eigenständig Themen zu wählen bzw. die offiziellen Vorgaben zu hinterfragen.

Die Kritik der ›Moderatoren‹ und ›Moderatorinnen‹ an den Schulbüchern entsprach ihrer generellen Ablehnung einer am Schulbuch orientierten Unterrichtsplanung. Sie alle bemühten sich, nicht den Anschein zu erwecken, mithilfe eines (verbesserten) Schulbuchs die eigene Vorbereitung erleichtern zu wollen. Diese kritische Haltung der Gymnasiallehrkräfte gegenüber den Schulbüchern entsprach dabei den Appellen aus der normativen Geschichtsdidaktik, die Bücher immer aufs Neue zu prüfen und nicht einfach unkritisch als Materialpools zu verwenden. Die starke Verteidigungshaltung in Bezug auf die Schulbuchnutzung, die sich besonders ausgeprägt unter den erfahreneren Lehrkräften der vorliegenden Untersuchung zeigte, ist in ihrer Vehemenz dennoch schwer zu erklären. Womöglich sind die Gymnasialexperten und -expertinnen in ihrer Berufsbiografie häufig mit Vorwürfen hinsichtlich einer unzulässigen Arbeitserleichterung durch eine Orientierung am Schulbuch konfrontiert gewesen. Denkbar ist auch, dass – wie von von Borries vermutet – der Druck eines bildungsbürgerlichen Traditionalismus an Gymnasien deutlich stärker ausgeprägt ist als an Hauptschulen, was unter den Gymnasiallehrkräften womöglich zu einer bewussten Ablehnung der Geschichtsdidaktik als Hilfsinstanz führt.[842] Möglicherweise empfanden die Hauptschullehrkräfte der vorliegenden Studie schlicht keine Verpflichtung, sich den Normen eines wissenschaftspropädeutischen Gymnasialunterrichts zu beugen.

Auch für die theoretische Frage nach der Einsatzmöglichkeit von Unterrichtsrezepten bei der Planung von Geschichtsunterricht ergaben sich unterschiedliche Muster der Probandenreaktionen. Die ›Vermittler‹ und ›Vermittlerinnen‹ verneinten allesamt die Möglichkeit des sinnvollen Gebrauchs solcher konkreten Hilfestellungen. Auch die ›Zugführer‹ und ›Zugführerinnen‹ zeigten sich zögerlich. Die ›Moderatoren‹ und ›Moderatorinnen‹ glaubten überwiegend an die Nutzung von Unterrichtsrezepten, gaben aber an, bislang keine passenden gefunden zu haben.

Die Grafik weist auf ein Missverhältnis zwischen der Orientierung der einzelnen Typen an offiziellen Vorgaben auf der einen und ihrer Akzeptanz von Unterrichtsrezepten auf der anderen Seite hin. So leuchtet nicht unmittelbar ein, warum die ›Vermittler‹ und ›Vermittlerinnen‹ solche Unterrichtsrezepte theoretisch ablehnen, den offiziellen Vorgaben in den beobachteten Laut-Denk-Planungen und nach eigenen Angaben aber arglos folgten bzw. folgen. Eine Erklärung mag in einem Widerwillen gegen den Begriff ›Rezepte‹ liegen, der für die ›Vermittler‹ und ›Vermittlerinnen‹ und vielfach auch für die ›Zugführer‹ und ›Zugführerinnen‹ deutlich negativ besetzt war. Die ›Moderatoren‹ und ›Moderatorinnen‹ hingegen lieferten die Erklärung für den scheinbaren Widerspruch in ihrem Wunsch nach Unterrichtsrezepten und ihrer Ablehnung der offiziellen Vorgaben selbst: Während sie die Richtlinien und Schulbücher für überwiegend unzureichend hielten, glaubten sie daran, dass es derart sinnvolle Unterrichts-

842 Siehe FN 628. Vgl. hierzu auch Bremerich-Vos u.a.: Professionelles Wissen, 2011, S. 48.

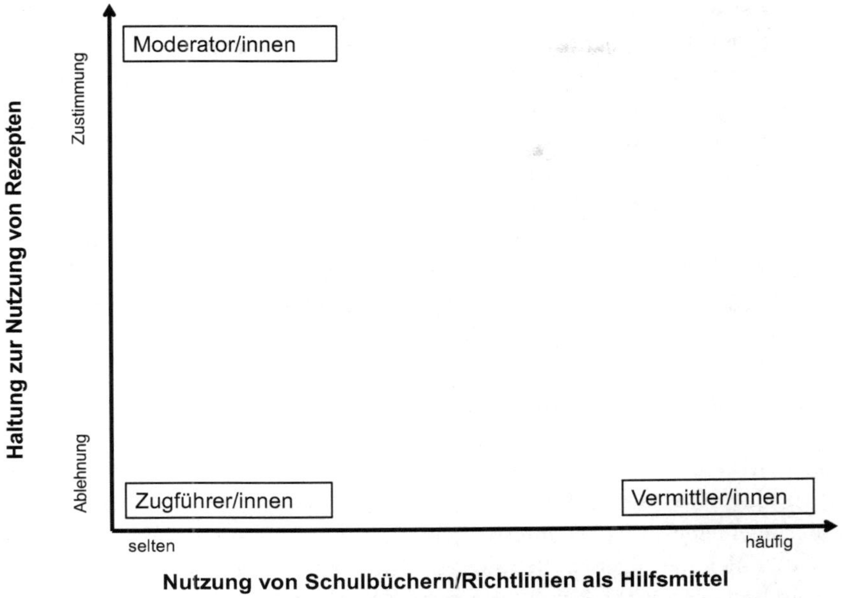


Abbildung 47: Rollentypen – Nutzung von Schulbücher und Richtlinien als Hilfsmittel und Beurteilung der Möglichkeit von Rezepten

rezepte geben könne, dass sie diese in der Unterrichtsplanung gewinnbringend nutzen könnten.

Die Daten der ›Zugführer‹ und ›Zugführerinnen‹ waren auf den ersten Blick kongruent. Alle verneinten eine enge Orientierung an Schulbuch und Richtlinien hier ebenso wie eine Nutzung von Unterrichtsrezepten. Nichtsdestoweniger waren die Angaben mitunter dennoch zwiespältig: So lehnten die Referendare und Referendarinnen eine Rezeptanwendung im abstrakten Gespräch zwar klar ab. Sie alle bedienten sich aber eigenen Angaben zufolge fertiger Stundenkonzepte aus Stundentauschbörsen im Internet. Auch zwei Hauptschulexpertinnen gaben an, fertig konzipierte Unterrichtsreihen zu nutzen, obwohl sie sich grundsätzlich gegen einen Einsatz von Unterrichtsrezepten aussprachen. Es ist möglich, dass theoretische Überzeugung und praktisches Handeln hier nicht übereinstimmten. Ebenso ist aber denkbar, dass diese Hauptschulprobanden und -probandinnen glaubten, sich im Alltag mit (den Tauschbörsen entnommenen) Stunden zufrieden geben zu können, obwohl diese nicht den eigenen Kriterien eines guten Unterrichts entsprechen. Eine Rezeptnutzung wäre nach dieser Lesart das offene Eingeständnis der Vorbereitung eines nicht idealen Unterrichts.

Die unterschiedlichen Haltungen zu Rezepten und Schulbüchern korrespondierten mit unterschiedlichen Einsatzstrategien in Bezug auf Textquellen, von denen die Probanden und Probandinnen in den Interviews berichteten. ›Zugführer‹ und ›Zugführerinnen‹ nutzen solche Textquellen im Alltag selten. Sofern sie sie doch einplanen, überarbeiten sie sie eigenen Angaben zufolge häufig, wobei sie dieses Vorgehen für kritikwürdig halten. Die ›Vermittler‹ und ›Vermittlerinnen‹ bekundeten hingegen deutlich, dass eine Verfremdung von Quellen für sie nicht in Frage komme und sie diese daher – falls im Einsatz – direkt den Schulbüchern entnähmen. Ganz anders lasen sich die diesbezüglichen Berichte der ›Moderatoren‹ und ›Moderatorinnen‹. Hier scheint die Praxis der Quellenoptimierung geradezu systematisch betrieben zu werden.

### 1.3. Typenbildung 3: Zufriedenheit

Eine dritte Typenbildung ergab sich hinsichtlich der Eigenbewertung des Planungshandelns durch die Probanden und Probandinnen. Aufgrund der Codierung ließen sich zwei unterschiedliche Typen in Bezug auf die Zufriedenheit hinsichtlich des eigenen Planungsverhaltens entwickeln. Grundsätzlich korrespondierte der Wert für eine geringe selbst empfundene Zufriedenheit bezüglich des persönlichen Zeitaufwands für die Unterrichtsplanung deutlich mit Werten, die eine geringe Selbstwirksamkeitsüberzeugung repräsentierten.

Der Typ des **›Zweiflers‹** ergab sich aus einer Kombination der Merkmalsverteilungen ›geringes professionelles Wissen‹ (Oberkategorie: ›SWÜ‹), ›guter Unterricht: unmöglich‹ (Oberkategorie: ›SWÜ‹), ›unangemessener Planungsaufwand‹ (Oberkategorie: ›SWÜ‹) und ›Selbstzeugnis: schlechter Lehrer‹ (Oberkategorie: ›SWÜ‹).

Im maximalen Kontrast hierzu verstanden sich die Lehrkräfte, bei denen hohe Selbstwirksamkeitswerte gemessen wurden, überwiegend als **›Pragmatiker‹**. Sie waren mit der eigenen Vorbereitung zufrieden, während ›Zweiflerinnen‹ die eigene Planung grundsätzlich als ›unzureichend‹ empfanden.

| | **Zweifler** | **Pragmatiker** |
|---|---|---|
| professionelles Wissen | gering | hoch |
| guter Unterricht | unmöglich | möglich |
| Planungsaufwand | unangemessen | angemessen |
| Selbstzeugnis | schlechter Lehrer | k.A. |

Abbildung 48: Merkmalskombinationen Zufriedenheit

Für die hier untersuchte Stichprobengruppe zeigte sich, dass diese beiden Typen unter den Lehrkräften nicht etwa Schulform- oder erfahrungsgradspezifisch, wohl aber geschlechtsspezifisch verteilt waren. Eine Zuordnung der Typen zur Stichprobe zeigte, dass zum Typ ›Zweifler‹ ausschließlich weibliche Probandinnen gehörten. Dabei war ein leichter Erfahrungseffekt zu verzeichnen. So berichteten die Referendarinnen häufiger von eigenen Unsicherheiten in Bezug auf ihr professionelles Handeln als die Expertenlehrerinnen. Die geringsten Selbstwirksamkeitsüberzeugungen und die deutlichsten Äußerungen bezüglich der eigenen Unsicherheit fanden sich allerdings für die Probandinnen der Mittelgruppen. Ihre Aussagen verdeutlichten, dass sie sich in Bezug auf die eigenen Fähigkeiten zur Unterrichtsplanung noch nicht für ausreichend vorbereitet hielten und hierbei Unterstützung wünschten. Die Mehrheit der weiblichen Lehrpersonen gab an, sich mit einer als zu knapp empfundenen Vorbereitungszeit arrangiert zu haben, grundsätzlich aber mit dem jeweiligen Ergebnis nicht zufrieden zu sein. Dies führt in vielen Fällen zu dem selbstberichteten Gefühl, den eigenen Maßstäben guten Unterrichts nicht zu genügen, aber aus Zeitmangel auch nicht genügen zu können. Als besonders belastend beschrieben die Lehrerinnen hierbei immer wieder die Schere zwischen innerem Anspruch und dem Eindruck, diesen angesichts äußerer Bedingungen nicht erfüllen zu können. In Bezug auf den als unangemessen empfundenen eigenen Planungsaufwand offenbarten sie großes Unbehagen:

> *»Da kann man als Lehrerin […] immer mehr planen und immer besser planen, da hat man permanent ein schlechtes Gewissen.« (L1, HS, 8J, I, 55–56)*

> *»Obwohl ich natürlich nicht zufrieden bin mit dem Ganzen, was ich mache und wie ich das mache. […] wenn ich länger Zeit hätte und könnte das auch anders vorbereiten, dann würde auch bei den Kindern wahrscheinlich viel, viel mehr hängen bleiben.« (L2, HS, 8J, I, 408–413)*

Der Typus des ›Pragmatikers‹, der die eigene Vorbereitung als ausreichend empfand, war in der vorliegenden Stichprobe ausschließlich von männlichen Probanden besetzt. Die Kombination der Merkmalsverteilungen ›hoher Einfluss auf Unterrichtserfolg‹ (Oberkategorie: ›SWÜ‹), ›angemessenes professionelles Wissen‹ (Oberkategorie: ›SWÜ‹), ›guter Unterricht: möglich‹ (Oberkategorie: ›SWÜ‹) und ›angemessener Planungsaufwand‹ (Oberkategorie: ›SWÜ‹) ergaben hier den Typ eines selbstzufriedenen Lehrers, der die eigene Herangehensweise für pragmatisch und subjektiv gut befindet:

> *»Es ist nicht so dramatisch zu sehen, wenn eine Stunde gegen die Wand fliegt, denn im Endeffekt sind wir nicht im OP-Saal, sondern in der Schule. […] es ist ja nicht so, als ob da jetzt irgendein Mensch gestorben ist oder als ob da überhaupt gar nichts passiert ist inhaltlich.« (L3, GYM, 3J, I, 732–736)*

> *»Manchmal habe ich eben auch nicht die Zeit, und dann […] gucke ich so kurz ins Buch und sage, okay, Aufgabe 3 nehme ich und zack. Schreibe dahinter […] 15 Minuten. Und dann weiß ich, dass ich es auch schon so drehen kann, dass sie dann halt 15 Minuten brauchen und nicht mehr und nicht weniger.« (L4, GYM, 3J, I, 463–466)*

Die ›Pragmatiker‹ zeigten auch in den Laut-Denk-Protokollen ein grundsätzlich weniger skrupulöses Vorgehen als die ›Zweiflerinnen‹ und neigten zu schnellen Entscheidungen, die sie auch im Verlauf der Vorbereitung selten hinterfragten. Interessanterweise sprachen diese männlichen Probanden den Geschlechtsunterschied selbst an. So vermuteten sie, dass Lehrerinnen ihre professionellen Pflichten gewissenhafter erfüllten, dadurch aber auch unzufriedener seien:

> *»Männer sind da natürlich dann auch [...] selbstbewusst, also die sind dann natürlich auch frech zum Teil. Frauen sind [...] häufiger viel zaudernder in der Unterrichtsplanung.« (L2, GYM, 8J, LD, 97–99)*

> *»Wenn wir unsere pädagogischen Teamkonferenzen haben [...] da gibt es Kolleginnen, die bereiten die eine Woche lang vor. [...]. Ich überlege mir kurz vorher, über wen muss ich reden, [...] gehe rein und rede mit denen drüber [...]. Jetzt kann ich natürlich sagen: Natürlich, die erste Variante ist vorbildlich [...]. Ich würde es trotzdem nie machen. Weil ich das verschwendete Liebesmüh finde. [...] Auch beim Planen musst du immer den Nutzen ganz klar im Auge haben. Ja? Rechtfertigt es, dass ich drei, vier Stunden sitze?« (L3, GYM, 3J, I, 590–608)*

Die Unzufriedenheit und die geringe Selbstwirksamkeitsüberzeugung von Lehrkräften speziell in Bezug auf ihre Unterrichtsvorbereitung ist bereits in älteren empirischen Studien festgestellt worden. Auch die deutlichere Unzufriedenheit mit dem eigenen Planungshandeln unter Frauen wurde bereits nachgewiesen.[843] In der vorliegenden Studie zeigte sich hierbei eine weitere Merkmalskombination in Bezug auf die vorbereitete Flexibilität in der Unterrichtsdurchführung. Unter den Gymnasialprobanden und -probandinnen, die bekanntlich grundsätzlich eine flexible Durchführung ihrer Stunden vorbereiteten und antizipierten, zeigten die weiblichen Probandinnen sowohl im Planungshandeln als auch in der theoretischen Reflexion ein deutlich höheres Bestreben, das eigene unterrichtliche Verhalten und das Gelingen der Unterrichtsstunde über möglichst viele unterschiedliche vorausgeplante Varianten abzusichern als ihre männlichen Kollegen.

## 1.4. Orientierung an didaktischen Vorgaben

### 1.4.1. Ergebnisse aus Typenbildung 1 und Typenbildung 2

Eine Gegenüberstellung der unterschiedlichen planerischen Strategien der Probanden und Probandinnen im Rahmen der Typenbildung 1 erzeugte den

843 Vgl. Haas: Unterrichtsplanung, 2005, S. 13. Generell zur Unzufriedenheit der Frauen im Lehrer- bzw. Geschichtslehrerberuf siehe Gehrmann: Beruf, 2009, S. 614; Hug: Geschichtsunterricht, 1985, S. 54.

Eindruck, dass die ›PP‹-Lehrpersonen sich im Gegensatz zu den ›VP‹-Lehrpersonen als mustergültig hinsichtlich der Orientierung an geschichtsdidaktischen Normen erwiesen. So formulierten sie Leitfragen im Rahmen einer didaktischen Analyse, planten eine transparente Phasierung des Unterrichts, gaben den einzelnen Phasen darüber hinaus fachspezifische Funktionen und bereiteten eine Schlussphase vor, die vertiefenden bzw. problematisierenden Charakter hatte und die Schüler und Schülerinnen zu einer Beurteilung im Sinne historischen Denkens aufforderte. Die Formulierung der Leitfrage beruhte stets auf einer didaktischen Analyse des Sachgegenstands und führte hier, ganz anders als in den Planungen der ›VP‹-Lehrkräfte, deutlich zu einer Themengewinnung als »Produkt [eines] absichtsvollen Zugriffs«[844]. Die Leitfragenformulierung war hierbei schließlich insofern gleichzusetzen mit einer kompetenzorientierten Zielformulierung, als die Lehrkräfte fest damit rechneten, dass die Leitfrage am Ende der Stunde durch die Schüler und Schülerinnen würde beantwortet bzw. begründet beurteilt werden können. ›PP‹-Lehrkräfte setzten in diesem Zusammenhang auch Hausaufgaben funktional ein.

Die ›DP‹-Lehrkräfte folgten in ihren Stundenvorbereitungen denselben Absichten wie die ›PP‹-Lehrkräfte, wie eine Analyse ihrer Interviews und Laut-Denk-Protokolle erwies: Sie teilten klar die Vorhaben und Überzeugungen der ›PP‹-Lehrkräfte und orientierten sich an denselben didaktischen Normen. Die Umsetzung dieser Normen vollzog sich jedoch bei den ›DP‹-Lehrkräften weniger bewusst und weniger explizit als bei den ›PP‹-Lehrkräften.

Die Vorgehensweise der ›VP‹-Lehrkräfte entsprach den didaktischen Vorgaben in Bezug auf die hier untersuchten Merkmale (Themenwahl, funktionaler Einstieg, Vertiefung) hingegen wenig.

Auch in der Vignettenplanung bewegten sich die ›PP‹-Lehrkräfte deutlich enger entlang der präskriptiven Empfehlungen als die ›VP‹-Lehrkräfte: Sie reflektierten ausführlich das Vorwissen ihrer fiktiven Lerngruppe und planten, dieses Vorwissen im Rahmen ausformulierter Methoden zu erheben. Auch ihre Leitfragenentwürfe entsprachen solchen, die in der Literatur als qualitativ wertvoll gelobt werden. Die Planungen der ›VP‹-Lehrkräfte orientierten sich hingegen wenig an den Inhalten der normativen Literatur.

Eine Einteilung in ›Musterplaner‹ und ›didaktikferne Planer‹ lässt sich jedoch nicht aufrecht erhalten, wenn man die Ergebnisse der Typenbildung 2 berücksichtigt. Hier zeigte sich, dass jene ›Vermittler‹ sowie ›Zugführerinnen‹, die aufgrund ihrer Merkmale mit den ›VP‹-Lehrpersonen übereinstimmten, durchaus didaktischen Normen folgten, die die ›Moderatoren‹ und ›Moderatorinnen‹, die allesamt den Typen ›PP‹ und ›DP‹ zugeordnet werden konnten, nicht erfüllten: Namentlich die Differenzierung und die Orientierung an einem

844 Barricelli/Sauer: »Was ist guter Geschichtsunterricht?«, 2006, S. 12.

außerschulischen Lernort spielten in ihren Vorbereitungen auffallend häufig eine Rolle. Die Äußerungen belegen, dass es sich hier nicht etwa um einen Sonderfall in der jeweiligen Planungspraxis handelte. Im Gegenteil versuchen diese Probanden und Probandinnen eigenen Angaben zufolge so oft wie möglich den Besuch eines außerschulischen Lernorts in ihre Unterrichtsreihen zu integrieren. Sowohl die differenzierende Unterrichtsanlage als auch der Besuch außerschulischer Lernorte werden von Seiten der Didaktik derzeit zunehmend gefordert. Allerdings zeigten die Ergebnisse weiter, dass die Probanden und Probandinnen weder die Differenzierung noch die außerschulischen Lernorte im geschichtsdidaktischen Sinn reflektierten. Die unterschiedlichen Rahmenbedingungen erwiesen sich hier deutlich als entscheidendere Einflussgröße als der Wunsch, sich an einer didaktischen Norm zu orientieren. Schließlich ergab die Vignettenstudie, dass Lehrkräfte der Typen ›Zugführer‹ und ›Vermittler‹ neben aller Vernachlässigung didaktischer Vorschläge eine Forderung der Didaktik sehr viel klarer zu erfüllen wussten als ihre ›Moderatoren‹-Kollegen und -Kolleginnen: Das konsequente Bestreben der erfahreneren Hauptschulprobanden und -probandinnen, ihren Unterricht so anschaulich bzw. handlungsorientiert wie möglich zu gestalten, fand in seinem Ideenreichtum und seiner zielorientierten Planung keine Entsprechung in den Stundenvorbereitungen der Gymnasiallehrkräfte.

### 1.4.2. Fachfremde Hauptschullehrkräfte als Sondergruppe

Alle fachfremd unterrichtenden Lehrkräfte der Stichprobe waren in der Typengruppe der ›VP‹-Lehrkräfte zu finden (5/7). Ebenso wie bei den anderen Stichprobenmitgliedern handelte es sich auch bei den fachfremd Unterrichtenden um solche Lehrkräfte, die in ihrer unterrichtlichen Wirkung als besonders erfolgreich eingeschätzt und allein deshalb für die vorliegende Studie ausgewählt worden waren. Einem problemorientierten Unterricht folgte aber keine von ihnen. Es liegt auf der Hand anzunehmen, dass die Fachfremden schlicht weder mit dem Konzept des problemorientierten Unterrichts noch mit den übrigen didaktischen Vorschlägen vertraut waren und sich demzufolge weder an ihnen orientierten noch von ihnen sprachen.

Angesichts dieser deutlichen Ergebnisse hinsichtlich einer als aus geschichtsdidaktischer Sicht defizitär zu bezeichnenden Vorbereitung erstaunt das in den Interviews evidente Selbstbewusstsein der fachfremden Lehrkräfte bezüglich der eigenen Planung von Geschichtsunterricht. Es steht außerdem in einem krassen Gegensatz zu den Einschätzungen der übrigen Probanden und Probandinnen, die fachfremd erteilten Geschichtsunterricht durchgängig ablehnten. Auch die Fachfremden attestierten sich selbst einen Mangel an Fachwissen. Sie beurteilten diesen aber durchweg als unproblematisch. Eine Erklärung findet sich, wenn man das überwiegend transmissive Verständnis dieser Lehrkräfte vom Geschichtsunterricht berücksichtigt: Fakten und Zusammenhänge können sich fachfremde Lehrkräfte selbstverständlich anlesen. Das weiter reichende Wissen, das die ›PP‹-Lehrkräfte für die Formulierung einer Leitfrage als nötig postulierten, vermissten die fachfremden Lehrkräfte womöglich deshalb nicht, weil es ihnen überhaupt nicht als Notwendigkeit in den Sinn kam. Die ›PP‹-Lehrkräfte hingegen betonten die Bedeutung eines tiefen Fachwissens für die Unterrichtsplanung durchgängig (Code: ›Bedeutungszuschreibung FW‹, Oberkategorie: ›Professionelles Wissen‹).

### 1.5. Domänenspezifik

Die Studie erbrachte sehr deutliche Hinweise auf eine Domänenspezifik bezüglich der Planung von Geschichtsunterricht. Nicht nur reflektierten die Lehrkräfte bewusst Unterschiede zur Vorbereitung in anderen Fächern, die sich speziell auf die Herausforderungen und Schwierigkeiten in der Planung bezogen. Darüber hinaus wurde in den praktischen Beobachtungsuntersuchungen deutlich, dass sich für alle Lehrkräfte, besonders aber für die Lehrkräfte der Typen ›PP‹ und ›DP‹ der Typenbildung 1, zentrale Elemente und Vorgehensweisen zeigten, die in anderen Untersuchungen für andere Fächer nicht beobachtet werden konnten.

Zunächst zeigte der Vergleich mit älteren Studien, dass die vorliegenden Daten zur Planungsabfolge in ihren groben Linien den Untersuchungen für andere Fächer durchaus entsprechen: So konnten die Phasen der Orientierung und der Entwicklung eines konkreten Handlungsplans für den Stundenablauf bereits in der Vergangenheit für die Vorbereitung anderer Fächer festgestellt werden. Mit Tebrügge kann aber bestätigt werden, dass die Inhalte der einzelnen Planungsphasen fachspezifische Besonderheiten aufweisen: Anders als in den Untersuchungen von Mathematiklehrkräften orientierte sich die Vorbereitung der hier beobachteten Geschichtslehrkräfte nicht an der Wahl und Anordnung von Aufgaben. Auch die Analyse der Ausgangslage nahm in den vorliegenden Beobachtungen eine deutlich weniger wichtige Stellung ein als in den Untersuchungen mit Mathematik- und Biologielehrpersonen. Für die untersuchten Geschichtslehrkräfte und hier besonders augenfällig für die ›PP‹- und ›DP‹-Lehrpersonen der Typenbildung 1 war das zentrale Moment ihrer Vorbereitung vielmehr die Formulierung des Themas. Eine zusammenhängende, tiefe fachwissenschaftliche Reflexion war hierbei entscheidend für den Verlauf der Planung. Vergleichbar sind die Ergebnisse mit denen für die Fächer Englisch und Deutsch, bei deren Vorbereitung die Themenformulierung ebenfalls das zentrale Element bildete. Da allerdings die Leitfragenformulierung in den Planungen der

›PP‹- und ›DP‹-Lehrkräfte mit einer Zielformulierung gleichzusetzen ist, unterscheidet sich die Vorbereitung dennoch von jenen in allen anderen untersuchten Fächern. So ist in empirischen Forschungen wiederholt festgestellt worden, dass Lehrkräfte ihre Planungen für andere Fächer eben nicht mit einer Zielformulierung begannen.

Die Inhaltswahl gestaltete sich für die ›PP‹- und ›DP‹-Lehrkräfte vergleichsweise frei von den offiziellen Richtlinien, insofern die Probanden und Probandinnen auf Grundlage der vorgegebenen Inhalte stets ein Unterrichtsthema, häufig im Sinne einer Leitfrage, formulierten. Eine Fachkompetenz war für diese Themenwahl evident wichtig. Ihre Bedeutung wurde von den Fachlehrkräften auch reflektiert. Die fachfremd Unterrichtenden bedauerten ihre fehlenden Kenntnisse hingegen nicht konkret, sie richteten sich schlicht stärker nach den Vorgaben. Insgesamt erwies sich ein funktionales Fachwissen als klare Voraussetzung einer fachdidaktisch sinnvoll organisierten Stunde, indem es nicht nur für die Themenwahl essenziell war, sondern die Lehrkräfte auch mit eben jenem Selbstbewusstsein auszustatten schien, das sie für ein befriedigendes professionelles Planungshandeln benötigen. Die Vorteile einer fachlichen Sicherheit erwiesen sich den vorliegenden Ergebnissen zufolge als wesentlich entscheidender für eine effiziente Vorbereitung als etwa die Nutzung früher erstellter Materialien. Auch dies ist in dieser Deutlichkeit für andere Fächer nicht berichtet worden.

Auch die Vorbereitung einer vertiefenden Schlussphase erwies sich für die Mehrheit der Probanden und Probandinnen, namentlich die ›PP‹- und ›DP‹-Lehrkräfte, als essenzielle Maßnahme im Rahmen ihrer Unterrichtsplanung. Auch hierbei handelt es sich um eine domänenspezifische Besonderheit, die für andere Fächer nicht beobachtet worden ist.

Die Ergebnisse zeigen, dass die deutlichsten Resultate in Hinblick auf eine Fachspezifik für die Daten der ›PP‹- und ›DP‹-Lehrpersonen festgemacht werden konnten. Es ist zu vermuten, dass dies mit dem Umstand zusammenhängt, dass die ›VP‹-Lehrkräfte sich hauptsächlich aus fachfremd Unterrichtenden rekrutierten. Diese Deutung würde zu dem Schluss führen, dass eine Fachspezifik im Unterrichtsplanen von Fachlehrkräften deutlicher zum Tragen kommt als bei fachfremd Unterrichtenden.

Die untersuchten Lehrkräfte waren sich einig, dass ein guter Geschichtsunterricht einer guten Vorbereitung bedürfe. Hierbei verneinten sie keineswegs, dass Lehrerhandeln »prinzipiell als Handeln in Unsicherheit angesehen werden«[845] könne. Sie glaubten jedoch überwiegend, dass diese Unsicherheiten mit den Mitteln der Planung in den Griff zu bekommen seien. In diesem Zusammenhang muss berücksichtigt werden, dass die Maßstäbe der Lehrkräfte an

845 Blömeke: Voraussetzungen, 2009, S. 125.

einen guten Unterricht schulformspezifisch durchaus unterschiedlich waren und dementsprechend auch ihre Vorbereitung einer flexiblen Unterrichtsdurchführung unterschiedlichen Charakter hatte. Auch die Orientierung an unterschiedlichen Unterrichtskonzepten (problemorientierter Unterricht vs. Wissensvermittlung) bedingte unterschiedliche Herangehensweisen an das Problem der Flexibilität. Die in der Literatur durchaus vehement geäußerte Überzeugung, man müsse Lehramtsstudierende und Referendare und Referendarinnen besonders auf eine Situation der ständigen Unsicherheit vorbereiten,[846] kann anhand der vorliegenden Aussagen allerdings nicht geteilt werden. Im Gegenteil zeigen die Ergebnisse Folgendes: Die Lehrpersonen bewerteten es zwar als wichtig, plötzlich auftretende Probleme im Unterricht lösen zu können. Grundsätzlich glaubten sie aber, solche Probleme durch angemessene Planung von Vorneherein vermeiden zu können.

Vergleicht man die unterschiedlichen Angaben der Probanden und Probandinnen zu selbstempfundenen Lerninhaltsspezifika, so ergibt sich das Bild, dass es sich beim Geschichtsunterricht grundsätzlich um einen aufwändig und besonders schwierig zu planenden Unterricht handelt. Keiner der Probanden und Probandinnen wusste von unkomplizierten Reaktionsmechanismen im Falle einer ausbleibenden Vorbereitung zu berichten, wie dies etwa aus anderen Fächern bekannt ist. Gründe liegen hierbei besonders im unterrichtlichen Gegenstand selbst, der von den Probanden und Probandinnen als besonders anspruchsvoll empfunden wurde. Jene Lehrkräfte, die einen problemorientierten Unterricht anstrebten, empfanden es als eine spezielle Herausforderung, angemessene Leitfragen zu formulieren. Lehrkräfte, die einer eher faktenvermittelnden Unterrichtskonzeption folgten, sahen sich einer Vielzahl von Details gegenüber, aus denen sie sinnvoll auswählen mussten. Niemand unter den ›PP‹-Probanden und -Probandinnen gab an, dass sich der Unterrichtsablauf aus der Struktur des Gegenstand selbst ergebe, wie dies für andere Fächer berichtet worden ist.

Im Vergleich der Unterrichtsplanung ihrer unterschiedlichen Fächer sahen die Probanden und Probandinnen den Fokus des Geschichtsunterrichts insgesamt stärker im inhaltlichen Bereich. Die Lehrkräfte erwähnten zudem immer wieder, dass sie bei der Vorbereitung des Geschichtsunterrichts anders als in anderen Fächern mehr ›Verantwortung‹ spürten, die sie offenbar durchaus als belastend erlebten. Es gelte häufiger eigene Entscheidungen zu treffen als bei der Vorbereitung für andere Fächer, wobei ihnen die Entscheidungen grundsätzlich

846 Vgl. Mühlhausen: Abenteuer, 2007, S. 269; Koch-Priewe: Der routinierte Umgang, 2002, S. 318. Gegen ein moderates Training einer flexiblen Handhabung der Vorbereitung sprechen auch die vorliegenden Ergebnisse nicht. Vgl. diesbezüglich z.B. Anselm, Kompetenzentwicklung, 2011, S. 262; Kunter: Modellierung, 2010, S. 310.

schwerer fielen als anderswo. Besonders die Gymnasialprobanden und -probandinnen nannten hierbei die strengen, von ihnen oft als wenig sinnvoll empfundenen, inhaltlichen Vorgaben (Rahmenrichtlinien) als Problem, das eine schülerorientierte Vorbereitung besonders erschwere.

Auch die Beobachtungen der praktischen Laut-Denk-Planungen erweckten den Eindruck, dass sich die Vorbereitung des Geschichtsunterrichts als deutlich komplexer und intensiver erwies, als dies in anderen Studien für andere Fächer dargestellt worden ist. Allein die umfangreiche Reflexion und das Abwägen unterschiedlicher, alternativer Vorgehensweisen konnte beispielsweise für die Fächer Mathematik und Handelslehre nicht beobachtet werden. Auch eine schlichte Optimierung einmal angefertigter Unterrichtskonzeptionen fand jedenfalls bei den gymnasialen Geschichtslehrkräften der vorliegenden Untersuchung nicht statt. Die Aussage eines von Seifried untersuchten Handelslehrers, er könne dasselbe Thema zehn Jahre lang immer in der gleichen Art vorbereiten, wäre für die hier untersuchte Stichprobe schlicht undenkbar.[847]

### 1.5.1. Kompetenzschulung und Hilfsmittel

Besonders ›PP‹- und ›DP‹-Lehrkräfte beurteilten in der vorliegenden Untersuchung die Ansprüche der Kompetenzschulung als sehr hoch. So handelte es sich in ihren Augen beim kompetenzorientierten Unterricht um einen Unterricht, der von den Schülern und Schülerinnen eine gewisse Distanz zum Gegenstand verlange, die erst durch die Überwindung des rein emotionalen Zugangs erreicht werden könne. Gleichzeitig müssten die Schüler und Schülerinnen sich derart geborgen und mit der Lehrkraft emotional verbunden fühlen, dass sie sich trauten, ihre Meinungen und Urteile öffentlich zu äußern. Schließlich ergebe die Kombination mit dem speziellen Problem der Motivierung im unbeliebten Fach Geschichte eine besondere Herausforderung an die planende Lehrkraft. Es überrascht, dass die Probanden und Probandinnen der vorliegenden Studie diesem dreiköpfigen Problem offenbar nicht mit einer domänenspezifischen methodischen Anbahnung zu begegnen versuchen. In der Praxis orientieren sich die ›PP‹- und ›DP‹-Lehrkräfte eigenen Angaben zufolge stets an einem ähnlichen methodischen Aufbau im Sinne des problemorientierten Unterrichts.[848] Die geäußerten Wünsche nach lerninhaltsspezifischen Methoden sowie weitere Reflexionen der Gymnasialprobanden und -probandinnen zeigen deutlich, dass sie sich eine Unterstützung durch die Didaktik erhoffen, in ihrem Berufsalltag und ihrer Berufsbiografie aber wenig konkrete Gedanken auf eine solche methodische Unterstützung verwenden.

847 Vgl. Seifried: Unterrichtsplanung, 2009, S. 193.
848 Vgl. hierzu auch Martens: Implizites Wissen, 2010, S. 330.

Die zentrale Rolle des Schulbuchs im Rahmen der Vorbereitung, wie sie für die Fächer Mathematik und Englisch festgestellt wurde, konnte für das Fach Geschichte in der vorliegenden Studie nicht repliziert werden. So nutzten die Lehrkräfte überwiegend zusätzliche Hilfsmittel, um ihren Unterricht vorzubereiten. Auch bei der vehementen Ablehnung eines Buchunterrichts scheint es sich um ein Fachspezifikum zu handeln. So tauchte dieses Phänomen nicht nur in anderen Studien nicht auf, auch die Probanden und Probandinnen der vorliegenden Untersuchung berichteten freimütig, in anderen Fächern nach Buch zu unterrichten. Schließlich deutet auch die ambivalente Haltung zu Unterrichtsrezepten auf fachspezifische Elemente hin: So berichteten die Probanden und Probandinnen, solche Rezepte in anderen Fächern, nicht aber in Geschichte zu nutzen. Befragt nach konkreten Vorschlägen für den Geschichtsunterricht, wollten sie nur äußerst ungern Angaben machen. Immer wieder verwiesen die Lehrkräfte auf Elemente der Vorbereitung, die kaum verbalisierbar seien. Besonders der Bereich der Kompetenzen entzog sich hierbei überwiegend der Beschreibung. Die Ablehnung auf abstrakter Ebene entsprach hierbei in keiner Weise dem übersichtlichen, praktischen Handeln der Probanden und Probandinnen, wie es in Laut-Denk- und Vignettenuntersuchungen festgestellt werden konnte.

Als besonderes Thema erwies sich in diesem Zusammenhang immer wieder die Einschätzung der Probanden und Probandinnen, dass das Vorwissen innerhalb ihrer Lerngruppen speziell im Geschichtsunterricht außerordentlich heterogen sei. Dies entspricht älteren empirischen Ergebnissen. Die Probanden und Probandinnen beklagten eine mangelhafte Unterstützung bei der Diagnose und beschrieben nur vereinzelt Strategien, dieser Heterogenität zu begegnen.

### 1.5.2. Ort der Vorbereitung

Einen deutlichen Hinweis auf eine Domänenspezifik der Unterrichtsvorbereitung erbrachte zudem eine Analyse der Merkmalskombinationen ›Vorbereitungsort‹ und ›Lehrkonzept‹: So korrelierten die Codes: ›Vorbereitungsort: Schule‹ (Oberkategorie: ›Vorbereitungsort‹) und ›Bedeutung außerschulischer Lernort‹ (Oberkategorie: ›Lehr-Lernkonzept‹) miteinander. Lehrkräfte, die in der Schule vorbereiteten, gehörten also zu jenen, die in ihrem unterrichtlichen Zugang dem Besuch außerschulischer Lernorte besondere Bedeutung zumaßen. Die hierfür nötigen Informationsmaterialien ließen sie sich grundsätzlich an die Schuladresse schicken, wo sie aktiv am Aufbau eines Materialpools beteiligt waren. Sie zogen es vor, die nötigen Anrufe in der Schule durchzuführen, weil dies »*die Abrechnung erleichtert*« (L4, HS, 8J, I, 51). Im Gegensatz dazu fielen die Merkmale ›Vorbereitungsort: Zuhause‹ (Oberkategorie: ›Vorbereitungsort‹) und ›historisches Denken trainieren‹ (Oberkategorie: ›Philosophie des Fachs‹)

in 19 anderen Fällen zusammen. Eine Gymnasiallehrerin der Expertengruppe illustrierte diesen Zusammenhang, indem sie auf die Domänenspezifik der Unterrichtsvorbereitung im Fach Geschichte hinwies:

> *»Französisch ginge auch unter Umständen woanders, [...] da muss ich nicht so einen großen Gedanken entwickeln, wie ich so eine Stunde fülle. Und bei Geschichte [...] denke ich in der Vorbereitung immer mehr [...] im thematischen Zusammenhang dessen, was ich machen will. Da brauche ich Ruhe.« (L4, GYM, 8J, I, 6–12)*

Im Gegensatz dazu beschrieben die Lehrkräfte, die in der Schule planten, die eigene Vorbereitung gänzlich anders. Einen großen inhaltlichen Zusammenhang erwähnten sie nicht:

> *»Ganz häufig in der Schule. Ganz häufig in den Arbeitsphasen meiner Schüler. Dass ich einfach gucke, was ich als nächstes machen werde.« (L1, HS, 8J, I, 22–23)*

Es zeigte sich deutlich, dass der ›große Gedanke‹, den die Gymnasialexpertin während ihrer Planung entwickeln zu müssen glaubte, für die Hauptschulexpertin in der Einschätzung ihrer Unterrichtsplanung keine Rolle spielte. Einfach zu ›gucken‹, was als nächstes gemacht werden soll, bedarf offenbar keines besonders ruhigen Ortes, sondern kann ihr zufolge sogar gelegentlich in einer Gruppenarbeitsphase ihrer Schüler und Schülerinnen während des Unterrichts stattfinden. Tatsächlich zeigte sich, dass die Merkmale des Typs ›Schulischer Vorbereiter‹ mit einem weiteren Wert korrelierten: Beide Probanden bzw. Probandinnen betonten an unterschiedlichen Stellen ihrer Interviews, dass ihnen die Stoffvermittlung im Fach Geschichte ein wichtiges Unterrichtsziel sei (Code: ›Wissen vermitteln‹, Oberkategorie: ›Philosophie des Fachs‹).

Auch diese Erweiterung der Merkmalskombinationen deutet also auf eine Domänenspezifik hin: Für die ›Häuslichen Vorbereiter‹ verlangt die Planung von Geschichtsunterricht eine spezielle Konzentration, der die schulische Arbeitssituation ihren Angaben zufolge in besonderem Maße entgegensteht. Die ›Schulischen Vorbereiter‹ wiederum bedürfen des schulischen Rahmens offenbar zur Organisation der Besuche außerschulischer Lernorte. Diese schulformspezifische Unterrichtskonzeption wiederum kann als besondere Zuspitzung einer Domänenspezifik gedeutet werden.

## VI.2. Expertise

Obwohl es sich bei der vorliegenden Untersuchung um keine echte Längsschnittstudie handelt, ließen sich im Vergleich der unterschiedlichen Erfahrungsstadien Tendenzen in der Berufsentwicklung aufzeigen. Hinweise auf Expertise waren dabei deutlicher anhand der Laut-Denk-Protokolle auszumachen, als sie über die Interviews zu erheben waren. Besonders augenfällig waren solche Hinweise, sofern Experten und Expertinnen Vorgehensweisen in der Unterrichtsplanung zeigten, die bei den Referendaren und Referendarinnen ansatzweise, aber nur schwach erkennbar, bei der Mittelgruppe hingegen deutlicher festzustellen waren. Die Ergebnisse der vorliegenden Studie belegen hierbei allerdings nicht immer die Annahmen der Expertenforschung von einem klar sukzessiven Aufbau von Expertise.

Die Novizen und Novizinnen zeigten ein klares Bewusstsein für die unterschiedlichen Elemente der Planung. Es wurde deutlich, dass diese Elemente ihnen von Seiten der Ausbilder und Ausbilderinnen nahegelegt worden waren, auch wenn die Probanden und Probandinnen stets berichteten, dass ihnen niemand ein konkretes Modell der Planung beigebracht habe. Die Entscheidungen der Probanden und Probandinnen der Mittelgruppen und besonders der Expertengruppen erwiesen sich als stark verknüpft bzw. verdichtet. Beobachtbar waren die verdichteten Abwägungen der Gymnasialexperten und -expertinnen speziell in Hinblick auf die Themenfindung, in die neben den explizit formulierten fachwissenschaftlichen Überlegungen eine Vielzahl von impliziten didaktischen und methodischen Überlegungen und Entscheidungen einflossen. Diese inhaltlichen Entscheidungen repräsentierten im Grunde – entsprechend den Ergebnissen der Expertenforschung – ganzheitliche Entscheidungen in Bezug auf die komplette Stundenorganisation. Die Hauptschulexpertinnen zeigten solcherlei verknüpfte ganzheitliche Entscheidungen besonders in Bezug auf zu verwendendes Material, wobei diesbezügliche Entschlüsse jeweils unterschiedliche Abwägungen über Lerngruppenangemessenheit, Passung zum Thema und methodische Verknüpfung enthielten.

Einen Hinweis auf Expertise lieferten auf der anderen Seite auch jene Entscheidungen, die von Novizen und Novizinnen besonders ausführlich abgewogen und reflektiert, von den Experten und Expertinnen aber nur sehr knapp oder aber überhaupt nicht verbalisiert wurden. Sofern die Experten und Expertinnen dennoch eine Entscheidung trafen und die von den Novizen und Novizinnen verbalisierten Fragen nicht völlig ausblendeten, war auch hier ein verdichteter Entscheidungsprozess im Sinne Brommes anzunehmen. Solche verdichteten Entscheidungen konnten in den Nachgesprächen häufig reflektiert werden. Ein besonders deutliches Beispiel lieferte in diesem Zusammenhang die Ausdifferenzierung des geplanten methodischen Vorgehens. So verwendeten die Referendare und Probandinnen der Mittelgruppe viel Zeit auf konkrete Überlegungen zur Sitzordnung, Arbeitsblattorganisation oder Tischplatzierung mit dem klaren Ziel, so wenig Unterrichtszeit wie möglich ungenutzt zu lassen. Bei den Hauptschulprobanden und -probandinnen kamen sehr konkrete Überlegungen zur Raumregie hinzu (Position des Lehrers im Klassenzimmer, reibungslose Abläufe des Sitzplatzwechsels, etc.). Die Expertenlehrkräfte erwähnten derlei Überlegungen überhaupt nicht. Gleichwohl wurde deutlich, dass sie sie in ihrer Vorbereitung durchaus mit bedachten. Eine Gymnasiallehrkraft reflektierte die diesbezügliche eigene Entwicklung im Interview:

> *»Manches ist auch routinierter einfach […] ich kann es auch besser. Gerade so etwas zum Beispiel wie Sitzordnung, das sehe ich jetzt schneller. Oder ich muss mir nicht mehr überlegen, wie lange Schüler ein Arbeitsblatt bearbeiten. Ich gucke einmal drauf und weiß es.« (L4, GYM, 3J, I, 458–461)*

In den Laut-Denk-Planungen der Gymnasialexperten und -expertinnen wurde zudem deutlich, dass es sich bei der Antizipierung möglicher Varianten in der Unterrichtsdurchführung um ein Element der Vorbereitung handelte, das sich häufig implizit abspielte. So hieß es beispielsweise an einer Stelle der Planung von L4, GYM, 8J, LD, an der sie eine mögliche Sicherungsphase im Anschluss an die Erarbeitungsphase antizipierte: *»Das müssen wir vielleicht sogar festhalten.«* (Z. 65). Die Randbemerkung lässt auf einen komplexen gedanklichen Alternativplan schließen: Sofern die Probandin während der Durchführung den Eindruck gewinnen sollte, dass einzelne Schüler und Schülerinnen eine Visualisierung wünschen oder benötigen, würde sie sich dazu entschließen, die Ergebnisse an der Tafel – oder in einer anderen Form – zu sichern. Ein solches Vorgehen bedurfte für sie aber offenbar keiner größeren Vorbereitung, sondern würde routiniert ablaufen.

Die Vignettenstudie eignete sich aufgrund der Vergleichbarkeit der Planungssituation in besonderer Weise, Unterschiede zwischen den Probandengruppen aufzuzeigen. In Hinblick auf die Expertise ließen sich hier denn auch all jene Punkte beobachten, die bereits in den Interviews und den Laut-Denk-Untersuchungen beobachtet worden waren: Die Experten und Expertinnen planten deutlich zügiger und stringenter als Novizen und Novizinnen und Lehrkräfte der Mittelgruppe. Ihr Erfahrungsvorteil lag aber nicht darin, dass sie schlicht aus ihrem Fundus auswählten und ein fertiges Material zum Einsatz brachten, ohne dieses weiter zu überarbeiten. Als Vorteil erwies sich vielmehr, dass sie unterschiedliche inhaltliche und didaktische Zugänge im Kopf hatten und über diesbezügliche Erfahrungswerte verfügten, weshalb sie sich im Rahmen der Vorbereitung schlicht für eins dieser ›Skripte‹ entscheiden mussten.

Einen Sonderfall bildete die Planung komplexer Methoden. So war zu beobachten, dass diese den Referendaren und Referendarinnen deutlich leichter fiel als den erfahreneren Lehrkräften. Hier ließ sich also keine Expertise in Hinblick auf die Berufserfahrung erkennen. Zwei Erklärungen sind denkbar: Entweder ist die Lehrerausbildung erst in allerjüngster Zeit so deutlich in Richtung Schülerorientierung und Methodenbildung gegangen, dass die erfahreneren Lehrkräfte nicht dahingehend angeleitet worden sind. Oder aber die Routine im Umgang mit komplizierten Methoden verliert sich im Verlauf des

Berufslebens, wenn sich unkomplizierte Methoden im Unterrichtsalltag etabliert und als sinnvolle Kosten-Nutzen-Rechnung durchgesetzt haben. Gleiches galt in der vorliegenden Studie für die Planung von differenzierenden Maßnahmen unter den Gymnasialprobanden und -probandinnen: Während die Gymnasialreferendare und -referendarinnen eine Differenzierung deutlich anstrebten, erwähnten erfahrenere Lehrkräfte sie nur am Rande. Diese Zurückhaltung der erfahrenen Lehrkräfte entspricht hierbei den empirischen Ergebnissen älterer Studien.

## 2.1. Sequenzielles Planen

Ein deutlicher Hinweis auf Expertise ließ sich in Bezug auf die Fristigkeit der Vorbereitung ausmachen: Anders als bei den Gymnasialreferendaren und -referendarinnen zeigte sich bei der Gymnasialmittelgruppe, dass die Lehrkräfte die gesamte Sequenz bereits einmal durchgeplant oder wenigstens gedanklich durchdrungen hatten, bevor sie an die Planung der Einzelstunde gingen. Diese Langzeitvorbereitung hatten die Probanden und Probandinnen bei ihren Laut-Denk-Stundenplanungen klar im Kopf, was sich nicht zuletzt in einer durchweg funktionalen Nutzung der Hausaufgaben als Hinführung zur folgenden Stunde äußerte.

Für die Hauptschullehrpersonen war keine derartige Entwicklung über die unterschiedlichen Erfahrungsstadien hinweg festzumachen: Eine Langzeitplanung, wie bei den Gymnasialexperten und -expertinnen beobachtet, gehörte hier bereits für die Novizen und Novizinnen zum Repertoire. Allerdings ließ sich auch hier bei den erfahreneren Gruppen tendenziell ein stärkeres sequenzielles Denken beobachten als bei den Referendaren und Referendarinnen. Der geringere Unterschied zwischen Novizen und Novizinnen auf der einen und Experten und Expertinnen auf der anderen Seite mag darauf zurückzuführen sein, dass Hauptschulreferendare und Berufsanfängerinnen von Anfang an mit erfahreneren Kollegen und Kolleginnen zusammen planen. Entsprechend zeigten die Überlegungen zum Planen der Gymnasialreferendare und -referendarinnen deutlich größeren Klärungsbedarf als die entsprechenden Ausführungen der Hauptschulreferendare und -referendarinnen.

In sechs von acht Laut-Denk-Planungen der erfahreneren Hauptschullehrkräfte fand sich eine Orientierung an einem außerschulischen Lernort als zentralem Element ihrer Sequenzplanung. Niemand unter den Novizen oder Novizinnen erwähnte einen solchen Lernort als wichtigen Orientierungsanker. Der außerschulische Lernort scheint also in der Ausbildung der untersuchten Referendare und Referendarinnen nicht fokussiert worden zu sein. In der Alltagsrealität erachteten die hier untersuchten erfahreneren Hauptschulprobanden und -probandinnen ihn aber als besonders angemessenes Orientierungsmoment. Ähnliches galt für die Ausrichtung der Planung auf eine künftig folgende Lernzielkontrolle. Zwei der Expertenlehrkräfte erwähnten eine solche Lernzielkontrolle als Ziel ihrer Planung in den Laut-Denk-Beobachtungen explizit. Die beiden anderen Experten bzw. Expertinnen reflektierten, dass eine solche Berücksichtigung einer späteren Klassenarbeit bei der sequenziellen Vorbereitung äußerst sinnvoll sei. Auch drei Lehrkräfte der Mittelgruppe dachten eine solche Lernzielkontrolle bei der Planung implizit mit, was ihre Vorbereitung merklich strukturierte. Ergebnis war eine stringente, übersichtliche Sequenzplanung, in der inhaltliche Wiederholungen eine funktionale Rolle spielten. In den Planungen der Hauptschulnovizen und -novizinnen war eine solche Orientierung weder zu erkennen, noch erwähnten die Referendare und Referendarinnen sie in den Interviews.

## 2.2. Materialpool

Die Arbeitserleichterung bei der Materialwahl, die erfahrenere Lehrkräfte in der vorliegenden Untersuchung durch bei früheren Planungen angefertigte Materialien genossen, weil sie diese für eine neue Stundenkonzeption wiederholt nutzen konnten, nahm sich deutlich schulformspezifisch aus. So sparten sowohl Experten als auch Probandinnen der Mittelgruppe der Hauptschule augenscheinlich Zeit, indem sie früher vorbereitete bzw. kooperativ erstellte Unterrichtsmaterialien nutzten, die sie zwar prüften, aber keiner Generalüberholung unterzogen. Es zeigte sich, dass die Hauptschullehrpersonen sorgsamer mit ihren Materialien umgingen und diese besser organisiert verwahrten als die Gymnasiallehrkräfte. Dennoch bedurften auch diese Hauptschulprobanden und -probandinnen, speziell der Differenzierung wegen, stets weiterer Zusatzmaterialien für die Vorbereitung ihrer konkreten Stunde.

Die Laut-Denk-Analysen der Gymnasialprobanden und -probandinnen ergaben wiederum, dass die zentrale Arbeitserleichterung der Experten und Expertinnen bei der Materialwahl hier nicht darin zu sehen war, dass sie früher angefertigte Materialien für die zu planende Stunde nutzten (s. o.). Von Vorteil war für die Experten und Expertinnen und mitunter auch die Probanden und Probandinnen der Mittelgruppen vielmehr, dass sie Kenntnis von der Existenz einer bestimmten Quelle hatten, die sie in der Planung verwenden wollten. Ebenso wie die Novizen und Novizinnen mussten die erfahreneren Lehrkräfte diese Quelle suchen und aufbereiten. Allein von ihr zu wissen, gab ihnen allerdings Sicherheit im Planungshandeln und ermöglichte eine effiziente Suche. Diese Suche wurde oft dadurch erleichtert, dass die erfahreneren Lehrkräfte über eine Art eigener Bibliothek für ihren Geschichtsunterricht verfügten. Die

Gymnasialreferendare und -referendarinnen wiederum nutzten häufiger das Internet zur Materialsuche, was sich für manche als zeiteffizientes Unterfangen erwies.

Ein weiterer Vorteil der erfahreneren Gymnasiallehrkräfte lag in einem erkennbar souveräneren Umgang mit dem Material, der deutlich auf einem als umfangreich empfundenen Fachwissen gründete. Die Referendare und Referendarinnen näherten sich dem Material durchaus kritisch, benötigten für diese Prüfungen aber sehr viel Zeit. Hinzu kam, dass ihnen speziell inhaltliche Fragen mitunter völlig neu waren und nachrecherchiert werden mussten. Bereits die Probanden und Probandinnen der Mittelgruppe erkannten demgegenüber zügig Probleme und Herausforderungen unterschiedlicher Materialien, was ihnen eine Auswahl deutlich erleichterte bzw. eine solche beschleunigte.

### 2.3. Ressourcenschonung

Ursula Carle hat in ihrer Interviewstudie mit Lehrkräften drei berufsbiografische Phasen der Unterrichtsplanung unterschieden. Ihr zufolge planen Lehrkräfte anfangs »für den Schulrat« bzw. ihre Ausbilder und Ausbilderinnen, in den ersten Berufsjahren für die Schüler und Schülerinnen, und nach ein paar Jahren liege der Fokus des Planungsverhaltens darauf, eigene Belastungen zu minimieren: Die Vorbereitung werde rationalisiert.[849] Die vorliegenden Ergebnisse lassen nicht darauf schließen, dass die Referendare und Referendarinnen einzig für ihre Ausbilder und Ausbilderinnen planen, auch wenn sie einräumten, dass ihre Stundenvorbereitungen bei Unterrichtsbesuchen deutlich anders bzw. umfangreicher ausfielen als im Unterrichtsalltag. Eine Schülerorientierung war für ihre Planungen aber ebenso entscheidend wie für diejenigen der übrigen Hauptschulprobandengruppen. Schließlich wiesen speziell die Hauptschulexpertinnen wenig selbstschonende Mechanismen im Planungsverhalten auf. Besonders die Orientierung an außerschulischen Lernorten war für diese Lehrkräfte augenscheinlich keine ressourcenschonende, professionelle Strategie, sondern vielmehr eine schülerorientierte, kräftezehrende Herangehensweise.

Interessant ist hierbei die Fehleinschätzung der Experten und Expertinnen selbst. Die Referendare und Referendarinnen der vorliegenden Studie gingen davon aus, dass die Unterrichtsplanung mit zunehmender Berufserfahrung routinierter ablaufe. Die untersuchten Experten und Expertinnen selbst teilten diese Meinung nicht durchgängig. Eine Expertise in Bezug auf die Unterrichtsplanung wollte niemand unter ihnen so klar bestätigen. Vielmehr glaubten die erfahrenen Lehrkräfte überwiegend, dass ihr Vorteil im Verfügen über Ma-

849 Siehe Carle: Mein Lehrplan, 1995, S. 125–128.

terialien und in wachsendem fachlich relevanten Wissen bestehe. Die Laut-Denk- und Vignettenuntersuchung konnte diese Selbsteinschätzung im Fall der Gymnasiallehrkräfte allerdings nur für das Fachwissen bestätigen.

Besonders die erfahreneren Lehrkräfte der vorliegenden Studie verwiesen grundsätzlich darauf, ihr Planungsverhalten mithilfe von auszubildenden Referendaren und Referendarinnen und Studierenden immer wieder an das gegenwärtige didaktische Niveau anzupassen. Als Zeichen von Expertise ergab sich demnach, dass diese Lehrkräfte sich ständig fortzubilden versuchen.

### 2.4. Zeitersparnis

Die erfahreneren Lehrkräfte beider Schulformen benötigten den vorliegenden Daten zufolge weniger Zeit für ihre Stundenvorbereitungen als die Novizen und Novizinnen. Sowohl in den Laut-Denk-Protokollen als auch in den Interviews wurde hierbei deutlich, dass die Probanden und Probandinnen unterschiedlicher Erfahrungsstadien unterschiedlich viel Zeit auf einzelne Planungselemente aufwendeten bzw. aufwenden und dass die Experten und Expertinnen in komprimierten Entscheidungen einzelne Entschlüsse zusammenfassten bzw. zusammenfassen. Das Vorgehen der Experten und Expertinnen entsprach hierbei eben jenem Ablauf, wie Bromme ihn in Bezug auf Problemlöseprozesse geschildert hat (siehe Abschnitt III.1.2.): Sie begannen ihre Unterrichtsplanung nicht etwa zügiger als die Novizen und Novizinnen. Im Gegenteil gestaltete sich die sogenannte Orientierungsphase, in der sie unterschiedliche Abwägungen bezüglich einer Themenwahl trafen, überwiegend intensiver und ausführlicher als bei den Referendaren und Referendarinnen. Die Phasen der Methoden- und Materialwahl hingegen fielen deutlich knapper und konzentrierter aus als bei den Anfängern und Anfängerinnen. Hierbei ließ sich auf den ersten Blick vermuten, dass die Experten und Expertinnen, wie Berliner schreibt, einen »intuitive grasp« in Bezug auf planerische Entscheidungen zeigten.[850] Auch die Lehrkräfte selbst empfanden ihre diesbezüglichen Entschlüsse überwiegend als intuitiv. Bei einer genaueren Untersuchung der Entschlüsse entpuppten sich diese aber im Gegenteil als sehr zentrierte, verdichtete Entscheidungsprozesse, die zwar auf Erfahrungen beruhten, dennoch aber durchaus Abwägungen und Entscheidungen enthielten, die vom Subjekt bewusst getroffen wurden. Passender als die Bezeichnung des ›intuitiv Handelnden‹ wäre hier die von Berliner zitierte Bezeichnung der Expertenlehrkraft als »integrated individual«, das so-

850 Siehe Berliner: Teacher Expertise, 1994, S. 6022.

wohl die eigenen Bedürfnisse der Lehrkraft als auch die professionellen Anforderungen routiniert zu verbinden weiß.[851]

## 2.5. Souveränität und Orientierung an Richtlinien

Einen wichtigen Faktor in Bezug auf die stringentere Unterrichtsplanung der Gymnasialexperten und -expertinnen bildete deren größere Souveränität im Vergleich zu den Gymnasialnovizen und -novizinnen: Alle Experten und Expertinnen glaubten nach Beendigung der Laut-Denk-Untersuchung nicht weiter über die Planung nachdenken zu müssen. Alle Novizen und Novizinnen hingegen hielten die eigene Planung für noch nicht abgeschlossen. Die Experten und Expertinnen zeigten wenig Zweifel im Verlauf ihrer Vorbereitungen und revidierten eigene Entscheidungen nur, sobald ihnen ein tatsächlicher Fehler in ihren Unterrichtskonzeptionen auffiel. Die Referendare und Referendarinnen hingegen hinterfragten die eigenen Entscheidungen konsequent, was mitunter große Verwirrung hervorrief und sie Zeit kostete. Auch die Lehrkräfte der Gymnasialmittelgruppe hinterfragten die eigenen Entscheidungen, was bei ihnen in zwei beobachteten Fällen zu einer Revision des ursprünglichen Plans führte. Es zeigte sich aber deutlich, dass die Lehrkräfte diese Revision nicht als Problem begriffen, sondern sie im Gegenteil stringent und zielorientiert durchführten.

Unter den Hauptschulprobanden und -probandinnen erwiesen sich speziell die fachfremden Lehrkräfte als unsouverän in Bezug auf die eigenen Planungshandlungen.[852] Ihre Versuche, diese Unsicherheit zu überwinden, führten überwiegend zu einer engen Orientierung an den offiziellen Vorgaben oder aber zu einer intensiven Kooperation mit anderen Lehrkräften. Die Hauptschulreferendare und -referendarinnen zeigten sich ähnlich unsicher wie die Referendare und Referendarinnen des Gymnasiums. Sie konnten aber ein deutlich umfangreicheres Wissen über ihre Schüler und Schülerinnen und deren mögliche Reaktionen auf den Unterrichtsverlauf konsequent nutzen, um auf die eigene Unsicherheit zu reagieren und die Planung selbstbewusst fortzusetzen.

Unter den Gymnasialprobanden und -probandinnen galt eine enge Orientierung an offiziellen Vorgaben nicht als adäquates Vorgehen, zumal ihre Aussagen zeigten, dass das Vertrauen in diese nicht besonders ausgeprägt war. Gleiches galt für die Nutzung der Schulbücher (s. o.). In den diesbezüglichen Äußerungen zeigte sich ein deutlich wachsendes Selbstbewusstsein bei zunehmendem Erfahrungshorizont, was die selbstbestimmte Wahl der Themen an-

851 S. o.
852 Dies entsprach nicht ihrer generellen Selbstwahrnehmung, s. o.

ging. Die Gymnasialexperten und -expertinnen empfanden sich grundsätzlich völlig frei in ihrer Themenwahl. Auch zeigte sich ihr Sendungsbewusstsein. Sie hielten das eigene Vorgehen nicht nur für befriedigend, sondern auch für »*logisch*« (L2, GYM, 8J, I, 628) und gingen davon aus, dass die meisten Lehrkräfte ebenso handelten.

Auch die Gymnasialreferendare und -referendarinnen trauten sich in besonderen Fällen, eigene Themen durchzusetzen. Es ergab sich der Eindruck, dass starke Überzeugungen hinsichtlich der Ziele des Fachs in diesen Fällen zu einem derart großen Selbstbewusstsein verhalfen, dass die Orientierung an den Vorgaben in den Hintergrund rückte (Code: ›Bedeutung FW‹, Oberkategorie: ›Lehrerrolle‹; Oberkategorie: ›SWÜ‹; Code: ›Distanz zu Vorgaben‹, Oberkategorie: ›Hilfsmittel‹). Entsprechend reflektierten die fachfremden Lehrkräfte der Hauptschule solche Überzeugungen nicht.

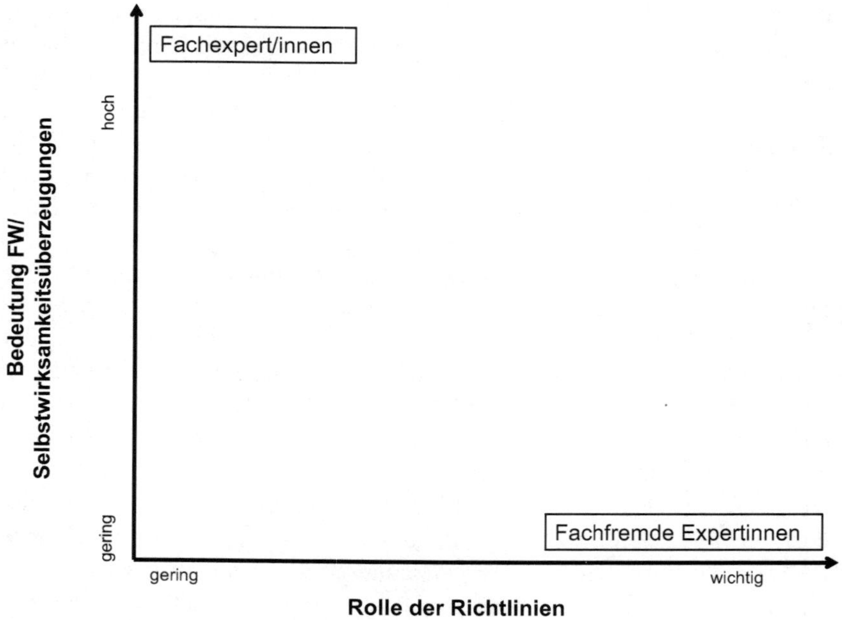


Abbildung 49: Expertise – Rolle der Richtlinien

Zwar konnte also in der vorliegenden Studie nicht gemessen werden, ob die Experten und Expertinnen über ein höheres Fachwissen oder ein höheres fachdidaktisches Wissen verfügten als die Novizen und Novizinnen, wie in Studien für andere Fächer angezweifelt worden ist. Es zeigte sich aber klar, dass die Experten und Expertinnen sich unter Verweis auf ein solches Fachwissen deutlich souveräner fühlten als die Novizen und die Berufsanfängerinnen.

## 2.6. Vorbereitung von Flexibilität

Auf die Schulformspezifik in Bezug auf die Vorbereitung einer flexiblen Unterrichtsdurchführung ist bereits hingewiesen worden. Unter den Gymnasialprobanden und -probandinnen zeigte sich hierbei zudem ein Erfahrungseffekt. Die Vorbereitung der erfahreneren Lehrkräfte war offensichtlich noch sehr viel stärker auf Flexibilität ausgerichtet als die der Referendare und Referendarinnen: So war die Varianz an antizipierten Stundenverläufen (besonders der Vertiefungsphasen) bei der Expertengruppe am größten. Diese flexible Vorbereitung gründete deutlich auf einem umfangreicheren und souveräner genutzten Fachwissen der Experten und Expertinnen in Bezug auf die Unterrichtsgegenstände, das ihnen ermöglichte, zeiteffizient unterschiedliche Varianten des Stundenverlaufs gegeneinander abzuwägen, um sich schließlich für eine zu entscheiden. Gleichzeitig führte dieses hohe Fachwissen offensichtlich zu einem deutlichen Selbstbewusstsein dieser Experten und Expertinnen, das sich erneut auf die Flexibilität der Unterrichtsanlage bzw. der Vorbereitung auszuwirken schien. Analog zeigte sich bei den fachfremden Lehrkräften der Hauptschule, dass sie vergleichsweise engmaschig planten und sich eng an die offiziellen Vorgaben hielten. Die Übereinstimmungen in den Planungsstrukturen der fachfremden Lehrkräfte legten nahe, diese eher als ›fachfremde Novizen bzw. Novizinnen‹ denn als erfahrene Hauptschullehrkräfte einzuordnen. Ihre Unterrichtsvorbereitung zielte häufig auf eine eigene Absicherung und Flexibilität wurde eher als Problem denn als Desiderat empfunden.

Eben diese Berücksichtigung der Fachfremdheit verhindert die Beschreibung einer klar erfahrungsgeschuldeten Expertisetendenz: Die Hauptschulreferendare und -referendarinnen bereiteten ihre Stunden nicht im Sinne vieler geplanter Alternativen flexibel vor. Sie zeigten aber ein derart intensives Bewusstsein für ihre Schüler und Schülerinnen, dass von einer flexiblen Umsetzung ihrer Pläne im Rahmen der Unterrichtsdurchführung gleichwohl auszugehen war. Gleiches galt für die Fachlehrkräfte der Mittel- und Expertengruppe.

Alle Probandengruppen formulierten Impulse und Arbeitsaufträge dezidiert, häufig in Form von schriftlichen Notizen. Widersprochen werden muss also der Annahme, dass erfahrenere Lehrkräfte grundsätzlich weitmaschiger planen und auf Ziel- sowie konkrete Impulsformulierungen verzichten.[853] Ganz im Gegenteil

853 Siehe Mühlhausen: Abenteuer, 2007, S. 189.

war für die Vertiefungsphasen der Gymnasialexperten und -expertinnen eher eine umfangreichere Praxis der Vorformulierung zu beobachten, die eine größere Vielzahl an möglichen Gesprächsverläufen vorbereitete als im Fall der Novizen und Novizinnen. In der Zuordnung und im Einsatz dieser Ziele zeigten sich die Gymnasialexperten und -expertinnen allerdings höchst flexibel, was älteren Ergebnissen der Expertenforschung entspricht. Die Experten und Expertinnen verfassten hierbei Impulse und Fragen auch dann stets neu, wenn sie in der Vergangenheit vorbereitete Materialien für ihre Stundenplanung nutzten. Die Gymnasialreferendare und -referendarinnen zeigten in den Laut-Denk-Protokollen hingegen eine größere Unsicherheit in Bezug auf die Formulierung von Impulsen und Arbeitsaufträgen als die erfahreneren Lehrkräfte. Letzteren gelang es durchgängig, Anforderungen des Materials zielsicher mit Voraussetzungen der Lerngruppe zu verknüpfen, um hieraus Arbeitsaufträge abzuleiten.

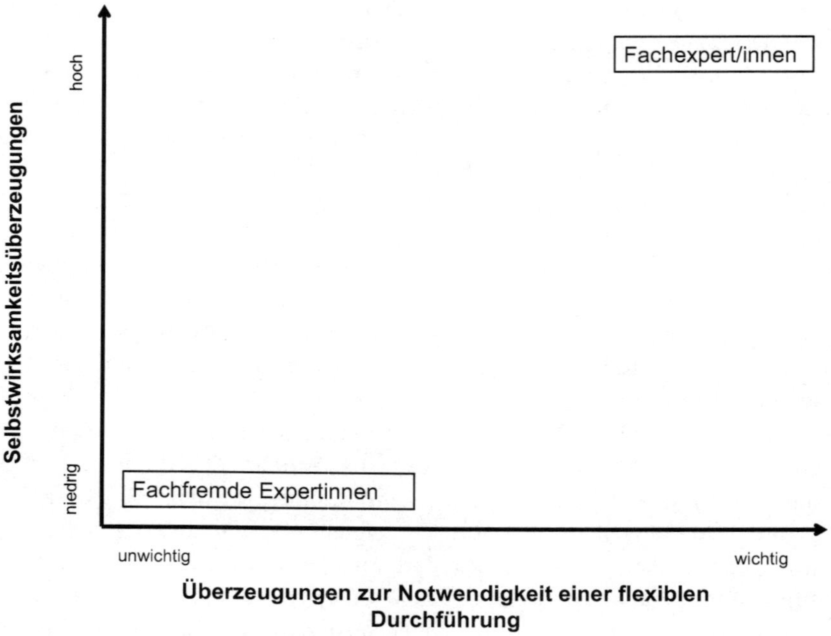


Abbildung 50: Expertise – Flexibilität in der Vorbereitung

Ungeachtet der Unterschiede im Planungsverhalten der Probanden und Probandinnen in Hinblick auf Geschlecht und Schulform ergab die Analyse der Gesprächs- und Laut-Denk-Protokolle, dass sich durchaus Übereinstimmungen in der Haltung zur Flexibilität zwischen den Experten und Expertinnen beider Schulformen zeigten. So stimmte die Fachkraft der Hauptschule in ihrer klaren

Ablehnung einer deterministischen Vorausplanung des Unterrichtsgeschehens mit den Haltungen der Gymnasiallehrkräfte überein. Sowohl für die Fachexpertin der Hauptschule als auch für die Gymnasialexperten und -expertinnen war Flexibilität in der Unterrichtsdurchführung ein entscheidendes Gütekriterium ihrer Planung (Code: ›Flexibilität mit Planung‹, Oberkategorie: ›Lehr-Lernkonzept‹). Die Einstellung zur Flexibilität in der Durchführung hing hierbei deutlich mit dem eigenen professionellen Selbstbewusstsein zusammen (Oberkategorie: ›SWÜ‹). Dass ein solches Selbstbewusstsein wiederum mit wachsender Berufserfahrung zunimmt, kann vermutet werden. Es zeigte sich allerdings, dass das beschriebene Phänomen nur für jene fünf Experten bzw. Expertinnen beider Schulformen zutraf, die Fachlehrkräfte waren. Die drei fachfremden Expertinnen der Hauptschule zeigten genau die entgegensetzte Merkmalskombination.

## 2.7. Vorschläge zum Erlernen von Unterrichtsplanen

Ein augenfälliger Effekt der Berufserfahrung zeigte sich hinsichtlich der Vorstellungen, die die Probanden und Probandinnen bezüglich des Erlernens von Unterrichtsplanung hatten. So lehnten alle befragten Probanden und Probandinnen die Möglichkeit der Formulierung von klaren Vorschlägen zum Erlernen der Unterrichtsvorbereitung für den Geschichtsunterricht eindeutig ab. Dennoch waren alle Referendare und Referendarinnen bereit, eigene, stichpunktartige Vorschläge zur Durchführung einer Unterrichtsplanung im Fach Geschichte zu formulieren (Code: ›Tipps Unterrichtsplanung GU‹, Oberkategorie: ›Planen lernen‹). Die Experten und Expertinnen beider Schulformen sowie die Hauptschullehrkräfte der Mittelgruppe hingegen wollten entsprechend ihren theoretischen Ansichten keine eigenen Tipps formulieren. Auch die Lehrkräfte der Gymnasialmittelgruppe zeigten sich bei der Nennung von Vorschlägen verhalten und blieben entsprechend ihren theoretischen Ansichten sehr vage.

Im Verhalten der Referendare und Referendarinnen wurde also eine deutlich ambivalente Einschätzung offenbar. Es liegt auf der Hand anzunehmen, dass die Novizen und Novizinnen von den sie umgebenden Lehrkräften und Ausbildern und Ausbilderinnen in der Haltung bestärkt worden sind, dass sich Planen nicht anhand einzelner Hinweise erlernen lasse. Dass die Referendare und Referendarinnen dennoch gewillt waren, derartige Hinweise zu liefern, zeigt, dass sie eine solche Möglichkeit jedoch nicht gänzlich ausschlossen. Die Zurückhaltung der Experten und Expertinnen entsprach auf der anderen Seite einem in dieser Probandengruppe grundsätzlich verbreiteten Misstrauen gegenüber der Simplifizierung des eigenen professionellen Handelns durch den Verweis auf klare Verhaltensstrategien. Die Handlungspläne der erfahreneren Lehrkräfte waren

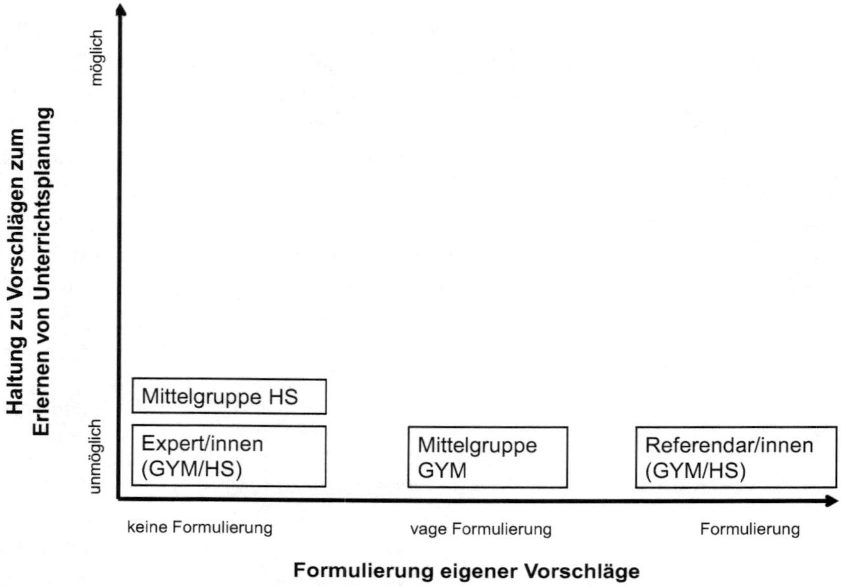


*Abkürzungen: GYM: Gymnasium, HS: Hauptschule*
Abbildung 51: Expertise – Vorschläge zum Erlernen von Unterrichtsplanung

nichtsdestoweniger ebenso wie diejenigen der Novizen und Novizinnen in ihrem Aufbau derart klar und übereinstimmend, dass sich auch hieraus durchaus verallgemeinerbare Hinweise hätten ableiten lassen.

## 2.8. Formulierung eines Regel- und eines Exzellenzstandards – Ergebnisse der Vignettenstudie

Die Handhabung und Bewertung der Vignettenaufgabe durch die Probanden und Probandinnen stellte bereits insofern ein wichtiges Untersuchungsergebnis dar, als deren Überzeugung, über eine solche fiktive Situation reales Planungsverhalten abbilden zu können, für die Qualität und Validität der Erhebungsmethode – auch als Prüfungsinstrument – spricht. Entsprechend zeigte sich in der Vignettenuntersuchung, dass ausnahmslos alle Probandinnen und Probanden praktische Überlegungen zur Stundenplanung anstellten, die Rückschlüsse auf ihr fachliches, curriculares, didaktisches und pädagogisches Wissen zuließen. Das Kategoriensystem zur Erfassung dieses zu Grunde liegenden professionellen Wissens orientierte sich an den gängigen Entwürfen professionellen Wissens (siehe Abschnitt III.2.). Allerdings zeigte sich, dass durchaus Differenzen zwischen dem Planungsvorgehen in den Vignetten und dem praktisch beobachteten Handeln in den Laut-Denk-Untersuchungen sowie dem theoretisch berichteten Handeln in den Interviews festgestellt werden konnten. Die Gründe lagen offensichtlich nicht in der Konzeption der Aufgabe, sondern in der Nervosität der Probanden und Probandinnen, sobald diese bemerkten, dass es sich um eine prüfungsähnliche Erhebungssituation handelte (vgl. Abschnitt IV.6.).

Grenzen der Untersuchungsmethode, sofern sie der Messung von planungsrelevantem Wissen bzw. Kompetenzen dienen sollte, bezogen sich auch auf die Schwierigkeit, die unterschiedlichen Wissenskomponenten voneinander abzugrenzen. So zeigte sich bereits in der Laut-Denk-Untersuchung, dass im Expertenhandeln der Gymnasiallehrpersonen in Bezug auf die Leitfragenformulierung im Gegenteil gerade die Verknüpfung des fachdidaktischen und des fachlichen Wissens den entscheidenden Hinweis auf Expertise lieferte. Auch im Rahmen der Vignettenuntersuchung bewiesen die Probanden und Probandinnen fachliche und fachdidaktische Kompetenzen, die nur schwer voneinander zu trennen waren. Besonders die Experten und Expertinnen trafen verdichtete Entscheidungen, die neben einer Reflexion des Fachwissens immer bereits konkrete Überlegungen zur Schülerklientel beinhalteten.

Die klare Vergleichbarkeit durch Thema, Jahrgangsstufe und Setting in der Vignettenstudie ermöglichte es dennoch, Ergebnisse hinsichtlich unterschiedlicher Herangehensweisen differenziert nach Schulformen und – in geringerer Ausprägung – differenziert nach Erfahrungsstadien zu gewinnen. Die Auswertung erbrachte eine Vielzahl an Hinweisen auf unterschiedliche Facetten professionellen Wissens, die sich quantifizieren und probandengruppenspezifisch zusammenfassen ließen. Gemäß dem Ansatz der Studie ließen sich hieraus erste Ideen für einen Anforderungskatalog zum Planen von Geschichtsunterricht ableiten. So gaben Planungselemente, die bei den Experten bzw. Expertinnen, nicht aber bei den Novizen bzw. Novizinnen auftauchten, Anhaltspunkte für wünschenswerte bzw. sinnvolle Vorgehensweisen. Die folgende Abbildung enthält ein Beispiel einer Vignettenauswertung. Es handelt sich um Analyseergebnisse hinsichtlich der Verbalisierung von Überlegungen zur Themenwahl:

| **Bereich Themenwahl** | | | | | |
|---|---|---|---|---|---|
| **GYM Ref** | Sehr begrenzte Rekapitulation FW | keine Leitfragenformulierung | Formulierung möglicher Schülerfragen an das Thema | keine Erwägung offizieller Vorgaben | Berücksichtigung des Vorwissens |

*(Fortsetzung)*

| **Bereich Themenwahl** | | | | | |
|---|---|---|---|---|---|
| **GYM 3J** | Rekapitulation FW bei gleichzeitiger Strukturierung der Themen | Leitfragenformulierung | Formulierung möglicher Schülerfragen an das Thema | Erwägung offizieller Vorgaben (2/4) und Sequenzplanung (4/4) | Berücksichtigung des Vorwissens |
| **GYM 8J** | Rekapitulation FW bei gleichzeitiger Strukturierung und Elementarisierung der Themen | Leitfragenformulierung | Formulierung möglicher Schülerfragen an das Thema | Erwägung offizieller Vorgaben und Sequenzplanung | Berücksichtigung des Vorwissens |
| | | | | | |
| **HS Ref** | begrenzte Rekapitulation FW | keine Leitfragenformulierung | Lebensweltbezug | Erwägung offizieller Vorgaben (2/4) | Berücksichtigung des Vorwissens |
| **HS 3J** | Rekapitulation FW (2/4; betrifft nur die Fachlehrkräfte) | Leitfragenformulierung (3/4) | Lebensweltbezug | keine Erwägung offizieller Vorgaben | Berücksichtigung des Vorwissens |
| **HS 8J** | Rekapitulation FW (1/4; betrifft nur die Fachlehrkraft) | keine Leitfragenformulierung | Lebensweltbezug; Formulierung möglicher Schülerfragen an das Thema | keine Erwägung offizieller Vorgaben | Berücksichtigung des Vorwissens |

*Abkürzung: FW: Fachwissen*
Abbildung 52: Ausgewählte Beispiele aus den Vignettenergebnissen

Die Abbildung zeigt, dass unter den Gymnasiallehrkräften eine deutliche Kompetenzentwicklung im Sinne einer Steigerung von wünschenswerten Vorgehensweisen bei zunehmender Berufserfahrung zu erkennen war. Im Gegensatz dazu war eine solche Entwicklung unter den Hauptschullehrkräften nicht zu verzeichnen. Die Analyse der Daten offenbarte, dass hier insbesondere die fachfremden Lehrkräfte überwiegend gänzlich individuelle Vorgehensweisen wählten, die den geschichtsdidaktischen Vorschlägen zur Unterrichtsplanung nur in geringem Maße entsprachen.

Eine Kombination der Daten für die Gymnasialprobandengruppen GYM Ref und GYM 3 ermöglichte die Formulierung eines Regelstandards hinsichtlich der Formulierung eines Themas im Rahmen der Unterrichtsvorbereitung:

*Die Lehrkraft reflektiert wesentliche inhaltliche Schwerpunkte des Themenbereichs. Unter Berücksichtigung der Lerngruppe formuliert sie ein Thema. Sie strukturiert das Thema, wobei sie fehlendes Fachwissen nachrecherchiert. Die Lehrkraft formuliert schülerorientierte Fragen an das Thema und wählt eine Leitfrage. Sie zeigt Kenntnisse über Stellung und Relevanz des Themas in den offiziellen Richtlinien und äußert Ideen zu einer eigenen Sequenzplanung.*[854]

Beruhend auf den Daten der Expertengruppen GYM 8 ließe sich folgender Exzellenstandard benennen:

*Die Lehrkraft reflektiert die wesentlichen inhaltlichen Schwerpunkte des Themenbereichs und formuliert unter Rückgriff auf Kenntnisse über die Lerngruppe ein Unterrichtsthema bzw. eine Leitfrage. Fehlendes Fachwissen wird nachrecherchiert. Das Thema wird strukturiert und elementarisiert. Die Argumentation weist hohe und souveräne fachwissenschaftliche und fachdidaktische Reflexionen auf. Auch eigene Überzeugungen in Bezug auf das Thema werden reflektiert. Die Lehrkraft zeigt fundierte Kenntnisse über die Stellung und Relevanz des Themas in den offiziellen Richtlinien sowie in der geschichtsdidaktischen und geschichtskulturellen Diskussion und verbalisiert klare Ideen zu einer eigenen Sequenzplanung. Die Relevanz des Themas für die Schüler und Schülerinnen wird in Bezug auf soziokulturelle und entwicklungspsychologische Aspekte reflektiert und differenziert im Sinne von Antizipationen einzelner Schülerreaktionen dargestellt.*[855]

Die abgebildeten Standardformulierungen bieten nur einen ersten Vorschlag hinsichtlich eines kleinen Teilbereichs der Unterrichtsplanung. Sie müssen unbedingt weiter untersucht und getestet werden. In diesem Stadium können sie aber als operationalisierte Items Anhaltspunkte zur Kompetenzmessung liefern.

Die Messung des professionellen Wissens anhand von Vignettenstudien auch für die Planung von Geschichtsunterricht hat sich im Rahmen der vorliegenden Untersuchung als möglich erwiesen. Wie wichtig eine solche künftige Messung und anschließende Formulierung in Form von domänenspezifischen Testitems ist, wird nicht zuletzt deutlich, wenn man sich vergegenwärtigt, dass beinahe täglich im Rahmen von Prüfungsunterrichten im Referendariat derartiges Vorgehen beurteilt und bewertet wird. Angesichts des gegenwärtigen For-

854 Die dem formulierten Exzellenzstandard zugrunde liegenden Vignettenergebnisse sind hier aus Gründen der Übersichtlichkeit nicht vollständig abgebildet. Abbildung 52 zeigt nur einen beispielhaften Ausschnitt. Es fehlen dort insbesondere die Angaben der Interviewten zur Recherche des fehlenden Fachwissens, zur Berücksichtigung der Lerngruppe und zur Sequenzplanung.

855 Die unter Abbildung 52 nicht berücksichtigten standardrelevanten Bereiche betrafen die berufsbezogenen Überzeugungen der Interviewten, ihre Kenntnisse zu geschichtsdidaktischen Debatten, die Antizipation von Schülerreaktionen und Angaben zur Sequenzplanung. Die Vignettenuntersuchung erbrachte keine Hinweise auf eine Reflexion des Lebensweltbezugs durch die Gymnasialprobanden und -probandinnen, wie er in der Geschichtsdidaktik immer wieder gefordert wird (s. o.).

schungsstands bleibt unklar, auf welcher Grundlage diese Messungen vollzogen werden.[856] Die vorliegende Untersuchung kann nur ein erster Schritt in Hinblick auf die Testung professionellen planerischen Wissens sein. Künftige derartige Unternehmungen bedürfen eines konkret formulierten Erkenntnishorizonts, um professionelles Wissen tatsächlich identifizieren und messen zu können. Zudem ist zu erwägen, ob eine derartige Vignette zur Planungskompetenz nicht eher schriftlich eingesetzt werden sollte, was einem womöglich überwiegend schriftlichen Vorgehen bei der alltäglichen Unterrichtsvorbereitung stärker entspräche.[857] Für die hier durchgeführte Vignettenuntersuchung war allerdings maßgeblich, dass eine Testung des professionellen Wissens im Rahmen von Staatsexamina generell eher mündlich vorstellbar ist.

856 Vgl. Sandkühler: Vom Master, 2013, S. 185.
857 Vgl. Beck u. a.: Adaptive Lehrkompetenz, 2008, S. 90.

# VII. Ausblick

Die vorliegende Arbeit konnte das alltägliche Planungsverhalten von Geschichtslehrkräften hinsichtlich der Bedingungen und Vorgehensweisen erstmals umfassend beschreiben und eine Reihe neuer Erkenntnisse liefern. So zeigten die untersuchten Lehrkräfte bei allen Unterschieden im Detail und in ihren individuellen Anschauungen deutliche Übereinstimmungen in ihrem planerischen Vorgehen. Dabei wurde eine Orientierung an geschichtsdidaktischen Normen und Zielen deutlich, auch wenn die Probanden und Probandinnen dies grundsätzlich abstritten.

Gleichzeitig erwies sich das Planungsverhalten als schulformspezifisch: Lehrkräfte der Hauptschule – fachfremde und Fachlehrkräfte gleichermaßen – planten anders als ihre Gymnasialkollegen und -kolleginnen. Diese Unterschiede waren zum einen in der als unterschiedlich wahrgenommenen Schülerklientel begründet. Sie beruhten zum anderen auf einer unterschiedlichen Selbstwahrnehmung der Lehrkräfte bezüglich der eigenen Lehrerrolle. Schließlich unterschieden sich die Lehrkräfte in ihrem Planungsverhalten schulformspezifisch hinsichtlich der äußeren Form der Vorbereitung: Hauptschullehrkräfte planten ihren Geschichtsunterricht überwiegend langfristig, kooperativ und mithilfe früher konzipierter und übersichtlich abgehefteter Materialien, wohingegen die Gymnasiallehrkräfte kurzfristiger, stets allein und seltener anhand älterer Notizen vorbereiteten.

Darüber hinaus erwies sich das Planungsverhalten als erfahrungsspezifisch. Der Vorteil der erfahreneren Lehrkräfte, der sich auch in einer zeitlich knapperen Vorbereitung äußerte, war hierbei aber im Falle der Gymnasiallehrkräfte wider Erwarten nicht in einem Pool früher angefertigter Stundenvorbereitungen zu sehen, sondern vielmehr in einem souveräneren Umgang mit den eigenen Fach- und Materialkenntnissen, der zu entschlosseneren Formulierungen von Leitfragen führte. Die Unterschiede im Planungsverhalten zwischen Lehrkräften unterschiedlicher Schulformen traten deutlicher hervor als zwischen Lehrkräften unterschiedlicher Erfahrungsstadien. Die Entwicklung innerhalb der Gymnasiallehrerschaft im Rahmen der vorliegenden Stichprobe verlief graduell und wies dennoch in eine ganz ähnliche Richtung. Die Unterschiede zwischen den Lehrkräften der Schulformen waren hingegen deutlich zu erkennen und überwiegend grundsätzlicher Art. Für die hier untersuchten Hauptschullehrkräfte kann nicht von einer sukzessiven Entwicklung in eine spezielle Richtung gesprochen werden, was der besonderen Situation hinsichtlich des fachfremden Personals geschuldet sein dürfte.

Die Studie konnte zeigen, dass neben den äußeren Einflüssen auch die inneren Voraussetzungen der Lehrkräfte, besonders ihre berufsbezogenen Überzeugungen, den Planungsprozess entscheidend beeinflussten. Hierbei erwies sich anders als in älteren Studien, dass die Lehrpersonen der Stichprobe das Ziel einer Förderung historischen Denkens nicht nur nominell bejahten, sondern in ihren Unterrichtskonzeptionen auch überwiegend verfolgten. Eine Ausnahme bildeten nur die fachfremd Unterrichtenden.

Die Zusammenstellung der mitunter recht unterschiedlichen Ziele der Gymnasiallehrkräfte veranschaulicht allerdings, mit welch vielfältigen Haltungen und Meinungen zu einzelnen Unterrichtsgegenständen bzw. zur Philosophie des Fachs Schüler und Schülerinnen im täglichen Geschichtsunterricht konfrontiert werden. So mag die von einigen Probanden und Probandinnen geäußerte Zielsetzung, die Schüler und Schülerinnen sollten aus der Geschichte lernen, auf einige Leser bzw. Leserinnen der vorliegenden Arbeit möglicherweise naiv, auf andere dagegen nahezu indoktrinär und ablehnenswert wirken. In jedem Fall aber wird diese Überzeugung die Unterrichtsgestaltung bzw. Stundenkonzeption der jeweiligen Lehrkräfte beeinflussen. Der Hinweis der Geschichtsdidaktik an die Lehrpersonen, sich den eigenen Einfluss auf Schüler und Schülerinnen zu vergegenwärtigen, greift offensichtlich zu kurz, wenn man bedenkt, dass diesen eigene grundsätzliche Anschauungen häufig nicht bewusst sind. Die Ergebnisse unterstreichen, wie wenig die Didaktik und die didaktischen Materialien jene unterschiedlichen Voraussetzungen in den Lehrkräften berücksichtigen. Auch die Geschichtsdidaktik liefert hier zwar wichtige, aber noch nicht hinreichende Orientierungen.

Die Reichweite der Aussagen der vorliegenden Studie ist selbstverständlich begrenzt. Generelle Aussagen können nur vorsichtig getroffen werden. Gleichwohl können die Ergebnisse als »exemplarische Verallgemeinerung«[858] des Planungsverhaltens deutscher Geschichtslehrkräfte eingeordnet werden, zumal trotz aller Unterschiede in den Ausbildungssituationen und Alltagsrealitäten eine strukturell ähnliche Verfasstheit der Lehrerbildung und Berufsrealität in Deutschland vorausgesetzt werden darf. Insofern ist es möglich, ausgehend von den vorliegenden Resultaten Tendenzen zu markieren und Schlussfolgerungen abzuleiten, die bei aller Vorsicht für die Geschichtsdidaktik relevant sein müs-

858 Siehe Haesing: Fächerübergreifender Unterricht, 2009, S. 19.

sen, wenn diese ihren Auftrag ernst nehmen will, nicht »nur über Geschichtsunterricht zu reflektieren, sondern ihn auch anzuleiten«[859]. Implikationen, die Ausbildungs- und Unterrichtsrealität von Hauptschullehrkräften anbelangen, bleiben auch dann relevant, wenn die Schulform selbst abgeschafft werden sollte, da sie sowohl Personal als auch Schüler und Schülerinnen weiterhin betreffen.

## VII.1. Guter Geschichtsunterricht: Konsequenzen für die Unterrichtsplanung

Die Erwartungen der Probanden und Probandinnen an die Geschichtsdidaktik in Bezug auf Hilfen zur Unterrichtsplanung wurden in der vorliegenden Untersuchung überaus deutlich. Die Wünsche bezogen sich besonders auf klar didaktisierte Stundenvorschläge, die den Lehrkräften Entscheidungen bzw. Überlegungen wie beispielsweise jene zur Konstruktion eines Lebensweltbezugs abnähmen. Ein klares Defizit wurde zudem hinsichtlich der Kompetenzorientierung offensichtlich: Auch wenn die Probanden und Probandinnen dieses Desiderat selten klar formulierten, zeigte sich die fehlende Unterstützung bei der Planung eines kompetenzorientierten Geschichtsunterrichts im praktischen Handeln ebenso wie in den theoretischen Reflexionen. Gleiches galt für die Differenzierung: Die Folge ist vermutlich in vielen Fällen ein Unterricht, der sich schlicht nicht an diesen Maßstäben orientiert.

Die von den Probanden und Probandinnen thematisierten Fachspezifika decken sich mit den in der Literatur diskutierten Herausforderungen für die Vorbereitung des Geschichtsunterrichts. Mit dem speziellen Problem des diversen Vorwissens sowie der sprachlichen Kompetenzen der Schüler und Schülerinnen wurden Themen angesprochen, die bislang in der Literatur nur am Rande diskutiert werden.[860] Die Aussagen der Lehrkräfte machen deutlich, dass Anschauungen und Erfahrungen dieser Praktiker und Praktikerinnen einer größeren Aufmerksamkeit bedürften. Im besten Fall würde auch dies zur Formulierung bzw. Publikation konkreter Hilfestellungen für den Planungsalltag führen.

Die berichteten schulartspezifischen Daten müssen vorsichtig interpretiert werden. Es mutet aber angesichts der zutage getretenen schulformspezifischen Tendenzen erstaunlich an, dass die Hauptschullehrkräfte eigenen Angaben zufolge für das Fach Geschichte weder schulformspezifisch ausgebildet worden sind noch über schulformspezifische geschichtsdidaktische Literatur verfü-

859 Gautschi: Guter Geschichtsunterricht, 2009, S. 265.

860 Siehe z. B. Zeitschrift für Geschichtsdidaktik 14 (2015): Sprache und historisches Lernen; Langer-Plän/Beilner: Zum Problem, 2006.

gen.[861] Bedenkt man die Ergebnisse in Hinblick auf die Domänenspezifik der Unterrichtsplanung einerseits und der speziellen Vorbereitung der fachfremden Probanden und Probandinnen andererseits, muss zudem vermutet werden, dass hier eine dritte Ausbildungsvariante nötig wäre. So ist für die Schüler und Schülerinnen schlicht ungerecht, dass besonders der fachfremd erteilte Unterricht an den Hauptschulen in der vorliegenden Studie ganz augenscheinlich ein Unterricht ist, der weder den basalen Grundsatzansprüchen des Geschichtsunterrichts am Gymnasium (Denken lernen) noch ausgefeilten Methoden und domänenspezifischen Strategien folgt. Besonders brisant ist hierbei, dass die Probanden und Probandinnen der vorliegenden Studie ihre in den Ausbildungsschulen angetroffenen Mentoren und Mentorinnen vielfach als den wichtigsten Einflussfaktor im Rahmen ihrer Ausbildung in Bezug auf das Erlernen von Unterrichtsplanung bewerteten: Was passiert, wenn an den Hauptschulen hauptsächlich fachfremde Lehrkräfte als Mentoren bzw. Mentorinnen agieren müssen, weil es an ausgebildetem Personal fehlt? Der Einfluss der Fachdidaktik muss durch den Filter dieser fachfremden Mentoren und Mentorinnen als ebenso begrenzt eingeschätzt werden wie bei der Konsultation anderer ausbildungsferner Personen.

Ein weiterer Hinweis auf einen geringen Einfluss der Geschichtsdidaktik auf Lehrkräfte beider Schulformen ergibt sich daraus, dass die Probanden und Probandinnen ihre Planungsstrategien für den Geschichtsunterricht überwiegend aus anderen Fächern übernommen haben. Dies ist besonders problematisch, wenn man die Domänenspezifik des Planungsprozesses ernst nimmt. Geschichtsdidaktische Modelle oder Konzepte spielten in den Selbsteinschätzungen der Probanden und Probandinnen in ihrer Planungspraxis ebenso wenig eine Rolle wie eigenen Angaben zufolge in ihrer diesbezüglichen Ausbildung. Die klare Ablehnung bzw. Ridikülisierung der didaktischen Lehren, wie sie in den dargestellten Interviewauszügen zu erkennen war, stand dennoch in einem offensichtlichen Gegensatz zum alltäglichen Handeln: So kann nicht behauptet werden, dass die untersuchten Lehrkräfte quasi im didaktiklosen Raum unterrichteten. Die Ergebnisse entsprechen vielmehr jenen Seifrieds, der für die von ihm untersuchten Berufsschullehrkräfte resümierte, dass sie dank »funktionierender Routinen« keiner Unterstützung durch didaktische Modelle mehr bedurften, dass diese Modelle aber augenscheinlich eine Funktion in der Entwicklung der Routinen gehabt hatten.[862]

Dennoch muss die Praktikabilität der geschichtsdidaktischen Modelle angesichts der dargestellten Ergebnisse in Frage gestellt werden. Die vehemente

861 Dies entspricht auch den Ergebnissen großer Vergleichsstudien, wenn auch dort für andere Fächer, vgl. Blömeke/König: Profile, 2011, S. 26.
862 Seifried: Unterrichtsplanung, 2009, S. 194.

Ablehnung durch die Probanden und Probandinnen, die sich mit älteren Ergebnissen deckt, entspricht einer resignativen Haltung der Didaktik selbst, die immer wieder darauf verweist, dass der Berufsalltag eine detaillierte Planung nun einmal nicht erlaube. Die vorliegende Untersuchung zeigt jedoch, dass eine Berücksichtigung der Vorschläge von Lehrkräften selbst unbedingt dazu führen könnte, gänzlich neue, praxisnahe und pragmatische Planungshilfen zu entwickeln.

## 1.1. Schulformspezifische Angebote

Ein deutliches Ergebnis der vorliegenden Untersuchung war, dass es den Hauptschullehrkräften an schulformspezifischen Hilfen zur Unterrichtsplanung von Geschichtsunterricht fehlt. Hierbei waren sich beinahe alle Probanden und Probandinnen einig, dass für alle Schüler und Schülerinnen jeglicher Schulformen ein Unterricht organisiert werden müsste, der ihnen historisches Denken ermöglicht.[863] Eine Ausnahme bildeten hier nur die fachfremd unterrichtenden Lehrkräfte, in deren Unterrichtsplanungen sich das Prinzip der Wissensvermittlung als zentral erwies. Die Ergebnisse zur Unterrichtsplanung der vorliegenden Studie weisen allerdings darauf hin, dass der Unterricht für die beiden Schulformen eben nicht vergleichbar ausfällt. Im Gegenteil scheint eine Mehrheit unter den beobachteten Gymnasiallehrkräften die Meinungsbildung und Diskussionsfähigkeit ihrer Schüler und Schülerinnen deutlicher zu schulen als die Mehrheit der Hauptschullehrkräfte. Besonders bei den fachfremd Unterrichtenden wurde eine derartige Kompetenzförderung an keiner Stelle ersichtlich. Es drängt sich wiederum die Frage auf, ob die Geschichtsdidaktik nicht anfangen müsste, schulformspezifische Planungskompetenzen oder Planungshilfen zu formulieren, ohne den grundsätzlichen Gleichheitsanspruch zu vernachlässigen. Die Hauptschulprobanden und -probandinnen haben explizit auf das besondere Potenzial ihrer Schülerschaft hingewiesen. Wann wird dieses endlich für den Geschichtsunterricht nutzbar gemacht? Es leuchtet nicht ein, wieso die Hauptschullehrkräfte mit dem Problem allein gelassen werden, die Ansprüche der Geschichtsdidaktik ihrer Schülerklientel anzupassen. Die Forderung nach grundsätzlich anderen Ansätzen und Themen ist offenbar nach wie vor überaus aktuell. Besonders den fachfremd Unterrichtenden, die vermutlich niemals mit der domänenspezifischen Theorie in Berührung gekommen sind,

863 Dies entspricht auch den Forderungen der Geschichtsdidaktik, siehe z. B. Pandel: Geschichtsunterricht, 2012, S. 168f.; Borries: Zur Entwicklung, 2002, S. 115f.; Michler: Einführung, 2010, S. 8.

müsste die Geschichtsdidaktik Orientierung geben, um einen Unterricht nach ihrem Geschmack zu gewährleisten.

Darüber hinaus bedarf es neuer Konzepte, die ein domänenspezifisches praktisches Lernen auch im Geschichtsunterricht ermöglichen, ohne es als ›einfaches‹ Lernen misszuinterpretieren. Die diesbezüglichen Ansätze der hier untersuchten Hauptschullehrpersonen – insbesondere die Einbeziehung außerschulischer Lernorte – wären hierbei sicher geeignet, auch beispielhaft für die Gymnasiallehrkräfte zu wirken. Auch die besonderen Strategien, die die Hauptschulprobanden und -probandinnen in Bezug auf die Gewährleistung einer guten Klassenatmosphäre zeigten, wären für einen guten, problemorientierten Geschichtsunterricht am Gymnasium sicher fruchtbar, um offene Diskussionen unter den Schülern und Schülerinnen zu befördern.

Eine große Chance böte schließlich die gezieltere Orientierung an für die Schüler und Schülerinnen relevanten ›menschlichen Grunderfahrungen‹, die sich mit einem historischen Blick besonders sinnvoll diskutieren lassen. Die vorliegende Untersuchung hat gezeigt, dass Hauptschullehrkräfte geschichtsdidaktische Kategorien (wie z.B. Freiheit/Unfreiheit) durchaus konkret auf Alltagsprobleme ihrer Schülerklientel zu übertragen wissen. Im Rahmen der PISA-Studie ist darauf hingewiesen worden, dass die Schüler und Schülerinnen der Hauptschule stärker mit Problemen der Lebensbewältigung konfrontiert werden sollten und dass dies besonders im Rahmen der Fächer stattzufinden habe. So läge es doch nahe, soziale Konflikte, Kooperationsfähigkeit und Fragen der Teilhabe im Geschichtsunterricht in besonderem Maße zu thematisieren.[864] Darüber hinaus müssten die unterschiedlichen ethnischen Hintergründe der Schüler und Schülerinnen speziell im Geschichtsunterricht eine größere Rolle spielen, ihre Erlebnisse als Migranten Gehör finden und verarbeitet werden.[865]

Zur Berücksichtigung der oben genannten Schlussfolgerungen ist irrelevant, ob die Schulform Hauptschule abgeschafft wird. Ein Einheitsunterricht wird den Schülern und Schülerinnen an keiner Schulform gerecht und dies gilt umso mehr, wenn Lehrkräfte künftig mit stark heterogenen Klassen konfrontiert sind. So wäre schlicht nicht akzeptabel, wenn man den Geschichtsunterricht ausdrücklich für eine Minderheit innerhalb einer Schulklasse konzipierte. Es bedarf daher dringend weiterer empirischer Untersuchungen der unterschiedlichen Denkstile der Schüler und Schülerinnen unterschiedlicher Schularten sowie einer diesbezüglichen Ursachenforschung. Nur auf ihrer Grundlage ließen sich

864 Vgl. auch Bohl u.a.: Einleitung, 2003 S. 9; Duncker: Die relative Eigenständigkeit, 2003, S. 29f.

865 Vgl. diesbezügliche Forderungen bei Borries: Unterrichtsplanung, 2012, S. 185; Georgi/Ohliger: Crossover, 2009; Seidenfuß: Geschichtsunterricht, 2002, S. 203, 209.

tatsächlich sinnvolle Materialien und Hilfen für die planenden Lehrkräfte entwickeln.[866]

## 1.2. Schulbücher

Die Kritik der Lehrkräfte an den Schulbüchern und Begleitmaterialien sollte von der Geschichtsdidaktik nicht unbeantwortet bleiben. Es mag sinnvoll sein, den Lehrkräften einen verantwortungsvollen Umgang mit dem Schulbuch abzuverlangen. Besonders die Daten in Bezug auf die fachfremd Unterrichtenden zeigen aber, dass davon in der Alltagspraxis nicht immer ausgegangen werden kann. Es drängt sich die Frage auf, ob die Bücher nicht einfach besser sein könnten, um ihrem tatsächlichen Ziel, den Lehrkräften »den Unterricht bzw. dessen Vorbereitung zu erleichtern«[867], zu entsprechen. 22 der Befragten glaubten, dass ein Schul- bzw. Lehrerhandbuch mit möglichst konkreten Vorschlägen für eine Stundenkonzeption für sie die größtmögliche Arbeitserleichterung im Rahmen der Unterrichtsvorbereitung bedeuten würde. Den Angaben ist freilich nicht zu entnehmen, dass die Lehrkräfte sich ein ›Lehrbuch als Selbstläufer‹ wünschten. So zeigten die Meinungen der Lehrpersonen in Bezug auf die Verwendung von Unterrichtsrezepten, dass sie einen unreflektierten Einsatz fremder Vorschläge durchweg ablehnten. Gleichwohl empfanden sie die vagen Hinweise der Geschichtsschulbücher als grundsätzlich mangelhaft, häufig auch im Vergleich zum Angebot in anderen Schulfächern. Ihre diesbezügliche Einschätzung, Geschichtsunterricht sei nun einmal weniger gut anhand von Planungsrezepten vorzubereiten, hielt ihrer gleichzeitigen Bereitschaft, solche allgemeingültigen Vorschläge zu formulieren, nicht stand.

Die vorliegende Studie legt nahe, dass insbesondere die Erfahrungen praktizierender Lehrkräfte stärker in die Entwicklung von Lehrermaterialien einbezogen werden sollten. So enthalten die Angaben der Probanden und Probandinnen einige bemerkenswerte Übereinstimmungen in Bezug auf die Anforderungen an optimierte Richtlinien bzw. Schulbücher. Beispielsweise muss ernst genommen werden, dass die Mehrzahl der befragten Lehrkräfte mit der Vermittlung des Themengebiets ›Mittelalter‹ haderte. Ganz offensichtlich fehlt es den Probanden und Probandinnen an geeigneter Unterstützung, sich einem als schwierig empfundenen Thema professionell dergestalt zu nähern, dass sie zufrieden auf das Ergebnis ihrer Unterrichtsplanung blicken können.

Ähnlich negativ fielen die Urteile der meisten Probanden und Probandinnen in Bezug auf die Quellennutzung aus. Bissig formuliert, begeben sich die

866 Vgl. auch Martens: Implizites Wissen, 2010, S. 337.
867 Opfer: Zwischen Markt, 2007, S. 117.

Gymnasialprobanden und -probandinnen der Stichprobe in Bezug auf die Textquellenarbeit in eine ›innere Emigration‹, indem sie Textquellenarbeit ablehnen, gleichwohl Quellen konsequent einsetzen, diese aber nach ihrem Gusto verfremden. Die Hauptschulprobanden und -probandinnen nutzen Textquellen eigenen Angaben zufolge nur in Ausnahmefällen. Geschichtsdidaktische Publikationen zum Gebrauch andersartiger, besonders gegenständlicher Quellen, von deren Einsatz die Hauptschullehrkräfte berichteten, müssten hier offenbar unbedingt stärker berücksichtigt werden. Allerdings stellt sich angesichts der großen Schwierigkeiten der Hauptschüler und -schülerinnen in Hinblick auf Sprach- und Lesekompetenzen, von denen die hier untersuchten Probanden und Probandinnen berichteten, die Frage, ob die Quellenorientierung im Geschichtsunterricht für die Hauptschule überhaupt weiterhin zentral bleiben kann.[868]

## 1.3. Idealismus als Schwäche?

Die Untersuchung hat gezeigt, dass die Lehrkräfte in Bezug auf die eigenen Planungsentscheidungen und Unterrichtskonzeptionen sehr frei agieren und sich hierbei mitunter bewusst von den Vorschlägen der Didaktik distanzieren. Es ist offensichtlich, dass von einer großen Varianz des Geschichtsunterrichts in den einzelnen Klassenzimmern ausgegangen werden muss. Umso nachdrücklicher ist eine tiefe und ernsthafte Schulung der professionellen Kompetenzen der Lehrkräfte zu fordern. Hierbei müssen sie gleichzeitig in ihrem Verantwortungsbewusstsein und womöglich in ihren geschichtsdidaktischen Überzeugungen gefördert und unterstützt werden. Die vorliegenden Ergebnisse geben Hinweise darauf, dass die grundsätzlichen Einstellungen und Überzeugungen einen deutlichen Einfluss auf Hilfsmittelnutzung und Unterrichtskonzeption haben. Besonders fachfremd Unterrichtenden sollte unbedingt die Möglichkeit gegeben werden, die eigenen fachbezogenen Überzeugungen zu reflektieren. So berichteten die fachfremd Unterrichtenden der vorliegenden Studie freimütig, dass eine stumpfe Orientierung am chronologischen Durchgang bei geringem methodischen Aufwand für sie den Weg des geringsten (planerischen) Widerstands bedeute. Gleichzeitig hat die vorliegende Studie gezeigt, dass es offenbar durchaus möglich ist, Lehrkräfte zu finden, die den gegenwärtigen Normen entsprechend ›guten Geschichtsunterricht‹ planen oder sich in einer solchen Planung jedenfalls versuchen. Die Expertenlehrkräfte der vorliegenden Untersuchung entsprechen jedenfalls nicht dem Klischee der

868 Vgl. hierzu auch Heuer: Neue Aufgabenkultur, 2010, S. 84; Martens: Implizites Wissen, 2010, S. 103f.; Seidenfuß: Disziplinarität, 2010, S. 28.

selbstgenügsamen Lehrperson, die mit dem berühmten Griff in die Schublade ihre Unterrichtsvorbereitung in minimaler Zeit durchführt.

Die interviewten erfolgreichen Lehrpersonen bezeugten grundsätzlich eine positive Einstellung zu den eigenen professionellen Aufgaben. In Bezug auf die Umsetzung fand sich aber der überwältigende Eindruck großer Unzufriedenheit. Besonders die weiblichen Probandinnen glaubten, guten Geschichtsunterricht angesichts der zeitlichen Ansprüche und fehlenden Hilfen nicht vorbereiten zu können. Diese Ergebnisse sind wichtig, wenn man die Forschung zu Lehreremotionen und ihrer Bedeutung für den Berufserfolg ernst nimmt. Besonders brisant sind hierbei die Resultate in Bezug auf das eigene professionelle Können: Viele Probandinnen nahmen sich selbst als inkompetent wahr. Tatsächlich ist der Geschichtsunterricht mit seinen speziellen Herausforderungen offenbar in besonderer Weise dazu geeignet, bei Lehrpersonen Frustration hervorzurufen.

Schließlich sollten sich Geschichtsdidaktiker und -didaktikerinnen fragen, woran es liegen mag, dass Lehrkräfte beider Schulformen und sowohl des Referendar- als auch des mittleren Erfahrungsstadiums Zielvorstellungen bezüglich eines gelungenen Geschichtsunterrichts überwiegend mit dem Hinweis flankierten, es handele sich hier um idealistische Auffassungen, die sie vermutlich in Zukunft ablegen würden. Allen Befragten war dieser selbstempfundene Idealismus augenscheinlich unangenehm und einer Entschuldigung wert. Es ergab sich der Eindruck, dass Idealismus in diesem Zusammenhang als Schwäche wahrgenommen wurde.

## VII.2. Unterrichtsplanung erlernen: Konsequenzen für die Ausbildung

Für beide Schulformen ergab sich in Bezug auf die Ausbildung zur Unterrichtsplanung das Bild eines eher zufälligen Lernens, das vom jeweiligen Studienseminar, vom jeweiligen Ausbilder bzw. der jeweiligen Ausbilderin und von der jeweiligen Ausbildungsschule abhängig war. Darüber hinaus wurde deutlich, dass die öffentlichen Ausbildungsinstitute nicht unbedingt den größten oder automatisch wichtigsten Einfluss auf die Ausbildung einer Planungskompetenz für den Geschichtsunterricht hatten. Selbst die Mentoren und Mentorinnen entpuppten sich nur als ein Einflussfaktor neben anderen. Insgesamt ergab sich der Eindruck, dass das Erlernen der individuellen Unterrichtsvorbereitung stark vom Einfluss einzelner Personen abhing. Dieser Umstand ist bereits in älteren Studien beschrieben worden.[869]

Grundsätzlich beurteilten die Probanden und Probandinnen ihre Ausbildung zur Planung des Geschichtsunterrichts als deutlich negativ. Natürlich können die Aussagen nur begrenzt Aufschluss über die wirkliche Ausbildungsrealität geben. Dennoch wiegt schwer, dass keiner der Probanden oder Probandinnen angeben wollte, in der ersten oder zweiten Phase konkret für die Unterrichtsvorbereitung in Geschichte ausgebildet worden zu sein. Die Ausbildung einer Planungskompetenz hat hier offenbar wenig explizit, hauptsächlich im Selbstversuch, manchmal im Lernen am Modell stattgefunden. Es kann dies nicht etwa damit begründet werden, dass konkrete Aussagen über das Unterrichtsplanen für den Geschichtsunterricht unmöglich seien: Auf die Frage, was sie einem Anfänger bzw. einer Anfängerin in Bezug auf die Unterrichtsvorbereitung raten könnten, formulierten die Probanden und Probandinnen mitunter durchaus klare Hinweise.

## 2.1. Reformvorschläge

Die Interviews belegen eine erstaunlich zwiegespaltene Haltung in Bezug auf die Ausbildung, die sich stärker für die Gymnasiallehrpersonen, aber auch für die Hauptschullehrkräfte aufzeigen ließ: Obwohl die Mehrzahl die eigene Ausbildung speziell in Bezug auf die Unterrichtsplanung im Geschichtsunterricht klar bemängelte und sich allein gelassen fühlte, formulierten die Probanden und Probandinnen nur zurückhaltend Vorschläge, wie diese Ausbildung reformiert werden könne. Im Gegenteil wurde überwiegend davon ausgegangen, Planung von Geschichtsunterricht könne eben anders nicht erlernt werden. Es dominierte die Haltung, man müsse sich selbstständig geeignete Unterstützer bzw. Kolleginnen suchen, die einen anleiteten. Den Lehrkräften, denen diese Diskrepanz im Gesprächsverlauf bewusst wurde, bereitete die Erkenntnis deutlich Unbehagen. Hierbei ergab sich ein gewisser Erfahrungseffekt in Bezug auf die Überzeugung, Planung sei mithilfe konkreter Anleitungen erlernbar: Die Referendare und Referendarinnen, denen die Mängel der Ausbildung vermutlich am stärksten bewusst waren, glaubten daran, dass es konkrete Anleitungen geben könne. Betrachtet man die Aussagen der erfahreneren Lehrkräfte, ergibt sich der Eindruck, dass dieser Glaube mit zunehmender Berufserfahrung aber offenbar verloren geht bzw. von Zweifeln dominiert wird.

Die vorliegende Untersuchung zeigte dementsprechend deutlich, dass das theoretische Wissen der – immerhin als sehr gut beurteilten – Referendare und

869 Vgl. z.B. Anselm: Kompetenzentwicklung, 2011, S. 259.

Referendarinnen kurz vor ihrem Staatsexamen in Bezug auf planerische Entscheidung durchaus begrenzt war. Angesichts einer nach wie vor desideraten Betreuung in der dritten Phase ist eine künftige theoretische und reflektierte Auseinandersetzung mit Komponenten der Unterrichtsplanung von ihnen aber kaum zu erwarten.

Darf aber die Ausbildung einer Planungskompetenz für den Geschichtsunterricht wirklich dem Zufall überlassen bleiben? Es muss die Frage erlaubt sein, ob »planerische […] Fähigkeit« sich wirklich »erst in einem langen Professionalisierungsprozess« entwickeln lässt,[870] wie nicht nur in der Didaktik sondern auch unter den hier untersuchten Probanden und Probandinnen vielfach angenommen wurde. Wie ließe sich das Training einer Planung von Geschichtsunterricht in der Ausbildung verbessern? Die Vorschläge der Probanden und Probandinnen können hierfür erste Anhaltspunkte liefern.

## 2.2. Erste Phase

Die kritische Haltung der Probanden und Probandinnen gegenüber dem theoretischen Erlernen von Unterrichtsplanung entspricht didaktischen Publikationen.[871] Dennoch implizieren die vorliegenden Ergebnisse einige klare Optimierungsvorschläge für die Ausbildung an der Universität. Deutlich ergeben sich die Notwendigkeit und das Bedürfnis der Probanden und Probandinnen, die eigenen berufsbezogenen Überzeugungen zu diskutieren und zu reflektieren. Ältere Forschungsresultate bezüglich des Einflusses dieser Überzeugungen auf das professionelle Handeln unterstützen diese Forderung. Gleichzeitig weisen die vorliegenden Befunde auf ambivalente Überzeugungen hin: So glaubten die Probanden und Probandinnen vielfach einerseits an das Phänomen des ›geborenen Lehrers‹, der einer intensiven Ausbildung nicht bedürfe,[872] und andererseits an die Definition von erwerbbaren Lehrerkompetenzen. Sie glaubten einerseits, Planen könne nicht theoretisch erlernt werden, andererseits formulierten sie den Wunsch nach Unterrichtshilfen und formulierten klare Vorschläge.

Auch auf die spezielle Bedeutung des Fachwissens für eine erfolgreiche Unterrichtsplanung ist bereits hingewiesen worden. Der in der empirischen Literatur immer wieder beschriebene Wunsch der Studierenden und Referendare

870 Sandfuchs: Grundfragen, 2009, S. 692.

871 Vgl. z. B. Hensel-Grobe: Kompetenzorientierung, 2013, S. 214. Zweifel daran allerdings bei Seifried: Unterrichtsplanung, 2009, S. 195.

872 Auf diesen ungebrochenen Glauben ist in der Literatur vielfach hingewiesen worden. Vgl. z. B. Haag/Lohrmann: Lehrerhandeln, 2009, S. 617; Marlovits/Schratz: Zum Umgang, 2007, S. 84.

und Referendarinnen nach einer adäquateren fachwissenschaftlichen auf der einen und einer unterrichtsplanerischen Ausbildung auf der anderen Seite konnte hier für alle Probanden und Probandinnen repliziert werden. Die Vermittlung eines fundierten Orientierungswissens und die Schulung der Fähigkeit, sich mit historischen Themen kritisch auseinanderzusetzen sowie eigene Fragen an die Themen zu entwickeln, galt hier als ebenso wichtig wie die Schulung eines didaktischen Blicks auf mögliche Themen bzw. deren gesellschaftliche und geschichtskulturelle Relevanz.[873]

Die Annahme der Hauptschulprobanden und -probandinnen, sie benötigten ein deutlich eingeschränkteres Fachwissen für ihre Unterrichtsplanung und -durchführung als die Gymnasiallehrpersonen, kann angesichts der Ergebnisse dieser Studie nicht bestätigt werden, wenn man bedenkt, dass Lehrkräfte der Typen ›Problemorientierter Planer‹ und ›Diskussionsorientierter Planer‹ beider Schulformen ihr Fachwissen besonders im Rahmen der Themenfindung einsetzten. Lehrkräfte beider Schulformen bedürfen für die thematische Reduktion eines umfangreichen und tiefen Orientierungswissens, um funktionale Leitfragen zu formulieren und schülernahe Fragestellungen und Lernaufgaben zu konstruieren, die kompetenzorientiert historisches Denken schulen. Nur so lässt sich schließlich eine wirkliche »gemeinsame Denkbewegung«[874] im Unterricht begünstigen, wie sie für beide Schulformen gleichermaßen wichtig sein muss.

## 2.3. Zweite Phase

Die Probanden und Probandinnen forderten überwiegend eine engere Betreuung der Unterrichtsvorbereitung im Referendariat durch Mentoren oder Ausbilderinnen. Insgesamt wird in der Literatur zunehmend verlangt, die professionellen Kompetenzen von Lehrkräften im Rahmen von situiertem Lernen oder an Fallbeispielen, auch in Form von Vignetten, zu trainieren.[875] Hierbei wäre denkbar, dass der Ausbilder oder die Ausbilderin selbst im Rahmen seines bzw. ihres Seminars anhand der Laut-Denk-Methode klare Einblicke in sein bzw. ihr Planungshandeln gibt. Den Referendaren und Referendarinnen würden so eine konkrete Anschauung und Tipps für ein Alltagsplanen gewährt, die die Probanden und Probandinnen im Rahmen ihrer Ausbildung offenbar allesamt vermissten.[876] Hierzu könnte auch gehören, Planung anhand des Schulbuchs zu

873 Vgl. hierzu auch Sauer: Die Ausbildung, 2012, S. 356f.

874 Sauer: Geschichte, 2012, S. 123.

875 Vgl. z.B. Sauer: Die Ausbildung, 2012, S. 366; Schröer: Mitschnitte, 2012, S. 198f.; Helmke, Unterrichtsqualität, 2013, S. 25.

876 Siehe Fenn: Implizite Theorien, 2010, S. 87. Hierbei wäre durchaus ebenso denkbar, Videoaufnahmen von Lehrkräften beim Unterrichtsplanen zu nutzen.

üben oder unter sehr knappen Zeitvorschlägen vorzubereiten, um mit den Referendaren und Referendarinnen eine Unterrichtsvorbereitung zu trainieren, die sie selbst als alltagsgerecht empfinden.

Die in der vorliegenden Untersuchung beobachtete fehlende Wertschätzung der ersten Phase durch die Ausbilder und Ausbilderinnen der zweiten Phase entspricht älteren Ergebnissen. Anselm warnt deutlich, dass der »Kompetenzerwerb […] durch diese Abwertung eine Retardierung« erfahre, was unbedingt verhindert werden müsse.[877] Die mitunter sehr unterschiedlichen und sich teilweise widersprechenden Anforderungen der unterschiedlichen Ausbildungsinstanzen, von denen Lehrkräfte in der vorliegenden Untersuchung berichteten, werden in der Literatur ebenso kritisiert wie die fehlende Ausbildung der Ausbilder und Ausbilderinnen.[878]

Die vorliegende Studie hat gezeigt, dass sich für das Planungsverhalten der einzelnen Probanden und Probandinnen klare Handlungspläne erstellen ließen, die überwiegend mit deren eigenen Angaben in den Interviews übereinstimmten. Wäre es nicht sinnvoll, den Referendaren und Referendarinnen einen derart analytischen Blick auf das eigene Planungshandeln auch im Rahmen ihrer Ausbildung zu ermöglichen, um eigene individuelle Probleme zu erkennen bzw. Optimierungsmöglichkeiten abzuleiten? Dies würde vermutlich auch zu einem größeren professionellen Selbstbewusstsein der Lehrkräfte in Bezug auf ihre Unterrichtsplanung führen, als es in der vorliegenden Studie offenbar geworden ist. Das Bewusstsein einer eigenen Planungskompetenz anstelle eines diffusen Gefühls, Unterricht eben irgendwie vorbereiten zu können, würde hierbei sicher merklich zu den eigenen Selbstwirksamkeitsüberzeugungen beitragen.

## 2.4. Dritte Phase

Die dritte Phase der Ausbildung spielte in den Äußerungen der Lehrkräfte eine marginale Rolle. Von niemandem wurden hier institutionalisierte Hilfestellungen in Bezug auf die Unterrichtsplanung erwähnt oder gefordert. Dies ist ein auffallendes Ergebnis, wenn man bedenkt, dass sich die befragten Referendare und Referendarinnen kurz vor und die Lehrkräfte der Mittelgruppe kurz nach ihrem Zweiten Staatsexamen unsicher in Bezug auf ihre Unterrichtsvorbereitung fühlten. Die Literatur ist sich einig, dass die ersten Berufsjahre von Lehrkräften eine besonders sensible Zeit ausmachen, in der diese ohne organisierte Hilfe vielfach ›Vermeidungsstrategien‹ ausbilden, die den didaktischen Ansprüchen

877 Anselm: Kompetenzentwicklung, 2011, S. 243f.

878 Vgl. Abschnitt III.4. sowie Hensel-Grobe: Kompetenzorientierung, 2013, S. 207; Sandkühler: Vom Master, 2013, S. 185.

mitunter entgegenlaufen. Eine bessere Unterstützung wird hier vehement gefordert.[879] Die vorliegenden Ergebnisse bestätigen diese Notwendigkeit einer engeren Betreuung auch und gerade in Bezug auf das Planungshandeln. Offensichtlich ist die diesbezügliche Entwicklung der Novizen und Novizinnen nach dem Zweiten Staatsexamen nicht abgeschlossen. Augenscheinlich planen Lehrkräfte an Gymnasien derartig selten zusammen, dass von einer wirklichen Reflexion des individuellen Handelns bzw. einem Austausch nicht ausgegangen werden kann. Folgt man den empirischen Erkenntnissen, so sind in dieser Zeit bereits berufsbezogene Überzeugungen in den Lehrpersonen etabliert, die einer weiteren Reflexion aber unbedingt bedürften. Vieles deutet darauf hin, dass die untersuchten Lehrkräfte grundsätzliche Kompetenzen ihres professionellen Alltags nach Beendigung der zweiten Phase nicht noch einmal, jedenfalls nicht systematisch, ausbauen. Die Bekundung der hier befragten Experten und Expertinnen, sich immer wieder an Referendaren und Referendarinnen zu orientieren und von diesen zu lernen, ist hierbei sicher ein besonderer Hinweis auf die Expertise guter Lehrkräfte und bedient die Forderungen der Literatur nach einem lebenslangen Lernen,[880] er betrifft aber womöglich keine grundsätzlichen Fragen mehr, wie etwa die Vorbereitung einer Geschichtsunterrichtsstunde. Die beschriebenen negativen Emotionen und eingeschränkten Selbstwirksamkeitsüberzeugungen behindern diesen Prozess vermutlich weiter.

## 2.5. Unterrichtsrezepte

Die Ergebnisse belegen die Annahmen der Expertiseforschung, dass Experten und Expertinnen schneller dazu in der Lage sind, relevante Strukturen und Probleme zu erkennen und zu lösen als Novizen und Novizinnen. Es stellt sich die Frage, ob die Novizen und Novizinnen diese Problemerkennung tatsächlich nur durch ein langes und mitunter quälendes Selbsttraining üben können. Könnten nicht an dieser Stelle Unterrichtsrezepte greifen, die ihnen die Relevanz unterschiedlicher Problembereiche deutlich vor Augen führten? Die traditionelle Sorge um die Monotonisierung des Geschichtsunterrichts durch die Nutzung von Unterrichtsrezepten kann anhand der vorliegenden Ergebnisse nicht geteilt werden: Im Gegenteil erfordert der Gebrauch solcher Unterrichtsrezepte in den Augen der Lehrkräfte ein besonderes Maß an Expertise und professionellem Wissen. Unterrichtsrezepte würden die Lehrkräfte nicht entprofessio-

879 Siehe z.B. Terhart Anmerkungen, 2013, S. 55; McKinsey & Company: How the world's best-performing schools, 2007, S. 27; Hericks: Professionalisierung, 2006, S. 39. Vgl. auch Abschnitt VI.2.3.

880 Vgl. Waldis u.a.: Kompetenzförderung, 2011, S. 93; Daschner: Lehrerfort- und weiterbildung, 2009, S. 490ff.

nalisieren, sondern sie im Gegenteil unterstützen, ihre individuelle Professionalität zu entwickeln, indem sie ihnen die Möglichkeit gäben, das eigene Handeln zu reflektieren.[881]

Angesichts der vorliegenden Ergebnisse stellt sich zudem die Frage, ob die Ablehnung einer Rezeptkultur durch die Geschichtsdidaktik angemessen ist. Ist das kooperative Arbeiten der Hauptschullehrpersonen, das häufig in einer schlichten Übernahme fremder Unterrichtskonzepte besteht, etwas anderes als eine Arbeit mit Rezepten? Auch räumten die Hauptschulprobanden und -probandinnen selbst ein, in der Ausbildung von Anfängern und Anfängerinnen Unterrichtsrezepte in Form eigener Unterrichtsplanungen einzusetzen in der Überzeugung, dass den Referendaren und Referendarinnen hiermit das Erlernen von Unterrichtsplanung erleichtert werde. Die Didaktik müsste ein Interesse daran haben, diese also offenbar vorhandene Rezeptekultur qualitativ zu kontrollieren. Jedenfalls ist nicht ersichtlich, warum Unterrichtsrezepte nicht formuliert werden können, wenn doch die Vorgehensweisen der Probanden und Probandinnen der vorliegenden Stichprobe klar und interindividuell übereinstimmend beschrieben werden konnten.

## VII.3. Forschungsdesiderata

Die Ausführungen zeigen, dass quantitative Anschlussuntersuchungen an die qualitativen Ergebnisse nötig wären. Besonders die Aufschlüsselungen in unterschiedliche Arten von Typen bieten sich hierbei an, um die Verteilung unterschiedlicher Planungszugänge (Typenbildung 1), schulformspezifischer Lehrertypen (Typenbildung 2) und unterschiedlicher Selbstkonzepte (Typenbildung 3) umfassender zu untersuchen. Die Ergebnisse unterstützen zudem die Forderungen nach einer konkreteren Untersuchung des Unterrichts- und Planungsalltags von Hauptschullehrkräften in Bezug auf den Geschichtsunterricht insofern, als sie klare Schulformspezifika zutage brachten. Die spezifischen Resultate in Hinblick auf die fachfremd Unterrichtenden eröffnen hierbei ein weiteres Forschungsfeld, das für den Geschichtsunterricht völlig unbearbeitet ist.[882] Darüber hinaus wären Längsschnittstudien dazu geeignet, Entwicklungsprozesse wirklich nachzeichnen zu können. Insgesamt weisen die Ergebnisse darauf hin, dass die Lehrkräfte als »beteiligte Akteure«[883] des Unterrichtsgeschehens in den geschichtsdidaktischen Studien erheblich stärker be-

881 Vgl. auch Pandel, Geschichtsdidaktik, 2013, S. 364; Mayer: Keine Angst, 1992, S. 14.
882 Siehe auch Seidenfuß/Kanert: Die Wirksamkeit, 2013, S. 145.
883 Schubarth: Lohnt sich Kooperation, 2010, S. 79.

rücksichtigt werden sollten, auch und gerade, wenn es um Reformvorschläge geht.

Die vorliegende Untersuchung hat erste Eindrücke einer möglichen Messung von Planungskompetenzen geliefert. Hierbei muss wiederholt werden, dass eine solche Messung einer diesbezüglichen Performanz gegenwärtig bereits faktisch immer dort stattfindet, wo Prüfungsunterricht von Referendaren und Referendarinnen beurteilt wird. Sie beruht allerdings nirgendwo auf didaktisch abgesicherten Grundlagen. Es konnte gezeigt werden, dass Elemente des Planungsverhaltens durchaus operationalisiert und anhand dieser Operationalisierung graduiert und gemessen werden können. Umfassende Anschlussstudien wären nötig. Die vorliegende Untersuchung hat die Untersuchungsbereiche eingrenzen können und somit hierfür Anhaltspunkte gegeben. Jedenfalls ist deutlich geworden, dass es nicht reicht, wenn die Geschichtsdidaktik Teilkompetenzen wie Gattungs- oder Diagnosekompetenzen formuliert. Es bedarf eines umfassenden Katalogs an Anforderungen und Lösungsstrategien, wenn Planungskompetenzen von Lehrkräften objektiv erhoben werden sollen. Eine künftige Formulierung sinnvoller Testitems, wie in der vorliegenden Arbeit für die Vignette geschehen, ist also unbedingt nötig. Diese Testitems könnten neben ihrer Kontrollfunktion auch Novizen und Novizinnen als Anhaltspunkt für die eigene Alltagsplanung dienen. Weitere Studien müssten sich zudem der Frage widmen, inwieweit Planung und Umsetzung miteinander zusammenhängen. Nur so könnte schließlich der Effekt der Vorbereitung gemessen und somit auch Bewertungskatalogen zugänglich gemacht werden. Allerdings hat die vorliegende Studie die Unterrichtsplanung von Geschichtsunterricht als eigenständiges wichtiges Forschungsgebiet im Zusammenhang mit der Frage nach der Qualität von Geschichtsunterricht herausgestellt. Die Entwicklung einer fachspezifischen Theorie der Unterrichtsplanung bleibt dennoch Aufgabe für die Zukunft. Hierzu ist die Untersuchung von weiteren erfolgreichen Geschichtslehrpersonen im Sinne von Best-Practice-Studien unbedingt nötig, wie sie sich in der vorliegenden Studie bewährt hat. So könnten weitere Schritte unternommen werden, um erfolgreiche Praxis zu identifizieren, professionelles Lehrerhandeln aufzuschlüsseln und jedwede pessimistische Sicht auf die Vertreter und Vertreterinnen dieses herausfordernden Berufs zu untergraben.

## VIII. Literaturverzeichnis


Abels, Gabriele/Behrens, Maria: ExpertInnen-Interviews in der Politikwissenschaft. Eine sekundäranalytische Reflexion über geschlechtertheoretische und politikfeldanalytische Effekte. In: Alexander Bogner/Beate Littig/Wolfgang Menz: Experteninterviews, Theorien, Methoden, Anwendungsfelder, 3., grundlegend überarbeitete Auflage, Wiesbaden 2009, S. 159–179.

Adamski, Peter: Die didaktische Analyse. In: Michele Barricelli/Martin Lücke (Hrsg.): Handbuch Praxis des Geschichtsunterrichts, Bd. 2, Schwalbach/Ts. 2012, S. 224–237.

Alavi, Bettina: Geschichtsunterricht in der multiethnischen Gesellschaft. Eine fachdidaktische Studie zur Modifikation des Geschichtsunterrichts aufgrund migrationsbedingter Veränderungen, Frankfurt/M. 1998.

Allemann-Ghionda, Cristina/Terhart, Ewald: Kompetenzen und Kompetenzentwicklung von Lehrerinnen und Lehrern: Ausbildung und Beruf. Zur Einleitung in das Beiheft. In: Dies. (Hrsg.): Kompetenz und Kompetenzentwicklung von Lehrerinnen und Lehrern: Ausbildung und Beruf, Weinheim 2006, S. 7–11.

Anselm, Sabine: Kompetenzentwicklung in der Deutschlehrerbildung. Modellierung und Diskussion eines fachdidaktischen Analyseverfahrens zur empiriegestützten Wirkungsforschung, Frankfurt/M. u. a. 2011.

Arand, Tobias: Fächerverbindender Geschichtsunterricht. In: Michele Barricelli/Martin Lücke (Hrsg.): Handbuch Praxis des Geschichtsunterrichts, Bd. 2, Schwalbach/Ts. 2012, S. 308–324.

Arnold, Karl-Heinz/Bohl, Thorsten/Zierer, Klaus: Einführung in den Thementeil. In: K.-H. Arnold/T. Bohl/S. Hopmann/B. Hudson/E. Kiel/H. Kiper/B. Koch-Priewe/K. Reussner/N. Seel/K. Zierer (Hrsg.): Jahrbuch für Allgemeine Didaktik, Baltmannsweiler 2011, S. 9–10.

Aufschnaiter, Claudia von/Blömeke, Sigrid: Professionelle Kompetenz von (angehenden) Lehrkräften erfassen – Desiderata. In: Zeitschrift für Didaktik der Naturwissenschaften 16 (2010), S. 361–368.

Atria, Moira/Strohmeier, Dagmar/Spiel, Christiane: Der Einsatz von Vignetten in der Programmevaluation. In: Uwe Flick (Hrsg.): Qualitative Evaluationsforschung, Reinbek 2006, S. 233–249.

Bauer, Johannes/Drechsel, Barbara/Retelsdorf, Jan/Sporer, Tabea/Rösler, Lena/Prenzel, Manfred/Möller, Jens: Panel zum Lehramtsstudium – PaLea: Entwicklungsverläufe zukünftiger Lehrkräfte im Kontext der Reform der Lehrerbildung. In: Beiträge zur Hochschulforschung 32 (2010), S. 34–55.

Baer, Matthias/Dörr, Günter/Fraefel, Urban/Kocher, Mirjam/Küster, Oliver/Larcher, Susanna/Müller, Peter/Sempert, Waltraud/Wyss, Corinne: Werden angehende Lehrpersonen durch das Studium kompetenter? Kompetenzaufbau und Standarderreichung in der berufswissenschaftlichen Ausbildung. In: Unterrichtswissenschaft 35/1 (2007), S. 15–47.

Baer, Matthias/Kocher, Mirjam/Wyss, Corinne/Guldimann, Titus/Larcher, Susanna/Dörr, Günter: Lehrerbildung und Praxiserfahrung im ersten Berufsjahr und ihre Wirkung auf die Unterrichtskompetenzen von Studierenden und jungen Lehrpersonen im Berufseinstieg: In: Zeitschrift für Erziehungswissenschaft 14/1 (2011), S. 85–117.

Baer, Matthias/Guldimann, Titus/Kocher, Mirjam/Larcher, Susanna/Wyss, Corinne/Dörr, Günter/Müller, Peter/Smit, Robert: Auf dem Weg zu Expertise beim Unterrichten – Erwerb von Lehrkompetenz im Lehrerinnen- und Lehrerstudium. In: Unterrichtswissenschaft 37/2 (2009), S. 118–144.

Bandura, Albert: Self-efficacy: The exercise of control, New York 1997.

Barricelli, Michele: Darstellungskonzepte von Geschichte im Unterricht. In: Ders./Martin Lücke (Hrsg.): Handbuch Praxis des Geschichtsunterrichts, Bd. 2, Schwalbach/Ts. 2012, S. 202–223.

Barricelli, Michele: »Das wollt' ich nur erzählen.« Versuche narrativer Kunst im Geschichtsunterricht. In: Johannes Meyer-Hamme/Holger Thünemann/Meik Zülsdorf-Kersting (Hrsg.): Was heißt guter Geschichtsunterricht? Perspektiven im Vergleich, Schwalbach/Ts. 2012, S. 123–136.

Barricelli, Michele: Hintergründige Geschichte – Perspektiven und Einstellungen von Studierenden des Lehramts Geschichte mit interkulturellem Hintergrund. In: Jan Hodel/Béatrice Ziegler: Forschungswerkstatt Geschichtsdidaktik 09. Beiträge zur Tagung »geschichtsdidaktik empirisch 09«, Bern 2011, S. 125–147.

Barricelli, Michele: Narrativität. In: Ders./Martin Lücke (Hrsg.): Handbuch Praxis des Geschichtsunterrichts, Bd. 1, Schwalbach/Ts. 2012, S. 255–280.

Barricelli, Michele/Gautschi, Peter/Körber, Andreas: Historische Kompetenzen und Kompetenzmodelle. In: Michele Barricelli/Martin Lücke (Hrsg.): Handbuch Praxis des Geschichtsunterrichts, Bd. 1, Schwalbach/Ts. 2012, S. 207–235.

Barricelli, Michele/Sauer, Michael: »Was ist guter Geschichtsunterricht?«. Fachdidaktische Kategorien zur Beobachtung und Analyse von Geschichtsunterricht. In: Geschichte in Wissenschaft und Unterricht 57/1 (2006), S. 4–26.

Barter, Christine/Renold, Emma: The Use of Vignettes in Qualitative Research. In: Social research update 25 (1999), S. 1–6.

Baumann, Christina: 55 Stundeneinstiege Geschichte, Donauwörth 2011.

Baumert, Jürgen/Kunter, Mareike: Das Kompetenzmodell von COACTIV. In: M. Kunter/J. Baumert/W. Blum/U. Klusmann/S. Krauss/M. Neubrand (Hrsg.): Professionelle Kompetenz von Lehrkräften – Ergebnisse des Projekts COACTIV, Münster u. a. 2011, S. 29–53.

Baumert, Jürgen/Kunter, Mareike: Das mathematikspezifische Wissen von Lehrkräften, kognitive Aktivierung im Unterricht und Lernfortschritte von Schülerinnen und Schülern. In: M. Kunter/J. Baumert/W. Blum/U. Klusmann/S. Krauss/M. Neubrand

(Hrsg.): Professionelle Kompetenz von Lehrkräften – Ergebnisse des Projekts COACTIV, Münster u. a. 2011, S. 163–192.

Baumert, Jürgen/Kunter, Mareike: Stichwort: Professionelle Kompetenz von Lehrkräften. In: Zeitschrift für Erziehungswissenschaft 9/4 (2006), S. 469–520.

Baumert, Jürgen/Kunter, Mareike/Blum, Werner/Klusmann, Uta/Krauss, Stefan/Neubrand, Michael: Professionelle Kompetenz von Lehrkräften, kognitiv aktivierender Unterricht und die mathematische Kompetenz von Schülerinnen und Schülern (COACTIV) – Ein Forschungsprogramm. In: M. Kunter/J. Baumert/W. Blum/U. Klusmann/S. Krauss/M. Neubrand (Hrsg.): Professionelle Kompetenz von Lehrkräften – Ergebnisse des Projekts COACTIV, Münster u. a. 2011, S. 7–26.

Baumert, Jürgen/Stanat, Petra/Watermann, Rainer: Schulstruktur und die Entstehung differenzieller Lern- und Entwicklungsmilieus. In: Dies. (Hrsg.): Herkunftsbedingte Disparitäten im Bildungswesen: Differenzielle Bildungsprozesse und Probleme der Verteilungsgerechtigkeit, Wiesbaden 2006, S. 95–188.

Baumgärtner, Ulrich: Wissenschaftspropädeutik oder historische Bildung? Der Geschichtsunterricht am Gymnasium. In: Bernd Schönemann/Hartmut Voit (Hrsg.): Von der Einschulung bis zum Abitur. Prinzipien und Praxis des historischen Lernens in den Schulstufen, Idstein 2002, S. 230–242.

Beck, Erwin/Baer, Matthias/Guldimann, Titus/Bischoff, Sonja/Brühwiler, Christian/Müller, Peter/Niedermann, Ruth/Rogalla, Marion/Vogt, Franziska: Adaptive Lehrkompetenz. Analyse und Struktur, Veränderbarkeit und Wirkung handlungssteuernden Lehrerwissens, Münster u. a. 2008.

Becker, Alex: Historische Urteilsbildung. In: Michele Barricelli/Martin Lücke (Hrsg.): Handbuch Praxis des Geschichtsunterrichts, Bd. 1, Schwalbach/Ts. 2012, S. 316–325.

Becker, Georg E.: Planung von Unterricht. Handlungsorientierte Didaktik Teil 1, 6., unveränderte Auflage, Weinheim/Basel 1994.

Beineke, John A.: Teaching History to Adolescents: A Quest for Relevance, New York u. a. 2011.

Bergmann, Klaus/Rohrbach, Rita: Chance Geschichtsunterricht. Eine Praxisanleitung für den Notfall, für Anfänger und Fortgeschrittene, Schwalbach/Ts. 2013.

Berliner, David C.: Der Experte im Lehrerberuf: Forschungsstrategien und Ergebnisse. In: Unterrichtswissenschaft 15/3 (1987), S. 295–305.

Berliner, David C.: Learning about and learning from expert teachers. In: International Journal of Educational Research 35/5 (2001), S. 463–482.

Berliner, David C.: The nature of expertise in teaching. In: F. K. Oser/A. Dick/J.-L. Patry (Hrsg.): Effective and responsible teaching: The new synthesis, San Francisco 1992.

Berliner, David C.: Teacher Expertise. In: Torsten Husen/T.N. Postlethwait (Hrsg.): The international encyclopedia of education, Vol. 10, London 1994, S. 6020–6026.

Bernhardt, Markus: Erarbeitung. In: Ulrich Mayer/Hans-Jürgen Pandel/Gerhard Schneider (Hrsg.): Handbuch Methoden im Geschichtsunterricht, 4. Auflage, Schwalbach/Ts. 2013, S. 619–633.

Bernhardt, Markus/Gautschi, Peter/Mayer, Ulrich: Historisches Lernen angesichts neuer Kerncurricula. Hessisches Kultusministerium. Institut für Qualitätsentwicklung, 2011. Online unter: http://www.iq.hessen.de/irj/IQ_Internet?cid=073ad5a3453309ae27fa8c8176b912ef. (besucht am 02.02.2016)

Bertschi-Kaufmann, Andrea: Organisationsstrukturen und Kulturen der LehrerInnenbildung – Kommentar. In: Erziehungswissenschaft 22/43 (2011), S. 71–76.

Binnenkade, Alexandra/Gautschi, Peter: Didaktisches Konzept des Lehrmittels »Menschen in Zeit und Raum«. Das Theoriekonzept von »FUER Geschichtsbewusstsein« als Horizont. In: Zeitschrift für Geschichtsdidaktik 2 (2003), S. 197–212.

Blömeke, Sigrid: Forschung zur Lehrerbildung im internationalen Vergleich. In: Ewald Terhart/Hedda Bennewitz/Martin Rothland (Hrsg.): Handbuch der Forschung zum Lehrberuf, Münster 2011, S. 345–361.

Blömeke, Sigrid: Lehrerausbildung in Deutschland. In: PÄD Forum: unterrichten erziehen 37,38/1 (2009), S. 5–8.

Blömeke, Sigrid: Qualitativ – quantitativ, induktiv – deduktiv, Prozess – Produkt, national – international. Zur Notwendigkeit multikriterialer und multiperspektivischer Zugänge in der Lehrerbildungsforschung. In Manfred Lüders (Hrsg.): Forschung zur Lehrerbildung, Münster 2007, S. 13–36.

Blömeke, Sigrid: Teacher Education and Development Study: Learning to Teach (TEDS-LT) – Erfassung von Lehrerkompetenzen in gering strukturierten Domänen. In: Dies./ Albert Bremerich-Vos/Helga Haudeck/Gabriele Kaiser/Günther Nold/Knut Schwippert/Heiner Willenberg (Hrsg.): Kompetenzen von Lehramtsstudierenden in gering strukturierten Domänen. Erste Ergebnisse aus TEDS-LT, Münster 2011, S. 7–24.

Blömeke, Sigrid: Voraussetzungen bei der Lehrperson. In: Karl-Heinz Arnold/Uwe Sandfuchs/Jürgen Wiechmann (Hrsg.): Handbuch Unterricht, 2., aktualisierte Auflage, Bad Heilbrunn/Stuttgart 2009, S. 122–126.

Blömeke, Sigrid/Kaiser, Gabriele/Lehmann, Rainer (Hrsg.): Professionelle Kompetenz angehender Lehrerinnen und Lehrer. Wissen, Überzeugungen und Lerngelegenheiten deutscher Mathematikstudierender und -referendare. Erste Ergebnisse zur Wirksamkeit der Lehrerausbildung, Münster 2008.

Blömeke, Sigrid/König, Johannes: Profile im Professionswissen zur Unterrichtsplanung bei Sekundarstufenlehrkräften. In: K.-H. Arnold/T. Bohl/S. Hopmann/B. Hudson/E. Kiel/H. Kiper/B. Koch-Priewe/K. Reussner/N. Seel/K. Zierer (Hrsg.): Jahrbuch für Allgemeine Didaktik, Baltmannsweiler 2011, S. 11–30.

Blömeke, Sigrid/Paine, Lynn/Houang, Richard/Hsieh, Feng-Jui/Schmidt, William/Tatto M. Teresa/Bankov, Kiril/Cedillo, Tenoch/Cogan, Leland/Han, Shin Il/Santillan, Marcella/Schwille, John: Future teachers' competence to plan a lesson: first results of a six-country study on the efficiency of teacher education. In: ZDM: the international journal on mathematics education 40/5 (2008), S. 749–762.

Blömeke, Sigrid/Suhl, Ute: Modellierung von Lehrerkompetenzen. Nutzung unterschiedlicher IRT-Skalierungen zur Diagnose von Stärken und Schwächen deutscher Referendarinnen und Referendare im internationalen Vergleich. In: Erziehungswissenschaft 13 (2010), S. 473–505.

Blüthmann, I/Lepa, S/Thiel, F.: Überfordert, Verwählt, Enttäuscht oder Strategisch? Eine Typologie vorzeitig exmatrikulierter Bachelorstudierender. In: Zeitschrift für Pädagogik 58/1 (2012), S. 89–108.

Blumberg, Eva: Ziele festlegen und formulieren. In: Sandra Tänzer/Roland Lauterbach (Hrsg.): Sachunterricht begründet planen. Bedingungen, Entscheidungen, Modelle, Bad Heilbrunn 2010, S. 100–111.

Bodensohn, R./Balzer, L./Frey, A. (Hrsg.): Diagnose von beruflichen Kompetenzen in der Lehrerausbildung – das Projekt VERBAL, Landau 2008.

Bölling, Rainer: Richtlinieninflation im 20. Jahrhundert. In: Geschichte in Wissenschaft und Unterricht 57/9 (2006), S. 534–539.

Böttcher, Bernhard/Bunnenberg, Christian/Ebert, Tobias/Wolff, Vera/Böving, Cornelia/Illig, Jana/Schimmel, Georg/Stemper, Katrin: Unterrichtseinstiege – Geschichte: Unterrichtseinstiege für die Klassen 5–12, Berlin 2013.

Bogner, Alexander/Menz, Wolfgang: Das theoriegenerierende Experteninterview. In: Alexander Bogner/Beate Littig/Wolfgang Menz: Experteninterviews, Theorien, Methoden, Anwendungsfelder, 3., grundlegend überarbeitete Auflage, Wiesbaden 2009, S. 61–98.

Bogner, Alexander/Menz, Wolfgang: Experteninterviews in der qualitativen Sozialforschung. Zur Einführung in eine sich intensivierende Methodendebatte. In: Alexander Bogner/Beate Littig/Wolfgang Menz: Experteninterviews, Theorien, Methoden, Anwendungsfelder, 3., grundlegend überarbeitete Auflage, Wiesbaden 2009, S. 7–31.

Bohl, Thorsten/Grunder, Hans-Ulrich/Kansteiner-Schänzlin, Katja/Kleinknecht, Marc/Pangh, Claudia/Wacker, Albrecht/Weingardt, Martin: Einleitung. In: Dies. (Hrsg.): Lernende in der Hauptschule. Ein Blick auf die Hauptschule nach PISA, Hohengehren 2003, S. 3–14.

Bohnsack, Fritz: Persönlichkeitsbildung von Lehrerinnen und Lehrern. In: Sigrid Blömeke/Peter Reinhold/Gerhard Tulodziecki/Johannes Wildt (Hrsg.): Handbuch Lehrerbildung, Bad Heilbrunn 2004, S. 152–164.

Bongertmann, Ulrich: Der neue Weg zum Geschichtslehrer in Mecklenburg-Vorpommern. In: geschichte für heute 1 (2012), S. 70–73.

Borries, Bodo von: Alters- und Schulstufendifferenzierung, In: Ulrich Mayer/Hans-Jürgen Pandel/Gerhard Schneider (Hrsg.): Handbuch Methoden im Geschichtsunterricht, 4. Auflage, Schwalbach/Ts. 2013, S. 113–134.

Borries, Bodo von: Beobachtungen zum Stand der empirischen Geschichtsdidaktik. In: Jan Hodel/Béatrice Ziegler (Hrsg.): Forschungswerkstatt Geschichtsdidaktik 09. Beiträge zur Tagung »geschichtsdidaktik empirisch 09«, Bern 2011, S. 317–322.

Borries, Bodo von: Das Fach Geschichte im Spannungsfeld von Stoffkanon und Kompetenzentwicklung. In: Ders.: Lebendiges Geschichtslernen, Schwalbach/Ts. 2004, S. 138–168.

Borries, Bodo von: Historisch Denken lernen – Welterschließung statt Epochenüberblick. Geschichte als Unterrichtsfach und Bildungsaufgabe, Opladen/Farmington Hills 2008.

Borries, Bodo von: Historische Kompetenzen von Lehramtsstudierenden – explorative Befunde. In: Jan Hodel/Monika Waldis/Béatrice Ziegler (Hrsg.): Forschungswerkstatt Geschichtsdidaktik 12. Beiträge zur Tagung »geschichtsdidaktik empirisch 12«, Bern 2013, S. 29–47.

Borries, Bodo von: Nicht-nur-kognitive Lernziele. In: Michele Barricelli/Martin Lücke (Hrsg.): Handbuch Praxis des Geschichtsunterrichts, Bd. 1, Schwalbach/Ts. 2012, S. 422–438.

Borries, Bodo von: Jugend und Geschichte: Ein europäischer Kulturvergleich aus deutscher Sicht, Opladen 1999.

Borries, Bodo von: »Kompetenzmodell« und »Kerncurriculum«. In: Andreas Körber/Waltraud Schreiber/Alexander Schöner (Hrsg.): Kompetenzen historischen Denkens.

Ein Strukturmodell als Beitrag zur Kompetenzorientierung in der Geschichtsdidaktik, Neuried 2007, S. 334–360.

Borries, Bodo von: Lehrereinstellungen und Unterrichtswirkungen. In: Ders.: Das Geschichtsbewusstsein Jugendlicher. Erste repräsentative Untersuchung über Vergangenheitsdeutungen, Gegenwartswahrnehmungen und Zukunftserwartungen von Schülerinnen und Schülern in Ost- und Westdeutschland, Weinheim/München 1995, S. 277–344.

Borries, Bodo von: Überlegungen zu einem doppelten – und fragmentarischen – Durchgang im Geschichtsunterricht der Sek I. In: Geschichte in Wissenschaft und Unterricht 52/2 (2001), S. 76–90.

Borries, Bodo von: Unterrichtsplanung – Artikulationsschemata – Lehrervorbereitung. In: Michele Barricelli/Martin Lücke (Hrsg.): Handbuch Praxis des Geschichtsunterrichts, Bd. 2, Schwalbach/Ts. 2012, S. 181–201.

Borries, Bodo von: Wie wirken Schulbücher in den Köpfen der Schüler? Empirie am Beispiel des Faches Geschichte. In: Eckhardt Fuchs/Joachim Kahlert/Uwe Sandfuchs (Hrsg.): Schulbuch konkret, Bad Heilbrunn 2010, S. 102–117.

Borries, Bodo von: Zur Entwicklung historischer Kompetenzen bis zur Sekundarstufe II. In: Bernd Schönemann/Hartmut Voit (Hrsg.): Von der Einschulung bis zum Abitur. Prinzipien und Praxis des historischen Lernens in den Schulstufen, Idstein 2002, S. 112–127.

Borries, Bodo von/Fischer, Claudia/Leutner-Ramme, Sibylla/Meyer-Hamme, Johannes: Schulbuchverständnis, Richtlinienbenutzung und Reflexionsprozesse im Geschichtsunterricht. Eine qualitative-quantitative Schüler- und Lehrerbefragung im Deutschsprachigen Bildungswesen 2002, Neuried 2005.

Born, Nicky: Unterrichtsplanung. In: Ulrich Mayer/Hans-Jürgen Pandel/Gerhard Schneider u. a. (Hrsg.): Wörterbuch Geschichtsdidaktik, 3. Auflage, Schwalbach/Ts. 2014, S. 191–192.

Bovet, Gislinde/Huwendiek, Volker (Hrsg.): Leitfaden Schulpraxis. Pädagogik und Psychologie für den Lehrberuf, 5., überarbeitete Auflage, Berlin 2004.

Brauch, Nicola/Bihrer, Andreas: Die Wikinger als Lernanlass in der Geschichtslehrerbildung. In: Zeitschrift für Geschichtsdidaktik 10 (2011), S. 117–130.

Bremerich-Vos, Albert/Dämmer, Jutta/Willenberg, Heiner/Schwippert, Knut: Professionelles Wissen von Studierenden des Lehramts Deutsch. In: Sigrid Blömeke/Albert Bremerich-Vos/Helga Haudeck/Gabriele Kaiser/Günther Nold/Knut Schwippert/Heiner Willenberg (Hrsg.): Kompetenzen von Lehramtsstudierenden in gering strukturierten Domänen. Erste Ergebnisse aus TEDS-LT, Münster. 2011, S. 47–76.

Bromme, Rainer: Das Denken von Lehrern bei der Unterrichtsvorbereitung. Eine empirische Untersuchung zu kognitiven Prozessen von Mathematiklehrern, Weinheim/Basel 1981.

Bromme, Rainer: Der Lehrer als Experte. Zur Psychologie des professionellen Wissens, Bern u. a. 1992.

Bromme, Rainer: Kompetenzen, Funktionen und unterrichtliches Handeln des Lehrers. In: Franz E. Weinert (Hrsg.): Psychologie des Unterrichts und der Schule (Enzyklopädie der Psychologie, Bd. 3), Göttingen 1997, S. 177–212.

Bromme, Rainer: Lehrerexpertise. In: Wolfgang Schneider/Marcus Hasselhorn (Hrsg.): Handbuch der Pädagogischen Psychologie, Göttingen 2008, S. 159–167.

Bromme, Rainer: Was sind Routinen im Lehrerhandeln? Eine Begriffsklärung auf der Grundlage neuerer Ergebnisse der Problemlöseforschung. In: Unterrichtswissenschaft 13/2 (1985), S. 182-192.

Bromme, Rainer/Haag, Ludwig, Forschung zur Persönlichkeit. In: Werner Helsper/Jeanette Böhme (Hrsg.): Handbuch der Schulforschung, Wiesbaden 2004, S. 777-793.

Bromme, Rainer/Hörnberg, Eckhard: Die andere Hälfte des Arbeitstages. Interviews mit Mathematiklehrern über alltägliche Unterrichtsvorbereitung, Bielefeld 1980.

Bromme, Rainer/Kienhues, Dorothe: Epistemologische Überzeugungen: Was wir von (natur-)wissenschaftlichem Wissen erwarten können. In: J. Zumbach/H. Mandl (Hrsg.): Pädagogische Psychologie in Theorie und Praxis. Ein fallbasiertes Lehrbuch, Göttingen 2007, S. 193–203.

Bromme, Rainer/Rambow, Riklef: Experten-Laien-Kommunikation als Gegenstand der Expertiseforschung: Für eine Erweiterung des psychologischen Bildes vom Experten. In: R. K. Silbereisen/M. Reitzle (Hrsg.): Psychologie 2000. Bericht über den 42. Kongress der Deutschen Gesellschaft für Psychologie in Jena 2000, 2001, S. 541–550.

Bromme, Rainer/Rheinberg, Falko/Minsel, Beate/Winteler, Adi/Weidemann, Bernd: Lehrende in Schulen. In: Andreas Krapp/Bernd Weidenmann: Pädagogische Psychologie, Weinheim 2006, S. 296–334.

Bromme, Rainer/Seeger, Falk: Unterrichtsplanung als Handlungsplanung. Eine psychologische Einführung in die Unterrichtsvorbereitung, Königsstein 1979.

Bronder, Dietmar J.: Einführung. In: Ders./Heinz-Jürgen Ipfling/Karl G. Zenke: Handbuch Hauptschulbildungsgang, Bd. 2: Praxisberichte, Bad Heilbrunn 1999, S. 112–115.

Bruder, Simone/Klug, Julia/Hertel, Silke/Schmitz, Bernhard: Modellierung der Beratungskompetenz von Lehrkräften. In: Zeitschrift für Pädagogik 56 (2010), S. 274–285.

Brüning, Christina: Die Verwendung von Textquellen im Geschichtsunterricht. In: Michele Barricelli/Martin Lücke (Hrsg.): Handbuch Praxis des Geschichtsunterrichts, Bd. 2, Schwalbach/Ts. 2012, S. 92–107.

Brunner, Martin/Kunter, Mareike/Krauss, Stefan/Baumert, Jürgen/Blum, Werner/Dubberke, Thamar/Jordan, Alexander/Klusmann, Uta/Tsai, Yi-Miau/Neubrand, Michael: Welche Zusammenhänge bestehen zwischen dem fachspezifischen Professionswissen von Mathematiklehrkräften und ihrer Ausbildung sowie beruflichen Fortbildung? In: Zeitschrift für Erziehungswissenschaft 9/4 (2006), S. 521–544.

Buck, Thomas Martin: Historisches Lernen im Sachunterricht der Primarstufe. In: Michele Barricelli/Martin Lücke (Hrsg.): Handbuch Praxis des Geschichtsunterrichts, Bd. 1, Schwalbach/Ts. 2012, S. 160–166.

Buck, Thomas Martin: Lebenswelt- und Gegenwartsbezug. In: Michele Barricelli/Martin Lücke (Hrsg.): Handbuch Praxis des Geschichtsunterrichts, Bd. 1, Schwalbach/Ts. 2012, S. 289–301.

Buck, Thomas Martin: Themenbestimmung für historisches Lernen im Sachunterricht der Primarstufe. In: Michele Barricelli/Martin Lücke (Hrsg.): Handbuch Praxis des Geschichtsunterrichts, Bd. 1, Schwalbach/Ts. 2012, S. 367–377.

Carle, Ursula: Mein Lehrplan sind die Kinder. Eine Analyse der Planungstätigkeit von Lehrerinnen und Lehrern an Förderschulen, Weinheim 1995.

Chi, M.T.H./Glaser, R./Farr, M.: The Nature of Expertise, Erlbaum 1988.

Clark, Christopher M./Peterson, Penelope L.: Teachers' thought processes. In: M. C. Wittrock (Hrsg.): Handbook of research on teaching, 3. Auflage, New York 1986, S. 255–296.

Clark, Christopher M./Yinger, Robert M.: Three Studies of teacher planning. In: Research series/Institute for Research on Teaching, Michigan State University, No. 55, 1979, S. 1–31. Online unter: http://education.msu.edu/irt/PDFs/ResearchSeries/rs055.pdf. (besucht am 02.02.2016)

Cloer, Ernst: Veränderte kindliche Lebenswelten – Auswirkungen auf den Hauptschulbildungsgang. In: Dietmar J. Bronder/Heinz-Jürgen Ipfling/Karl G. Zenke: Handbuch Hauptschulbildungsgang, Bd. 1: Grundlegung, Bad Heilbrunn 1998, S. 73–89.

Conrad, Franziska: »Alter Wein in neuen »Schläuchen« oder »Paradigmawechsel«. In: Geschichte in Wissenschaft und Unterricht 63 (2012), S. 302–323.

Conrad, Franziska: Vom Lehrplan zum Schulcurriculum. In: Michele Barricelli/Martin Lücke (Hrsg.): Handbuch Praxis des Geschichtsunterrichts, Bd. 2, Schwalbach/Ts. 2012, S. 386–400.

Conrad, Franziska/Ott, Elisabeth: Didaktische Analyse. In: Ulrich Mayer/Hans-Jürgen Pandel/Gerhard Schneider (Hrsg.): Handbuch Methoden im Geschichtsunterricht, 4. Auflage, Schwalbach/Ts. 2012, S. 561–576.

Czerwenka, Kurt/Nölle, Karin: Forschung zur ersten Phase der Lehrerbildung. In: Ewald Terhart/Hedda Bennewitz/Martin Rothland (Hrsg.): Handbuch der Forschung zum Lehrberuf, Münster 2011, S. 362–380.

Dann, Hanns-Dietrich/Diegritz, Theodor/Rosenbusch, H. S.: Gruppenunterricht im Schulalltag. Realität und Chancen, Erlangen 1999.

Daschner, Peter: Lehrerfort- und weiterbildung. Professionalisierung im Kontext der Lehrerbildung. In: Sigrid Blömeke u. a. (Hrsg.): Handbuch Schule. Theorie – Organisation – Entwicklung, Bad Heilbrunn/Stuttgart 2009, S. 490–494.

Daumüller, Markus: Einstellungen und Haltungen von Fachlehrerinnen und Fachlehrern. In: Michele Barricelli/Martin Lücke (Hrsg.): Handbuch Praxis des Geschichtsunterrichts, Bd. 2, Schwalbach/Ts. 2012, S. 370–385.

Demantowsky, Marko: Unterrichtsmethodische Strukturierungskonzepte. In: Hilke Günther-Arndt (Hrsg.): Geschichts-Methodik, 4. Auflage, Berlin 2012, S. 63–76.

Demantowsky, Marko: Zur Sozialisation von Geschichtslehrerinnen und Geschichtslehrern. Einführung. In: Susanne Popp/Michael Sauer/Bettina Alavi/Marko Demantowsky/Alfons Kenkmann (Hrsg.): Zur Professionalisierung von Geschichtslehrerinnen und Geschichtslehrern. Nationale und Internationale Perspektiven, Göttingen 2013, S. 133–138.

Ditton, Hartmut: Unterrichtsqualität. In: Karl-Heinz Arnold/Uwe Sandfuchs/Jürgen Wiechmann (Hrsg.): Handbuch Unterricht, 2., aktualisierte Auflage, Bad Heilbrunn/Stuttgart 2009, S. 235–243.

Dreyfus, H.L./Dreyfus, S.E.: Mind over Machine, New York 1986.

Duncker, Ludwig: Die relative Eigenständigkeit der Hauptschulbildung. In: Ders. (Hrsg.): Konzepte für die Hauptschule. Ein Bildungsgang zwischen Konstruktion und Kritik, Bad Heilbrunn 2003, S. 15–35.

Ehlers, Holger/Jude, Nina/Klieme, Eckhard/Helmke, Andreas/Eichler, Wolfgang/Willenberg, Heiner/Klieme, Eckhard: Soziodemografische und fachdidaktisch relevante Merkmale von Deutsch-Lehrpersonen. In: DESI-Konsortium (Hrsg.): Unterricht und

Kompetenzerwerb in Deutsch und Englisch. Ergebnisse der DESI-Studie, Weinheim 2008, S. 313–318.

Eisele-Brauch, Nicola/Deschner, Annette: Bilingualer Unterricht im Sachfach Geschichte. In: Zeitschrift für Geschichtsdidaktik 9 (2010), S. 98–109.

Erbar, Ralph: Allgemeine und spezifische Sozial- und Arbeitsformen. In: Michele Barricelli/Martin Lücke (Hrsg.): Handbuch Praxis des Geschichtsunterrichts, Bd. 2, Schwalbach/Ts. 2012, S. 11–23.

Evans, Ronald: Teacher conceptions of history, in: Theory and Research in Social Education 17/3 (1989), S. 210–240.

Fenn, Monika: Implizite Theorien von Studierenden der Geschichtsdidaktik als wichtige Komponente der Entwicklung von Lehrerkompetenzen – die Relevanz der Sprache. In: Saskia Handro/Bernd Schönemann (Hrsg.): Geschichte und Sprache, Münster 2010, S. 79–92.

Fenn, Monika: Modifikation subjektiver Theorien von Studierenden über Lehren und Lernen im Geschichtsunterricht. In: Jan Hodel/Béatrice Ziegler (Hrsg.): Forschungswerkstatt Geschichtsdidaktik 09. Beiträge zur Tagung »geschichtsdidaktik empirisch 09«, Bern 2011, S. 83–92.

Fink, Matthias: Jugendliche in erschwerten Lebenslagen – Beschreibungen und Deutungen im Spiegel empirischer Forschungsbefunde. In: Ludwig Duncker (Hrsg.): Konzepte für die Hauptschule. Ein Bildungsgang zwischen Konstruktion und Kritik, Bad Heilbrunn 2003, S. 200–211.

Fischler, Helmut: Verfahren zur Erfassung von Lehrer-Vorstellungen zum Lehren und Lernen in den Naturwissenschaften. In: Zeitschrift für Didaktik der Naturwissenschaften 7 (2001), S. 105–120.

Flick, Uwe: Interviews in der qualitativen Evaluationsforschung. In: Ders. (Hrsg.): Qualitative Evaluationsforschung – Konzepte, Methoden, Anwendungen, Reinbek 2006, S. 214–232.

Flick, Uwe: Triangulation. Eine Einführung, 3., aktualisierte Auflage, Wiesbaden 2011.

Floden, Robert E./Clark, Christopher M.: Lehrerausbildung als Vorbereitung auf Unsicherheit. In: Ewald Terhart: Unterrichten als Beruf. Neuere amerikanische und englische Arbeiten zur Berufskultur und Berufsbiographie von Lehrerinnen und Lehrern, Köln 1991, S. 191–210.

Frey, Andreas: Die Kompetenzstrukturen von Studierenden in der ersten und zweiten Phase der Lehrerbildung – ein nationaler und internationaler Vergleich, Landau 2005.

Frey, Andreas: Methoden und Instrumente zur Diagnose beruflicher Kompetenzen von Lehrkräften – eine erste Standortbestimmung zu bereits publizierten Instrumenten. In: Cristina Allemann-Ghionda/Ewald Terhart (Hrsg.): Kompetenzen und Kompetenzentwicklung von Lehrerinnen und Lehrern: Ausbildung und Beruf, Weinheim/Basel 2006, S. 30–46.

Frey, Andreas/Jung, Claudia: Kompetenzmodelle und Standards in Lehrerbildung und Lehrerberuf. In: Ewald Terhart/Hedda Bennewitz/Martin Rothland (Hrsg.): Handbuch der Forschung zum Lehrberuf, Münster 2011, S. 540–572.

Fritz, Gerhard (Hrsg.): Geschichte und Fachdidaktik. Bd. 2: Ein Studienbuch für Studierende Grund-, Haupt- und Realschule. Einführung in das Geschichtsstudium an Pädagogischen Hochschulen, Stuttgart 2012.

Fröhlich, Klaus: Schulbucharbeit. In: Klaus Bergmann: Handbuch der Geschichtsdidaktik, 5. Auflage, Seelze 1997, S. 422–429.

Fuller, Frances F./Brown, Oliver H.: Becoming a teacher. In: Kevin Ryan (Hrsg.): Teacher Education. 74th Yearbook of the National Society for the Study of Education. Part 2, Chicago, 1975, S. 25–52.

Gautschi, Peter: Auf der Suche nach »gutem« Geschichtsunterricht: Triangulation der Urteile von Lernenden, Lehrenden und Expertinnen, Experten. In: Jan Hodel/Béatrice Ziegler (Hrsg.): Forschungswerkstatt Geschichtsdidaktik 09, Bern 2011, S. 282–292.

Gautschi, Peter: Geschichte lehren, Lernwege und Lernsituationen für Jugendliche, 5. Auflage, Zürich 2012.

Gautschi, Peter: Geschichtslehrmittel. Wie sie entwickelt werden und was von ihnen erwartet wird. In: Zeitschrift für Geschichtsdidaktik, Jahresband 2006, S. 178–208.

Gautschi, Peter: Geschichtsunterricht erforschen – eine aktuelle Notwendigkeit. In: Ders./Daniel Moser/Kurt Reusser/Pit Wiher (Hrsg.): Geschichtsunterricht heute. Eine empirische Analyse ausgewählter Aspekte, Bern 2007, S. 21–47.

Gautschi, Peter: Guter Geschichtsunterricht. Grundlagen. Erkenntnisse, Hinweise, Schwalbach/Ts. 2009.

Gautschi, Peter: Lernumgebungen zur Ausdifferenzierung des Geschichtsbewusstseins. In: Bernd Schönemann/Hartmut Voit (Hrsg.): Von der Einschulung bis zum Abitur. Prinzipien und Praxis des historischen Lernens in den Schulstufen, Idstein 2002, S. 66–83.

Gautschi, Peter/Barth, Karin/Utz, Hans: »Überlegt mal, was da los ist!« Kriteriengeleitete Beurteilung von Geschichtsunterricht«. In: Johannes Meyer-Hamme/Holger Thünemann/Meik Zülsdorf-Kersting (Hrsg.): Was heißt guter Geschichtsunterricht? Perspektiven im Vergleich, Schwalbach/Ts. 2012, S. 73–95.

Gautschi, Peter/Bernhardt, Markus/Mayer, Ulrich: Guter Geschichtsunterricht – Prinzipien. In: Michele Barricelli/Martin Lücke (Hrsg.): Handbuch Praxis des Geschichtsunterrichts, Bd. 1, Schwalbach/Ts. 2012, S. 326–348.

Gehrmann, Axel: Beruf, Rolle und Professionalität von Lehrern. In: Karl-Heinz Arnold/Uwe Sandfuchs/Jürgen Wiechmann (Hrsg.): Handbuch Unterricht, 2., aktualisierte Auflage, Bad Heilbrunn/Stuttgart 2009, S. 609–617.

Georgi, Viola B./Ohliger, Rainer: Crossover Geschichte: Historisches Bewusstsein Jugendlicher in der Einwanderungsgesellschaft, Hamburg 2009.

Geschichte lernen 131 (2009): Differenzierung.

Geschichte lernen 137 (2010): Einstiege.

Geschichte lernen 139 (2011): Kompetenzorientiert unterrichten.

Gesellschaft für Fachdidaktik: Zuordnungstabelle von Kompetenzformulierungen, 2005. Online unter http://zlb.uni-due.de/node/111. (besucht am 02.02.2016)

Gies, Horst: Geschichte, Geschichtslehrer, Geschichtsunterricht. Studien zum historischen Lehren und Lernen in der Schule, Weinheim 1998.

Gies, Horst: Geschichtsunterricht. Ein Handbuch zur Unterrichtsplanung, Köln/Weimar/Wien 2004.

Gläser, Jochen/Laudel, Grit: Experteninterviews und qualitative Inhaltsanalyse, 4. Auflage, Wiesbaden 2010.

Gläser-Zikuda, Michaela/Fuß, Stefan: Lehrerkompetenzen und Schüleremotionen: Wie nehmen Lernende ihre Lehrkräfte emotional wahr? In: Michaela Gläser-Zikuda/Jürgen

Seifried (Hrsg.): Lehrerexpertise – Analyse und Bedeutung unterrichtlichen Handelns, Münster 2008, S. 113–145.

Godemann, Jasmin/Stoltenberg, Ute: Subjektive Theorien und biographische Erfahrungen im Professionalisierungsprozess von Lehrkräften – am Beispiel von Umweltbildung. In: Andreas Hartinger/Maria Fölling-Albers (Hrsg.): Lehrerkompetenzen für den Sachunterricht, Bad Heilbrunn 2004, S. 67–78.

Gonschorek, Gernot/Schneider, Susanne: Einführung in die Schulpädagogik und die Unterrichtsplanung, 6., aktualisierte Auflage, Donauwörth 2009.

Grell, Jochen/Grell, Monika: Unterrichtsrezepte, 12., neu ausgestattete Auflage, Weinheim u. a. 2010.

Groeben, Norbert/Wahl, Diethelm/Schlee, Jörg/Scheele, Brigitte (Hrsg.): Das Forschungsprogramm Subjektive Theorien: eine Einführung in die Psychologie des reflexiven Subjekts, Tübingen 1988.

Gropengießer, Harald: Qualitative Inhaltsanalyse in der fachdidaktischen Lehr-Lernforschung. In: Philipp Mayring/Michaela Gläser-Zikuda (Hrsg.): Die Praxis der Qualitativen Inhaltsanalyse, Weinheim/Basel 2005, S. 172–189.

Grosch, Waldemar: Der Einsatz digitaler Medien in historischen Lernprozessen. In: Michele Barricelli/Martin Lücke (Hrsg.): Handbuch Praxis des Geschichtsunterrichts, Bd. 2, Schwalbach/Ts. 2012, S. 125–145.

Grossman, P./Hammerness, K./McDonald, M.: Redefining teacher: Re-imagining teacher education, Teachers and teaching: Theory and practice 15/2 (2009), S. 273–290.

Gruber, Hans: Kompetenzen von Lehrerinnen und Lehrern – Ein Blick aus der Expertiseforschung. In: Andreas Hartinger/Maria Fölling-Albers: Lehrerkompetenzen für den Sachunterricht, Bad Heilbrunn 2004, S. 21–33.

Grunder, Hans-Ulrich/Ruthemann, Ursula/Scherer, Stefan/Singer, Peter/Vettinger, Heinz: Unterricht verstehen – planen – gestalten – auswerten, 2., überarbeitete Auflage, Hohengehren 2010.

Gruschka, Andreas: Die Bedeutung fachlicher Kompetenz für den Unterrichtsprozess – ergänzende Hinweise aus der rekonstruktionslogischen Unterrichtsforschung. In: Pädagogische Korrespondenz 38 (2008), S. 44–79.

Günther-Arndt, Hilke: Auf dem Weg zur Tradition? Zur Tagung »geschichtsdidaktik empirisch 09« in Basel. In: Jan Hodel/Béatrice Ziegler (Hrsg.): Forschungswerkstatt Geschichtsdidaktik 09. Beiträge zur Tagung »geschichtsdidaktik empirisch 09«, Bern 2011, S. 312–316.

Günther-Arndt, Hilke: Auf der Suche nach Qualitätsmerkmalen guten Geschichtsunterrichts – Eine vergleichende Betrachtung. In: Johannes Meyer-Hamme/Holger Thünemann/Meik Zülsdorf-Kersting (Hrsg.): Was heißt guter Geschichtsunterricht? Perspektiven im Vergleich, Schwalbach/Ts. 2012, S. 213–236.

Günther-Arndt, Hilke: Historisches Lernen und Wissenserwerb. In: Dies. (Hrsg.): Geschichts-Didaktik. Praxishandbuch für die Sekundarstufe I und II, 6. Auflage, Berlin 2011, S. 23–47.

Günther-Arndt, Hilke: Methodik des Geschichtsunterrichts. In: Dies. (Hrsg.): Geschichts-Didaktik. Praxishandbuch für die Sekundarstufe I und II, 6. Auflage, Berlin 2011, S. 151–196.

Haag, Ludwig/Hopperdietzel, Hartmut: Gymnasium. In: Sigrid Blömeke u.a. (Hrsg.): Handbuch Schule. Theorie – Organisation – Entwicklung, Bad Heilbrunn/Stuttgart 2009, S. 253–261.

Haag, Ludwig/Lohrmann, Katrin: Lehrerhandeln: Lehrerkognitionen und Lehrerexpertise. In: Karl-Heinz Arnold/Uwe Sandfuchs/Jürgen Wiechmann (Hrsg.): Handbuch Unterricht, 2., aktualisierte Auflage, Bad Heilbrunn/Stuttgart 2009, S. 617–626.

Haesing, Petra: Fächerübergreifender Unterricht in der gymnasialen Oberstufe aus Sicht der Lehrenden. Eine Qualitative Studie, Kassel 2009.

Hartinger, Andreas/Kleickmann, Thilo/Hawelka, Birgit: Der Einfluss von Lehrervorstellungen zum Lernen und Lehren auf die Gestaltung des Unterrichts und motivationale Schülervariablen. In: Zeitschrift für Erziehungswissenschaft 9 (2006), S. 110–126.

Hasberg, Wolfgang: Analytische Wege zu besserem Geschichtsunterricht. Historisches Denken im Handlungszusammenhang Geschichtsunterricht. In: Johannes Meyer-Hamme/Holger Thünemann/Meik Zülsdorf-Kersting (Hrsg.): Was heißt guter Geschichtsunterricht? Perspektiven im Vergleich, Schwalbach/Ts. 2012, S. 137–160.

Hasberg, Wolfgang: Im Schatten von Theorie und Pragmatik – Methodologische Aspekte empirischer Forschung in der Geschichtsdidaktik. In: Zeitschrift für Geschichtsdidaktik, Jahresband 2007, S. 9–40.

Hasberg, Wolfgang: Historiker oder Pädagoge? Geschichtslehrer im Kreuzfeuer der Kompetenzdebatte. In: Zeitschrift für Geschichtsdidaktik 9 (2010), Göttingen, S. 159–179.

Hascher, Tina: Forschung zur Wirksamkeit der Lehrerbildung. In: Ewald Terhart/Hedda Bennewitz/Martin Rothland (Hrsg.): Handbuch der Forschung zum Lehrberuf, Münster 2011, S. 418–440.

Heckt, Dietlinde Hedwig: Unterrichtsrelevante Wissensquellen: Didaktische Texte und Unterrichtsmaterialien. In: Karl-Heinz Arnold/Uwe Sandfuchs/Jürgen Wiechmann (Hrsg.): Handbuch Unterricht, 2., aktualisierte Auflage, Bad Heilbrunn/Stuttgart 2009, S. 75–80.

Heil, Werner: Kompetenzorientierter Geschichtsunterricht, 2., vollständig überarbeitete Auflage, Stuttgart 2012.

Heimann, Paul/Otto, Gunter/Schulz, Wolfgang: Unterricht – Analyse und Planung, Hannover 1965.

Heinrich, Martin: Rezeptedidaktik in der LehrerInnenbildung? Kritik und Würdigung einer pädagogischen (Un-)Praxis. In: Christian Kraler/Michael Schratz (Hrsg.): Ausbildungsqualität und Kompetenz im Lehrerberuf, Wien 2007, S. 140–156.

Heinßen, Johannes: Hauptproblem Didaktisierung. Einblicke in eine Geschichtsstunde unterhalb von Kompetenzdebatte und Curriculumsstreit. In: Johannes Meyer-Hamme/Holger Thünemann/Meik Zülsdorf-Kersting (Hrsg.): Was heißt guter Geschichtsunterricht? Perspektiven im Vergleich, Schwalbach/Ts. 2012, S. 175–196.

Heller, Albert: Die Krise der Hauptschule – Plädoyer für eine Schule des praktischen Lernens. In: Hauptschulzentrum Schwäbisch Gmünd (Hrsg.): Praktisches Arbeiten in der Hauptschule, Hohengehren 1999, S. 1–12.

Helmke, Andreas: Unterrichtsqualität und Lehrerprofessionalität. Diagnose, Evaluation und Verbesserung des Unterrichts, 4. Auflage, Seelze 2012.

Helmke, Andreas/Helmke, Tuyet/Schrader, Friedrich-Wilhelm/Wagner, Wolfgang/Nold, Günter/Schröder, Konrad: Soziodemografische und fachdidaktisch relevante Merkmale von Englischlehrpersonen. In: DESI-Konsortium (Hrsg.): Unterricht und Kompetenzerwerb zu Deutsch und Englisch. Ergebnisse der DESI-Studie, Weinheim 2008, S. 364–370.

Henke-Bockschatz, Gerhard: Viel benutzt, aber auch verstanden? Arbeit mit dem Schulgeschichtsbuch. In: Geschichte lernen 116 (2007), S. 40–45.

Henke-Bockschatz, Gerhard/Mehr, Christian: Professionalisierung des Lehrerhandelns am Beispiel des problemorientierten Geschichtsunterrichts. In: Susanne Popp/Michael Sauer/Bettina Alavi/Marko Demantowsky/Alfons Kenkmann (Hrsg.): Zur Professionalisierung von Geschichtslehrerinnen und Geschichtslehrern. Nationale und Internationale Perspektiven, Göttingen 2013, S. 97–116.

Henke-Bockschatz, Gerhard/Mehr, Christian: Von den Möglichkeiten historischen Verstehens im Unterricht als sozialer Praxis. In: Johannes Meyer-Hamme/Holger Thünemann/Meik Zülsdorf-Kersting (Hrsg.): Was heißt guter Geschichtsunterricht? Perspektiven im Vergleich, Schwalbach/Ts. 2012, S. 107–122.

Hensel-Grobe, Meike: Kompetenzorientierung in der Geschichtslehrerausbildung. Möglichkeiten und Grenzen der Vernetzung von Ausbildungssegmenten. In: Susanne Popp/Michael Sauer/Bettina Alavi/Marko Demantowsky/Alfons Kenkmann (Hrsg.): Zur Professionalisierung von Geschichtslehrerinnen und Geschichtslehrern. Nationale und Internationale Perspektiven, Göttingen 2013, S. 207–222.

Hericks, Uwe: Professionalisierung als Entwicklungsaufgabe. Rekonstruktionen zur Berufseingangsphase von Lehrerinnen und Lehrern, Wiesbaden 2006.

Herrmann, Ulrich: Lehrerausbildung für das Gymnasium und die Gesamtschule. In: Sigrid Blömeke/Peter Reinhold/Gerhard Tulodziecki/Johannes Wildt (Hrsg.): Handbuch Lehrerbildung, Bad Heilbrunn 2004, S. 335–350.

Hertel, Silke/Hochweber, Jan/Steinert, Brigitte/Klieme, Eckhard: Schulische Rahmenbedingungen und Lerngelegenheiten im Deutschunterricht. In: Eckhard Klieme/Cordula Artelt/Johannes Hartig/Nina Jude/Olaf Köller/Manfred Prenzel/Wolfgang Schneider/Petra Stanat (Hrsg.): PISA 2009. Bilanz nach einem Jahrzehnt Münster 2010, S. 113–151.

Hertramph, Herbert: Lehrer werden – ein Drahtseilakt? Von der Selbstdefinition zur Ko-Konstruktion beruflichen Handelns. In: Ulrich Herrmann: Wie lernen Lehrer ihren Beruf? Empirische Befunde und praktische Vorschläge, Weinheim/Basel 2002, S. 119–134.

Herzog, Silvio: Über den Berufseinstieg hinaus: Berufsbiografien von Lehrerinnen und Lehrern im Blickfeld auf die Forschung. In: Ewald Terhart/Hedda Bennewitz/Martin Rothland (Hrsg.): Handbuch der Forschung zum Lehrberuf, Münster 2011, S. 314–338.

Herzog, Werner/Makarova, Elena: Anforderungen an und Leitbilder für den Lehrberuf. In: Ewald Terhart/Hedda Bennewitz/Martin Rothland (Hrsg.): Handbuch der Forschung zum Lehrberuf, Münster 2011, S. 64–78.

Hesse, Horst: Auseinandersetzen mit Geschichte. Überlegungen zur Geschichte und ihrer Didaktik, Heinsberg 1996.

Heuer, Christian: Für eine neue Aufgabenkultur – Alternativen für historisches Lehren und Lernen an Hauptschulen. In: Zeitschrift für Geschichtsdidaktik 9 (2010), Göttingen, S. 79–97.

Hodel, Jan/Waldis, Monika: Sichtstrukturen im Geschichtsunterricht: Die Ergebnisse der Videoanalyse. In: Peter Gautschi (Hrsg.): Geschichtsunterricht heute – eine empirische Analyse ausgewählter Aspekte, Bern 2007, S. 91–142.

Hodel, Jan/Ziegler, Béatrice (Hrsg.): Einleitung. In: DIES. (Hrsg.): Forschungswerkstatt Geschichtsdidaktik 07. Beiträge zur Tagung »geschichtsdidaktik empirisch 09«, Bern 2011, S. 9–18.

Hofmann, Renate: Religionspädagogische Kompetenz. Eine empirisch-explorative Studie zur Evaluation religionspädagogischer Kompetenz von ReligionslehrerInnen, Hamburg 2008.

Hopperdietzel, Hartmut: Unterrichtsplanung. In: Ewald Kiel/Klaus Zierer (Hrsg.): Basiswissen Unterrichtsgestaltung. Unterrichtsgestaltung als Gegenstand der Praxis, Hohengehren 2011, S. 13–30.

Horn, Sabine: Kommentar zu Lehrpersonen (II) – Historische Identität. In: Jan Hodel/Béatrice Ziegler (Hrsg.): Forschungswerkstatt Geschichtsdidaktik 07. Beiträge zur Tagung »geschichtsdidaktik empirisch 09«, Bern 2011, S. 119–123.

Huber, Günter/Mandl, Heinz: Verbalisationsmethoden zur Erfassung von Kognitionen im Handlungszusammenhang. In: Dies. (Hrsg.): Verbale Daten. Eine Einführung in die Grundlagen und Methoden der Erhebung und Auswertung, 2. Auflage, Weinheim 1994, S. 11–42.

Huberman, Michael: Der berufliche Lebenszyklus von Lehrern. Ergebnisse einer empirischen Untersuchung. In: Ewald Terhart (Hrsg.): Unterrichten als Beruf. Neuere amerikanische und englische Arbeiten zur Berufskultur und Berufsbiographie von Lehrerinnen und Lehrern, Köln/Wien 1991, S. 249–267.

Hübner, Peter/Werle, Markus: Arbeitszeit und Arbeitsbelastung Berliner Lehrerinnen und Lehrer. In: Sylvia Buchen/Ursula Carle/Peter Döbrich u. a. (Hrsg.): Jahrbuch für Lehrerforschung, Bd. 1, Weinheim/München 1997, S. 203–226.

Hug, Wolfgang: Geschichtsunterricht in der Praxis der Sekundarstufe I. Befragungen, Analyse und Perspektiven, 3. Auflage, Frankfurt/M. 1985.

Ipfling, Heinz Jürgen: Hauptschule. In: Sigrid Blömeke u. a. (Hrsg.): Handbuch Schule. Theorie – Organisation – Entwicklung, Bad Heilbrunn/Stuttgart 2009, S. 236–245.

Ipfling, Heinz Jürgen: Schülerorientierung als Prinzip einer Hauptschulpädagogik. In: Dietmar J. Bronder/Heinz-Jürgen Ipfling/Karl G. Zenke: Handbuch Hauptschulbildungsgang, Bd. 1 Grundlegung, Bad Heilbrunn 1998, S. 147–159.

Ipfling, Heinz-Jürgen/Zenke, Karl G.: Zur Weiterentwicklung des Hauptschulbildungsgangs. In: Dietmar J. Bronder/Heinz-Jürgen Ipfling/Karl G. Zenke: Handbuch Hauptschulbildungsgang, Bd. 2: Praxisberichte, Bad Heilbrunn 1999, S. 363–390.

Jäger, Reinhold S.: Diagnostische Aufgaben und Kompetenzen von Lehrkräften. In: Karl-Heinz Arnold/Uwe Sandfuchs/Jürgen Wiechmann (Hrsg.): Handbuch Unterricht, 2., aktualisierte Auflage, Bad Heilbrunn/Stuttgart 2009, S. 631–638.

Jank, Werner/Meyer, Hilbert: Didaktische Modelle, 5., aktualisierte Auflage, Berlin 2010.

Jeismann, Karl-Ernst: Geschichte und Bildung. Beiträge zur Geschichtsdidaktik und zur historischen Bildungsforschung, Paderborn 2000.

John, Peter D.: Lesson planning and the student teacher: re-thinking the dominant model. In: Journal of curriculum studies 38/4 (2006), S. 483–498.

Jung, Michael/Thünemann, Holger: Welche Kompetenzen brauchen Geschichtslehrer? Für eine Debatte über fachspezifische Standards in der Lehrerausbildung. In: Zeitschrift für Geschichtsdidaktik, Jahresband 2007, S. 243–252.

Kämper-van den Boogart, Michael: Schulinterner Lehrplan. Lehrübergreifende Vereinbarungen zu Ressourcennutzung, Stoffverteilung und Leistungsüberprüfung. In: Sigrid Blömeke u. a. (Hrsg.): Handbuch Schule. Theorie – Organisation – Entwicklung, Bad Heilbrunn/Stuttgart 2009, S. 317–323.

Kanert, Georg: Geschichtslehrerausbildung auf dem Prüfstand. Eine Längsschnittstudie zum Professionalisierungsprozess, Göttingen 2014.

Kanert, Georg/Resch, Mario: Erfassung geschichtsdidaktischer Wissensstrukturen von Geschichtslehrkräften anhand eines vignettengestützten Testverfahrens. In: Zeitschrift für Geschichtsdidaktik 13 (2014), Göttingen, S. 15–31.

Kelle, Udo/Kluge, Susann: Vom Einzelfall zum Typus. Fallvergleich und Fallkontrastierung in der qualitativen Sozialforschung, 2., überarbeitete Auflage, Wiesbaden 2010.

Keller-Schneider, Manuela/Hericks, Uwe: Forschung zum Berufseinstieg. Übergang von der Ausbildung in den Beruf. In: Ewald Terhart/Hedda Bennewitz/Martin Rothland (Hrsg.): Handbuch der Forschung zum Lehrberuf, Münster 2011, S. 296–313.

Kiper, Hanna: Unterrichtsplanung auf der Grundlage einer Integrativen Didaktik. In: K.-H. Arnold/T. Bohl/S. Hopmann/B. Hudson/E. Kiel/H. Kiper/B. Koch-Priewe/K. Reussner/N. Seel/K. Zierer (Hrsg.): Jahrbuch für Allgemeine Didaktik, Baltmannsweiler 2011, S. 125–142.

Kirchhoff, Hans Georg: Von der historischen Katechese zum geschichtlichen Arbeitsbuch. Zum Wandel der Unterrichtsmethodik vom 18. zum 20. Jahrhundert. In: Bernd Schönemann/Uwe Uffelmann/Hartmut Voit (Hrsg.): Geschichtsbewußtsein und Methoden historischen Lernens, Weinheim 1998, S. 25–38.

Klafki, Wolfgang: Didaktische Analyse als Kern der Unterrichtsvorbereitung. In: Die deutsche Schule 10 (1958), S. 450–471.

Klafki, Wolfgang: Die Bildungstheoretische Didaktik. In: Die deutsche Schule 32 (1980), S. 32–37.

Klafki, Wolfgang: Neue Studien zur Bildungstheorie und Didaktik, Weinheim 1985.

Klafki, Wolfgang: Zum Verhältnis von Didaktik und Methodik. In: Günther Dohmen/Friedemann Maurer (Hrsg.): Unterricht, Aufbau und Kritik, München 1976, S. 41–61.

Kleickmann, Thilo/Anders, Yvonne: Lernen an der Universität. In: M. Kunter/J. Baumert/W. Blum/U. Klusmann/S. Krauss/M. Neubrand (Hrsg.): Professionelle Kompetenz von Lehrkräften – Ergebnisse des Projekts COACTIV, Münster u. a. 2011, S. 305–316.

Kleinknecht, Marc: Aufgabenkultur in der Hauptschule: Impulse aus einer Analyse von Aufgaben und Lehrerhandeln. In: K. Schneider/G. Schwab/M. Weingardt (Hrsg.): Hauptschulforschung konkret. Themen – Ergebnisse – Perspektiven, Baltmannsweiler 2009, S. 87–97.

Kleinknecht, Marc: Aufgabenkultur im Unterricht. Eine empirisch-didaktische Video- und Interviewstudie an Hauptschulen, Baltmannsweiler 2010.

Klieme, Eckhard/Jude, Nina/Baumert, Jürgen/Prenzel, Manfred: PISA 2000–2009: Bilanz der Veränderungen im Schulsystem. In: Eckhard Klieme/Cordula Artelt/Johannes Hartig/Nina Jude/Olaf Köller/Manfred Prenzel/Wolfgang Schneider/Petra Stanat (Hrsg.): PISA 2009. Bilanz nach einem Jahrzehnt, Münster 2010, S. 277–300.

Klieme, Eckhard/Avenarius, Hermann/Blum, Werner/Döbrich, Peter/Gruber, Hans/Prenzel, Manfred/Reiss, Kristina/Riquarts, Kurt/Rost, Jürgen/Tenorth, Heinz-Elmar/Vollmer, Helmuth J.: Zur Entwicklung nationaler Bildungsstandards, Bonn 2007. Online unter: http://www.bmbf.de/pub/zur_entwicklung_nationaler_bildungsstandards.pdf. (besucht am 02.02.2016)

KMK (Hrsg.): Ländergemeinsame inhaltliche Anforderungen für die Fachwissenschaften und Fachdidaktiken in der Lehrerinnen- und Lehrerbildung (KMK-Beschluss vom 16.10.2008).

KMK (Hrsg.): Standards für die Lehrerbildung: Bildungswissenschaften (Beschluss der Kultusministerkonferenz vom 16.12.2004).

KMK (Hrsg.): Vereinbarung über die Schularten und Bildungsgänge im Sekundarbereich I (Beschluss der KMK vom 03.12.1993 i.d.F. vom 03.12.2010), S. 1–13.

Kobarg, Mareike/Thoma, Gun-Brit/Dalehefte, Inger Marie/Seidel, Tina: Lernwirksame Unterrichtsbedingungen in der Unterrichtsplanung berücksichtigen. In: K.-H. Arnold/T. Bohl/S. Hopmann/B. Hudson/E. Kiel/H. Kiper/B. Koch-Priewe/K. Reussner/N. Seel/K. Zierer (Hrsg.): Jahrbuch für Allgemeine Didaktik, Baltmannsweiler 2011, S. 46–58.

Koch-Priewe, Barbara: Der routinierte Umgang mit Neuem. Wie die Professionalisierung von JunglehrerInnen gelingen kann. In: S. Beetz-Rahm/L. Denner/T. Riecke-Baulecke (Hrsg.): Jahrbuch für Lehrerforschung und Bildungsarbeit, Bd. 3, Weinheim/München 2002, S. 311–324.

Kölbl, Carlos: Geschichtsbewusstsein – Empirie. In: Michele Barricelli/Martin Lücke (Hrsg.): Handbuch Praxis des Geschichtsunterrichts, Bd. 1, Schwalbach/Ts. 2012, S. 112–120.

Koeller, Shirley/Thompson, Elton: Another Look at lesson planning. In: Educational Leadership (May 1980), S. 673–675.

König, Eckard: Das Konstruktinterview: Grundlagen, Forschungsmethodik, Anwendung. In: Ders./Gerda Volmer: Systemisch denken und handeln. Personale Systemtheorie in Erwachsenenbildung und Organisationsberatung, Weinheim 2005, S. 83–117.

König, Johannes/Blömeke, Sigrid/Doll, Jörg: Pädagogisches Wissen von Deutsch-, Englisch- und Mathematiklehramtsstudierenden. In: Sigrid Blömeke/Albert Bremerich-Vos/Helga Haudeck/Gabriele Kaiser/Günther Nold/Knut Schwippert/Heiner Willenberg (Hrsg.): Kompetenzen von Lehramtsstudierenden in gering strukturierten Domänen. Erste Ergebnisse aus TEDS-LT, Münster 2011, S. 135–157.

Körber, Andreas: Graduierung von Kompetenzen. In: Michele Barricelli/Martin Lücke (Hrsg.): Handbuch Praxis des Geschichtsunterrichts, Bd.1, Schwalbach/Ts. 2012, S. 236–254.

Körber, Andreas: Kompetenzorientiertes Geschichtslernen in Hamburg und Niedersachsen? Zwei Wege der Richtlinien-»Innovation«. Online unter: http://www.pedocs.de/volltexte/2012/5850/pdf/Koerber_2012_Kompetenzorientiertes_Geschichtslernen_D_A.pdf. (besucht am 02.02.2016)

Konrad, Gert: Möglichkeiten und Grenzen des Erwerbs beruflicher Kompetenzen von Gymnasiallehrkräften während des Referendariats. Eine Evaluation des Ausbildungserfolges auf der Grundlage einer qualitativ-empirischen Untersuchung mit berufstätigen Lehrerinnen und Lehrern als Absolventen eines niedersächsischen Studienseminars, Aachen 2009.

Kowal, Sabine/O'Connell, Daniel: Zur Transkription von Gesprächen. In: Uwe Flick/Ernst v. Kardorff/Ines Steinke (Hrsg.): Qualitative Forschung: Ein Handbuch, Reinbek 2005, S. 437–446.

Kraler, Christian: Professionalisierung in der Berufseingangsphase – Berufsbiografie und Kompetenzentwicklung. Entwicklungsaufgaben der ersten Berufsjahre und Unterstützungsmöglichkeiten. In: SchulVerwaltung. Spezial 10/1 (2008), S. 4–7.

Kraler, Christian/Menges, Robin: Fallvignetten in der Lehrerbildungsforschung. Veränderungen kognitiver Strukturen bei Studierenden im ersten Ausbildungsjahr. In: Christian Kraler/Michael Schratz (Hrsg.): Ausbildungsqualität und Kompetenz im Lehrerberuf, Wien 2007, S. 56–77.

Krauss, Stefan: Das Experten-Paradigma in der Forschung zum Lehrberuf. In: Ewald Terhart/Hedda Bennewitz/Martin Rothland (Hrsg.): Handbuch der Forschung zum Lehrberuf, Münster 2011, S. 171–191.

Krauss, Stefan: Die Untersuchung des professionellen Wissens. In: Journal für Mathematikdidaktik 29 (2008), S. 223–258.

Krauss, S./Blum, W./Brunner, M./Neubrand, M./Baumert, J./Kunter, M./Besser, M./Elsner, J.: Konzeptualisierung und Testkonstruktion zum fachbezogenen Professionswissen von Mathematiklehrkräften. In: M. Kunter/J. Baumert/W. Blum/U. Klusmann/S. Krauss/M. Neubrand (Hrsg.): Professionelle Kompetenz von Lehrkräften – Ergebnisse des Forschungsprogramms COACTIV, Münster 2011, S. 135–162.

Kuchler, Christian: Historische Orte im Geschichtsunterricht, Schwalbach/Ts. 2012.

Kuckartz, Udo: Qualitative Inhaltsanalyse, Methoden, Praxis, Computerunterstützung, 2., durchgesehene Auflage, Weinheim u. a. 2014.

Kühberger, Christoph/Windischbauer, Elfriede: Individualisierung und Differenzierung im Geschichtsunterricht, Schwalbach/Ts. 2012.

Kuhn, Annette: Unterrichtsplanung. In: Klaus Bergmann u. a. (Hrsg.): Handbuch der Geschichtsdidaktik, 5. Auflage, Seelze 1997, S. 457–463.

Kunter, Mareike: Modellierung von Lehrkompetenzen. Kommentierung der Projektdarstellung. In: Eckhard Klieme/Detlev Leutner/Martina Kenk (Hrsg.): Kompetenzmodellierung. Zwischenbilanz des DFG-Schwerpunktprogramms und Perspektiven des Forschungsansatzes, Weinheim 2010, S. 307–312.

Kunter, Mareike: Motivation als Teil der professionellen Kompetenz – Forschungsbefunde zum Enthusiasmus von Lehrkräften. In: M. Kunter/J. Baumert/W. Blum/U. Klusmann/S. Krauss/M. Neubrand (Hrsg.): Professionelle Kompetenz von Lehrkräften – Ergebnisse des Projekts COACTIV, Münster u. a. 2011, S. 259–275.

Kunter, Mareike: Theorie meets Praxis in der Lehrerbildung – Kommentar. In: Erziehungswissenschaft 22/43 (2011), S. 107–112.

Kunter, Mareike/Baumert, Jürgen: Das COACTIV-Forschungsprogramm zur Untersuchung professioneller Kompetenz von Lehrkräften: Zusammenfassung und Diskussion. In: M. Kunter/J. Baumert/W. Blum/U. Klusmann/S. Krauss/M. Neubrand (Hrsg.): Professionelle Kompetenz von Lehrkräften – Ergebnisse des Projekts COACTIV, Münster u. a. 2011, S. 345–366.

Lachance Wolcott, Linda: Understanding how teachers plan: strategies for successful instructional partnerships. In: SLMQ 22/3 (Spring 1994), S. 1–7.

Langer-Plän, Martina/Beilner, Helmut: Zum Problem historischer Begriffsbildung. In: Hilke Günther-Arndt/Michael Sauer (Hrsg.): Geschichtsdidaktik empirisch. Untersuchungen zum historischen Denken und Lernen, Berlin 2006, S. 215–250.

Lange, Bernward: Imagination aus der Sicht von Grundschulkindern. In: Philipp Mayring/Michaela Gläser-Zikuda (Hrsg.): Die Praxis der Qualitativen Inhaltsanalyse, Weinheim/Basel, 2005, S. 37–62.

Lange, Kristina: Was ist guter Geschichtsunterricht? Überlegungen zu fachbezogenen Qualitätsmerkmalen aus der Sicht der zweiten Phase der Lehrerausbildung. In: Johannes Meyer-Hamme/Holger Thünemann/Meik Zülsdorf-Kersting (Hrsg.): Was heißt guter Geschichtsunterricht? Perspektiven im Vergleich, Schwalbach/Ts. 2012, S. 161–174.

Lange, Kristina: Review of HT 2010: Was ist guter Geschichtsunterricht? Qualitätsmerkmale in der Kontroverse. In: H-Soz-u-Kult, H Net Reviews, November 2010. Online unter: http//www.h-net.org/reviews/shorev.php?id=31838. (besucht am 05. 04. 2015)

Lauterbach, Roland/Tänzer, Sandra: Fachlicher und planungstheoretischer Rahmen. In: Sandra Tänzer/Roland Lauterbach (Hrsg.): Sachunterricht begründet planen. Bedingungen, Entscheidungen, Modelle, Bad Heilbrunn 2010, S. 13–37.

Larcher, Susanna/Müller, Peter/Baer, Matthias/Dörr, Günter/Edelmann, Doris/Guldimann, Titus/Kocher, Mirjam/Wyss, Corinne: Unterrichtskompetenz über die Zeit: Unterrichten lernen zwischen Studienbeginn und Ende des ersten Berufsjahres. In: Jürgen Abel/Gabriele Faust (Hrsg.): Wirkt Lehrerbildung? Antworten aus der empirischen Forschung, Münster u. a. 2010, S. 57–72.

Leeuw-Roord, Joke van der: High-quality History education requires excellent teachers. Training educators in innovative and responsible History education. A European perspective. In: Susanne Popp/Michael Sauer/Bettina Alavi/Marko Demantowsky/Alfons Kenkmann (Hrsg.): Zur Professionalisierung von Geschichtslehrerinnen und Geschichtslehrern. Nationale und Internationale Perspektiven, Göttingen 2013, S. 87–96.

Lenhard, Hartmut: Zweite Phase an Studienseminaren und Schulen. In: Sigrid Blömeke/Peter Reinhold/Gerhard Tulodziecki/Johannes Wildt (Hrsg.): Handbuch Lehrerbildung, Bad Heilbrunn 2004, S. 275–290.

Lenzen, Dieter: Didaktische Theorie zwischen Routinisierung und Verwissenschaftlichung. In: Bijan Adl-Amini/Rudolf Künzli (Hrsg.): Didaktische Modelle und Unterrichtsplanung. München 1980, S. 158–180.

Leuchter, Miriam: Die Rolle der Lehrperson bei der Aufgabenbearbeitung. Unterrichtsbezogene Kognitionen von Lehrpersonen, Münster 2009.

Leuchter, Miriam/Pauli, Christine/Reusser, Kurt/Lipowsky, Frank: Unterrichtsbezogene Überzeugungen und handlungsleitende Kognitionen von Lehrpersonen. In: Zeitschrift für Erziehungswissenschaften 9 (2006), S. 562–579.

Leuchter, Miriam/Pauli, Christine/Reusser, Kurt/Klieme, Eckhard: Zusammenhänge zwischen unterrichtsbezogenen Kognitionen und Handlungen von Lehrpersonen. In: Michaela Gläser-Zikuda/Seifried Jürgen (Hrsg.): Lehrerexpertise – Analyse und Bedeutung unterrichtlichen Handelns, Münster 2008, S. 167–187.

Lersch, Rainer: Kompetenzfördernd unterrichten. 22 Schritte von der Theorie zur Praxis. In: Pädagogik 59/12 (2007), S. 36–43.

Lipowsky, Frank: Auf den Lehrer kommt es an. In: C. Allemann-Ghionda/E. Terhart (Hrsg.): Kompetenz und Kompetenzentwicklung von Lehrerinnen und Lehrern: Ausbildung und Beruf, Weinheim 2006, S. 47–70.

Lipowsky, Frank: Was wissen wir über guten Unterricht? In: Friedrich-Jahresheft XXV (2007), S. 26–30.

Lipowsky, Frank/Thußbas, Claudia/Klieme, Eckhard/Reusser, Kurt/Pauli, Christine: Professionelles Lehrerwissen, selbstbezogene Kognitionen und wahrgenommene Schulumwelt – Ergebnisse einer kulturvergleichenden Studie deutscher und Schweizer Mathematiklehrkräfte. In: Unterrichtswissenschaft 31/3 (2003), S. 206–237.

Lissmann, Urban: Inhaltsanalyse von Texten – ein Lehrbuch zur computerunterstützten und konventionellen Inhaltsanalyse, 3. Auflage, Landau 2008.

Lohmann, Gert: Fach- und Klassenlehrer. In: Sigrid Blömeke u.a. (Hrsg.): Handbuch Schule. Theorie – Organisation – Entwicklung, Bad Heilbrunn/Stuttgart 2009, S. 334–339.

Lücke, Martin: Diversität und Intersektionalität als Konzepte der Geschichtsdidaktik. In: Michele Barricelli/Martin Lücke (Hrsg.): Handbuch Praxis des Geschichtsunterrichts, Bd. 1, Schwalbach/Ts. 2012, S. 136–146.

Lücke, Martin: Multiperspektivität, Kontroversität, Pluralität. In: Michele Barricelli/ Martin Lücke (Hrsg.): Handbuch Praxis des Geschichtsunterrichts, Bd. 1, Schwalbach/ Ts. 2012, S. 281–288.

Lund, Bea: National-, Europäische, Weltgeschichte. In: Michele Barricelli/Martin Lücke (Hrsg.): Handbuch Praxis des Geschichtsunterrichts, Bd. 1, Schwalbach/Ts. 2012, S. 405–421.

Maag-Merki, Katharina/Werner, Silke: Erfassung und Bewertung professioneller Kompetenz von Lehrpersonen. In: Ewald Terhart/Hedda Bennewitz/Martin Rothland (Hrsg.): Handbuch der Forschung zum Lehrberuf, Münster 2011, S. 573–591.

Machate, Christian: Geschichte an der Realschule unterrichten – Lernvoraussetzungen, Konsequenzen und deren Umsetzungen in der Praxis. In: Zeitschrift für Geschichtsdidaktik 9 (2010), Göttingen, S. 131–142.

Maier, Uwe: Formen und Probleme von fächerübergreifendem Unterricht an baden-württembergischen Hauptschulen. In: Forum Qualitative Sozialforschung, Online Journal 7/1/3 (2006). Online unter: http://nbn-resolving.de. (besucht am 02.02.2016)

Marlovits, Andreas/Schratz, Michael: Zum Umgang mit Antinomien und Komplexität. Eine morphologische Annäherung. In: Christian Kraler/Michael Schratz (Hrsg.): Ausbildungsqualität und Kompetenz im Lehrerberuf, Wien 2007, S. 78–94.

Martens, Matthias: Implizites Wissen und kompetentes Handeln. Die empirische Rekonstruktion von Kompetenzen historischen Verstehens im Umgang mit Darstellungen von Geschichte, Göttingen 2010.

Martens, Matthias: Schulformunterschiede im Umgang mit Darstellungen von Geschichte. In: Zeitschrift für Geschichtsdidaktik 9 (2010), Göttingen. S. 57–78.

Mathis, Christian: Kommentar zu Geschichtsunterricht. In: Jan Hodel/Béatrice Ziegler (Hrsg.): Forschungswerkstatt Geschichtsdidaktik 09. Beiträge zur Tagung »geschichtsdidaktik empirisch 09«, Bern 2011, S. 259–262.

Mayer, Ulrich: Keine Angst vor Unterrichtsrezepten. In: Geschichte lernen 5 (1992), S. 14–17.

Mayer, Ulrich: Qualitätsmerkmale historischer Bildung. Geschichtsdidaktische Kategorien als Kriterien zur Bestimmung und Sicherung der fachdidaktischen Qualität historischen Lernens. In: Wilfried Hansmann/Timo Hoyer: Zeitgeschichte und historische Bildung, Kassel 2005, S. 223–242.

Mayer, Ulrich/Gautschi, Peter/Bernhardt, Markus: Themenbestimmung im Geschichtsunterricht der Sekundarstufen. In: Michele Barricelli/Martin Lücke (Hrsg.): Handbuch Praxis des Geschichtsunterrichts, Bd. 1, Schwalbach/Ts. 2012, S. 378–404.

Mayer, Ulrich/Pandel, Hans-Jürgen: Kategorien der Geschichtsdidaktik und Praxis der Unterrichtsanalyse. Zur empirischen Untersuchung fachspezifischer Kommunikation im historisch-politischen Unterricht, Stuttgart 1976.

Mayer, Ulrich/Pandel, Hans-Jürgen/Schneider, Gerhard (Herausgeber): Handbuch Methoden im Geschichtsunterricht, Schwalbach/Ts. 2013.

Mayr, Johannes: Der Persönlichkeitsansatz in der Lehrerforschung. Konzepte, Befunde und Folgerungen. In: Ewald Terhart/Hedda Bennewitz/Martin Rothland (Hrsg.): Handbuch der Forschung zum Lehrberuf, Münster 2011, S. 125–148.

Mayring, Philipp: Einführung in die Qualitative Sozialforschung. Eine Anleitung zu qualitativem Denken, 3., überarbeitete Auflage, Weinheim u. a. 1996.

Mayring, Philipp: Qualitative Inhaltsanalyse. Grundlagen und Techniken, 11., aktualisierte und überarbeitete Auflage, Weinheim u. a. 2010.

McKinsey & Company (Hrsg.): How the world's best-performing schools come out on top, 2007. Online unter: http://mckinseyonsociety.com/how-the-worlds-best-performing-schools-come-out-on-top/. (besucht am 02. 02. 2016)

Mebus, Sylvia: Ausbildung historischer Kompetenzen bei den Schüler/innen – Herausforderung an die Ausbildung der Referendar/innen (zweite Lehrerausbildungsphase). In: Andreas Körber/Waltraud Schreiber/Alexander Schöner (Hrsg.): Kompetenzen historischen Denkens. Ein Strukturmodell als Beitrag zur Kompetenzorientierung in der Geschichtsdidaktik, Neuried 2007, S. 812–823.

Menne, Dieter: Die Themengewinnung im Geschichtsunterricht. In: Klaus Bergmann: Handbuch der Geschichtsdidaktik, 5. Auflage, Seelze 1997, S. 463–469.

Messner, Helmut/Buff, Alex: Lehrerwissen und Lehrerhandeln im Geschichtsunterricht – didaktische Überzeugungen und Unterrichtsgestaltung. In: Peter Gautschi/Daniel Moser/Kurt Reusser/Pit Wiher (Hrsg.): Geschichtsunterricht heute. Eine empirische Analyse ausgewählter Aspekte, Bern 2007, S. 143–175.

Meuser, Michael/Nagel, Ulrike: Experteninterview und der Wandel der Wissensproduktion. In: Alexander Bogner/Beate Littig/Wolfgang Menz: Experteninterviews, Theorien, Methoden, Anwendungsfelder, 3., grundlegend überarbeitete Auflage, Wiesbaden 2009, S. 35–60.

Meyer, Hilbert: Schülerorientierung – Feiertagsdidaktik oder konkrete Utopie? In: Gerd-Bodo Reinert (Hrsg.): Praxishandbuch Unterricht, Reinbek 1980, S. 173–183.

Meyer, Hilbert: Leitfaden Unterrichtsvorbereitung, 5., komplett überarbeitete Auflage, Berlin 2010.

Meyer-Hamme, Johannes: Historische Identitäten in einer kulturell heterogenen Gesellschaft. In: Michele Barricelli/Martin Lücke (Hrsg.): Handbuch Praxis des Geschichtsunterrichts, Bd.1, Schwalbach/Ts. 2012, S. 89–97.

Meyer-Hamme, Johannes: »Ja, also, das war 'ne gute Stunde«. Qualitätsmerkmale von Geschichtsunterricht aus Schülerperspektive. In: Johannes Meyer-Hamme/Holger

Thünemann/Meik Zülsdorf-Kersting (Hrsg.): Was heißt guter Geschichtsunterricht? Perspektiven im Vergleich, Schwalbach/Ts. 2012, S. 21–37.

Michler, Andreas: Einführung. In: Zeitschrift für Geschichtsdidaktik 9 (2010), S. 5–12.

Milner, Henry Richard: A Qualitative investigation of teachers planning and efficacy for student engagement, Ohio 2001.

Mischke, Wolfgang/Wragge-Lange, Irmhild: Handlungsregulation beim Planen und Unterrichten als Teilaspekt einer Tätigkeitsanalyse bei Lehrern. In: Hans-Georg Schönwalder (Hrsg.): Lehrerarbeit, Freiburg 1987, S. 95–134.

Mischo, Christoph: Schulische Einflussgrößen auf die Schüler. In: Sigrid Blömeke u. a. (Hrsg.): Handbuch Schule. Theorie – Organisation – Entwicklung, Bad Heilbrunn/Stuttgart 2009, S. 433–440.

Moser, Urs/Tresch, Sarah: Best Practice in der Schule. Von erfolgreichen Lehrerinnen und Lehrern lernen, Aarau 2003.

Mühlhausen, Ulf: Abenteuer Unterricht – Wie Lehrer/innen mit überraschenden Unterrichtssituationen umgehen, Baltmannsweiler 2007.

Mühlhausen, Ulf: Unterrichtsvorbereitungen – wie am besten? In: Peter Daschner/Ursula Drews (Hrsg.): Kursbuch Referendariat, Weinheim/Basel 2007, S. 40–58.

Müller, Christiane/Felbrich, Anja/Blömeke Sigrid: Überzeugungen zum Lehren und Lernen von Mathematik. In: Sigrid Blömeke/Gabriel Kaiser/Rainer Lehmann (Hrsg.): Professionelle Kompetenzen angehender Lehrerinnen und Lehrer. Wissen, Überzeugungen und Lerngelegenheiten deutscher Mathematikstudierender und -refendare. Erste Ergebnisse zur Wirksamkeit der Lehrerausbildung, Münster 2008, S. 247–276.

Müller-Fohrbrodt, Gisela: Wie sind Lehrer wirklich?, Stuttgart 1973.

Neuweg, Georg Hans: Das Wissen der Wissensvermittler. Problembestellungen, Befunde und Perspektiven der Forschung zum Lehrerwissen. In: Ewald Terhart/Hedda Bennewitz/Martin Rothland (Hrsg.): Handbuch der Forschung zum Lehrberuf, Münster 2011, S. 451–477.

Noack, Christian: Stufen der Ich-Entwicklung und Geschichtsbewusstsein. In: Bodo von Borries/Hans-Jürgen Pandel (Hrsg.): Zur Genese historischer Denkformen. Qualitative und quantitative Zugänge, Pfaffenweiler 1994, S. 9–46.

Nyssen, Elke/Stange, Helmut: »Eigentlich müsste ich objektiv benoten« – Die Bedeutung der außerschulischen Lebenswelten der Schülerinnen und Schüler für die Arbeit von Hauptschullehrerinnen und -lehrern. In: Antje Schellack/Stefanie Große (Hrsg.): Bildungswege. Aufgaben für die Wissenschaft – Herausforderungen für die Politik, Münster 2007, S. 53–65.

Oehlschläger, Heinz-Jörg: Zur Praxisrelevanz pädagogischer Literatur. Strukturen und Trends zur Literaturrezeption praktizierender Lehrer, Stuttgart 1978.

Opfer, Björn: Zwischen Markt, Politik und Wissenschaft. Wie entsteht ein Schulbuch für die gymnasiale Oberstufe? In: Martin Clauss/Manfred Seidenfuß (Hrsg.): Das Bild des Mittelalters in europäischen Schulbüchern, Berlin 2007, S. 117–124.

Ortenburger, Andreas/Hartung, Viola: Verbindende Ansätze der Schulforschung. In: Sigrid Blömeke u. a. (Hrsg.): Handbuch Schule. Theorie – Organisation – Entwicklung, Bad Heilbrunn/Stuttgart 2009, S. 141–148.

Oser, Fritz/Düggeli, Albert/Heinzer, Sarah: Qualitätsmessung von Lehrpersonen-Kompetenzen. Ein neuer Ansatz. In: Jürgen Abel/Gabriele Faust (Hrsg.): Wirkt Lehrerbildung? Antworten aus der empirischen Forschung, Münster u. a. 2010, S. 133–153.

Oser, Fritz: Wirkung und Wirkungselemente im Lehrerberuf: Leistungen, Grenzen und Perspektiven aktueller Forschung. In: Ewald Terhart/Hedda Bennewitz/Martin Rothland (Hrsg.): Handbuch der Forschung zum Lehrberuf, Münster 2011, S. 592–602.

Pandel, Hans-Jürgen: Artikulationsformen. In: Ulrich Mayer/Hans-Jürgen Pandel/Gerhard Schneider (Hrsg.): Handbuch Methoden im Geschichtsunterricht, 4. Auflage, Schwalbach/Ts. 2013, S. 577–594.

Pandel, Hans-Jürgen: Dimensionen des Geschichtsbewußtseins. Ein Versuch, seine Struktur für Empirie und Pragmatik diskutierbar zu machen. In: Geschichtsdidaktik 12/2 (1987), S. 130–142.

Pandel, Hans-Jürgen: Geschichte im Unterricht. In: Klaus Bergmann u.a. (Hrsg.): Handbuch der Geschichtsdidaktik, 5. Auflage, Seelze 1997, S. 379–385.

Pandel, Hans-Jürgen: Geschichtsdidaktik. Eine Theorie für die Praxis, Schwalbach/Ts. 2013.

Pandel, Hans-Jürgen: Geschichtskultur. In: Michele Barricelli/Martin Lücke (Hrsg.): Handbuch Praxis des Geschichtsunterrichts, Bd.1, Schwalbach/Ts. 2012, S. 147–159.

Pandel, Hans-Jürgen: Geschichtsunterricht in der Haupt- und Realschule. In: Klaus Bergmann: Handbuch der Geschichtsdidaktik, 5. Auflage, Seelze 1997, S. 526–530.

Pandel, Hans-Jürgen: Geschichtsunterricht nach PISA. Kompetenzen, Bildungsstandards und Kerncurricula, Schwalbach/Ts. 2005.

Pandel, Hans-Jürgen: Geschichtsunterricht in den unterschiedlichen Schulformen (insbesondere Sekundarstufe I). In: Michele Barricelli/Martin Lücke (Hrsg.): Handbuch Praxis des Geschichtsunterrichts, Bd.1, Schwalbach/Ts. 2012, S. 167–175.

Paxton, Richard J./Wineburg, Sam: Expertise and the Teaching of History. In: Miriam Ben-Peretz/Sally Brown/Bob Moon: Routledge International Companion to Education, London 2000, S. 855–864.

Peters, J.J.: Teaching: Intentionality, Reflection and Routines. In: R. Halkes/J. Olson (Hrsg.): Teacher Thinking. A New Perspective on Persisting Problems in Education, Amsterdam 1984, S. 19–34.

Peters, Jelko: Geschichtsstunden planen. Historica et Didactica, hrsg. von Bärbel Kuhn und Jelko Peters, Bd. 1, St. Ingbert 2014.

Peterson, Penelope P./Marx, Ronald W./Clark, Christopher: Teacher Planning, Teacher Behavior, and Student Achievement. In: American Educational Research Journal 15/3 (June 20 1978), S. 417–432.

Peterßen, Wilhelm H.: Handbuch Unterrichtsplanung. Grundfragen, Modelle, Stufen, Dimensionen, 9., überarbeitete und aktualisierte Auflage, München 2000.

Pfadenhauer, Michaela: Auf gleicher Augenhöhe. Das Experteninterview – ein Gespräch zwischen Experte und Quasi-Experte. In: Alexander Bogner/Beate Littig/Wolfgang Menz: Experteninterviews, Theorien, Methoden, Anwendungsfelder, 3., grundlegend überarbeitete Auflage, Wiesbaden 2009, S. 99–116.

Popp, Susanne: Orientierungswissen und »nachhaltiges Lernen« im Geschichtsunterricht: Überlegungen zu den Ergebnissen einer Befragung von Hochschullehrerinnen und -lehrern. In: Geschichte in Wissenschaft und Unterricht 60/11 (2009), S. 646–657.

Rakoczy, K./Buff, A./Lipowsky, F.: Befragungsinstrumente. Teil 1. In: E. Klieme/C. Pauli/K. Reusser (Hrsg.): Dokumentation der Erhebungs- und Auswertungsinstrumente zur schweizerisch-deutschen Videostudie »Unterrichtsqualität, Lernverhalten und mathematisches Verständnis«, Frankfurt/M. 2005.

Rauin, Udo/Tillmann, Klaus-Jürgen/Vollstädt, Witlof: Lehrpläne im Schulalltag. Eine empirische Studie zur Akzeptanz und Wirkung von Lehrplänen in der Sekundarstufe I, Opladen 1999.

Reeken, Dietmar von: Geschichtskultur im Geschichtsunterricht. Begründungen und Perspektiven. In: Geschichte in Wissenschaft und Unterricht 55 (2004), S. 233–240.

Reeken, Dietmar von: Quellenarbeit. In: Hilke Günther-Arndt (Hrsg.): Geschichts-Methodik. Handbuch für die Sekundarstufe I und II, 4. Auflage, Berlin 2012, S. 154–168.

Reeken, Dietmar von: Verlaufsformen. In: Hilke Günther-Arndt (Hrsg.): Geschichts-Methodik. Handbuch für die Sekundarstufe I und II, 4. Auflage, Berlin 2012, S. 260–272.

Reeken, Dietmar von: Wer hat Angst vor Wolfgang Klafki? Der Geschichtsunterricht und die »Schlüsselprobleme«. In: Geschichte in Wissenschaft und Unterricht 50 (1999), S. 292–304.

Reeken, Dietmar von: Zeitgeschichte geschichtsdidaktisch. In: Zeitschrift für Geschichtsdidaktik, Jahresband 2008, S. 94–113.

Reinhold, Peter: Fachdidaktische Ausbildung. In: Sigrid Blömeke/Peter Reinhold/Gerhard Tulodziecki/Johannes Wildt (Hrsg.): Handbuch Lehrerbildung, Bad Heilbrunn 2004, S. 410–431.

Rekus, Jürgen: Methodisch-didaktische Grundsätze für den Unterricht. In: Dietmar J. Bronder/Heinz-Jürgen Ipfling/Karl G. Zenke: Handbuch Hauptschulbildungsgang, Bd. 1: Grundlegung, Bad Heilbrunn 1998, S. 135–146.

Reusser, Kurt/Pauli, Christine/Elmer, Anneliese: Berufsbezogene Überzeugungen von Lehrerinnen und Lehrern. In: Ewald Terhart/Hedda Bennewitz/Martin Rothland (Hrsg.): Handbuch der Forschung zum Lehrberuf, Münster 2011, S. 478–495.

Richter, Dirk: Lernen im Beruf. In: M. Kunter/J. Baumert/W. Blum/U. Klusmann/S. Krauss/M. Neubrand (Hrsg.): Professionelle Kompetenz von Lehrkräften – Ergebnisse des Projekts COACTIV, Münster u. a. 2011, S. 317–325.

Rösner, Ernst: Hauptschule am Ende – Ein Nachruf, Münster 2007.

Rohlfes, Joachim: Geschichte und ihre Didaktik, 3., erweiterte Auflage, Göttingen 2005.

Rohlfes, Joachim: Quo vadis, Geschichtsdidaktik? In: Olaf Hartung/Katja Köhr: Geschichte und Geschichtsvermittlung. Festschrift für Karl Heinrich Pohl, Bielefeld 2008, S. 9–25.

Rohlfes, Joachim/Jeismann, Karl-Ernst (Hrsg.): Geschichtsunterricht. Inhalte und Ziele, Stuttgart 1974.

Rothland, Martin: Lehrerberuf und Lehrerrolle. In: Sigrid Blömeke u. a. (Hrsg.): Handbuch Schule. Theorie – Organisation – Entwicklung, Bad Heilbrunn/Stuttgart 2009, S. 494–501.

Rox-Helmer, Monika C.: Lesen im Geschichtsunterricht: Notwendigkeit oder Chance? In: KMK (Hrsg.): Pro Lesen. Auf dem Weg zur Leseschule – Leseförderung in den gesellschaftswissenschaftlichen Fächern, Donauwörth 2010, S. 183–199.

Rüsen, Jörn: Was ist Geschichtsbewusstsein? Theoretische Überlegungen und heuristische Hinweise. Strukturen historischer Sinnbildung. In: Ders.: Historische Orientierung, Köln u. a. 1994, S. 3–67.

Sandfuchs, Uwe: Grundfragen der Unterrichtsplanung. In: Karl-Heinz Arnold/Uwe Sandfuchs/Jürgen Wiechmann (Hrsg.): Handbuch Unterricht, 2., aktualisierte Auflage, Bad Heilbrunn/Stuttgart 2009, S. 685–694.

Sandfuchs, Uwe: Schulbücher und Unterrichtsqualität – historische und aktuelle Reflexionen. In: E. Fuchs u.a. (Hrsg.): Schulbuch konkret. Kontexte – Produktion – Unterricht, Bad Heilbrunn 2010, S. 11–24.

Sandkühler, Thomas: Vom Master zum Meister? Zur Sozialisation künftiger Geschichtslehrer im Land Berlin. In: Susanne Popp/Michael Sauer/Bettina Alavi/Marko Demantowsky/Alfons Kenkmann (Hrsg.): Zur Professionalisierung von Geschichtslehrerinnen und Geschichtslehrern. Nationale und Internationale Perspektiven, Göttingen 2013, S. 167–185.

Sardo-Brown, Deborah: Twelve Middle-School Teachers' Planning. In: The Elementary School Journal, 89/1 (September 1988), S. 69–87.

Sauer, Michael: Die Ausbildung von Geschichtslehrerinnen und Geschichtslehrern. In: Michele Barricelli/Martin Lücke (Hrsg.): Handbuch Praxis des Geschichtsunterrichts, Bd. 2, Schwalbach/Ts. 2012, S. 349–369.

Sauer, Michael: Geschichte unterrichten. Eine Einführung in die Didaktik und Methodik, 10., erneut aktualisierte und erweitere Auflage, Seelze 2012.

Sauer, Michael: Kompetenzen für Geschichtslehrer – was ist wichtig und wo sollte es gelernt werden? Ergebnisse einer empirischen Studie. In: Geschichte in Wissenschaft und Unterricht 63/5, 6 (2012), S. 324–348.

Sauer, Michael: Medien im Geschichtsunterricht. In: Michele Barricelli/Martin Lücke (Hrsg.): Handbuch Praxis des Geschichtsunterrichts, Bd. 2, Schwalbach/Ts. 2012, S. 85–91.

Sauer, Michael: »Putsch« oder »Revolution?« Die verschlungenen Wege einer Unterrichtsstunde zur Russischen Revolution. In: Johannes Meyer-Hamme/Holger Thünemann/Meik Zülsdorf-Kersting (Hrsg.): Was heißt guter Geschichtsunterricht? Perspektiven im Vergleich, Schwalbach/Ts. 2012, S. 55–72.

Sauer, Michael: Quellenarbeit im Geschichtsunterricht: Empirische Befunde. Zeitschrift für Geschichtsdidaktik 12 (2013), S. 176–197.

Sauer, Michael: Zur Professionalisierung von Geschichtslehrerinnen und Geschichtslehrern. Einführung in das Tagungsthema. In: Susanne Popp/Michael Sauer/Bettina Alavi/Marko Demantowsky/Alfons Kenkmann (Hrsg.): Zur Professionalisierung von Geschichtslehrerinnen und Geschichtslehrern. Nationale und Internationale Perspektiven, Göttingen 2013, S. 19–38.

Schär, Bernhard C./Sperisen, Vera: Zum Eigensinn von Lehrpersonen im Umgang mit Lehrbüchern. Das Beispiel »Hinschauen und Nachfragen«. In: Jan Hodel/Béatrice Ziegler (Hrsg.): Forschungswerkstatt Geschichtsdidaktik 09. Beiträge zur Tagung »geschichtsdidaktik empirisch 09«, Bern 2011, S. 124–134.

Scherr, Albert: Sozialisation und Identitätsbildung bei Jugendlichen heute. In: Michele Barricelli/Martin Lücke (Hrsg.): Handbuch Praxis des Geschichtsunterrichts, Bd. 1, Schwalbach/Ts. 2012, S. 59–69.

Schinkel, Etienne: Schulbuchanalyse. In: Geschichte in Wissenschaft und Unterricht 65 (2014), S. 482–497.

Schmid, Heinz Dieter: Entdeckendes Lernen im Geschichtsunterricht, Geschichtliches Arbeitsbuch für die Sekundarstufe I im gymnasialen Bereich, 4 Bde., Frankfurt/M. 1974–1978.

Schmidt, Christiane: Analyse von Leitfadeninterviews. In: Uwe Flick/Ernst v. Kardorff/Ines Steinke (Hrsg.): Qualitative Forschung: Ein Handbuch, Reinbek 2005, S. 447–456.

Schneider, Gerhard: Ein alternatives Curriculum für den Geschichtsunterricht in der Hauptschule. In: Geschichte in Wissenschaft und Unterricht 51 (2000), S. 406–417.

Schneider, Gerhard: Einstiege. In: Ulrich Mayer/Hans-Jürgen Pandel/Gerhard Schneider (Hrsg.): Handbuch Methoden im Geschichtsunterricht, Schwalbach/Ts. 2004, S. 595–618.

Schneider, Gerhard: Transfer. In: Ulrich Mayer/Hans-Jürgen Pandel/Gerhard Schneider (Hrsg.): Handbuch Methoden im Geschichtsunterricht, Schwalbach/Ts. 2004, S. 649–674.

Schnotz, W./Baumert, J./Horz, H./McElvany, N./Ullrich, M./Schroeder, S./Hachfeld, A./ Richter, T.: Das BITE-Projekt: Integrative Verarbeitung von Texten und Bildern in der Sekundarstufe I. In: E. Klieme/D. Leutner/K. Kenk: Kompetenzmodellierung. Zwischenbilanz des DFG-Schwerpunktprogramms und Perspektiven des Forschungsansatzes, Weinheim 2010.

Scholl, Daniel: Nach welchem Konzept der Unterrichtsplanung soll man sich richten? Zum Problem der unüberschaubaren Angebotsvielfalt der Allgemeinen Didaktik im deutschsprachigen Raum. In: K.-H. Arnold/T. Bohl/S. Hopmann/B. Hudson/E. Kiel/H. Kiper/B. Koch-Priewe/K. Reussner/N. Seel/K. Zierer (Hrsg.): Jahrbuch für Allgemeine Didaktik, Baltmannsweiler 2011, S. 108–124.

Schönemann, Bernd: Bildungsstandards und Geschichtsunterricht. Ein Kommentar zu Waltraud Schreiber und Michael Sauer. In: Zeitschrift für Pädagogik 54/2 (2008), S. 218–221.

Schönemann, Bernd: Geschichtsbewusstsein – Theorie. In: Michele Barricelli/Martin Lücke (Hrsg.): Handbuch Praxis des Geschichtsunterrichts, Bd. 1, Schwalbach/ Ts. 2012, S. 98–111.

Schönemann, Bernd/Thünemann, Holger: Schulbucharbeit. Das Geschichtslehrbuch in der Unterrichtspraxis, Schwalbach/Ts. 2010.

Schönemann, Bernd/Thünemann, Holger/Zülsdorf-Kersting, Meik: Was können Abiturienten? Zugleich ein Beitrag zur Debatte über Kompetenzen und Standards im Fach Geschichte, Berlin 2010.

Schreiber, Waltraud: Vortrag auf der Fachtagung Geschichte in Münster 2011. Online unter: http://www.medienberatung.schulministerium.nrw.de/dokumentationen/2011/ 20110815vortragschreiber.pdf. (besucht am 02.02.2016)

Schreiber, Waltraud/Ventzke, Marcus: Überlegungen zur Kompetenzorientierung im Geschichtsunterricht der Sekundarstufe II. In: Marcus Ventzke/Sylvia Mebus/Waltraud Schreiber: Geschichte denken statt pauken in der Sekundarstufe II: 20 Jahre nach der Friedlichen Revolution. Deutsche und europäische Perspektiven im gymnasialen Geschichtsunterricht, Radebeul 2010, S. 73–78.

Schröer, Ludger: Mitschnitte aus Geschichtsstunden? Zugreifen! Eine Einmischung in Hausaufgabenbesprechung und Lehrererzählung. In: Johannes Meyer-Hamme/Holger Thünemann/Meik Zülsdorf-Kersting (Hrsg.): Was heißt guter Geschichtsunterricht? Perspektiven im Vergleich, Schwalbach/Ts. 2012, S. 197–212.

Schubarth, Wilfried: Lohnt sich Kooperation? – Erste und zweite Phase der Lehrerbildung zwischen Abgrenzung und Annäherung. In: Erziehungswissenschaft 21/40 (2010), S. 79–88.

Schubarth, Wilfried/Speck, Karsten/Seidel, Andreas: Die zweite Phase der Lehrerausbildung aus Sicht aller Beteiligten. Ergebnisse der Potsdamer Studien zum Referendariat.

In: Jürgen Abel/Gabriele Faust (Hrsg.): Wirkt Lehrerbildung? Antworten aus der empirischen Forschung, Münster u. a. 2010, S. 339–347.

Schubarth, Wilfried/Speck, Karsten/Seidel, Andreas: Endlich Praxis! Die zweite Phase der Lehrerbildung. Potsdamer Studien zum Referendariat, Frankfurt/M. 2007.

Schulte, Klaudia: Selbstwirksamkeitserwartungen in der Lehrerbildung. Zur Struktur und dem Zusammenhang von Lehrer-Selbstwirksamkeitserwartungen, Pädagogischem Professionswissen und Persönlichkeitseigenschaften bei Lehramtsstudierenden und Lehrkräften, Göttingen 2008.

Seel, Andrea: Von der Unterrichtsplanung zum konkreten Lehrerhandeln. Eine Untersuchung zum Zusammenhang von Planung und Durchführung von Unterricht bei Hauptschullehrerstudentinnen, Graz 1996.

Seel, Andrea: Wie angehende Lehrer/innen das Planen lernen. In: K.-H. Arnold/T. Bohl/S. Hopmann/B. Hudson/E. Kiel/H. Kiper/B. Koch-Priewe/K. Reussner/N. Seel/K. Zierer (Hrsg.): Jahrbuch für Allgemeine Didaktik, Baltmannsweiler 2011, S. 31–45.

Seibert, Norbert: Bildung, Erziehung und Unterricht als schulische Aufgaben. In: Sigrid Blömeke u. a. (Hrsg.): Handbuch Schule. Theorie – Organisation – Entwicklung, Bad Heilbrunn/Stuttgart 2009, S. 72–79.

Seidel, Tina: Lehrerhandeln im Unterricht. In: Ewald Terhart/Hedda Bennewitz/Martin Rothland (Hrsg.): Handbuch der Forschung zum Lehrberuf, Münster 2011, S. 605–629.

Seidel, Tina/Blomberg, Geraldine/Stürmer, Kathleen: »Observer« – Validierung eines videobasierten Instruments zur Erfassung der professionellen Wahrnehmung von Unterricht. In: Zeitschrift für Pädagogik 56 (2010), S. 296–306.

Seidel, Tina/Schwindt, Katharina/Kobarg, Mareike/Prenzel, Manfred: Grundbedingungen eines lernwirksamen Unterrichts erkennen – Eine Untersuchung zur Erfassung pädagogisch-psychologischer Kompetenzen bei Lehrerinnen und Lehrern. In: Will Lütgert/Alexander Gröschner/Karin Kleinespel: Die Zukunft der Lehrerbildung: Entwicklungslinien – Rahmenbedingungen – Grundlagen, Weinheim 2008, S. 198–213.

Seidenfuß, Manfred: Disziplinarität und Interdisziplinarität. Historisches Lernen im Reformprozess der Hauptschule. In: Zeitschrift für Geschichtsdidaktik 9 (2010), Göttingen, S. 13–35.

Seidenfuß, Manfred: Ein Anwendungsfeld qualitativer Empirie in der Geschichtsdidaktik. Geschichtslehrer entwickeln ihre Taktik. In: Zeitschrift für Geschichtsdidaktik 2 (2003), S. 245–262.

Seidenfuß, Manfred: Forschungsfeld Geschichtslehrkräfte. Einführung. In: Zeitschrift für Geschichtsdidaktik 13 (2014), S. 5–15.

Seidenfuß, Manfred: Geschichtsunterricht in der Hauptschule. Auf dem Weg zur Geschichtskunde. In: Bernd Schönemann/Hartmut Voit (Hrsg.): Von der Einschulung bis zum Abitur. Prinzipien und Praxis des historischen Lernens in den Schulstufen, Idstein 2002, S. 201–214.

Seidenfuß, Manfred: Was denken erfolgreiche Geschichtslehrer bei der Unterrichtsplanung? Expertiseansatz und empirische Forschung in der Didaktik der Geschichte. In: Saskia Handro/Bernd Schönemann: Methoden geschichtsdidaktischer Forschung, Münster 2002, S. 61–71.

Seidenfuß, Manfred/Kanert, Georg: Die Wirksamkeit der Geschichtslehrerbildung. Forschungsansätze und Forschungsergebnisse. In: Susanne Popp/Michael Sauer/Bettina Alavi/Marko Demantowsky/Alfons Kenkmann (Hrsg.): Zur Professionalisierung von

Geschichtslehrerinnen und Geschichtslehrern. Nationale und Internationale Perspektiven, Göttingen 2013, S. 139–165.

Seifried, Jürgen: Überzeugungen von (angehenden) Handelslehrern. In: Ders./Jürgen Abel (Hrsg.): Empirische Lehrerbildungsforschung, Münster 2006, S. 109–127.

Seifried, Jürgen: Unterricht aus der Sicht von Handelslehrern, Frankfurt/M. 2009.

Seifried, Jürgen: Unterrichtsplanung von (angehenden) Lehrkräften an kaufmännischen Schulen. In: Zeitschrift für Berufs- und Wirtschaftspädagogik 105/2 (2009), S. 179–197.

Sembill, Detlef: Zeitver(sch)wendung in Bildungsprozessen. In: Michaela Gläser-Zikuda/Jürgen Seifried (Hrsg.): Lehrerexpertise – Analyse und Bedeutung unterrichtlichen Handelns, Münster 2008, S. 19–46.

Shulman, Lee S.: Knowledge and Teaching: Foundations of the New Reform. In: Harvard Educational Review 57 (1987), S. 1–22.

Shulman, Lee S.: Those Who Understand: Knowledge Growth in Teaching. In: Educational Researcher 15/2 (February 1986), S. 4–14.

Siepmann, Gerda: Mädchen im Hauptschulbildungsgang. In: Dietmar J. Bronder/Heinz-Jürgen Ipfling/Karl G. Zenke: Handbuch Hauptschulbildungsgang, Bd. 1: Grundlegung, Bad Heilbrunn 1998, S. 113–119.

Sikes, Patricia/Measor, Lynda/Woods, Peter: Teacher Careers: Crises and Continuities, London 1985.

Smith, Tracy/Strahan, David: Toward a prototype of expertise in teaching. A descriptive case study. In: Journal of Teacher Education 35/4 (September/October 2004), S. 357–371.

Solzbacher, Claudia: Positionen von Lehrerinnen und Lehrern zur individuellen Förderung in der Sek I – Ergebnisse einer empirischen Untersuchung. In: Ingrid Kunze/Claudia Solzbacher (Hrsg.): Individuelle Förderung in der Sek I und II, Baltmannsweiler 2009, S. 27–42.

Spanhel, Dieter: Lehrerausbildung für die Haupt- und Realschule. In: Sigrid Blömeke/Peter Reinhold/Gerhard Tulodziecki/Johannes Wildt (Hrsg.): Handbuch Lehrerbildung, Bad Heilbrunn 2004, S. 325–334.

Spiewak, Martin, »Ich bin superwichtig«. In: www.zeit.de/2013/02/Paedagogik-John-Hattie-Visible-Learning, S. 1–6. (besucht am 02.02.2016)

Sperisen, Vera/Schär, Bernhard C.: Akteure versus Strukturen – zum Spannungsverhältnis zwischen Lehrbuch- und Lehrpersonenkonzepten im Geschichtsunterricht. Das Schweizer Beispiel »Hinschauen und Nachfragen«. In: Susanne Popp/Michael Sauer/Bettina Alavi/Marko Demantowsky/Alfons Kenkmann (Hrsg.): Zur Professionalisierung von Geschichtslehrerinnen und Geschichtslehrern. Nationale und Internationale Perspektiven, Göttingen 2013, S. 187–200.

Staub, Fritz/Stern, Elsbeth: The nature of teachers' pedagogical content beliefs matters for students' achievement gains: quasi-experimental evidence from elementary mathematics. In: Journal of Educational Psychology 93 (2002), S. 144–155.

Stigler, James W./Hiebert, James: The teaching gap. Best ideas from the world's teachers for improving education in the classroom, New York, 1999.

Steinert, Brigitte/Klieme, Eckhard/Maag Merki, Katharina/Döbrich, Peter/Halbheer, Ueli/Kunz, André: Lehrerkooperation in der Schule: Konzeption, Erfassung, Ergebnisse. In: Zeitschrift für Pädagogik 52/2 (2006), S. 185–204.

Strietholt, Rolf/Terhart, Ewald: Referendare beurteilen. Eine explorative Analyse von Beurteilungsinstrumenten in der zweiten Phase der Lehrerbildung. In: Zeitschrift für Pädagogik 55/4 (2009), S. 622–645.

Stupperich, Martin: Orientierung in der Geschichte – aber wie? In: Geschichte in Wissenschaft und Unterricht 69/11 (2009), S. 612–628.

Tänzer, Sandra: Bedingungen und Voraussetzungen in der Lehrperson. In: Dies./Roland Lauterbach (Hrsg.): Sachunterricht begründet planen. Bedingungen, Entscheidungen, Modelle, Bad Heilbrunn 2010, S. 64–76.

Tänzer, Sandra: Unterrichtsthemen entwerfen. In: Dies./Roland Lauterbach (Hrsg.): Sachunterricht begründet planen. Bedingungen, Entscheidungen, Modelle, Bad Heilbrunn 2010, S. 129–140.

Tänzer, Sandra/Lauterbach, Roland: Einleitung. In: Dies.(Hrsg.): Sachunterricht begründet planen: Bedingungen, Entscheidungen, Modelle, Beispiele, Bad Heilbrunn 2010, S. 1–12.

Tebrügge, Andrea: Unterrichtsplanung zwischen didaktischen Ansprüchen und alltäglicher Berufsanforderung. Eine empirische Studie zum Planungshandeln von Lehrerinnen und Lehrern in den Fächern Deutsch, Mathematik und Chemie, Bern 2001.

Terhart, Ewald: Erfassung und Beurteilung der beruflichen Kompetenz von Lehrkräften. In: Manfred Lüders/Jochen Wissinger (Hrsg.): Forschung zur Lehrerbildung. Kompetenzentwicklung und Programmevaluation, Münster u. a. 2007, S. 37–62.

Terhart, Ewald: Was wissen wir über gute Lehrer? In: Pädagogik 5 (2006), S. 42–47.

Terhart, Ewald: Was wissen wir über gute Lehrer? Ergebnisse aus der empirischen Lehrerforschung. In: Friedrich-Jahresheft, Guter Unterricht 25 (2007), S. 20–24.

Terhart, Ewald: Anmerkungen zur Situation und Entwicklung der empirischen Forschung zur Lehrerbildung. In: Susanne Popp/Michael Sauer/Bettina Alavi/Marko Demantowsky/Alfons Kenkmann (Hrsg.): Zur Professionalisierung von Geschichtslehrerinnen und Geschichtslehrern. Nationale und Internationale Perspektiven, Göttingen 2013, S. 39–55.

Thomas, Bernd: Die Bedeutung der schulischen Bedingungen. In: Sandra Tänzer/Roland Lauterbach (Hrsg.): Sachunterricht begründet planen. Bedingungen, Entscheidungen, Modelle, Bad Heilbrunn 2010, S. 77–83.

Thünemann, Holger: Fragen im Geschichtsunterricht. Forschungsstand und Forschungsperspektiven. In: Zeitschrift für Geschichtsdidaktik 8 (2009), S. 115–124.

Thünemann, Holger: »Ganz, ganz historisch gedacht.« Merkmale guten Geschichtsunterrichts aus Lehrerperspektive. In: Johannes Meyer-Hamme/Holger Thünemann/Meik Zülsdorf-Kersting (Hrsg.): Was heißt guter Geschichtsunterricht? Perspektiven im Vergleich, Schwalbach/Ts. 2012, S. 39–54.

Tillmann, Klaus-Jürgen: Konzepte der Forschung zum Lehrerberuf. In: Ewald Terhart/Hedda Bennewitz/Martin Rothland (Hrsg.): Handbuch der Forschung zum Lehrberuf, Münster 2011, S. 232–240.

Tulodziecki, Gerhard/Herzig, Bardo/Blömeke, Sigrid: Gestaltung von Unterricht. Eine Einführung in die Didaktik, 2., durchgesehene Auflage, Bad Heilbrunn 2009.

Tschannen-Moran, Megan/Woolfolk Hoy, Anita: Teacher efficacy: Capturing an elusive construct. Teaching and Teacher Education 17 (2001), S. 783–805.

Tyler, Ralph W.: Basic principles of curriculum and instruction, Chicago 1949 (letzte Neuauflage 2013).

Uffelmann, Uwe: Neue Beiträge zum Problemorientierten Geschichtsunterricht, Idstein 1999.

Viebrock, Britta: Bilingualer Erdkundeunterricht. Subjektive didaktische Theorien von Lehrerinnen und Lehrern, Frankfurt/M. 2007.

Völkel, Bärbel: Handlungsorientierung im Geschichtsunterricht. In: Michele Barricelli/ Martin Lücke (Hrsg.): Handbuch Praxis des Geschichtsunterrichts, Bd. 2, Schwalbach/ Ts. 2012, S. 37–49.

Völkel, Bärbel: »Steinzeitmänner gingen auf die Jagd, die Frauen wuschen Wäsche«, Kategorien und Prinzipien historischen Denkens in Schüleräußerungen erkennen. In: Geschichte Lernen 116 (2007), S. 46–52.

Voss, Thamar/Kleickmann, T., Kunter, Mareike/Hachfeld, A: Überzeugungen von Mathematiklehrkräften. In: M. Kunter/J. Baumert/W. Blum/U. Klusmann/S. Krauss/M. Neubrand (Hrsg.): Professionelle Kompetenz von Lehrkräften – Ergebnisse des Projekts COACTIV, Münster u. a. 2011, S. 235–258.

Voss, Thamar/Kunter, Mareike: Pädagogisch-psychologisches Wissen von Lehrkräften. In: M. Kunter/J. Baumert/W. Blum/U. Klusmann/S. Krauss/M. Neubrand (Hrsg.): Professionelle Kompetenz von Lehrkräften – Ergebnisse des Projekts COACTIV, Münster u. a. 2011, S. 193–214.

Wahl, Diethelm: Handeln unter Druck. Der weite Weg vom Wissen zum Handeln bei Lehrern, Hochschullehrern und Erwachsenenbildnern, Weinheim 1991.

Wahl, Diethelm: Vom trägen Wissen zum kompetenten Handeln in der Lehrerbildung. In: SEMINAR – Lehrerbildung und Schule. Kompetenzerwerb in der Lehrerbildung 14/1 (2008), S. 88–101.

Waldis, Monika/Buff, Alex: Die Sicht der Schülerinnen und Schüler – Unterrichtswahrnehmung und Interesse. In: Peter Gautschi/Daniel Moser/Kurt Reusser/Pit Wiher (Hrsg.): Geschichtsunterricht heute. Eine empirische Analyse ausgewählter Aspekte, Bern 2007, S. 177–210.

Waldis, Monika/Nitsche, Martin/Marti, Philipp/Hodel, Jan/Wyss, Corinne: »Der Unterricht wird fachlich korrekt geleitet« – theoretische Grundlagen, Entwicklung der Instrumente und empirische Erkundungen zur videobasierten Unterrichtsreflexion angehender Geschichtslehrpersonen. In: Zeitschrift für Geschichtsdidaktik 13 (2014), S. 32–49.

Waldis, Monika/Wyss, Corinne/Hodel, Jan: Kompetenzförderung im Geschichtsunterricht. Ergebnisse aus dem Projekt »Erweiterung professioneller Handlungskompetenzen von Geschichtslehrpersonen« zur Wirksamkeit einer Lehrerweiterbildung mit Unterrichtsvideos. In: Jan Hodel/Béatrice Ziegler (Hrsg.): Forschungswerkstatt Geschichtsdidaktik 09. Beiträge zur Tagung »geschichtsdidaktik empirisch 09«, Bern 2011, S. 93–105.

Weidle, Renate/Wagner, Angelika: Die Methode des Lauten Denkens. In: Günter Huber/ Heinz Mandl: Verbale Daten. Eine Einführung in die Grundlagen und Methoden der Erhebung und Auswertung, 2. Auflage, Weinheim u. a. 1994, S. 81–103.

Weinert, Franz E.: Lehren und Lernen für die Zukunft – Ansprüche an das Lernen in der Schule. Vortrag am 29.03.2000 im Pädagogischen Zentrum in Bad Kreuznach, in: Pädagogische Nachrichten Rheinland-Pfalz 2 (2000), S. 1–16.

Weinert, Franz E.: Vergleichende Leistungsmessung in Schulen – eine umstrittene Selbstverständlichkeit. In: Ders. (Hrsg.): Leistungsmessungen in Schulen, Weinheim 2001, S. 17–31.

Wellgraf, Stefan: Hauptschüler. Zur gesellschaftlichen Produktion von Verachtung, Bielefeld 2012.

Wengert, Hans Gert: Untersuchungen zur alltäglichen Unterrichtsplanung von Mathematiklehrern: eine kognitionspsychologische Studie, Frankfurt/M. 1989.

Wenzel, Birgit: Aufgaben im Geschichtsunterricht. In: Hilke Günther-Arndt: Geschichts-Methodik, Berlin 2007, S. 77–86.

Wenzel, Birgit: Aufgaben(kultur) und neue Prüfungsformen. In: Michele Barricelli/Martin Lücke (Hrsg.): Handbuch Praxis des Geschichtsunterrichts, Bd. 2, Schwalbach/Ts. 2012, S. 23–36.

Wenzel, Birgit: Heterogenität und Inklusion – Binnendifferenzierung und Individualisierung. In: Michele Barricelli/Martin Lücke (Hrsg.): Handbuch Praxis des Geschichtsunterrichts, Bd.2, Schwalbach/Ts. 2012, S. 238–254.

Wiater, Werner: Didaktische Theoriemodelle und Unterrichtsplanung. In: Karl-Heinz Arnold/Uwe Sandfuchs/Jürgen Wiechmann (Hrsg.): Handbuch Unterricht, 2., aktualisierte Auflage, Bad Heilbrunn/Stuttgart 2009, S. 675–685.

Wiater, Werner: Unterrichtsplanung – Prüfungswissen, Donauwörth 2011.

Wilbers, Jens/Jonas-Ahrend, Gabriela: Die Lernerperspektiven als Gegenstand kooperativer Planungsprozesse. In: Dietmar Höttecke (Hrsg.): Chemie- und Physikdidaktik für die Lehramtsausbildung, Berlin 2009, S. 190–192.

Winter, Martin: Studienstrukturreform in der universitären Lehrerausbildung – Zum Stand der Umstrukturierung des Lehrerstudiums und zum Studienmodell Sachsen-Anhalts. In: Beiträge zur Hochschulforschung 30/4 (2008), S. 92–111.

Witzenbacher, Kurt: Praxis der Unterrichtsplanung. Unterrichtsvorbereitung und Unterrichtsgestaltung, München 1994.

Woods, Devon: Teacher Cognition in Language Teaching: Beliefs, Decision-Making, and Classroom Practice, Cambridge 1996.

Wunderer, Hartmann: Geschichtsunterricht in der Sekundarstufe II, Schwalbach/Ts. 2000.

Yinger, Robert J.: A Study of Teacher Planning. In: The Elementary School Journal 80/3 (Januar 1980), S. 107–127.

Zülsdorf-Kersting, Meik: Historische Projektarbeit. In: Michele Barricelli/Martin Lücke (Hrsg.): Handbuch Praxis des Geschichtsunterrichts, Bd. 2, Schwalbach/Ts. 2012, S. 64–75.

Zülsdorf-Kersting, Meik: Kategorien historischen Denkens und Praxis der Unterrichtsanalyse. In: Zeitschrift für Geschichtsdidaktik 9 (2010), Göttingen, S. 36–56.

Zülsdorf-Kersting, Meik: Was ist guter Geschichtsunterricht? Annäherung an eine verschüttete und wieder aktuelle Frage. In: Johannes Meyer-Hamme/Holger Thünemann/Meik Zülsdorf-Kersting (Hrsg.): Was heißt guter Geschichtsunterricht? Perspektiven im Vergleich, Schwalbach/Ts. 2012, S. 7–19.

Zumsteg, Barbara/Fraefel, Urban/Berner, Hans/Holinger, Elisabeth/Lieger, Cathérine/Schmid, Christoph/Zellweger, Katharina: Unterricht kompetent planen. Vom didaktischen Denken zum professionellen Handeln, Zürich 2007.

Zwölfer, Norbert: Die Vorbereitung einer Geschichtsstunde. In: Hilke Günther-Arndt (Hrsg.): Geschichts-Didaktik. Praxishandbuch für die Sekundarstufe I und II, 6. Auflage, Berlin 2011, S. 197–205.

## Internet

http://sheg.stanford.edu/dark-ages (besucht am 02.02.2016)
http://bildungsserver.berlin-brandenburg.de (besucht am 02.02.2016)
http://bildungsserver.berlin-brandenburg.de/index.php?id=anhoerungsportal (besucht am 02.02.2016)
http://www.bildungsserver.de/Bildungsplaene-Lehrplaene-der-Bundeslaender-fuer-allgemeinbildende-Schulen-400.html (besucht am 02.02.2016)
http://www.faz.net/artikel-chronik/nachrichten-2004-januar-01/ (besucht am 02.02.2016)
http://www.historyonthenet.com/Lessons/sources/sourceplan.htm (besucht am 02.02.2016)
http://www.scholastic.com/teachers/ (besucht am 02.02.2016)
http://www.nibis.de (besucht am 02.02.2016)